중국의 영토분쟁

타협과 무력충돌의
메커니즘

■ ■ ■ ■ ■ ■ ■

만약 대만이 독립을 선포한다면

티베트나 신장 역시 독립을 위한 행동에 나설지 모르므로

베이징은 두려워해야 할 것이다.

리덩후이

■ ■ ■ ■ ■ ■ ■

중국의 영토분쟁

타협과 무력충돌의 메커니즘

M. Taylor Fravel

Strong Borders
Secure Nation

테일러 프레이블 지음 | 장성준 옮김

김앤김북스

STRONG BORDERS, SECURE NATION

중국의 영토분쟁
타협과 무력충돌의
메커니즘

초판 1쇄 발행 2021년 5월 28일

지은이 테일러 프레이블
옮긴이 장성준
펴낸이 김건수
디자인 이재호 디자인
펴낸곳 김앤김북스
출판등록 2001년 2월 9일(제12302호)
주소 서울시 마포구 월드컵로42길 40, 326호
전화 (02)773-5133 I 팩스 (02)773-5134
Email apprro@naver.com
ISBN 978-89-89566-84-7 (03340)

이 책의 결론

부록: 중국의 영토분쟁 개관

이 책이 처음 출간된 지 어느덧 10여 년이 지났다. 그간 중국이 영토분쟁과 관련하여 보여주었던 행태를 다시 살펴보고 평가하기 적절한 시점이 되었는데, 마침 한국어판이 발간되면서 그에 대한 생각을 정리해 볼 수 있는 기회가 주어져 기쁘게 생각한다.

그렇다면 그동안 변화한 것은 무엇인가? 이미 언급했듯이, 1949년부터 이책이 출간된 2008년까지 중국은 23건의 현안들 중에서 17건의 분쟁을 해결해 놓았다. 해결한 대부분의 분쟁 사례들에서 중국은 분쟁 지역을 분할함에 있어서 상대국가와 타협을 하였으며, 최종적으로 대상지역의 절반도 채 확보하지 못하는 해결방안에 동의한 사례도 드물지 않다. 그럼에도 불구하고 아직 6건이 해결되지 않은 상태로 남아 있으니, 대만, 인도, 부탄, 동중국해의 센카쿠 열도尖閣列島, 釣魚島, 남중국해의 파라셀 제도Paracel, 西沙群島 및 스프래틀리 군도Spratly, 南沙群島이다. 이들 사안에 대한 중국의 입장은 냉전이 종식된이래 어느 때보다도 강경해지고 있으며, 이제 이들 지역은 모두 언제든지 긴장이 고조될 수 있는 "열점hot spots"으로 간주되고 있다. 스카버러초 Scarborough Shoal와 그 주변 수역에 대한 통제력을 강화하기 위한 조치를 제외한다면 그동안 중국이 무력 사용을 기피해 오기는 했지만, 이 책에서 다룬 평온했던 과거 몇몇 기간들에 비해서 최근에 들어서 비타협적이고 호전적으로 변해가는 것으로 보인다.

이러한 변화는 왜 발생했는가? 주요한 이유로는 아마도 다음과 같은 다섯 가지를 고려해야 할 것이다.

먼저, 미해결 상태로 남아 있는 이들 사안이 아마도 사안의 근본적인 성격이나 중요성 때문에 애초부터 해결이 가장 어려운 유형의 분쟁 사례에 속한다는 점을 꼽을 수 있을 것이다. 다른 모든 조건들이 동일하다면, 매우 가치가 높은 지역을 두고 상대국가와 타협하기는 더욱 어렵다. 따라서 중국이 지난 1960년대와 1990년대에 육상의 국경선과 관련된 다수의 분쟁들을 타협적으로 해결했던 것과 같이, 위의 6개 지역에 비해 중요성이 떨어지는 지역들의 분쟁을 타협적으로 해결하기가 더욱 쉬웠을 것이라는 점은 놀라운 일이 아니다. 게다가 어느 국가든 높은 가치를 부여하는 지역에 대해서는 그 지역에 얽힌 이해관계 때문에 더욱 강경하게 나올 가능성이 높을 것이다.

두 번째, 아직 미해결 상태로 남아 있는 분쟁 사안의 다수가 해양권 혹은 대양 진출과 연결되는 문제라는 점이다. 대만과의 분쟁은 서태평양으로 전력을 투사하기 위한 노력과 연결되며, 다른 도서지역들을 둘러싼 분쟁들은 UN 해양법협약 하에서 이들 지역에 대한 해양관할권을 인정받으려는 것과 결부된다. 이러한 이유로, 이들 분쟁 지역의 가치 혹은 중요성은 분쟁 자체를 더욱 눈에 띄게 하면서 해결은 더욱 어렵게 만들어 버렸다.

세 번째, 시진핑이 공산당 총서기에 취임한 이래로 주권 수호의 중요성을 과거에 비해 훨씬 더 강조하고 있는데, 이는 분쟁에 있어서 더 강경해지고 화해나 조정은 기대하기 어려울 것임을 짐작할 수 있게 한다. 총서기에 취임한 직후인 2013년 1월에 그는 "어떤 국가도 우리가 가장 핵심적인 이익을 팔아 먹거나 주권과 안보 및 발전에 따른 이익을 희생시키는 쓰디쓴 과실을 삼킬 것이라 기대해서는 안 될 것"[1]이라 하였다. 같은 해 7월의 공산당 정치국 학습회 당시 해양강국 건설에 대해 발언하는 자리에서 "협상을 통해 분쟁을 평화롭게 해결하는 것이 필요"하지만 남중국해와 동중국해 문제에 대해서는 "핵심적인 이익은 더 말할 것도 없으며, 이 지역에 대한 우리의 정당한 권리와 이익을 포기하지 말아야 한다."[2]고 언급했다. 더 최근에는, 2018년 6월 미국방부장관 매티스James N. Mattis와 만난 자리에서 그는 "중국의 주권과 영토 보전에 관한 문제에서 우리의 입장은 확고하고 분명하다. 우리는 조상으로부터 물려받은 영토는 한 치도 양보할 수 없으며, 다른 국가의 영토에 대해서는 전혀 원하는 것이 없다."[3]고 하였다.

네 번째, 중국의 국력이 이제 모든 측면에서 이전에 비해 훨씬 더 강하다는 점이다. 중화인민공화국이 건국된 이래로 오늘날보다 더 국력이 강했던 적은 없었다. 한편으로는, 과거에 중국이 자국보다 약한 국가들과의 분쟁에서 더 쉽게 타협했듯이, 강해진 국력이 영토분쟁에서 타협을 촉진하는 방향으로 작용할 수도 있을 것이다. 그러나 이제는 가장 중요성이 높은 지역들을 둘러싼 분쟁만이 남은 상태이므로 강해진 국력이 미치는 영향력은 과거와 반대로 작용하는 것으로 보인다. 즉, 중국은 자국의 권리를 방어하고 더 유리한 결과를 얻어내기 위해서라면 더 심각한 마찰과 갈등도 감당할 수 있게 되었다.

마지막으로, 이들 분쟁의 현황이나 실상이 공개되면서 중국이 상대국가와 타협하거나 조율하는 작업이 더욱 어렵게 되었다는 점이다. 주변국가들과의 분쟁해결이 집중되었던 시기인 1960년대 초반과 1990년대 초반에는 중국의 인민들에게 자국이 관련된 많은 영토분쟁 현안들에 관한 지식이나 정보가 거의 제공되지 않았다. 상대국가와 타협하여 해결하려 하더라도 이를 인민들이 알지 못했으므로, 지도자들은 필요하다고 판단되면 국내 여론의 압력에 신경 쓰지 않고 타협을 하는 데 합의할 수 있었다. 그러나 지난 20여 년 동안 중국의 언론 환경은 극적으로 변화하였다. 여전히 당의 통제 하에 있기는 하지만 전통적인 미디어는 물론, 특히 온라인 미디어는 이 나라의 역사에서 그 어느 때보다도 훨씬 더 개방되어 있다. 또한, 시진핑 총서기가 주권 수호의 중요성을 지속적으로 강조해 온 결과, 이제 인민들이 이들 분쟁에 대해 예전에 비해 훨씬 더 잘 알게 되어 중국은 사실상 손이 묶이게 되었고 상대국가와 타협하기가 훨씬 더 어려워지게 된 것이다.

그러나 위와 같은 이유들을 고려해야 함에도 불구하고, 중국이 과거에 비해 더 강경해졌다는 점이 영토를 두고 전쟁이 벌어질 위험성이 더 높아졌음을 의미하는 것은 아님은 여전히 강조할 필요가 있다. 물론, 대만은 예측이 어려운 사안이다. 대만이 독립을 공식화하려 움직이고 중국이 그러한 대만의 배후에 미국의 지원이 있다고 간주한다면, 실제 위기상황으로 비화할 가능성은 충분하다. 그러나 다른 분쟁 사안들에서는 중국의 국력 신장은 중국이 자국이 바라는 조건으로 분쟁을 해결할 수 있음을 자신할 수 있게 되었다는 점을 의미한다. 따라서 분쟁이 해결되기 전까지 중국은 자국의 입지를 계속 강화시켜 나갈 수 있으며, 다른 국가들은 그런 중국에 대항하기가 점점 더 어려워지게 될 것이다.

테일러 프레이블M. Taylor Fravel

1980년대 덩샤오핑鄧小平의 개혁개방 이래로 '도광양회韜光養晦'(조용히 국력을 기르며 때를 기다림)를 기조로 삼았던 중국의 대외정책은 21세기 들어 국제무대에서의 정치적, 경제적 영향력이 확대됨에 따라 시진핑習近平 현 총서기의 중국공산당 제5세대 지도부 하에서 '주동작위主動作爲' 또는 '적극유위積極有爲'(적극적으로 맡은 바 역할을 수행함)로 노선 변경이 이루어졌다. '중화민족의 위대한 부흥'을 내세운 '중국몽中國夢'을 대외적으로 구현하기 위한 '강군몽强軍夢'과 '일대일로─帶─路' 프로젝트는 개혁개방 이래 축적된 경제적, 군사적 역량을 발산함으로써 19세기 중반 이래 약 100년 가까이 지속되었던 '국치의 세기' 이전에 누리던 국제적 위상을 회복하려는 당과 국가 차원의 강력한 의지를 발현한 것이라 할 수 있다. 이렇게 변해가는 중국의 모습은 원을 축출하고 중원을 되찾은 명이 영락제 치세에 베트남, 몽골에 대한 정복사업을 추진하고 동남아시아와 인도는 물론 중동과 아프리카 동부까지 대규모 선단을 파견하여 조공과 책봉이라는 중화적 국제질서의 외연을 확장하려 했던 역사적 사실과 묘한 기시감도 불러일으킨다.

공산당에 대한 충성과 민족주의가 혼합된 '애국주의' 열풍과 홍콩 사태 및 우한 발 코로나 바이러스의 전세계적 확산 이후 더욱 강경해진 소위 '전랑외교戰狼外交'적 행태는 중국이 국제사회의 '중국 위협론'을 의식하는 척이라도 했던 전임 후진타오胡錦濤 지도부의 '화평굴기和平屈起'적 태도는 이미 폐기했음을 다시금 확인시켜 주고 있다. 하지만 '중화민족의 위대한 부흥'을 표방하며 정부(당)와 기업은 물론 개인들이 정치, 경제, 문화 등 다양한 이슈에서 보여주고 있는 공세적이고 자국 중심주의적 행태는 그간 억눌려 왔던 민족적 자신감과 자존감을 표출하는 것을 넘어서, 예전에는 차마 드러내지 못했던 극단적인 자국 중심주의를 노골적으로 국제사회에 강요하고 있다는 비판을 불러일으키며 도처에서 반발에 부닥치고 있기도 하다.

야마모토 시치헤이山本七平는 일본 문화와 사회를 독창적인 시각으로 분석한『공기의 연구空氣の硏究』에서 '눈에 보이지 않지만 다중을 구속하는 정체불명의 강압적인 힘'을 '공기'라 표현했다. 우리 말로는 '분위기' 정도로 번역할 수 있는 것인데, 소위 '집단사고groupthink' 현상이 집단적 의사결정에서 발생하는 것과 유사하게, 사회 전체적인 '분위기'가 국가적 차원의 의사결정이나 정책에 영향을 미치는 현상은 정치체제를 막론하고 어디에서나 발생할 수 있는 일이다.

취임 당일부터 야당의 협조가 필요 없는 행정명령을 쏟아내며 이민, 환경, 산업 등 다양한 사안에서 트럼프 행정부의 흔적을 지우려 하는 바이든Joe Biden 행정부도 중국에 대해서만은 "트럼프 대통령의 강경한 접근법이 옳았다."며 그 원칙과 정책기조를 유지할 것임을 분명히 하였다. 개혁과 개방을 통해 경제적으로 풍요로워지면 중국이 궁극적으로 시장경제 규범을 준수하고 자유민주주의를 향해 나아갈 것이라는 전제 하에 추진해 왔던 대중 포용 정책이 결국 실패하고 말았다는『백년의 마라톤The Hundred-Year Marathon』의 문제의식과 함께, 2018년 〈파이낸셜타임스〉가 '올해의 단어'로 선정한 '투키디데스의 함정'적 상황 인식은 이미 정파를 초월하여 미국 사회 전반의 '공기'가 되어 버렸다고 보아도 크게 틀리지 않을 것이다.

중국 역대 왕조들의 흥망이나 국제정세에 대한 무지함으로 국가적 재앙을 겪었던 역사적 경험은 차치하더라도, 중국과 단절되어 그 영향력으로부터 비교적 자유로웠던 냉전이라는 매우 예외적인 시기가 지나고 다시금 이 거대한 이웃나라의 존재감을 안고 살아가게 된 한국의 현실에서는 거대한 체스판'

위에서 벌어지는 고래들의 게임이 그저 학술적 담론으로만 머무를 수 없을 것이다. 1992년 수교한 이래 양국 관계는 '21세기를 향한 협력동반자 관계' (1998), '전면적 협력동반자 관계' (2003), '전략적 협력동반자 관계' (2008)로 명칭을 바꿔가면서 인적, 물적 교류가 비약적으로 확대되어 왔음을 부정할 수 없다. 그러나 그와는 별개로 결코 메워질 수 없는 간극이 여전히 존재하며, 심화된 상호의존성이 정책적 자율성을 비대칭적으로 제약하는 양상은 이제 새삼스럽지도 않은 풍경이 되어가는 듯하다.

『이기적 유전자The Selfish Gene』로 국내에도 잘 알려진 진화생물학자 도킨스Richard Dawkins는 생명체가 유전자의 자기 복제를 통해 DNA를 후세에 전달하듯이 인간의 문화 역시 모방이라는 과정을 통해서 뇌에서 뇌로 전달된다고 주장하며, 문화를 전달하는 모방(복제) 단위를 밈meme이라 명명하였다. 사상, 신념, 종교, 예술, 언어 등이 무수한 밈의 모방을 통해 동시대의 다른 개체와 집단으로 확산되고 후대로 전승된다는 것이다. 화이론과 중화사상이라는 문화 DNA가 세계정상급의 경제적, 군사적 역량과 결합하게 된 오늘날의 중국이 조공과 책봉, 정벌이라는 당근과 채찍으로 자국 중심의 위계적 국제질서를 주변국들에 강요했던 과거를 답습할 수 있다는 우려는 한미동맹과 북한 문제, 한국전쟁과 동북공정 등 과거사 인식, 해상운송로의 안전 등 중국과 관련된 주요 현안을 갖고 있는 한국이 다른 어느 국가보다도 중국을 알아야 하는 이유로 충분할 것이다.

'중국몽' 이라는 정치적 슬로건이 제시하는 미래상은 정책을 통해서 현실로 구현된다. 또한, 국제정치 연구는 현재를 이해하고 미래를 예측, 대응하는 데 도움이 될 때 사회과학으로서 의미가 있는데, 이를 위해서는 적절한 연구대상을 선정하여 적실성 있는 결과물을 산출해야 한다. 연구대상으로서 영토분쟁은 '대외정책' 이슈들 중에서 가장 중요하면서도 정치적, 상징적 의미가 강한 '영토' 라는 국익이 서로 충돌하며 관련 국가들의 행태와 전략이 선명하게 드러나는 주제이다. 1949년 중화인민공화국이 수립된 이래로 중국은 거의 모든 인접국가들과 분쟁을 겪어 왔으며 상대국가에 따라서, 심지어는 하나의 국가에 대해서도 시기와 상황에 따라서, 상이한 정책적 대응을 했던 풍부한 사례들이 존재한다. 한편, 연구 성과의 적실성을 인정받기 위해서는 한국가의 전략적 선택을 하는 메커니즘을 개별 사례들을 관통하여 일반론적으로 설명할 수 있어야 하며, 이를 위해서는 여러 사례들에서 정책결정에 영향을 미치는 요인과 과정적 특성 등을 추출하여 체계화하는 작업이 필요하다. 특정 사례만을 대상으로 한 분석은 그 특정한 상황에서의 정책결정이나 대응을 사후적으로 설명할 수 있겠지만 다른 사례로의 적용은 기대하기 어려운 단순한 스토리텔링에 머물 위험이 높기 때문이다.

저자는 먼저 영토적 양보를 통한 타협적 해결, 분쟁 해결의 지연, 무력 행사를 통한 국익 수호의 의지 관철 등 다양한 형태로 나타났던 정책적 선택의 기준으로 가상의 지표(장악력claim strength)를 설정하고, 그 지표의 변동에 작용해 왔던 요인들을 1949년 이래 중국이 경험한 분쟁 사례들에서 추출하여 제시함으로써 이론적 틀을 구비하였다. 이렇게 구성한 이론에 따라 각각의 사례들을 그 역사적, 지정학적 배경과 함께 입체적으로 설명하고, 동일한 사례에 다른 이론들을 적용할 경우 그 타당성과 한계를 제시함으로써 자신의 이론이 지니는 설명력을 반증하는 방식으로 논의를 전개한다. 몇몇 유명한 분쟁 사례들은 이미 국내에도 알려져 있으나, 이 책은 여러 사례들의 종합적 분석에 기반한 이론을 통해 한 국가의 전략적 선택을 일관성 있게 설명하려 시도한 흔치 않은 연구 성과라 할 수 있다.

정책 또한 주어진 환경 안에서 다양한 행위자들의 상호작용에 따른 산물인 바, 아무리 급진적이고 새로운 정책의 전환이라 하더라도 과거로부터의 상황적 맥락과 관성에서 완전히 벗어날 수는 없다. 어떤 제도나 관행이 일단 만들어지면 설혹 그것이 비합리적이라도 관성이나 기득권 등 요인으로 인하여 계속 지속되려 하면서 이후의 사회현상에 영향을 미치게 되는 소위 '경로 의존성path dependency'은 기존의 제도와 그 제도가 만들어지는 데 작용했던 다양한 맥락 속에서 정책적 선택이 이루어짐을 보여준다. 과거에 대한 지식은 정보와 자원의 제약 하에서 현재를 이해하고 미래를 예측하는 작업에서 버려서는 안 될 자원인 것이다. 정권 교체라는 개념 자체가 성립하지 않는 당-국가 체제에서 미래의 지도부를 구성할 통치 엘리트를 체계적으로 양성함으로써 인적 교체에 따른 리더십의 불확실성을 통제해 왔던 중국 공산당의 역사를 감안한다면 이미 지나간 과거의 정책사례라도 통시적 관점에서 현재를 이해하고 미래를 전망하는 작업에서 한 번쯤은 참고할 만한 가치가 있을 것이다. 영토분쟁이라는 프리즘을 통해 본 중국의 대외정책 결정에 대한 저자의 통찰이 향후 중국이 강압적 패권국가와 명실상부한 국제사회의 리더, 그 어떤 얼굴로 다가오든 관계 없이 전략과 정책결정의 이면에서 그들이 어떤 가치를 추구하고 어떤 방식으로 사고하는지 냉철하게 이해하고 대응할 수 있는 지혜를 구하는 데 조금이나마 도움이 되기를 기대한다.

1842년 아편 전쟁 이래 100여 년간 지속된 "국치의 세기"를 극복하고 대륙을 장악했으나 내부적으로 완전한 통합은 이루지 못한 채 외부적으로는 주변국가들과의 산적한 영토문제에 맞닥뜨렸던 신생 국가로서는 국경의 안정을 확보하는 것이 내부의 안정을 담보하며 내실을 쌓기 위한 필요조건이자 최우선의 과제였을 것이다. 그러했던 국가가 오늘날과 같은 강대국으로 부상하기 전까지 영토문제에서 지향해 온 방향성을 저자는 『Strong Borders, Secure Nation』이라는 원제목을 통해 압축적으로 제시하고 있는 바, 주변의 강대국들과 무력충돌도 마다하지 않으면서 다른 한편으로는 군사적으로 충분히 제압할 수 있는 국가들에게 영토를 양보하면서 타협적으로 분쟁을 해결했던 많은 사례들은 이러한 맥락에서 이해할 수 있다. 과거의 역사적 경험에 의한 것이든 최근의 몇몇 사건들로 인한 것이든, 우월한 군사력과 경제력으로 주변국가들을 압박하며 자국의 입장을 강요하는 '깡패국가'의 이미지가 각인되어 있을 적지 않은 한국인들에게 이러한 중국의 행태는 다소 낯설게 다가올 수 있겠지만 엄연히 존재했던 중국의 또 다른 일면이다.

향후에 영토문제가 중국발 정세 불안으로 이끄는 요인으로 작용할 가능성에 대해서 소극적인 입장을 취하는 저자의 결론이 타당한지 여부에 대해서는 의문이 제기될 수 있을 것이다. 이 책이 출간된 이후에 출범한 시진핑 지도부 하에서의 대외정책 노선 변화, 특히 2020년에 무력충돌로 비화된 인도와의 갈등은 물론 대만, 센카쿠 열도尖閣列島, 釣魚島, 남중국해 등지에서 최근 중국이 보이는 행태를 본다면 더욱 그렇다. 이 점과 관련해서는 위의 지역들을 둘러싼 분쟁의 성격을 고려할 필요가 있다. 저자도 지적하고 있듯이 대만과의 분쟁은 국가로서의 정통성이 걸린 현안이므로, 여기서 보이는 행태만을 근거로 중국의 영토적 야심이나 공격적 성향을 일반화하는 것은 적절치 못하다. 더욱이 대만, 센카쿠 열도, 남중국해를 포함하는 소위 '제1도련선The first island chain'은 미국의 대중 봉쇄와 그에 맞서는 중국의 태평양 진출전략이 맞닿는 미중 패권경쟁의 최전선이다. 인도의 경우 쿼드Quad(미국, 일본, 호주, 인도 등 4개국 협의체)의 구성국으로서, 중국과의 분쟁이 두 국가만의 문제로 남을지 단언하기 어렵다. 다시 말해서, 남아 있는 현안들은 원래도 단순히 해당 지역의 귀속만을 다투는 문제가 아니었으며 이제는 강대국간 패권경쟁적 성격이 가미되고 있다. 이들 지역은 물론이고 향후 정세 변화에 따라서는 이미 분쟁이 해결된 지역도 역내 불안정과 긴장의 진앙지가 될 수 있겠지만, 설혹 그러한 사태가 발생하더라도 보다 거시적인 차원에서 그 의미를 판단할 일이지, 단지 영토를 더 확장하겠다는 동기만으로 중국이 섣불리 정세 불안을 야기할 것이라는 전망은 현실적이지 않다는 점에서 저자의 결론은 현재에도 유효하다고 할 수 있다.

무턱대고 시작한 작업에서 가장 곤혹스러웠던 점은 어느새 저자가 말하고자 하는 바를 충실하게 전달하는 번역서를 넘어 역자의 해석이나 주관이 가

미뤈 해설서가 만들어지고 있지 않은지 돌아보게 되었고, 그 중간의 어느 지점에서 타협을 할 것인지 결정해야 한다는 점이었다. 자신의 논지를 펼치는 저자에게는 자명하겠으나 이를 따라가는 독자에게는 중간 단계를 건너뛴 듯이 보이거나 선뜻 이해가 가지 않을 수 있는 부분이 가끔 발견되지만 역자가 이해한 것으로 함부로 그 공백에 징검다리를 놓는 만용은 가급적 부리지 않으려 노력했다. 논의를 전개하기 위해 저자가 새롭게 고안해 낸 claim strength라는 용어에 대해서는 저자가 제시하는 개념 요소들을 충실하게 반영하면서도 한국어로 옮겼을 때 자연스러운 용어를 찾아내기 어려워 어색하지만 일단 "장악력"으로 옮겼다. 지명은 중국명 병기를 원칙으로 하였으며, legitimacy는 정통성 또는 정당성, power는 강대국, 국력, 군사력, position은 입지, 진지, 입장, claim은 권리, 주장, 목소리 등으로 문맥과 상황에 따라 혼용하였다.

 그 외에도 남아 있을 번역상 오류나 긴 호흡을 요구하는 저자의 만연체를 더 이해하기 쉽게 옮기지 못한 점은 당연히 역자의 역량이 부족함에 기인하는 것이다. 애초에는 번역이나 출간을 염두에 두지 않았으나, 한국적 현실에서 나름의 의미가 있을 것이라는 생각에 결국 고양이가 되더라도 일단은 호랑이를 그려보자는 마음으로 끌어온 작업이었음을 변명한다. 마지막으로, 대중적 관심이나 상업성을 기대하기 어려운 주제라는 점과 검증되지 않은 역자라는 위험성에도 불구하고 반드시 국내에 소개해야 하는 서적이라 평가하고 과감하게 출간을 결정해준 김앤김북스에 감사드린다.

들어가는 말

Introduction

부상하는 강대국, 영토, 그리고 전쟁

중국이 세계적인 강대국으로 새로이 부상하는 것은 21세기 국제정세에서 가장 두드러진 현상이다. 이 과정이 평화롭게 이루어질 것인지, 아니면 갈등과 충돌을 수반하게 될 것인지는 국제관계에 대한 학술적 연구는 물론 현실 정치적 측면 모두에서 제기되는 근본적인 질문 중 하나이다. 과거 역사에서 찾아볼 수 있는 강대국들 사이의 패권 전이power transitions 사례들과 달리, 중국의 경제성장은 대체로 현행 국제체제를 지배하는 규칙과 규범, 그리고 제도를 수용하는 가운데서 이루어졌다. 그럼에도 불구하고 "경제 성장을 통하여 창출된 군사적 역량을 중국이 어떻게 이용할 것인가?"라는 의문에 대해서는 모호성과 우려가 가시지 않고 있다.

중국이 영토문제로 주변국가들과 무력분쟁을 일으킬 가능성은 이러한 역사적 변화의 과정에서 제기되는 여러 우려들 중 하나이다. 예를 들어, 미의회가 발간하는 미중 경제안보검토위원회 2006년도 연례보고서는 중국이 "영토에 대한 요구와 관련하여 … 원하는 결과를 얻어내기 위한 목적으로 무력을 사용하거나 위협하는 데 그들의 향상된 군사력을 이용"할 가능성이 있음을 지적하였는데,[1] 이러한 우려에는 그럴 만한 이유가 있다. 역사적으로, 급격한 경제 성장은 국가가 해외에서 추구해야 할 이익을 재정의하고 확대하는 방향으로 작용해 왔다.[2] 경제 성장은 국익을 추구하고 지키는 데 필요한 더욱 강한 군사적 역량을 확보할 수 있게 한다. 국가가 추구하는 이익의 확대는 때로는 주변국가들과의 영토분쟁으로 발전하기도 한다. 더 일반적으로 말한다면, 세력균형의 와해나 붕괴는 국제체제를 주도하는 국가들 사이에서 국제질서의 구조와 핵심적 이익의 보호와 관련하여 불확실성을 야기한다.[3]

그러나 영토분쟁과 관련하여 중국은 팽창주의 국가expansionist state라는 단선적인 시각에서 예측할 수 있는 것보다는 대체로 덜 폭력적이고 보다 협력적인 방식의 분쟁 해결을 추구하는 성향을 보여주었다. 1949년 이래로 중국이 해양과 육상에서 주변국가들과 겪은 영토분쟁 사례는 총 23개로, 그 중 양보와 타협을 통하여 해결한 사례는 17개이다. 타협을 통해 해결하는 과정에서 최종적으로 분쟁 지역 중 절반도 못 되는 부분만을 차지한다는 결론이 내려졌음에도 이를 수용하는 경우가 적지 않았다는 점에서 본다면 이때 중국의 양보는 단지 명목상 양보가 아닌 실질적인 것이었다고 할 수 있다. 중국의 이러한 양보는 19세기 초 전성기 청淸의 영토였던 340만km²가 넘는 영역에 대한 권리를 포기하는 내용의 각종 협정들을 체결함으로써 명문화되었다. 전체적으로, 중국이 주변국가들과 다투어 온 지역은 대략 23.8만km²로 한때 청영토의 일부였던 영역의 7%에 불과하다.

중국은 영토분쟁에 있어서 주로 타협적인 해결을 추구하였으나 6개 사례에서는 무력을 사용했다. 이 중 몇몇 사례들, 특히 인도 및 베트남과의 분쟁은 특히 격렬했다. 냉전이 한창이던 1950년대 대만(국민당이 1949년 국공내전에서 패한 후 대만에서 수립한 '중화민국'을 의미한다―옮긴이)과의 분쟁 및 1969년 소련과의 무력충돌 사례에서는 핵무기를 사용하겠다는 위협까지 동원되었다. 한편, 기꺼이 군사력을 이용하려 했음에도 불구하고 대상지역을 차지하는 데 실패한 사례도 존재한다.

영토분쟁에서 중국이 보여주는 폭넓은 행태의 가변성은 국제관계를 연구하는 이에게나 중국을 연구하는 전문가 모두에게 똑같이 혼란스러운 것이다. 대표적인 국제관계 이론들에 따른다면, 중국과 같은 특성을 지닌 국가는 영토분쟁에 있어서 양보를 모르고 비타협적이며 무력을 사용하려는 성향이 강하다고 예상할 수 있을 것이다. 그러나 공격적 현실주의offensive realism를 따르는 연구자들의 견해와 달리, 중국이 자국의 권리를 주장하는 지역에서 유리한 위치를 선점하거나 그 지역 전체를 무력으로 차지하기 위해 우월한 군사력을 이용한 사례는 매우 드물다.[4] 마찬가지로, 중국의 국력은 지난 20여 년 동안 꾸준하게 향상되어 왔으나 그에 따라 영토분쟁에 임하는 중국의 태도가 더욱 강경하게 변하지는 않았다. 국가주권과 관련한 분쟁에서의 비타협성이 민족주의의 영향에 따른 폭력적 일면임을 강조하는 주장과도 반대로, 중국은 청 말에 겪었던 외세의 침입과 그에 따른 영토의 해체라는 굴욕적인 역사적 유산에도 불구하고 영토문제에서 상대국가에 양보를 하는 데 있어서 상당히 전향적인 태도를 보여 왔다.[5] 또한, 정치제도의 역할을 강조하는 이들이 예상하는 바와도 달리, 중국은 무력을 사용함에 있어서 내부의 걸림돌이 거의 없는 고도로 중앙집권화된 권위주의 체제임에도 불구하고 분쟁 상대국가와의 갈등을 고조시킨 사례가 많지 않다.[6]

영토분쟁에서 중국이 반복적으로 보여주었던 "협력cooperation"과 "갈등고조escalation"라는 행태는 중국을 관찰하고 연구하는 이들에게도 놀라운 것일 수 있다. 냉전의 끝자락에서 많은 이들은 중국과 관련된 다수의 영토분쟁이 향후 동아시아 정세의 불안정을 야기하는 주된 요인이 되리라 예상했었다.[7] 지난 20년간 대중의 민족정서에 호소하는 민족주의가 눈에 띄게 부각되면서, 국력이 신장됨에 따라 중국이 과거에 상실했던 광대한 주변지역들을 회복하려는 욕망을 품고 있을 것이라 주장하는 연구자들도 있다.[8] 이와 비슷하게, 대중적 민족주의가 발흥하고 있는 중국이 점증하는 사회불안 요인들로부터 국민들의 시선을 다른 곳으로 돌리기 위해 외교정책에서 "힘을 과시하려는 유혹에 빠지기 쉬워진" 상태에 있다고 보는 시각도 존재한다.[9] 한편, 중국이 전략적 차원에서 공격적인 무력 사용을 선호한다고 주장하는 이들도 있는데 특히 영토분쟁과 같은 제로섬 게임적 갈등상황에서 무력 사용에 대한 선호도가 더욱 높아지리라는 것이다.[10]

하지만 중국은 영토문제에 있어서 많은 연구자와 분석가들, 또는 여러 국제관계 이론에서 예측한 것보다 더욱 타협적이고 무력 사용을 자제하는 행태를 보여 왔다. 그러한 중국의 행태에서 몇 가지 질문이 제기되는데, 이 책은 다음 질문에 대한 해답을 구하기 위한 연구의 결과물이다. "중국이 어떤 분쟁에서는 상대국가와 타협하는 반면에 다른 분쟁에서는 무력을 사용하는 이유는 무엇인가?" 더 일반화한다면 "한 국가가 영토분쟁에서 상대국가와 협력하

거나 높은 수준의 무력충돌로 갈등을 고조시키는 선택을 하는 이유는 무엇이
며, 그러한 선택은 어떤 조건 하에서 이루어지는가?"라는 질문이다.

위와 같은 질문에 대한 답변을 찾아가는 작업은 중국이 강대국으로 부상하
는 경로를 이해하는 데 도움이 될 수 있다. 다수의 주권국가들로 구성된 국제
체제 하에서 특정 국가가 영토분쟁에서 보여주는 행태는 그 국가의 대외정책
이 현상 유지적status-quo인지, 아니면 현상 타파적revisionist인지 가늠하게 하
는 중요한 지표가 된다.[11] 역사적으로, 분쟁 지역의 존재는 이해 당사국들이
충돌하고 때로는 전쟁까지 하는 가장 공통된 쟁점으로 존재해 왔다.[12] 특정
국가가 통치의 수단으로 무력 사용에 의존하는 성향이 강하다면, 이는 그 국
가가 어떤 방식으로 영토적 목적을 달성하려 할 것인가에 대한 가장 명백한
근거가 될 것이다. 오늘날에도 여전히 중국과 관련된 몇 개의 영토분쟁이 미
해결 상태에 있으므로 앞에서 제시한 질문이 비단 학술적인 차원에만 머물러
있는 것이 아니다. 대만이나 센카쿠 열도와 같이 중국이 자국의 권리를 주장
하는 지역에서 무력충돌이 발생하면 이들 지역의 당사국들과 긴밀히 연계되
어 있는 미국과의 충돌로 비화될 가능성이 높기 때문이다.

그러나 위의 질문들에 대한 해답을 찾는 것은 쉽지 않은 작업이다. 갈등상
황에서 중국의 행태에 대한 기존의 연구가 영토분쟁이 중국이라는 국가의 행
태에 어떠한 역할을 하는지 밝히기는 하지만 각각의 분쟁 사례들에 대한 체
계적인 검토는 아직 이루어지지 않은 상태이기 때문이다.[13] 지금까지 이루어
진 개별적인 연구 성과들은 중국의 주장을 국제법적으로 옹호하는 데 경도되
어 있거나 중국-인도 분쟁 같은 특정한 사례만을 검토하는 데 머물러 있다.[14]
드물게 나와 있는 종합적인 연구 성과들은 1960년대에 중국이 타협적으로
분쟁을 해결한 사례들만을 다루고 있을 뿐, 지난 10여 년간 활발하게 생산 또
는 공개된 새로운 중국측 자료들을 충분히 반영하지 못했다.[15] 결국 중국과
관련된 모든 영토분쟁 사례들을 대상으로 하여 각각의 사례에서 중국이 보여
주었던 타협적 해결 또는 무력 사용에 대한 의지를 종합적으로 비교한 연구

는 아직까지 전무한데, 그러한 종합적인 분석이야말로 중국의 행태를 이해하기 위한 핵심적인 작업이다.

영토분쟁에서의 협력과 갈등고조

이 책에서 설명하고자 하는 중국의 행태는 국가가 영토적 권리를 추구하기 위해 어떠한 방식을 선택할 것인지에 관한 두 가지 이론에 근거하고 있다. 첫 번째 이론은 영토분쟁에서 협력을 선택하게 하는 요인을 검토하고, 두 번째 이론은 갈등고조를 선택하게 하는 요인을 검토한다. 제1장에서 자세히 설명하겠지만, 각각의 이론은 당면한 영토분쟁을 관리함에 있어 국가는 다음의 세 가지 기본 전략 중 하나를 선택한다는 가정에서 논의를 시작한다.

1. 아무것도 하지 않고 문제 해결을 지연시킨다.
2. 양보하고 타협한다.
3. 무력을 사용하겠다고 위협하거나 실제로 사용한다.

국가의 주권이 걸려 있는 사안에서 상대국가와 타협할 경우 그 국가의 지도자가 국내정치적으로 처벌을 받게 될 가능성이나 강경하게 대응하여 상대국가와의 갈등이 고조될 경우 그 결과의 불확실성과 비교한다면, 대개의 경우 아무것도 하지 않는 첫 번째 전략이 가장 위험이 적다고 할 수 있다. 그렇다면, 국가가 왜 영토분쟁에서 타협을 하거나 무력을 사용하려 하는지, 그리고 언제 그러한 선택을 하는지는 분쟁 해결의 지연과 관련해 국가가 져야 하는 비용을 증가시키는 요인들로 설명할 수 있다.

어떤 국가든 자국의 안보에 대한 내부적, 외부적 위협에 대처해야 할 때 영토문제에서 상대국가와 타협하거나 양보할 가능성이 가장 높다. 타협이 가능한 이유는 이미 다른 국가가 점유하고 있는 영토에 대해 자국의 권리를 주장하고 이를 관철하는 데는 일정한 비용 혹은 기회비용(양보를 할 경우 상대국가로부터 얻을 수 있는 군사적, 경제적, 또는 외교적 지원)이 수반되기 때문이다. 이러한 비용이 분쟁의 대상이 되는 지역의 가치보다 높다면 양보하는 것이 문제 해결을 지연시키는 것보다 매력적인 선택이 되는 것이고, 따라서 국가는 자국이 직면해 있는 더 급박한 위협에 대응하기 위해 상대국가에 분쟁 지역을 양보하는 대가로 그 위협에 대응하는 데 필요한 지원을 얻게 된다. 외부로부터의 안보 위협이나 국가의 생존은 영토분쟁에서 상대국가에 대한 양보를 이끌어내는 요인 중 하나이다. 예를 들어, 다른 국가와 첨예한 경쟁관계에 있는 어떤 국가가 또 다른 제3국과 동맹을 맺어 대항하기 위해 그 제3국에 영토를 일부 양보하는 경우이다. 국가의 힘과 안정성에 대한 내부로부터의 위협은 양보를 이끌어내는 두 번째 요인이다. 예를 들어, 무장봉기가 발생한 경우 그 지역과 인접한 국가가 반정부 세력에 대해 국경을 통제하거나 망명지 제공을 거부하는 것과 같은 조치를 취하도록 하기 위해 그 인접국가에게 영토적 양보라는 카드를 쓸 수 있을 것이다.

국가의 전반적인 안보환경이 영토분쟁에서 상대국가에 협력적 태도를 취하게 하는 동기가 되는 데 반하여, 영토분쟁에서 국가의 협상력 변동은 상대국가와의 갈등을 고조시키는 결정이 이루어지는 이유를 설명한다. 영토분쟁에서 국가의 협상력은 분쟁 지역에서 그 국가가 차지하는 영역의 비중과 분쟁 지역 전체에 군사력을 투입할 수 있는 능력으로 구성된다. 이 두 가지 요소가 분쟁 지역을 통제하고 원하는 협상결과를 이끌어내는 국가의 능력을 형성하는 것이다. 만약 상대국가가 분쟁에서 입지를 강화하고 있다는 결론을 내리고도 아무런 조치도 취하지 않는다면 결국은 자국의 입지 약화를 저지하거나 기존 상태로 되돌리기 위한 목적으로 무력 사용을 위협하거나 실제 실행하는 것보다 더 비싼 대가를 치르게 된다. 자신보다 훨씬 강한 국가와 맞서고 있는 국가도 그 상대국가가 갑자기 일시적으로나마 약해진다면 무력을 사용하여 분쟁 지역을 차지할 수 있다. 그렇게 하지 않았더라면 더 약해졌을지 모를 자국의 협상 입지를 강화할 수 있는 기회가 열리는 것이다.

앞에서 소개한 이론들을 검증하기 위해 이 책에서는 1949년 이래로 중국과 관련된 총 23개 영토분쟁 사례들을 대상으로 한 중규모 집단 연구설계를 통해 상대국가들과 협력적으로 분쟁을 해결하였거나 갈등을 고조시켰던 정책적 결정들을 검토하였다. 두 가지 유형의 정책결정 모두 빈번히 발생하는 것은 아니므로 비교적 쉽게 식별하고 비교할 수 있었다. 각각의 분쟁 사례를 분석함에 있어서는, 타협을 하거나 무력을 사용하기로 한 결정으로 달라진 요소들을 파악하기 위해 전략이 변화하기 전과 후의 조건들을 검토하였다. 그리고 그러한 정책결정이 이루어졌던 과정을 추적하여 그 변화한 요소들이 필자가 앞서 제시한 이론에서 예측한 바와 같이 기존의 정책이 변경되는 데 인과적 영향력을 미쳤는지 평가하였다.

이 책에서 다루는 내용들은 각지의 문서보관소에서 입수한 기록물은 물론, 공산당 역사 자료, 구술 자료, 당 고위 인사들의 회고록, 정부 교육자료, 지역 언론 등 아직까지 알려지지 않았던 다양한 중국측 자료들을 토대로 하였는데, 이들 자료들에는 개별적인 영토분쟁, 주변국가들과 체결한 협정 및 고위급 협상에서의 결정적 고비 등과 관련하여 그동안 중국 밖으로는 알려지지 않았던 사실들이 담겨져 있다.

이 책의 개관

제1장에서는 영토분쟁에서 국가가 취하는 협력 전략과 갈등고조 전략에 관한 이론 및 중국의 영토분쟁 사례들을 개략적으로 설명하기로 한다. 중국의 영토분쟁은 광대한 영토를 가진 다민족 국가가 영토의 보전territorial integrity을 위해 기울였던 다양한 노력과 얽혀 있다고 할 수 있다. 중국의 지도

자들이 영토분쟁을 다루면서 추구해 왔던 여러 상이한 목표들을 이해하기 위해서는 민족지리ethnic geography, 또는 여러 소수민족 집단들의 지리적 분포에 대한 이해가 선행되어야 한다. 중국의 민족지리는 한족漢族이 거주하고 인구가 밀집한 중심부 혹은 본토, 광대하지만 인구는 희박하고 소수민족들이 주로 거주하는 주변부, 주민이 거의 거주하지 않는 원해도서遠海島嶼 지역으로 구성되어 있다. 중국의 지도자들은 육상 국경선을 둘러싼 변강邊疆 지역 분쟁에서는 과거 어떤 중국 왕조도 직접적으로 지배한 적이 없고 소수민족들이 주로 거주해 왔던 광대한 국경 지대에 대한 통제권을 유지하고자 한다. 중국 본토 지역 분쟁에서는 한족의 영역으로 간주되지만 1949년 신新중국 수립 당시에는 통제력이 미치지 못했던 홍콩, 마카오, 대만과의 통합을 추구한다. 한편, 원해도서 지역 분쟁에서는 대륙에서 멀리 떨어진 이들 해역에서 무인도, 산호초, 암초 등 각종 해상, 해저 지형물을 확보하고 병력을 영구적으로 주둔시키는 것을 목표로 한다.

영토분쟁에서의 협력에 관한 나의 이론에서는 외부적 위협이 영토분쟁에서 상대국가와의 협력을 가능케 하도록 작용하는 요인들 중 하나로 꼽히지만, 중국의 영토분쟁 사례들에서는 오히려 내부적 위협이 타협적으로 분쟁을 해결하려는 중국의 의지를 더 잘 설명한다. 중국은 육상 국경선을 둘러싼 변강 지역의 분쟁에서는 모두 상대국가에 양보를 하였으나, 중심부 혹은 본토에 속한 지역을 둘러싼 분쟁에서는 전혀 그러하지 않았고, 원해도서 지역의 분쟁에서는 단 한 건의 사례에서만 상대국가에 양보를 하였다. 중국의 변강 지역에는 인접한 국가들과 강력한 사회적, 경제적 연계를 유지하며 자치self-determination에 대한 강렬한 열망을 지닌 다수의 소수민족들이 거주하고 있다. 따라서 내부적 위협, 특히 변강 지역 소수민족 집단들의 소요 사태 같은 사건이 발생한 경우 중국은 반란세력에 대한 원조 거부, 소요 발생지역에 대한 중국의 주권을 공식적으로 인정받는 것과 같이 그 지역에 대한 통제를 강화하는 데 필요한 인접국가들의 지원을 얻어내기 위해 영토문제에서는 양보를 하는 데 더욱 전향적인 태도를 보여주었다.

제2장에서는 1960년대 초반 다수의 변강 지역 분쟁 사례에서 중국이 보여 주었던 타협적 해결을 위한 노력을 분석한다. 1959년 티베트에서의 봉기는 중국이 영토의 보전과 관련하여 그때까지 겪어보지 못했던 가장 큰 내부적 위협이었다. 티베트의 봉기는 중국이 미얀마, 네팔 및 인도와 영토분쟁 상태를 유지하는 데 소요되는 비용을 극적으로 증가시켰다. 이에 중국은 영토에 관한 부분에서 양보를 하되 이들 국가가 중국에 협력하여 티베트 반란세력에 대한 지원을 거부하고 티베트에 대한 중국의 주권을 인정하도록 했다. 1962년 봄, 대약진 운동大躍進運動 실패에 따른 경제위기로 고통을 겪던 와중에 변강 지역, 특히 신장新疆 위구르 자치구에서 또 다른 소수민족 소요 사태가 발생했다. 이 소요 사태는 중국의 영토 보전과 정치적 안정성 모두에 대한 내부적 위협으로 비화하여 인접국가들과의 기존 분쟁들을 현상 유지하는 데 소요되는 비용을 증가시켰다. 이에 중국은 외부로부터의 긴장요인을 완화함으로써 경제를 재건하고 이 지역에 대한 통제력을 공고히 하기 위해 북한과 몽골, 인도, 파키스탄, 아프가니스탄, 소련과 겪고 있던 영토분쟁에서 타협적 해결을 추구해야 했다.

제3장에서는 1960년대에 경험한 것과 유사한 성격의 내부적 위협요인이 1990년대에도 중국이 변강 지역의 영토분쟁을 타협적으로 해결하기 위해 노력하는 동기가 되었음을 설명한다. 1989년 발생한 천안문 사태는 중국 사회주의 체제의 안정성을 내부에서부터 위협하는 사건이었다. 당시 전세계적으로 진행되고 있던 공산정권의 약화 또는 붕괴는 중국 공산당의 정당성과 관련한 위기를 심화시켰고, 소련, 라오스, 베트남과의 영토분쟁을 현상 유지하는 데 소요되는 비용을 증가시켰다. 외교적 고립에 대응하고 경제개혁을 지속하기 위해 필요한 협력을 얻는 대가로 이들 국가에 영토문제에서 양보하는 것이 중국의 선택이었다. 천안문 사태 이후 얼마 지나지 않아서 발생한 신장 지역의 소수민족 소요 사태는 영토의 보전에 대한 새로운 내부적 위협이 되

었다. 위구르족의 무장봉기와 시위는 이 지역에 대한 권리가 중국에 있다는 주장을 인접한 카자흐스탄, 키르기스스탄, 타지키스탄에 관철시키는 데 드는 비용을 증가시켰다. 이번에도 중국은 위구르족 분리주의자들에 대한 지원을 제한하는 대가로 이들 국가에 영토문제에서 양보를 하게 되었다.

일반적으로 자국과 경쟁하는 국가가 일시적으로 약화되는 경우 열리는 기회의 창windows of opportunity은 영토분쟁에서 갈등고조 전략을 선택하게 하는 한 가지 요인이지만, 영토분쟁에서 기꺼이 무력을 사용하려는 중국의 의지를 가장 잘 설명해주는 요인은 중국 자신의 협상력 감소이다. 1949년 이래로 중국의 지도자들은 분쟁 지역에 대한 통제력이 불리한 혹은 부정적인 방향으로 변동하는 것에 대해 매우 민감하게 반응해 왔다. 대부분의 사례에서 나타난 중국의 행태에는 자국의 취약성에 대한 우려가 반영되어 있는데, 인접국가들 중 가장 군사력이 강한 국가들과의 분쟁이나 중국이 자국의 권리를 주장하지만 전혀 또는 거의 점유하지 못한 지역을 둘러싼 분쟁에서 무력을 사용한 점이 이를 잘 보여주고 있다.

제4장은 중국의 변강 지역 영토분쟁 중에서 강력한 군사력을 지닌 인접국가인 인도와 소련의 도전에 무력으로 대응했던 사례를 분석한다. 이 사례들에서 중국의 내부적 불안정은 중국으로 하여금 자국의 협상력 감소를 더욱 민감하게 인식하도록 작용했는데, 중국의 지도자들이 이들 국가가 중국의 내부적 어려움을 이용하여 이익을 얻고자 한다는 결론을 내렸기 때문이다. 1962년 10월 인민해방군은 인도와의 국경 협상이 결렬된 후 분쟁 지역의 국경 전역에 걸쳐 인도군 진지에 대한 공격을 감행했다. 이 사례에서 중국이 무력 충돌 수준으로까지 갈등을 고조시킨 것은 분쟁 중인 국경 지역에 대한 인도의 병력 증강 및 서부 지구中印邊界西段 점령을 저지하는 한편, 대약진 운동 실패 후의 경제위기로 인해 심화된 중국의 입지 약화에 대응하기 위한 것이었다. 1969년 3월 인민해방군 정예부대가 소련과 분쟁 중이던 우수리강Ussuri의 전바오다오珍寶島 인근에서 소련군 정찰부대를 기습한 이유도 이와 유사하

다. 분쟁 지역 국경선 일대에 대한 소련의 병력배치, 사회주의 국가들의 내정에 대한 소련의 개입을 정당화하는 브레즈네프 독트린Brezhnev doctrine, 그리고 소련군의 공격적인 정찰 방식이 이 지역 분쟁에서 중국의 입지를 약화시켰으며, 내부적으로는 문화대혁명에 따른 정치적 불안정성이 그러한 입지 약화를 심화시켰다.

중국이 가장 중요시하는 본토의 영토분쟁이 어떻게 관리되어 왔는지는 제5장에서 살펴본다. 중국이 1980년대에 홍콩과 마카오의 처리와 관련한 문제를 해결하는 과정에서 이들 지역의 주권과 관련한 문제에서는 전혀 타협하지 않았는데, 홍콩은 영국으로부터 1997년에, 마카오는 포르투갈로부터 1999년에 각각 중국으로 반환되었다. 대만에 대한 주권 문제에서도 중국은 전혀 타협하지 않았고 대만을 통일시키겠다는 결의를 과시하기 위해 무력을 사용하기도 했다. 중국은 1954년과 1958년 두 차례에 걸쳐 대만이 점령하고 있던 본토 인접 도서들을 공격하여 위기를 고조시켰는데, 이는 대만 문제에 대한 중국의 불리한 입지를 더욱 약화시킬 대만에 대한 미국의 군사적, 외교적 지원 확대를 저지하기 위한 것이었다. 1990년대 들어서서 민주화된 대만에서는 공식적인 독립, 즉 "하나의 중국" 원칙 파기를 주장하는 정치세력이 힘을 얻어갔고 미국 역시 이러한 목표를 지원할 것이라 판단한 중국이 1995년과 1996년에 군사훈련과 미사일 발사시험 등 일련의 군사적 도발을 감행했다.

제6장은 원해도서遠海島嶼 지역을 둘러싼 중국의 분쟁사례를 분석한다. 중국은 1957년에 베트남과의 분쟁을 타협적으로 해결한 사례가 있으나, 그 외에는 이들 도서의 잠재적인 경제적, 전략적 가치 때문에 다른 국가들에 영토적으로 양보를 한 적이 없다. 오히려 이들 지역에서 자국의 입지가 다른 국가들에 비해 약화되었다고 판단한 경우에는 파라셀Paracels 제도의 도서나 스프래틀리Spratlys 군도의 지형물들을 점령하기 위해 무력을 사용했다. 예를 들어, 1970년 초반 남중국해에서 인근 국가들의 석유탐사 및 무인도를 비롯한

각종 지형물 점령 경쟁이 치열해지면서 이 지역에 대한 중국의 취약성이 부각되는 동시에 통제권 확보의 중요성이 증대하였다. 이에 중국은 제한적이나마 해군력을 투입할 수 있던 지역 중 하나인 파라셀 제도의 크레센트 군도 Crescent Group에 대한 입지를 강화하기 위해 무력을 사용하여 점령했다. 1980년대 후반에도 중국은 스프래틀리 군도의 지형물들을 몇 개 점령했는데, 이는 말레이시아가 주인 없는 암초나 모래톱을 확보해 나가고 베트남이 병력 주둔을 확대하면서, 권리를 주장하지만 실제로는 아무것도 점유하지 못하고 있던 이 지역에 대한 자국의 입지가 더욱 약화된 이후에 취해진 조치였다.

이 책의 결론에서는 영토와 관련한 중국의 향후 정책과 시사점을 다루게 된다. 중국이 커다란 영토적 변화를 추구하거나 영토와 관련한 자국의 권리를 주장하며 빈번하게 무력충돌을 일으킬 것이라는 우려는 과장된 측면이 있다. 중국이 강대국으로 부상하는 과정이 폭력적인 성격을 띠게 될 가능성은 존재하지만 영토문제가 중국이 다른 국가들과 충돌을 일으키는 주된 원인이 될 가능성은 높지 않을 것이다. 전체적으로, 이 책은 상대적으로 새로운 관점을 제공한다. 다른 어떤 이슈들보다도 영토문제가 국가 간 분쟁의 주된 원인이 되고 있음을 감안한다면, 중국이 17개 분쟁을 타협적으로 해결한 것은 향후에 충돌로 비화할 수 있는 많은 기회들을 사전에 제거한 것이라 할 수 있다. 또한, 분쟁을 해결하기 위한 협정에서 중국은 상대국가의 주권과 영토 보전의 권리를 인정했으며, 과거 19세기 초반 청淸의 영토였다가 상실했던 지역들에 대해서는 중국이 향후에라도 권리를 주장할 수 있는 여지를 제거했다. 공식문서로 작성된 합의문들은 미래에도 중국이 이를 위반할 수 없도록 스스로 "손을 묶는" 수단이 되었다.

그럼에도 불구하고, 중국은 현재의 국경을 지키고 본토의 미수복 지역들을 회복하기 위해 싸우겠다는 의지를 표명해오고 있다. 핵심적인 이익이 걸렸을 때 중국은 무력을 사용할 것이다. 또한 군사적 역량을 지속적으로 향상시켜 나가고 있기 때문에 중국은 과거에 비해 더욱 효율적으로 전쟁을 수행할 수 있을 것이다. 이러한 맥락에서 대만을 둘러싼 충돌 가능성은 과소평가되어서는 안 된다. 그러나 중국의 지도자들이 통일의 전망이 장기적으로 볼 때 약화되고 있지 않다고 판단하는 한 무력충돌이 발생할 가능성은 높지 않다. 다른 영토분쟁 사례들의 경우에, 중국은 자국의 협상력이 약화되고 있을 때 무력사용을 불사하겠다는 강한 의지를 표출했지, 강화되고 있는 상황에서 그러지는 않았다.

01

영토분쟁에서의 협력 전략과 갈등고조 전략

Cooperation and Escalation in Territorial Disputes

영 토분쟁은 국가의 주권과 영토의 보전이라는 핵심적 이익과 관계되는 문제로, 역사적으로 국가 간에 충돌과 전쟁을 야기했던 가장 공통적인 주제이다.[1] 영토에 대한 권리를 추구함에 있어서 다른 국가들과 협력할지 또는 갈등을 고조시킬지 여부를 결정하는 것은 국제관계의 평화와 안정에 지대한 영향을 미친다. 특정한 분쟁에 연루된 국가들이 양보를 함으로써 그렇게 하지 않는다면 전쟁으로 비화될 수도 있는 갈등상황을 해결한다면 그 이유는 무엇이며, 언제 그러한 결정을 하게 되는 것인가? 한편, 동일한 상황에서 국가들이 무력을 사용한다면 그 이유는 무엇이며, 언제 그러한 결정을 하게 되는 것인가?

대만은 중국의 영토분쟁 사례 중에서 가장 중요하고도 무력충돌로 비화할 가능성이 높은 지역으로, 위의 문제들에 대한 해답을 구하는 작업이 특히 중요한 현안이다. 1995~1996년에 걸쳐 진행되었던 양안兩岸의 갈등 상황이 절정에 달했을 때 중국의 인민해방군(PLA)은 대만의 주요항구 두 곳과 인접한 지역을 목표로 단거리 탄도미사일을 발사했다. 그 사건 이후 관련 연구자, 정책분석가, 외교가들은 그 다음의 위기 상황은 언제 발생할 것이며, 어떻게 예측, 관리 혹은 예방할 수 있을지 고민해 왔다. 대만 해협에서 중국이 무력을 사용하는 것은 미국의 개입을 초래하여 고강도의 무력충돌로 발전할 수 있기 때문에 이 지역을 둘러싼 분쟁의 해결은 오늘날 동아시아에서 강대국들 간 전쟁을 야기할 수 있는 가장 위험한 뇌관을 제거하게 된다.

영토분쟁에 관한 연구는 지난 20여 년간 활발하게 진행되어왔다. 영토분쟁이란 동일한 지역에 대해 두 개 혹은 그 이상의 국가들이 소유권을 주장하는 갈등상황이라 정의된다. 원해도서 지역을 둘러싼 분쟁은 이 정의에 포함되지만 배타적 경제수역Exclusive Economic Zone 같은 해양권을 대상으로 한 것은 제외된다.[2] 연구자들은 계량적 분석기법을 이용하여 영토분쟁을 겪는 국가들이 보여주는 행태에서 중요한 규칙성들을 식별해내었는데, 여러 연구에서 분쟁의 해결 및 갈등고조와 두드러지게 관련되는 것으로 식별된 요소는 다음의 네 가지이다. 먼저, 민주주의 정치체제를 가지고 있거나 동맹관계인 국가들 사이에서의 영토분쟁이 그렇지 않은 국가들 사이에 분쟁이 존재하는 경우보다 타협에 이르거나 문제 자체가 해결될 가능성은 더 높고, 군사적 대치로 발전할 가능성은 더 낮다. 이에 반하여, 전략적 중요성이나 경제적 가치, 상징성이 높은 지역에 대해서는 어떤 유형의 국가든 갈등해결을 위해 상호 협력하기보다는 무력을 사용할 가능성이 더 높다. 자국의 영토적 목적을 달성하기 위해 무력을 사용할 가능성의 경우, 대개는 군사적으로 더 강한 국가가 그러한 시도를 할 가능성이 상대국가에 저항하거나 자국의 의지를 강요할 수단이 부족한 국가가 그렇게 할 가능성보다 더 높을 것이다.[3]

계량적 연구를 통해 영토분쟁이라는 현상을 더욱 깊이 이해할 수 있게 되었지만, 계량적 분석기법은 국가가 자국의 영토적 목적을 달성하기 위한 수단을 어떻게 선택하는가에 대한 완벽한 이론적 설명을 제공하지는 못한다. 다시 말해서, 계량적 연구는 대개 이미 해결이 되었거나 무력 사용이 발생할 가능성이 높은 사례들을 식별하여 각 분쟁 사례들의 결과가 서로 얼마나 차이가 나는지 보여준다. 하지만 분쟁 지역의 가치와 같은, 분쟁에 따라 큰 차이가 있더라도 특정한 분쟁에서는 대체로 변화하지 않는 요인들로는 시간의 경과에 따른 개별 국가의 행태변화를 설명하는 데 한계가 있다. 그러한 요인들은 변화하더라도 그 변화는 아마도 서서히 일어날 것이기 때문에 어떤 국가가 다른 국가와 협력을 하거나 갈등을 고조시키는 극적인 정책 결정을 설명하기 어렵다. 하지만 중국과 대만의 갈등에 대한 우려에서 볼 수 있듯이, 연구자와 정책결정자들에게 의미 있는 것은 특정한 분쟁에서의 바로 그 극적인 정책 결정이다.

따라서 이 책에서는 영토분쟁에서 국가가 무슨 이유로, 언제 평화적 또는 폭력적 수단을 이용하는지 설명하기 위해 분석의 초점을 분쟁의 결과에서 개별 국가의 정책 결정으로 이동시키기로 한다. 해결될 가능성이 가장 높은 분쟁은 어떤 유형인지 또는 무력충돌로 비화할 가능성이 가장 높은 것이 어떤 유형인지는 기존의 연구들을 통해서 식별할 수 있지만, 특정한 분쟁에서 국가가 그러한 수단을 이용하는 이유와 그러한 결정을 하는 시점을 규명하기 위해서는 새로운 연구가 필요하기 때문이다. 타협 혹은 갈등고조 전략을 채택하게 하는 동기가 존재한다면 지금까지 나온 연구 성과들을 통해 발견된 변수들을 이용하여 국가가 각각의 전략을 언제 채택할 것인지 예측할 수 있을 것이다. 영토분쟁에서 국가가 어떤 행태를 보이는지 설명하는 데 결정적 역할을 하는 것이 바로 각각의 전략을 선택하게 하는 동기인데, 정작 이들 동기 자체에 대해서는 제대로 연구가 되어 있지 않은 상태이다.

대만을 둘러싼 분쟁 사례는 기존의 접근방식이 지닌 한계를 잘 보여준다. 과거의 연구 성과에 따르면 대만은 무력충돌이 발생할 가능성이 가장 높다고 예측되는 곳이다. 대만 문제는 현대 중국의 민족주의 및 중국 공산당의 정당성과 연결되어 있는 가장 중요한 영토분쟁이며, 대만은 그 상징성은 물론 실질적 측면에서도 중요성을 지닌 지역이다. 1949년 이래로 중국은 대만과 대만이 통제하는 지역을 공격할 수 있는 군사적 역량을 보유하고 있었다. 또한, 중국의 권위주의 정치체제에는 무력 사용을 내부적으로 통제할 만한 제도적 장치도 거의 존재하지 않는다. 그럼에도 불구하고, 중국이 양안 위기를 촉발시켰던 1954년 9월과 1958년 8월 및 1995년 7월의 사례들을 보면, 중국이 갈등고조 전략을 활용하려는 의지의 강력함 내지 단호함이 시간의 흐름에 따라 큰 폭으로 변해 왔음을 알 수 있다. 대만이 지니고 있는 중요성, 중국이 보유한 강제수단과 비민주적 정치제도는 이 분쟁 사례들에서 거의 변함없이 공통되는 명확한 특징으로, 이러한 상수적 특징들로는 중국이 어떤 사례에서는 무력을 사용했고 다른 사례에서는 그러하지 않았던 이유를 설명할 수 없다.

실제 영토분쟁 사례에서 시간의 경과에 따른 중국의 행태 변화를 설명하기 위해 이번 장에서는 국가가 영토분쟁을 어떻게 관리하는지 설명하는 두 개의 일반 이론을 개략적으로 살펴보고자 한다. 이 책은 중국이라는 특정 국가의 영토분쟁 사례를 다루지만, 다음과 같은 이유로 일반 이론을 분석의 틀로 활용한다. 먼저, 영토분쟁에서 국가가 보이는 행태는 비단 중국에만 한정되지 않는, 국제관계에 있어서 어느 국가에든 발견되는 기본적인 특성이라는 점이다. 또한, 중국은 영토분쟁을 겪고 있는 많은 강대국들 중에 하나일 뿐이므로 그 행태에 대한 설명은 협력cooperation과 갈등고조escalation라는 일반 이론에 근거하여 이루어져야 한다. 마지막으로, 중국의 행태를 일반 이론의 틀 안에서 분석함으로써 다른 국가들의 행태와 비교할 수 있고, 그러한 비교를 통하여 영토분쟁이라는 현상의 역동성을 더 폭넓게 설명할 수 있다.

여기서는 기존의 연구 성과들을 토대로 하여 국가의 지도자들이 영토에 관한 국가적 목표를 달성하기 위해 채택할 수 있는 세 가지 기본 전략을 검토한다. 전략의 선택은 분쟁의 최종 결과에 선행하는 것으로, 상대국가의 반응에 영향을 받는다. "지연 전략delaying strategy"은 국가가 아무런 조치도 취하지 않는 것인데, 공식적으로 영토에 대한 권리를 주장하지만 이를 실현하기 위해 상대국가에 어떤 양보를 하지도 무력을 사용하지도 않는 경우이다. 여기서 중요한 것은, 협상에 참여하되 타협은 거부하는 방식으로 지연 전략을 쓸 수도 있다는 점이다. "협력 전략cooperation strategy"은 무력 위협이나 무력 행사 없이 분쟁 지역 일부 또는 전부에 대한 통제권을 상대국가에 넘기거나 상대국가가 점유하고 있는 지역에 대한 자국의 권리 주장을 포기하는 것이다. 그러한 타협은 거의 항상 양자 조약이나 합의에 의한 분쟁의 최종적 해결, 심지어는 어느 한 국가가 자국의 모든 권리를 포기하는 방식의 해결에 선행한다. 이와 대조적으로, "갈등고조 전략escalation strategy"은 분쟁 지역을 장악하거나 상대국가에 자국의 의사를 강요하기 위한 무력의 행사 또는 위협을 수반한다.[4]

대만과의 분쟁에서 중국의 행태가 보여주듯이, 아무것도 하지 않고 분쟁 해결을 지연하는 행태는 다른 대안을 선택하는 데 수반되는 대가가 너무 크기 때문에 발생하는 경우가 많다. 국가 주권과 영토에 관한 문제에서 다른 국가에 양보할 경우 내부적으로는 사회적 동요와 반발을 야기할 위험이라는 값

비싼 정치적 비용이 따르며 대외적으로는 허약한 국가라는 평판을 얻게 될 수 있다는 점에서 상대국가와의 협력은 비싼 대가를 요구한다. 상대국가와의 갈등고조 역시 상호 적대감이 고조되는 악순환이 어떤 결과를 야기할지 불확실하다는 점, 무력충돌이 발생할 경우 물적, 인적 피해는 물론 패배할 경우 국내정치적으로도 처벌을 받을 수 있다는 점 등 위험성이 크다. 그 결과 국가 지도자의 입장에서는 대개의 경우 지연 전략을 통하여 분쟁 상태를 그대로 유지하는 것이 상대국가에 양보하거나 무력을 사용했다가 실패하는 것보다 나은 선택이 되는 것이다.[5]

하지만 특정한 조건 하에서는 상대국가와 협력하거나 갈등을 고조시키는 전략이 분쟁해결을 지연시키는 것보다 매력적일 수도 있다. 국가가 기존의 지연 전략에서 이 두 개 전략 중 하나로 바꾸는 이유나 시점을 설명함에 있어 핵심적인 작업은 이 두 개의 대안과 비교하여 지연 전략을 유지할 경우 치러야 하는 비용을 증가시키는 요인이 무엇인지 식별해내는 것이다. 이를 위해 다음에 제시하는 이론들은 크라스너Stephen Krasner가 개발한 이후 다른 연구자들이 다듬어 놓은 국가중심 접근법state-centric approach을 활용한 것들이다.[6]

국가중심 접근법에서 국가는 국가가 통치하는 사회와 분리되어 존재하는 단일한 행위자unitary actor로 간주된다. 국가는 외부적으로는 생존을, 내부적으로는 자기보존성self-preservation을 확보하기 위해 자율성을 극대화하고자 한다.[7] 이러한 목적을 위해 국가는 다양한 도전들을 적절히 관리해야 하는데, 이 도전은 국제무대에서 다른 국가들이 자국의 정권이나 영토에 가하는 위협과 같은 외부적인 것일 수 있고, 쿠데타, 봉기, 혁명, 일부 지역의 분리 혹은 탈퇴, 또는 법질서의 붕괴와 같이 영토 안에서 국가의 권위와 통제력에 위협을 가하는 내부적인 것일 수도 있다. 이 접근법에서는 정치 지도자들이 자신의 개인적 권력이나 사적 이익이 아니라 총체적인 국익을 증대하기 위한 목적으로 정책을 개발, 실행한다고 가정한다. 국가의 생존이 개인적인 이해관계보다 우위에 있다고 보는데, 이는 어떤 지도자이건 그의 사적 이익 추구는 국가라는 존재가 지속하는 한에서만 가능하기 때문이다. 따라서 대외정책의 영역에서 정치 지도자와 행정부는 국가를 구현embody하고 그 이익을 위해 움직이게 된다.[8]

언뜻 보기에는 위와 같은 가정이 너무 엄격해 보일 수 있을 것이다. 사회의 이익집단, 엘리트 집단, 지도자의 사적 이해관계, 그리고 관료제적 특성이 대외정책의 결정에 영향을 미칠 수 있음도 밝혀졌기 때문이다. 그럼에도 불구하고, 국가중심 접근법은 다음과 같은 점에서 영토분쟁에 대한 연구에 적합하다고 할 수 있다. 첫 번째, 영토분쟁은 특정한 지역의 통제권과 소유권을 둘러싼 국가 간의 분쟁이므로, 국가 주권이 미치는 지리적 범위 및 영토 보전이라는 국가의 핵심이익과 결부되는 문제이다. 정치의 다른 영역과 달리, 이 핵심적인 이익들은 생존과 자기보존성이라는 국가의 근본적인 목적으로부터 도출될 수 있으며 이 목적은 영토에 대한 국가의 배타적인 통제를 요구한다.

두 번째, 국가중심 접근법은 국가를 국제무대와 국내무대 모두에서 활동하는 자율적 행위자autonomous actor로 상정함으로써 영토분쟁에서 상대국가와 협력을 하거나 갈등을 고조시키는 동기가 될 수 있는 요소들을 폭넓게 제시한다. 국가는 대외적으로는 생존을, 내부적으로는 자기보존성을 동시에 추구하기 때문에, 대외적 측면의 안보를 강화하기 위해 대내 정책을 이용할 수 있으며 반대로 국가 내부적 목표를 달성하기 위해 대외정책을 이용할 수도 있다. 국가의 행태에 대한 설명이 국내적 차원이나 국제적 차원 중 하나의 분석에만 국한되는 것이 아니라, 내부의 도전과 외부의 도전 모두에 대해 해석이 가능한 것이다. 분석의 단위는 국가이지만, 여기서의 국가는 그 내부의 역학관계가 국익을 위한 정치 지도자들의 결정과 동떨어지거나 무관하게 작용하는 블랙박스가 아니다.

세 번째, 국가의 대외적 이익에 더하여 국내정치적 이익을 강조함으로써 국제관계에서 한 국가의 국력이 어느 정도이며 그 국력의 원천이 무엇인지 더 심도 있게 이해할 수 있도록 한다. 고전적 또는 신고전적 현실주의 전통을 따르는 연구자들은 국력을 구성하는 내부적 요소들과 관련하여 군사력과 경제력이라는 표준적인 측정수단에 더하여 모겐소Hans Morgenthau가 제시한 "정부의 질quality of government"과 "국민의 사기national morale"라는 요소의 중요성을 인식하고 있었다.9 그러나 국제관계 분야에서 이러한 내부적 차원의 요소가 국력에 미치는 영향에 대한 연구는 이제 막 걸음마를 뗀 수준에 불과하다.10 국가중심 접근법은 이러한 미묘한 요소들과 이들 요소가 대외정책에 미치는 영향을 통합적으로 연구하기 위한 하나의 틀을 제공한다.

제1장에서의 논의는 다음과 같이 진행된다. 다음 세 개의 절에서는 이 책의 핵심을 구성하는 이론들을 개괄적으로 소개한다. 국제관계 연구에서 협력과 갈등은 흥미를 끄는 독특한 현상으로, 영토분쟁에서 관련국가들 간의 협력에 관한 이론을 먼저 설명하고 이어서 갈등고조에 관한 이론을 설명한다. 협력 전략과 갈등고조 전략이 서로 연결되어 있기는 하지만 개별적으로 검토하는 것이 분석에 있어서 더 유용한데, 이는 두 개의 전략이 국가가 영토분쟁을 관리함에 있어 선택할 수 있는 매우 상이한 선택지를 반영하고 있기 때문이다. 한편, 특정한 갈등상황에서 이 두 개의 전략을 선택하는 이유를 설명할 수 있을 대안적인 이론들도 소개할 것이다. 제1장 마지막 절과 나머지 장에서는 논의의 초점을 중국의 영토분쟁으로 이동하여, 1949~2005년까지 중국이 경험한 총 23개 영토분쟁 사례들을 대상으로 협력과 갈등고조 이론 및 대안적인 이론들이 지닌 설명력을 검증할 것이다.

이 책에서 소개하는 이론으로 설명할 수 없는 영토분쟁 연구의 두 가지 주제가 존재한다. 첫 번째는 영토분쟁에서 지연 전략을 채택하게 하는 요인이 무엇인가라는 문제이다. 이 책에서는 상대국가와의 협력 전략이나 갈등고조 전략을 지연 전략보다 매력적인 것으로 만드는 요인들을 식별해내기 위해 지연 전략이 국가가 선택할 수 있는 가장 비용이 덜 드는 전략이라 가정하지만, 국가가 이러한 전략을 선택하는 이유와 시점에 대해서는 설명하지 않기로 한다. 이 책에서 다루는 범위를 넘어서는 두 번째 주제는 영토분쟁이 최초로 발생하는 현상 그 자체이다. 이들 역시 매우 중요한 문제이지만, 앞으로 이 책에서 설명하는 이론들은 이미 존재하고 있는 영토분쟁에서 이루어지는 협력 또는 갈등고조의 전략적 결정을 설명하는 데 한정된다.

영토분쟁에서의 협력 전략

국가 간에 벌어지는 영토분쟁은 커다란 "판돈"이 걸린 경쟁이지만, 상대국가와 타협을 하는 것이 희귀한 현상은 아니다. 이와 관련한 후스Paul Huth와 앨리Todd Allee의 연구에 따르면 영토분쟁 사례들 중에서 대략 50% 정도가 양자 합의나 중재를 통해 해결되었는데, 그 과정에서 대개 분쟁 당사국 중 일방 혹은 쌍방에 의한 타협이 수반되었다고 한다.[11] 영토분쟁에서 타협이 가능한 이유는 다른 국가의 영토에 대해 자국의 주권을 주장하는 것은 일정한 대가나 기회비용을 수반하기 때문이다. 만약 그 대가나 기회비용이 분쟁 지역의 가치보다 크다면 분쟁 해결을 지연하는 것보다 타협하는 편이 더 매력적인 전략이 된다. 그렇다면, 타협이라는 전략을 설명하는 핵심은 분쟁 상태를 유지하기 위해 치러야 하는 대가를 분쟁 지역의 가치보다 더 증가시키는 경우를 파악하는 것이다. 분쟁 상태를 유지하는 데 드는 비용을 증가시키는 요소들은 아마도 다른 국가의 영토에 대해 자국의 권리를 주장하는 국가가 처해 있는 대외적 또는 내부적 안보환경의 총체적 변화로부터 발생할 것이다.

현재 진행 중인 분쟁이라면, 대개는 타협하거나 갈등을 고조시키는 어떠한 조치도 취하지 않고 분쟁상태를 유지하면서 그 해결을 지연시키는 것이 정치 지도자들에게 있어서 가장 비용이 적게 드는 전략이다. 다른 국가가 통제하거나 권리를 주장하는 지역에 대한 분쟁에는 항상 어느 정도의 비용이 수반된다. 어떤 국가가 다른 국가의 영토에 대해 자국의 권리를 주장하는 것은 그지역을 점유하고 있는 국가의 주권에 도전하는 것으로, 그 점유 국가에게 있어서 가장 핵심적인 이익인 영토의 보전에 대한 불확실성은 물론이고, 더 나아가 그 지역에 대해 자국의 권리를 주장하는 국가의 의도와 관련하여 의혹 또는 불신을 조성하는 것이다. 이러한 불확실성과 불신은 분쟁 당사국 간의 외교관계를 악화시키고 긴장된 상태에 처하게 함으로써 이들 국가가 상호협력을 하거나 협력을 강화하려는 의지를 갖기 어렵게 만들며 이는 분쟁 지역을 둘러싼 안보, 외교, 경제적 기회비용이 된다.[12] 분쟁은 다른 국가의 영토에 대해 권리를 주장하는 국가가 국제사회에서 부정적 평판이나 호전적 이미지를 덮어쓸 수 있다는 점에서도 비싼 대가를 요구한다. 국제사회의 가장 기본적인 규범적 가치 중 하나인 다른 국가의 주권에 도전하는 국가와 협력하는 것은 어떤 국가라도 경계할 것이기 때문이다.[13] 결론적으로, 분쟁상태를 유지하는 데 많은 비용이 소요되는 것은 분쟁 지역에 대해 자국의 권리가 있음을 주장하는 데 필요한 수단이 다른 이익들을, 그것이 대외적인 것이든 내부적인 것이든, 희생시키면서 가뜩이나 희소한 자원을 소비해버리기 때문인데, 이러한 점은 특히 분쟁이 군사적인 차원으로 확대될 경우 더욱 그러하다.

어떤 국가가 분쟁 지역에 대한 권리를 주장하며 상대국가를 압박하는 데 드는 비용의 존재는 그 지역을 양보하는 대신 자국이 추구하는 다른 이익과 교환하는 거래 혹은 홍정을 가능케 한다. 거래가 가능한 여지가 어느 정도인지는 분쟁이 진행되고 있는 전반적인 안보환경의 변화에 좌우되며, 이를 통해 상대국가와의 관계에 부여하는 가치가 분쟁 지역의 가치에 비교하여 어느 정도인지 판단할 수 있다. 상대국가와의 관계가 더욱 중요해진다면 협력하는 것이 분쟁 지역에 대한 권리를 계속 주장하거나 분쟁해결을 지연하는 것보다 우월한 전략이 될 것이다. 관련국가들이 처음부터 자국의 권리를 주장하도록 만들 만한 큰 "판돈high-stakes"이 걸려 있다면, 분쟁의 진행과정에서 뚜렷하거나 급격한 변화가 발생하는 경우에만 분쟁 지역의 중요성보다 상대국가와의 관계를 개선하는 이점이 더 커질 것이다. 그 결과, 국가의 대외적 안보나 내부의 자기보존성에 대한 위협은 영토분쟁에서 타협을 가능케 하는 가장 강력한 원천이 되는 것이다.

다른 국가의 영토에 대해 자국의 권리를 주장하는 데 소요되는 비용이 양보를 가능케 하는 거래가 이루어질 수 있을 협상의 여지를 창출하기는 하지만, 타협을 하고자 하는 국가의 의지는 분쟁 지역이 지니고 있는 근본적인 가치에 좌우된다. 그 지역의 중요성이 크면 클수록, 국가가 타협이나 양보를 고려하기 전에 분쟁 지역에 대한 권리를 주장하기 위해 기꺼이 지불할 의향이 있는 비용은 더 높아질 것이다. 상대국가와의 관계를 개선하고 심화하기 위해 영토분쟁에서 일정 부분 양보를 할 수 있는 협상의 여지는 대부분의 분쟁에서 어느 정도는 존재한다. 그러나 하나 또는 그 이상의 분쟁 당사국에게 거래 가능한 여지가 없는 경우도 존재할 수 있는데, 이 경우 분쟁 지역을 나누어 갖는 것은 불가능하며 분쟁해결을 지연하는 것보다 타협하는 것을 더 매력적으로 만들기 위해 소요되는 비용은 엄두도 내지 못할 만큼 증가하게 된다.[14] 예를 들어, 카슈미르Kashmir 같이 하나 또는 여러 국가들이 얽혀 있는 다민족 거주지역을 둘러싼 분쟁에서는 앞서 언급한 협상의 여지가 크게 줄어드는 것이다.[15] 또한, 민주주의 정치체제를 가진 국가들은 그 지도자가 다음 선거를 포기하지 않는 한 권위주의 국가들에 비하여 이런 다민족 거주지역을 둘러싼 분쟁에서 타협에 나설 가능성이 훨씬 적다.[16]

국가에 대한 대외적 또는 내부적 위협의 발생이 반드시 영토분쟁에서의 타협으로 귀결되는 것은 아니다. 영토분쟁에서의 협력을 설명하는 이론에서 협력이 가능한 여지를 정하는 핵심적 조건은 영토에 대한 양보를 받는 국가가 양보를 하는 국가에게 무엇인가 원조를 제공할 수 있다는 것이다. 국가가 영토에 관한 사안에서 양보를 하는 것은 그 반대급부로 무엇인가를 원하기 때문이며, 여기서 원하는 반대급부라는 것은 대개 영토를 양보하는 국가가 현재 직면해 있는 더 시급한 위협에 대응하는 데 필요한 상대국가의 지원이다. 국가 지도자들이 영토문제에서 양보하는 이유는 타협함으로써 다른 국가적 목적을 달성할 수 있으리라 믿기 때문이다. 영토를 양보함으로써 얻어낼 수 있는 것이 있다고 기대하지 않는다면 자국 안보에 위협이 발생하더라도 상대 국가에 양보를 하면서까지 타협을 할 이유가 없는 것이다.

외부적 위협과 영토분쟁에서의 협력 전략

외부적 위협이 영토분쟁에서 상대국가와 타협을 하도록 이끌어내는 요인이라는 논리는 국제관계 연구자들에게 비교적 명확하게 다가온다. 생존을 위해 국가들이 무정부적 경쟁을 벌이는 국제체제에서 자국의 국력과 영향력을 극대화하기 위해 다양한 대외정책의 비용과 편익을 평가하는 작업은 국가 지도자들에게 가장 중요한 과제가 되었다.[17] 영토분쟁도 예외가 아닌데, 분쟁 지역을 차지하기 위해 다투는 것의 순수한 편익은 국가가 추구하는 다른 목표들에 달려 있기 때문이다. 분쟁을 지속하는 국가가 처한 외부 환경이 변하면 분쟁 지역에 대한 권리를 추구하는 데 드는 비용과 편익도 변하게 된다. 외부로부터의 위협에 직면한 상황에서 그 위협에 대응하는 데 도움이 될 국가와의 관계 개선이 영토분쟁으로 방해를 받는다면 분쟁의 비용은 증가하게 된다.[18]

국가 안보에 대한 두 가지 유형의 외부적 위협이 상대국가와 타협을 하도록 하는 동기가 될 수 있다. 국제적인 역학 관계에서 국가가 차지하는 상대적인 입지에 대한 외부적 위협, 특히 국제체제 내에서 가장 강한 국가들로부터 받는 외부적 위협은 영토분쟁 중인 상대국가와 협력하게 하는 한 가지 요인이다. 이러한 설명의 논리는 구조적 현실주의structural realism에 그 근거를 두고 있다.[19] 이러한 유형의 외부적 위협은 분쟁 지역의 가치에 비하여 분쟁 상대국가와의 관계를 강화하는 것이 더욱 중요할 정도로 위협을 가하는 국가와 국력에 있어 불균형이 존재할 때 발생한다. 다른 국가에 비해 국력이 쇠퇴하는 국가는 자국의 영향력을 유지하고 더 이상의 쇠퇴를 막기 위해 영토분쟁 중인 국가와 타협을 도모하려 할 수 있을 것이다. 한편, 국력이 신장되고 있는 국가라 하더라도 다른 강한 국가들이 자국을 견제하기 위한 연합coalition 을 형성하는 사태를 방지하기 위해 영토분쟁에서 상대국가에게 어느 정도 양보를 할 수 있을 것이다. 하지만 상대적인 입지가 확고하거나 안정적인 국가라면 타협을 할 만한 동기가 거의 없다고 할 수 있다.

특정한 국가와의 경쟁은 영토분쟁에서 상대국가와 협력하게 하는 두 번째 유형의 외부적 위협이다. 이러한 맥락에서 타협을 설명하는 논리는 위협균형이론balance of threat theory과 국가 간 경쟁관계에 관한 문헌에서 그 근거를 찾을 수 있다.[20] 이러한 유형의 위협은 특정 국가와의 안보 경쟁이 시작되거나 격화될 때 발생한다. 특정 국가와 이미 경쟁하고 있는 와중에 발생한 제3의 국가와 영토분쟁이 군사력 확충이나 동맹 구축과 같은 내부적 또는 외부적 견제 노력을 통해 이미 경쟁하고 있던 특정 국가에 대응할 수 있는 역량을 제한한다면, 그러한 영토분쟁은 훨씬 더 많은 대가를 요구하게 된다.

이들 두 가지 중 어떤 유형의 외부적 위협이 발생하더라도, 기존의 영토분쟁이 이 외부적 위협에 대응하는 데 필요한 지원을 획득하는 것을 방해하거나 제한한다면 기존의 영토분쟁을 지속하는 비용은 증가하게 된다. 따라서 외부적 위협에 직면한 국가는 다음과 같은 안보 목적 중 하나를 달성하기 위한 역량을 제고하는 데 필요한 지원을 받는 대가로서 영토문제에서 양보할 가능성이 있다.

1. 군사적 역량과 외교적 영향력을 강화하기 위한 동맹 결성 또는 강화
2. 제3의 국가와 연계를 강화함으로써 적대국 또는 경쟁국이 제3의 국가와 동맹을 맺을 가능성 차단
3. 양자 거래관계 확대 또는 방어를 위한 자원 결집을 통한 내부적 균형interal balancing 촉진

외부적 위협이 발생하면 국가는 이들 중 하나 또는 그 이상의 목적을 달성

하기 위해 영토문제에서 타협을 추구할 가능성이 높다. 영토분쟁에서의 협력은 그 분쟁을 지속하는 것이 새로운 외부적 위협에 대응하는 데 필요한 자산이 되지 못하거나 새로운 위협에 대응하는 데 필요한 군사적, 외교적 자원을 고갈시키는 경우 발생하게 된다. 그러한 외부적 위협이 없다면 국가는 분쟁의 해결을 지연시키며 영토에 대한 권리를 계속 주장할 것이다.

외부적 위협이 영토분쟁에서 타협하도록 동기를 창출한 사례는 가까운 과거에서도 쉽게 찾을 수 있는데, 냉전 초기 소련이 갑작스럽게 터키(1953)와 이란(1954) 영토 일부에 대한 권리를 포기한 것도 그 중 하나이다. 전세계적 차원에서 미국과의 경쟁이 치열해지면서 이들 국가와 영토분쟁 상태를 지속하는 것이 소련에게 더욱 큰 비용을 요구하게 되었기 때문에, 소련은 자국의 영토라는 주장을 철회함으로써 이들 국가와의 외교적 관계를 강화하여 미국에 맞서고자 했던 것이다.[21] 냉전이라는 시대적 상황은 서유럽 국가들 사이의 영토분쟁에서도 유사한 영향을 미쳤다. 예를 들어, 1956년 프랑스는 제2차 세계대전 이후 점령하고 있던 자르Saar 지역의 서독 편입에 동의했는데, 이는 아직 걸음마 단계인 북대서양조약기구(NATO)라는 동맹 체제를 보호하고 서유럽 국가들의 결속을 강화하는 것이 어떤 잠재적인 영토적 이득보다 중요하다는 결론에 따른 것이었다.[22]

외부적 위협을 영토분쟁에서 상대국가와의 협력을 유도하는 요인으로 보는 것은 최근의 연구에서 밝혀진 몇 가지 경험적 사실들과도 일맥상통한다. 예를 들어, 후스Paul Huth와 앨리Todd Allee의 연구에 따르면, 공식적으로 동맹관계를 맺고 있는 국가들 간에는 영토분쟁이 발생하더라도 양보를 통해 해결할 가능성이 더 높은데, 이는 동맹을 유지하고 공동의 위협에 대응하는 것이 영토분쟁을 통해서 얻을 수 있는 그 어떤 이익보다 더 중요하기 때문이라는 것이다.[23] 한편, 다수의 군사적 분쟁들에 관여하고 있는 국가는 양보할 가능성이 더 높다는 연구결과도 제시되고 있다.[24] 하지만 여기서 제시된 주장은 좀더 광범위하다. 영토분쟁이라는 맥락에서 보면, 상대국가로부터의 외교적 또는 군사적 지원의 가치를 증대시키는 외부적 위협들은 상대국가에게 영토적으로 양보를 할 가능성을 높이게 된다.

내부적 위협과 영토분쟁에서의 협력 전략

외부적 위협과 달리, 내부적 위협을 영토분쟁에서의 타협의 요인으로 설명하는 논리는 대부분의 국제관계 연구자들에게는 직관에 반하는 것으로 보인다. 국가 내부에서 발생하는 국내정치적 갈등은 대개 지도자들에게 대외적으로 협력이 아닌 충돌을 추구하게 하는 강력한 동기로 작용한다고 보기 때문이다. 특히, 관심전환 전쟁 이론diversionary war theory은 정치적 생존에 대한 내부적 위협에 직면한 지도자들은 이를 극복하기 위해 대외적으로 갈등을 고조시킬 것이라 주장하는데, 민주화와 전쟁의 관계를 다룬 맨스필드Edward Mansfield와 스나이더Jack Snyder의 최근 연구결과도 이와 맥을 같이한다.[25] 그럼에도 불구하고, 국가의 국내적 위상이 위협받을 경우, 영토분쟁에서 상대국가와 타협하는 것이 분쟁의 해결을 지연시키는 것보다 편익이 더 클 수 있다. 이러한 위협은 체제의 안전regime security에 대한 위협으로, 여기서 "체제의 안전"이란 국가의 핵심적 정치제도의 내구력strength과 안정성stability, 그리고 정당성legitimacy으로 정의된다.[26]

체제의 안전에 대한 내부적 위협이 영토분쟁에서 상대국가와 타협하도록 하는 동기를 창출한다는 논리는 국내정치와 대외정책에 대한 학문적 논의를 이전보다 더욱 발전시켰다. 개발도상국가들이 긴밀하게 협력하는 현상을 연구한 데이비드Steven David에 따르면, 국가 지도자들은 "전방위적인 균형omnibalance"을 추구하며 자신이 직면한 가장 중대한 위협에 맞서기 위해, 그 위협이 대외적인 것이든 내부적인 것이든, 동맹관계를 형성하게 된다.[27] 실제로 많은 국가 지도자들, 특히 권위주의 국가나 신생 민주국가 지도자들의 정치적 생명에 대한 가장 심각한 위협은 반란이나 쿠데타 같은 내부의 도전으로부터 발생한다.[28] 따라서, 자신의 집권기간을 극대화하기 위해서는 지도자들은 눈앞의 내부 적대세력에 맞서 외부의 적과도 동맹을 형성할 수 있다는 것이다.[29]

국가의 내부에서 체제의 안전에 대한 위협이 등장하게 되면 국가는 내부적 안보를 강화하기 위해 억압적인 국내정치적 수단 외에 대외정책을 이용할 수도 있다. 인접국가들의 지원을 받는 대가로 영토문제에서 이들과 협력할 수 있는데, 이들 국가로부터 다음과 같은 형태의 지원을 기대하게 된다.

1. 국내의 반대 집단에 대한 물적 지원 제공 거부와 같이, 내부적 위협에 맞서는 데 있어 직접적인 지원을 얻는 것
2. 대외적 방어가 아닌 국내의 정책적 우선순위를 위해 자원을 집결할 수 있게 되는 것
3. 정권에 대한 국제적 인정을 강화하고 국제사회가 지닌 현상유지적 편향성을 이용해 국내의 반대세력에 정당성을 약화시키는 것[30]

또한, 내부적 위협에 직면한 국가는 다른 국가들이 이를 이용하여 이익을 취하려 할 가능성을 사전에 차단하여 대외적 안보 상황을 개선하기 위해 대외적으로는 협력을 추구할 수도 있다. 따라서 체제의 불안정성이 대외정책에 미치는 이러한 효과들은 역설적이라 할 수 있다. 즉, 정권의 권위와 통제력을 확고히 하려는 노력이 내부적으로는 대개 억압적인 수단이나 과정을 통하여 이루어지지만, 대외적으로는 영토문제에서 상대국가와 기꺼이 타협하고자 하는 의지를 배가시키는 것이다. 따라서 국가의 그러한 행태는 외견상 평화적이지만 그 근본적인 동기가 반드시 선의에 기반을 두고 있는 것은 아니다.

최근에 이루어진 연구에서는 대체로 체제의 불안정성이 다른 국가와의 협력을 가능케 하는 요인으로 간주되고 있다. 데탕트detente(1970년대 미국과 소련을 중심으로 한 동서 진영 간의 긴장완화—옮긴이)의 기원을 광범위하게 분석

한 수리Jeremi Suri의 연구에서는 사회적 혼란이 어떻게 강대국 간에 협력을 가능케 하는 강력한 동기를 창출했는지를 프랑스, 독일, 미국, 중국, 소련의 사례를 들어 설명하고 있다.[31] 계량적 분석기법을 활용한 끼오짜Giacomo Chiozza 와 괴만스Hein Goemans의 연구에 따르면, 정치적으로 불안정한 국가의 지도자들은 정치적으로 안정된 국가의 지도자들보다 국제적인 위기를 촉발시킬 가능성이 낮다.[32] 이 분석이 정치적으로 불안정한 국가의 지도자들이 국제분쟁에서 상대국가와 타협할 가능성이 더 높은지를 직접 검증한 것은 아니지만, 이 연구에서 발견된 국내 정치적 불안정성과 대외적 갈등회피 성향 사이의 관계는 체제의 불안정성을 대외적으로 다른 국가와 협력하게 하는 요인으로 보는 논리와 일맥상통한다. 정치적 불안정성 증가가 엘리트 집단이 경제발전을 촉진하기 위해 국제금융 자유화를 지지하는 것과 연결되어 있음을 밝히는 연구 성과도 제시된 바 있다.[33] 체제의 안전에 대한 내부적 위협 요인에 공동으로 대응한다는 긴요하고도 불가피한 필요성이 역내 문제를 다루는 지역기구가 형성되는 동기로 제시되기도 하는데, 역내 공산주의 세력이나 이슬람원리주의 세력의 도전에 대응하기 위한 동남아시아국가연합(ASEAN)이나 걸프협력회의(GCC)가 대표적인 사례이다.[34]

영토분쟁에서 상대국가와 타협을 하도록 하는 동기를 창출하는 내부적 위협에는 두 가지 유형이 있다. 영토의 보전에 대한 내부적 위협은 그러한 타협을 하도록 하는 한 가지 요인이다. 대개 이러한 유형의 위협은 국가의 권위를 상징하는 가장 근본적인 지표인 영토에 대한 행정적 통제에 도전하는 소요사태나 폭동의 형태로 나타난다. 국경 인근에서 폭동이나 반란이 발생하는 경우, 그 지역과 인접한 국가가 반란세력을 지원하거나 심지어 직접 개입하려 할 수도 있기 때문에 그 인접국가와 영토분쟁을 하며 치르는 비용은 이전보다 훨씬 더 커지게 된다. 따라서 접경지역에서 소요 사태나 폭동이 발생한 경우 국가는 이를 진압하기 위해 인접국가에 영토적으로 양보를 하며 다음과 같은 직접적인 지원을 얻어내려 할 가능성이 더 높아질 것이다.

1. 국경 봉쇄

2. 반란세력 기지 공격

3. 반란세력에 대한 물적 지원이나 망명지 제공 거부

4. 국외로 도주한 반란세력 수뇌부 송환

5. 반란세력 추격을 위한 자국 병력의 월경 시 해당 인접국가의 허용 혹은 묵인

6. 내정 불간섭 보장

7. 반란 발생지역에 대한 자국의 주권 인정[35]

이란과 이라크의 샤트-알-아랍 수로Shatt-al-Arab waterway 분쟁은 영토의 보전에 대한 내부적 위협이 분쟁해결에서 두드러지는 역할을 수행한 사례이다. 독립한 이래로 이라크는 양국의 국경선이 이 하천의 이란측 강변에 위치한다고 주장하며, 이 중요한 교통로에 부분적으로나마 이란의 접근을 허용했던 과거의 합의에 대해 이의를 제기해 왔다. 그러나 1975년 이라크는 기존의 주장을 포기하며 이 하천의 가항수로可航水路 중앙선을 국경선으로 삼는 데 합의했는데, 이는 1968년 수립된 이라크의 바트당 정권이 자국 영토, 특히 이란으로부터 지원을 받고 있던 쿠르드족Kurdish 거주 지역에 대한 통제권을 확고히 하고자 했기 때문이었다. 이란의 쿠르드족 지원이 이라크의 영토 보전에 장기적으로 미치게 될 영향을 두려워한 후세인Saddam Hussein 이라크 대통령은 쿠르드족에 대한 이란의 지원 중단을 대가로 샤트-알-아랍 수로 분쟁에서 이란에 영토적으로 양보를 한 것이다.[36]

정치적 안정성에 대한 내부적 위협은 영토분쟁에서 상대국가와의 협력을 선택하게 하는 두 번째 요인이다. 이러한 유형의 위협은 대규모 시위나 경제 침체와 같이, 국가와 사회를 통치하는 정권의 정당성에 의문을 제기하게 하는 사회 불안의 형태로 나타난다. 그러한 위협 요인은 국경에서 멀리 떨어진 내부에서 발생하더라도 영토분쟁을 지속하는 비용을 훨씬 더 증가시키는데, 이는 영토분쟁 자체가 지도자가 국내 소요에 적절히 대처하는 데 집중할 수

없게 하기 때문이다. 국가가 정치적 불안정성에 직면하게 되면 내부의 불안정성을 극복하는 데 필요한 다음과 같은 지원을 상대국가로부터 얻어내기 위해 영토분쟁에서 양보할 가능성이 더 높아지게 된다.

1. 경제발전의 촉진, 생활수준 향상, 정권의 정당성 제고를 위한 무역과 투자 증대
2. 한정된 자원을 국내의 정책적 소요에 우선적으로 할당하기 위해 필요한 대외적 긴장의 최소화
3. 자국 내부 반대세력의 정당성 박탈
4. 자국의 내부적 취약성을 이용한 다른 국가들의 이익 추구 시도 억제
5. 국가와 사회를 통치하는 정권의 정당성에 대한 대외적 인정

예를 들어, 아르헨티나와 우루과이가 1916년에 체결한 국경선 및 리오 데 라 플라타Rio de la Plata 지역의 경계선 위치에 대한 협정은 이후 사실상 파기된 상태였는데, 국내 정치적으로 수세에 몰린 라누세Alejandro Lanusse 장군의 아르헨티나 군사정권이 1971년 우루과이와 타협하기로 결정하여 1973년 그의 뒤를 이은 페론Juan Peron 대통령이 협정서에 서명하게 되었다.[37] 결국은 실패했지만, 에콰도르와 페루의 분쟁 역시 정치적 불안정성이 장기간 지속된 국경분쟁을 해결하는 데 일정한 역할을 한 사례이다. 1990년대 초에 취임한 페루의 후지모리Alberto Fujimori 대통령은 경제 위기 및 영토 일부를 장악하고 있던 공산 게릴라 세력The Shining Path의 도전에 대응하기 위해, 1992년 에콰도르에 페루 영토 내의 아마존강 항행권을 부여함으로써 대서양으로의 접근을 보장해 주는 내용의 포괄적인 해결방안을 제안했다.[38]

관심전환 전쟁 이론이 보여주는 강력한 통찰력에도 불구하고, 체제의 불안정성은 다음과 같은 이유 때문에 영토분쟁에서 타협을 선택하게 하는 타당성 있는 요인이 될 수 있다. 첫 번째, 관심전환 전쟁 이론을 뒷받침하는 논리가

직관적으로 강력하지만 완벽하지는 않다는 점이다.[39] 이 이론은 대외적으로 갈등을 일으키는 지도자들에게는 그만한 국내정치적 편익이 있음을 지적하지만, 대외적 갈등고조 정책을 지도자들의 국내정치적 안전을 강화하기 위해 채택될 수 있는 다른 대외정책들과 비교하지는 않는다. 게다가, 이 이론을 지지하는 이들은 지도자들이 언제 그러한 조치들을 취할지, 즉 사회에 대한 정권의 통제력이 위협받을 때인지, 아니면 개인적인 권력이 위험에 처하고 난 이후인지 구체적으로 설명하지 못한다. 또한, 영토분쟁에 따른 긴장상태가 지도자로 하여금 사회 전체의 지지를 동원하는 것을 용이하게 할 수는 있겠으나 그렇게 하고도 영토적 목적을 달성하지 못할 경우 지도자에게는 국내정치적으로 훨씬 더 큰 처벌이 가해질 가능성이 높다는 점을 감안한다면, 영토분쟁은 거의 틀림없이, 정치 지도자들이 단지 국내정치적 목적만을 위해서 건드리기에는 가장 위험한 이슈일 것이다. 마지막으로, 관심전환 전쟁 이론을 뒷받침하는 국내정치적 불안과 대외적 갈등의 상관관계에 대한 계량적 분석에서 나온 실증 결과들이 놀라울 만큼 엇갈리고 상호 모순되어 있다는 점을 지적할 수 있다.[40]

체제의 불안정성이 영토분쟁에서의 타협을 설명하는 타당성 있는 요인이 될 수 있는 두 번째 이유는 20세기 영토분쟁에서 권위주의 정치체제를 가진 국가가 최소한 일방을 구성하는 경우가 대부분이고, 정권에 대한 내부적 위협이 이러한 권위주의 국가들 사이에서 가장 공통적인 특징이기 때문이다.[41] 권위주의 정치체제 하에서는 권력이 국민투표나 법의 지배, 또는 헌정 질서에 의해 확보, 보장되는 것이 아니기 때문에 민중 봉기, 쿠데타, 혁명, 권력승계와 같이 정치권력을 획득하고 유지하기 위해 국가에 직접적으로 도전하는 초헌법적 시도가 발생할 가능성이 높다.[42] 계량적 분석기법을 이용한 후스Paul Huth와 앨리Todd Allee의 연구에 따르면, 영토분쟁에서 현상변경을 요구하는 국가들 중 약 2/3가 비민주주의 국가들이다.[43] 이 연구에서 권위주의 국가들이 영토분쟁에서 협상을 먼저 제의할 가능성은 민주주의 국가들에 비하여 평균적으로 낮지만, 그럼에도 불구하고 분쟁의 평화적 해결을 전적으로 추구하는 국가들은 대부분 이들 권위주의 국가들이다. 또한, 일단 협상이 시작되면 이들 국가가 양보를 할 가능성은 민주주의 국가들만큼이나 높은 것으로 나타나는데 이러한 현상이 나타나는 규칙성을 기존의 연구 성과로는 설명할 수 없다.[44]

마지막으로, 세 번째 이유는 다수의 권위주의 정권들이 내부적 권위 또는 자국 내에서의 "방송 능력broadcasting power"의 한계에 직면해 있다는 점이다. 예를 들어, 아프리카에서는 제한된 방송 능력이 식민지 해방 이후 신생 독립 국가들이 영토분쟁을 개시하지 않는 강력한 동기로 작용했다.[45] 방송 능력이 제한되면 지도자들이 내부로부터의 위협에 대항하기 위해 사용할 수 있는 국내정치적 수단이 더 적어지고 인접국가들이 자국의 정치적 안정성에 영향을 미칠 잠재적인 위험성이 증가하는데, 이것이 영토분쟁이 애초부터 촉발되지 않도록 하는 강력한 동기가 된다.

영토분쟁에서의 협력 전략에 대한 대안적 설명들

앞서 설명한 협력에 관한 이론은 국가가 영토분쟁에서 타협이라는 정책 결정을 하게 되는 이유와 시점을 설명하는 두 가지 메커니즘 혹은 작동기제를 담고 있다. 첫 번째는 분쟁이 발생한 국가의 외부적 안보환경, 다시 말해서 상대적인 국력의 변화나 다른 국가와의 경쟁으로 인하여 발생하는 위협요소를 강조한다. 두 번째는 국가의 내부적 안보환경의 변화, 다시 말해서 반란이나 정당성의 위기를 야기하는 체제의 안전에 대한 내부로부터의 위협요소에 주목한다. 영토분쟁에서의 협력을 설명하는 이러한 메커니즘들은 타협하는 데 소요되는 비용에 비하여 영토를 확보하기 위해 다른 국가와 다투는 데 소요되는 비용을 증가시키는 요소들을 파악하는 한편, 그러한 요소들이 협력을 위한 동기를 창출해내는 방식과 관련해서는 영토문제에서 양보함으로써 상대국가의 지원을 얻는 것이 내부적 또는 대외적으로 국가 안보를 강화할 수 있다고 설명한다.

영토분쟁에서의 협력을 설명하는 이 같은 이론은 오늘날의 국제관계 이론으로 따진다면 "합리주의rationalist"라 할 수 있을 것이다. 협력이라는 동일한 현상을 설명하는 다른 중요한 대안은 "규범주의ideational"다. 파잘Tanisha Fazal은 제2차 세계대전 이후 국제사회에서 확고히 자리 잡게 된 영토적 정복에 반대하는 규범이 1920년대부터 나타나고 있었음을 발견했다.[46] 그녀의 연구가 영토분쟁에서의 타협을 다룬 것은 아니지만, 영토적 정복에 반대하는 규범의 출현으로 인하여 영토와 관련한 현재의 상황을 변경하는 대안은, 설혹 무력이 아닌 협상을 통해 추진하더라도, 점점 더 정당성이 저하되고 있으며 그에 따라 더 많은 비용이 들 것이므로 영토분쟁에서 양보할 가능성이 더 높아질 수 있음을 시사한다.

영토적 정복에 반대하는 규범이 출현하여 국제사회에서 정착되었음을 보여주는 증거는 널리 존재한다. 그렇지만 영토분쟁의 해결에서 이러한 규범이 수행한 역할이 그만큼 명확하지는 않다. 그러한 규범의 존재로 인하여 영토분쟁에서 무력을 사용하려는 의지가 약화될 것이라 추측할 수는 있어도, 관련국가들이 무력행사 의지가 약화되는 만큼 실제로 기꺼이 양보를 할 것이라고까지는 결론지을 수 없기 때문이다. 그러한 규범을 무력으로 영토를 변경하려는 시도의 감소와 연결할 수 있겠지만, 분쟁에서 지연 전략을 유지하는 것의 가치를 지지하는 것일 수도 있다. 다시 말해서, 그러한 규범이 실제로 존재하더라도 영토분쟁에서 국가가 지연 전략을 고수하는 대신에 타협을 선택하는 이유를 설명하는 이론이 여전히 필요하다는 것이다. 또한, 그러한 규범은 일단 출현하면 비교적 변치 않고 유지되기 때문에 다른 정책을 채택하고 있던 국가가 시간이 흐른 후 타협적 해결로 정책을 변경하는 현상을 설명하지 못할 것이며, 특히 그 규범이 정착된 이후의 정책 변경에 대해서는 설명력이 더욱 떨어질 것이다. 이에 비하여, 영토분쟁에서의 협력에 관한 필자의 이론은 그러한 규범을 수용한 국가들을 대상으로 하면서도 타협적 해결을 결정하는 시기와 동기를 설명할 수 있다.

"민주평화 이론democratic peace theory"은 영토분쟁에서 협력을 설명하는 또다른 대안적 이론이다. 민주주의 국가 사이에서는 영토문제를 포함하여, 설혹 그럴 일이 있다 하더라도 전쟁으로까지 가는 일은 거의 없다[47]는 것이 이 이론의 요지이며, 민주주의 국가들의 평화선호적 성향은 그들이 영토분쟁에서 서로 타협할 가능성이 높다는 것을 시사한다. 그런데, 이 민주평화 이론이 무력의 사용이 감소하는 조건들을 상세히 제시하고는 있으나 민주주의 국가들 사이에서 무력 사용이 감소한다는 것이 반드시 이들 국가가 영토분쟁에서 서로 양보를 할 가능성이 더 높다는 결론으로 연결되는 것은 아니다. 영토적 정복을 반대하는 규범과 마찬가지로, 민주주의 역시 단지 분쟁해결의 지연에 대한 선호를 강화할 뿐일 수도 있기 때문이다. 영토분쟁을 종합적으로 분석한 한 연구결과에 따르면, 민주주의 국가가 같은 민주주의 국가와의 분쟁에서 양보를 할 가능성이 비민주주의 국가와의 분쟁에서 양보를 할 가능성보다 더 높기는 하지만, 비민주주의 국가들이 분쟁에서 전반적으로 양보를 할 가능성에 비하면 그다지 높지 않다는 것이다.[48] 결국, 두 유형의 국가들이 비민주주의 국가에게 언제, 무슨 이유로 양보하는지 설명할 수 있는 이론이 필요하게 된다.

마지막으로, "경제적 상호의존economic interdependence" 이론 역시 국가가 영토분쟁에서 양보라는 선택을 하는 행태를 설명하는 대안적 이론이다. 이 이론에 따르면, 경제적 상호의존성이 높거나 증가하고 있는 국가들 사이에 분쟁이 존재할 경우, 국가들은 그 분쟁 때문에 가로막힌 무역이나 투자를 되살리기 위해 양보를 할 가능성이 높다는 것이다.[49] 국가 안보자산으로서 영토의 가치가 감소하고 있다는 주장이나 "자본주의 평화론capitalist peace"은 이 이론의 설득력을 강화한다.[50] 그럼에도 불구하고, 상호의존성이 영토분쟁에서 타협 전략을 선택하는 개별적인 결정들을 설명할 수 있을 것 같지는 않다.

상호의존 관계에 있는 국가들 사이에 존재하는 상호의존의 비대칭성이 분쟁해결 협상에서 상대국가에 대한 의존도가 낮은 국가가 휘두를 수 있는 효과적인 무기가 될 수 있다는 점은 이 이론이 지닌 문제점 중 하나이다. 게다가 무역과 투자의 걸림돌을 제거하기 위해 영토문제에서 타협을 한다고 하더라도, 그 사실만으로는 그 국가가 타협을 선택한 동기가 이 이론에 따른 것인지 말할 수 없다. 이는 외부적 또는 내부적 위협이 국가가 타협을 선택하도록 동기를 부여한 것일 수도 있기 때문인데, 그러한 위협들은 다른 목표들을 성취하고 국내적으로든 대외적으로든 국가의 안보를 강화하는 수단으로서의 경제발전의 가치를 증가시킨다.

영토분쟁에서의 갈등고조 전략

일반적으로 영토분쟁 연구에서는 분쟁이 고강도의 폭력 사태로 고조되는 현상을 설명하는 데 있어 핵심적 변수로서 군사력에 초점을 맞춘다. 한편으로는 이러한 설명은 놀랍지는 않은데, 적대 세력으로부터 영토를 빼앗고 지키는 것이 군사력의 목적 중 하나이기 때문이다. 일정한 군사적 역량을 보유한 국가만이 처음부터 바로 무력을 사용할 수 있을 것이다. 하지만 이러한 설명만으로는 영토분쟁에서 갈등이 고조되는 원인과 관련한 많은 질문들에 적절하게 답변할 수 없다. 더 강한 국가가 영토적 목적을 달성하기 위해 무력을 사용하기 더 용이하겠지만 언제 그리고 무슨 이유로, 탐욕이든 안보에 대한 불안감이든, 그렇게 할 것인지는 명확하지 않은 것이다.

영토분쟁을 겪는 국가들이 갈등을 고조시키는 원인과 시점을 설명하기 위해, 이 책에서는 논의의 초점을 한 국가의 전반적 안보환경으로부터 특정한 분쟁에서 국가의 장악력claim strength 또는 협상력bargaining power으로 옮기도록 하겠다. 또한, 영토분쟁에서 어떤 국가가 처해 있는 상대적인 입지를 검토함에 있어서 예방전쟁 이론preventive war theory을 새로운 영역으로 확장하도록 하겠다. 예방전쟁이란 "미래에 악화된 여건에서 전쟁을 수행해야 하는 위험을 피하기 위해 지금 수행하는 전쟁"이라 정의할 수 있다.[51] 국력이 쇠퇴하고 있는 국가의 지도자는 미래의 협상력 감소 혹은 미래에 더 불리한 여건에서 전쟁을 치러야 할 위험성이 증가하는 것과 같은, 국제체제에서 자국 입지의 장기적 약화로 인해 발생하게 될 결과를 우려한다. 레비Jack Levy의 설명에 따르면, 이러한 우려는 자국의 영향력 감소에 따른 부정적 효과를 최소화하거나 심지어 자국의 영향력을 유지하기 위한 전략적 대안으로서 전쟁이 점차 매력적인 선택지가 되어감에 따라 무력을 사용할 "사전 예방적인 동기"를 창출하는 것이다.[52] 여기서 중요한 것은, 다른 국가와 특별히 갈등을 빚는 이익의 충돌이나 전쟁을 정당화하는 사유가 존재하지 않더라도 미래에 대한 불확실성만으로도 전쟁을 선택할 수 있다는 점이다. 실증연구에서는 이러한 국력의 변동으로 인하여 발생하는 무력 사용의 동기를 "창"이라 지칭한다. 시간이 흐를수록 "기회의 창window of opportunity", 즉 공격하는 자의 유리함offensive advantage이 감소하는 반면에 "취약성의 창window of vulnerability", 즉 방어하는 자의 취약성defensive weakness은 증대하는데,[53] 이들 두 개의 개념 모두 "지금 해치우는 것이 나중에 하는 것보다 낫다"는 동일한 논리를 뒷받침한다.[54]

영토분쟁에 관여하는 국가들은 상충하는 이해관계를 가지며 자국의 이익을 위해 서로 경쟁한다. 국가는 특정 분쟁에서 자국의 입지를 "장악력claim strength"의 측면에서 평가하는데, 여기서 장악력은 영토분쟁이라는 갈등 상황에서의 협상력bargaining power 또는 분쟁 중인 지역에 대한 통제능력으로 정의된다. 중요한 것은 이 장악력이라는 개념이 분쟁 지역에 대한 특정 국가의 주권이 국제법적으로 인정되는지 여부에 좌우되는 것이 아니라는 점이다. 장악력을 구성하는 첫 번째 요소는 분쟁 지역 전체에서 그 국가가 차지하는 영역이 얼마나 되느냐이다. 분쟁 지역에서 차지하고 있는 비중이 클수록 상대

군사력 투입 능력	점유 영역이 분쟁 지역에서 차지하는 비중	
	작음(small)	큼(large)
높음	강력(strong)	우세(dominant)
낮음	열세(Inferior)	취약(weak)

표 1.1 영토분쟁에서의 장악력

국가가 무력으로 현상 변경을 시도하는 데 드는 비용이 그만큼 더 커지기 때문에 분쟁에서의 입지가 더 강해진다. 두 번째 요소는 분쟁 지역 전체에, 통제력이 미치지 않더라도 자국이 권리를 가진다고 주장하는 영역까지 포함하여, 군사력을 투입할 수 있는 능력이다. 분쟁 지역의 일부만을 장악하고 있는 국가라 하더라도 상대국가의 의사에 반하여 분쟁 지역 전체에 군사력을 투입할 수도 있다. 이러한 맥락에서 볼 때, 군사력의 투입은 해당 지역에서의 군사적 균형에 관한 문제이지 국제체제에서 그 국가가 차지하는 전반적인 위상이나 영향력과 관련된 것은 아니다. 대부분의 국가는 다양한 군사안보 목표를 가지고 있으므로 특정한 임무에는 그 임무가 어떤 것이든 군사적 자산의 전부가 아닌 일부만 할당될 수 있다.

장악력claim strength을 구성하는 두 가지 요소 모두 분쟁에서 국가의 협상력을 구성하며, 협상 테이블에서 자국이 선호하는 해결방안을 관철하는 능력에 영향을 미친다. 이 구성요소들을 완벽하게 계량화하여 측정하는 데는 한계가 있으나, 극도로 단순화하여 〈표 1.1〉에서와 같이 장악력을 유형화할 수 있다. 강력하거나 우세한 장악력을 지닌 국가의 지도자들은 외교적인 방법으로 자국이 선호하는 해결방안을 얻어낼 가능성에 대해 낙관적일 수 있다. 반대로, 장악력이 취약하거나 열세인 국가의 지도자들은 외교를 통하여 원하는 결과를 얻어내는 데 비관적일 가능성이 높다.

이어서 논의하는 바와 같이, 장악력의 변화에 대한 인식은 국가가 무력을 사용하고자 하는 동기를 만들어낸다. 시간이 흐를수록 장악력이 증가하는 국가는 분쟁의 최종적인 결과에 대해 더욱 낙관하게 되고 이러한 국가가 무력을 사용할 가능성은 감소하게 된다.[55] 그러나 장악력이 감소하는 국가는 영토적 목적을 달성할 수 있는 자국의 능력에 대해 더욱 비관적이 되고, 장악력이 감소하는 추세를 멈추거나 반전시키기 위해 무력을 사용할 가능성이 증가하게 된다. 영토분쟁에서 취약하거나 열세한 위치에 있는 국가가 갈등을 고조시키는 두 번째 원인 역시 장악력에 초점을 맞추면 이해할 수 있다. 그러한 국가가 분쟁에서 차지하는 상대적인 군사적 입지가 갑자기 그리고 일시적으로 개선된 경우, 그 국가는 무력 사용의 유혹을 받기 쉬운데, 그러한 변동은 분쟁 지역을 점유하거나 자국의 권리 주장을 강화할 수 있는 기회를 제공하기 때문이다.

협력에 관한 결정에서와 마찬가지로, 어떤 분쟁 지역의 중요도salience는 국가가 갈등을 고조시키는 결정을 내리는 데 있어서 결정적인 변수이다. 모든 조건이 동일하다면, 분쟁 대상이 된 지역의 군사적, 경제적 또는 상징적 가치가 크면 클수록 자국의 장악력 변화에 대한 민감성은 더 커지게 된다. 분쟁 지역의 중요도가 크면 클수록 이 지역을 차지하거나 방어하기 위해 무력을 사용함으로써 얻을 수 있는 잠재적인 이익도 더 커지게 된다. 그럼에도 불구하고, 어떤 분쟁 지역의 중요도는 자주 변하는 일이 없으며, 특정한 영토분쟁에서 대체로 변함 없이 유지되기 때문에, 그러한 중요도만으로는 국가가 영토분쟁에서 갈등을 고조시키는 결정을 내리는 이유와 그 시점을 완벽하게 설명할 수 없다. 특정 영토의 중요도가 증가하는 현상은 두 가지 경로를 통해 가능하다. 첫 번째 경로는 석유나 광물 같은 자원의 발견을 통해서인데, 이러한 자원의 발견은 갈등고조 전략의 편익을 증가시킨다. 특히 더 약한 장악력을 지닌 국가의 편익을 더 크게 증가시킨다.[56] 두 번째 경로는 분쟁 당사국 중 일방 또는 양측 모두의 경제 성장이 창출하는 측면 압박lateral pressure을 통해서인데, 그러한 압박으로 인해 분쟁 지역에 존재하는 자원에 대한 통제권의

가치가 증대하게 된다.[57]

분쟁에서 협상력의 변동이 불리한 방향이든 유리한 방향이든, 그 변동이 반드시 무력 사용의 위협이나 실제 실행으로 이어지는 것은 아니다. 필자가 제시한 갈등고조 이론의 핵심적인 적용범위 조건은, 협상력의 상대적인 쇠퇴나 일시적인 기회를 맞은 국가가 최소한 분쟁 지역의 일부라도 차지하거나 상대국가가 장악하고 있는 지역을 공격할 수 있는 군사적 역량을 보유하고 있다는 것이다. 이 책에서는 이 "실행가능한 군사적 역량"을 상비군이나 현재 전투 중인 전력을 훼손할 위험 없이 제한된 목적의 군사작전을 수행할 수 있는 능력으로 정의한다. 상대국가에 비해 군사력이 매우 취약한 국가는 무력을 사용할 가능성이 낮은데, 제한된 목적의 군사작전을 위한 비용마저도 이러한 국가에게는 과도할 것이기 때문이다.

불리한 방향으로의 세력구도 변동: 취약성의 창

영토분쟁은 국가 간에 발생하는 동태적인 경쟁이다. 국가들은 분쟁에서 자국의 주장을 강화하기 위해 적극적으로 경쟁하는데, 이는 대개 역내 군사적 균형에서 자국의 입지를 강화하는 형태로 이루어진다. 많은 경우 국가들은 다른 국가들의 움직임에 대응하면서 자국의 상대적 입지를 유지할 수 있을 것이다. 하지만 한 국가가 상대국가에 비하여 자국의 입지를 더 강화한다면, 그 상대국가는 분쟁에서 "지고 있다"고 결론내리고 자국의 입지가 약화되는 것을 막거나 미리 방지하기 위해 무력을 사용할 가능성이 높아진다. 분쟁에서 입지가 유리해지고 있는 국가는 최종적인 결과에 대해 더 낙관적일 것이고 무력을 사용할 가능성이 낮다. 하지만 입지가 불리해지고 있는 국가는 미래의 전망에 대해 더 비관적일 것이며, 이는 무력 사용의 가치를 증가시키게 된다. 만약 무력을 사용할 수 있는 수단을 가지고 있는데도 아무런 행동도 취하지 않는다면, 장기적으로 볼 때 무력을 사용할 경우 치러야 할 단기적 비용

보다 더 비싼 대가를 치르게 될 것이라 간주된다.[58]

자국의 장악력claim strength이 상대국가에 비해 약해지는 경우, 지도자들은 다음과 같은 두 가지 목적으로 무력을 사용할 가능성이 높아진다. 첫 번째, 국가는 무력으로 분쟁 지역을 점령하여 자국의 통제 영역을 넓히고 이 지역에 대한 상대국가의 영향력을 차단할 수 있다. 영토의 점령은 국가들이 분쟁 영토를 차지하기 위해 경쟁할 때 무력 충돌이 시작되고 얼마 지나지 않아 가장 공통적으로 나타나는 현상이다. 두 번째, 국가는 분쟁 지역에 대한 자국의 권리를 지켜내겠다는 결의를 보여주고 자국의 통제력을 위협하는 요인들을 억지하기 위해 무력 사용을 위협하거나 실제로 실행할 수 있다. 대외적으로 자국의 "결의를 과시"하는 것은 분쟁에서 입지가 '열세'이거나 '취약'한 국가들, 특히 분쟁 지역 전체에 군사력을 투입할 능력이 부족한 국가들에서 더욱 흔하게 보여지는 행태이다. 장악력의 약화에 대응하기 위해 무력을 사용함으로써 국가 지도자들은 특정한 영토분쟁에서 자국의 결의가 어느 수준인가에 대한 정보를 상대국가에 전달하려는 것이다.[59]

장악력을 구성하는 요소들 중 어느 것이 변화하든, 그 변화는 분쟁에서의 입지 약화라는 인식과 대외적으로 갈등을 고조시키도록 하는 동기를 창출할 수 있다. 첫 번째, 분쟁 지역에서 분쟁 당사국들이 각각 통제하는 영역은 대개는 정해져 있으므로, 역내 세력균형에서 자국의 입지를 극대화하려는 노력은 장악력에 상호 부정적인 변동을 야기할 가능성이 높다. 분쟁 당사국들이 자국의 협상력 약화를 인지하는 데 가장 큰 영향을 미치는 요인은 다른 국가의 군사행동으로 다음과 같은 조치들이 포함된다.

1. 분쟁 지역 배치병력 증가
2. 분쟁 지역 경계선 일대의 진지 강화
3. 분쟁 지역 인근 병력의 "준비태세" 돌입 또는 전환
4. 분쟁 당사국 일방의 새로운 전투역량 개발

정치적 조치 역시 분쟁 지역을 방어하겠다는 결의를 다른 국가들이 인식하도록 할 수 있으며, 다음과 같은 조치들이 포함된다.

1. 분쟁 지역을 자국에 편입한다는 행정적 선포 혹은 실력행사
2. 분쟁 지역의 효율적 통제를 위한 도로 건설과 같은 인프라 구축
3. 자국 권리 주장의 정당성을 강화하기 위한 국민투표나 선거 실시

두 번째, 분쟁 당사국들이 각각 통제하는 영역은 대개는 정해져 있으나 특정한 상황에서는 변할 수 있으며, 그러한 변화는 대개의 경우 위협적인 것으로 여겨지게 된다. 때로는 분쟁 당사국들 중에서 어느 쪽도 분쟁 지역을 실효적으로 통제하지 못할 수 있다. 그러한 상황은 새로운 분쟁이 발생해 분쟁 당사국들이 아직 분쟁 지역에 병력 배치를 완료하지 못한 경우이거나, 분쟁 당사국들 모두 분쟁 지역을 확보하거나 치안을 유지하는 데 작전상 장애요인에 직면한 경우일 수 있다. 그러한 상황에서 분쟁 당사국들 중 일방은 비어 있는 지역을 먼저 장악해버리고 기정사실화fait-accompli 전술을 통해 분쟁에서 자국의 협상력을 강화할 수 있다.

영토분쟁이란 그 정의상, 동일한 지역에 대해 관련국가들 사이에서 권리와 주장이 충돌하는 현상을 의미하므로 한 국가가 스스로 방어적이라 생각하는 정책마저도 상대국가에는 공격적인 것으로 간주되는 경우가 드물지 않다. 그러한 태생적인 불안정성volatility은 안보 딜레마security dilemma에서 유래하는데, 안보 딜레마는 "한 국가가 자국의 안보를 강화하기 위해 취하는 조치들이 다른 국가들의 안보를 저해하게"[60] 되는 현상을 지칭한다. 저비스Rober Jervis 의 연구는 불확실성 하에서의 일반적인 안보경쟁을 분석한 것이지만, 그의 연구에서 도출된 통찰력 있는 결론들은 엄밀히 따진다면 안보 딜레마가 존재하지 않는 영토분쟁과 같이 구체적인 이익이 충돌하는 경우에도 적용될 수 있다. 크리스텐센Thomas Christensen이 설명하는 바와 같이, 주권과 관련된 사

안을 두고 여러 국가들이 경쟁하는 상황에서는 영토문제와 관련된 현재 상황을 공고히 하고 방어하는 행위가 다른 국가들에게 공격적인 것으로 보일 수 있는데, 특히 그러한 방어적 조치가 분쟁 당사국 일방의 불리한 처지를 고착화하는 경우 더욱 그러하다. 그 결과, 분쟁 당사국들은 자국의 조치가 상대국가의 공세적 조치에 대응하는 방어적인 행동이라 간주할 것이며, 분쟁 당사국들이 각각 자국의 장악력과 상대적인 입지를 강화하려 할수록 상호 적대감이 고조되는 악순환이 발생하게 된다.[61]

여기서 중요한 것은, 협상력의 상대적 감소로 인한 효과는 분쟁에서 국가가 최초에 가지고 있던 장악력이 어떠했는지와 별개라는 점이다. 장악력이 강력하건 취약하건 어떤 국가든 자국의 협상력 감소에 대해서는 민감하기 마련이다. 하지만 장악력이 강력하거나 우세한 국가라면 협상력의 급격한 감소가 예상되는 경우에만 무력을 사용할 강력한 동기가 발생할 것이다. 반면에, 장악력이 취약하거나 열세인 국가라면, 설령 더 적은 협상력의 감소를 인식했다 할지라도, 그러한 감소는 자국의 협상력에 대한 지도자들의 믿음에 더 큰 영향을 미칠 것이다. 분쟁 지역의 극히 일부만 통제하고 있거나 통제력이 미치는 영역이 아예 없는 국가에게는 자국에 불리한 현재의 상황을 공고히 하는 정치적 압력마저도 실질적인 위협으로 다가올 수 있는데, 그러한 조치는 장악력이 열세에 있는 국가가 영토적 목적을 달성하는 데 필요한 장기적인 능력을 감소시키기 때문이다.

영토분쟁에서 장악력의 부정적 변동이 갈등고조로 이어진 사례는 어렵지 않게 찾을 수 있다. 예를 들어, 1974년 5월 20일 터키군의 키프로스 공격이 그러한 경우에 해당한다. 터키가 군사행동을 개시하기 6일 전에 그리스 군사정권은 키프로스에 쿠데타를 사주하여 키프로스 대통령 마카리오스 3세 Archbishop Makarios Ⅲ를 축출하고 그리스와의 통합을 강력히 지지하는 새로운 대통령을 세웠다. 터키는 키프로스의 터키계 주민들의 이익을 지키고 자국의 남쪽 측면에 그리스 병력이 주둔하는 사태를 방지하면서 이 지역의 분쟁에서 장악력을 유지하기 위해 군사력을 사용했다.[62] 마찬가지로, 카슈미르 분쟁에서도 장악력의 감소는 1965년 파키스탄이 인도를 공격하기로 결정하는 데 핵심적인 요인이 되었다. 1962년 중국과의 전쟁을 계기로 인도는 전면적인 군 현대화를 추진하였는데, 이는 카슈미르 지역에서의 군사력 균형이 장기적으로 파키스탄에 불리한 방향으로 기울게 하는 요인으로 작용했다. 따라서, 파키스탄은 군사적 조치를 취하기 너무 늦어지기 전에 이 지역에 대한 자국의 장악력을 강화하기 위해 1965년에 전쟁을 개시했다.[63]

지금까지의 연구결과들 또한 그러한 "사전 예방"이라는 논리를 통해 영토분쟁에서 국가가 무력 사용을 위협하거나 실행하는 이유와 그 시점을 설명할 수 있음을 보여준다. 더 강한 국가가 갈등을 고조시킬 가능성이 높다는 것을 제시하는 연구결과들도 존재하지만, 갈등이 고조되는 빈도나 가장 갈등이 고조된 국면에서 행해지는 적대행위의 수위를 기준으로 했을 때, 대체로 군사력이 엇비슷한 국가들 사이에서 영토분쟁이 벌어지는 경우 무력충돌로 비화할 수 있는 폭발력이 가장 강하다고 할 수 있다. 이 중 많은 경우, 군사력이 다소 열세인 국가들이 먼저 무력 사용을 개시했다.[64] 군사력이 대략 비슷하다는 조건 하에서는 사소한 군사적 움직임도 분쟁에서 각자의 협상력에 장기적으로 상당한 영향을 미치게 될 것이기 때문이다. 마찬가지로, 분쟁 중에 현재의 상황을 변화시키려는 분쟁 당사국 일방의 노력은 상대국가의 무력 사용 결정으로 이어진다.[65] 과거 제국주의 국가들이 자국의 영향력이 쇠퇴하는 국면에서 제국의 영토를 수호한다는 결의를 보여주기 위해 무력을 사용했던 것도 이와 유사한 사례이다.[66]

국가가 처해 있는 전반적인 안보환경 또한 장악력의 약화에 대한 인식에 영향을 미치고, 더 나아가서 영토분쟁에서 상대국가와의 갈등을 고조시키는 조치를 취할 동기를 강화할 수 있다. 앞에서 소개한 영토분쟁에서의 협력에 관한 이론에 따른다면, 내부적인 것이든 외부적인 것이든 국가 안보에 대한 위협의 존재는 영토분쟁에서 상대국가와 타협하게 하는 핵심적인 요인이다.

장악력이 안정적이거나 증가하는 국가가 안보에 대한 내부적 혹은 외부적 위협에 직면한다면, 이에 대응하는 데 필요한 군사적, 경제적, 외교적 협력을 얻어내기 위해 영토분쟁에서 상대국가에 양보를 할 가능성이 높다. 그러나 상대국가의 정치적, 군사적 압력 때문에 영토분쟁에서 상대적 입지가 약화되고 있는 국가가 또 다른 내부적 혹은 외부적 안보 위협에 직면한다면 아마도 영토분쟁에서 자국의 입지가 약화되는 정도를 더 크게 인식할 것이다. 장악력의 약화와 안보환경 악화라는 조건이 결합되면 무력 사용을 위협하거나 실행하도록 하는 훨씬 더 강력한 사전 예방적 동기가 발생하게 된다. 이러한 여건 하에서 국가는 상대국가의 의도와 관련하여, 상대국가가 자국의 약점으로부터 이익을 취하려 하고 있고 이에 대응하지 않으면 그러한 시도가 계속될 것이라는 최악의 결론을 내릴 가능성이 높다. 국가는 미래에 상대국가가 가할 압력에 대응할 자국의 역량에 대해서도 우려할 수 있는데, 특히 영토의 보전과 통치역량에 대한 내부로부터의 위협에 직면하는 경우 그러한 우려는 더욱 커진다. 결국, 외부의 압력에 적극적으로 대응하는 데 실패하면 내부의 불안정성이 가중될 것이고 이는 국가에 또 다른 도전이 될 것이라는 우려이다.

이 책에서 주장하는 바를 명확히 할 필요가 있다. 필자는 내부적 또는 외부적 안보 위협이 영토분쟁에서 갈등을 고조시키는 개별적인 또는 독립적인 원인이 된다고 주장하려는 것이 아니다. 뒤에서 논의하겠지만, 평판이나 억지 이론은 물론 관심전환 전쟁 이론에 근거를 두고 있는 대안적 설명들은 그러한 주장을 지지하고 있다. 하지만 필자가 주장하고자 하는 바는 국가가 직면한 장악력의 약화와 다른 안보 위협들의 결합이 특히 결정적이라는 점이다. 그러한 결합은 자국의 취약성을 훨씬 더 강하게 인식하도록 함으로써 무력 사용의 효용성을 증가시키기 때문이다. 그러나 장악력이 약화되지 않는다면 내부적 위협이든 외부적 위협이든 영토분쟁에서 갈등을 고조시킬 만한 동기를 창출해 낼 수 없을 것이다. 또한 앞에서 주장한 바와 같이, 상대국가와의 연계를 강화함으로써 자국이 처한 위협에 대응하는 데 필요한 원조를 받아낼 수 있다면 영토분쟁에서 그 상대국가에 양보를 하게 될 것이다.

예를 들어, 1980년 초 이라크 후세인 정권의 내부적 위협인 시아파 세력을 중심으로 한 사회적 동요의 확산은 1979년 이란에서 이슬람 혁명의 결과 호메이니Ayatollah Khomeini가 이끄는 급진적인 정치세력이 집권한 사건과 시기적으로 일치했다. 이란의 새로운 지도자는 기존보다 훨씬 더 적대적인 대 이라크 정책을 취하였고, 후세인은 이를 특히 위협적이라고 여겼는데 이란이 후세인 정권을 전복시킬 수 있는 이라크의 다수파인 시아파 세력에 결정적인 지원을 제공하고 있는 것처럼 보였기 때문이다.[67] 이란이 이라크에 대해 지닌 힘의 또 다른 원천으로서 시아파 세력에 의한 사회적 동요의 가능성은 이라크가 이란을 공격하는 결정을 내리는 데 있어 중요한 요인이었다.

유리한 방향으로의 세력구도 변동: 기회의 창

처음부터 장악력이 취약하거나 열세인 국가는 두 번째 이유로 무력을 사용할 수도 있다. 역내 군사력 균형에서 더 강한 상대국가의 입지가 영토분쟁과 무관한 이유로 갑자기 약화될 경우 더 약한 국가의 입장에서는 자국의 상대적 입지가 강화되면서 상대국가가 국력을 회복하기 전에 자국의 권리를 강화할 수 있는 기회의 창windows of opportunity이 열리게 된다. 이때 공격하는 자의 유리함offensive advantage은 갑자기 발생하여 제한된 기간 동안 존재한 후 사라져버릴 것으로 여겨지기 때문에, 이러한 유형의 기회의 창은 예방전쟁을 다룬 문헌들에서 지적하는 것과는 다른 특징을 지니게 된다.

이러한 기회의 창 개념은 특정한 분쟁에서 장악력이 취약하거나 열세인 국가에만 적용된다. 그러한 국가는 자국의 입지를 강화할 수 있는 기회에 매우 민감한데, 분쟁 지역에서 차지하고 있는 영역이 없거나 매우 적은 경우 특히 그러하다. 역내 군사력 균형에서 차지하는 입지가 일시적으로 개선되면 무력 사용에 수반되는 비용이 감소하는데, 이것이 무력을 통해서 상대국가의 영토를 차지하려는 동기가 될 수 있다.[68] 반면에, 장악력claim strength이 강한 국가는 자국보다 약한 상대국가의 입지가 더 약화되더라도 무력을 사용할 만한 동기는 훨씬 더 작은데, 이는 굳이 무력 사용에 수반되는 국제관계 상의 다른 위험을 부담할 필요 없이 협상을 통해서 상대국가를 더 강하게 압박할 수 있기 때문이다. 그렇지만 이러한 기회의 창이 열리는 것은 장악력이 취약하거나 열세인 국가들에게도 아주 드물게 발생하는 현상이다. 왜냐하면 이는 분쟁 지역을 차지하고 자국의 주장을 강화한다는 제한된 목적의 군사작전조차도 그 성공을 보장받기 위해서는 역내 세력균형의 변화에 대한 정확한 평가가 선행되어야 하며 그러한 작업은 이들 국가에게 벅찬 과제이기 때문이다.[69]

열세한 위치에 있는 국가가 자국의 장악력이 유리하게 변화하는 것을 인식할 가능성은 아마도 다음 두 가지 조건 하에서 가장 높을 것이다. 첫 번째는 탈식민지화 또는 국가의 붕괴와 같은 상황으로, 이러한 상황에서 분쟁 당사국 중 일방 또는 쌍방이 분쟁 지역에 병력을 투입할 수 있는 능력이 저하 또는 무력화될 수 있기 때문이다. 두 번째는 국가들이 타협하게 하는 여건들의 결합, 즉 내부적인 불안정성이든 외부적인 다른 갈등이든 전반적인 안보환경에 있어서의 위험들이다. 더 강한 국가가 다른 위협요인에 대응해야 하는 상황이라면 장악력이 더 취약한 국가는 자국의 조치에 대해서, 특히 제한된 목적 하에 수행하는 일종의 기정사실화 조치에 대해서는 그 상대국가가 제대로 대응할 의지나 역량이 없을 것이라는 결론을 내릴 수도 있을 것이다. 블레이니Geoffrey Blainey가 주장한 바와 같이, 내부적으로 불안정성이 높은 시기에는 종종 세력균형에 변동이 발생하고 더 약한 국가들이 군사적 행동을 취할 수 있는 기회의 창이 만들어지는 것이다.[70]

예를 들어, 1971년 이란은 19세기 말 이래 분쟁이 이어져 왔던 페르시아만의 세 개 도서를 점령했다. 이란의 군사행동은 아랍에미리트(UAE)가 영국으로부터 독립하기 불과 하루 전에 감행한 조치였다. 이 지역에서 영국군이 철수하고 아랍에미리트가 아직 영유권을 주장할 수 없는 상황이 발생했기 때문에, 아랍에미리트의 독립은 역내 세력균형의 뚜렷한 변동을 가져온 동시에 이란에게는 기회의 창을 제공한 것이었다.[71] 1977년 소말리아가 에티오피아와 분쟁을 겪고 있던 오가덴Ogaden 지역을 공격한 것도 유사한 사례이다. 그로부터 수년 전에 에티오피아 내부의 정치적 안정성이 갑자기 악화되었는데, 결국 1974년 쿠데타가 발생하여 셀라시에Haile Selassie 황제가 실각했다. 소말리아의 공격이 있기 직전에는 에리트레아Eritrea 지역에서 발생한 반란이 확산되어 에티오피아의 병력 소모가 심해지면서, 이전에는 오가덴 지역의 일부도 확보하지 못하고 있던 소말리아에게 기회의 창이 열렸다.[72]

영토분쟁에서의 갈등고조 전략에 대한 대안적 설명들

앞에서 설명한 갈등고조에 관한 이론은 국가가 영토분쟁에서 무력을 행사하겠다고 위협하거나 실행하는 이유와 시점을 설명하는 두 가지 메커니즘을 제시하는데, 모두 장악력의 변화에 기반하고 있다. 첫 번째는 특정 국가가 군사적, 정치적 수단을 통해서나 비어 있는 분쟁 지역의 점령을 통해서 장악력을 강화하는 데 성공할 경우, 이것이 어떻게 상대국가로 하여금 장기적으로 자국이 불리해질 것임을 인식하게 하여 단기적으로 무력을 사용하도록 하는 동기를 창출할 수 있는지를 강조한다. 분쟁에서 자국의 협상력이 계속적으로 감소할 것이라는 결론이 나온다면 자국의 권리를 고수하고 협상력이 하락하는 추세를 멈추거나 되돌리기 위해 더욱 기꺼이 무력을 사용하리라는 것이다. 두 번째는 역내 군사력 균형이 더 약한 국가에게 유리한 방향으로 변동할 경우 그 국가가 무력을 사용할 때 수반되는 비용이 갑작스럽게 그러나 일시적으로 감소하면서 창출되는 기회가 존재함을 강조한다.

갈등고조에 대한 대안적 설명 중 하나는 장악력이 강력하거나 우세한 국가의 동기와 관련하여 앞에서와는 다른 결론을 이끌어낸다. 이에 따르면, 강력한 국가는 감당할 만한 수준의 비용으로 분쟁 지역을 차지하거나 또는 자국이 선호하는 해결방안을 상대국가에 강요할 수 있기 때문에 무력을 사용할 가능성이 가장 높다는 것이다. 이러한 설명은 공격적 현실주의에 근거를 두고 있는데, 국가는 감당 가능한 비용으로 확장할 수 있는 역량을 갖고 있을 때 확장을 꾀한다는 것이 이 이론의 주장이다.[73] 따라서, 영토분쟁을 겪고 있는 국가는 영토적 목적을 달성하기 위해서 국가적 역량의 상대적인 우위를 이용해야 한다는 것이다. 이러한 설명은 기회의 창이 없었다면 취약한 상태에 머물렀을 입지가 갑자기 강화된 이란 같은 국가뿐만 아니라 장악력이 강력한 국가들이 어떻게 행동할지도 예측하기 때문에, 앞에서 소개한 기회의 창 논리보다 적용 범위가 더 넓다고 할 수 있다. 분쟁 당사국들 사이에 군사력의 비대칭이 존재하는 상황에서는 분쟁이 발생할 소지가 있더라도 더 강력한 국가가 협상이나 전쟁을 통해서 분쟁이 발생할 소지를 미리 처리해 버렸을 것이므로, 실제로는 분쟁이 거의 존재하지 않을 것이라는 점이 이 설명에서 도출할 수 있는 핵심적인 시사점 중 하나이다.

하지만 공격적 현실주의에 따른 설명이 완벽한 것은 아니다. 강한 국가가, 특히 외교적 해결이 실패할 경우, 더 쉽게 무력을 사용할 수 있기는 하지만, 그 국가가 어떻게 분쟁을 관리할지에 대해서는 더 많은 융통성을 갖고 있다. 강한 국가는 강한 국력 덕분에 자국이 원하는 조건으로 분쟁을 해결할 수 있을 가능성에 대해 낙관할 수 있다. 따라서, 아마도 예외적으로 눈에 띄는 분쟁을 제외한다면, 이러한 국가들이 무력을 사용할 만한 이유는 명확하지 않다. 필자는 이와 관련하여 군사적으로 우위에 있는 국가들이 무력을 사용하는 이유 중 하나를 앞에서 설명한 바 있는데, 분쟁에서 자국의 입지가 장기적으로 약화될 것이라 예상하는 경우가 바로 그것이다.

두 번째 대안적 설명은 평판의 역할과 억지의 요건을 강조한다. 이 논리에 따르면, 국가는 분쟁 지역이 지니는 중요성 때문이 아니라 자국이 강경하다는 평판을 대외적으로 얻기 위해 영토분쟁에서 무력을 사용하게 된다.[74] 분쟁 지역 중 한 곳에서 무력을 행사함으로써 자국의 결의에 대한 평판을 형성하여 다른 국가들이 자국을 상대로 또 다른 분쟁을 일으키려는 시도를 사전에 억지하려 한다는 주장은 이러한 논리를 변형시킨 것이다. 월터Barbara Walter 가 주장하는 바와 같이, 다수의 영토분쟁을 겪고 있는 국가에게는 다른 국가 들이 다른 분쟁에서 자신들의 상대적 입지를 강화하거나 양보를 요구하려는 시도를 사전에 방지하기 위해 강경하다는 대외적 평판을 만들어낼 강력한 동 기가 존재한다는 것이다. 특히, 그와 같은 국가는 분쟁에서 타협할 가능성이 낮을 뿐만 아니라 자국과 영토분쟁을 겪고 있는 다른 국가들이 차후에 도전 하는 상황을 사전에 차단하기 위해 자국의 권리를 공공연히 위협하는 첫 번 째 국가에 대해 더 기꺼이 무력을 행사할 것이다.[75]

평판 논리의 또 다른 변형은 지속적인 또는 전략적인 경쟁관계rivalry의 역 동성을 강조한다. 국가가 영토분쟁에서 상대국가에게 무력을 사용하는 것은 그 분쟁에서 자국의 입지를 강화하려는 것이 아니라, 다른 이익과 관련하여 자국의 결의를 보여주거나 상대국가에 강요하기 위한 것일 수도 있다는 점이 그 요지이다.[76] 경쟁관계에 있는 국가들 간의 영토분쟁에 있어 무력 사용은 단지 영토를 두고 다툰다는 좁은 차원에서가 아니라 국가들 사이에서의 경쟁 관계의 역동성이라는 보다 거시적인 측면에서 보아야 한다는 것이다.[77] 그렇 다면 영토분쟁은 국가 간 경쟁관계의 대리물이며, 무력 사용의 동기를 창출 하는 것은 경쟁관계에서의 다툼인 것이다.

그럼에도 불구하고, 이러한 논리의 적용 가능성은 두 국가의 경쟁관계에서 분쟁 지역이 지니는 중요성에 달려 있다. 만약 영토분쟁이 두 국가의 적대적 관계를 규정하는 중요한 사안이라면 경쟁관계에 따른 행태와 분쟁에 따른 행 태를 분리하기 어려울 것이다. 국가들이 분쟁 대상 지역과 무관한 다양한 사 안들을 두고 다투는 경쟁관계에서는 이러한 논리가 더 적절할 수 있을 것이 다. 하지만 영토분쟁이 경쟁관계에 있는 두 국가의 전반적인 경쟁의 대리물 인 경우에도, 영토분쟁이 이 경쟁관계에서 주요한 초점이 된다면 무력 사용 의 결정은 아마도 앞에서 설명한 장악력의 변동을 따를 가능성이 높다.

세 번째 대안적 설명은 영토분쟁에서 갈등을 고조시키는 국내정치적 동기를 검토하는데, "동원mobilization"과 "관심전환diversion" 논리에 초점을 맞춘다.[78] 영토분쟁은 가장 눈에 띄는 대외정책 이슈이므로, 지도자들은 다른 목적들을 달성하기 위해 그러한 이슈를 이용해 사회 전체를 결집시킬 수 있다. 하지만 국내적 차원의 설명은 특정한 분쟁에서 내려지는 결정을 설명할 수는 있지만 영토분쟁에서 갈등고조 전략이 다양하게 변형되어 사용되는 양상을 설명하기는 어려울 것이다. 크리스텐센Thomas Christensen이 지적한 바와 같이, 국가 지도자들로 하여금 막대한 비용이 드는 대전략의 변화를 추진하는데 필요한 국민적 지지를 확보하기 위해 대외적인 갈등까지 동원하게끔 하는 상황은 매우 드물 것이다. 영토분쟁과 거리가 먼 다른 대외적 갈등이 사회적 동원에 이용될 수도 있을 것이다. 마찬가지로, 관심전환 전쟁이라는 개념은 직관적이긴 하지만 한계 또한 존재한다. 먼저, 어떤 유형의 위협이 주어졌을 때 국가의 지도자들은 무력 사용만이 아니라, 선택 가능한 다양한 대안들을 보유하고 있다는 점이다. 동시에, 관심전환이 영토분쟁에서 실제로 발생할 가능성은 그리 높지 않다는 점을 지적할 수 있다. 영토분쟁이 설혹 국민들을 결집시킬 수 있는 사안으로 부각되더라도, 분쟁 지역을 차지하거나 상대국가의 양보를 얻어내는 데 실패할 경우 감수해야 할 비용은 아마도 궁지에 몰린 지도자들이 대외적 갈등을 촉발시키는 책략으로 해결하고자 했던 것보다 더 심각한 문제를 야기할 것이기 때문이다. 만약 상대국가가 약해서 그러한 책략이 먹힐 것 같다고 하더라도, 굳이 지도자가 그러한 국가를 상대로 영토문제로 갈등을 고조시킬 필요가 있을지도 명확하지 않다.

이론의 통합

지금까지 두 가지 이론들을 간단하게 살펴보았는데, 하나는 영토분쟁에서

	분쟁 지역의 가치[a]	분쟁에서의 장악력[b]	안보 환경[c]	(적용범위 조건)
협력의 원천	낮다면 타협할 가능성이 높아짐	분쟁에서 상대적 입지가 안정적, 강력, 또는 강화되고 있다면 타협할 가능성이 높아짐	**내부적 또는 외부적 안보위협에 직면하면 타협할 가능성이 높아짐**	(상대국가가 군사적, 경제적, 또는 외교적 지원을 제공할 수 있는 역량)
갈등고조의 원천	높다면 무력 사용을 위협하거나 실행할 가능성이 높아짐	**분쟁에서 상대적 입지가 약화되고 있다면 무력 사용을 위협하거나 실행할 가능성이 높아짐** 약한 국가가 분쟁에서의 상대적 입지가 갑자기, 일시적으로 강화된 경우 무력 사용을 위협하거나 실행할 가능성이 높아짐	장악력 약화가 내부적 또는 외부적 안보위협과 동시에 발생하면 무력 사용을 위협하거나 실행할 가능성이 훨씬 더 높아짐	(제한된 목적의 군사작전을 전체 병력의 손상 없이 실행할 수 있는 역량)

유의사항: 협력과 갈등고조에 대한 주요 가정들은 굵은 글씨로 표시하였음.
a. 분쟁 지역이 지니고 있는 전략적, 경제적, 상징적 중요성
b. 분쟁 지역 중에서 통제하고 있는 영역의 비중과 분쟁 지역 전체에 군사력을 투입할 수 있는 능력
c. 생존, 영토, 국력에 대한 내부적 또는 외부적 위협

표 1.2 영토분쟁에서의 협력과 갈등고조

협력의 원천에 관한 것이고 나머지 하나는 갈등고조의 원천에 관한 것이다. 협력과 갈등고조라는 개념은 국제관계를 연구하는 학파들이 제각기 제시하는 별개의 결과물이므로 이에 대한 이론들도 개별적으로 설명했다. 그럼에도 불구하고, 필자는 이 두 개의 이론들이 서로 어떻게 관련되는지 검토함으로써 이론적 논의를 정리하고자 한다. 〈표 1.2〉는 앞에서 소개된 세 가지 변수들이 가설적으로 어떠한 영향을 미치는지 요약한 것이다.

영토분쟁에서 상대국가와 협력을 할지 또는 갈등을 고조시킬지에 대한 결정에 영향을 주는 첫 번째 변수는 분쟁 지역의 근본적인 가치 또는 중요도 salience이다. 다른 연구에서도 지적하고 있듯이, 중요도는 어떤 분쟁에 걸려 있는 판돈과 그에 따라 국가가 타협을 추구할지, 위협할지, 무력을 사용할지를 결정하는 데 결정적인 역할을 수행한다. 분쟁 지역의 가치가 낮을수록 타

협하더라도 잃을 것이 적어지므로 타협을 고려할 가능성은 더 높아질 것이다. 이와 반대로, 분쟁 지역의 가치가 높을수록 분쟁이 자국에 불리하게 타결될 경우 잃을 것이 많아지므로 갈등을 고조시키는 전략을 고려할 가능성이 더 높아질 것이다. 비록 중요도가 영토분쟁에 걸린 전체적인 판돈과 그에 따라 협력 전략 또는 갈등고조 전략을 선택할지에 영향을 미치기는 하지만, 그러한 중요도는 어떤 특정한 갈등상황에서 대체로 일정하고, 따라서 그 자체로는 국가가 이 두 가지 전략 중 하나를 선택하는 이유와 그 시점을 설명할 수 없다.

분쟁에서의 협상력으로 정의되는 장악력 역시 협력 전략과 갈등고조 전략을 선택하는 데 나름의 역할을 한다. 다양한 영토분쟁 사례들에서 볼 때 장악력이 강한 국가는 약한 국가보다 타협에 나설 가능성이 더 높게 마련인데, 장악력이 강한 국가는 자국의 힘을 사용하여 협상에서 원하는 결과를 얻어내고 분쟁 지역에 대한 통제권을 확보하는 것을 기대할 수 있기 때문이다. 장악력이 약한 국가는 더 유리한 해결을 얻어내기 위해 자국의 상대적 입지가 개선되기를 기다릴 것이다.

그러나 시간이 흐르면서 발생하는 장악력의 변동은 특정한 갈등상황에서 협력을 하거나 갈등을 고조시키도록 하는 다양한 동기를 창출한다. 상대국가에 비하여 자국의 협상력이 꾸준히 증가하는 국가는 무력을 사용할 가능성이 더 낮을 것인데, 이는 선호하는 해결방안을 관철하여 분쟁 지역을 통제할 수 있을지에 대해 훨씬 더 낙관적이기 때문이다. 그에 반해서, 자국의 입지가 상대국가에 비하여 약화되고 있는 국가는 그 약화되는 추세를 저지하기 위해 무력을 사용할 가능성이 더 높을 것이다. 입지가 약화되는 정도가 크면 클수록 자국의 권리claim를 방어하기 위해 무력을 행사하겠다고 위협하거나 실행할 가능성이 더 높아질 것이다. 한 가지 예외는 장악력이 약한 국가의 상대적 입지가 갑자기 그리고 일시적으로 개선되는 경우인데, 이러한 상황에서는 약한 국가가 분쟁 영토를 점령함으로써 분쟁에서 자신의 입지를 개선할 수 있는 기회의 창이 열리게 된다.

세 번째 변수는 다른 국가에 대해 영토적 권리를 주장하는 국가가 처한 전반적인 안보환경이다. 자국의 안보에 대한 내부적 또는 외부적 위협이 없다면 분쟁에서 협력을 추구할 이유가 거의 없으며 그 대신 분쟁의 해결을 미루게 될 것이다. 그러나 안보환경이 악화되고 있다면 자국이 직면해 있는 특정한 위협에 대응하는 데 필요한 군사적, 경제적, 또는 외교적 지원을 얻어내기 위해 상대국가와의 타협을 시도할 가능성이 더 높아질 것이다. 만약, 장악력 저하와 다른 안보 위협에 동시에 직면한 국가라면 영토분쟁에 걸려 있는 판돈을 더욱더 크게 인식할 것이고, 단지 자국의 장악력이 상대적으로 저하되어 나타나는 부정적 효과들을 관리하려 하기보다 무력을 사용하려 할 가능성이 훨씬 더 높을 것이다.

종합적으로, 지금까지 설명한 이러한 변수들은 국가들이 분쟁 해결의 지연전략에서 협력 또는 갈등고조 전략으로 전환할 가능성이 높은 조건들을 규정한다. 국가들은 자국의 장악력이 안정적이거나 강력하거나 또는 강화되고 있을 때 그리고 영토분쟁 중인 상대국가와의 관계를 개선함으로써 대처할 수 있는 외부 또는 내부의 안보 위협이 부상하고 있을 때, 그다지 중요도가 높지 않은 영토를 둘러싼 분쟁에서는 협력을 추구할 가능성이 높을 것이다. 반면에, 국가들은 분쟁에서의 상대적 입지가 약화되는 동시에 외부 또는 내부의 안보 위협에 직면하고 있을 때, 중요도가 높은 지역을 둘러싼 영토분쟁에서는 갈등고조 전략을 추구할 가능성이 높을 것이다. 장악력이 안정적이거나 강력하거나 또는 강화되고 있는데, 외부적, 내부적 안보환경도 모두 양호한 국가라면, 자국에 중요성이 가장 높은 분쟁에서는 해결을 지연시키는 전략을 사용할 가능성이 가장 높을 것이다.

중국의 영토분쟁에 대한 이해

이 책에서는 영토분쟁에서의 협력과 갈등고조에 관한 필자의 이론을 검증하기 위해 세 가지 추론방식을 사용할 것이다. 먼저, 이 장에서는 그간의 영토분쟁 사례들 전체에 걸쳐서 나타나는 중국의 행태를 비교하여 그 행태가 변화하는 범위가 필자의 이론에서 제시한 메커니즘과 부합하는지 판단할 것이다. 이 책의 나머지 부분에서는 "구조화된 집중 비교법structured, focused comparisons"[79]을 변형하여, 각각의 분쟁 사례에서 시간의 흐름에 따른 중국의 행태 변화를 비교할 것이다. 특히, 협력 전략 또는 갈등고조 전략을 채택한 시점을 지연 전략을 추진하던 시기와 비교함으로써 이러한 중요한 정책결정과 관련된 요인들을 분리해내고자 했다. 마지막으로, 이러한 결정들이 이루어진 과정을 추적하고 그 결정을 이끌어낸 논리가 필자의 이론이 추론하는 바와 부합하는지 여부를 판단하기 위해 중국 정부문서 및 지도자들의 진술이나 발언을 검토할 것이다.[80]

영토분쟁에서의 협력과 갈등고조에 관한 이론들을 검증하는 데 중국이 이상적인 국가인 이유는 다음과 같다. 첫 번째, 중국이 개별적으로 관여해 왔던 영토분쟁은 총 23건으로, 1945년 이래 어느 국가보다도 많은 수치이다. 분쟁 상대국가들의 특성은 물론, 지형적 특성, 인구밀도, 민족구성, 부존자원, 전략적 중요성, 그리고 역사적 배경까지 포함하여 각 분쟁 사례들의 성격은 서로 현저하게 다르다. 몇 가지만 예로 들더라도, 중국은 한족이 다수인 지역에 대해서는 상대국가의 정치체제가 민주주의든 권위주의 정권이든, 군사적으로 더 강하든 약하든 가리지 않고 영토와 영해를 두고 분쟁을 벌여 왔다. 다양한 분쟁 사례들을 대상으로 이론을 검증한다면 이론 자체의 타당성은 물론 다른 국가들의 사례에 대한 적용 가능성도 제고할 수 있을 것이다. 동시에, 중국의 사례만 검토함으로써 문화나 정치체제의 유형 같은 다른 요소들을 고정할 수 있는데, 이는 각각의 사례에서 분쟁해결을 위한 전략의 변화를 끌어내는 요인들을 분리해내는 데 도움을 줄 것이다.

두 번째, 중국의 영토분쟁 사례들은 다양한 특성들을 보여주지만 중국이 채택한 전략들 역시 시간과 공간에 따라 폭넓게 변화해 왔다는 점이다. 중국은 자국이 연루된 23개 영토분쟁 사례 중 17개 사례에서는 타협을 선택했지만 나머지 6개 사례에서는 무력을 사용했다. 시간의 흐름에 따라 살펴보자면, 1949년 중화인민공화국이 수립된 이래 매 10년마다 무력을 사용해 왔으며 타협적인 분쟁해결 의지는 대부분 1960년 초와 1990년대에 나타났다. 지역과 시기에 따라 채택해 왔던 대응전략의 폭넓은 변이성은 각 분쟁 사례들을 특정 시점에서의 비교와 시간의 흐름에 따른 비교를 가능케 함으로써, 분쟁해결을 지연하는 것이 아니라 상대국가와 협력하거나 또는 갈등을 고조시키는 결정과 관련된 요소들을 분리해 낼 수 있게 해준다.

세 번째, 다른 국가들과 비교하여 중국이 영토분쟁에서 보여 왔던 행태가 중국의 경우에만 적용될 수 있을 특별한 설명이 필요한 특이 사례 또는 이상치가 아니라는 점이다. 20세기 영토분쟁의 대부분을 대상으로 한 데이터 분석에 따르면, 중국이 영토분쟁에서 타협을 선택하는 비율과 무력을 사용하겠다고 위협하는 비율은 다른 국가들과 비교하여 통계적으로 유의미한 차이가 없는 것으로 나타난다.[81]

영토분쟁에 초점을 맞추는 것은 또한, 중국의 국제관계에서 협력과 갈등의 원천에 대한 보다 폭넓은 연구를 가능케 한다. 다른 국가들과 마찬가지로, 중국은 대외정책의 다른 어떤 영역보다도 영토문제를 두고 더 빈번하게 무력을 행사해 왔다.[82] 연구를 하나의 영역으로 한정함으로써, 무력이 사용될 수도 있는 상이한 유형의 영역에서의 갈등과 비교할 때 발생하는 편향의 가능성을 최소화할 수 있다. 예를 들어, 중국이 영토문제와 관련하여 무력을 사용하도록 자극하는 요인과 다른 이익을 추구하는 과정에서 무력을 사용하도록 자극하는 요인 사이에 체계적인 차이가 발생하는 것이 그러한 경우에 해당할 수 있을 것이다. 동시에, 하나의 사례에서도 지연 전략을 사용하던 시기와 협력이나 갈등고조와 같은 대안적 전략을 추진하던 시기를 비교하기 위해 각 분쟁 사례를 특정 시점이 아닌 전체 주기를 분석함으로써, 협력 전략이 사용된 사례 또는 갈등고조 전략이 사용된 사례만을 검토할 경우 발생할 수 있는 선택편향selection bias을 최소화하고자 했다.

중국의 영토분쟁 개관

필자의 이론을 검증하기 전에 중국이 겪어온 영토분쟁의 기원에 대해서 전체적으로 살펴볼 필요가 있다. 어떤 국가의 경우에든 영토분쟁은 영토의 보전領土保全에 있어서 그 국가가 직면한 다양한 도전들을 반영하고 있는데, 중국도 예외가 아니다. 특히, 과거 대제국의 역사적 유산인 독특하고도 복잡한 민족지리적 특성으로 인하여 영토와 관련한 다수의 분쟁이 발생했다. 민족지리적 특성은 1949년 수립된 중화인민공화국의 영토를 공고히 보전하려는 중국의 지도자들이 직면했던 다양한 도전들 중 대부분을 차지하며, 영토분쟁에서 추구하는 목적과 이를 달성하기 위한 수단의 선택에도 영향을 주었다.

한 국가의 민족지리적 특성은 국가 내부에서의 민족별 분포 및 밀도와 관련되는데, 중국의 민족지리에는 "중심부-주변부" 구조가 반영되어 있다. "중원central plain", "내지inner China" 또는 "본토China proper"로 알려져 있는 중심부는 한족이 주로 거주하는 인구밀집 지역으로, 해안을 끼고 남북으로 걸쳐 있으며 공업화 이전에는 벼농사 같은 정주농업이 주된 산업이었다. 본토는 최초의 통일왕조인 진秦(B.C.221-B.C.206) 이래로, 몽골족의 원元(1271-1368)과 만주족의 청淸(1644-1911)을 포함한 역대 모든 왕조들의 지리적 중심지로 존재해 왔다. 청 멸망 후 중국의 재통합을 모색했던 근대의 정권들은 물론, 역대 모든 왕조들은 이 지역에 대한 통제권을 확보하기 위해 노력했다.[83]

"변강frontiers" 또는 "외지outer China"로 알려져 있는 주변부는 "한족이 거주하는 중심부Han heartland"를 북쪽, 서쪽, 남서쪽에서 감싸고 있다.[84] 이 지역에서는 티베트, 몽골, 투르크계를 포함한 다양한 비한족 집단들이 주류를 이루고 있다. 이들 민족 대부분은 서로 공통점이라 할 만한 것이 거의 없지만, 중국의 지도자들은 한족과의 문화적, 사회적, 경제적 차이점을 기준으로 하여 이들을 한족과 구분하고 있다. 예를 들어, 이들 민족집단은 역사적으로 정착 농경을 하지 않고 다양한 형태의 유목생활을 통해 생계를 해결해 왔다는 점에서 한족과 차이가 있다. 이들이 점유했던 영역은 지리적으로 매우 광대해, 중국 본토보다 넓었던 시기도 자주 존재했다.

청의 흥기와 몰락은 민족지리적 특성이 1949년 이후 중국의 영토 보전과 관련하여 수행해 온 역할을 잘 보여주고 있다. 19세기 초 전성기 청의 통치력이 미치던 영역은 1,300만km² 이상으로 직전 왕조인 명明(1368-1644)의 거의 2배에 달하였으며, 변강 지역의 총 면적이 본토보다 더 넓었다.[85] 청의 영토 확장은 주로 군사적 정복과 비한족 집단 거주지역의 복속을 통해 이루어졌다. 이때 청의 지배영역에 들어온 지역에는 오늘날의 중앙아시아, 러시아 극동지역, 미얀마는 물론, 몽골, 신장 및 만주까지 포함된다.[86]

청의 통치력이 미치는 영역은 마지막 100년 동안 극적으로 감소했다. 변강邊疆 지역에서 제국의 권위가 감소함에 따라 영토는 전체적으로 대략 25% 감소했다. 경제위기와 정치적 불안으로 제국의 통치역량은 제한되었으며 통치를 위한 자원은 주변부인 변강 지역에 쓰여질 것들까지 중심부, 즉 본토로 투입되었다. 동시에, 변강 전역에서 청에 대한 열강들의 도전이 이어지면서 결국 연해 지역에 치외법권 지역들이 형성되고 몇몇 변강 지역들은 외세의 세력권으로 전락했다. "국치의 세기"로 통하는 이 기간 동안 청은 그 가혹한 조건 때문에 "불평등 조약"으로 알려진 일련의 국제적 협정들을 통해 영토의 많은 부분을 할양했다. 〈지도 1.1〉에서 볼 수 있듯이, 몽골의 독립을 포함하여 해외 열강과의 다양한 조약으로 할양된 땅, 즉 "실지失地"는 대략 340만km²에 이른다.[87]

1949년 중화인민공화국이 수립되면서 중국 공산당은 1911년 멸망 당시

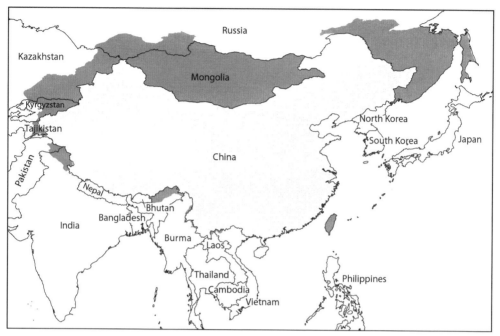

출처: China 2000 County Population Census, China Data Center, University of Michigan, 2003; China Historical GIS, V4, Harvard University.

지도 1.1 중국의 경계 (1820년과 2000년)

청의 영토로 간주되는 지역들에 대한 주권을 확립하고자 노력했다. 〈지도 1.1〉에서 볼 수 있듯이, 불평등 조약으로 이미 할양되어버린 지역은 여기서 제외되었으나, 몽골을 제외한 청 말기 변강 지역의 많은 부분이 신중국이 주권을 확립해야 할 지역에 포함되었다. 청 말기의 영토와 대체로 일치하는 지리적 영역을 기반으로 건국한 신중국의 지도자들은 과거의 왕조들로부터 이어져 온 민족지리적 특성을 계승하는 "제국empire state"의 영토를 공고히 보전하고자 했다.[88] 〈지도 1.2〉와 〈지도 1.3〉에서 볼 수 있듯이, 이 변강 지역들은 인구밀도가 낮고 소수민족 집단들이 다수를 차지하는 지역이다. 중국 인구의

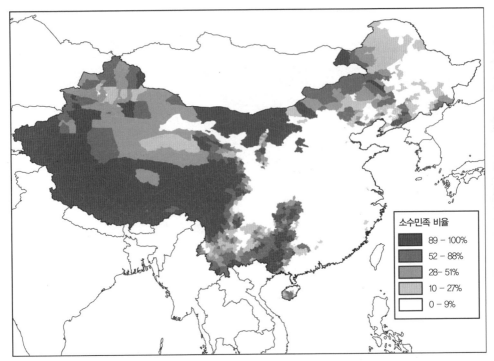

출처: China 2000 County Population Census, China Data Center, University of Michigan, 2003.
유의사항: Segments are based on the Jenks optimization method for identifying natural breaks in data.

지도 1.2 중국의 민족지리 (2000)

90%를 차지하는 한족 대부분이 영토의 약 40%에 불과한 중국 본토에 거주
[89]하는 데 반하여, 티베트인이나 몽골족 같은 소수민족들은 인구의 10% 미
만에 불과하지만 그들 대부분이 중국 본토를 감싸고 있으며 영토의 60%를
차지하는 변강 지역에 거주한다.[90]

중국의 민족지리적 특성은 중국이 영토를 보전하려 노력하는 과정에서 다
양한 도전들을 발생시키는 근본적 원인이 되었다. 1949년 이후 발생한 중국
의 영토분쟁에는 이러한 도전들이 반영되어 있는데, 각 분쟁 사례들의 기원
에 대해서는 이 책의 말미에 부록으로 정리했다. 영토분쟁을 다루는 다른 문

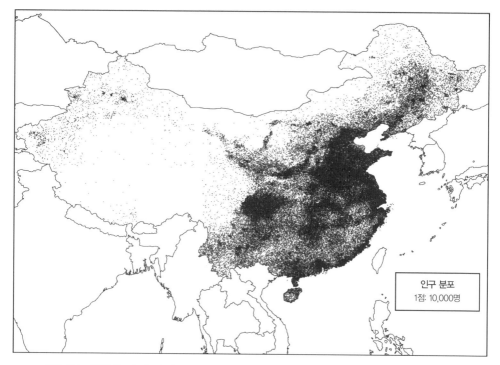

출처: China 2000 County Population Census, China Data Center, University of Michigan, 2003.

지도 1.3 중국의 인구 밀집도 (2000)

헌들과 용어의 개념을 일치시키기 위해, 이 책에서는 "영토분쟁"을 "육지에 대한 통제권 또는 소유권을 둘러싼 중국과 인접국가 사이의 갈등"으로 정의 한다. 이 정의에 따르면 각종 도서 및 만조선滿潮線 위로 드러나 있는 해상 지 형물을 대상으로 하는 분쟁은 포함되지만, 해저 지형물은 물론 배타적 경제 수역 같이 해양에 대한 권리를 대상으로 하는 분쟁은 영토분쟁에 포함되지 않는다.91 〈표 1.3〉에 정리되어 있는 바와 같이 중국의 영토분쟁은 변강 지역, 본토, 원해도서 지역의 세 개 범주로 구분할 수 있는데, 이러한 구분은 분쟁 지역의 지리적 위치와 관계될 뿐만 아니라 신중국 수립 당시 중국의 지도자

분쟁 지역	면적 (km²)	중요도 지수[a] (salience score)	협정	타협도[b]	무력 사용 여부
		변강 지역 분쟁			
미얀마 국경	1,909	6	1960 : BA 1960 : BT 1961 : BP	Y (82%)	–
네팔 국경	2,476 에베레스트산	3	1960 : BA 1961 : BT 1963 : BP	Y (94%)	–
인도 국경	~125,000	7	1993 : MTA 1996 : CBM 2005 : PriA	Y (74%)	Y
북한 국경	1,165	6	1962 : BT 1964 : BP	Y (60%)	–
몽골 국경	16,808	4	1962 : BT 1964 : BP	Y (65%)	–
파키스탄 국경	8,806 K2산	6	1963 : BA 1965 : BP	Y (40%)	–
아프가니스탄 국경	~7,381	2	1963 : BT 1965 : BP	Y (100%)	–
러시아 국경(동부)	~1,000	5	1991 : BA 1999 : BP	Y (48%)	Y
부탄 국경	1,128	3	1998 : MTA	Y (76%)	–
라오스 국경	18	4	1991 : BT 1993 : BP	Y (50%)	–
베트남 국경	227	4	1993 : PriA 1999 : BT	Y (50%)	Y

Key: BA(boundary agreement 국경협정), BP(boundary protocol 국경의정서), BT(boundary treaty 국경조약), CBM(confidence-building measures 신뢰구축조치), JD(joint declaration 공동선언), MTA(maintenance of tranquility agreement 평화유지협정), PriA(Principles agreement 분쟁해결 로드맵 합의), SA(supplemental agreement 부속협정)

a. Paul R. Hensel and Sara Mc Laughlin Mitchell, "Issue Indivisibility and Territorial Claims," GeoJournal, vol. 64, no. 4 (December 2005)
b. 여기서 "타협도"란 분쟁 지역에서 중국이 포기한 영역이 차지하는 비율을 뜻한다.

표 1.3 중국의 영토분쟁 개관 (1949-2005)

들이 해당 지역에서의 분쟁에 걸려있는 이해관계의 경중을 어떻게 평가하고 있었는지를 반영한다.

변강 지역 영토분쟁

중국의 변강邊疆 지역에 인접한 육상 경계선을 따라 16개 지역에서 분쟁이

분쟁 지역	면적 (km²)	중요도 지수[a] (salience score)	협정	타협도[b]	무력 사용 여부
		변강 지역 분쟁			
러시아 국경(서부)	N/A	3	1994 : BA 1999 : BP	Y (No data)	–
카자흐스탄 국경	2,420	5	1994 : BA 1997 : SA 1998 : SA 2002 : BP	Y (66%)	–
키르기스스탄 국경	3,656	5	1996 : BA 1998 : SA 2004 : BP	Y (68%)	–
타지키스탄 국경	28,430	3	1999 : BA 2002 : SA	Y (96%)	–
러시아 국경 아바가이투 섬/헤이샤쯔다오	408	6	2004 : SA	Y (50%)	
		본토 지역 분쟁			
홍콩	1,092	11	1984 : JD	–	–
마카오	28	11	1987 : JD	–	–
대만	35,980	12	–	–	Y
		원해도서 지역 분쟁			
바이롱웨이다오	~5	9	n.d.	Y (100%)	–
파라셀 제도	~10	8	–	–	Y
스프래틀리	~5	8	–	–	Y
센카쿠 열도	~7	7	–	–	–

Key: BA(boundary agreement 국경협정), BP(boundary protocol 국경의정서), BT(boundary treaty 국경조약), CBM(confidence-building measures 신뢰구축조치), JD(joint declaration 공동선언), MTA(maintenance of tranquility agreement 평화유지협정), PriA(Principles agreement 분쟁해결 로드맵 합의), SA(supplemental agreement 부속협정)

a. Paul R. Hensel and Sara Mc Laughlin Mitchell, "Issue Indivisibility and Territorial Claims," GeoJournal, vol. 64, no. 4 (December 2005)
b. 여기서 "타협도"란 분쟁 지역에서 중국이 포기한 영역이 차지하는 비율을 뜻한다.

표 1.3 중국의 영토분쟁 개관 (1949-2005)

발생했다.(〈지도 1.4〉 참조) 이 지역에서의 분쟁은 광대한 국경 지역을 중국이 직접 지배함으로써 행정적 통제를 공고히 하려는, 역대 어느 왕조도 달성한 적이 없는 과제에 도전하면서 발생한 것들이다. 중국의 역대 왕조들은 황제에게 충성을 바치는 것을 조건으로 그 지역 소수민족 집단의 지도자에게 실질적인 자치권을 부여하는 다양한 간접적인 방식으로 변강 지역을 통치해 왔

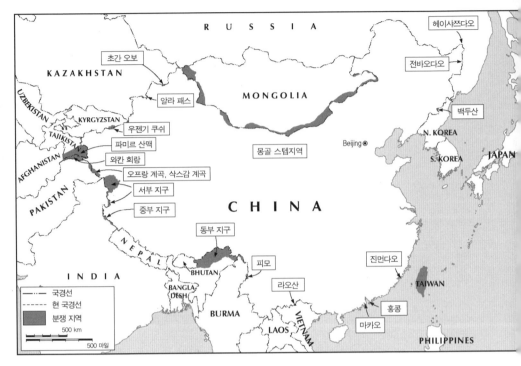

지도 1.4 중국 변강 및 본토 지역 주요 분쟁들

다.[92] 이러한 통치체제에서 변강 지역은 전략적 완충지역buffer zone으로서, 주기적으로 침략을 하고 때때로 본토까지 정복했던 북방 유목민족들로부터 한족이 거주하는 중심부를 방어하는 역할을 했다.[93] 이러한 간접적 통치방식은 외부의 영향력이 본토에 침투하는 것을 막아주면서 변강의 소수민족 집단들이 중국의 적대세력에 통합하는 것을 방지할 수 있고, 직접적 통치방식만큼 많은 비용이 들지도 않는다는 점에서 이 완충지역들을 다스리는 데 충분했다. 중국은 지역적 특성에 따라 다양한 형태의 간접적 통치방식을 적용하였는데, 서남부 소수민족들에게는 토사土司 제도를, 신장 지역과 몽골 일부에 대해서는 군사적 식민 지배를, 티베트는 보호령으로 두고 섭정駐藏大臣을 파견

하였으며, 만주와 몽골 나머지 지역에 대해서는 가신제家臣制,를 시행했다.[94]

1949년 이후 중국 공산당은 광대한 변강 지역에서 정치적 권위를 확고히 하려 노력하는 과정에서 무수한 도전에 직면했다. 오랜 간접적 통치방식의 역사적 유산으로, 영토의 절반 이상을 차지하는 이들 지역에는 중국으로부터의 독립을 원하는 소수민족들이 거주하고 있었으며 중앙정부와의 제도적 연계가 거의 없는 상태였다. 중국 본토와 달리, 변강 지역에는 신중국이 그 권위와 통제권을 공고히 하는 데 이용할 수 있는 직접적 통치의 제도적 유산이 없었던 것이다. 청淸이 지역과 소수민족 집단마다 상이하게 적용했던 다양한 통치제도 역시 모든 지역에 통용할 수 있는 단일한 통치구조를 만들어내는 데 장애물로 작용했다. 중국 공산당과 국민당 정권(중화민국)의 국공내전國共內戰은 대부분 중국 본토에서 진행되었기 때문에 신중국 성립 후에 변강 지역을 통치하는 데 활용하기 위해 양성해 놓은 변강 지역 출신의 소수민족 간부가 부족하였고, 이 때문에 변강 지역에 강력한 정치제도를 구축할 수 있는 역량이 더욱 제한되었다. 이러한 요인들로 인하여, 중국의 변강 지역들은 본토보다 인접국가들과 더 강력한 문화적, 경제적 유대관계를 유지했다. 중화민국 시기(1912-1949, 중화민국 수립~국공내전 종식) 신장 지역의 경우 지역 군벌들과 소련의 관계는 중국 중앙정부와의 관계보다 더 강력했기 때문에 일부 지역은 소련의 지배를 받거나 강한 영향력 하에 있었다.[95] 인도와 네팔은 티베트와의 교역망과 무역에서의 특권을 유지하였으며[96], 고산족들hill tribes은 윈난성과 광시성의 서남부 국경을 자유로이 드나들었다.[97]

변강 지역에서의 분쟁이 중국 영토분쟁의 가장 전형적인 유형이기는 하지만, 분쟁의 대상이 되는 지역들 자체가 대단한 가치가 있는 것은 아니다. 〈표 1.3〉에서 분쟁 지역의 중요성을 계량화한 지수에 따르면, 변강 지역 분쟁 지역의 중요도 지수는 총 12점 중 평균 45점으로, 전체 평균에서 표준편차 1점 정도가 낮은 수준이다.[98] 일반적으로 말해서, 변강 지역은 지역의 가치와 관련된 요소인 인구, 천연자원, 전략적 중요성 측면에서 매력적이라 보기는 어렵다. 그럼에도 불구하고 이 지역에서의 분쟁이 중국의 지도자들에게 중요한 것은 국경 인근 소수민족 집단들의 정치적 안정성, 이들 지역에 대한 중앙정부의 통치능력, 그리고 그에 따라 중국 전역에 대한 통제에 미칠 수 있는 영향력 때문이다.

변강 지역의 영토분쟁에서 중국의 장악력은 강력하다. 1920년대 이래로 소련의 지배 하에 있던 헤이샤쯔다오Heixiazi를 제외하고는, 대부분의 분쟁 지역에서 중국은 최소한 그 일부 영역에 대해서는 통제권을 유지해 왔다. 동시에, 냉전 기간은 물론 그 이후에도 세계에서 가장 방대한 규모의 상비군을 보유하고 있는 중국은 자국이 통제하는 지역을 방어하는 것은 물론, 아직 점령하지 못하고 있으나 자국의 권리를 주장하고 있는 대부분의 지역들에 전력을 투입할 수 있다. 중국보다 대규모의 지상군을 배치한 국가는 소련이 유일했으나 이마저도 냉전 기간에만 해당하는 것이었다.

중국의 변강 지역 영토분쟁은 대부분은 청淸이 쇠퇴하던 시기의 영토 변화에서 그 근원을 찾을 수 있는데, 그 시기의 영토 변화가 1949년 중화인민공화국이 수립되던 당시 주권이 미치는 영토적 범위와 관련한 모호성을 야기했다. 육상 경계선 중 일부 구간은 1949년 이전에 체결된 국경협정들에서 이미 정해져 있었지만, 이 중 중국이 유효하다고 인정하는 협정에서도 체결 당사국들이 상반되는 해석을 하게 될 여지가 있었다. 게다가, 협정문에 정확한 용어를 사용하지 않았거나 경계선의 위치를 확정하는 데 필요한 구체적인 지도가 첨부되지 않은 경우도 자주 있었다. 현장에 국경 표식boundary markers을 설치하여 협정문에서 규정한 국경선임을 나타낸 경우는 거의 없다시피 했다. 소련과의 경계선 일부는 물론, 네팔 및 몽골과의 경계선을 포함한 중국의 국경선 나머지 부분에 대해서는 1949년 이전의 국경협정에서 전혀 다루어지지 않았다. 중국을 배제한 채 제3국끼리 중국의 국경선을 확정한 사례도 몇 건 있는데, 1895년 러시아와 영국이 협정을 체결하여 오늘날 타지키스탄의 파미르Pamir 산맥 일대에 완충지대를 설치한 사례는 그 중 하나이다.

본토에서의 영토분쟁

변강 지역과 달리, 1949년 당시 신중국의 지도자들에게 본토 지역의 영토를 보전하는 것은 그다지 문제가 되지 않았다. 한족이 거주하는 이 중심부는 명明(1368-1644) 이래로 중앙정부가 직접 통치해 왔던 지역으로, 성省, 도道, 부府, 현縣 등 각 행정단위가 중앙정부와 수직적으로 통합되어 있어 비교적 통치하기 용이했기 때문이다.[99] 신중국의 국가체제는 성 하위의 각급 지방정부에 공산당의 당 위원회를 설치한 것으로, 사실상 기존의 행정체계에 당 조직을 이식시킨 것이다. 이 지역에서 오랫동안 계속된 국공내전國共內戰을 통해 중국 공산당은 과거로부터 물려받은 정치적 제도들을 공고히 하는 데 필요한 한족 간부들을 풍부하게 양성했다. 일본의 점령과 국공내전으로 피폐해지기는 했지만 이 지역의 경제는 대체로 자급자족이 가능하고 대외무역에 노출되지 않았으며, 이러한 특성들은 사회주의로의 전환을 추구할 수 있는 기초로 작용했다.

그럼에도 불구하고, 중국은 본토 혹은 내지에 대한 통제를 공고히 하는 과정에서 3개 지역에서 분쟁을 경험했다. 이 지역의 영토를 보전하는 과업에 대한 가장 중대한 도전은 1949년 중화인민공화국 수립 당시 중국 공산당의 통제가 미치지 않던 대만, 홍콩, 마카오에 대한 통제권을 확보하는 것이었다. 새로운 중국의 지도자들은 이들 지역을 다시 회복함으로써 쑨원孫文이 제창한 "중화민족의 통일"이라는 근대의 과제를 완성하고자 하였으며, 그 목표는 바로 중국 공산당 통치의 정당성과 연결되는 것이었다. 결과적으로, 본토에서의 영토분쟁은 중국의 가장 중요한 분쟁이며, 〈표 1.3〉에서 본토 지역들의 평균 중요도 지수 11.3은 전체평균보다 거의 표준편차 2단위 가량 높은 수준이다.[100]

대만을 홍콩 및 마카오와 더불어 중국의 가장 중요한 영토분쟁에 포함시키는 데 반대하는 의견도 있을 수 있다. 먼저, 역사적으로 중국의 역대 왕조들이 항상 대만을 한족이 거주하는 중심부로 취급했던 것이 아니라는 점이다.

청淸 초기에는 이 지역을 변강 지역으로 보았으며 1885년에 들어서야 성省으로 편입되었다.[101] 이러한 점에서 본다면 대만을 둘러싼 분쟁은 변강 지역에서의 분쟁이 될 것이다. 그럼에도 불구하고, 앞서 지적한 바와 같이, 중국 본토의 크기는 시간이 지날수록 기존의 많은 변강 지역들을 흡수하며 확대되어 왔다는 점을 감안할 필요가 있다. 1949년 중화인민공화국 수립 당시에는 이미 국민당과 공산당 지도층 모두 이 도서를 중국 중심부의 일부라 보았다. 칼슨Allen Carlson이 지적하는 바와 같이, 이 세 지역을 둘러싼 영토분쟁은 이들 지역에 거주하는 많은 주민들에 대한 관할권 문제와 관련이 된다.[102] 이들 지역과 관련한 분쟁에서 중국의 지도자들이 공유해 온 "통일"이라는 목표는 대만을 중국 본토로 인식하는 그들의 시각을 반영하는 것이다. 또 다른 반대의 근거는 대만의 국가 정체성에 대한 논쟁이 뜨겁다는 점으로, 오늘날 대만에는 스스로를 오직 "중국인"이라 규정하기보다는 "대만인"으로 인식하는 사람들이 더 많다는 사실이다.[103] 이러한 정체성에 대한 인식의 변화가 오늘날 이 지역을 둘러싼 분쟁의 핵심에 자리하고 있다. 그럼에도 불구하고, 한족이라는 범주에 광둥인廣東人 같은 하위집단이 존재하기는 하지만, 이들 사이의 차이는 한족과 비한족 소수민족 사이에 존재하는 민족적, 종교적, 문화적 차이와 비교한다면 결코 크다고 할 수 없다.[104] 따라서 이 책에서는 본토 지역 영토분쟁에서 중국의 행태를 설명하는 분석에 대만을 홍콩, 마카오와 같은 범주에 포함했다.

각 분쟁 사례에서 관측되는 중국의 장악력 변화는 이 세 지역의 사례들을 함께 분석하는 것이 유용함을 보여준다. 변화를 보여 온 것은 중심부를 구성하는 요소로서 이들 지역의 지위가 아니라, 이들 지역에 무력을 투입할 수 있는 중국의 능력이다. 1949년 이후에도 여전히 홍콩은 영국, 마카오는 포르투갈의 통제 하에 있었지만 중국은 이들 지역을 거의 저항 없이 차지할 수 있는 역량을 유지해 왔다. 이에 비해, 대만은 중국의 역량이 취약하거나 열세인 지역으로 중국은 자국의 권리를 주장함에도 이 지역 어느 곳도 통제하지 못하

지도 1.5 중국의 원해도서 분쟁 지역

였으며, 특히 1950년 한국전쟁 발발과 1954년 미-대만 상호방위조약 체결 이후에는 대만 해협을 건너 무력을 투입하는 데 커다란 어려움에 직면했다.

원해도서 지역 영토분쟁

이 지역에서 중국이 영토분쟁에 관여하고 있는 대상은, 〈지도 15〉에서 볼 수 있듯이, 네 개 도서군이다. 중국은 잘 알려진 남중국해의 스프래틀리 군도 Spratly, 南沙群島 외에도, 파라셀 제도Paracel, 西沙群島, 센카쿠 열도尖閣列島, 釣魚島, 그리고 바이롱웨이다오白龍尾島에 대해서도 자국의 권리를 주장해 왔다. 이들 지역의 분쟁에서 중국이 당면했던 과제는 아무도 거주한 적이 없는 이 지역에 병력을 주둔시킴으로써 육상의 변강 지역은 물론 해양 경계선에 대해서도 영토를 공고히 보전하는 것이었다. 그런데, 명明 초기를 제외하고 과거 어떤 중국의 역대 왕조도 강력한 해군력을 보유한 적은 없었다. 이들 지역의 전략적 입지와 해양자원에 대한 권리를 주장하는 데 있어서 중요성을 감안한다면 이들 지역에서의 영토분쟁은 그 중요도가 높은 편으로, 〈표 1.3〉의 중요도 지수로는 평균 8.0이며, 이 수치는 전체평균보다 표준편차 1단위에 약간 못 미치게 높은 수준이다.[105]

전체적으로 보면, 이들 지역의 분쟁에서 중국의 장악력은 취약했다. 중화인민공화국 수립 당시 중국이 장악하고 있던 지역은 바이롱웨이다오와 파라셀 제도의 앰피트라이트 군도뿐으로, 스프래틀리 군도와 센카쿠 열도에서는 점유하는 영역이 전혀 없었다. 게다가 이들 지역에 해군력을 투입할 수 있는 역량도 부족했다. 빈약한 해군력 때문에 다른 국가들이 자국의 권리를 위협하거나 비어 있는 지역을 점령하는 것을 저지하는 데 어려움을 겪어왔다.

체제의 불안정성과 타협적 분쟁 해결

1949년 이래로 중국은 총 23건의 영토분쟁 중 17건에서 타협적 해결을 추구해 왔으며, 이 중 15건은 양자협정을 통하여 최종적으로 해결했다. 타협과 지연 전략이라는 중국의 패턴은 정권의 안정에 대한 내부로부터의 위협이 존재하는지 여부와 가장 밀접하게 관련되어 있다. 필자의 이론에서는 외부로부터의 위협을 분쟁에서 상대국가와의 협력을 가능케 하는 원인 중 하나로 제시하기는 하지만, 이 요인으로는 중국이 상대국가에 양보한 사례들 중에서 일부만을 설명할 수 있을 뿐이다.

필자는 이 책에서 "타협compromise"을 다른 국가가 권리를 주장하는 지역에 대해 자국의 권리주장을 포기하거나, 분쟁 중인 지역에 대한 통제권을 다른 국가에 넘기는 행위라 정의한다. 많은 영토분쟁 사례에서 중국이 보여준 타협적 해결의 의지는 주로 변강 지역의 분쟁과 밀접하게 관련된다.〈표 14〉에서 볼 수 있듯이, 1949년 이래로 중국이 영토문제에서 타협을 선택한 것은 25회로, 변강 지역의 모든 분쟁을 상대국가와 타협하여 해결한 셈이다. 이에 반하여, 원해도서 지역의 분쟁에서는 4건 중 오직 1건의 사례에서만 타협을 하였으며, 본토의 3개 사례에서는 전혀 그렇지 않았다.

중국의 양보가 명목상에 불과한지 실질적인 타협에 해당하는지 여부 역시 고려해야 할 중요한 사항이다. 영토분쟁에서 국가는 후속 교섭에서의 "유보점reservation point"(협상결과에 동의하고 수용하는 데 필요한 최소한의 몫─옮긴이) 또는 실제로 원하는 영역을 확보하기 위해 최초 요구사항을 실제보다 크게 부풀려서 제시할 수 있기 때문이다. 그런데 중국의 경우 실질적인 타협이라는 점을 보여주는 근거가 몇 가지 존재한다. 첫 번째, 중국이 실제로 인접국가들과 다투었던 영역은 중국이 원했다면 전략적으로 과장하여 요구할 수 있었을 영역 중 극히 일부에 불과했다는 점이다. 청淸의 마지막 100년간 상실한 영토는 340만km² 이상이지만, 1949년 이래로 중국이 인접국가들과 다투었던 부분은 그 10%도 안 되는 23만8,000km²에 불과하다. 두 번째, 다른 국가들에 영토를 양보한 것과 관련하여 중국의 엘리트들 사이에서 논란이 있었고 1950년대 말부터는 더 이상 양보를 해서는 안 된다는 주장이 제기되기 시작

타협			협력의 원천			결과
일시	상대국가	내용	소수민족 소요	정치적 불안정	대외 갈등	중국이 획득한 지원
1956.11.	미얀마	남-완 지역 양보	-	-	동남아시아를 둘러싼 미국과의 갈등	주요 비동맹 국가들과의 연계 강화
1957.5.	북베트남	바이롱웨이 다오 양보	-	-	동남아시아를 둘러싼 미국과의 갈등	동남아시아를 둘러싼 미국과의 경쟁에 대응하기 위한 동맹 강화
1960.1-8.	미얀마	미얀마 북부 분수령 유역 및 피모 지역 양보	티베트 봉기	-	-	티베트에 대한 중국의 주권 공식 인정, 티베트 인접 국경 지대 안정, 미얀마 내 국민당 게릴라군에 대한 연합작전 (1960.11~1961.2)
1960.5.	네팔	에베레스트 및 10개 지구 양보	티베트 봉기	-	-	티베트에 대한 중국의 주권 공식 인정, 국경 지대 무장 해제, 네팔 내 티베트 반군에 대한 연합작전(1960~1964)
1960.4.	인도	동부 지구와 서부 지구를 교환하는 일괄거래	티베트 봉기	-	-	없음 (인도 내 티베트 반군지원 중단과 티베트에 대한 주권 인정을 바랐으나 성과 없음)
1962.2-7.	인도	서부 지구에 대한 추가적 양보	티베트 봉기	대약진 운동 실패 이후 경제위기	-	없음 (인도 내 티베트 반군지원 중단과 티베트에 대한 주권 인정을 바랐으나 성과 없음)
1962.10.	북한	백두산과 천지 양보	-	대약진 운동 실패 이후 경제위기	-	중국과의 분쟁을 해결하도록 소련을 압박
1962.11-12.	몽골	훙산쥐, 바오꺼 다샨, 칭허, 베이타샨 및 인접 스텝 지역 양보	신장 지역 소수민족의 중국 탈출	대약진 운동 실패 이후 경제위기	-	신장 남서부 국경 획정 및 안정, 중국과의 분쟁을 해결하도록 인도를 압박
1962.12.	파키스탄	오프랑 계곡, K2봉 및 6개 패스* 양보	신장 지역 소수민족의 중국 탈출	대약진 운동 실패 이후 경제위기	-	신장 남서부 국경 획정 및 안정, 중국과의 분쟁을 해결하도록 인도를 압박
1963.7.	아프가니스탄	와칸 회랑에 대한 권리 주장 포기	신장 지역 소수민족의 중국 탈출	대약진 운동 실패 이후 경제위기	-	신장 남서부 국경 획정 및 안정, 중국과의 분쟁을 해결하도록 인도를 압박
1964.5-7.	소련	동부 지구 분쟁의 타협적 해결, 중앙아시아 지구 문제 논의	신장 지역 소수민족의 중국 탈출	대약진 운동 실패 이후 경제위기	-	없음 (신장 지역 국경 획정을 바랐으나 성과 없음)
1990.2.	라오스	분쟁 지역 분할	-	천안문 사태	-	중국 사회주의 체제의 정당성 인정, 사회주의 국가간 연계 강화, 국경무역 확대

* 패스 : 고산지역을 연결하는 요충로 또는 산악 통로

표 1.4 영토분쟁에서 중국의 타협적 해결사례 요약 (1949-2005)

타협			협력의 원천			결과
일시	상대국가	내용	소수민족 소요	정치적 불안정	대외 갈등	중국이 획득한 지원
1990.6.	소련	동부 지구부터 '지구별 문제 해결' 원칙에 동의	신장 지역 폭력사태	천안문 사태	–	중국 사회주의 체제의 정당성 인정, 사회주의 국가간 연계 강화, 국경무역 확대
1990.8.	부탄	부탄 국경 서부 지구에 대한 일괄거래	티베트 시위발생	–	–	티베트 인접 국경 안정, 티베트에 대한 중국의 주권 인정
1993.8.	베트남	현 상황 유지 및 1895년 청과 프랑스의 합의 인정	–	천안문 사태	–	중국 사회주의 체제의 정당성 인정, 사회주의 국가간 연계 강화, 국경무역 확대
1993.10.	카자흐스탄	알라타우 패스 분할 및 다른 지구들 양보	신장 지역 폭력사태	–	–	국경 안정 제고, 위구르족에 대한 외부지원 차단, 국경무역 확대
1994.1.	러시아	서부 지구 관련 합의	신장 지역 폭력사태	천안문 사태	–	러시아와의 연계 강화
1995.9.	키르기스스탄	칸텡그리 및 이르케쉬탐 양보	신장 지역 폭력사태	–	–	국경 안정 제고, 위구르족에 대한 외부지원 차단, 국경무역 확대
1997.1.	카자흐스탄	칸텡그리 관련 타협	신장 지역 폭력사태	–	–	국경 안정 제고, 위구르족에 대한 외부지원 차단, 상대국가에 거주하는 위구르족 송환, 국경무역 확대
1997.8.	베트남	국경 지역 분할	–	천안문 사태	미국과의 경쟁	사회주의 국가간 연계 강화
1997.10.	타지키스탄	우즈벨 패스 영유권 주장 포기, 마르칸수 계곡 분할	신장 지역 폭력사태	–	–	국경 안정 제고, 국경무역 확대
1998.5.	키르기스스탄	우젠가-쿠쉬 분할	신장 지역 폭력사태	–	–	국경 안정 제고, 위구르족에 대한 외부지원 차단, 국경무역 확대
1998.6.	카자흐스탄	사리-칠디강 일대 및 초간 오보 분할	신장 지역 폭력사태	–	–	국경 안정 제고, 위구르족에 대한 외부지원 차단, 국경무역 확대
2001.12.	타지키스탄	파미르 산맥 일대에 대한 대규모 양보	신장 지역 폭력사태	–	–	국경 안정 제고, 국경무역 확대
2002.	러시아	아바가이투 섬과 헤이샤쯔다오 분할	–	–	미국과의 경쟁	미국에 대항하기 위한 국가간 연계 강화

* 패스 : 고산지역을 연결하는 요충로 또는 산악 통로

표 1.4 영토분쟁에서 중국의 타협적 해결사례 요약 (1949-2005)

했다는 점이다. 그러한 논란은 중국 내부에서도 중국 정부가 영토분쟁에서 대외적으로 자국의 권리를 주장한 영역이 전략적으로 과장된 것이라 보지 않았음을 시사한다. 세 번째, 1990년대에 중국은 일반 대중들에게 그간의 영토분쟁이 어떻게 해결되었는지 숨기려 했다는 점인데, 이는 정부 스스로도 중국이 영토를 양보한 것으로 생각하거나 국민들에게는 양보한 것으로 보일 수 있다고 생각했음을 암시한다.

중국이 다른 지역에서는 그렇지 않았음에도 변강 지역의 영토분쟁에서 타협적으로 나왔던 이유를 설명할 수 있는 요인들이 몇 가지 존재한다. 첫 번째, 변강 지역에 분포해 있는 분쟁 지역들은 대체로 원해도서 지역이나 본토보다 가치가 덜하다는 점이다. 모든 조건이 동일하다면 중요성이 상대적으로 낮은 지역에서의 분쟁은 상대국가와의 협력을 통해 해결하려 할 가능성이 더 높으며, 중국도 여기에서 예외가 아니다. 두 번째, 변강 지역 주변국가들과의 역내 군사력 균형에서 차지하는 중국의 강점이 타협 전략을 채택할 경우 수반되는 잠재적 위험을 감소시키는 역할을 했다는 점이다. 중국이 보유한 대규모의 상비군은 무력을 투입하기 가장 용이한 육상의 국경선을 둘러싼 분쟁에서 강력하고 효과적인 정책수단이 되기 때문에, 영토문제에서 중국이 양보를 하더라도 다른 국가들이 이를 중국의 군사력이 취약하다는 신호로 받아들일 가능성이 낮다는 것이다. 그런데 분쟁의 대상이 된 지역들의 낮은 가치와 중국의 강력한 군사력은 중국이 원해도서 지역이나 본토에 비하여 이 변강 지역의 분쟁에서 더 빈번하게 타협적 해결을 추구해 온 이유가 될 수 있지만, 이 두 가지 요소 중 어떤 것도 중국의 타협적 해결 의지가 시간의 흐름에 따라 변화해 왔던 이유나 개별적인 분쟁 사례에서 중국이 그러한 전략을 선택했던 이유를 설명할 수는 없다. 1949년 이후로 변강 지역의 분쟁에서 대상지역 자체의 가치와 중국의 장악력은 거의 변화가 없었지만 타협적 해결에 대한 의지는 비교적 폭넓은 변화를 보여 왔던 것이다.

중국이 이 지역에서의 분쟁을 상대국가와의 협력을 통하여 해결한 사례는

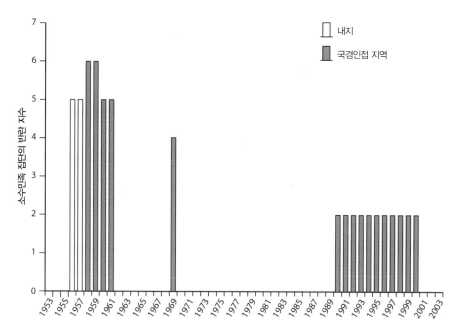

출처: Minorities at Risk Project (2005), College Park, Md.: Center for International Development and Conflict Management.
유의사항: 매해 발생한 중앙정부에 대한 소수민족 봉기의 격렬함을 지수화하여 가장 높은 수치를 제시함.

그래프 1.1 중국의 소수민족 봉기 (1953-2003)

두 개의 시기에 집중되었다. 1960년에서 1964년간 중국은 8건의 영토분쟁에
서 타협을 시도하여 6개 국가들과 국경조약을 체결하였고, 1990년에서 1999
년 사이에는 아직 미해결 상태이던 분쟁들에 대한 타협에 나서 국경조약 9건
을 추가로 체결했다. 타협적 분쟁 해결이 집중된 이 두 개의 시기는 중국의
지도자들이 정권의 심각한 불안정성에 직면했던 시기와 일치한다. 이 시기
중국의 타협적 분쟁해결 노력과 연결되는 첫 번째 유형의 내부적 위협은 변
강 지역 소수민족 집단의 봉기이다. 〈그래프 1.1〉은 국경에 인접한 변강 지역
소수민족 집단들의 폭동과 중국이 영토분쟁의 타협적 해결에 주력했던 두 시
기 사이의 연계성을 보여준다. 1959년 티베트에서의 봉기가 절정에 달하자

중국은 1960년 미얀마, 네팔, 인도와의 분쟁을 타협을 통해 해결하는 방향으로 전환하였고, 1962년 신장 지역에서 소수민족 소요 사태가 발생한 이후에는 몽골, 파키스탄, 아프가니스탄, 소련과의 분쟁에서 역시 타협적 해결을 추진했다. 1990년대 들어 신장 지역에서 지속되던 폭력사태는 카자흐스탄, 키르기스스탄, 타지키스탄과의 영토분쟁에서 보였던 중국의 타협적 해결노력과 시기적으로 일치했다.

소수민족 집단의 폭동이 중국이 분쟁해결을 위해 인접국가들과 타협하도록 하는 데 영향을 주지 못한 경우도 있는데, 1969년 티베트 니무현尼木縣에서 발생한 봉기가 그 중 하나이다. 가담자가 수백 명에 불과했던 이 사건은 1950년대 말에 벌어졌던 유사한 사건들에 비해 소규모이고, 인도와의 국경 인근이 아닌 라싸拉薩 외곽에서 발생했다. 이 봉기는 채 한 달도 못 되어 진압되었는데, 아마도 중국은 인도가 티베트에 대한 어떠한 지원도 하려 하지 않을 것이라는 결론을 내렸기 때문일 것이다.[106]

정치적 불안정성은 변강 지역에서의 분쟁을 타협적 방식으로 해결하려는 중국의 노력을 이끌어낸 두 번째 유형의 내부적 위협이다. 1960년대 초의 대약진 운동 실패로 추락한 공산당의 정치적 권위를 공고하게 해야 한다는 국내정치적 요청은 북한은 물론 몽골, 아프가니스탄, 파키스탄, 소련과의 분쟁을 타협을 통해 해결해야 할 또 다른 동기가 되었다. 1989년 천안문 사태라는 대량학살 사건과 중국 사회주의 체제의 존속 가능성에 대한 위기의식은 사회주의 이웃국가인 라오스, 소련, 베트남과의 분쟁을 타협적으로 해결하는 한편, 인도, 부탄과는 국경 지대에서의 긴장을 줄여 나가는 데 합의하도록 하는 계기가 되었다.

그러나 또 다른 정치적 불안정기였던 문화대혁명 초기(1966-69)에는 타협적 해결을 위한 노력이 이루어지지 않았다. 이 시기 정치적 혼란은 중국의 고위 지도자들이 의도적으로 일으킨 것이었다. 문화대혁명은 공산당 원로 지도층, 특히 마오쩌둥이 대중들을 고무하고 선동하여 일으킨 일종의 동란으로,

처음에는 체제의 안전성에 위협이 되는 것은 아니었다. 그러나 1967~1968년 사이에 이 사태를 조장했던 원로 지도층들의 통제를 벗어나 정권에 대한 내부로부터의 위협으로 발전하면서 외교부를 포함한 다수의 중앙정부 기관들이 기능정지 상태에 빠졌고 중국은 대외정책의 어떠한 변경도 할 수 없게 되어 버린 것이었다.[107]

체제의 안전성에 대한 내부적 위협이 없던 시기에 중국은 대체로 타협적 해결을 회피했다. 1960년 이전에는 타협을 시도한 사례는 2건에 불과하고, 1960년대 중반부터 1990년까지는 영토문제와 관련하여 새로이 양보를 한 사례가 전혀 없다.[108] 게다가 1960년대와 1990년대 보여주었던 중국의 타협책 선택도 외부적 위협이 고조되던 시기와 긴밀하게 일치하지는 않는다. 중국이 가장 심각한 위협에 처했던 다음의 두 시기에는 오히려 타협적 해결노력을 거의 찾아볼 수 없다. 한반도에서 미국과의 대결이 교착상태에 빠지고 역내에서 중국을 봉쇄하기 위한 미국-한국-일본의 동맹 네트워크가 구축된 1950년대 초반에는 외부의 명백한 위협에 대응하고 동맹세력을 얻기 위해 영토문제에서의 양보라는 카드를 써야 할 필요성에도 불구하고 단 2건의 분쟁에서만 타협을 시도했다. 1960년대 중반, 향후 거의 20년간 북쪽 국경 지대에서 벌어진 격렬한 군사적 경쟁의 계기가 된 소련과의 관계악화 후에는 그때까지 해결되지 않고 남아 있던 분쟁에서 더 이상 새롭게 양보한 사항이 없었다.[109] 이러한 점을 볼 때, 중국의 경우 국가에 대한 내부로부터의 위협이 외부적 위협보다 타협적 분쟁해결을 모색하도록 하는 데 더 강력한 영향을 끼쳤다고 할 수 있다.

마찬가지로, 타협적 방식의 분쟁해결 사례가 집중되는 두 개의 시기 역시 중국이 영토적 정복에 반대하는 국제적 규범을 수용하는 시점과 명확히 일치하지 않는다. 혁명적, 팽창적 사회주의 이념을 내세우던 1960년대 초반에 중국은 다수의 영토분쟁 사례에서 그러한 이념과 어울리지 않게 타협이라는 전략을 추구했다. 더욱이, 중국은 1950년대와 1960년대에 영토문제를 두고 무력을 자주 사용했던 것이다.[110] 덩샤오핑의 영도 하에 서방에 문호를 개방하고 경제개혁을 시작한 이후에도, 가령 1994년까지도 자국 영토로 새로이 점령, 편입한 사례(미스치프초Mischief Reef, 美濟礁―옮긴이)가 있음을 감안한다면 영토적 정복에 반대하는 국제적 규범이 영토분쟁의 타협적 해결을 위한 중국의 노력을 어느 정도까지 설명할 수 있을지에 대해 의문이 제기된다.[111]

이에 더하여, 민주적 정치제도와 경제적 상호연관성 역시 타협적 해결이 집중되었던 이 두 시기를 설명하지 못한다. 1949년 건국 이래로 중국은 권위주의적 정치체제를 유지해 왔으며 민주적인 갈등해결 규범이 결여되었음에도 불구하고 많은 영토분쟁 사례에서 타협적 해결을 추구해 왔다. 한편, 무역이 국내총생산(GDP)에서 차지하는 비율은 경제적 상호연관성을 보여주는 지표 중 하나이다. 중국이 타협을 통한 해결에 주력했던 이 두 시기에 중국경제가 세계경제에 통합되는 정도는 크게 변화했는데, 상품무역의 경우 1960년에는 국내총생산의 9%에 불과했으나 1990년에는 33%로 증가했다.[112] 국내총생산에서 무역이 차지하는 비중이 높아졌으므로 경제적 상호의존성이 1990년대의 두 번째 "타협의 시기"를 설명하는 것도 가능할 것 같지만, 개별 사례들을 연구한 결과물들은 그러한 해석을 지지하지 않으며 무역, 특히 국경 지역에서의 무역 증가는 체제의 안전성을 강화하려는 노력에서 비롯된 것임을 보여주고 있다.

변강 지역 영토분쟁의 성격은 체제의 불안정성이 분쟁을 해결해야 할 동기를 창출하는 이유를 설명한다. 중국은 세계에서 가장 긴 육상 경계선을 보유한 국가 중 하나로, 국경을 안전하게 지키는 것은 최적의 조건 하에서도 군수軍需 측면에서 쉽지 않은 난제이다.[113] 중국으로부터의 분리를 갈망하는 여러 집단들을 포함한 소수민족의 존재는 영토의 보전을 정치적 안정성의 문제와 긴밀하게 연관시키는 요인이 된다.[114] 또한, 변강 지역에서 중국이 취약성을 보이게 되면 그 지역에 대한 인접국가들의 잠재적 영향력이 증가할 것인데, 이렇게 되면 중국이 그 지역을 통치하는 것에 대한 인접국가들의 지지를 얻는 대신 이들 국가에 영토적으로 양보를 하게 되는 상황이 전개될 수 있다. 따라서 덩샤오핑은 1950년 서남부 변강 지역에 대해 언급하면서 "이렇게 긴 국경선을 지닌 (국가로서) … 소수민족 문제가 해결되지 않는다면 국가방위라는 문제 역시 해결될 수 없다."[115]고 지적한 바 있다.

중국에서 발간된 군사분야 저작들도 마찬가지로, 외부적 위협으로부터 변강 지역을 방어하는 것을 국내의 정치적 안정과 연결시키고 있다. 이 연구물들은 국경을 안전하게 방어하지 못하면 중국 내부에 대한 외부의 영향력이 증대되어 결국 소수민족들의 소요 사태를 조장하게 된다고 주장하고 있는데, 인접국가들이 변강 지역의 불안정성을 야기하기 위해 민족갈등을 조장할 수 있다는 의구심이 기저에 존재한다.[116] 실제로, 이 저작들은 주변국가들과의 외교관계는 국경의 안보, 경제발전, 정치적 동원뿐만 아니라 변강 지역에 대한 내부적 통제를 유지하는 데 핵심적 도구라는 점을 일관되게 강조하고 있다. 이들 저작에서 인접국가들과의 협력을 통해 얻을 수 있다고 제시하는 편익에는 국외에서의 반란활동 단속, 평정화 작전pacification campaign(게릴라 활동의 기반이 되는 각종 시설과 지원통로를 파괴하는 데 주안점을 두는 작전—옮긴이) 중 발생할 수 있는 오판의 위험성 감소, 그리고 국경무역 증대가 포함되어 있다.[117]

그럼에도 불구하고, 체제의 안전성에 대한 내부로부터의 위협으로는 설명하기 어려운 타협적 분쟁해결 시도 사례도 존재한다. 첫 번째는 1955년 말 양국 국경순찰대 사이에서 충돌이 발생한 후 1956년 미얀마와 협상을 시도한 사례이다. 중국은 미얀마와 몇 개의 분쟁 지역들을 서로 교환했는데 이때 중국의 대화 제의는 비동맹 국가들 사이에서 자국의 위상을 높이는 한편, 대만으로 후퇴하지 못하고 미얀마로 도피해 있던 국민당 세력이 주기적으로 접경인 윈난성云南省을 공격하는 상황에서 양국 사이에 갈등이 고조될 수 있는 잠재적 위험성을 낮추기 위한 것이었다. 두 번째는 1957년 중국이 통킹만 Tongkin Gulf의 바이롱웨이다오를 북베트남에 넘긴 것이었다. 새롭게 발굴된 자료에 의하면 이 조치는 중국이 미국과 갈등을 겪던 상황에서 북베트남을 지원하라는 마오쩌둥의 지시에 따른 것이라 하는데, 외부적 위협의 역할을 보여주는 사례이다.[118] 세 번째는 2004년 10월 아르군강Argun의 아바가이투섬Abagaitu shoal 및 아무르강Amur과 우수리강Ussuri의 합류점에 있는 헤이샤쯔다오Heixiazi를 러시아와 분할하기로 합의한 것이다. 이 합의는 체제의 안전성에 대한 내부로부터의 위협이 없는 상태에서 이루어졌는데, 이때 중국의 양보는 아마도 외부적 요인, 특히 러시아와의 관계를 강화할 필요성에서 나왔을 것이다.[119]

장악력의 감소와 중국의 무력 사용

갈등고조에 관한 필자의 이론을 검증하기 위해, 분석의 대상을 중국이 영토적 목적을 달성하기 위해 무력을 사용한 사례로 한정한다. 1949년 이래 총 23건의 영토분쟁 중 중국이 무력을 사용한 사례는 6건인데, 중국이 영토분쟁에서 상대국가와의 갈등을 고조시키거나 분쟁해결을 지연하는 행태와 가장 긴밀하게 부합하는 요소는 장악력의 감소 및 협상력의 부정적 변동이다. 필자의 이론에서 기회의 창이 갈등고조 전략을 채택하게 되는 원인의 하나이기는 하지만, 그것만으로는 중국의 어떠한 무력 사용 사례도 설명할 수 없다.

〈표 15〉는 중국이 6건의 영토분쟁 사례에서 무력을 사용한 16개 사건을 보여주고 있다. 〈Correlates of War project〉가 정의한 바에 따라 무력 사용의 범주에 봉쇄blockade, 영토의 점령occupation, 습격raid, 무력충돌clash, 또는 전쟁war을 포함시키기로 한다.[120] 분석의 대상을 중국 최고지도부로부터 명확히 승인된 갈등고조 조치로 한정하기 위해 최소한 육군 1개 대대나 그에 상응하는 규모의 해군 전력이 동원된 사례들만 검토하기로 한다. 따라서, 중국이 분쟁 지역을 점령하지 않은 국경경비대나 해군 순찰대간 소규모 충돌에 대해서는 사상자가 발생한 경우라도 분석의 대상이 되는 무력 사용의 범주에

서 배제했다.

무력 사용의 목적이 영토에 관한 것이 아니어서 분석대상에서 제외된 사례가 2건 있다. 첫 번째 사례는 1965년 중국과 인도의 병력동원 및 양국 국경 일대에서 벌어진 수차례 무력충돌로, 당시 중국의 무력 행사는 인도-파키스탄 전쟁에서 파키스탄을 지원하기 위한 것이었다.[121] 1979년 중국의 베트남 공격은 두 번째 사례로, 이는 동남아시아 역내에서 소련과 베트남의 영향력 확대를 저지하기 위한 것이 주된 목적이었지 영토문제로 발생한 분쟁이 아니었다.[122] 필자가 무력 사용 사례로 포함한 1995~1996년 대만 해협 위기의 경우, 중국이 실탄사격 훈련을 여러 차례 실시했으나 대만과 전투를 한 것은 아니기 때문에 (영토적 목적이 아니라) 국경선에 관한 분쟁으로 보일 수도 있을 것이다. 하지만 1996년 3월의 미사일 시험발사는 대만의 주요항만 2개를 사실상 봉쇄하는 것이었다. 한편, 관련국가들이 각기 자국의 권리를 주장하기 전에, 특히 이들 국가가 형성되는 과정에서 점령해버린 경우 역시 분석대상에서 제외하기로 한다. 예를 들어, 신장과 티베트에 배치되어 있던 인민해방군이 인도와 분쟁 중이던 서부 지구 중 일부를 1950년에 점령한 사례는 분석대상이 되는 무력 사용에 포함하지 않았다.

중국의 영토분쟁을 전체적으로 볼 때, 협상력bargaining power의 부정적 변동 및 장악력claim strength의 저하와 관련하여 일관되게 나타나는 무력 사용의 특징 두 가지가 있다. 첫 번째, 육상 경계선과 관련한 변강 지역의 영토분쟁에서 중국은 자국의 권리 주장에 도전할 수 있는 군사적 강국들과 맞서는 사례에서만 갈등고조 전략을 구사해 왔다는 점이다. 인접한 군사적 강국들과의 분쟁에서 중국은 협상력이 약화될 수 있다는 잠재적인 가능성에 대해서도 민감하게 반응해 왔다. 특정한 분쟁에서 역내의 군사적 균형을 측정하는 것은 쉽지 않다. 하지만 〈그래프 1.2〉에서 볼 수 있듯이, 중국은 육상에서 영토분쟁을 겪고 있는 대부분의 상대국가들에 비하여 전반적으로 월등히 강한 군사력을 유지해 왔다. 그래프는 각 국가들의 총체적인 군사역량을 비교하고 있

무력의 사용			갈등고조의 원천			목표
일시	상대국가	내용	영토 통제	무력 투입	정권 안정성	중국의 목적
1950–54	대만	저장성, 푸젠성 일대 연해도서를 둘러싼 전투	국민당의 연해 도서 공격	대륙 해안지역 일대에 대한 국민당의 군사작전	–	해안지역 최일선에 대한 통제권 확보
1954. 9.–10.	대만	진먼다오 포격	–	미국과 대만의 군사 관계 개선, 미국–대만 상호방위조약 체결 전망	–	미국–대만 상호방위조약 체결 저지
1955 1.	대만	이장산다오 공격	–	미국–대만 상호방위 조약 체결	–	미국–대만 상호방위조약 시험, 연해도서 통제
1958. 8.–1959. 1.	대만	진먼다오 및 마쭈다오 포격	–	미국과 대만의 군사적 연계 강화, 미국과의 대화 교착	–	대만 문제에 대한 중국의 결의 시현, 대만의 진먼다오 소개 강요, 대약진 운동에 대한 국내적 지지 동원
1959–61	인도	서부 지구 추가 점령	–	서부 지구에 대한 인도의 영유권 주장, 인도의 티베트 지원	티베트 봉기	티베트와 인도 간 국경 확정, 신장공로 안전 확보
1962. 10.–11.	인도	인도군 진지 공격	인도의 서부 지구 획득	인도의 동부/서부 지구 병력 배치, 4군단 창설	티베트 봉기, 대약진 운동 실패 이후 위기	국경 지역에서 인도의 군사적 압박 및 티베트에 대한 인도의 영향력 제거
1967. 9.–10.	인도	나투라 및 촐라 지역에서 무력충돌	–	인도의 산악사단 배치, 중부 지구 요새화	문화대혁명	국경 일대에서 인도군의 공세적 태세 저지
1969. 3.	소련	전바오다오 매복공격	분쟁 지역에 대한 중국의 접근 차단	소련의 극동지역 배치병력 증가, 소련군의 공세적 태세, 공격적 순찰	문화대혁명	향후 소련의 압력 저지, 소련의 중국 침공 저지

표 1.5 영토분쟁에서 중국의 무력 사용 사례 (1949–2005)

는데, 각 수치들은 중국과의 국경 지대에서 역내의 군사적 균형에 변동을 가할 수 있는 역량을 보유한 국가가 몇 개 되지 않음을 보여주고 있다. 그리고 그러한 군사적 역량을 지닌 국가들이 바로 중국이 무력을 사용한 국가들이라는 점은 우연의 일치가 아니다. 인민해방군이 우수리강 유역에서 소련군을 습격했던 1969년 당시 중국은 소련에 비해 군사적으로 명백히 열세였다.

	무력의 사용			갈등고조의 원천			목표
일시	상대국가	내용	영토 통제	무력 투입	정권 안정성	중국의 목적
1974. 1.	베트남	파라셀 제도 서쪽 크레센트 군도 점령	필리핀과 남베트남의 스프래틀리 군도 진출	남베트남과 필리핀의 원유 탐사, 세계적 차원에서의 해양권 강화 추세	–	모든 원해도서 지역 분쟁에서의 입지 강화
1980. 10.	베트남	뤄자핑다산 공격	베트남의 고지 통제		–	동남아시아에서의 소련 영향력 증대 저지
1981. 5.	베트남	파카산 및 커우린산 공격	베트남의 고지 통제	–	–	동남아시아에서의 소련 영향력 증대 저지
1984. 4.	베트남	라오산 및 저인산 공격	베트남의 고지 통제	–	–	동남아시아에서의 소련 영향력 증대 저지
1986. 6.	인도	숨두룽추에 대한 군사작전	인도의 탁라 인근 군사초소 건설	동부 지구에서 인도군의 공세적 태세	–	향후 인도의 중립지역 점령 저지
1988. 1.–3.	베트남 필리핀	스프래틀리 군도 6개 지형물 점령, 베트남과 무력충돌	필리핀, 말레이시아, 베트남의 스프래틀리 군도 분할점령	1980년대 중국 해군 현대화	–	스프래틀리 군도 일부에 대한 통제권 확보
1994. 12.	베트남 필리핀	스프래틀리 군도 미스치프초 점령	베트남 7개 암초 점령	베트남과 필리핀의 원유 탐사 및 해양권 주장	–	스프래틀리 군도 동쪽에 대한 통제권 확보
1995–1996	대만	미사일 시험 발사 및 군사훈련	–	대만 민주화 및 독립에 대한 지지세력 증가, 미국의 대만 정책	신장 지역 폭력사태	대만 독립에 대한 지지 저지, 대만에 대한 미국의 지원 제한

표 1.5 영토분쟁에서 중국의 무력 사용 사례 (1949–2005)

1962년 인도와의 국경에서 전쟁이 발생했을 당시 중국이 인도보다는 강했으나 인도는 중국과 인접한 국가들 중에서 두 번째로 큰 규모의 육군을 보유한 국가였다. 1980년대에 국경 지대의 고지를 두고 벌어졌던 베트남과의 전투에서도 중국이 베트남보다 강했으나, 1979년 양국 사이에서의 전쟁에서 입증했듯이 베트남은 대규모의 뛰어난 전투병력을 보유하고 있었고 중국의 인

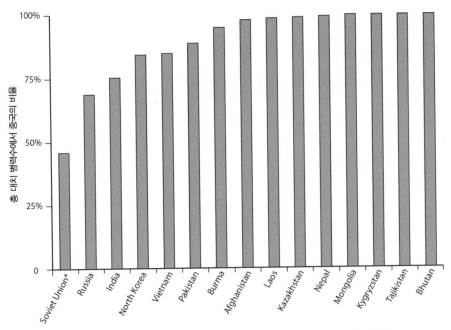

출처: Correlates of War Project, military personnel variable, from EnGene program (v. 3.040)
유의사항: 각각의 막대 그래프는 대상국가와 합산한 총병력 수에서 중국이 차지하는 비중을 나타내며, 50%보다 높은 수치
는 중국이 상대국가와의 군사적 균형에서 유리한 위치에 있음을 의미함.
* 소련은 1992년 이전의 러시아, 카자흐스탄, 키르기스스탄, 타지키스탄을 포함함.

그래프 1.2 변강 지역 분쟁에서 중국의 군사력 (1949-2002)

접국가 중 가장 강력한 소련과 동맹을 맺고 있었다.

두 번째 특징은 중국의 장악력이 열세인 분쟁 사례, 특히 분쟁 지역의 극히 일부만 확보하고 있거나 전혀 그렇지 못한 경우에도 무력을 사용했다는 점이다. 이러한 분쟁 사례에서 중국은 자국의 협상력을 더 약하게 하는 어떠한 요인에 대해서도 민감하게 대응해 왔다. 원해도서 지역 분쟁에서 중국은 1974년 파라셀 제도의 크레센트 군도를 두고 당시 남베트남과, 1988년에는 스프래틀리 군도의 몇몇 무인도 및 각종 지형물을 두고는 베트남과 충돌하였고, 1994년에는 베트남과 필리핀의 저항 없이 스프래틀리 군도의 미스치프초를 점령했다. 대만과의 분쟁에서는 1954년, 1958년, 1995~1996년간 무력을 동원하여 심각한 위기국면을 조성했다. 이 지역의 분쟁에서 중국의 취약성은 장악력을 구성하는 두 가지 요소 모두에서 설명할 수 있다. 1949년 당시, 중국은 자국의 권리를 주장하던 원해도서 지역의 절반도 차지하지 못한 상태였고 국민당 정권이 장악하고 있던 대만에 대해서는 전혀 영향력을 행사하지 못했다. 동중국해와 남중국해의 원해도서 지역은 물론 미국의 지원을 받는 대만으로 무력을 투입하는 데 있어서도 실질적인 도전에 직면해 있었다.

중국이 무력을 사용하여 얻어낸 영토가 얼마 되지 않는다는 사실 역시 장악력의 감소의 논리와 일맥상통한다. 중국이 전쟁을 통해 점령한 지역이 얼마나 되는지 정확하게 산정하기는 어렵다. 인도와의 분쟁에서는 1950년대 말 서부 지구 수천km²를 점령하였고 1962년 전쟁 이후에 추가로 1,000km²에 대한 통제권을 확보했을 수 있다. 베트남과는 수차례에 걸친 무력충돌(1974, 1980, 1981, 1984, 1988)의 결과 약간의 영토를 얻었고 1994년에는 미스치프초를 점령했다. 그러나 전체적으로 볼 때, 이렇게 얻은 영역은 중국이 그동안 다투어 왔던 영역의 일부에 불과하다.

갈등고조 전략을 채택하는 동기와 관련하여 앞에서 소개한 몇 가지 대안적 이론들은 영토분쟁에서 중국이 그동안 보여주었던 무력 사용의 일반적인 양상과 부합하지 않는다. 취약성이 아니라 기회의 창이라는 개념을 통하여 중국의 무력 사용을 설명하려는 시도가 그 중 하나이다. 이러한 논리는 상대국가가 역내 군사적 균형에서 현저히 우세하기 때문에 중국이 상대적으로 취약한 경우, 다시 말해 소련과의 영토분쟁 사례에서만 적용될 수 있다. 역내 군사적 균형에서 중국에 유리한 방향으로 변동이 발생하여 무력으로 분쟁 지역을 차지할 수 있는 기회가 생긴다는 설명은 중국보다 군사적으로 우세했던 소련과의 분쟁에서만 가능하기 때문이다. 그러나 제4장에서 설명하겠지만, 전바오다오珍寶島 사례에서 중국은 그러한 여건이 조성된 1969년 3월이 아니라 소련이 극동지역 주둔병력을 두 배로 증가시킨 이후에야 공격을 감행했다. 또한, 1991년 소련이 붕괴되었을 당시 중국은 자국의 입지가 강화된 틈을 타 무력을 사용하려는 시도를 하지 않았다. 마찬가지로, 2003년 이라크 전쟁 등 미국이 다른 전쟁에 관여하고 있었지만 그 상황을 이용하여 대만에 대해 공격 태세를 강화하려 하지도 않았다.

중국이 갈등고조 전략을 선택하는 이유를 군사적인 측면에서의 상대적 우위에서 찾는 주장 역시, 앞에서와 같은 이유로, 중국의 무력 사용 행태를 설명하는 데 부족함이 있다. 제6장에서 다루겠지만, 해군 전력을 증강하면서 중국이 파라셀 제도와 스프래틀리 군도의 무인도 및 각종 지형물을 차지할 수 있는 역량을 갖추게 되었음에도 실제로 이 지역의 일부를 점령한 행위는 다른 당사국들보다 해당 지역에서의 입지가 약화되고 있다는 불안감에서 비롯된 것이었기 때문이다. 군사적 역량의 향상이 중국의 무력행사를 가능케 하는 요인이 되지만 무력 사용을 결정하도록 하는 주요한 요인은 아니라는 것이다. 더 중요한 것은, 중국은 미얀마나 카자흐스탄 같은 국가들과의 분쟁처럼 자국이 확연한 군사적 우위를 보였던 분쟁 사례에서는 무력을 사용하지 않고 협상을 통해 실질적인 양보를 하는 경우가 많았다는 점이다.[123]

1980년대에 베트남이 장악하고 있던 양국 국경 지역의 고지, 특히 1984년 라오산老山 및 저인산都陰山을 공격하도록 한 결정은 국가 간의 경쟁이라는 역학관계로 설명할 수 있다. 이 사례에서 중국의 정책결정은 분쟁에서의 협상력 변동과 관련된 것이 아니라, 아마도 동남아시아에서 영향력을 확대하고 있던 소련과 베트남에 대한 강경한 대외정책 및 1979년 중국-베트남 전쟁의 연장선 측면에서 보아야 할 것이다.[124] 소련과의 경쟁관계와 관련한 거시적 차원에서의 우려는 1969년 전바오다오에서 중국이 감행한 기습공격 이면에 존재하던 또 다른 요인이다. 이에 반하여 중국과 인도의 관계는, 특히 1960~1970년대에는 경쟁관계에 있던 것으로 보일 수 있지만, 이 경쟁관계는 양국 사이에 광대한 분쟁 지역들이 존재했기에 발생한 것이지 다른 이해관계의 충돌은 없었다는 점에서 베트남이나 소련과의 분쟁 사례와 같은 국가

간의 경쟁관계로 설명하기 곤란하다. 또한, 국가 간 경쟁관계의 논리에 따른다면 중국은 1970년대에 미국과의 관계를 회복하기 전에는 미국의 봉쇄에 대항한다는 결의를 보여주기 위해 대만이나 일본 같은 동아시아의 미국 동맹국들에 대해서 더욱 빈번하게 무력을 행사했어야 하는데 실제로는 그렇게 하지 않았다.

마지막으로, 국가적 동원이나 관심전환 전쟁 같은 국내정치적 차원의 설명은 영토분쟁에서 중국의 무력 사용 결정과의 관련성이 강하지 않다. 대약진大躍進이라는 야심찬 목표에 대한 지지를 확보하기 위한 국가적 동원은 1958년 8월 마오쩌둥이 대만 위기를 일으키고자 했던 이유를 설명하는 데 도움이 되지만 다른 사례들에서는 그렇지 못하다.[125] 마찬가지로, 중국은 정권에 대한 내부적 위협이 존재하던 시기에 영토분쟁의 타협적 해결을 빈번하게 시도했는데, 이러한 행태는 중국의 사례에 관심전환 전쟁 이론을 적용할 수 있을지에 대해 강한 의구심을 가지게 하는 근거가 된다.[126] 1962년 및 1967년 인도에 대한 무력 사용 사례와 1969년 소련에 대한 무력 사용 사례가 중국의 국내정치적 불안정성과 관련되기는 하지만, 이 사례들에서 국내정치적 불안정성은 중국이 인도와 소련의 군사적 조치들로 인하여 야기된 분쟁 지역에 대한 자국의 장악력 감소를 더 심각하게 인식하도록 영향을 미친 것에 불과할 뿐, 단지 국내정치적 불안정성을 극복하기 위해 중국이 인도와 소련에 무력을 행사한 것은 아니다.

결론

제1장은 영토분쟁에서 국가가 타협을 하거나 무력 사용을 위협 또는 실행하는 극적인 결정을 하는 이유와 시기를 설명하는 두 가지 이론을 대략적으로 제시하는 것으로 시작했다. 마지막 절에서는 중국의 영토분쟁의 경우, 체

제의 안전성에 대한 내부로부터의 위협과 장악력의 부정적 변동이 영토분쟁에서 협력할지 아니면 갈등을 고조시킬지에 대한 중국의 결정과 밀접하게 관련되어 있음을 보여주었다. 다음 장부터는 각각의 분쟁 사례에서 중국이 사용한 전략들을 비교하고, 그러한 전략을 사용하기로 결정하는 과정을 추적함으로써 필자의 이론을 더욱 구체적으로 검증한다. 이러한 장들은 두 개의 명확한 상관관계를 보여준다.

1. 체제의 안전성에 대한 내부로부터의 위협 발생과 분쟁의 타협적 해결 의지 사이의 상관관계
2. 분쟁에서 장악력 감소의 출현과 무력 사용 의지 사이의 상관관계

새롭게 발굴된 중국측 자료를 사용해 이 장들은 또한 중국 지도자들이 정권의 불안정과 장악력 감소라는 논리로 예측할 수 있는 결정을 내렸음을 입증한다. 한편, 내부로부터의 위협이 없을 때 그리고 자국의 협상력이 안정적이거나 강화고 있을 때 중국은 분쟁의 해결을 늦추고 지연시키는 전략을 채택했다.

변강 지역
영토분쟁에서의
협력 전략: 1960년대

**Cooperation in Frontier Disputes
in the 1960s**

19 49년 중화인민공화국 수립에서 1960년까지 발생한 16건의 변강邊疆 지역 영토분쟁 사례들 중에서 중국이 타협적 해결을 추구한 사례는 불과 1건으로, 1955년 11월 미얀마 국경경비대와의 무력충돌이 발생함에 따라 1956년 미얀마와 협상에 나선 것이었다. 중국과 경계를 접한 많은 국가들이 국경문제와 관련하여 대화를 희망했으나 분쟁해결을 지연시키기 원했던 중국이 이를 모두 거절하는 것이 1950년대 내내 진행되던 양상이었다. 그런데 1960년 초반 중국의 입장이 바뀌어 1~4월 사이에 3개 국가에 먼저 대화를 제의하고 영토문제에서 실질적인 양보를 했다. 1964년 여름까지는 8개 국가에게 영토문제에서 양보를 하고 이들 국가와 국경협정을 체결함으로써 6건의 분쟁을 해결했다.

체제의 불안정성은 중국이 분쟁해결의 지연에서 협력을 통한 해결로 전략을 변경한 1960년대의 변화를 가장 잘 설명할 수 있는 요인이다. 그 이전 10여 년 동안 단 1건을 제외하고는 일관되게 분쟁의 해결을 지연시켜 왔던 중국이 갑자기 협력하겠다고 입장을 바꾼 것은 중국 공산당 정권에 대해 내부로부터 심각한 위협이 반복적으로 대두한 현상과 시기적으로 일치한다. 1959년, 4개국과 인접하고 있던 티베트 지역을 대규모 폭동이 휩쓸고 지나갔다. 1950년대 중반부터 쓰촨성四川省과 깐쑤성甘肅省 같이 국경을 접하지 않은 지역에서 소수민족 집단에 의한 소요 사태가 발생한 바 있으나, 티베트에서의 폭동은 국경과 접한 지역에서 지속적인 무장봉기가 발생한 첫 번째 사례였다. 이에 중국은 반란 진압을 위한 지원을 확보하고 국내 정세의 안정을 기하기 위해 인접국가들에게 영토문제에서 양보를 한 것이다. 1962년 초에는 신장 지역에서의 소수민족 소요 사태에 더하여 대약진 운동의 실패에 따른 경제위기와 기근까지 중국을 덮쳐왔다. 인도 및 대만과의 갈등에 따른 긴장은 내부적 결속이나 동원을 위한 조건이 되기보다는 오히려 당시에 중국이 이미 겪고 있던 불안정성만 심화시킬 뿐이었고, 영토 보전에 대한 도전에 직면한 중국은 타협적 해결을 선택하게 되었다. 그리고 타협적 해결을 추진하는 국면에서는 인접국가와의 관계 개선이 분쟁 지역에 대한 자국의 권리 주장을 고수하는 것보다 더 중요했다.

이번 장에서는 내부에서 발생한 위협요인이 어떻게 영토분쟁에서 상대국 가와의 타협을 이끌어내었는지를 다루게 된다. 또한, 1960년대 초에 타협적 해결을 위한 중국의 노력이 빈번히 나타난 현상을 다른 요인들로 설명할 수 없는 이유도 함께 보여줄 것이다. 이 시기 중국은 외부, 특히 미국의 실질적 인 위협에 직면해 있었는데, 이 또한 영토분쟁을 타협적으로 해결하려는 강 력한 동기가 되었을 것이다. 한반도에서의 전쟁이 교착상태에 빠져들면서 미 국은 아시아-태평양 지역에서 중국을 봉쇄하는 전략을 추진했는데, 이는 한 국, 일본, 대만과의 양자 동맹관계 체결과 중국에 대한 경제봉쇄 실시로 구체 화되었다. 그러나 제6장에서 자세히 다루겠지만, 1950년대의 중국은 미국의 위협이 증대하고 그에 따라 대만과의 적대관계가 심화되고 있었음에도 다수 의 분쟁 사례에서 협력적 해결을 추구하지 않았으며, 심지어 인접국가들이 분쟁을 해결하기 위해 중국과 교섭하려는 의향을 보였던 경우에서마저도 협 력하려 하지 않았다. 그 대신, 유일한 예외인 미얀마 사례를 제외하고는, 영 토의 보전과 정치적 안정성에 대한 내부로부터의 위협이 발생하기 전까지는 분쟁해결을 지연하는 전략을 고수했다.

1959년 티베트 봉기

티베트에서 봉기가 발생하기 전까지 중국은 분쟁 지역과 관련한 인접국가 들과의 협상을 미루어 왔다. 1954년 중국 총리 저우언라이周恩來와 인도 총리 네루Jawaharlal Nehru가 회담 중에 히말라야 산맥 일대의 양국 국경에 관한 문 제를 다루었으나, 결국 더 이상 논의하지 않기로 합의한 바 있다.[1] 1956년에 는 네팔이 중국과 국경문제를 논의하려 하였으나 중국의 반대로 무산되었다.[2] 1956년 실시한 미얀마와의 협상은 4개 분쟁 지역에 대한 미얀마측 요구에 중국이 응하지 않으려 하면서 교착상태에 빠져버렸다.[3] 하지만 1960년 1월에서 4월까지의 기간 동안 중국은 이들 국가와 대화를 재개하여 실질적인 타협안을 제공했다.

중국의 이러한 전략 변화를 가장 잘 설명할 수 있는 요인은 체제의 불안정성이다. 1960년대 초와 그 이전 시기를 구분 짓는 핵심적인 차이점은 티베트에서 발생한 대규모 폭동으로, 중국 공산당에 대한 단일 봉기로서는 최대 규모의 것이었다. 또한, 이 사건은 중국이 그때까지 경험해 본 변강 지역에서의 봉기 중 가장 큰 규모로, 가담한 인원만 23,000~87,000명에 달하고 중국 전체 국토의 거의 13%를 차지하는 이 지역에 대한 통제권을 위협했다. 티베트에서의 봉기와 이를 통해 드러난 내부의 취약성은 티베트에 인접한 국가들과의 영토분쟁 상태를 유지하는 데 소요되는 비용을 증가시켰다. 반란을 진압하기 위해 인접국가들과의 관계를 안정적으로 유지하는 것이 과거에 비하여 훨씬 더 중요해졌기 때문이다. 따라서 티베트에 대한 중국의 주권을 공식적으로 인정받고 반란 진압을 위한 지원을 확보하기 위해 중국은 분쟁 지역에 대한 자국의 권리 주장을 상당 부분 철회했다. 1959년 티베트 봉기가 없었다면 중국은 아마도 1960년 인도, 네팔, 미얀마와의 협상 자체에 응하지도 않았을 것이고 이들 국가와 타협하는 일은 더더욱 없었을 것이다.

티베트에서의 변강 지역 통제 문제

티베트에 대한 통제권 확보는 중국에 있어서 국가전략적 차원의 문제이다. 1949년 마오쩌둥은 "티베트는 인구는 적지만 국제적 입지가 극히 중요하므로 반드시 확보해야 한다."고 지적한 바 있다.[4] 이에 더하여, 그는 중국이 서남방으로 진출하기 위한 전략적 관문으로서 이 지역의 지리적 위치, 천연자원의 가치, 그 때문에 영국과 미국이 이 지역에 욕심을 가질 가능성에 주목해

114

야 한다고 강조했다.[5] 남쪽이 히말라야 산맥으로 둘러싸인 고원지대인 티베트는 칭하이성青海省, 쓰촨성四川省, 윈난성云南省은 물론 신장 지역과도 접하고 있는 중국의 "급소"라 일컬어져 왔다. 이 지역을 다른 국가가 지배 또는 통제하게 된다면 인접한 지역들까지 위험에 빠지게 되므로, 티베트에서 외세의 영향력을 축출하는 것은 중국 서남부의 안전과 실질적으로 연결되는 과제였다. 예를 들어, 티베트가 없다면 중국 본토와 신장 지역을 연결하는 통로는 오직 간쑤회랑甘肅回廊, 河西回廊뿐인데, 그 지역은 1960년대 말 소련이 병력을 중국-몽골 국경으로 이동시키면서 위협을 받은 바 있다.[6] 그 결과, 티베트의 확보 및 통제는 "변강 지역과 국가 방어를 공고히 하는 과제"[7]에서 빠뜨릴 수 없는 부분이 되었다.

　제2차 세계대전 종식 이후에 외세, 특히 서구 열강이 이 광대하고 중요한 지역에 대한 통제권을 확보하려 나설 것으로 예상됨에 따라 티베트를 신중국으로 흡수해야 할 필요성이 제기되었다. 티베트 점령을 위한 준비는 인민해방군 제2야전군이 쓰촨성의 국민당 세력을 패퇴시킨 1949년 가을부터 추진되었다. 1950년 가을 인민해방군이 오늘날 티베트의 동부 창두昌都에서 티베트군을 물리치고 라싸拉薩의 티베트 정부와 협상을 개시했다. 1951년 5월 티베트 본토를 침공하겠다는 중국의 위협 하에서 티베트를 중국으로 편입한다는 내용의 합의가 이루어졌다.[8]

　티베트의 항복을 받아냈음에도 불구하고 신중국은 이 지역에서 자국의 권위를 공고히 하는 과정에서 세 가지 도전에 직면했다. 첫 번째, 티베트는 과거 청淸의 보호령이었으므로 중국이 이 지역에 대한 통제를 강화하는 데 도움이 될 만한 직접적인 통치와 관련한 제도를 물려받은 것이 없었다.[9] 청이 티베트를 지배하던 당시에는 두 명의 섭정 혹은 지방관이 소규모 수비대와 함께 라싸에 주재했다.[10] 청이 파견한 이들 섭정이 외교업무는 물론 수십 년간은 재무에 관한 업무까지도 명목상 관장했으나, 실제로는 티베트 정부가 이 지역을 통치했다. 청이 몰락하고 마지막 지방관들이 라싸를 떠난 1913년[11]부터 국민당의 장군 황무쑹黃幕松이 라싸를 방문한 1934년까지 중국의 관리들은 티베트에 발을 들이지 못했다. 1939년 국민당 정부가 몽장위원회蒙藏委員會라는 이름으로 소규모 공관을 설치했으나 티베트 정부로부터 공인받지 못하고 1949년에 쫓겨났다.[12] 1949년 이래로 중국 공산당은 소수민족 집단들 중에서도 가장 종교적인 성향이 강했던 티베트인들을 당이나 군으로 끌어들이는 데 어려움을 겪었다. 그들의 불교신앙과 봉건적 질서는 공산주의의 기본 신조와 충돌했으며, 양자의 차이는 티베트의 문화와 통치 구조에서 차지하던 종교의 우월적 지위로 인하여 더욱 극명하게 드러날 뿐이었다. 이 지역이 중국에 합병된 8년 후에도 티베트인 공산당원이 875명에 불과했던 점은 중국의 티베트 지배가 제도적으로 취약했음을 잘 보여준다.[13]

두 번째, 티베트에는 중국 본토 및 신장 지역과 연결되는 도로망이 부족했다. 1949년 당시에는 티베트와 중국 공산당이 통제하던 다른 지역들을 연결하는 자동차가 다닐 수 있는 도로가 없었는데, 군수지원을 위한 적절한 도로망의 부재는 인민해방군의 티베트 진입이 지연되었던 주요 원인들 중 하나였다.[14] 중국은 1950년대에 티베트를 칭하이성, 간쑤성, 신장 지역과 잇는 세 개의 도로를 건설했지만 이들 도로 대부분이 겨울에는 이용할 수 없었고, 수리되지 않은 상태로 방치된 경우도 빈번했기 때문에 운송의 어려움은 계속되었다. 게다가 티베트의 전통적인 도로망 대부분이 중국 본토가 아니라 히말라야 산맥의 인접국가들, 특히 청의 승인 하에 무역분야에서 특권을 누렸던 인도 및 네팔과 연결되어 있었다. 예를 들어, 인도는 라싸에 공관, 무역기구, 우편 및 전신 인프라는 물론 호위대까지 유지하고 있었다.[15] 실제로 1950년대 전반기에는 중국 관리들이 인도를 통해 티베트에 들어가는 경우도 자주 있었고, 이곳에 주둔하는 인민해방군을 위한 보급품 획득을 포함하여 티베트가 수행하던 무역의 거의 대부분이 인도 및 네팔과 이루어지고 있었다.[16]

세 번째, 대다수의 티베트인들은 자신들을 1949년 건국된 신중국의 일원이라 전혀 생각지 않았다는 점이다. 1911년 청이 멸망한 후 티베트는 독립국가로 존재해 왔는데, 제한되나마 중국의 개입 없이 외교정책을 실시하였으며 국경을 지키기 위한 소규모 무장병력도 유지했다. 1940년대 말 중국이 침공할 것이라는 전망이 가시화되자 티베트는 공식적으로 독립을 선포하고 국제사회에서 외교적으로 공인받고자 했다. 영국이나 미국이 티베트에 영향력을 행사할 것이라는 전망은 남서부 변강 지역의 안보에 대한 중국의 두려움을 가중시키는 한편, 마오쩌둥이 "중국이 이 지역을 차지해야 한다."는 결론을 내리게 된 핵심적인 이유가 되었다. 그러나 1940년대 말, 미국, 영국, 그리고 인도까지도 국제적으로 독립을 공인받으려는 티베트의 노력을 외면해버렸다.[17]

광대한 변강 지역을 통제하는 데 있어서 이와 같은 내부적인 도전에 봉착한 중국 공산당은 간접적 지배를 실시했다. 1959년 봉기 후 강행한 단기간의 개혁조치로는 충분치 못했기 때문에 중국 공산당에게는 선택의 여지가 별로 없었다. 티베트에 대한 간접통치 방식의 대체적인 내용은 중국의 티베트 합병 조건을 구체화한 '17조 합의문十七條協議(1951.5)'[18]에 담겨있다. 이 합의문에 따르면, 중국은 티베트의 기존 정치체제와 달라이 라마의 지위를 변경시키지 않기로 약속했다. 중국의 중앙정부는 티베트의 국방과 외교를 책임지고 달라이 라마가 이끄는 티베트 지방정부는 행정적 관리를 담당하기로 되어 있었다. 고위 군간부와 당 지도자들은 군정위원회와 사령부를 설치, 이들 기구를 통해 합의사항을 이행하고 국익을 보호하도록 했다.

이러한 간접적인 통치방식은 티베트 이외의 지역에서 중국 공산당이 권위를 확립한 방식과 극명한 대조를 이루고 있으며 티베트에서의 변강 지역 통제 문제가 지니는 중요성을 잘 보여주는 것이다. 중국 공산당은 달라이 라마와 티베트의 기존 제도를 통해 이 지역을 통치함으로써 시간이 흐를수록 중국의 권위에 대한 지지를 얻으면서 점진적으로 직접 통치로 옮겨가기를 희망했다. 간접적인 접근방식은 또한 중앙정부가 이 지역의 인프라, 특히 중앙집권적 통제를 촉진하고 국경 수비를 강화하기 위한 도로망 개선에 집중할 수 있도록 했다. 이에 더하여, 중국 중앙정부는 정책성과가 나올 때까지 시간을 벌면서 티베트인 간부층을 육성하고 경제개발을 통하여 통치의 정당성을 확보하고자 했다.

서남부의 폭동

하지만 간접적인 통치가 티베트 문화와 중국 공산당의 유토피아적인 공산주의 비전 사이의 근본적인 모순을 지우지는 못했다. 중국의 지도자들은 간접 통치를 봉건사회에서 사회주의로의 궁극적인 전환을 준비하기 위한 수단으로 간주했다. 반면에 티베트인들은 자국의 독립에 대한 미국, 영국, 인도의 지지가 없던 상태에서 '17조 합의문' 은 자신들의 관습을 유지하기 위해 할 수 있었던 최선의 거래였다고 보았다. 깨지기 쉬운 이러한 균형은 오래가지 않았다. 중국의 통치에 저항하는 무장봉기가 1958년 티베트 본토에서 시작되어 1959년 3월 라싸 시위에 이르기까지 일련의 시위와 진압이 이어졌다. 이 사건은 이 지역에 대한 중국 통치의 허약성과 외부 영향에 대한 취약성을 드러내면서, 중국의 지도자들이 이 지역에 인접한 국가들과의 영토분쟁에서 타협을 하도록 하는 강력한 동기가 되었다.

중국의 지배에 저항하는 봉기

티베트의 봉기는 인접한 다른 성省들의 티베트인 거주지역에서부터 시작되었다. 산발적인 폭동은 1952년에도 발생했었지만, 1954~1955년 사이에 실시된 정치개혁 조치들 중에서도 특히 토지개혁은 티베트의 전통문화를 위협하였고 더 큰 규모로 발전하지는 못했지만 산발적인 무력 저항을 야기했다. 티베트가 아닌 중국의 성省에 편입되어 있던 캄康과 암도安多 지역의 티베트인 거주지역에는 '17조 합의문' 에서 약속한 자치 보장이 적용되지 않아, 티베트에서는 지연되었던 정치개혁 조치가 그대로 실시되는 결과를 낳았다.

1956년 인민해방군이 쓰촨성 리탕理塘에서 라마교 사원을 포위공격한 사건은 캉딩康定 봉기로 알려진 대규모 폭동을 촉발했다.[19] 결국은 진압되었지만 10,000명 이상의 캄康 지역 티베트인들이 가담하였고 3월에서 6월까지 지속되었다.[20] 칭하이성, 간쑤성, 윈난성, 그리고 신장 지역에서도 유사한 봉기가 동시다발적으로 발생했지만 지속적인 평정화 작전pacification campaign으로 결국 진압되었다.[21] 1958년 말까지 중국 정부는 대부분 티베트 본토 밖에 있는 이들 지역에서 봉기에 가담한 230,000명 이상의 티베트인들을 진압했다.[22]

캄 지역 봉기에 대한 무력진압은 중국의 지배에 저항하기 위해 형성된 여러 저항세력들이 서로 결속하는 계기가 되었다. 인민해방군이 반격에 나서면서 이 저항세력들은 서쪽으로 이동하여 라싸와 그 인근에 집결했다. 1957년 캄 지역 티베트인 무역상 곰포 타시 안드룩창Gompo Tashi Andrugstang은 달라이 라마의 즉위 기념행사를 위한 자금을 모으러 티베트 각지를 다니면서 범티베트 저항운동 연합체를 구성하고 지지세력들을 규합했다.[23] 1958년 3월, 그는 중국에 저항하기 위해 연합하기로 한 캄 지역 티베트인 지도자들을 소집했다. 동년 6월에는 여러 무장집단들이 모두 모여 국가의용수비대(NVDA)를 결성, 라싸 인근의 인민해방군 전초기지와 수송대를 기습하기 시작했다.[24]

티베트 본토의 저항세력 규모에 대해서는 평가에 따라 차이가 크다. 중국 측 자료에 따르면, 1959년 초 무장한 반란세력은 23,000명[25]에서 40,000명[26], 또는 87,000명[27]까지도 추산된다. 실제 규모가 얼마가 되었든 이들은 라싸와 주요 도로에서 떨어져 있는 많은 지역들을 통제하였고, 다수가 라싸와 인도 및 부탄 국경 사이에 있는 삼림지대인 로카Lhoka, 山南 지역을 기반으로 활동하고 있었다. 1958년 8월, 국가의용수비대는 700명 이상을 동원하여 인민해방군에 대한 첫 번째 대규모 공격을 감행했다.[28] 인민해방군에 대한 매복공격과 기습은 티베트의 양대 주요 도로망인 스촨성-티베트 도로 및 칭하이성-티베트 도로의 검문소는 물론이고, 전초기지, 무기고 및 보급창을 대상으로 그해 가을까지 계속되었다.[29] 1958년 12월에는 인민해방군 155연대 예하부대

가 이들의 공격을 받아 부연대장을 포함한 56명이 사망하기도 했다.[30]

1959년 3월이 되자 티베트의 내부 상황은 긴박하게 흘러갔다. 라싸 주민들과 티베트 지방정부는 임박한 중국군의 진압을 두려워하고 있었다. 다른 지역에서 있었던 인민해방군의 잔학행위에 대한 소문들이 중국 공산당의 의도에 대한 의혹을 증폭시키는 가운데 중국의 무력진압을 피하려는 난민들의 유입은 이미 쪼들리고 있던 지역경제를 더욱 어렵게 했다. 티베트 지방정부는 저항세력을 지지하는 쪽과 더 이상의 폭력사태를 막기 위해 중국 중앙정부와의 타협을 모색하는 쪽—달라이 라마도 이에 포함된다—으로 양분되었다. 캄康 지역에서 티베트까지 무장봉기가 확산된 것은 중국의 입장에서 볼 때 핵심적인 변강邊疆 지역 중 한 곳에서 중앙정부 권위의 취약성과 간접통치 방식의 실패를 드러냈다는 점에서 불길한 것이었다. 그나마 얼마 있지도 않은 지지 세력마저 잃어버릴 수도 있다는 점을 우려한 중국 지도자들은 처음에는 티베트에서의 봉기를 강경 진압하기를 원하지 않았지만, 점차 달라이 라마와 티베트 지방정부가 저항세력과 연결되어 있고 무장봉기의 확산을 막을 의지 혹은 능력이 없다고 생각하게 되었다.

다른 상황이었다면 별다른 의심을 사지 않았겠으나, 이처럼 시끄럽고 혼란스런 상황에서 인민해방군 사령부 주관 무도회에 달라이 라마를 초청한 것이 1959년 3월 라싸拉薩 봉기를 촉발했다. 원래 이 초청은 2월 초에 전달되었지만 달라이 라마는 이를 공개적으로 언급하지 않기로 했었다. 그러나 그의 젊은 고문들 중 몇몇이 이를 달라이 라마를 납치하거나 죽이기 위한 계략이라 믿고[31], 그를 거처에서 나오지 못하게 하기 위해 달라이 라마가 3월 10일 인민해방군 사령부에 방문하면 중국측에 납치될 것이라는 소문을 퍼뜨렸다. 이에 그를 보호하기 위해 티베트인들이 노블링카궁the Norbulingka palace을 둘러 쌌는데, 30,000명이 넘는 인원들이 운집하면서 점차 다양한 시위 활동으로 발전하게 되었다.[32] 티베트 지방정부 관리들이 이들에게 무기를 나누어 주기 시작하자 시위는 급속도로 통제 가능한 수준을 벗어났고, 무기를 받은 시내의 시위대와 반란세력들은 주요 전략거점들을 점령해버렸다.[33] 3월 12일에는 50명의 티베트 관리들이 "인민의회People's Assembly"를 구성하여 독립을 선포하고 '17조 합의문'의 폐기를 선언했다.[34] 시위가 확대되었고 달라이 라마가 비밀리에 라싸를 탈출한 3월 17일부터 인민해방군과 시위대의 충돌이 시작되었다. 3월 20일 오전, 인민해방군은 그때까지 7,000명 이상의 티베트인들이 사수하고 있던 도시의 통제권을 되찾기 위해 총공격을 실시했다.[35]

라싸 봉기를 계기로 중국 중앙정부는 이를 진압하고 직접 통치를 실시함으로써 중앙정부의 권위를 공고히 하기 위한 조치들을 신속히 실시하였는데, 티베트 전역에서 실시한 반란 진압작전에 초점이 맞추어졌다. 1959년 4월, 중국 공산당 중앙군사위원회는 로카Lhoka, 山南 지역의 반란세력 본거지를 공격하기 위해 란저우 군구蘭州軍區(Military Region, 지역을 기준으로 군의 권한과 작전구역을 나눈 중국군 편제 단위로, 통상 수개의 성을 하나의 군구軍區로 묶고 그 하위편제로 통상 1개 성을 기준으로 하는 군관구軍管區를 두었다. 육군 위주의 지역방위에 중점을 두고, 각 군구가 담당지역 내의 징병, 군수, 조달 기능을 총괄하도록 했다―옮긴이)와 청두 군구成都軍區에서 군부대를 전개하여, 1961년 말까지 평정화 작전을 실시했다. 작전이 완료된 곳에서는 토지개혁, 유목민 정착 및 라마교 사원 파괴를 포함하는 조치들이 실시되었다.[36] "진압하며 개혁한다―邊平息, 一邊改革"는 구호로 알려진 이 과정을 통하여 티베트의 전통적인 정치제도는 붕괴되고 중국 본토와 유사한 주현제州縣制가 그 자리를 차지하게 되었다.

대외적 취약성

티베트에서의 봉기는 중국이라는 국가의 내부적 취약성은 물론, 전략적으로 중요한 이 지역이 외부의 영향력에 노출되어 있음을 극명하게 드러냈다. 당시 티베트와 인도, 네팔, 미얀마와의 국경 대부분을 인민해방군이 지키지 못하는 상황이었다. 1959년 이전에는 변강 방어를 티베트 군대가 담당했는데, 소규모이고 1951년 이래로는 명맥만 유지하는 수준에 불과한 상태였다.[37] 중국의 저명한 군사軍史 연구자에 따르면 티베트에 주둔하는 인민해방군의 역할을 "주요 지점 및 도로망의 방어"로 한정지었는데, 다시 말해서 주요 도시들과 이들을 연결하는 도로망의 안전을 확보하는 것이지 국경을 지키는 것은 이들의 역할이 아니었다는 것이다.[38]

인민해방군 부대들이 국경을 따라 몇 군데 주둔하고는 있었으나 1959년 평정화 작전이 개시되기 전에는 국경 대부분이 무방비 상태나 마찬가지였다.[39] 라싸에서 남쪽으로 도주하는 반군들을 추적한 이후에야 인민해방군의 대규모 부대가 국경에 배치되었다. "신속히 국경을 봉쇄하고, 인도 및 부탄과의 국경 중 경계가 정해지지 않은 맥마흔 라인McMahon Line(1914년 영국-중국, 티베트가 심라 조약Simla Accord을 통해 히말라야 산맥 분수령에 설정한 영국령 인도와 티베트의 경계선—옮긴이) 주변의 주요 거점 및 국경을 따라 나있는 핵심 도로망에 대한 통제를 확실히 할 것"[40]이라는 중앙군사위원회의 1959년 4월 지시는 당시 중국이 처해있던 위와 같은 취약성을 드러내는 것이다. 1961년 10월 발행된 중앙군사위원회 회람용 문건은 성공적인 반란진압을 통해 "우리나라의 전략적 후방지역을 더욱 공고히 하였으며, 서남부 변강 지역의 방위를 강화했다."고 평가했다.[41]

중국 지도자들은 티베트의 봉기에 외부, 특히 인도의 지원이 있었을 것이라 믿었다. 중국 정부는 오랫동안 인도의 국경도시 칼림퐁Kalimpong이 티베트에서 탈출한 난민들뿐만 아니라 티베트의 저항운동을 지원하는 미국과 국민당(대만) 기관원들이 활동하는 근거지라 주장해 왔었다.(〈지도 2.1〉 참조) 이미 1956년 초 저우언라이는 인도 총리 네루에게 보낸 친서를 통해 이들의 활동에 대한 우려를 전달한 바 있다.[42] 그때만 해도 저우언라이는 티베트에서의 사태를 해결하는 데 있어 인도와의 외교관계를 통하여 네루의 도움을 받고자 했다. 이 서한에서 저우언라이는 "칼림퐁에서의 미국 정보기관 활동에 관한 어떠한 증거라도 우리가 확보한다면 귀국이 필요한 조치를 취할 수 있도록 이를 알려주겠다."고 제안했던 것이다.[43] 또한, 저우언라이는 인도와의 분쟁

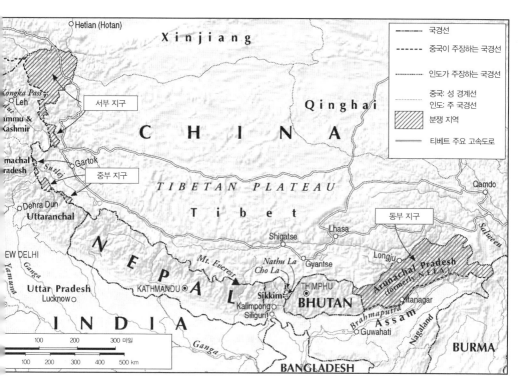

지도 2.1 중국-인도 국경

지역 중 동부 지구中印邊界東段의 맥마흔 라인을 인정할 준비를 하겠다고까지 했는데, 그 제의가 공식적인 양보는 아니지만 체제의 불안정성이 어떻게 영토분쟁에서 타협적 해결을 모색하도록 하는가를 보여준다. 티베트의 봉기가 발생한 후 저우언라이는 "외부세력의 선동과 자극이 없었다면 이와 같은 반란은 일어나지 않았을 것"이라 결론 내렸다.[44]

저우언라이의 우려가 근거 없는 것은 아니었다. 미 중앙정보국(CIA)이 처음 티베트인 정보원을 고용한 곳이 칼림퐁이었고, 저항세력들이 무기와 보급품을 구입한 곳도 그곳이었다. 또한, 봉기가 일어날 즈음에 중국 지도자들은 아마도 티베트의 저항세력을 훈련시키고 보급하기 위한 미 중앙정보국의 "ST Circus" 작전[45]에 대해 잘 알고 있었을 것이다. 1957년 12월에는 사이판에서 미 중앙정보국의 훈련을 받은 6명의 캄康 출신 티베트인들이 공중을 통해 티베트의 거점 두 군데로 투입되고 무기와 보급품을 전달받았다. 1958년 초 이들 중 한 명이 인민해방군에 체포되었는데, 그를 통해 작전의 전모가 드러나게 되었던 것이 분명하다.[46] 1958년 3월 라싸에 주재하던 중국 공산당 최고위 간부였던 장궈화張國華는 티베트 지방정부가 미국의 지원에 의지하고 있다고 비난하며, 자신들은 미 중앙정보국 요원이 침투한 이후에 설치된 라싸 인근 산 정상의 비밀 라디오 기지국의 존재도 알고 있다고 했다.[47] 미 중앙정보국의 지원이 티베트에서 인민해방군과 저항세력의 힘의 균형을 변경시킬 만큼은 못 되었음이 분명하지만, 외부, 특히 미국으로부터의 지원이 있음을 중국 지도자들이 알고 있었다는 사실은 그들이 중국의 내부 정세가 외부로부터의 영향력에 취약하다는 점을 인지하는 데 심리적으로 강력한 영향을 주었을 것이다.[48]

티베트의 봉기는 중국과 인도 사이에 존재하던 영토분쟁의 맥락을 극적으로 바꾸었을 뿐만 아니라 서로에 대해 가지고 있던 기존의 인식을 강화하는 계기가 되었다. 중국의 지도자들은 인도가 티베트에 대한 특별한 영향력을 계속 유지하기 원한다고 결론지었다.[49] 1959년 5월, 저우언라이周恩來는 사회주의 국가 주중 대사들에게 "그들(인도)의 목적은 티베트의 개혁이 아니라, 정체되고 '자국의 영향력 하에 있는 완충 국가'로서 그들의 보호령이 되도록 하는 것"[50]이라 설명하며, 인도가 티베트 봉기를 일으킨 지도자들을 지원함으로써 그 목적을 달성하기 위한 작업을 어떻게 추진해 왔는지를 공들여 설명했다.[51] 1959년 5월 6일자 〈인민일보人民日報〉에는 티베트 저항세력과 인도 정부의 관계를 부각시키는 신랄한 논평이 게재되기도 했다.[52]

티베트에서 봉기가 진행되는 과정에서 중국의 그러한 인식을 강화시키는 인도의 다양한 움직임들이 있었다. 첫 번째, 봉기가 발생한 지 얼마 지나지 않은 1959년 3월 22일, 인도의 네루 총리는 저우언라이 총리에게 서한을 보내 양국이 분쟁 중이던 동부 지구中印邊界東段의 맥마흔 라인McMahon Line은 물론이고 서부 지구中印邊界西段에 대한 인도의 주장을 상세히 밝혔다.[53] 봉기가 일어난 와중에 제기된 네루의 이러한 조치는 단지 국가 간 분쟁의 일부라는 차원을 넘어서, 중국이 현재 겪고 있는 위기를 이용하여 이득을 취하고 티베트에 대한 인도의 영향력을 강화하려는 시도로 비추어졌다. 서부 지구와 관련한 인도의 요구는 결국 중국이 티베트와 중국의 다른 지역들을 연결하는 3개뿐인 도로 중 하나인 신장-티베트 도로新藏公路에 대한 통제권을 포기하라는 것이었다. 이 도로는 티베트 저항세력의 공격이 빈번한 동쪽이 아닌 서쪽으로부터 티베트에 진입하는 통로여서 평정화 작전의 수행에 있어 특히 중요했다. 동부 지구와 관련한 인도의 요구는 티베트 난민들과 저항세력들이 이용하던, 양국을 잇는 극히 중요한 산악 통로와 무역로에 대한 통제권을 인도에 넘기라는 것으로, 이를 수락한다면 티베트에 대한 인도의 영향력을 강화하는 결과를 초래할 것이었다.

두 번째, 1959년 4월에 들어서 인도는 티베트 지역에 대한 식량 수출을 금지하며 무역을 통제하기 시작했다. 이후 몇 달간 철강, 등유, 차량부속 등 품목이 추가로 금지되었다. 1960년에 이르러서는 인도의 대티베트 수출이 91%, 티베트의 대인도 수출이 96%까지 감소했다.[54] 중국의 지도자들은, 인도와의 무역이 티베트 경제에서 차지하던 중요성을 감안할 때, 인도의 수출 금지 조치는 티베트가 내부적으로 불안정을 겪는 시점에서 티베트의 경제를 질식시켜버리고 아마도 협상에서 유리한 위치를 차지하려는 시도라고 간주했다.

세 번째, 같은 달에 인도 정부는 3월 30일 국경을 넘어온 달라이 라마에게 망명처를 제공했다. 네루 총리가 인도 내에서 달라이 라마의 정치행위를 금지할 것이라는 점을 명확히 밝히기는 했지만, 인도 정부와 의회 및 국민들은 달라이 라마에 매우 동정적이었다. 중국의 입장에서 달라이 라마는 인도에서

용감한 영웅으로 환영받는 것으로 보였을 것이다. 달라이 라마에 대한 인도의 처우는 표리부동하다는 인식을 중국에 고착시켰을 뿐만 아니라, 대만의 국민당 정권에 이어서 외부세력들의 지원을 받으며 중국 공산당의 정당성에 도전하는 망명정부가 또다시 탄생하는 악몽을 현실화시키는 것이었다.

상호간 부정적 인식이 강화됨에 따라 국경의 안정성은 저하되었다. 인민해방군은 인도, 네팔, 부탄 등지로 도주하는 티베트 저항세력들을 추격하기 위해 국경까지 진출하여 지키기 시작했다. 1959년 9월 저우언라이가 언급한 바와 같이, "무장한 티베트 반란군 잔당들이 국경을 넘나드는 사태를 방지하기 위한 목적으로 … 중국 정부는 최근 몇 달간 티베트 남동부에 경비병력을 배치해 왔다."[55] 이와 동시에 인도군도 유입되는 난민들을 처리하고 인민해방군의 인도 영토 침입을 막기 위해 국경 지대에 병력을 추가로 배치하였는데, 이 조치 역시 중국이 인도가 티베트 저항세력을 지원한다는 결론을 도출해내는 근거가 되었다. 1959년 여름 내내 서부 지구는 물론 맥마흔 라인 일대에서 양국 병력이 대치하는 상황이 여러 차례 발생했다.[56]

8월 25일, 인도군 통제 하에 있던 맥마흔 라인 인근 작은 부락 롱주Longju, 郎久에서 양국 병력의 첫 번째 무력충돌이 발생했다. 그 부락은 맥마흔 라인의 정확한 위치에 대한 해석의 차이 때문에 양국이 서로 자국에 속한다고 주장하던 곳이었다. 전투는 다음날 인도군 2명이 사망한 채로 종료되었다.[57] 이 무력충돌 사건이 발생한 자체가 중국의 지도자들에게 내부적으로 소요와 불안정이 지속되는 시기에 대외적 갈등이 불거졌다는 위기감을 고조시켰다. 티베트 저항세력은 물론 그들보다 더 잘 조직화되고 지원받는 인도군과 처음으로 교전을 벌여야 할 필요성이 생겼기 때문이다. 나중에 이 사건은 양국이 국경순찰을 증가시킴에 따라 우발적으로 발생한 충돌로 드러나면서, 중국 지도자들은 인도가 분쟁 지역에 대한 자국의 주장을 강화하기 위해 감행한 것으로는 보지 않게 되었지만 국경을 둘러싼 갈등이 발생할 가능성과 그러한 대외적 갈등이 티베트의 안정에 미칠 부정적 영향에 주목하게 되었다.

중국의 타협 전략 선택

중국은 1960년 이전에는 분쟁 지역의 처리방안을 논의하자는 주변국가들의 협상요구를 거부해 왔다. 그러나 티베트에서의 봉기는 인도, 네팔 및 미얀마와 분쟁 지역을 두고 다투는 데 소요되는 비용을 증가시켰다. 티베트에서의 반란을 평정하고 개혁을 추진한다는 국내정치적 목적을 달성하기 위해서는 인접국가들과 평화적인 관계를 유지할 필요가 있었다. 영토분쟁에서 인접국가들과 타협을 하고 국경을 안정시킴으로써 티베트 저항세력에 대한 외부의 지원을 제한하고 이 지역에 대한 주권을 국제적으로 인정받으려 했던 것이다. 또한, 국경 지대의 평화는 대외적 안정성을 보장함으로써 내부의 개혁을 추진하는 데 더 많은 자원을 투입할 수 있도록 하는 것이었다. 즉, 티베트에 대한 통제와 중앙정부의 권위를 공고히 하기 위해서는 외부의 영향력 유입을 차단하고 외부로부터의 방어가 아닌 내실을 다지는 데 자원을 할당해야 했으며, 이 때문에 국경의 안정이 필요하게 되었다.

롱주에서의 충돌은 인도와의 영토분쟁에 대한 중국의 정책에 본질적인 변화를 야기했다. 사건 직후 저우언라이는 진상조사를 명령했다. 1959년 9월 8일, 마오쩌둥은 이 사건에 대한 조사와 인도에 대한 정책을 논의하기 위해 공산당 정치국 회의를 소집했다. 한 참석자에 따르면, 이날 정치국 회의에서는 인도와의 분쟁은 협상을 통한 해결을 모색하되 협상 개시 전에 인도측에 양국 모두 현 상태status quo를 유지할 것을 제안하기로 했다고 한다.[58] 1959년 10월 초, 마오쩌둥은 흐루시초프에게 "인도와의 맥마흔 라인은 유지되고 국경분쟁은 끝날 것이다. … 우리는 인도와의 국경문제를 협상을 통해 해결할 것이다."[59]라고 알렸다. 중국이 즉각적으로 인도와의 대화를 시도하지는 않았으나, 마오쩌둥은 공식매체에서 인도와의 모든 논쟁을 그만두라고 지시했다.[60] 동시에 마오쩌둥과 류샤오치劉少奇는 베이징에서 인도 공산당 지도자 고쉬Ajoy Ghosh를 만나서 중국이 인도와 협상을 계획하고 있음을 알리고 분쟁 지역 동부 지구와 서부 지구를 교환하자는 저우언라이의 "일괄거래package deal" 방안이 준비되었음을 슬쩍 내비쳤다.[61]

티베트와 국경을 접하는 히말라야 일대의 다른 국가들인 미얀마 및 네팔과의 협상을 개시하는 것도 아마 그날 정치국 회의에서 결정되었을 것이다. 티베트 저항세력들과 난민들이 특히 네팔로 많이 도피했었는데, 이들 국가와의 영토분쟁을 해결하는 것은 국경의 안정성을 제고할 뿐만 아니라 인도를 협상 테이블로 나오도록 압박하는 데도 도움이 될 것이었다. 9월 24일 저우언라이는 미얀마의 임시 수상이었던 네윈Ne Win 장군에게 서한을 보내어, 예전에 양측이 주고받은 서한을 근거로 하여, 대화를 재개하고 싶다는 의사를 피력했다.[62] 미얀마와의 협상은 1957년 초 이래로 멈추어 있는 상태로, 중국이 미얀마의 요구사항에 동의하지 않았기 때문에 벌어진 상황이었다. 저우언라이의 서한은 협상이 교착상태에 빠진 지 2년 만에 중국이 처음으로 양국의 영토분쟁을 해결하기 위해 먼저 나섰음을 의미했다. 그로부터 몇 주가 지난 후 그는 네팔과의 협상을 개시하기 위한 작업에 착수했다. 10월 9일, 저우언라이는 중국 건국절(10월 1일) 축하사절로 온 네팔의 장관 기라Tulsi Giri를 만나 양국 간의 국경분쟁에 대해 대화를 나눌 의사가 있음을 알렸다. 이 메시지는 네팔 수상 코이랄라Bishweshwar Koirala에게 전달되었는데,[63] 네팔이 이 문제에 대해 먼저 인도와 협의하고자 했기 때문에 중국과의 대화는 늦어지게 되었다.[64]

1959년 10월 21일, 중국과 인도의 분쟁 지역 동부 지구의 콩카 패스Kongka Pass, 空喀山口 인근에서 양국 간에 무력충돌이 다시 발생하여 인도군 9명과 인민해방군 1명이 사망했다.[65] 이에 마오쩌둥은 11월 3일 항저우杭州에서 비공식 실무회의를 소집하여 공산당 고위지도자들과 이 문제를 논의했다.[66] 티베트 주둔 사령관은 인도군 진지를 공격할 수 있도록 승인해 주기를 요청했으나, 마오쩌둥은 이를 거부하고 저우언라이에게 인도측에 다음 두 가지 사항을 새롭게 제안할 것을 지시했다.[67]

1. 양측 모두 실질통제선(LAC)에서 20km씩 후퇴하여 총 40km 폭의 비무장 완충지대 설치
2. 양국 수상 간의 고위급 회담 개시

저우언라이는 11월 7일 인도의 네루 수상에게 서한을 보내 위의 두 가지 제안사항에 대해 설명했다. 그는 특히 "가까운 미래에 양국 수상 간에 회담을 열 것"[68]을 요청했다. 네루는 회담 개최에 대해서는 원칙적으로 동의했으나, 분쟁 지역 서부 지구에 대해서는 인민해방군만 후퇴해야 한다고 주장했고 중국은 이를 거부했다.[69] 12월 17일에 저우언라이는 네루에게 다시 서한을 보내 12월 26일 랑군Rangoon에서 회담을 할 것을 제의하며, 네루가 이전에 제의한 분쟁 지역 동부 지구뿐만 아니라 분쟁 지역 전역에서 국경 지대 순찰활동을 중지하기로 했음을 알려주었다.[70] 네루는 회담 제의를 재차 거부했다. 12월 20일, 저우언라이는 주중 인도대사를 만나 대화를 재개하도록 압력을 가했다.[71] 네루가 이 분쟁과 관련한 사실관계를 정리한 자료를 중국에 요청하자 그는 중국의 주장을 상세히 설명한 22페이지 분량의 서한을 보내주었다.[72]

1960년 1월, 저우언라이가 회담 재개요청에 대한 네루의 답변을 기다리고 있는 동안 중국 공산당 정치국 상무위원회는 항저우에서 10일간 실무회의를 하면서 인도와의 국경분쟁 문제를 논의했다. 상무위원회는 인도와의 분쟁이 조속히 해결되어야 한다는 데 동의하며, "상호호혜" 원칙에 근거한 협상을 통해 평화적으로 해결한다는 중국측 접근방식의 전반적인 틀을 만들어냈다. 한 참석자가 회고하듯이, "중국은 일정 부분 양보를 해야 하고, 인도도 일정 부분 양보를 해야 한다. (그리고) 이런 식으로 상호 타협을 통하여 합의에 이르러야 한다."[73] 상무위원회는 다른 국가들과의 국경분쟁 역시 유사한 방식을 적용하여 해결하는 데 동의하며, 미얀마 및 네팔과의 분쟁을 조속히 해결하기 위해 노력하기로 했다.

중국 정부의 내부문건들은 중국의 지도자들이 변강 지역 내부의 불안정성을 국경의 안정 및 안전과 결부하여 생각하고 있었음을 보여준다. 1960년 5월, 인민해방군 총참모부는 "서남지구변방수칙西南地區鄒防守則"이라는 문건을 발행하여 이 지역의 방비를 위한 일반적 정책방향을 제시했다. 이 문건은 "서남부 국경 지역을 신속히 안정시키기 위해, 우리는 내부의 안정뿐만 아니라 대외적으로도 안정을 달성해야 한다."고 명시했다.[74] 육군 내부 발행물 역시 "인민해방군은 우리의 서남부와 서북부 국경을 평화롭고 안전하게 지키기 위해 노력해야 한다. 이것이 국경 지역의 문제를 해결하는 가장 좋은 방법이다."라고 하며, 동일한 사항을 강조했다.[75] 이 문건은 더 나아가서, 인도와의 갈등을 고조시킬 여지가 있는 규정들이라도 이를 계속적으로 실행하는 것이 중요하다고 강조하기까지 했다.

미얀마

앞에서 지적했듯이, 중국이 미얀마에 처음으로 타협적 해결을 제안한 것은 외부적 위협 때문이었지 내부로부터의 위협 때문이 아니었다. 1956년 있었던 양국의 대화는 1955년 말 인민해방군이 미얀마에 근거지를 둔 국민당 잔당들을 추적하다 발생한 양국 국경경비대 간의 충돌을 계기로 이루어졌다. 핵심적인 비동맹 국가 중 하나였던 미얀마와의 관계 악화가 비동맹 국가들과의 관계 강화에 힘쓰던 중국의 국가적 노력과 중국이 대외적으로 내세우던 "평화적 공존을 위한 5대 원칙"으로까지 연결되면 미얀마와의 영토분쟁에 수반되는 비용을 증가시키기에 충분했는데, 미얀마와의 대화를 개시하며 먼저 양보를 하도록 하는 원인이 되었다. 그럼에도 불구하고, 저우언라이는 미얀마와 합의를 서둘러야 한다는 압박을 받지는 않았다. 1957년에 들어서는 공식적인 대화는 중단된 채 논의의 진전이 전혀 없는 상태에서 간헐적인 서신 교환만 있었는데, 이는 중국에 넘겨줄 피모Hpimaw, 片馬 지역의 면적 및 북쪽 국경의 위치와 관련한 미얀마의 요구사항을 중국이 받아들일 생각이 없었기

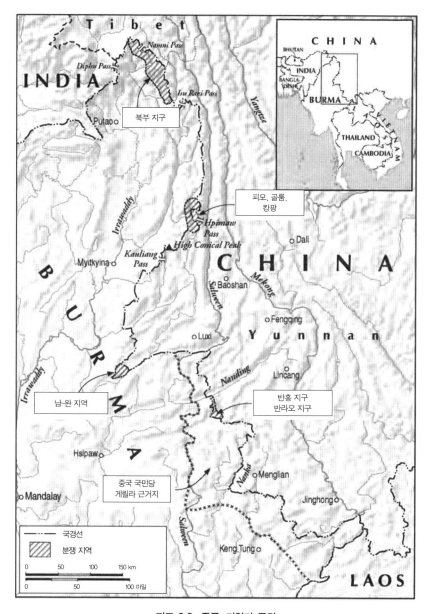

지도 2.2 중국-미얀마 국경

때문이었다.

1960년 1월 정치국 상무위원회 회의 이후 저우언라이는 미얀마와의 새로운 대화를 위한 작업에 착수했다. 1월 12일, 저우언라이는 네윈Ne Win을 베이징에 초청했다. 초청서한에서 그는 네윈이 조속히 중국에 온다면 중국 정부는 분쟁의 해결원칙을 설명하고 양국 간 이견을 해소하기 위한 협상을 실시하겠다고 했다.[76] 1960년 1월 23일 네윈이 베이징에 도착하였고 양국은 분쟁 해결을 위한 조치에 신속히 착수했다. 양국 간의 대화 및 미얀마의 기존 요구사항을 중국이 수락한 시점은 이 합의가 중국과 인도 사이의 분쟁 해결을 통해 티베트에 대한 통제를 공고히 하려는 중국의 지속적인 노력에서 비롯되었음을 짐작하게 한다. 여전히 미얀마에 잔류하던 국민당 잔당들의 잠재적 위험성에 대한 중국의 경계심 역시 미얀마와의 협력을 시도하도록 자극하는 요인이 되었다.(〈지도 2.2〉 참조)

3차에 걸친 회담 후 저우언라이와 네윈의 논의는 신속한 진전을 이루었다. 1960년 1월 28일 양국 간 영토분쟁을 해결하기 위한 기본틀을 규정한 국경협정에 서명했다.[77] 중국은 1957년 초 미얀마의 우누U Nu 수상과 1959년 네윈 수상이 제기했던 요구사항 중 몇 가지를 들어주었다. 첫 번째, 중국은 남완 지역Nam-Wan Assigned Tract을 미얀마에 넘기는 데 동의하였는데, 이 지역은 미얀마의 카친Kachin주와 와Wa주를 잇는 유일한 도로를 둘러싸고 있는 중요한 지역이었다. 미얀마는 이에 대한 대가로 와Wa주 반홍班洪 지역의 마을 두 곳을 중국에 넘기는 데 합의했다.(〈지도 2.2〉 참조) 두 번째, 중국은 미얀마, 인도, 중국이 접하는 지점의 이수 라지 패스Isu Razi Pass와 디푸 패스Diphu Pass 사이의 북쪽 분수령을 "관습적 경계선customary boundary"으로 사용하는 데 동의했는데, 이는 대략 1,000km²를 미얀마에 양보한 셈이었다. 애초에 중국은 이 지역에서 분수령을 관습적 경계선으로 사용하는 것에 대해 예외를 두고자 했고 미얀마는 이에 반대했다.[78] 세 번째, 중국은 루핑 소금광산의 지분을 미얀마에 넘기는 데 합의했다. 네 번째, 중국은 살윈Salween강 분수령을 이수 라

132

지 패스와 물랑투the High Conical Peak를 나누는 경계로 삼는 데 동의했다. 이에 더해서, 양측은 1913년 영국이 점령했던 피모Hpimaw, 片馬 지역의 마을 세 개를 미얀마가 중국에 반환하기로 한 1956년 합의를 유지했다. 이렇게 하여 중국에 반환되어야 할 영역의 넓이가 조약을 체결하기 위한 협상 과정에서 최초에 주장하던 것보다 훨씬 줄어들었음에도 불구하고 중국은 미얀마의 주장에 동의했다.[79]

1960년 1월에 양국이 영토문제의 해결을 위한 동의와 타협을 이루어낸 것은 인도와 유사한 타협을 이루기 위한 중국의 노력을 반영한다. 저우언라이는 전년도 11월 네루와의 대화를 시도한 후 이듬해 1월에 네윈을 베이징으로 초청했다. 그리고 네루는 중국과 미얀마의 협상 타결이 발표된 지 5일 만에 저우언라이를 만나기로 하고 그를 뉴델리로 초청했다. 저우언라이는 1960년 4월 인도를 방문하기 전인 1월에 중국과 미얀마의 협정 체결을 축하하기 위해 랑군을 방문했다. 그는 이 자리에서 양국의 분쟁해결은 "아시아 국가들을 위한 (분쟁해결의) 모범사례를 구축한 것"이자 "인도와의 문제를 해결하기 위한 논의에 유리하게 작용할 것"[80]이라 재차 언급했다. 2월에는 〈인민일보〉도 논평을 통하여 "중국과 미얀마의 국경문제에 대한 합의는 아시아 국가들이 조화롭게 공생할 수 있는 새로운 사례를 제시했다. 중국과 다른 아시아 국가들 사이에서도 이런 일이 일어나지 못할 것이 무엇인가?"[81]라며 맞장구쳐주었다. 저우언라이는 미얀마와의 협상을 통해서, 인도와의 문제도 마찬가지로 타협적으로 해결할 수 있으리라는 확신을 인도측에 심어주고자 했다.

미얀마와 1월에 합의한 내용은 중국이 인도와의 협상에서 추구해야 할 타협의 본질적 내용을 담고 있었다. 중국과 미얀마 국경의 북쪽 부분은 대부분 1914년 그어진 맥마흔 라인을 따르고 있었는데, 물론 중국은 맥마흔 라인이라 하지 않고 "관습적 경계선"이라 지칭하기는 했지만 그에 따른 국경선 조정을 수용할 것임을 명백히 했다. 이는 인도에 중국이 인도와의 국경분쟁 논의에서도 맥마흔 라인을 받아들일 의사가 있다는 분명한 신호가 되었다. 네루와의 회담을 위해 인도를 방문하는 4월 이전에 저우언라이는 뉴델리로 그러한 메시지가 전달될 것임을 염두에 두고 미얀마의 우누 수상에게 "중국과 미얀마 간의 국경문제를 해결한 원칙에 따라 중국과 인도 간의 국경문제를 완전하게 해결할 수 있을 것"이라 말했다.[82]

인도와의 국경문제 외에도, 중국에게는 미얀마와의 분쟁을 타협적으로 해결해야 할 이유가 하나 더 있었다. 당시 중국은 윈난성과의 국경선을 따라 미얀마에 근거지를 구축한 국민당 잔당세력 때문에 내부의 안정성에 위협을 받고 있었던 것이다. 이들 국민당 세력의 일부는 1954년에 중국으로 송환되었지만 티베트에서 봉기가 일어나면서 이들이 벌이는 게릴라전의 빈도가 증가했다. 1959년 2월, 중국은 대만 총통 장제스蔣介石가 미얀마에 잔류하던 국민당 류완린柳元麟 장군에게 티베트의 상황을 이용하여 윈난성에서 폭동을 일으키라는 지시를 내렸다는 첩보를 입수했다.[83] 장제스의 지시내용은 "공격을 통해 폭력사태를 발생시키고, 폭력사태를 통해 혼란을 조성할 것"[84]이었다고 한다. 이에 마오쩌둥은 쿤밍 군관구昆明軍管區는 물론 윈난성 공산당위원회에 경계태세를 높일 것을 명령하고 국민당의 위협에 대비하는 한편, 중국이 선택할 수 있는 정책이 무엇이 있을지 연구했다.[85] 5월 5일, 마오쩌둥은 당시 부총참모장이던 양청우楊成武 장군을 보내 상황을 알아보게 했다.[86] 그 결과 류완린 장군이 대만으로부터 물자와 특수전 병력을 지원받기 위해 멍파오 Neng-Pao 인근에 비행장을 건설하는 등 미얀마 내의 국민당 전력이 강해지고 있다는 정보를 1960년 초까지는 중국 지도자들도 알게 되었다. 4월에 저우언라이는 미국의 지원 하에 티베트 반군에 대한 대만의 공중보급이 미얀마에서 시작되고 있다며 불만을 표하면서, 이 비행장이 국민당 잔당은 물론 티베트 반군에 대한 보급에도 이용되고 있을지 모른다는 의혹을 제기했다.[87] 당시 미얀마 내의 국민당 병력은 라오스와 태국에서 복귀한 병력을 포함하여 약 9,400명까지 증강되어 있었다.[88]

미얀마와의 국경협상은 중국에 미얀마 내의 국민당 잔당들을 처리할 기회를 제공했다. 1960년 봄부터 중국은 국경협상의 완결을 국민당 잔당 처리를 위한 미얀마의 협력과 결부시키기 시작하여 1960년 말에 시작된 양국의 연합작전이 최고조에 이르게 되었다. 분쟁 중인 몇몇 지구의 분할문제를 다루기 위한 협상을 준비하던 중인 1960년 4월, 저우언라이는 네윈과의 회담에서 미얀마 남부에서의 국민당 잔당의 활동에 대해 문제를 제기하며 국민당이 운용하는 군용기를 격추하는 데 협력할 것을 요청했다.[89] 6월 말, 국경문제를 다루는 양국의 첫 번째 공동실무그룹 회의에서 중국은 추가적인 요구사항을 제시했다. 저우언라이는 수석대표 야오종밍姚仲明에게 국민당 잔당을 소탕하기 위한 군사작전에 대한 미얀마의 동의를 얻을 것을 지시했다.[90] 당시 총참모부 작전국장이던 왕샹룽王尚榮도 저우언라이가 미얀마와의 국경조약 체결을 위한 최종협상 타결 여부를 국민당 잔당세력 토벌에 대한 미얀마의 협력과 결부시켰다고 회상하고 있다.[91]

미얀마는 다음의 두 가지 이유 때문에 중국의 요청을 선선히 수락했다. 첫 번째, 미얀마 내의 국민당 세력은 중국과 미얀마의 관계에서 상시적인 긴장요인으로, 1955년 11월 양국 국경경비대 사이에 최초로 벌어진 무력충돌의 근본 원인이었다. 이들을 제거하면 중국과의 관계를 안정화하는 데 도움이 된다. 두 번째, 미얀마 자체로서도 국민당 세력을 축출하고자 하는 이유가 있었는데, 이들이 미얀마 북동부의 광범위한 지역을 사실상 통제해 왔으며 미얀마로부터 독립을 추구하는 카친Kachin족 세력을 지원하고 있었다. 그러나 미얀마의 빈약한 군사력으로는 국민당 세력에 맞설 수 없었기 때문에 중국과의 협력을 환영했다.[92] 1960년 11월부터 1961년 2월까지 진행된 군사작전으로 국민당 세력의 주요 군사기지는 파괴되었고 죽거나 포로가 되지 않은 잔당들은 라오스로 도망했다. 이 작전으로 인민해방군은 230명의 사상자가 발생한 반면, 국민당 세력은 741명이 죽거나 부상했다.[93]

1960년 10월 10일, 저우언라이 총리와 우누 수상은 국경조약을 체결하여, 양국 국경을 획정하는 기본적인 방침을 명확히 밝히고 이전에 개략적으로 타협했던 사항들을 구체화했다.[94] 그로부터 약 1년 후, 폭넓은 조사를 실시한 후에 저우언라이 총리와 우누 수상은 양국 국경을 따라 설치한 국경 표식 244개의 위치가 표시된 상세지도를 첨부한 국경의정서에 서명했다.[95]

네팔

1960년 3월 11일, 네팔 수상 코이랄라Koirala는 중국-네팔 국경분쟁과 관련한 고위급 회담을 위해 베이징에 도착했다. 3차례에 걸친 협상에서 양측은 서로 지도를 교환하며 관할구역이 충돌하는 지역들에 관한 세부적인 사항들을 논의했다. 3월 21일에는 관습적 경계선과 양국이 실제로 통제하고 있는 영역들을 최종적인 해결의 기초로 삼는 것을 내용으로 하는 예비적인 합의에 이르렀다.[96] 의견의 차이가 드러나긴 했지만, 양측은 관습적 경계선이라는 전반적인 해결방향에 대해 합의를 이루었고 아직 해결되지 않은 사안을 다루기 위한 공동위원회를 설치하는 데 동의했다. 이 회담에서 마오쩌둥은 분쟁 중인 에베레스트 산의 영유권을 균등하게 분할하자고 제안했다.[97]

양국 국경 일대에서 활동하던 티베트 저항세력의 처리 문제는 이 회담의 주요 의제 중 하나였다. 저우언라이는 네팔이 이들을 체포하거나, 망명처를 제공하거나, 또는 중국으로 송환하는 방안 중에서 하나를 선택하라고 제안했다.[98] 그 후, 1960년의 어느 시점에서, 네팔은 아마도 미얀마가 자국 내부의 국민당 세력에 대한 중국의 군사작전을 허용한 것과 같은 이유이겠지만, 자국에 있는 티베트 저항세력들에 대한 중국의 군사작전을 승인했다.[99] 중국 외교관에 따르면, 인민해방군은 1964년 6월에도 네팔에서 티베트 저항세력에 대한 추가적인 군사작전을 실시했다고 한다.[100]

국경문제 해결을 위한 최종적인 조건을 두고 이후 4개월 간 4차에 걸친 공동위원회 활동을 통해 협상이 이루어졌다. 1961년 10월 5일, 류샤오치劉少奇와 네팔의 마헨드라Mahendra 국왕은 국경조약에 서명했다.[101] 미얀마와의 협상에서와 마찬가지로, 중국은 다시금 네팔의 요구를 대부분 들어주었다. 최종적으로 네팔은 분쟁 중이던 11개 지구 중에서 10개 지구, 총 2,331km²를 확보했다.[102] 이에 반해, 중국은 나머지 한 개 지구, 대략 145km²를 확보하는 데 그쳤다. 에베레스트산과 관련해서는 국경이 "산 정상을 가로지르는 것"으로 합의했는데, 이는 영유권을 양국이 나누어 가지기는 하지만 네팔이 자국의 권리를 주장하는 것을 인정하는 조항이라 할 수 있다.[103]

티베트의 봉기로 인하여 영토의 보전에 위협이 가해지면서 네팔과의 영토분쟁에서도 중국의 전략적 맥락이 근본적으로 변화했다. 이제 안정된 국경과 히말라야권 국가들과의 우호적인 관계 설정이 이들 국가들과 다투어왔던 지역보다 훨씬 더 중요해진 것이다. 중국은 기존에 주장하던 것들 중 많은 부분을 양보하였지만, 중요한 히말라야권 인접국가들과의 관계를 개선했고, 티베트 지역 국경의 취약한 부분을 강화했으며, 향후 협상에서 유사한 합의를 하도록 인도를 압박할 수 있는 추가적인 명분을 확보하는 등의 소득을 얻었다.

중국과 네팔의 협상에서 나타난 세 가지 측면이 위와 같은 해석을 지지하고 있다. 첫 번째, 중국이 네팔과의 협상을 추진한 시점은 저우언라이가 인도와의 타협적 해결을 모색하려는 노력과 연계되어 있었다. 인도와의 영토분쟁을 협상을 통해 해결하겠다는 공산당 정치국 결정이 1959년 9월에 내려진 후인 10월에 저우언라이는 네팔 지도자 코이랄라Koirala를 베이징으로 초청했다. 또한 1960년 2월에는 4월 인도 방문에 합의한 후에 네팔과 고위급 회담을 열어 양국 간의 영토분쟁 해결을 위한 원칙을 담은 합의서에 서명했다. 뉴델리를 방문하기 전에 다른 두 개 국가들과의 합의문에 서명함으로써 저우언라이는 인도와도 유사한 방식으로 분쟁을 해결하기 위한 선례를 마련하고자 했다. 그는 1960년 1월 체결한 미얀마와의 국경협정에 대해 "아시아 및 아프리카 국가들과의 화합과 우호를 발전시키기 위한 새로운 모델을 창조"[104]했다고 높이 평가했다. 1960년 3월 네팔과 합의서 체결 후 〈인민일보〉 논평도 마찬가지로, "이 합의는 아시아나 아프리카 국가들 사이에 해결되지 않던 어떤 분쟁도 해결할 수 있다는 강력한 증거"라 평가했다.[105]

두 번째, 1961년 체결된 중국과 네팔의 국경조약은 중국-인도 국경 동부 지구의 맥마흔 라인을 사실상 인정하는데, 이는 양국 분쟁 지역 중 서부 지구에 대한 중국의 주장을 인도가 인정한다면 중국도 인도의 입장을 수용할 용의가 있음을 다시 한번 보여주는 것이었다. 인도와 네팔의 친밀한 관계를 고려한다면, 인도는 자국과의 분쟁에서 중국이 받아들일 용의가 있는 조건에 대해서 잘 알고 있었을 것임이 분명했다.

세 번째, 중국은 국경문제와 관련하여 네팔과의 긴장을 완화하기 위한 추가적인 조치를 취했는데, 이는 티베트의 불안정한 내부 상황을 반영하는 것이었다. 1960년 3월의 협상에서 양측은 국경에서 각각 20km씩 후퇴하여 비무장지대를 설치하는 데 합의했다. 그럼에도 불구하고, 같은 해 6월 28일 양국 병력은 네팔의 무스탕Mustang, 木斯塘 지역에서 충돌했는데, 이는 인민해방군이 1960년 3월 맺은 합의를 위반하여 국경 인근의 티베트 저항세력을 추격하다가 발생한 사건이었다. 인민해방군은 네팔 국경경비대 장교 1명을 죽이고 15명을 생포했고, 이는 위협을 느낀 네팔이 합의를 파기하도록 하는 원인이 되었다. 저우언라이는 즉시 사과하고 사고와 관련한 배상금을 지급하도록 했다.[106] 1961년 8월 양측은 국경 지역 거주민들의 월경을 금지하는 내용의 추가합의문에 서명하였는데, 이는 네팔쪽 국경 지역에서 티베트 저항세력을 지원하는 것을 방지하기 위한 조치였다.[107]

국경조약이 체결된 후 양국은 공동위원회를 구성하여 국경 지역을 조사하고 국경 표식을 세우기 시작했다. 1963년 1월 20일 중국 외교부 부장 첸이陳毅와 네팔 외교부 장관 기리Tulsi Giri는 국경의정서에 서명, 양국 국경선의 획정이 마무리되었음을 확인했다. 조사 및 획정팀은 국경의 79개 지점을 따라 99개의 국경 표식을 설치했다.[108] 의정서의 많은 부분이 히말라야 산맥에 분포한 많은 고봉들에 대한 경계선의 획정 방침을 설명하는 데 할당되었다.[109]

인도

1960년 2월 네루는 저우언라이를 뉴델리로 초청했고, 양측은 중국이 미얀마 및 네팔과의 협상을 마무리한 후 4월 초에 만나기로 합의했다. 그런데 놀랍게도 양자의 대화는 성과를 내는 데 실패하고 말았는데, 이때 논의되었던 내용에 대해서는 지금까지도 알려진 것이 거의 없다. 새롭게 발굴된 중국측 자료는 네루와 저우언라이가 가졌던 각각의 회담에서 논의한 사항들을 요약한 자료들을 포함하고 있어 이를 통해 처음으로 당시의 협상을 재구성할 수 있게 되었는데,110 이 자료들에 따르면 중국은 미얀마 및 네팔과의 분쟁해결에 적용했던 것과 유사한 타협의 기본틀을 구성하려 노력했다. 비록 회담이 문서화된 합의문이나 비공식적인 합의사항도 없이 실패로 끝나기는 했지만, 이 새로운 자료들은 인도와의 협력을 통한 분쟁해결을 모색했던 중국의 노력을 보여주고 있다.

저우언라이는 뉴델리로 떠나기 전에 직접 회담계획의 밑그림을 그리면서 네루와의 회담에서 관철해야 할 사항들을 정리했다. "국경문제와 관련한 인도-중국 총리회담 계획(초안)"이라는 이름의 문서는 양국 간의 긴장을 완화하고 분쟁을 해결하기 위한 기본틀, 특히 서로 충돌하는 양국의 주장으로부터 타협을 이루어내기 위한 원칙들을 구축하려 했던 저우언라이의 의도를 잘 보여주고 있다. 출발하기 전에, 그는 "미얀마 및 네팔과 체결한 것과 동일한"111 합의에 도달하는 것이 가장 낙관적인 시나리오라 말했다.

중국은 네루가 저우언라이와 대화하는 데 동의하기도 전에 이미 타협적으로 문제를 해결하기로 결정한 상태였다. 저우언라이는 네루에게 보내는 11월 7일자 서한에서 맥마흔 라인을 넘어 분쟁 지역 동부 지구로 군대를 진주시킬 의사가 없음을 거듭 반복했다. 그는 이전에 이미 네루에게, 자신은 당연히 맥마흔 라인 자체는 "승인承認"112할 생각이 없지만 그 선에 따라 그어진 국경선은 기꺼이 수용할 것임을 수차례 언급한 바 있었다. 11월 초 주중 소련대사와의 면담에서도 그는 "중국은 맥마흔 라인을 승인하지 않지만, 그 선은 여전히 국경선으로 이용될 수 있다."[113]고 했다. 또한, 미얀마와 국경문제를 합의하면서 맥마흔 라인을 수용한 것과 네팔과 합의하는 과정에서 히말라야 지역에서의 국경과 관련하여 그 선을 따른다는 방침을 부인하지 않은 것은 중국이 인도와의 타협에서도 맥마흔 라인을 받아들이고, 그럼으로써 인도의 가장 큰 관심사를 다룰 것임을 보여주는 것이었다.

새롭게 발굴된 자료들에 따르면 회담에서 저우언라이는 영토의 교환을 제안했는데, 네루의 공식 전기에서는 이를 부인하고 있다.[114] 최근 기밀해제된 미 중앙정보국 보고서에 따르면, 인도 대사관으로 배부된 내부 문건은 그 회의에서 "우리가 라다크Ladakh. 拉達克 지역에서 중국이 주장하는 국경선을 수용한다면 그들(중국) 역시 맥마흔 라인을 받아들일 것"[115]이라 했다고 한다. 최초 회담에서 저우언라이는 맥마흔 라인에 대해 논의하면서, 그 선의 이남 지역은 한때 티베트의 일부였지만 중국은 "실용적인" 차원에서 그 지역에 대해 새로운 요구를 제기하지 않을 것이라 했다.[116] 다섯 번째 회담에서 저우언라이는 양측이 실질적으로 통제하고 있는 관습적 경계선을 분쟁 해결의 기초로 해야 한다고 주장했는데, 이는 서부 지구에서 중국이 유리한 입장과 동부 지구에서 인도가 우세한 입장을 서로 인정함을 기초로 하는 타협을 암시하는 것이었다. 여섯 번째 회담에서 그는 "동부 지구에 대해서 우리는 인도의 행정관할로 획정된 경계선을 인정한다. 서부 지구에 대해서는 인도가 중국의 행정관할을 인정해야 한다."[117]고 했다. 훗날 이러한 접근법은 분쟁해결의 "일괄거래"(동부 지구와 서부 지구에서 양측이 상호 양보) 방식이라 알려지게 되었다.

회담의 유일한 성과는 전문가 실무그룹을 구성하여 양국의 지도와 역사문헌 등을 조사함으로써 양국 간에 이견이 있는 영역을 정확히 확정하도록 한 것이었다. 이렇게 하여 1961년 장문의 보고서가 작성되었으나 분쟁 해결에는 별다른 진전이 없었다.[118] 저우언라이와 네루의 회담이 성과 없이 끝났지만 타협적 해결을 위한 중국의 노력을 가벼이 볼 수는 없다. 네루와 만나기 전에 저우언라이는 미얀마 및 네팔과의 분쟁을 해결한 방식인 타협적 과정을 통한 합의를 인도와의 협상에서도 적용할 수 있으리라 기대했고, 그러한 합의를 이루고자 하는 의지를 공식적, 개인적으로 표명했다. 그러나 중국이 그러한 타협적 태도로 협상에 임하는 전략의 효과와 관련해서는 과대평가를 한 것이 분명했다. 미얀마 및 네팔과의 협상에서 공공연히 타협하는 모습을 보였던 것이 네루로 하여금 자국의 이익을 극대화하기 위해 중국과의 협상을 더 강경하게 이끌도록 했을 수도 있다.

인도와의 합의가 없는 상태에서도 중국은 일방적으로 티베트 변강 지역을 안정시키기 위한 작업에 착수했다. 첫 번째, 양국 병력의 충돌 또는 긴장고조 가능성을 낮추기 위해 동부 지구에 설치한 전방진지들을 철수시켰다. 동시에, 신장 지역과 티베트를 잇는 고속도로의 안전을 확보하기 위해 서부 지구에 더 많은 초소들을 설치하기 시작했다. 두 번째, 총참모부는 1960년 5월 "서남지구변방수칙西南地區邊防守則"이라는 문건을 발행했다. 이 문건을 발간한 근본적 이유는 국경의 대외적 안전과 내부의 정치적 안정 사이의 연계성을 장병들에게 인지시키려는 것으로, 인민해방군 내부의 역사자료에 따르면 이 규정은 "인접국가들과의 갈등을 피하고 서남부 국경을 평화롭게 하기 위한 목적으로 제정되었다."[119]고 한다. 이 규정은 순찰, 폭파, 군사훈련, 실탄사격 및 그 외 상대방을 자극할 가능성이 있는 행위들을 금지했다.[120] 또한, 중국은 인도와의 국경을 봉쇄했는데 티베트 저항세력들의 월경을 막으려는 목적이 큰 부분을 차지한다.

회담이 실패로 끝난 이후에도 중국은 저우언라이가 네루에게 제안한 일괄 거래를 수용하라고 인도를 압박했다. 1960년 7월, 첸이陳毅는 베이징에 주재하는 인도 외교관과 접촉하여 중국은 저우언라이가 제안한 방식에 따라서 협상을 할 준비가 되어 있음을 알렸다. 그는 더 나아가서, 저우언라이가 합의문에 서명하기 위해 인도를 다시 방문할 용의가 있음도 언급했다. 동시에 중국은 네루와 긴밀한 관계를 유지하고 있던 미얀마 수상 우누U Nu를 통해 동일한 메시지를 보냈다. 1960년 11월, 저우언라이는 다시 우누를 통해서, 인도가 서부 지구, 특히 중국이 이미 통제하고 있는 영역에 대한 중국의 지위를 인정한다면, 동부 지구에 대한 주장을 포기할 의향이 있음을 알렸다.[121] 1961년 4월, 뉴델리의 중국대사관은 인도가 분쟁을 해결할 중재자 임명을 지지할 것인지 알아보았다. 1961년 6월, 라오스 내전 문제를 다루기 위한 제네바 회의에 참석 중이던 중국 대표단은 라오스 문제와는 별도로, 첸이가 인도 국방부장관 메논Krishna Menon과의 대화를 희망하고 있다는 점을 알려주었다.[122]

외부적 위협이 작용했는가?

필자가 앞서 소개한 이론에서 영토분쟁 중인 국가가 협력을 선택하도록 하는 또 다른 메커니즘인 외부로부터의 위협은 1960년 미얀마, 네팔, 인도와의 분쟁에서 중국이 기꺼이 타협을 선택한 행태를 다룰 수 있는 가장 그럴듯한 대안적인 설명방식일 것이다. 이러한 설명방식을 지지하는 연구자들은 중국이 이들 국가와 타협적으로 분쟁을 해결한 것은 내부적으로 티베트에서 중앙정부의 권위를 공고히 하기 위해서가 아니라, 미국, 소련, 인도 등 여러 경쟁 국가들이 가하는 외부적 위협에 대응하여 역내 역학구도에서 균형을 유지하기 위한 것이라 주장한다.[123] 그러나 이러한 설명이 타당한지 검증하기 위해서는 우선, 1960년 이전에는 영토분쟁과 관련한 중국의 전략에 타협이라는 선택지가 없었다는 점에 주목할 필요가 있다. 1950년대에서 1960년대 초반까지도 미국이 중국의 주적이었고, 이러한 상황에서 인접국가들과의 타협적 분쟁해결은 미국에 대해 자국의 입지를 강화할 수 있었을 텐데 중국은 그렇게 하지 않았던 것이다. 만약 미국에 대항하여 자국의 입지를 강화하는 것이 목적이었다면, 중국은 1950년대에 이미 파키스탄이나 아프가니스탄 같은 미국의 동맹국들은 물론 다른 비동맹국가들과의 분쟁을 협력적 방식으로 해결하기 위해 노력했을 것이다. 뒤에서 다루겠지만, 중국은 몇 년 뒤에 실제로 이들 국가와의 영토분쟁에서 타협을 하기는 했지만 이는 외부적 위협 때문이 아니라 내부에서 새로운 위협요인이 대두했기 때문이었다.

또한, 중국과 소련의 관계에서 균열이 발생하기는 했으나 1960년대 초 중국의 타협적 분쟁해결 노력이 당시 고조되고 있던 소련과의 경쟁관계에서 중국의 입지를 강화하기 위한 것 또한 아니었다. 미얀마, 네팔, 인도와 타협하겠다고 중국이 처음으로 제의한 시기는 1959년 말과 1960년 초 사이였는데, 이 시기 중국은 1958년부터 대미정책 및 다른 사안에서 소련과의 견해 차이가 표면화되기는 했으나 여전히 친밀한 관계를 유지하고 있었다. 가장 중요한 것은, 1960년 1월부터 4월에 집중되었던 중국의 타협적 분쟁해결 노력이 소련이 중국에서 활동하던 전문가들을 철수(1960년 6월)시키고 인도에 제한된 수준의 군사원조를 제공(1961년 중반)하기로 결정한 것보다 시기적으로 앞서 있다는 사실이다.[124]

마지막으로, 미얀마 및 네팔과 타협하려는 중국의 시도는 당시 성장하고 있던 인도의 영향력에 대항하여 역내에서 힘의 균형을 맞추려는 목적으로 이루어진 것이 아니었다. 1959년 이후 인도가 이전에 비하여 중국에 더 위협적이었지만, 이는 분쟁 지역에서 인도의 활동이 증가했거나 인도의 국력이 증대되었기 때문이 아니었다. 중국의 지도자들이 인도에 대해 위협을 느낀 것은 티베트 정세의 불안정성 및 그 지역에 인도가 야심을 가지고 있다고 믿었던 그들 자신의 믿음에 기인한다. 더 일반적으로 말해서, 중국이 티베트에 대한 인도의 영향력 증대에 대응하려 하고 있었다면 인도에 영토를 양보하는 것은 아마도 그 목적에 도움이 되는 방안이 아니었을 것이다. 단지 네팔이나, 그보다 정도는 덜하지만, 미얀마와 같은 완충국가에 대한 영향력만 두고 경쟁할 뿐이었다면 중국은 아마도 인도와의 영토분쟁에서 훨씬 더 단호한 태도를 취했을 것이지 타협하려 들지 않았을 것이다. 그러나 중국의 지도자들은 영토의 보전에 대한 내부로부터의 위협에 대응하고 있었고, 인도가 그러한 위협을 더욱 가중시키거나 이용할 수 있다고 믿었다. 역설적이지만, 반란을 진압하고 티베트에 대한 직접 통치를 공고히 하기 위해 중국은 국경을 안전하게 하고 인접국가들과의 관계를 개선할 필요가 있었다.

1962년 영토 위기: 대약진 운동의 후유증과 신장 지역 소요사태

1960년 중국이 미얀마 및 네팔과 영토분쟁을 해결하는 합의서를 체결하고 널리 선전하기 이전에도 다른 많은 인접국가들이 분쟁 중이던 국경 문제와 관련하여 중국과 대화를 하고자 했었다. 예를 들어, 1959년 10월 파키스탄의 칸Ayub Khan 대통령은 양국 간의 영토분쟁을 해결하기 위해 중국과 교섭할 것이라 했다.[125] 파키스탄은 1960년 2월에는 베이징의 주중 대사를 통해서, 1961년 3월에는 외교문서를 통해서 재차 중국에 국경문제와 관련한 대화를 요청했다.[126] 몽골도 1957년에 처음으로 중국에 양국 국경문제 관련한 협상을 제안했고 1960년 저우언라이가 국빈 방문한 자리에서 다시금 이 문제를 제기했다.[127] 북한 역시 1950년대 초와 1961년에 국경문제와 관련하여 중국과의 대화를 모색했다고 전해진다.[128]

중국은 이들 국가의 요구를 모두 거부했다. 그러나 1962년 초에 중국은 이 문제에 대한 접근방식을 갑작스럽게 변경했다. 2월에서 6월 사이에 중국은 파키스탄, 몽골, 북한과 대화를 개시했다. 소련과 대화하기 위한 노력도 배가했으며, 연말에 아프가니스탄이 교섭을 요청하자 바로 국경문제를 해결하기 위한 협상에 착수하는 데 동의했다. 중국은 이들 국가에 타협안을 제시하며 4개의 국경협정에 서명하고 소련과 새로이 협상을 벌여나갔다.

체제의 불안정성은 앞에서 언급한 사례 외에도 다수의 변강 지역 분쟁사례에서 중국이 보여준 접근방식의 극적인 변화를 가장 잘 설명해주는 요인이다. 1962년 봄에 중국 지도자들은 처음에는 대약진 운동의 여파인 경제위기와 기근으로, 이후에는 티베트만큼이나 지극히 중요한 변강 지역인 신장 지역에서 발생한 소수민족 봉기로 인하여 야기된 정치적 불안정성까지 겹치면서 체제의 안전성 측면에서 최악의 상황을 맞이했다. 여기에 더해진 인도와 대만의 도전으로 인하여 영토를 보전하고 국가의 내부적 통제를 공고히 하는 과업은 더욱 중요해졌다. 각각의 사건들 그 자체로서는 그렇게 많은 영토분쟁 사례들에서 중국이 타협을 하도록 하는 동기가 되기에는 충분치 못했을 수도 있겠지만, 대약진 운동을 배경으로 2개월 사이에 이들 위협요인들이 한꺼번에 등장한 것은 중국의 지도자들에게 경종을 울리기에 충분했다. 영토의 보전과 정치적 안정성 모두에 대한 내부로부터의 도전들이 결합한 이러한 상황은 변강 지역에서 인접국가들과의 분쟁상태를 유지하는 데 소요되는 비용을 증가시켰다. 위기가 심화될수록 중국은 더욱더 주변의 인접국가들과 대화를 하고 분쟁에서 양보를 하는 방향으로 움직이게 되었다.

본토의 정치적 불안정성

체제의 안전성에 대한 불안이 높았던 이 시기는 대약진 운동의 극적인 실패와 함께 시작되었는데, 이 운동의 실패로 중국의 지도자들은 정치적 정당성의 심각한 위기에 직면하게 되었다. 대약진 운동은 1958년 마오쩌둥이 중국의 농업중심 경제를 급속하게 공업화하겠다는 이상으로 제창한 국가적 동원사업이었다.[129] 예를 들어, 전년도에 550만 톤에 불과했던 철강 생산량을 3,000만 톤으로 증가시키는 것과 같은 야심찬 성장목표를 달성하기 위해 사회 전체를 조직화하고 대중을 동원했다.[130] 농업생산과 공업생산을 동시에 증가시키기 위해 몇 개월 만에 거대한 규모의 인민공사人民公社(농업집단화를 위해 만든 대규모 집단농장으로, 당시 중국 농촌의 사회생활 및 행정조직의 기초단위로 기능했다―옮긴이)들이 설립되었으며, 지방의 관료들은 그들에게 부과된 비현실적인 생산목표를 달성하는 데 필요하다면 아무리 비과학적인 수단이라도 허용되었다.

대약진 운동은 중국을 근대화된 공업국가로 이끌기는커녕 퇴보시키는 결과를 가져왔다. 그 경제적, 인적 비용은 국가를 휘청거리게 할 정도로, 그때까지 중화인민공화국 역사에서 유래가 없는 수준이었다. 급속한 공업화를 강조한 탓에 농업으로의 자원 투입이 차단되어 농업생산이 감소했고 불리한 기후여건은 가뜩이나 저하되었던 농업생산성을 더욱 악화시켰다. 동시에 농촌에서 도시로 유출되는 곡물의 양이 증가하여 위기를 더욱 심화시켰다. 잘못된 농업정책, 불리한 기후, 그리고 관료적 무능함의 결합으로 1959~1962년간 2,000~3,000만 명이 기아로 사망하는 사태가 발생했다. 1960년 곡물 생산량은 1958년도의 755%에 불과했다. 공업 생산 역시 눈에 띄게 감소했다.[131] 중국의 국내총생산은 1961년에만 27% 감소했다.[132] 1949년 이래 어떤 경제 불황도 필적할 수 없었다.

대약진 운동 대실패의 여파는 중국의 지도자들에게 정치적 측면에서 극적인 결과를 가져왔다. 먼저, 고위 지도자들은 경제 재건과 내부적으로 국력을 다질 필요성을 강조하게 되었다. 1960년 11월 3일, 중국 공산당 중앙위원회는 농업생산력을 회복하기 위해 인민공사를 해체하는 내용의 "긴급지시 12개조"를 발표했다. 11월 15일에는 공업부문으로의 대규모 노동력 투입을 중지하기 위한 또 다른 긴급명령을 발령했다. 1961년 1월 중국 공산당 제8기 중앙위원회 9차 전체회의에서는 "조정調整, 공고鞏固, 충실充實, 제고提高"라는 구호 하에 긴축이 공식적인 정책기조로 채택되었다.[133] 류샤오치劉少奇와 덩샤오핑鄧小平이 경제 재건에 박차를 가할수록 마오쩌둥은 일상의 정책결정에서 점점 소외되었다.[134] 도시로의 인구밀집을 완화하기 위해, 아마도 소요 사태 발생 가능성을 차단하기 위한 목적이 있었겠지만, 공산당 중앙위원회는 20만 명을 농촌 지역으로 보내 도시의 인구를 줄이고 소요 사태를 선제적으로 차단하기로 결정했다.[135]

중국 공산당이 강조한 정권의 공고화를 위해서는 대외적 환경이 안정적일 필요가 있었다. 1961년 7월 라오스 내전 문제를 다루기 위한 제2차 제네바 회의에 참석하고 바르샤바에서 대사급 회담을 이어갔던 데서 알 수 있듯 이,[136] 이 기간 미국과의 관계는 "전반적으로 평온generally tranquil"했다. 1961년 12월, 중국은 대만 진먼다오金門島에 대한 포격을 중단하고 삐라 살포로 대체했다.[137] 중국-인도 국경은, 아마도 1960년 초에 제정된 중국측의 충돌 회피 매뉴얼의 결과이겠지만, 무력충돌 없이 안정된 상태였다. 1960년 7월 소련의 경제고문단 철수 이후 소련과의 관계에서 긴장이 고조되고 있었으나, 양국 사이에 논쟁은 잦아든 상태였다. 1961년 양측은 제한된 범위의 경제협력과 소련 전투기(MiG-21)의 중국 판매 가능성에 대해 논의했다.

당시 정부문서에 따르면 이러한 외교정책의 방향성은 중국 내부의 경제위기와 연결되어 있다. 1962년 초, 당시 중국의 대외정책에서 핵심적 역할을 하고 있던 중국 공산당 국제연락부장 왕자샹王稼祥은 대외관계를 더 온건하게 관리할 것을 제안하는 내부용 보고서를 몇 건 작성했다.[138] 그는 류닝이劉寧一, 우시우찬吳修權과 함께 보고서의 핵심적인 내용들을 서한에 담아 1962년 2월 27일 저우언라이, 덩샤오핑, 첸이陳毅에게 전달했다. 그는 내부의 경제적 어려움을 극복하고 미국, 소련과 외교적 "투쟁struggle"을 벌이기 위해서는 대외정책에서 긴장을 완화시키고 국내의 경제상황을 개선시킬 수 있도록 시간을 벌어야 한다고 주장했다. 특히, 중국이 미국의 제1의 목표물이 되는 것을 피하고 중국을 고립시키려 노력하는 흐루시초프Nikita Khrushchev를 경계할 것과 네루는 중국인의 적이 아니라는 점을 지적하며 교착상태에 빠진 인도와의 협상을 타개할 방안을 찾아야 한다고 강조했다.[139]

1962년 9월, 마오쩌둥은 중국 공산당 제8기 중앙위원회 10차 전체회의를 위한 예비회의에서 대외적으로 온건노선을 채택하는 것을 국내에서의 "수정주의revisionism"와 결부시키면서 왕자샹을 혹독하게 비판했다. 하지만 왕자샹의 생각은 1962년 봄에 변강 지역에서의 많은 분쟁 사안들을 타협을 통한 합의로 해결하고자 했던 중국 대외정책의 일반적 접근방향을 반영한 것이었다.

예를 들어, 같은 해 2월 뉴델리에 주재하던 중국 외교관들은 현지의 좌파 언론인들에게 중국은 신장 지역과 티베트를 잇는 고속도로의 공동사용, 동부 지구의 맥마흔 라인 인정, 서부 지구에서의 국경선 확정을 위한 공동위원회를 구성하는 조건을 받아들일 것이라 알려주었다.[140] 왕자샹은 3월에 작성한 다른 보고서에서 "특히 우리나라는 아직 비상시기를 벗어나지 못한 상태이므로 사안들을 다루는 데 있어서 훨씬 더 신중해야 하며 우리가 가진 역량의 한계를 넘어서는 안 된다."[141]고 하며 온건한 대외정책을 실시해야 할 국내정치적 필요성을 지적했다. 연구자들은 오랫동안 왕자샹의 보고서들이 중국 고위 지도자들 사이에 의견 불일치가 있었음을 보여주는 것이 아닌가 추측해 왔지만, 이 문건들이 작성되던 시기에 이들 사이에 그러한 균열이 존재했음을 보여주는 강력한 증거는 없다. 마오쩌둥의 공격은, 그에게는 만만한 상대였을 왕자샹을 상대로 했다는 점에서, 무엇보다도 기회주의적인 것이었을 뿐이다.[142] 게다가 마오쩌둥의 공격이 있은 이후에도 중국은 변강 지역의 분쟁을 계속 타협적인 방식으로 해결해 나갔다.

서북부에서의 소요 사태

대약진 운동의 실패와 그에 따른 긴축 노력에 더하여, 신장新疆 지역에서 다수의 카자흐Kazakhs인들이 소련으로 도망하기 시작하면서 중국은 영토의 보전을 위협하는 새로운 내부적 불안요인에 직면하게 되었다. 1962년 4월 초부터 5월 말까지 6만 명 이상이 국경을 넘어 소련의 카자흐스탄 공화국으로 탈출했는데, 이를 막기 위해 중국이 국경을 봉쇄하면서 1962년 5월 29일 이닝伊寧, Kulja에서 대규모 폭력사태가 발생했다. 후에 "이타 사건伊塔 事件"이라 불리게 되는 이 사건은 티베트에서 시작된 변강 지역의 불안정성이 신장 지역, 국토의 17%를 차지하는 가장 넓은 단일 행정구역으로 번질 것임을 예고하는 신호탄이었다.

티베트에서의 봉기와 마찬가지로, 신장 지역에서 발생한 주민들의 탈출과 시위는 중국이라는 거대한 다민족 국가에 내재되어 있던 외부의 영향력에 대한 취약성과 국내의 안정을 유지하기 위한 인접국가들과의 협력의 중요성을 부각시키는 계기가 되었다. 취약성의 첫 번째이자 주요한 원인은 중국 내부에 대한 소련의 영향력이었다. 1880년대 중반부터 러시아는 이닝 지역에 영향력을 행사해 왔다. 중화민국 시기(1912~1949, 중화민국 수립~국공내전 종식)에는 신장 지역에 할거하던 다수의 한족 군벌들, 특히 성쉬차이盛世才에게 강력한 영향력을 행사했다.[143] 제2차 세계대전이 끝난 후, 소련은 카자흐스탄과 인접한 3개 현縣에 세워진 동투르키스탄 공화국the East Turkestan Republic(1946-49) 건국을 지원했다.[144] 소련의 영향력은 신중국 수립 이후에도 사라지지 않았다. 10만 3천 명의 소련 시민들이 신장 지역에 거주했는데, 대부분 카자흐인이었던 이들 중 다수가 지방정부와 군에서 복무하고 있었다. 이 지역에서 러시아어는 중국어보다 널리 통용되었으며 지역 언론을 지배하고 있었다. 학교에서 사용하는 교과서는 소련에서 들여온 것으로, 중화민국이 아닌 소련을 "조국"으로 지칭했다.[145] 소련이 신장 지역에서 운영하던 4개 영사관들은 모두 신중국 수립 이전부터 있던 것들이었다.[146]

두 번째 원인은 이 지역에 대한 중앙정부의 통치가 제도화되어 있지 못했다는 점이다. 티베트와 마찬가지로, 이 지역에도 신중국이 그 권위를 공고하게 하는 데 이용할 수 있는, 중앙정부와 연결되는 통치제도가 존재하지 않았다. 청淸의 통치는 군사적 식민통치였지, 중앙정부의 지방통치체제에 통합된 것이 아니었다.[147] 중화민국 시기에는 일련의 한족 군벌들이 이 지역을 다스렸는데, 국민당 정부로부터는 거의 독립한 상태나 마찬가지였고 대개는 소련과 훨씬 더 밀접한 행정적, 경제적 관계를 유지했다. 이 지역에서 중국의 권위를 유지하는 데 도움을 줄 수 있는 비한족 간부들이 얼마 되지 않았으므로 중국 중앙정부는 동투르키스탄 공화국이나 소련 또는 여러 군벌 밑에서 복무했던 지역 관리들에게 의존할 수밖에 없었다.[148]

신장 지역이 중국 본토로부터 상대적으로 격리되어 있던 점은 이 지역에 대한 중국의 지배가 취약했던 세 번째 원인이었다. 1949년 가을 신중국이 수립되었을 당시 이 지역과 중국 나머지 지역을 연결하는 자동차 도로는 거의 없다시피 했기 때문에, 소련은 중국이 이 지역을 점령할 수 있도록 14,000명 이상의 인민해방군을 깐쑤성 주취안酒泉에서 우루무치烏魯木齊까지 항공기로 이송했다.[149] 동시에, 신장 지역의 무역은 거의 대부분은 중국 본토가 아니라 인접한 소련과 이루어져 왔다.[150]

이 지역의 국경선을 제대로 방어하지 못하고 있었다는 점이 "이타 사건伊塔事件"에서 드러난, 중국의 지배력이 취약했던 이유를 설명하는 네 번째 요인이다. 1950년대 내내 소련 및 몽골과의 국경은 "방비되지 않은 국경有邊无防"으로,[151] 기본적인 방어태세도 갖추어지지 않았다. 중국과 소련의 관계가 최상이었을 시절에는 사회주의적 이상론 때문에 "형제국가fraternal states"와 접해 있는 국경 관리의 중요성을 간과하여, 경계병력 배치가 제대로 되지 못했고 주민들이 통제받지 않고 월경하는 일도 빈번하게 발생했다. 인민해방군 역사자료에 따르면 1950년대와 1960년대 초까지 소련 및 몽골과 접한 11,800km의 국경을 경비하는 병력이 628명에 불과했다고 한다. 이 중 신장 지역의 국경은 단지 8개 국경방어기지에 110명의 병력이 배치되어 있을 뿐이었다.[152] 이타 사건이 발생한 일리 카자흐족 자치주에는 단지 2개의 방어초소와 1개의 검문소만 있을 뿐이었다. 300km에 달하는 이 지역의 국경선에서 며칠에 한 번이라도 순찰을 실시하던 부분은 30%에 불과했으며, 어떤 곳은 기껏해야 일주일에 한 번 정도만 순찰을 실시했다.[153] 몽골과의 국경에는 2개 국경방어기지에 26명이 배치되었을 뿐이었다.[154]

중국 지도자들은 소련의 조치들을 이 변강 지역에 대한 중국의 취약성을 부각시키는 것으로 받아들였다. 중국은 이타 사건 이후 각종 서신과 외교문서를 통해 이 사건으로 인하여 야기된 위기 상황에 소련의 책임이 있음을 일관되게 주장했다.[155] 1950년대 초만 해도 이 지역에 10만 3천 명의 소련 시민들이 거주했지만 1950년대 말까지는 대부분이 소련으로 송환되었다.[156] 중국은 소련 외교관들이 1960~1961년 사이에 위조 신분증을 발행하여 이를 소지한 사람들이, 그 대부분이 카자흐인들이었는데, 국경을 넘어 도망갈 수 있도록 했다고 비난했다. 이들의 입국을 돕기 위해 소련의 국경경비대는 국경 철조망에 구멍을 내고 트럭을 보내 이들 난민들을 소련으로 들이는 한편, 이들의 소련 입국을 장려하기 위해 삐라와 라디오를 이용한 선전활동을 꾸준히 확대해 나갔다고 전해진다.[157]

중국의 입장에서 소련의 이러한 활동들은 이미 중앙정부의 통제력이 상당히 취약해진 이 지역을 의도적으로 더욱 뒤흔들고자 하는 것이었다. 많은 주민들이 소련으로 빠져나가면서 지역 공동화 현상이 심각했는데, 타청현塔城縣은 주민의 68%가 국경을 넘어 도망했고 유민현裕民縣의 경우 50% 이상의 주민이 떠나버렸다.[158] 이러한 인구 이탈은 지역 노동력의 급격한 감소를 가져왔으며 다수의 카자흐 출신 장교, 관료들이 이탈한 공백은 지역의 불안정성을 더욱 심화시켰다. 버려진 60,000무畝(4,000ha) 가량의 농지와 23만 두 이상의 가축 손실은 지역경제에 심각한 타격을 가했다.[159]

이러한 사건들은 이 지역에 대한 소련의 영향력이라는 잠재적 도전은 물론이 지역에 대한 중국의 지배력의 취약성을 극명하게 드러내는 결과를 가져왔다. 그에 더하여, "이타 사건伊塔事件"은 중국과 북쪽 인접국가들 간의 해결되지 않고 있던 분쟁의 맥락을 극적으로 바꾸어 놓았다. 신장 지역의 안정을 유지하기 위해서는 그때까지 제대로 획정되지도 방비되지도 않았던 소련 및 몽골과의 국경선을 확보하고 안정적으로 관리할 필요가 있었다. 중국이 이 지역에서 어떤 영토적 획득을 추구한다 하더라도 베이징에서 멀리 떨어진 이 지역에서 다루기 어려운 소수민족들에 대한 통제력을 유지해야 한다는 과제에 비한다면 중요성이 떨어지게 된 것이다.

신장 지역에서 중앙정부의 권위를 공고히 하기 위해 중국은 일방적 조치와 외교적 방안을 함께 추진했다. 먼저, 대량 탈출사태 이후 중국은 재빨리 국경

통제를 강화했다. 준군사조직인 신장 생산건설병단生産建設兵團을 급파하여 국경을 순찰하고 검문소를 설치하도록 했다. 7월에 접어들자 중국 공산당 중앙위원회는 일리伊犁, 타청塔城, 그리고 생산건설병단이 통제하고 있던 다른 지역들에 국경농장 38개소를 건설하도록 지시했다. 이 농장들은 11,000km² 이상의 규모로 건설되었으며 중국과 소련 사이의 주요 연락로를 따라 폭 30km의 완충지대를 형성했다.[160] 1962년 9월에는 총참모부에서 중국-소련, 중국-몽골 국경 관리를 위한 새로운 규정을 발령했다.[161] 1963년 말까지는 201개 이상의 국경방어본부, 기지, 검문소에 이전에 주둔하던 경비병력의 거의 20배에 달하는 11,200명의 병력이 배치되었다.[162] 마지막으로, 중국은 상하이와 하얼빈의 영사관은 물론, 신장 지역의 모든 소련 영사관을 폐쇄하고 소련 및 몽골과의 무역을 중지하도록 했다.[163]

두 번째, 중국은 주변국가들과의 분쟁해결에 착수했다. 1962년 봄, 외교부는 중국의 가장 강력한 인접국가이자 가장 긴 국경을 공유하고 있던 소련과의 대화를 계획하기 시작했다.[164] 하지만 공유하는 국경의 길이와 그만큼이나 복잡한 국경선 변화의 역사를 감안한다면 어떤 대화를 하더라도 준비를 위한 시간은 필요했다. 소련과의 협상을 측면지원하기 위해 중국은 또 다른 북방의 인접국가이자 사회주의 우호국가인 몽골 및 북한과 먼저 대화를 시도했다. 3월 말에 저우언라이는 몽골 및 북한과의 국경 회담을 담당하는 전문가들과의 준비회의를 주재했다.[165] 4월 13일, 중국은 몽골과의 협상을 개시하며 최종적인 합의에 이르기 전까지 국경의 안정을 유지하기 위한 일련의 조치들을 제안했다.[166] 이에 대한 몽골측의 응답이 없자, 저우언라이는 베이징에 주재하던 몽골 대사를 만나 양국 대화를 재차 압박했다.[167]

영토의 보전을 위협하는 다른 요인들

중국은 체제의 안전성에 대한 모든 내부적 위협요인들 가운데서 가장 중요한 인도 및 대만과의 영토분쟁에서 점증하는 압박에 직면하고 있었다. 이러한 도전들, 특히 인도의 도전은 영토를 보전하기 위해 인접국가들과 관계를 개선할 필요성을 더욱 부각시켰다.

첫 번째 위협은 인도로부터 나왔다. 제4장에서 자세히 다루겠지만, 인도는 1961년 11월 양국 간의 분쟁 지역 중 중국의 통제력이 미치지 않는 지역에서의 국경초소 설치와 경계병력 배치를 골자로 하는 "전진 정책forward policy"을 채택함으로써 대중국 정책에 중대한 변경을 가했다. 중국의 입장에서 인도의 새로운 정책은 티베트와 서남부 변강 지역의 안정에 대한 직접적인 도전으로 받아들여졌다. 1959년 콩카 패스Kongka Pass, 空喀山口에서의 충돌 이후 양국 국경은 비교적 안정적인 상태로 유지되어 왔기 때문이다. 1960년과 1961년 양국 병력이 대치하는 사태가 몇 번 있었으나 위기 상황으로 발전할 위험요인을 차단하려 했던 양측의 노력으로 무력충돌은 발생하지 않았다. 이에 더하여, 전진 정책은 중국이 티베트에 대한 주권적 권위를 확고히 한 바로 그때 채택되었다. 1961년 말, 중국 공산당 중앙군사위원회는 티베트는 평정되었고 중앙정부의 권능이 회복되었다고 선언했다.[168] 1962년 2월에 들어서자 중앙군사위원회는 티베트에 주둔 중인 부대들은 "반란의 평정에서 내부통제의 공고화로 활동의 우선순위를 옮겨야 한다."고 결정했다. 기동부대들은 계속해서 변강 방어에 중점을 두되, 나머지 단위부대들은 생산활동에 집중하도록 했다.[169]

인도의 도전을 인식한 인민해방군 지휘관들은 전술적 대응조치들을 실시했다. 분쟁 지역 순찰을 재개하는 한편, 국경경비대에 인도군의 추가적인 전진을 막기 위해 진지를 강화하고 전방초소를 세우도록 지시했다.[170] 동시에 인도와의 분쟁 지역에 인접한 다른 국가들과 접한 국경을 안정시키는 작업에 착수하였는데, 먼저 파키스탄과 시작했다. 인도의 전진 정책에 대한 최초의 공식항의문을 전달하기 이틀 전인 1962년 2월 27일, 중국은 파키스탄이 1961년 3월에 보낸 국경문제 관련 회담을 요청하는 외교문서에 대한 답신을 보내며 잠정적인 국경협정에 서명할 의향이 있음을 통보했다. 인도가 전진 정책을 계속적으로 확대하자, 5월 3일 중국은 파키스탄과 함께 국경문제와 관련한 협상에 착수하겠다는 내용의 공동선언문을 발표했다.[171] 파키스탄과의 대화 개시는 파키스탄과의 국경을 안정화시키겠다는 목적 외에도 명백하게 인도를 겨냥한 것이었다. 공동선언문 발표 후 중국은 외교문서를 통해 인도에게 "파키스탄 정부 역시 중국 정부와 국경문제 해결을 위해 협상하는 데 합의했는데, 인도는 왜 그렇게 하지 못하는가?"라고 압박을 가했다.[172]

제4장에서 다루겠지만, 대만은 중국 지도자들에게 두 번째로 심각한 위협 요인이 되었다. 1961년 12월 말, 장제스蔣介石 총통은 1962년이 "결정적인 decisive" 해가 될 것이라 언급했다.[173] 1962년 3월 말에는 "우리의 의무를 수행하는 데 더 이상 망설이거나 주저할 수 없다. … 우리가 공산주의자들을 절멸시키고 국토를 재통일시키며 본토의 인민들에게 자유를 회복시켜줄 수 있다는 점을 의심할 이유가 없다."[174]고 했다. 3월 초부터 5월 초까지 대만의 국민당 정부는 병력을 증강하기 위한 징발 및 징집령을 선포하고 전시 동원을 위한 특별예산을 편성하는 한편, 본토 수복 세금return to the mainland tax까지 부과했다.[175] 같은 시기 중국은 미국 고위 관료들의 대만 방문이 대만의 중국 본토 공격에 대한 추가적인 지원을 제공하기 위한 것으로 보고 있었다.[176]

5월 중순이 되자 중국의 지도자들은 대만의 위협이 실질적인 것이라는 결론을 내리고 신속하게 대응했다.[177] 6월 초에 중앙군사위원회는 대만과 인접한 성省들에 전쟁 준비를 지시하는 한편, 5개 최정예 사단들에 6월 20일까지 전방으로 이동하도록 명령하고 나머지 상비부대들에는 높은 수준의 경계령을 발령했다.[178] 중앙군사위원회는 덩샤오핑에게 군사부문의 생산 감독을, 리셴녠李先念에게는 식량 보급을 관리하도록 했다. 이러한 위기 상황은 6월 23일 바르샤바에서 열린 미국-중국 대사급 회담에서 미국이 현재 진행 중인 대만의 "본토 수복" 노력을 권하거나 조장하지 않았으며 대만이 이를 실행하더라도 군사적 지원을 하지 않을 것[179]이라는 명확한 입장을 확인한 후에야 해소되기 시작했다.

대만으로 인하여 조성된 위기 상황이 변강 지역의 영토분쟁을 타협적 방식으로 해결하기로 한 중국의 정책결정에 직접적인 영향을 주지는 않았지만, 중국의 영토 보전을 위협하는 도전의 규모와 심각성에 따라 지도자들이 어떠한 태도를 취해야 할 것인지 결정하는 데 있어서 핵심적인 역할을 했다. 대만이 조성한 위기 상황은 외부에서 중국을 취약한 존재로 보고 그 취약성을 이용하려 한다는 점을 실제로 증명한 것이었다. 5월, 류보청劉伯承 원수가 주재한 중앙군사위원회 전략연구소조 회의는 대만의 도발은 장제스가 중국이 경제적 어려움을 겪는 상황을 이용하려 한 것이라 결론을 내렸다. 회의에 참석한 인사의 회고에 따르면, 장제스는 당시 중국이 겪고 있던 어려움을 "천년에 한 번 만나기도 어려운 기회千載難逢"라 보았다고 한다.[180]

신장 지역에서의 소요 사태와 주민 이탈 자체는 다른 사건들과 연결되지 않은 채 끝났을 수도 있었지만, 티베트 지역에 대한 인도의 새로운 압박과 대만의 본토 공격 계획이 함께 맞물리면서 중국 지도자들은 위험한 사건들이 동시다발적으로 발생하는 양상을 목격하게 되었다. 1962년 6월, 중국 공산당 신장성당비서 왕은마오王恩茂는 이러한 여러 도전들이 한꺼번에 발생한 것은 "결코 우연이 아니었다."고 했다. 예를 들어, 신장 지역에서 소련의 활동은 "생산, 인력, 가축, 자본의 막대한 상실을 야기함으로써 우리가 겪고 있는 어려움을 가중시키려는 것이었다."[181]는 것이다. 이러한 압력에 대응하여, 저우언라이는 국경 지대의 전반적인 상황을 논의하기 위해 5월 중순에 고위 군사지휘관 뤄루이칭羅瑞卿, 양청우楊成武와의 회의를 주재했다.[182] 이 회의는 1950~1960년대에 군부가 아닌 민간 지도자가 국경의 안전과 관련하여 주재한, 기록이 남아 있는 몇 안 되는 회의 중 하나이다. 그러한 회의를 했던 시점이 국경 여러 곳에서 긴장이 고조되는 와중이었다는, 다시 말해서 대만의 위협에 대응하기 위해 동원령을 발령하기로 결정하기 몇 주 전이자 인도와의 첫 무력충돌이 발생하기 몇 달 전이었다는 사실은 1962년 영토 위기의 심각성을 단적으로 보여준다. 6월에는 쑤위粟裕 장군 역시 마찬가지로 장제스가 "우리가 3년 연속으로 겪었던 심각한 자연재해와 식량부족, 그리고 경제적 어려움"으로부터 이익을 얻고자 한다는 의견을 진술했다.[183]

인도 및 대만과의 긴장이 고조되는 가운데 중국은 몽골, 북한, 파키스탄과의 영토분쟁을 타협적으로 해결하기 위한 노력을 지속했다. 6월에 중국은 몽골에 양측이 실제로 통제하고 있는 경계선과 일치하는 국경 제안선을 표시한 지도를 동봉한 정식 외교문서를 보냈다.[184] 같은 달에 저우언라이는 주중 북한대사를 만나 양국 간의 국경문제를 논의했는데[185], 이 대담의 세부사항은 공개되지 않았지만 대화를 압박한 쪽은 중국인 것으로 보인다. 7월에는 중국과 파키스탄이 각자 주장하는 국경선을 표시한 지도를 상호 교환하는 한편, 앞으로의 회담을 위한 절차에 대해 논의했다.[186] 뒤에서 다루겠지만, 중국의 이러한 모든 노력은 9월 말과 10월 초, 중국이 인도와 유사한 성격의 대화를 모색하던 바로 그 시기에 몽골, 북한, 파키스탄과의 대화 개시라는 결과로 나타났다.

대만으로 인한 위기 상황이 누그러들자마자 히말라야 산맥과 인접한 변강 지역에서의 분쟁이 이전보다 훨씬 더 격화되기 시작했다. 1962년 6월 21일 칩찹 계곡Chip Chap Valley, 奇普查普谷(〈지도 4.1〉 참조)에서 발생한 인도와의 무력충돌은 국경을 둘러싸고 고조되던 갈등에 따른 것으로, 1959년 이후 처음으로 발생한 것이었다. 1962년 여름 내내 인도의 주둔병력 증강에 대응할 준비를 하면서도 중국은 인도와의 대화를 계속 모색했다. 7월 말, 저우언라이는 첸이陳毅에게 제네바 회의에 참석할 때 인도 국방부 장관 메논Krishna Menon을 따로 만나서 인도측에 "협상을 통해 분쟁을 해결한다는 일관된 입장을 설명하고 협상을 재개하기 위한 준비사항을 논의"하라는 임무를 부여했다.[187] 메논과의 대화에서 첸이는 중국은 라다크Ladakh, 拉達克 지역의 분할과 관련하여 양측이 실제로 통제하는 영역을 기초로 하여 일부 조정하는 방안을 고려할 의향이 있음을 피력했는데, 이는 저우언라이가 1960년에 제안한 방안보다도 더 양보한 내용이었다.[188] 이 회동 후에도 중국은 네루가 대화할 의사가 있음을 밝힌 직후인 8월 4일, 동부 지구 탁라Thag La, 塔格拉 능선에서의 충돌이 교착상태에 빠진 후인 9월 13일, 그리고 10월 3일 세 차례에 걸쳐 인도에 협상을 제의했다. 하지만 인도는 그때마다 중국이 서부 지구에서 병력을 먼저 철수시킨 이후에만 협상에 응하겠다고 대응했다. 인도가 내건 이 전제조건은 중국으로 하여금 인도가 영유권을 주장하는 약 33,000km²의 영토를 인도의 상응하는 조치 없이 포기할 것을 요구하는 내용으로, 이 지역에서의 철군은 신장과 티베트를 잇는 고속도로가 그대로 노출되는 결과를 가져오는 것이었다.

중국의 타협 전략 선택

히말라야 산맥과 인접한 변강 지역에서 발생한 사건들은, 단기적으로는 북한, 몽골, 파키스탄과의 영토분쟁을 타협적 방식으로 해결하려는 중국의 노력을 더 강하게 추동했다. 중국과 이들 세 국가의 협상은 중국이 인도에 대화를 제의하고 1962년 양국 사이에 전쟁이 발발하기 전인 1962년 9~10월에 시작되었다. 1962년 말에서 1963년 초 사이에 신속하게 나왔던 이들 국가들과의 국경 협상 결과는 중국과 인도의 전쟁 후에 양국의 분쟁과 관련하여 열렸던 콜롬보 회담Colombo talks에서 중국이 인도를 압박하는 데 이용되었다.

더 일반적으로 말한다면, 이들 국가와의 모든 합의들은 소련과의 분쟁을 해결하기 위한 중국의 노력과도 연결되었다. 중국은 아프가니스탄과의 대화 개시를 발표한 1963년 3월에 소련에 대화를 제의했다. 파키스탄 및 아프가니스탄과 맺은 합의가 파미르 산맥과 관련한 골치 아픈 문제에 소련이 개입하기 전까지는 중앙아시아 국가들과 접한 국경 지역의 안정을 확보할 수 있게 했으며, 북방의 사회주의 우호국가들과 맺은 영토문제 관련 합의는 소련 역시 비슷한 조건에 합의하도록 압박하려는 목적도 가진 것이었다.

몽골

몽골은 소련의 승인을 받은 후인 1962년 8월에 중국과 대화하는 데 동의했고, 10월 12일 울란바토르Ulaanbaatar에서 협상이 시작되었다. 32일간의 협상 후 양측은 예비적 합의에 이르렀고, 히말라야에서 인도에 대한 중국의 두 번째 공세가 있은 11월 17일에 회담 요약본이 발행되었다.[189] 12월 16일, 저우언라이는 베이징에서의 조약 조인식에 몽골 지도자 체덴발Yumjaagiin Tsedenbal을 초청했다. 두 차례에 걸친 회담 후 양측은 1962년 12월 25일 협정서를 완성하여 다음날 서명했다.[190]

중국이 몽골과의 타협적 해결 의지를 갑작스럽게 보여준 것은 소수민족 소요 사태와 정권의 정당성이라는 핵심적인 고려사항이 결합된 효과를 부각시킨다. 그러한 동기가 없었다면 중국은 분쟁 해결을 지연하는 기존의 전략을 유지했을 것이기 때문이다. 1956년 양국 국경 서부의 산악 통로 중 하나인 훙산쥐紅山嘴 주변의 방목권을 두고 분쟁이 발생한 후 양측 지역관리들이 이 지역에서의 국경선 위치를 두고 비공식적인 대화를 가졌지만 결론을 내지는 못했다.[191](〈지도 2.3〉 참조) 1957년 11월 22일, 몽골은 중국에 외교문서를 보내 국경문제와 관련한 협상을 할 것을 제의했다. 1958년 3월 중국은 이에 원칙적으로 동의하였으나 이후에 진전은 없었다. 1958년 7월, 몽골은 두 번째 문서를 보내 바오꺼다산寶格達山 및 칭허靑河 지역 차강강Chagang River, 查干河 주변 초지草地에 대한 권리를 주장했다.[192] 1960년 5월, 저우언라이의 울란바토르 방문 중에 몽골은 영토문제 해결 의지를 재차 피력했다.[193] 그러나 중국이 실제로 대화를 추진한 것은 몽골이 처음으로 대화를 제안한 지 5년이 지난 후인 1962년 4월이었다.

새롭게 발굴된 자료들을 통해서 당시 중국이 타협전략을 채택하는 데 작용했던 매개변수들을 폭넓게 이해할 수 있게 되었다. 1962년도 협상에서는 양측의 입장이 상이했던 지역들을 중심으로 대화가 이루어졌는데, 그런 지역들이 전체적으로 16,808km²에 달했고 양측은 이 중 506km²의 영역을 상호 조

지도 2.3 중국-몽골 국경

정하기로 합의했다.[194] 다양한 지도들을 비교해본 결과 중국이 자국의 요구
사항 대부분을 포기한 것으로 나타나는데, 포기한 영역은 대부분 평탄한 스
텝지대였다.[195] 또 다른 중국측 자료에 따르면, 이때 양국이 검토한 영역의 전
체 넓이는 앞에서 제시된 것보다 약간 적은 16,329km²이며, 이 중 몽골이
10,709km²를, 중국이 5,620km²를 차지했다고 한다.[196] 미 국무부는 이러한
합의결과를 분석하며 "그 합의는 '국경선과 관련한' 몽골의 기존 입장에 철
저하게 기울었다."고 결론지었다.[197]

중국의 타협적 분쟁해결 의지는 각 분쟁 지역의 분할에도 반영되어 있다.
1956년도에 방목지 이용을 두고 긴장상황이 발생했던 홍산쥐紅山嘴 지역에서
중국은 분쟁대상 지역의 190km² 또는 37%를 몽골에 양보했다. 몽골은

1958년에 요구했던 칭허靑河 지역 방목지의 75%를 받았다. 베이타샨北塔山 북사면에 대한 분쟁에서 중국은 836km² 중에서 26%만 차지했다.[198] 또한, 몽골이 셩타스生塔斯 주변 300km²에 대한 권리 주장을 포기하는 대가로 중국 은 몽골에 바오꺼다산寶格達山을 양보하는 데 동의했다.[199]

양국이 최종적으로 합의한 시점은 중국의 다른 영토분쟁 현안들과 결부되 어 있었다. 앞에서 언급했지만, 중국은 몽골 지도자 체덴발Yumjaagiin Tsedenbal 을 베이징에 초청하면서 협상의 주도권을 선점했다. 이 시기 중국은 여전히 인도와의 분쟁 해결을 모색하고 있었는데, 1962년 11월의 공격 이후 점령하 고 있던 지역에서 군대를 철수시키고 콜롬보 회담에서 중재안Ceylon's mediation에 합의했다. 체덴발과의 회담에서 저우언라이는 "중국-몽골 국경문 제의 합리적인 해결은 다른 인접국가들에게도 협상을 통한 분쟁해결을 추구 하도록 하는 모범사례가 될 것"[200]이라 했다. 하지만 그가 중국과 몽골의 조 약 체결이 "다른 인접국가들과의 국경문제 해결에 기여"할 것이라 지적했을 때 여기서의 "다른 인접국가들"은, 더 거시적인 측면에서, 인도는 물론 소련 까지 지칭함이 명백했다. 조인식에서는 행사를 주관하던 류샤오치劉少奇도 비 슷한 취지로 "중국은 다른 사회주의 우호국가들과의 국경문제를 이와 같은 원칙에 기초하여 해결하기 희망한다."고 하였는데, 그 시점에서 중국이 북한 과 이미 합의를 이루었다는 점을 감안한다면 그의 발언은 소련만 염두에 두 고 있었던 것일 수 있다.[201] 동시에, 공산당 정치국원 펑전彭眞은 몽골과의 합 의는 "사회주의권 국가들의 단합을 강화하는 데 중대한 기여"를 했다고 평가 했다.[202] 소련과 몽골의 긴밀한 관계를 감안, 중국은 몽골과의 조약체결이 북 방의 다른 인접국가인 소련에 보내는 강력한 신호가 되기를 희망했다.

조약 체결 후 2년간 중국과 몽골은 조약에서 규정한 이행사항들을 실행해 나갔다. 1963년 3월 25일 양국은 비준서를 상호교환 했다. 국경선을 확정하 기 위한 공동조사위원회는 1963년 4월 16일 첫 회의를 가졌다. 1년 뒤인 1964년 6월에 양측은 국경의정서에 서명함으로써 국경선 획정 절차를 마무리 지었다. 639개 국경 표식에 대한 설명을 포함하는 의정서는 총 181페이지가 넘는 분량으로, 1960년대에 중국이 체결한 국경협정 문건 중 가장 긴 것이었다.[203]

북한

중국이 북한과 체결한 조약에 관한 내용을 공개한 적이 없으므로 양국이 합의하거나 타협한 사항에 관하여 알려진 정보는 매우 적지만, 새롭게 발굴된 자료들을 통해서 조약의 결론과 조약체결 과정에서 중국의 양보가 어떤 역할을 했는지는 확인할 수 있다. 국경문제에 대한 양국의 협상은 1962년 6월 저우언라이와 주중 북한대사의 회동 이후인 9월에 시작되었다. 10월 3일 경에는 양국의 외교부 부부장들이 협상에서 영토분쟁과 관련하여 논의한 내용들을 정리한 의사록에 가조인했다.[204] 10월 12일에는 저우언라이와 북한 지도자 김일성이 평양에서 국경조약에 서명했다.[205] 양측은 분쟁의 핵심이던 백두산을 정상에 있는 천지天池를 가로질러 분할하기로 합의했다.(〈지도 2.4〉 참조) 훗날 저우언라이는 닉슨Richard Nixon 미 대통령에게 "우리는 결국 그 호수를 분할하여 공유하는 것으로 문제를 해결했다."[206]고 설명했다. 한국의 한 연구자는 이러한 분할의 결과로, 중국이 백두산 동사면에 대해 추가로 양보를 한 것으로 보이지만 중국은 분쟁 지역의 약 40%, 북한은 60%를 확보했다고 추정하고 있다.[207] 조약에 따르면 양국 국경선의 나머지 부분은 압록강과 두만강(중국명 圖們江) 또는 그 지류를 따르고, 이들 하천은 양측이 동등하게 공유하는 것으로 정했다. 하천 가운데 소재한 도서들과 모래톱shoal 역시 분할되었는데, 예를 들어 두만강에서는 전체 도서와 모래톱들 중 56%가 북한으로 귀속되었다.[208]

중국이 타협에 나선 시점과 북한과의 협상에서 눈에 띄는 신속성에는 체제의 안전성 악화를 우려하는 중국의 속내가 반영되어 있다. 소련과 접한 국경지역의 취약성을 인식하고 있던 중국은 다른 국가들과 해결한 것과 유사한

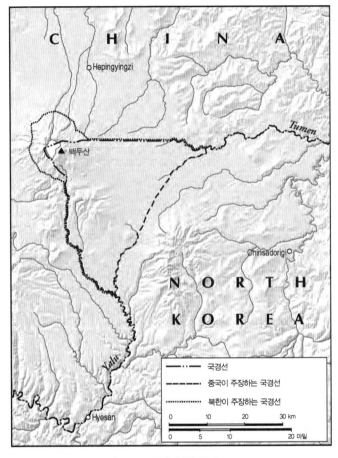

지도 2.4 중국-북한 국경

방식으로 분쟁을 해결하도록 소련을 압박하는 한편, 신장 지역에서 일어났던 것과 같은, 국경을 넘나드는 국가 전복 기도를 사전에 차단하기 위한 목적으로 다른 사회주의 국가들과의 국경문제 해결에 나선 것이었다. 중국과 북한이 맺은 조약이 공개되었다면 이 역시, 몽골과 체결한 조약과 마찬가지로, 소련과의 협상에 이용되었을 가능성이 높다. 이에 더하여 중국과 몽골의 상호작용은 북한에 대한 중국의 노력과 궤를 같이하고 있는데, 이는 결국 북한에

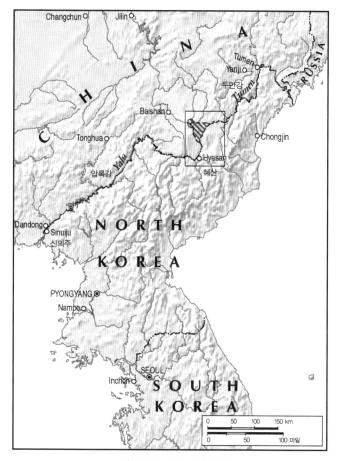

지도 2.4 중국-북한 국경

대한 중국의 전략이 몽골에 대한 전략과 비슷한 계산에 따른 것임을 시사한
다. 그럼에도 불구하고, 중국과 북한이 체결한 국경조약의 내용이 비밀에 싸
여 있다는 점은 확정적인 결론을 내리기 어렵게 하는 요인이다. 관련인사들
과의 인터뷰나 문헌연구에 따르면 북한은 중국과의 합의 조건들이 공개되는
것을 원하지 않았던 것으로 보인다. 1962년 12월, 체덴발과의 회담에서 저우
언라이는 중국은 "여전히 북한으로부터 답변을 기다리고 있기 때문에 아직

언론 발표를 하지 않고 있다."[209]고 설명했다. 김일성은 그 조약에 대해 공개적으로 논의하는 것에 대해 노골적으로 탐탁지 않아 했는데, 이는 그의 고향으로 알려진 지역(김일성의 고향은 평양이고, 백두산 밀영密營은 그의 아들 김정일의 고향이라는 것이 북한의 공식적인 주장임—옮긴이)에 대한 주권을 두고 중국과 타협한 사실이 공개된다면 민족주의자로 선전해 왔던 그의 경력과 이미지에 손상이 갈 수 있기 때문이었을 것이다.[210]

조약이 체결된 이후 2년 동안 중국과 북한 양측은 조약에서 규정한 이행사항들을 실행해 나갔다. 공동조사위원회가 구성되어 1963년 5월 국경 지역 조사를 개시, 국경 표식을 세우고 하천의 도서와 모래톱들의 귀속국가를 확정하는 작업을 1963년 11월에 마무리 지었다.[211] 1964년 3월 2일, 양국 정부는 베이징에서 국경의정서에 서명했는데, 이 또한 1962년 체결한 조약과 마찬가지로 공개되지 않고 있다.[212]

파키스탄

중국은 인도와의 협상 재개를 모색하던 1962년 9월에서 10월 초에 파키스탄과도 대화를 시작했다. 회담은 베이징에서, 저우언라이가 북한과의 국경조약에 서명한 10월 12일에 시작되었다. 중국과 몽골의 국경조약이 체결된 지 얼마 지나지 않은 12월 28일, 중국과 파키스탄은 공동선언문을 통해 양측은 "원칙적으로 … 양국 사이에 실제로 존재하고 있는 경계선의 위치 설정과 관련하여"[213] 합의에 이르렀다고 발표했다. 1963년 2월에 추가적인 협의를 거친 후, 중국 외교부 부장 첸이와 파키스탄 외교부장관 부토Zulfikar Ali Bhutto는 3월 2일 베이징에서 잠정적인 국경협정에 서명했다.[214]

중국이 분쟁 지역 중 더 많은 영역에 대한 통제권을 유지했지만 협정은 전반적으로 파키스탄에 유리한 방향으로 이루어졌다. 중국은 파키스탄과 다투던 샥스감 계곡Shaksgam Valley, 沙克思干谷地(〈지도 2.5〉)의 약 5,309km²를 확보했다.[215] 하지만 오프랑 계곡Oprang Valley, 克里滿河谷에서는 이미 1,554km²를

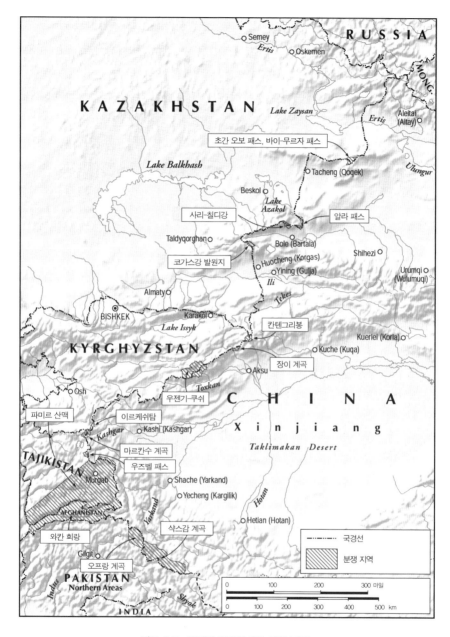

지도 2.5 중국의 중앙아시아 지역 국경

확보하고 있던 파키스탄에 약 1,942km²에 달하는 영역에 대한 통제권을 추가로 넘겨주었다. 전체적으로 따져본다면 최종적으로 획정된 국경선은 파키스탄의 주장대로 실제로 양국이 통제하던 경계선을 상당 부분 따르고 있었으므로 파키스탄이 이 거래에서 더 많은 것을 얻은 것으로 보인다. 중국은 훈자Hunza, 罕薩 지역에 대한 권리 주장을 철회했고, 파키스탄은 프랑 계곡Prang valley, 普朗谷과 분드 다르와자 계곡Bund Darwaza valley, 邦德達瓦札山谷의 방목지, 카라차나이 소금광산 및 소크 불락Sokh Bulaq을 얻게 되었다. 이에 더하여, 파키스탄은 분쟁 중이던 일곱 개 산악 통로 중 여섯 개는 물론 K2봉의 75%에 대한 통제권을 확보했다. 마지막으로, 파키스탄은 이미 통제하고 있던 지역 중 어느 부분도 중국에 넘기지 않았다.[216]

파키스탄과의 협상에서 관측되는 중국의 타협적 행태는 다른 어느 국가와의 분쟁보다도 인도와의 갈등과 긴밀하게 연결되어 있었다. 중국은 앞서 1950년대 말에는 파키스탄의 협상 요청을 거부했으나, 인도가 전진 정책을 추진하자 파키스탄과의 대화에 나섰다. 1962년 9월과 10월에는 인도와의 대화를 추진하던 중에 파키스탄과 협상을 벌였다. 1962년 인도와의 전쟁 후 콜롬보 회담이 시작되자 중국과 파키스탄은 양국 간에 합의한 사항을 발표했다. 1962년 12월 발표한 공동선언문에서는 "상호 존중과 친선을 기초로 하는 평화로운 협의는 국제분쟁을 해결하기 위한 효과적인 방법"[217]이라고 분명하게 선언했다. 〈인민일보〉는 논평을 통해서 "이제는 인도 정부가 중국의 평화로운 제안에 대해 적극적으로 응답을 할 때"라고 주장했다.[218] 게다가, 중국과 파키스탄의 합의는 중국이 이듬해 봄 소련과의 대화에 돌입하기 전에 중앙아시아 방면 변강 지역의 안정을 공고하게 하는 데 도움이 되었다.

1963년 5월 31일, 국경선 획정을 위한 공동위원회 첫 번째 회의가 열렸다.[219] 조약에 따라 4개 현장팀이 국경을 조사하고 40개의 국경 표식을 설치했다.[220] 국경 획정작업은 2년 뒤인 1965년 3월에 양측이 국경의정서에 서명함으로써 완결되었다.

아프가니스탄

1962년 12월, 국경 문제를 협상하자는 아프가니스탄의 제안에 중국은 곧바로 동의했다. 1963년 3월 2일, 파키스탄과 잠정적인 국경협정에 서명한 바로 그날 중국과 아프가니스탄은 양국 간 영토분쟁을 해결하기 위한 공식 대화를 개시하겠다고 발표했다. 중국이 보는 협상의 핵심은 중국-아프가니스탄-소련 3국이 만나는 지점tripoint을 확정하는 것으로, 이는 소련이 통제하던 파미르Pamir 산맥에 대한 중국의 권리 주장과 관련되는 것이었다. 아프가니스탄은 중국이 이전부터 지도에 중국령이라 표시해 왔던 와칸 회랑Wakhan Corridor, 瓦罕走廊에 대한 주권을 인정받고자 했다.(〈지도 2.5〉 참조) 1963년 6월 17일 시작된 공식회담에서 중국은 양국이 실제로 통제하고 있던 경계선을 국경 획정의 기준으로 하는 데 동의하며 와칸 회랑에 대한 권리 주장을 철회하였고, 아프가니스탄은 분쟁 대상이었던 3국 접점의 위치와 관련하여 공식적인 언급을 하지 않았다.[221]

8월 1일 양측은 국경조약 초안에 합의했다. 11월 22일 중국 외교부 부장 첸이陳毅와 아프가니스탄 특명전권대사 카이윰Al-Qayyum은 베이징에서 국경조약에 서명했다.[222] 이 조약은 전반적으로 아프가니스탄에 유리하게 되어 있었다. 조약에 규정된 국경선은 대체로 파미르 산맥을 러시아에 귀속시키는, 1895년 러시아와 영국이 획정한 선을 따르고 있었다. 이 조약을 통해서 중국은 와칸 회랑에 대한 권리를 포기했다. 조약 체결 후에는 공동조사팀이 구성되어 국경을 조사하고 표식을 세우고 새로운 지도를 작성했다. 1965년 3월 양측이 국경의정서에 서명하면서 국경선 획정절차는 마무리되었다.[223]

중국과 아프가니스탄의 영토분쟁이 그 자체로는 중요한 것이 아니었다. 중국은 자국의 권리를 주장하던 지역들 중에 어떤 곳도 최소한 50년은 점유하지 못한 상태였고 양국이 실제로 통제하던 경계선의 어느 쪽에도 거주하는 주민들은 거의 없는 상태였다. 그러나 아프가니스탄과의 조약 체결은 1962년 중국이 직면했던 영토문제의 위기를 해결하는 데 중요한 역할을 했다. 종합적으로, 조약은 중국이 미해결 상태인 영토분쟁을 타협적인 방식으로 해결할 의향이 있음을 소련과 인도에게 보여주는 또 다른 신호가 되었다. 아프가니스탄과의 협상을 위한 첫 번째 회의에서 중국측 대표는 "중국과 아프가니스탄 사이의 국경문제 해결은 다른 모든 인접국가들에게 협상을 통해 평화롭게 문제를 해결할 수 있음을 보여주는 또 다른 사례가 될 것"이라 언급했다.[224]

가장 중요한 점은, 아프가니스탄과의 합의가 소련과의 국경을 안전하게 유지하기 위한 중국의 노력에 도움이 되었다는 점이다. 아프가니스탄과 체결한 국경조약은 소련이 중국의 대화 제의에 동의한 1963년 5월 이후에 체결되었다. 다시 한번 중국의 시각에서 보자면, 아프가니스탄과의 성공적인 분쟁 해결은 소련과 유사한 합의를 확보하는 데 도움이 될 것이었다. 이에 더하여, 아프가니스탄과의 조약에 3국 접점은 그 명칭이 언급되지는 않았지만 매우 명확하게 규정되어 있었으며 국경선은 파미르 산맥의 실질적 통제와 관련한 현재의 상황에 따른다는 내용이 〈인민일보〉 제1면에 그대로 게재되었다.[225] 아프가니스탄과의 조약에서 중국이 수용한 국경선은 중국이 배제된 상태에서 1895년 러시아와 영국이 합의하여 획정한 것이었다. 따라서 중국은 소련과의 영토분쟁에서 파미르 산맥에 대한 소련의 권리를 인정하는 방향으로 타협할 의향이 있다는 신호를 보낸 것이다. 만약 중국이 여전히 파미르 산맥에 대한 권리를 내세울 의도가 있었다면 아프가니스탄과의 국경이 완전히 획정되어 문제가 해결되었다고 공언하지는 않았을 것이기 때문이다.

소련

북한, 몽골, 파키스탄, 아프가니스탄과의 분쟁을 해결한 후인 1964년 초에 중국은 소련과의 분쟁을 타협을 통해 해결하려 시도했다. 중국과 서구의 연구자들은 그간 양국의 대화가 문제 해결을 위한 진전을 이루지 못하고 논쟁으로 빠지고 말았다는 데 목소리를 같이해 왔었다.[226] 하지만 새롭게 발굴된 자료들에 따르면, 양국 간의 많은 분쟁들을 해결함에 있어서 그간 추정했던 것보다 대화를 통해서 훨씬 더 많은 진전을 이루었다고 한다.[227] 최종적인 합의에는 이르지 못했지만 동부 지구中俄東部邊界에서의 국경선을 획정하는 방식은 합의했는데, 이때 합의한 획정방식은 훗날 1991년 체결한 협정문에 규정된 방식과 거의 동일했다. 더 복잡한 서부 지구中俄西部邊界 국경과 관련한 사안들, 특히 파미르Pamir 문제, 역시 논의되었지만 해결되지는 못했다. 중국은 소련과의 국경을 안정시키는 것이 영토를 더 확보하는 것보다 중요하다는 결론을 내린 것이다.

1960년 9월 당시, 이미 중국은 소련과 분쟁 중이던 중앙아시아 방면 1개 지구와 관련하여 대화를 하기 위해 소련에 접근하던 상태였다. 1956년 키르기스스탄과 인접한 신장 지역 아투스시阿圖什市 보즈아이거 패스Boziaigeer Pass, 博孜艾格爾山口 북동쪽 방목지를 둘러싸고 양국이 대치하는 상황이 발생했는데, 그 당시에는 양국 간의 국경분쟁이 최종적으로 해결되기 전까지는 현재의 상황을 유지하는 데 양국 국경경비대가 동의했다. 그러나 1960년 여름에 들어 양국 관계가 악화되면서 같은 지역에서 소련 병력과 중국인 목축업자들 사이에 유사한 양상의 대치상황이 거듭 발생했다.[228] 1960년 10월 21일, 중국 외교부는 베이징의 소련 대사관에 이 지역의 문제를 해결하기 위한 협상을 제안하는 내용의 외교문서를 보냈다. 문제가 된 사건은 티베트의 내부상황이 불안정하던 시기에 발생했기 때문에, 소련과의 협상이 (실제로 이루어지지는 않았지만) 이루어졌다면 중국이 타협했을지는 알 수 없다. 그러나 중국은 향후에 이러한 갈등 상황이 재발할 가능성을 최소화하기 위해 그달 말까지 자국의 목축업자들을 그 지역에서 철수시키는 데 동의했는데, 이러한 조치는 체제의 불안정성이 영토분쟁에서 타협적 해결을 선택하도록 하는 효과[229]와 일맥상통한다.

1960년부터 소련과의 협상을 준비하고 있었지만, 중국은 1963년 4월까지는 국경 협상을 본격적으로 개시하려는 움직임을 취하지 않았다. 그러는 사이에 국경 지역의 안정성은 계속적으로 악화되었고, 양측 사이에는 국경 문제와 관련한 많은 논쟁들이 오고 갔다. 특히 1963년 3월 〈인민일보〉 논평에서는 청淸이 제정 러시아에 광대한 영토를 할양하도록 했던 조약들에 대해 처음으로 "불평등 조약"이라 공개적으로 지적했다.[230] 과거에 체결한 조약들에 대한 중국의 이와 같은 언급은 1962년 12월 홍콩과 마카오가 "중국 영토 안에 그대로 남아 있는 식민주의의 잔재"[231]라고 했던 흐루시초프의 발언과 궤를 같이하는 것이었다. 그러나 소련의 입장에서 〈인민일보〉의 논평은 중국이 과거의 합의를 뒤집고 "잃어버린" 영토를 회복하겠다는 요구를 본격적으로 제기할 의향이 있음을 드러낸 것이나 마찬가지였다.

인도와의 외교에서와 마찬가지로, 중국은 소련에게 분쟁의 해결을 설득하기 위해 다른 국가들과의 협상을 이용했다. 북한, 몽골, 파키스탄과 협정 또는 조약을 체결하고 아프가니스탄과 협상할 의사를 밝힌 후, 중국은 1963년 4월 소련에 외교문서를 보내 분쟁 중인 지역에 대해 대화를 하자고 압박했다.[232] 중국은 먼저 작은 국가들과 협상의 경험을 쌓음으로써 다른 변강 지역들의 취약성을 감소시키는 한편, 소련에는 그와 유사한 타협적인 해결을 추진할 의도가 있다는 신호를 보내고자 했다. 사회주의권 국가들의 리더였던 소련은 중국이 북한 및 몽골과 타협적인 방식으로 합의를 이루었음을 잘 알고 있었을 것이다. 파키스탄과의 합의 역시 특히 양국의 분쟁 지역 분할에 대해서 언론에서 공식적으로 다루어졌다.

1963년 5월, 소련은 중국의 대화 제의에 응하였는데, 전체 국경을 대상으로 하는 대화에는 반대하고 특정한 쟁점들에 대해 제한적인 논의를 할 의향이 있음을 밝혔다.[233] 8월에 들어 중국은 최종적인 해결 전까지 국경의 현재 상황을 유지하기 위한 6개 항목의 제안사항을 소련에 제시했다. 양국 간의 서신 교환은 가을까지 이어졌고 대화의 주제와 그 범위를 논의하는 단계에 이르렀다. 이에 대해 소련은 특정 분쟁 지역에 대한 문제만을 논의하는 데 동의한 반면, 중국은 국경 전체에 대해 논의하자고 주장했다.[234]

협상은 1964년 2월 23일, 소련 대표단이 베이징에 도착하면서 시작되었다. 총 8회에 걸친 전체회의가 양측 전문가들로 구성된 30여 차례의 회의와 병행하여 개최되었다. 처음 2개월 동안은 청淸 말기 체결된 불평등 조약의 성격에 대화의 초점이 맞추어졌다. 중국은 이전부터 과거 조약들에서 규정한 경계선들을 협상의 기초로 삼겠다는 입장을 밝혀왔으나, 소련으로 하여금 과거의 조약들이 지닌 "불평등성unequal status"은 인정하게 하려 했다.[235] 소련은 이를 인정할 경우 중국이 더한 요구를 할 빌미를 줄 수 있음을 우려했는데, 특히 1963년 3월 〈인민일보〉 논평은 그러한 불안감을 더욱 가중시켰다. 공식적인 외교사 자료에 따르면, 중국은 과거 불평등 조약들로 빼앗긴 영토를 회복하려는 것이 아니라 단지 그러한 조약들을 실행함으로써 생겨난 모순적인 상황들을 논의하고자 했을 뿐이었다.[236] 그러나 소련은 과거의 조약들이 "불평등"하다는 점을 인정하기 거부했으며, 그 조약들을 협상의 기초로 삼기를 원하지도 않았다. 예를 들어, 1860년 체결했던 베이징 조약Treaty of Peking은 하천의 주요 항행로가 아니라 중국측 강변을 양국의 국경으로 정해 놓았다는 것이 당시 소련이 내놓았던 입장 중 일부였다.

5월에 접어들어 양측은 협상의 초점을 원칙에 관한 문제에서 본질적인 사안으로 옮기기로 합의했다. 양측 협상담당자들은 국경선을 표시한 지도들을 교환하며 서로 다르게 표시되어 있는 20여 개 지구들을 식별해냈다.[237] 대화가 진전되어감에 따라 양측은 동부 지구中俄東部邊界에 대해서는 합의에 이르렀다.[238] 러시아와 중국측 자료에 따르면, 1964년에 만든 협정문 초안은 1991년 실제로 체결한 협정과 거의 일치했다.[239] 양국 국경을 이루는 하천에 대해서는 중국쪽 강변이 아니라 하천의 중간선을 경계선으로 삼기로 합의했다. 아무르강Amur, 黑龍江과 우수리강Ussuri, 烏蘇里江에서는 "최심하상선 원칙最深河床線 the thalweg principle" 또는 "주요 항행로 원칙"에 따라 이들 하천에 소재한 400여 개 도서들로 구성된 600km²의 영역이 중국에 귀속되었다. 아르군강Argun, 額爾古納河에서는 하천의 중간선을 국경으로 정하여 약 200km²에 달하는 도서들이 중국으로 넘어왔다. 만저우리滿洲里 및 헤이룽장성, 지린성에 접한 육상 국경선에 대해서도 합의가 이루어졌다. 동부 지구에서 협정문 초안 작성시까지 합의가 이루어지지 않은 지역은 두 곳으로, 아무르강과 우수리강의 합류점에 있는 헤이샤쯔다오Heixiazi에 대해서는 이 합류점에서의 주요 항행로 방향과 관련해 이견이 있었고, 아바가이투 섬의 경우 아르군강의 흐름이 변하면서 국경선의 위치에 모호한 점이 있었다.[240](〈지도 3.1〉 참조) 러시아측 자료에 따르면 소련은 자국이 통제하던 이 두 지역에 대한 문제가 해결되지 않았다는 이유로 협정문 초안의 가조인을 거부했다고 한다.[241]

협상에서는 국경문제와 관련된 다른 주제들도 논의되었다. 어로漁撈와 항행권은 물론, 두만강(중국명 圖們江)을 통해 태평양으로 나갈 수 있는 권리를 포함하는 국경 지역의 관리 및 이용이 핵심적인 의제였다. 이에 더하여, 중앙아시아에서 서로 충돌하고 있던 양국의 입장도 논의되었다. 협상에 참여했던 전직 외교관에 따르면 중국은 파미르에 대한 소련의 통제권을 인정해 주는 문제를 동부 지구에서 분쟁 중이던 두 개 도서의 문제와 연계하려 했다고 한다.[242]

양국의 대화는 1964년 여름에 중단되었다. 6월 10일, 일본 사회당 대표단의 방문을 받은 마오쩌둥은 이들과의 대화에서 청淸이 체결한 과거의 조약들을 언급하며 "우리는 아직 그들과 이 문제에 대한 정리를 마치지 못했다."[243]고 말했다. 그의 발언은 쿠릴 열도Kurile Islands를 둘러싼 일본과 소련의 영토 분쟁에 대해 이야기하던 중에 나온 것이지만, 소련은 마오쩌둥의 발언에 매우 당황했으며 중국이 영토문제에 대한 요구를 쏟아내려는 것으로 보았다. 나중에 그는 "빈 총 쏘기"로 흐루시초프에게 겁을 주려 했을 뿐이었다고 했는데, 아마도 양국 합의라는 결론을 신속히 끌어내려 했던 것으로 보인다.[244] 어쨌든, 8월에 소련은 협상을 잠정적으로 중단하고 10월 15일 소련에서 재개할 것을 제안했다.[245] 그러나 10월 14일 흐루시초프가 실각하면서 협상은 더 이상 열리지 않았다.

외부적 위협이 작용했는가?

티베트에서 봉기가 계속되던 기간 동안 영토문제에서 중국이 타협적 태도를 보였던 원인과 관련하여, 외부로부터의 위협은 중국의 그러한 행태를 설명할 수 있는 가장 강력한 대안적 요인이다. 중국과 소련의 불화가 커지는 국면에서 중국은 함께 소련에 대항할 동맹세력을 얻기 위해 다른 국가들과의 영토문제에서 타협적 해결을 선택했다는 것이다. 하지만 중국은 소련과의 관계에서 긴장이 발생한 초기, 특히 1960년 소련의 고문단이 철수한 이후에도 다른 국가들과의 영토문제를 해결하려 나서지 않았다. 그리고 경제협력이 지속되고 소련 전투기의 중국 판매가 논의되면서 1961년 중국과 소련의 관계는 비교적 안정적이었다. 게다가 중국은 소련과도 영토문제들 두고 실질적인 협상을 벌였는데, 협상을 한 것 자체가 소련에 대한 자국의 취약성을 드러내는 신호로 보일 수도 있기 때문에 중국이 소련과 영토문제로 협상을 했다는 사실은 중국이 소련의 위협에 맞서 균형을 유지하려 했다는 대안적 설명방식과 부합하지 않는다. 만약 중국이 소련에 맞서 균형을 잡으려 했다면, 소련과의 분쟁을 표면화시키지 않음으로써 군사적 입지를 강화하는 데 필요한 시간을 벌면서 국경 방비를 강화하는 것이 최선의 전략이었을 것이다. 그런데 중국이 그러한 조치를 취한 것은 정확히, 소련과의 불화가 표면화된 1965년 이후의 일이었다. 마지막으로, 중국이 영토문제에서 타협하며 양보한 많은 국가들이 소련과의 분쟁 해결을 위한 협상에서 중국이 기대했던 지렛대 역할을 거의 하지 못했다는 점이다. 당시 아프가니스탄은 소련의 영향권에 있던 국가가 아니었고, 파키스탄은 동남아시아조약기구(SEATO) 가맹국이자 반공주의 동맹국가의 일원이었다.

몽골 및 북한과의 영토문제를 해결하기 위한 중국의 시도는 소련을 견제하기 위한 것이라는 주장을 적용하기에 가장 쉬운 사례이다. 두 국가 모두 사회주의 국가이며 소련과 강한 유대관계를 유지하고 있었으므로 중국과 소련의 외교적 대결에 반대했을 가능성이 높았다. 그럼에도 불구하고, 소련이라는 요인을 중국이 고려했을 것임은 확실하지만, 중국이 이들 국가를 상대로 타협적 해결을 시도한 목적이 소련을 견제하기 위한 것으로 설명하기에는 불충분하다. 소련은 1950년대 말, 중국과의 관계에서 균열이 발생하기 시작하자 중국과의 관계 악화라는 비용을 감수하면서 몽골과의 관계를 개선해 나가기 시작했다.[246] 그러나 중국은 소련이 몽골과의 관계에서 외교적 주도권을 장악했음에도 불구하고 1962년까지 몽골과의 영토문제 해결에 나서지 않았다. 이에 더하여, 몽골은 이 기간 동안에도 반복적으로 중국에 영토문제를 해결할 것을 요구해 왔는데, 중국이 즉각 대응했다면 양국의 영토문제 해결 사례는 외부적 위협이 타협적 해결을 촉진한다는 주장을 손쉽게 적용할 수 있는 사례가 되었을 것이다. 그러나 중국은 1962년 초, 몽골과 국경을 접하고 있는 신장 지역과 내몽골의 안정성에 중대한 위협이 될 것이 분명했던 이타 사건伊塔 事件 및 중국-몽골 국경에서의 무력충돌이 발생하고 변강 지역의 안정성에 대한 우려가 확산된 이후에야 몽골과의 분쟁을 해결하려 나섰다. 몽골에 대한 소련의 영향력이 중국으로 하여금 변강 지역의 안정에 더욱 신경 쓰이게 했을 수도 있지만, 1962년 봄 중국이 인접국가들과의 영토분쟁을 타협적 방식으로 해결하도록 자극한 것은 중국 내부로부터의 위협이었다. 소련이라는 요인이 중국과 북한의 영토분쟁 해결에 미친 영향이 어떠했는지는 관련 자료가 부족하여 평가하기 어렵다. 그러나 중국이 몽골 및 북한과의 협상에 나서기로 선택한 시점을 본다면, 소련이라는 요인은 중국이 1962년에 북한과의 분쟁을 해결하도록 추동한 요인은 아니었을 가능성이 높다.

결론

1960년에서 1964년까지, 중국은 부탄, 라오스, 베트남을 제외한 모든 인접국가들과의 영토분쟁을 타협적 방식으로 해결하고자 시도했다. 당시 부탄은 1949년 인도와의 조약에 따라 외교정책과 국방을 인도에 위임하고 있어 중국과는 외교관계를 맺고 있지 않은 상태였다. 중국이 라오스, 베트남과의 영토분쟁 해결을 시도하지 않은 것은 두 가지 이유에서였다. 이들 국가와 접하고 있는 광시성과 윈난성 접경지역에는 이들 국가와 타협을 해야 할 만큼 심각한 소수민족 집단의 소요 사태나 정치적 불안정성이 존재하지 않았다. 동시에, 이들 국가들은 미국에 맞서 싸우는 중국의 동맹국들이었다. 미국이라는 위협요인을 공유했기 때문에, 중국이 이들 국가와의 분쟁을 타협적으로 해결해야 할 동기가 없었음에도 불구하고 이들 국가의 외교적 지원에 의존할 수 있었던 것이다.[247]

다른 변강邊疆 지역의 분쟁 사례들에서 1950년대에는 분쟁해결을 지연하는 전략을, 1960년대에는 협력하는 전략을 채택했던 중국의 행태를 가장 잘 설명할 수 있는 요인은 체제의 불안정성이다. 중국 지도자들은 티베트에서의 봉기, 대약진 운동 이후 국내 정세의 불안정 및 신장 지역에서의 소요 사태 등 체제의 안전성에 대한 위협에 직면했을 때에는 영토분쟁에서 타협을 했다. 타협적 분쟁 해결을 위한 노력을 기울인 시점, 공식 문헌과 중국 지도자들의 진술은 중국이 협력적 분쟁해결 전략을 추구하는 이유와 시점을 설명할 수 있는 요인은 외부적 위협이 아니라 내부로부터의 위협임을 증명하고 있다. 중국은 거의 30년이 지난 1990년대에도 60년대와 비슷한 정도의 체제 불안정에 직면하여 그때까지 미해결 상태로 남아 있던 분쟁들을 타협적 방식으로 해결하게 되었다.

03

변강 지역
영토분쟁에서의
협력 전략: 1990년대

**Cooperation in Frontier Disputes
in the 1990s**

19 80년대 후반까지 지속되었던 냉전 기간 중국에 대한 중대한 군사적 위협은 소련이었다. 1970년대에 소련은 극동지역 주둔병력을 2배로 증강시켜 50개 이상의 사단을 배치했고, 1980년대 초반에는 핵탄두 탑재 미사일(SS-20) 부대를 포함한 60만 명 이상의 병력을 중국과의 국경에 배치해 놓고 있었다.[1] 역설적이게도, 냉전이 종식되면서 중국은 건국 이래 40여 년이 지나서야 처음으로 소련의 침공이라는 위협에서 벗어나게 되었다.

국제관계에서 세력균형이 급변하면서 중국에게는 그동안 자국의 권리를 주장하며 다투어 왔던 지역들에 대해 보다 유리한 조건으로 협상하거나, 무력을 사용하겠다고 위협하거나, 또는 비교적 적은 비용으로 차지할 수 있는 전에 없던 기회가 찾아왔다. 소련에서 새로이 독립한 중앙아시아 국가들이나 몽골 중 어느 국가도 의미 있는 수준의 군사력을 보유하지 못했으며 러시아는 이전 소련에 비해 군사적으로 취약해진 상태였다.[2] 또한, 이들 국가는 새로운 정치체제와 제도를 수립하는 과도기에 있었다. 그럼에도 불구하고 이 시기 중국은 공격적이거나 호전적으로 나오지 않았으며, 오히려 그때까지 미해결 상태로 남아 있던 변강邊疆 지역의 모든 분쟁들을 이들 국가와 타협하는 방식으로 해결하고자 했다. 1991년부터 1999년까지 중국은 11개 국정협정에 서명하면서 7건의 분쟁을 부분적으로 또는 완전히 해결했다. 인도 및 부탄과의 문제는 오늘날에도 해결되지 않은 상태이지만, 이들 국가와의 갈등이나 무력충돌 역시 2000년대에 들어와서는 상당히 약화되거나 줄어들었다.

냉전이 종식된 이후에도 중국이 변강 지역의 영토분쟁에서 공세적 대응보다는 타협적 해결을 추구했던 이유를 가장 잘 설명하는 요인은 내부로부터의 위협이다. 외부의 안보환경은 극적으로 개선되었으나, 소련의 붕괴는 중국이 전에 없던 수준으로 체제의 불안정에 시달리던 시기와 겹쳤으며 때로는 중국이 겪고 있던 불안정성을 더욱 가중시켰다. 천안문 사태는 중국 공산당의 통치와 최고지도자 덩샤오핑의 경제개혁에 대한 일반대중들의 불만을 극명하게 드러내었다. 폭력적인 시위 진압과 이후에도 계속된 탄압은 공산당을 정점으로 하는 중국의 국가체제가 대중들로부터 더욱 유리되는 결과를 가져왔다. 신장 지역과 티베트에서 거의 동시에 발생한 소수민족 집단의 소요 사태는 광대한 중국 변강 지역의 안정성과 영토의 보전을 다시 한 번 위협했다.

외부에서 발생한 사건들은 이러한 내부 정세의 불안정성을 가중시켰다. 동유럽 사회주의 국가들의 붕괴와 소련의 해체로 인하여 정치적 변화에 대한 사회주의 체제의 취약성이 두드러지게 부각되었으며, 점점 불리해지는 여건 속에서 악전고투해야 하는 중국 지도자들이 외교적 지원을 구할 곳이 거의 없어져 버렸다. 동시에 서방국가들, 특히 미국과의 관계가 급격히 악화되면서 해외시장과 자본에 대한 접근이 차단되어 그간 추진해 오던 경제개혁이 위협을 받게 되었다.

냉전 종식에 따른 대외적 안보환경의 극적인 개선을 감안한다면 1990년대에 중국이 영토문제에서 빈번하게 타협했던 이유를 외부로부터의 위협으로 설명할 수는 없을 것이다. 1993년 장쩌민江澤民 주석이 군사전략에 관한 주요한 연설에서 "우리나라 주변의 안보환경은 계속적으로 개선되고 있다. 인접국가들과의 우호적인 관계는 건국 이래로 단연 최고이다."라고 언급한 데서도 그러한 점이 잘 나타나 있다.[3] 미국이 유일한 초강대국으로 남게 된 현실에 대한 우려가 일부 있기는 했지만, 중국에 대한 중대한 위협 요인은 외부적인 것이 아니라 내부적인 것이었다. 중국은 미국의 정치 개혁 요구는 거부하되 미국 시장에 대한 접근성은 유지하려 하였는데, 이를 통하여 정치적 자유화는 허용하지 않으면서 덩샤오핑의 경제개혁을 계속함으로써 정권의 안전성을 제고하려 한 것이다.

1990년대 중국의 외교정책 결정에 관한 자료가 1960년대 자료보다 드물다는 점을 미리 밝혀 둘 필요가 있다. 중국 공산당이 발간한 당사 문헌들은 마오쩌둥 집권기와 덩샤오핑 집권 초기의 자료들만 공개되어 있는 상태이기 때문이다. 마찬가지로, 1990년대에 국경문제와 관련한 협상에 개입했던 많은 외교관들이 여전히 현직에 있거나 아직 회고록을 집필하지 않은 상태이다. 그 결과, 중국이 타협을 통하여 분쟁을 해결하기로 결정한 정확한 시점을 확인하는 것이 더욱 어렵다. 중국이 인접국가들과 실시한 다수의 협상에서 분쟁 지역들을 대략 어떻게 분할했는지는 파악할 수 있지만 양측이 언제 타협안을 제시했는지 정확히 특정하는 것은 어려운 일이다. 하지만 협상 당시 각 측의 요구사항과 협정문 초안을 보면 분쟁을 타협적으로 해결하자는 제안은 대개 정식으로 국경협정에 서명하기 1년 혹은 그 이전에 나왔다고 추측할 수 있다.

천안문 사태

사회주의 이웃국가인 소련, 라오스, 베트남과 중국의 양자 관계는 1970년대에 중국과 소련의 경쟁이 격화되면서 악화되었지만, 이들 국가는 천안문 사태 발생 전인 1980년대부터 이미 중국과의 외교관계를 정상화하려 했다. 중국은 이들 국가와의 관계정상화에 대해 신중한 입장을 유지했는데, 특히 변강 지역에 대한 소련의 압박을 감소시킨다는 오랜 외교정책 목표를 달성하기 전에는 더욱 그러했다. 1980년대에 이들 국가와의 영토분쟁에서 중국이 쉽사리 교섭에 응하려 하지 않았던 것은 그러한 입장이 반영된 것이었다. 그러나 1991년 중국은 이 세 국가들과 모두 국경협정을 체결하여 영토분쟁의 최종적인 해결을 위한 중요한 진전을 이루었다.

중국이 1980년대 중반 이래로 유지해 왔던 분쟁해결의 지연 전략과 1990년대 초 타협을 통한 분쟁해결 전략 사이의 차이점은, 1989년 천안문 광장에서의 대규모 시위로 인하여 공산당 정권의 정치적 안정성을 위협하는 요인이 내부에서 대두했다는 점이었다. 1989년 4월과 5월 중에 발생한 시위는 중화인민공화국 건국 이래 가장 대규모이자 장기간 지속된, 정부 허가를 받지 않은 대 정부 항의집회였다.[4] 시위가 가장 고조되었을 때에는 30만 명의 군중들이 매일같이 천안문 광장 안팎과 주변을 행진했으며 다른 도시들에서도 시위가 발생했다. 6월 4일 이후 정부가 강제 진압에 나서면서 원래도 좋지 않았던 이들 사회주의 인접국가와의 외교관계를 그대로 유지하는 것마저 과거에 비해 더 많은 비용이 소요되었고, 중국과 이들 국가의 지도자들 모두 정치적 변화를 요구하는 압력에 대응해야 한다는 동일한 목적을 공유하게 되었다. 이에, 중국은 영토분쟁에서 타협함으로써 이들 국가와의 관계를 강화하고 이를 통하여 정권의 정당성을 강화하고자 했다.

중심부에서 발생한 정당성의 위기

이 장에서 천안문 사태의 원인을 종합적으로 다루지는 않겠지만, 이 사태는 대체로 중국의 대중들이 국정운영에 있어서 더 높은 책임성accountability을 공산당 정권에 요구한 데서 출발했다고 할 수 있다.[5] 1980년대 중반에는 이미 도시민들 사이에서 인플레이션, 소비재 부족, 국영기업의 비효율성, 공산당 전 계층에 만연한 부정부패까지, 경제개혁의 부작용에 대한 불만이 점점 쌓이고 있었다. 시위를 주동한 학생들이 처음부터 참여 민주주의participatory democracy를 요구한 것은 아니었지만 더 높은 책임성과 개방을 요구하는 공감대가 중국 공산당 내부를 포함하여 광범위하게 존재하고 있었다.

1989년 4월 15일 후야오방胡耀邦의 죽음은 사회 전반에 팽배해 있던 불만이 폭발하는 계기가 되었다. 그는 1986년 말 일련의 학생 시위를 제대로 다루지 못했다는 이유로 중국 공산당 총서기에서 해임된 개혁 성향의 인물이었다. 그의 죽음을 애도하기 위해 천안문 광장에 모인 학생들은 곧 그의 업적에 대한 재평가 및 정신오염 제거운동(1983, 개혁개방 과정에서 파생된 개인주의, 황금만능주의 확산, 퇴폐와 향락 등 부정적 영향을 제거해 사회주의 이념, 윤리, 문화를 회복하고 공산당 지도체제를 강화하기 위해 덩샤오핑 등이 주도한 정치운동—옮긴이)과 자산계급자유화 반대운동(1987)으로 숙청된 인사들의 복권을 요구하기 시작했다. 4월 22일, 10만 명 이상의 군중들이 정부의 금지령를 무시하고 후야오방의 추모식이 열리던 천안문 광장에 운집했다.[6] 5일 뒤에는 15만 명이 광장을 행진했고, 며칠 뒤에는 비슷한 수의 군중들이 5 · 4 운동 70주년을 기념하기 위해 모였다.[7] 5월 마지막 날에는 30만 명 이상이 미국의 자유의 여신상을 모방해서 만든 "민주의 여신상Goddess of Democracy" 제막식을 보기 위해 몰려들었다.[8]

천안문 사태에 대한 대응방향과 관련하여 중국의 지도자들 사이에는 처음부터 의견이 갈라져 있었다. 덩샤오핑 같은 강경파들은 정권에 대한 반항 움직임을 싹부터 제거하려 했는바, 4월 말 〈인민일보人民日報〉 논평은 천안문 광장에서의 집단적 항의를 비애국적이고 반혁명적인 "동란動亂"으로 낙인찍었다.[9] 자오쯔양趙紫陽 공산당 총서기가 이끌던 개혁파들은 좀 더 유화적인 접근을 주장하며 천안문 시위를 정치 개혁을 심도 있게 추진하는 계기로 이용하기를 희망했다. 지도부 내부의 노선투쟁은 5월 말 자오쯔양의 패배와 숙청으로 마무리되었다. 5월 19일, 리펑李鵬 총리가 계엄을 실시한다는 공산당 정치국 결정을 발표하면서, 인민해방군 약 8개 사단에 베이징으로 진입하라는 명령이 하달되었다. 군이 투입되자 100만 명 이상의 시위 참가자들은 바리케이드를 설치하며 군의 베이징 진입을 막았다.[10] 이에 군은 교외로 잠시 물러났지만 6월 3일 저녁에 천안문 광장의 시위자들을 해산시키라는 명령을 받았다. 광장의 포연이 사라질 때쯤에는 이미 1,000~2,600명이 사망해 있었는데, 역설적이게도 희생자 대부분은 학생들이 아니라 도시민들이었다.[11]

천안문 사태가 1949년 이래로 베이징 시민들이 중앙정부에 직접적으로 항의한 최초의 사례는 아니었다. 그럼에도 불구하고, 한때 매일 수십만 명의 군중이 가담하여 천안문 광장을 상시적으로 점거하였으며 공공연히 정부에 대한 반항을 표한 이 사건은 규모와 지속기간이라는 측면에서 단연 가장 큰 시위였다. 1976년과 1986년에 발생했던 시위도 그 강도나 규모에서 천안문 사태에는 미치지 못했다. 1976년 4월 4일과 5일에는 저우언라이의 죽음을 애도하려는 군중이 천안문 광장에 모여서 이틀간 시위를 했는데,[12] 가담한 인원이 수만 명에 달했으나 경찰이 신속하게 광장을 통제했다. 1986년 12월에는 주요 도시에서 학생들이 "자유"와 "민주주의"를 외치며 시위했다. 그러나 베이징에서의 소요 사태는 12월 말과 이듬해 1월 초 사이 며칠에 국한되었으며, 천안문 광장에 한 번이라도 들어가 본 학생은 약 20,000명에 불과했다.[13] 시위가 발생한 지리적 범위는 1976년에 비해 넓었지만 1989년에 비해서는 참가한 학생 수는 적었고 지속기간도 더 짧았다.[14]

1989년의 사건으로 드러난 정부에 대한 국민들의 신뢰 위기는 지역적 차원이 아닌, 국가적 차원에서 관측되었다. 상하이上海, 청두成都, 난징南京, 시안西安을 포함한 123개 도시에서 시위가 발생했다.[15] 예를 들어, 5월 4일에서 19일 사이에 8개 도시에서 150만 명 이상이 시위에 참가했고 그 다음주에는 참가자 수가 곱절이 되었다.[16] 시위 참가자의 출신성분 역시 마찬가지로, 학생에서 사회의 다른 구성원들로 확대되었다. 중국 공산당은 학생들이 주축이 된 최초의 항의는 용인하였는데, 이는 학생들이 사회의 엘리트로 간주되었고 그들의 반대도 결국 당에 대한 충성에서 나온 것으로 보았기 때문이었다. 하지만 노동자 집단, 특히 북경 공인자치연합회工人自治聯合會가 시위대에 가담하면서 천안문 사태는 중국 공산당에 대한 불만이 사회 전반에 훨씬 더 광범위하게 퍼져 있었음을 상징적으로 보여주는 사건이 되었다. 게다가 같은 불만이 공산당 내부에까지 스며들어 있었는데, 80만 명 이상의 당원들이 시위에 나선 학생 및 노동자들과 함께했다는 점은 중국 공산당 정권이 처한 위기가 어느 정도였는지 보여주는 것이었다.[17]

사회 안정이라는 명분으로 행했던 시위에 대한 탄압은 역설적이게도 체제의 불안정성만 가중시키는 결과를 가져왔다. 폭력적인 시위진압과 더 나은 정부를 요구하는 학생들의 요구에 대한 고위 지도자들의 완고한 태도는 중국 공산당을 그 핵심적인 지지세력인 도시민들로부터 더욱더 소외시킬 뿐이었다. 6월 4일의 학살에 이어 계속된 탄압으로 약 4,000명이 체포되었는데, 그 중 상당수가 학생이었으며, 탄압은 대중의 분노만 더 키웠을 뿐이었다.[18] 중국 공산당과 인민해방군은 자정 활동 차원에서 정풍운동整風運動을 벌였으나, 처벌받은 간부는 희생자 수에 비하면 거의 없다시피 했다.[19] 정부는 여전히 도시를 통제하고 있었으나 공산당 정권에 대한 대중의 지지는 계속 감소하고 있었다.

체제의 안전성을 위해하는 또 다른 요인은 변강 지역에서 점차 증가하던 소수민족 집단들의 소요 사태였다. 1989년 3월, 당시 시짱西藏(티베트) 당 서기였던 후진타오는 1959년 봉기 30주년을 맞아 폭력시위가 발생하자 라싸拉薩에 계엄령을 선포했다. 1990년 4월 신장 서남부 바런巴仁에서 발생한 위구르족의 봉기는 이후 10년간 지속된 폭동, 폭탄테러, 암살, 지역보안군과 위구르 분리독립 세력의 무력충돌을 촉발했다. 중국 지도자들에게 변강 지역에서의 소요 사태 발생은 특히 우려스러운 것이었는데, 이는 정권에 대한 불만이 얼마나 넓게 퍼져 있는가를 나타낼 뿐만 아니라 중심부가 정치적 불안에 시달리는 와중에 변강 지역의 안정성이 침해받게 되는, 제2장에서 다루었던 "1962년의 영토 위기"에 필적할 최악의 상황이 또다시 발생했기 때문이었다. 이 시기에 발생한 변강 지역의 불안정 요인이 영토분쟁의 해결방식에 미친 영향은 이 장 후반부에서 더 구체적으로 다룰 것이다.

국제적 고립과 체제의 불안정성 심화

천안문 사태의 폭력적 진압에 대한 세계 여론의 비난으로 중국이 직면한 국제적 고립은 내부의 정치적 불안정성으로 인하여 야기된 위협을 가중시켰다. 중국의 지도자들은 서방국가들, 특히 미국의 경제 제재와 비난을 중국 공산당 자체에 대한 공격이자, 해외시장과 자본에 대한 접근을 차단함으로써 덩샤오핑 경제개혁의 지속적 추진을 가로막는 위협으로 간주했다. 동유럽에서 사회주의 국가들이 붕괴하고 소련이 해체되면서 국제정세가 중국의 통치체제에 불리한 방향으로 흘러가는 가운데, 중국이 내부로부터의 위기에 직면한 바로 그때에 외부에서는 이념적 동맹세력이 거의 사라져 버린 것이었다. 영토에 대한 인접국가들의 위협이 그때보다 더 적었던 적이 없었으므로 국제적 고립으로 인하여 중국의 대외적 안보가 심각하게 위협받은 것은 아니었다. 정말 문제가 되었던 것은 중국의 지도자들에 대한 국제적 압력으로, 그들은 국제적 고립과 외부의 압력을 중국 공산당의 정치적 생존에 대한 위협으로 받아들였다.[20]

천안문 사태는 중국과 서방국가들, 특히 미국과의 관계에서 하나의 전환점이 되었다. 양국 국교를 정상화한 1979년 이후 첫 10년간 양국 협력의 기초가 된 것은 공동의 주적, 소련의 존재였다.[21] 미국 지도자들은 중국 지도자들을 조국을 경제 및 정치적 자유화로 이끄는 개혁가로 보았다. 심지어 덩샤오핑이 "올해의 인물"로 타임지 표지를 장식하기도 했다. 중국으로서는 거대한 수출시장이자 자본과 기술을 도입해 올 수 있는 중요한 원천인 미국과의 관계 개선이 근대화를 향한 원동력의 핵심이었다. 양국 관계에 대만 문제 및 핵확산 문제와 같은 많은 난관이 존재했지만, 중국의 지도자들은 미국이 자신들의 정권과 개혁을 반대하는 것이 아니라 지원한다고 보았다. 대부분의 미국 지도자들은 중국이 자유화를 추구하며 극동 지역에서 소련을 붙들어 매어 놓음으로써 공산권과의 냉전에서 중요한 역할을 하고 있다고 보았다.

양국의 서로에 대한 이러한 인식은 천안문 사태를 계기로 극적으로 변화했다. 미국이 볼 때 중국의 지도자들은 통찰력 있는 개혁가가 아니라 무자비한 독재자였다. 간단히 말해서, 폭력은 미국의 가치체계와 신념에 대한 공공연한 모욕으로 비추어졌다. 부시George H. W. Bush 대통령은 양국 관계가 완전한 파국으로 가는 것은 막으려 노력하였으나, 악화되는 것은 피할 수 없었다. 미국은 중국의 탄압을 공개적으로 비난했고 중국의 가장 유명한 반체제인사 팡리즈方勵志의 망명을 받아주었으며, 중국에 징벌적 수준의 경제 제재를 가했다. 이후 수년간 중국 내부의 정치적 변화는 미국의 "대 중국정책"을 평가하는 주요 기준 중 하나가 되었다.[22] 미국은 중국의 정치적 변화를 끌어내기 위해 인권 문제, 티베트 문제, 무역에서의 최혜국 지위, 시장 투명성 같은 예민한 이슈들을 제기하였는데, 이들 이슈는 중국 공산당이 국가 내부적으로 지니고 있던 권위에 직접적으로 도전하는 것이었다.

중국 역시 마찬가지로 더 이상 미국을 소련의 위협에 공동으로 대응하고 덩샤오핑의 경제개혁을 위한 핵심적인 지원을 제공하는 전략적 동반자로 보지 않았다. 덩샤오핑은 미국이 "평화적 혁명"[23]을 통해 중국의 정권 교체를 꾀하고 있다고 비난하며, 수시로 "서구는 진정으로 중국의 혼란을 바라고 있다."[24]고 퉁명스럽게 내뱉곤 하였다. 또한 그는 미국이 시위대를 지원한다고 비난했을 뿐만 아니라, 미국의 경제제재 조치는 중국이라는 국가 하나가 아니라 사회주의 정권들을 무너뜨리기 위한 거시적인 노력의 일환으로서 사회주의 체제 자체를 겨냥한 것으로 보았다.[25] 1989년 7월 〈인민일보〉 논평은 "외부의 특정 세력들"이 "중국을 서구에 의존하는 부르주아 국가로 전락"[26] 시키려 한다고 지적하면서 중국 공산당이 위험에 처해 있음을 강조했다.

동유럽에서의 사회주의 정권 붕괴와 소련의 해체는 중국의 국제적 고립과 체제의 불안정성을 심화시켰다. 냉전의 종식은 어떤 정책분석가가 묘사한 것과 같이 "정치적, 심리적으로 커다란 충격"[27]이었다. 그 충격은 1989년 12월 루마니아의 독재자 차우셰스쿠Nicolai Ceausescu의 몰락에서 비롯되었다. 이후 2년간 동유럽에 남아 있던 사회주의 정권들이 붕괴했으며 소련의 해체는 그 충격의 정점을 찍었다. 그 많던 사회주의 국가들의 급격한 몰락은 중국의 지도자들에게서 정치적 불안정성을 겪는 시기에 긴요한 외교적 지원을 받을 수 있는 원천을 박탈했을 뿐만 아니라, 중국의 정치체제의 취약성과 심도 있는 정치적, 경제적 변화를 위한 폭넓은 지원이 곤란해진 사정을 극명하게 드러내었다.

사회주의의 붕괴는 또 다른 두 가지 경로를 통해 중국 공산당 체제의 불안정성을 가중시켰다. 먼저, 미국의 의도에 대한 우려를 증폭시켰다. 어떤 이들은 중국이 아직 남아 있는 사회주의 국가들 중 가장 크다는 이유로 미국의 다음 목표가 될 것이라 두려워했다.[28] 덩샤오핑은 1990년에 "현재의 국제정세 하에서는 적들의 모든 이목이 중국에 집중될 것임을 모두가 명확히 인식해야 한다. 그들은 우리에게 어려움을 주고 문제를 일으키며 압박하기 위해 온갖 구실을 갖다 붙일 것이다."[29]고 말했다고 전해진다.

또한, 소련의 몰락이 전세계적으로 촉발시킨 민족자결주의 운동은 중국 공산당 정권에 변화를 요구하는 압력으로 작용했다. 체제 전환을 겪은 많은 구 사회주의 국가들의 경우, 민주주의 정치세력이 출현하여 결국 공산 독재체제를 대체했다. 그런데 민족자결주의는 그간 중국이 고수해 왔던 사회주의 모델을 훨씬 더 심각하게 훼손시켰는데, 이는 중국의 정치체제에 대한 냉전 이후 국제환경의 위협적 성격을 더욱 강화하는 것이었다. 이에 더하여, 민주주의 정치세력의 등장은 중국 내에서 자치권을 확대하거나 중국으로부터 분리 독립을 모색하던 소수민족 단체들을 고무하는 결과를 가져왔다.[30] 중국의 지도자들은 소련의 붕괴와 민족자결주의 운동의 등장을 정권에 대한 내부적 위협 요인인 변강 지역, 특히 신장, 내몽골에서의 소요 사태 증가와 노골적으로 결부시켰다.[31]

안정성, 개혁의 지속, 그리고 대외정책의 온건화

국내의 정치적 불안정과 사회주의 정치체제에 불리한 외부 환경에 직면한 중국의 지도자들은 정권의 안정성을 강화하는 작업에 착수했다. 덩샤오핑은 내부적으로는 개혁을 지속적으로 밀어붙이면서 이를 정권의 정당성을 유지하는 근거로 삼으려 하였다. 대외적으로는, 정권을 위협하는 대외적 요인들을 통제하고 지속적인 개혁에 필요한 해외 시장에 대한 접근성을 확보함으로써 그러한 내부적 목표를 지원하는 방향으로 대외정책을 설계하고 집행했다. 영토분쟁에서의 타협은 중국의 대외정책 기조가 그러한 방향으로 변동되었음을 반영하는 것이었다.

천안문 사태와 냉전 종식으로 야기된 체제의 불안정성 심화에 대한 중국의 대응은 내부적인 것에 우선적으로 초점이 맞추어졌다. 대외정책은 중국 공산당 정권의 생존 확보라는 절대적 우선순위에 기초하여 결정되었다.[32] 1989년 10월 미국의 닉슨Richard Nixon 전 대통령에게 "안정이 모든 것에 우선한다穩定壓倒一切."[33]고 강조했던 덩샤오핑의 주요 목표는 지속적인 경제 개혁의 기반인 내부의 안정성을 유지하는 것이었다. 덩샤오핑은 개혁을 지속해야 함을 강조하며, 지속적인 개혁이 4대 근대화(농업, 공업, 과학, 기술—옮긴이) 달성과 중국식 사회주의 수호 및 공산당에 대한 인민의 지지를 증대하는 핵심적인 방안임을 역설했다.[34] "개혁, 개방 없이는 희망이 없다."[35]는 것이 그의 지론이었다. 그러나 천안문 사태는 개혁의 속도 및 범위와 관련하여 고위 지도층 사이에 존재했던 분열상이 드러나는 계기가 되었다. 천원陳云을 포함한 보수파들은 좀 더 점진적인 접근을 주장했지만, 덩샤오핑은 1992년 봄 야심차게 추진했던 "남순강화南巡講話"를 마무리할 때까지 공세적인 개혁 프로그램을 안정적으로 추진해 나가는 데 힘썼다.

중국의 대외정책은 위와 같이 국내 정치적 우선순위를 지원하는 방향으로 설계되었다. 1989년 여름과 가을, 덩샤오핑은 사회주의권 국가들의 공산정권 붕괴와 그에 따른 국제적 고립의 국면에서 정권을 지탱하기 위한 대외정책 전략을 구상했다. 정책의 목적은 중국 내에서 공산당의 영도 강화, 개혁, 개방 정책의 지속, 그리고 정치 변화를 강요하는 서구의 압박에 대항頂住西方壓力하는 것이었다. 1989년 9월 덩샤오핑은 "국제정세에 관해서는 세 개의 문장으로 요약할 수 있다. 첫 번째, 냉정하게 관찰하라. 두 번째, 우리의 입장을 굽히지 마라. 세 번째, 조급하게 굴지 말고 침착한 태도로 중국을 위해 무엇인가를 할 수 있는 실질적인 작업에 조용히 몰입해야 한다."[36]는 방침을 하달했다. 몇 개월 후, 이러한 접근방식은 "20자 방침"(냉정하게 관찰할 것冷靜觀察, 침착하게 대응할 것沈着應付, 내부를 공고히 할 것穩住陣脚, 드러내지 않고 때를 기다릴 것韜光養晦, 해야 할 일은 할 것有所作爲―옮긴이)[37]이라는 이름으로 알려지게 되었다. 대외정책은 단기적으로는 정권을 공고히 하기 위한, 장기적으로는 지속적인 개혁을 추진하기 위한 시간을 벌어주기 위한 목적으로 수립하도록 했다. 위와 같은 정책 방향의 특징은 "4개의 금지四不"(눈에 띄지 말 것不打旗, 앞에 나서지 말 것不當頭, 반목하지 말 것不對抗, 적을 만들지 말 것不樹敵)와 "2개의 초월兩超"(이념을 초월할 것超越意識形態因素, 당파성을 초월할 것超脫[38])로 요약된다.

덩샤오핑의 대외정책은 외부의 안보 위협이나 당시 국제질서 구조의 극적인 변화와 연계되었던 것이 아니었다. 실제로 이 정책은 천안문 사태 직후인 1989년 여름에서 가을 사이에 입안되었는데, 소련의 붕괴와 냉전체제 양극질서의 해체를 가져온 1991년 8월 소련 쿠데타 이전에 만들어진 것이었다. 또한, 정책의 목적은 어느 다른 나라를 견제하려는 것이 아니라 정권의 권위와 통제력에 대한 위협에 맞서려는 것이었다. 중국의 저명한 연구자들이 지적하는 바와 같이, 그의 대외정책은 중국의 경제 개혁과 내부의 안정을 위협하는 요인들을 포함하는 불확실한 국제 환경 하에서 개혁을 지원하고 정권을 수호하는 것에 가장 먼저 그리고 가장 우선적으로 초점이 맞추어졌다.[39]

덩샤오핑의 대외정책 전략은 세 가지 요소로 구성되어 있었다. 첫 번째는 선린정책睦隣政策[40]을 통해서 인접국가들과의 관계를 개선하는 것이다. 중국의 대외관계에서 차지하는 소련의 중요도 감소와 미국과의 관계 악화로 인하여, 잠재적인 무역 파트너이자 정권의 외교적 완충지대로서 인접국가들과의 관계가 중요해지게 되었다. 리펑李鵬 총리는 1993년 정부업무 보고에서 "인접국가들과의 우호관계를 적극적으로 발전시키고 평화적인 주변 환경을 조성하기 위해 노력하는 것이 우리 외교의 주안점"[41]이라 지적했다. 천안문 사태 이후, 중국은 (소련에서 갈라져 나온 국가들을 제외한) 한국, 인도네시아, 싱가포르, 베트남, 라오스를 포함한 역내 10개 국가들과 외교관계를 맺거나 관계를 정상화했다. 다음에 더 자세히 다루겠지만, 영토분쟁의 타협적 해결 의지는 중국의 선린정책에서 핵심 요소였다.[42]

두 번째는 개발도상국 및 선진국들과의 관계를 개선하기 위해 설계된 "전방위적" 외교방침이었다. 새롭고도 적극적인 외교정책을 통하여 새로운 수출시장과 해외의 투자자본을 발굴해내면서 "전방위 외교"는 중국의 외교적 입지를 안정화시켰을 뿐만 아니라 개혁의 지속적인 성공을 가능케 했다.[43] 새로운 외교방침의 핵심 대상은 미국과 일본을 포함한 주요 서방국가들이었다. 체제론적인 설명과는 반대로, 천안문 사태와 소련의 붕괴 이후 중국은 미국이 국제체제의 유일한 패권국이었음에도 불구하고 미국과의 관계 개선을 모색했다.[44] 사회주의 국가들의 붕괴로 인하여 사회주의 체제 이념에 대한 압박이 가중되고 서구식 민주주의와 자본주의가 곳곳에서 기세를 높이고 있었음에도 불구하고 중국은 서방국가들과의 관계를 회피하거나 외면하지 않았는데, 이는 서방국가들과의 관계가 개혁 성공을 위한 열쇠였기 때문이었다.

세 번째 요소는 국제사회, 특히 무역 관련 국제기구 참여를 제한적이나마 확대하는 것이었다. 중국은 국제연합 회원국 지위를 유지하면서 세계무역기구(WTO) 가입을 위한 노력을 계속했고, 동남아시아국가연합(ASEAN) 같은 역내 기구들에도 옵저버 자격으로 참가하기 시작했다. 이러한 모든 외교적 노력은 지속적인 경제개혁을 지원한다는 목표와 연결되어 있었다.[45]

중국의 타협 전략 선택

주요 영토분쟁을 해결하기 위한 중국의 노력은 덩샤오핑 외교정책 전반에서 중요한 부분을 차지한다. 정권의 안정성을 위협하는 요인이 발생하면 영토분쟁을 기존 상태로 유지하기 위해서 더 비싼 대가를 치러야 하는 상황으로 귀결되곤 하였는데, 국내 정세를 안정시키는 데 필요한 외부와의 협력이 영토분쟁으로 제한받기 때문이었다. 미해결 상태의 영토분쟁은 많은 인접국가들과 관계를 정상화하거나 외교관계를 발전시키는 데 있어서 핵심적인 장애물이었다. 이에 더하여, 개혁을 지속한다는 덩샤오핑의 공약을 감안한다면, 현재 진행형인 영토분쟁은 중국의 전체적인 경제개혁 계획의 일부이자 연해 지역에 비하여 한참이나 낙후된 변강 지역에 지극히 중요한 사업인 국경무역의 발전을 제한하는 것이었다. 영토분쟁의 타협적 해결은 중국으로 하여금 인접국가들과의 관계를 발전시킴으로써 정권에 대한 외부의 외교적 지원을 강화시키고 경제 발전을 촉진시킬 수 있도록 했다.

천안문 사태 이후 체제의 불안정에 대응하여 중국은 같은 사회주의 국가인 소련, 라오스, 베트남과의 영토분쟁을 해결하고자 시도했다. 라오스와는 국경조약을, 소련과는 동부 지구中俄東部邊界에 대한 국경획정협정, 그리고 베트남과는 2건의 임시협정을 체결했다. 같은 사회주의 정권이 집권하고 있던 이들 국가와의 관계개선은 동유럽 사회주의 국가들의 몰락으로 어려움을 겪는 시기에 중국 공산당 정권에 대한 외교적 지지는 물론 사회주의 통치체제의 입지를 강화하는 역할을 했다. 또한 육상에서 국경을 접하고 있는 이들 국가와의 관계 개선을 통해 중국의 주변부를 안정시키고 무역을 증진하는 선린정책을 지원하는 효과 또한 기대할 수 있었다. 천안문 사태로 인한 내부의 동란과 사회주의 국가들의 내부 개혁에 대한 외부의 압박이 없었다면 중국의 지도자들은 영토분쟁의 타협적 해결에 훨씬 소극적인 태도를 취했을 것이다.

소련과 러시아

영토문제 해결과 관련하여 이 시기에 거둔 가장 중요한 성과는 소련과의 분쟁 해결이었다. 그러나 1991년 양국의 협정 체결을 가능케 한 계기는 중국이 아닌 소련에서 나왔다. 1980년대 초반 미국과의 경쟁이 격화되던 소련은 경제 위기에 직면하면서 거대한 연방국가를 유지하는 데 드는 비용이 증가하게 되었다. 이러한 상황에서 중국과의 영토분쟁 상태를 그대로 유지하는 것은 60만명 이상의 병력을 중국과의 국경 지대에 묶어 두고 중국과의 관계 정상화를 방해한다는 점에서 지나치게 비싼 대가를 요구하는 것이었다. 소련에게는 미국과 더 이상의 군비경쟁을 할 여력도, 중국과의 국경에 상당한 규모의 군사력을 유지할 여력도 없었다. 고르바초프Mikhail Gorbachev 소련공산당 서기장은 중국과의 관계를 정상화함으로써 국제무대에서 소련의 입지가 더 악화되는 상황을 막고자 했다.

위와 같은 압박에 직면한 고르바초프는 타협적 해결을 위한 첫걸음을 내디 뎠다. 1986년 7월 "블라디보스토크 연설"에서 그는 소련과 중국의 관계 정상 화 및 감군을 제안했다. 중국으로서는 영토분쟁 때문에 국경 지역에 배치된 엄청난 규모의 소련군은 양국 관계의 개선을 막고 있던 세 가지 장애물 중 하 나였다.[46] 또한, 고르바초프는 하천이 국경을 이루는 동부 지구에서 "주요 항 행로main channel of navigation" 원칙 또는 "최심하상선最深河床線, thalweg principle"을 국경선 획정을 위한 원칙으로 수용할 것이라 했다. 이전에 소련은 이 지역에서는 하천의 중간선이 아니라 중국쪽 강변이 국경선이라 주장해 왔 었는데,[47] 고르바초프의 제안은 소련이 제시한 중요한 양보 조치였다. 또한, 그의 "블라디보스토크 연설"은 동부 지구中俄東部邊界와 관련하여 "최심하상선 원칙"에 기초하여 만들어졌던 1964년의 합의사항들을 수용하겠다는 신호를 보내는 것이었다. 그로부터 2개월 후, 중국과 소련은 1979년 이래로 중단되 었던 분쟁 지역에 대한 협상을 재개하기로 합의했다.[48]

소련의 양보를 계기로 분쟁해결을 향한 진전이 이루어지기 시작했다. 1987년 2월 1차 협상에서 양측은 먼저 동부 지구 문제에 초점을 맞추기로 합 의하며, 1964년에 합의했던 사항들에 기초하여 협상을 재개하기로 했다.[49] 1987년 8월에는 동부 지구의 분쟁을 "기존의 관련 조약들", 다시 말해서 19 세기에 체결되었던 "불공정한" 조약들의 기초 위에서 해결할 것과 하천을 국 경으로 하는 지역의 국경선을 획정하는 데 있어서 "최심하상선 원칙" 또는 중 간선median line을 이용하는 데 합의했다. 한편 양측은 국경선을 획정하기 위 한 협정문 초안을 작성하는 공동 전문가그룹을 구성했다.[50] 소련은 동부 지구 만 다루는 협정문을 선호하였지만 중국은 모든 분쟁 지역을 대상으로 하는 포괄적인 해결을 추구했는데, 중국이 주장한 포괄적 해결은 소련을 계승한

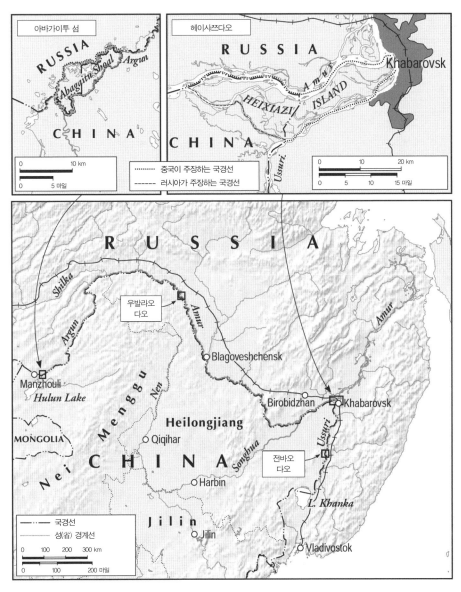

아바가이투 섬

헤이샤쯔다오

········· 중국이 주장하는 국경선
------- 러시아가 주장하는 국경선

지도 3.1 중국-러시아 국경 (동부 지구)

중앙아시아 국가들과 국경을 접하게 된 서부 지구의 복잡한 분쟁에서 중국의 영향력을 증대시키는 것이었다.[51] 첸지천錢其琛 당시 외교부 부장이 1987년 기자회견에서 "사안별로 개별적으로 합의하는 것은 있을 수 없는 일이다. 우리는 전체에 대해 합의를 해야 한다."[52]고 언급하였다.

1988년 10월 개최된 2차 협상에서도 논의는 계속 진전되었다. 소련 대변인에 따르면, 양측은 "국경의 더 큰 부분(동부 지구)을 정리하는 방안과 관련하여 상호 이해에 이르렀다."[53]고 하였다. 이 지역의 국경은 대부분 하천으로 이루어져 있으므로, 이전에 합의했던 "최심하상선 원칙"을 수용함으로써 국경선과 분쟁 대상이던 도서들 대부분의 귀속이 정해졌다. 그럼에도 불구하고, 1964년과 마찬가지로, 아르군강의 아바가이투 섬 및 아무르강과 우수리강의 합류점에 있는 헤이샤쯔다오Heixiazi(《지도 3.1》)가 문제 해결의 장애물이 되었다. 헤이샤쯔다오는 1920년대 이래로 소련의 통제 하에 있었으나, 중국은 1860년 베이징 조약 이후 상호교환한 지도에 나타나 있듯이 두 개 도서 모두 주요 항행로의 중국쪽 수역에 위치해 있다고 주장했다. 양측은 파미르 산맥을 포함한 서부 지구에 대한 논의를 개시하는 것과 공동 항공조사를 실시하는 데 합의했다.[54]

과거에 진행되었던 합의를 돌이켜본다면 위와 같은 진전은 그리 놀라운 일이 아니었다. 양측의 합의는 본질적으로, 헤이샤쯔다오를 적용대상에서 제외했던 1964년도의 합의사항을 부활시킨 것에 불과했다. 또한, 중국이 소련과 국력이 비교도 되지 않던 시기에 합의한 사항과 동일한 내용의 합의를 했다는 점은 이 시기에 중국이 소련과의 분쟁을 타협적으로 해결하려 했던 것이 양국의 상대적인 국력의 차이를 고려한 결과라거나 소련의 취약성이 증대되고 있던 사정을 감안한 것이 아님을 보여주고 있다. 1988년의 중국은 이전보다 훨씬 국력이 강해진 반면 소련은 위기에 빠진 상태였음에도 불구하고 1964년과 같은 조건에 합의를 한 것이기 때문이다. 분쟁을 포괄적으로 해결하려는 중국의 열망이 협상력을 강화했을 수도 있겠지만, 중국은 결국 1964

년과 비슷한 조건으로 분쟁을 해결하려 했다.

1989년 5월, 천안문 사태 와중에 이루어진 고르바초프의 베이징 방문으로 중국과 소련의 관계 정상화가 이루어졌다. 그는 이미 2년에 걸쳐 정상회담을 강하게 요구해 왔는데, 이는 중국과의 관계를 개선하려는 그의 정책의 초석이었다. 미해결 상태였던 양국 간 영토분쟁의 해결을 향한 눈에 띄는 진전은 정상회담이 개최되기 전에 이미 이루어져 있었다. 양측은 이미 동부 지구와 관련한 대부분의 쟁점에서 합의에 이르렀고 중앙아시아의 분쟁 지역에 관한 논의에 착수한 상태였다. 중국이 주장했던 포괄적인 해결에 대해서는 여전히 양측 입장에 차이가 있었다. 공동선언문은 양측에 논의를 "촉진"할 것을 요구했으나 1988년 2차 협상에서의 합의에도 불구하고 획기적인 진전은 이루어지지 않았다. 하지만 동부 지구에서의 쟁점 대부분은 합의가 되어 있었기 때문에 정상회담은 협정문을 서명하기 위한 이상적인 기회였다.[55]

천안문 사태 이후 논의의 진행속도가 빨라졌는데, 이는 고르바초프의 방문으로 새로이 추진력이 생겼기 때문이 아니라 중국이 직면해 있던 체제의 불안정으로 인하여 소련과의 관계가 더욱 중요해졌기 때문이었다. 1989년 10월의 4차 협상에서 중국이 제시한 첫 번째 양보 조치는 포괄적인 해결을 요구했던 기존 주장을 철회한 것으로, "우리는 전체에 대해 합의를 해야 한다."고 했던 1987년 첸지천 중국 외교부 부장의 주장과는 반대되는 입장으로 선회하였다. 그 대신 중국은 분쟁 지역별로 각각 협정문을 만들어 서명하는 데 동의했다. 이러한 양보가 이루어진 시점은 천안문 사태 이후에, 그러나 1991년 8월 소련에서의 쿠데타 및 소련의 해체 이전에 발생했던 내부적 위협 요인들이 어떤 역할을 했는지 반영한다. 그때까지 합의에 이르지 못하고 있던 아바가이투 섬과 헤이샤쯔다오를 제외한 협정문에 서명한 것은 중국의 두 번째 양보였다. 중국이 이 두 곳에 대한 권리를 포기한 것은 아니었으나, 이들 도서를 제외한 나머지 동부 지구에 대해서는 분쟁 해결에 합의한 것이었다. 협상에 참가했던 인사들의 인터뷰에 따르면, 소련이 붕괴하자 중국은 전혀 정리되지 않고 있던 서부 지구에 대한 협상에서 이들 도서를 자국의 입장을 관철시키기 위한 지렛대로 삼으려 했었다고 한다.[56] 그러나 내부적 위협에 대응해야 하는 긴급하고도 중대한 필요성을 감안한다면, 이들 두 도서를 제외한 동부 지구 대부분에 대해 합의하는 것이 소련과의 관계 개선에 도움이 될 것이라는 점에서 전혀 합의를 이루지 못하는 것보다는 나은 것이었다.

어찌되었든 이러한 양보를 통해 협상은 타결을 향해 나아가게 되었다. 1990년 6월 양국의 외교부 차관은 합의를 이룬 지역들을 법적 문서를 통해 확정해 놓기로 하여, 1991년에는 동부 지구에 대한 합의문이 작성되었다.[57] 1990년 10월 공동실무그룹(공동입안그룹과 공동조사그룹)은 최종합의문 체결을 위한 법적 검토에 착수했고[58], 이후 6개월간 8차에 걸쳐 회담을 진행했다.[59] 양측은 1991년 3월에 합의문 초안을 작성했다.[60] 서부 지구는 물론 동부 지구의 2개 도서에 대해서도 논의가 이루어졌지만, 이들 지역에 대해서는 양측이 전혀 합의를 이루지 못했다.[61]

1991년 5월 장쩌민江澤民 공산당 총서기의 첫 소련 방문은 사회주의 국가들과의 외교관계를 강화하려는 훨씬 더 거시적인 차원의 노력으로,[62] 중국-소련 국경협정은 양국의 관계를 강화하기 위한 핵심적인 사안이었다. 5월 16일, 첸지천 중국 외교부 부장과 베스메르트니흐Alexander Bessmertnykh 소련 외교부 장관은 동부 지구를 대상으로 한 국경협정에 서명했다.[63] 이 협정문은 동부 지구에서 획정된 국경선을 표시했는데, 그 대부분이 아무르강, 우수리강, 아르군강의 주요 항행로 또는 중간선을 따르도록 했다. 또한, 협정문 제5항은 하천의 도서 및 모래톱은 양국 공동위원회의 권고에 따라 귀속이 정해지도록 규정했다.

소련의 해체 때문에 이 협정문의 비준이나 실행이 지장을 받지는 않았다. 1991년 말, 예비작업을 실행하기 위해 경계획정을 담당할 소규모의 전문가그룹이 설치되면서 국경선 획정 작업이 시작되었다.[64] 양국 합동의 경계획정 공동위원회가 1992년 6월에 설치되었고, 1993년 들어 동부 지구에서 실질적인 국경선 획정이 시작되었다.[65] 분쟁 중인 도서들의 귀속을 포함한 구체적인 국경선 획정작업은 1997년 11월, 육상에 1,183개 국경 표식과 한카호興凱湖에 24개 부표를 설치하면서 마무리되었다.[66] 분쟁의 대상이 되던 영역은 양측이 거의 비슷하게 분할했다. 중국측 자료에 따르면 중국은 765개 도서 또는 분쟁 지역 총 면적의 약 53%를 확보했다고 한다.[67] 러시아측 자료에 따르면 모래톱을 포함하여 하천의 도서들 중에서 분쟁의 대상이 되었던 2,444개 중 1,281개 또는 대략 52%가 중국에 귀속되었다고 한다.[68] 전체적으로, 양측은 이 동부 지구에서 분쟁 중이던 약 1,000km²를 거의 비슷하게 나누어 가졌다.[69] 국경선을 획정하고 부속 지도를 첨부한 최종 의정서는 2,000페이지 이상의 문서로 되어 있는데, 중국이 체결한 어떤 국경협정보다도 구체적인 것이었다.[70]

국경선을 획정하는 작업이 진행되는 동안에도 러시아 지방정부의 관료들은 1991년 체결한 협정문에 규정된 영토의 분할에 반대하였는데, 이러한 갈등은 언론의 이목을 끌기 좋은 소재였고 중국이 추가적인 요구를 하고 있다는 잘못된 인식을 심어주는 것이었다.[71] 문제되는 지역에는 연해주의 하산 Khasan 지역 일부(3km²), 우수리스크Ussuriik 지역 일부(9km²), 한카호 일부(3km²)와 하천에 소재한 도서들 다수는 물론, 치타주Chita의 멘케셀리섬 Menkeseli Island(3km²)이 포함되었다.[72] 멘케셀리섬은 합의한 대로 중국에 반환되었으나, 그 지역에 거주하는 러시아 농부들을 위해 1997년도에 이 지역의 공동이용에 관한 협정이 체결되었다.[73] 우수리스크 지역 일부(9km²) 역시 1991년도 협정에 따라 중국에 반환되었으나, 제정 러시아 당시 설치한 국경 표식이 우수리강 중국측 강변에 있었기 때문에 러시아령이라 여겨졌다.[74] 하산 및 한카호 일부 지역은 원래 합의대로라면 모두 중국에 귀속되어야 했으나, 실제로는 하산에서의 분쟁 지역(3km²) 50% 및 한카호의 분쟁 지역 (3km²) 74%만이 중국으로 반환되었다.[75] 이러한 조정은, 러시아 대표단의 수석대표가 강조했듯이, 후속 협상에서가 아니라, 1860년 베이징 조약에서

의 국경선 획정에 기초하여 1991년 체결한 협정을 집행하는 과정에서 이루어진 것이었다.[76]

이 장의 뒷부분에서 다루겠지만, 중국-소련 국경의 서부에서의 영토분쟁 현안들은 대부분 소련 해체 이후 새로이 독립한 중앙아시아 국가들로 승계되었다. 이로써 중국과 러시아 사이의 분쟁 지역은 몽골-러시아-중국의 접점과 카자흐스탄-러시아-중국의 접점 사이의 55km에 이르는 지역 한 곳만 남게 되었는데, 1994년 전반기에 양측 실무그룹 사이에 일련의 회의를 거쳐 이 지역에 대한 합의안이 마련되었다.[77] 1994년 9월, 첸지천 중국 외교부 부장과 코지레프Andrei Kozyrev 러시아 외무장관은 서부 지구 국경협정에 서명했다.[78] 국경선 획정은 1997년, 2개의 국경 표식 설치로 완결되었다. 나머지 부분의 국경선은 그 지역 하천의 분수령을 따르기로 했다.[79]

2004년 10월까지도 중국과 러시아 사이의 영토분쟁은 완전히 해결되지 않은 상태였다. 앞에서 설명한 바와 같이, 아바가이투 섬과 헤이샤쯔다오 두 개 도서는 동부 지구에 대해 1991년 체결된 협정에서 제외되어 1990년대 내내 분쟁상태로 남아 있었다. 2004년 푸틴Vladimir Putin 러시아 대통령이 중국 방문시 장쩌민 주석과 함께 동부 지구에 관한 보충 협정supplemental agreement에 서명했다. 이 문서를 통해서 양국은, 중국측 연구자의 표현에 따르면, "〈이들 도서를〉 균등하게 … 분할하는 데"[80] 합의했다. 협상에 참가했던 인사들의 인터뷰에 따르면, 타협을 통해 분쟁을 해결하기로 결정한 것은 2002년의 어느 시점이었다.[81] 당시 중국의 국내 정치는 비교적 안정된 상태였기 때문에 정권에 대한 안보 위협 증대가 그러한 정책 결정과 관련되었다고 볼 수는 없다. 그 대신, 그러한 결정은 외부적인 논리, 즉 2001년 소련과 체결한 선린우호협력조약에서 선언했던 "전략적 동반자 관계"를 강화하고, 9 · 11 테러 이후 아프가니스탄과 이라크 공격으로 미국의 힘이 커지고 있던 상황에서 러시아와의 양자관계를 공고히 하고자 하는 바람에서 기인했을 가능성이 크다.

라오스

라오스는 1985년부터 중국과의 관계 정상화를 모색해 오고 있었다. 양측은 1988년부터 대사급 외교관을 상호교환해 오고 있었으나 관계 정상화를 향한 진전은 더디었다. 그러나 천안문 사태 이후 중국은 사회주의 국가들을 자국에 끌어들이고 주변을 안정시키려는 목적으로 이들 국가와의 관계 회복에 역점을 두었다.[82] 라오스와의 관계 정상화는 동남아시아에서 중국에 전통적으로 적대적이었던 베트남과의 관계 개선에도 도움이 될 것이었다. 라오스와의 영토분쟁을 해결하려는 중국의 노력은 이 지역에서 외교적 주도권을 잡기 위한 더 큰 그림의 핵심적인 부분이었다.

1989년 여름, 리펑李鵬 총리는 폼비한Kaysone Phomvihane 라오스 인민혁명당 총서기를 중국으로 초청했다. 7월, 라오스 공산당 지도자는 중국 공산당의 천안문 사태 처리 방식에 대한 지지 입장을 공식적으로 표명했다.[83] 1989년 10월 이루어진 그의 중국 방문은 1976년 이후 양국 공산당 지도자의 첫 번째 정상회담을 위한 것이었다. 천안문 사태 이후 중국을 처음으로 방문한 외국 지도자들 중 한 명이었던 그의 방문은 덩샤오핑의 새로운 외교 전략을 실행하기 위한 중국의 노력을 세상에 선보이는 것이었다.[84] 정상회담에서 중국의 지도자들은 사회주의 체제 유지의 중요성을 강조했다. 라오스 공산당 지도자인 폼비한의 중국 방문은 국가 대 국가 관계는 물론 당 대 당 관계가 복원되었음을 상징했는데, 이는 궁지에 처한 중국 공산당을 강화하기 위한 노력을 보여주었다.

양국 간 영토분쟁 해결의 진전은 관계 정상화의 기초가 되었다. 국경 문제와 관련한 임시협정은 폼비한 총서기의 중국 방문에서 다루어야 할 중요한 사안 중 하나였다. 그 임시협정에서는 최종적인 해결이 이루어질 때까지는 청淸과 프랑스가 체결한 조약으로 조성된 현재의 상황이 유지되어야 함을 양측이 확인했다는 점이 중요한데, 이는 중국이 추가적인 요구를 하지 않을 것이라는 명확한 신호였기 때문이다. 또한, 임시협정에서는 영사 업무와 국경무역 규제 같은 실무적인 사안도 다루었다.[85] 체제의 불안정성이 영토분쟁을 타협적으로 해결하려는 중국이 의지에 미친 영향은 리펑 총리가 폼비한 총서기를 초청한 시점과 임시협정 체결까지의 신속한 진행에 반영되어 있다. 라오스가 1985년부터 중국과의 관계 정상화를 모색해 왔었지만, 중국은 천안문 사태로 인하여 라오스와의 외교관계의 중요성이 과거에 비해 커지게 되면서 라오스의 요구에 응했던 것이다. 라오스와의 영토분쟁을 해결하려는 중국의 시도는 양국의 관계 개선이 분쟁 지역에 대한 협상에서 우위를 차지하는 것보다 더 중요했음을 보여주는 것이다.

국경 문제를 다루는 공식적인 협상은 이듬해에 시작되었다. 1990년 8월 비엔티안Vientiane에서 개최된 1차 협상에서 양측은 기존의 조약들에 기초하여 국경선을 획정하고 공동항공조사를 실시하기로 했던, 임시협정에서의 중국의 최초 입장을 재확인하는 내용의 잠정약정에 서명했다.[86] 그 다음 달에는 전문가 그룹이 양국의 지도를 비교하고 공동조사 준비를 위한 회의를 시작했다.[87] 1991년 2월까지는 양측 전문가들이 국경선의 위치와 방향을 합의하는 데 이르렀다. 1991년 8월의 3차 전문가 회의에서는 양국 외교부 부장 류화취劉華秋와 프라시띠데뜨Soulivong Phrasithideth가 협정을 조약으로 격상하는 데 합의하고 가조인했다.[88]

중국-러시아 국경의 동부 지구에 대한 합의와 마찬가지로, 라오스와의 조약 체결은 고위급 인사의 방문에서 이루어져야 할 핵심적인 사안이었다. 1991년 리펑李鵬 총리와 시판돈Khamtay Siphandone 총리는 국경조약에 서명했다.[89] 그 조약은 실질적으로 청淸과 프랑스가 체결했던 기존 조약에서의 국경선을 공식적으로 확정한 것이었고, 18km² 가량의 분쟁 지역은 양측에 거의 균등하게 분할되었다.[90] 1992년 1월 국경선을 조사하고 국경 표식을 설치하기 위한 국경선 획정작업이 시작되었다.[91] 육상의 국경 표식 45개의 위치를 표시한 구체적인 내용의 국경의정서는 1993년 체결되었다.[92]

베트남

라오스와 중국이 관계 정상화를 이루게 된 과정과 유사하게, 베트남은 1988년에 중국에 관계 정상화를 먼저 강하게 요구했다. 이때 중국은 베트남의 요구를 거절하였는데, 베트남이 1978년 공격하여 점령하고 있던 캄보디아에서 아직 병력을 철수시키지 않았던 것이 일부 이유가 되었다. 그러나 천안문 사태 이후 중국은 덩샤오핑의 선린정책의 일환으로 캄보디아 문제에서 훨씬 더 적극적인 태도로 나서게 되었다. 중국은 1979년 베트남과 전쟁을 벌였던 주요한 원인이기도 한 캄보디아에 대한 베트남의 영향력을 감소시키는 것과 베트남과의 관계를 개선하고 베트남-캄보디아 평화협정의 체결을 유도해 역내에서 자국의 위상을 강화하는 것 사이에서 아슬아슬한 줄타기를 했다. 중국이 관계 정상화에 대한 베트남의 열망을 캄보디아 문제 해결을 위한 지렛대로 사용하기는 했지만, 위의 두 가지 목표 모두 천안문 사태 이후 중국의 외교적 입지를 안정시키려는 동일한 동기에서 나온 것이었다.

1990년 5월, 중국과 베트남 외교관들은 캄보디아 문제 논의와 양국 관계 정상화를 위한 일련의 비공개 대화를 시작했다. 양국 모두 내부적으로 위협받고 있던 공산당의 권위를 강화하려 하고 있었으므로, 양국 지도자 모두에게는 관계를 개선하고자 하는 강력한 동기가 존재했다. 1990년 9월 초, 공산당 총서기 응우엔 반 린, 총리 도 무오이와 전 총리 팜반동을 포함한 베트남 고위지도자들이 비밀리에 중국을 방문했다.[93] 공식적인 정상회담은 아니었지만 이들의 방문은 1976년 이후 양국 공산당 지도자들의 첫 번째 회동이었다. 회담에서 베트남은 중국과 다른 국제연합(UN) 안보리 회원국들이 지지하는 캄보디아 평화 계획the peace plan for Cambodia에 동의했다.[94] 캄보디아의 상황이 호전되어 감에 따라 이듬해 여름 베트남 인사들의 일련의 공식, 비공식 중국 방문을 통해서 양측은 관계 정상화에 합의했다. 1991년 11월, 양국 공산당 총서기 장쩌민과 도 무오이는 베이징에서 정상회담을 열고 양국 관계의 정상화를 선언했다.

영토분쟁 해결의 진전은 관계 정상화에서 빼놓을 수 없는 부분이었다. 1979년 양국의 전쟁 이후 상호불신이 사라지지 않고 있었는데, 영토분쟁의 해결은 서로에 대한 의심을 줄이고 더 긴밀한 관계를 가능케 할 것으로 보였다. 1991년 발표한 공동선언문에서 장쩌민과 도 무오이는 국경 지역에서 "평화와 안정"을 유지하고 영토분쟁을 평화적으로 해결하기로 합의했다.[95] 정상회담에서 양측은 영토문제에 있어서는 최종적으로 해결될 때까지 현재의 상황을 유지한다는 공약을 포함하여 관계 정상화와 관련한 실무적인 사항들을 개략적으로 설명한 국경사무에 관한 임시협정에 서명했다. 국경무역과 변강 지역 개발의 중요성을 감안하여, 이 협정에서는 무역과 통신을 활성화하기 위해 개방해야 할 항구 24개소도 적시했다.[96]

관계 정상화에 이어서 양국은 육상의 국경선 문제를 해결하기 위한 공식적인 협상을 시작했다. 1992년 2월에 양측은 분쟁 해결의 원칙을 정하기 위한 전문가 실무그룹을 구성했다. 실무급 2차 및 외교부 부부장급 1차, 도합 3차에 걸친 협상 끝에 양측은 1993년 10월, 육상 국경선과 통킹만Tonkin Gulp을 둘러싼 분쟁의 해결 원칙을 담은 협정문에 서명했다. 이 문서에서 양측은 1887년과 1895년에 청淸과 프랑스가 체결했던 협정을 협상의 기초로 삼고 "상호 양보give and take" 원칙에 따라 분쟁을 해결하기로 합의하였으며, 중국은 타협적 해결 의지를 다시 한 번 보여주었다. 국경선의 위치를 식별하고 양국이 실제 통제하는 영역과 불일치하는 지역을 찾아서 해결하기 위한 공동실무그룹이 구성되었다.[97]

1993년 10월에 체결한 협정에도 불구하고 육상에서의 영토분쟁 해결을 위한 진전은 더디게 진행되었다. 1996년 말까지 실무그룹 수준에서 9회 및 외교부 부부장 수준에서 4회, 도합 13차례의 협상이 진행되었으나, 1996년 10월 국경 지역에 대한 항공조사를 시작하기로 합의한 것이 실질적 성과로서는 유일한 것이었다.[98] 분쟁 해결의 진전을 막은 요인은 다음 세 가지였다. 첫 번째, 양국 사이에 영토분쟁을 겪고 있던 지역이 다수였다는 점이다. 양국 간에는 육상 국경선, 통킹만의 해상 경계선 획정 문제, 파라셀 제도 및 스프래틀리 군도 등지에서 분쟁이 있었다. 베트남은 위의 네 개 지역 모두를 하나의 포괄적 협정을 통해 해결하는 것이 유리하다고 판단하여 그러한 방향으로 협상하고자 했던 반면에, 중국은 경제적 문제와 연결되어 있던 육상 국경선 및 통킹만에 논의를 집중하려 했다. 당시 협상에 참가한 중국측 인사들에 따르면, 네 개 분쟁 지역 모두를 묶어서 다루고자 했던 베트남의 강경한 입장이 육상 국경선과 관련한 논의의 진전을 가로막았다고 한다.[99] 1994년, 중국은 육상 국경선과 관련한 분쟁해결 과정의 일부로 스프래틀리 군도 문제를 논의하는 데 동의하면서 베트남의 요구를 일부 수용했다.[100] 천안문 사태 이후에도 중국의 지도자들은 내부로부터의 위협에 직면했지만, 그 위협이 베트남과 분쟁 중이던 네 개 분쟁 지역 모두, 특히 원해도서遠海島嶼 지역에 대해서까지 타협을 해야 할 정도로 심각하지는 않았던 것이다.

진전을 가로막은 두 번째 장애물은 타협적 해결을 추진하는 데 탐탁지 않아했던 양국 관료들의 존재였다. 서로에 대한 악감정이 남아 있었던 것이다. 여전히 생생한 1979년 전쟁에 대한 기억 때문에 많은 베트남인들은 당연히 중국의 의도에 의구심을 가졌다. 마찬가지로, 1979년 베트남과의 전쟁에서 수만 명의 병력을 잃었던 중국 인민해방군 역시 중국 협상단에 참가하기를 거부했다고 전해진다.[101] 마지막 장애물은 실무적인 사안으로, 1980년대 반복된 무력충돌 과정에서 국경 지대에 매설된 지뢰를 제거하는 문제였다. 지뢰제거 작업은 1994년과 1999년 실시했으나 아직도 진행 중이라 전해지고 있다.

분쟁 해결을 위한 획기적인 진전을 이루기 위해서는 양측이 정치적 결의를 새로이 다질 필요가 있었다. 1997년 7월 정상회담에서 장쩌민과 도 무오이는 양국이 1999년 말까지 육상 국경선을 둘러싼 분쟁을 해결할 것을 각각 자국에 지시했는데, 이는 양국 내부의 반대세력들에게 타협을 명령하는 조치였다. 중국은 이러한 조치를 통하여 1995년 베트남과 관계를 정상화한 미국의 동남아시아에서의 영향력을 제한하려 했을 수도 있다. 양국 정상이 지시한 시한의 전날인 1999년 12월 30일, 양국 외교부 부장인 탕자쉬안唐家璇과 응우엔 만 깜은 국경조약에 서명했다.[102] 양측은 전문가 사이에서 2회, 실무급에서 16회 및 외교부 부부장급에서 6회로, 도합 24회의 협상을 실시했다.[103] 전체적으로 계산해본다면, 양측은 분쟁 지역을 균등하게 나누는 데 합의한 것이었다. 중국은 114.2km² 또는 분쟁 지역의 50.2%를, 나머지는 베트남이 차지했다.[104]

베트남과의 국경선 획정 작업은 조약을 체결한 후 바로 진행되었던 러시아 및 라오스 사례와 달리, 조약 체결을 위한 협상만큼이나 더디게 진행되었다. 육상 국경선 문제에 대한 합의가 이루어지고 3년이 넘게 지난 후에도 국경선 획정을 위한 공동위원회는 계획했던 국경 표식 1,533개 중에서 6개밖에 설치하지 못했다.[105] 현재까지 공동위원회는 17회 소집되었고, 전체 국경의 약 절반 정도에 대해서만 획정 작업이 마무리된 상태이다. 2005년 11월 후진타오 주석의 베트남 방문시 양측은 국경조약이 체결된 지 9년이 되는 2008년까지 국경선 획정 작업을 끝내는 데 합의했다.[106]

중국의 지도자들이 인식하고 있던 체제의 불안정성이 베트남과의 국경분쟁을 서둘러 해결하도록 할 만큼 강하지 못했다는 점은 명백하다. 하지만 1991년과 1993년 체결한 잠정 약정을 통하여 정치적으로 불안정한 시기에 중요한 사회주의 이웃국가와의 관계를 개선하고 국경무역을 확대하게 되었는데, 중국의 지도자들은 원하던 것을 대부분 얻은 셈이었다.

외부적 위협이 작용했는가?

필자가 앞서 소개한 이론에서 영토분쟁을 겪는 국가가 상대국가와의 협력을 선택하도록 이끄는 메커니즘 중 하나인 "외부적 위협"이 이 시기 중국의 행태를 설명하는 대안이 될 수도 있을 것이다. 중국은 자국의 사회주의 정권을 강화하려는 것이 아니라 냉전 이후 증가하는 미국의 힘을 견제하기 위해 베트남과의 관계 정상화를 추진했다는 것이다. 그러한 주장은 소련이 붕괴하고 미국 중심의 단극 체제unipolarity가 형성되자 국제체제에서의 상대적 위상을 강화하려는 중국이 1990년대에 영토분쟁을 기꺼이 타협적으로 해결하려 하게 되었다는 가정에 기반한다. 그러나 그러한 설명을 반박하는 몇 가지 요인들이 존재한다. 1990년대 초에는 국방 지출, 군사 동맹, 군사훈련을 포함한 중국의 안보정책이 소련의 붕괴 이후 전세계적 세력균형의 극적인 변화를 따라가지 못하는 상태였다.[107] 따라서 중국의 타협적인 분쟁해결 시도가 미국을 견제하기 위한 노력의 결과라고 한다면, 그러한 노력 자체는 아직 냉전 체제에서 탈피하지 못한 상태였던 당시 중국의 안보정책으로서는 매우 예외적이라 할 것이다. 두 번째, 소련과 타협적 방식으로 영토분쟁을 해결하겠다는 중국의 정책적 결정은 소련의 붕괴보다 몇 년 앞서 나온 것이라는 점이다. 분쟁의 해결을 위한 대화는 소련이 먼저 주도했지만, 논의가 빠르게 진전된 기간은 천안문 사태 이후부터 소련의 붕괴 전까지였다. 1991년 체결된 중국-소련 국경합의문의 초안은 소련의 취약성이 완전히 드러나기 전인 1990년에 작성되었고 소련의 해체에 결정적 계기가 되었던 1991년 8월 쿠데타가 발생하기 전인 1991년 4월에 체결되었다. 라오스, 베트남과의 분쟁 해결도 마찬가지로, 중국은 소련이 해체되기 전에 라오스와 국경협정에 서명했고 베트남과 대화를 시작했다.

위와 같은 설명 외에도, 중국이 라오스, 베트남과 영토분쟁 해결 및 관계 정상화를 추진한 이유를 증대하는 미국의 영향력에 대응하기 위한 것이라는 주장도 가능할 것이다. 그러나 당시 중국의 지도자들은 자국 안보에 대한 미국의 위협보다는 중국 공산당의 미래를 더 우려하던 상황이었다. 또한, 중국이 라오스, 베트남과 타협하기 위해 노력하던 시점 역시 타협적으로 분쟁을 해결하기 위한 중국의 노력이 미국 중심의 단극 체제로 변화하는 국제정세에서 대외적인 균형을 유지하기 위한 것이라는 설명을 뒷받침하지 않는다. 미국과 라오스가 제한된 수준에서나마 외교관계를 재개한 것이 1982년인데, 이는 천안문 사태로 인해 중국 공산당 정권이 위기에 빠지기 훨씬 전의 일이다. 그리고 미국과 베트남의 관계 정상화가 1997년 중국-베트남 정상회담에서 양국 정상이 자국에게 1999년까지 국경 합의에 도달하라고 지시하는 데 영향을 미쳤을 수도 있으나, 장쩌민江澤民 주석과 클린턴Bill Clinton 미 대통령의 첫 정상회담에서 볼 수 있듯이 1997년은 미국과 중국이 협력하던 시기였지 갈등하던 시기가 아니었다.

국제규범이 내면화된 결과인가?

이 시기 중국이 인접국가들과 이루어낸 영토와 관련된 합의사항들은 대체로 육상 국경선의 현재 상황을 확인하고 승인하는 것이었다. 그러한 해결 과정에서 중국이 인접국가들에 양보한 영역의 총 면적에 관해서는 정확한 세부사항이 아직까지 공개되지 않고 있으나, 소련, 라오스, 베트남과 체결한 협정들은 기존에 체결되어 있던 국경조약들에 기초한 것이었다. 그렇다면 새로이 체결된 협정들이 영토적 정복에 반대하는 국제규범의 내면화를 반영한다고 볼 여지도 있을 것이다. 하지만 그러한 설명을 반박하는 몇 가지 근거들이 존재한다. 첫 번째, 중국이 관련된 영토분쟁 외에도 다른 많은 영토분쟁 사례들을 보면, 대개 분쟁 당사국들이 기존에 통제해 왔던 영역이 크게 변하지 않는 상태로 해결된다는 점이다. 또한, 분쟁을 해결해야 한다는 압박을 받지 않는다면 분쟁을 겪는 국가들은 언제까지든 그 해결을 거부하며 지연시킬 수 있다. 따라서 현재의 상황을 인정 혹은 확인하는 것 자체는 국제규범 내면화의 명확한 지표가 아니다. 두 번째로, 더 중요한 것은 중국이 영토분쟁을 타협적으로 해결하기 위해 나선 시점이 천안문 사태 이후 정치적 취약성이 특히 극심하던 때와 일치한다는 점이다. 중국이 앞서 수십 년에 걸쳐 국제규범을 수용하는 방향으로 변해 왔음을 감안하더라도, 하필이면 1990년과 1991년이라는 시점에 중국이 타협적으로 영토분쟁을 해결하려 나섰던 이유가 무엇인지를 규범의 내면화라는 논리로는 명확하게 설명할 수 없다. 이에 더하여, 이들 국가와 협정을 체결하는 과정에서 중국이 발표한 각종 성명들을 보면, 중국의 지도자들이 분쟁을 해결하기로 결정하는 과정이나 동기에서 국경의 현재 상황을 지지하기 때문이라 강조한 부분이 없다. 세 번째, 중국의 경우 특히 베트남과의 분쟁에서 이러한 설명방식은 그 타당성을 의심받는데, 중국이 1988년과 1994년 스프래틀리 군도의 암초들을 점령했을 뿐만 아니라, 제4장에서 다루겠지만 1980년대 내내 육상 국경을 두고 양국 간에 지속적으로 무력충돌이 벌어졌기 때문이다.

민주주의 또는 경제적 상호의존성의 결과인가?

또 다른 대안적 설명방식들 역시 천안문 사태 이후에 중국이 영토분쟁 해결 과정에서 보여주었던 타협적 해결의 의지를 설명하지 못한다. 천안문 사태의 폭력적인 진압에서 드러난 중국의 권위주의적 속성을 고려한다면 "민주 평화론democratic peace"이나 "평화적 갈등해결 규범"에서 원인을 찾는 설명은 적절치 못함이 명백하다. 천안문 사태 이후에도 중국은 무역을 증가시키려 했으며, 육상 국경선을 둘러싼 분쟁의 해결은 무역을 위한 항구 개방을 촉진하였지만, 그러한 사실 역시 타협적 해결을 추구하던 중국의 행태를 설득력 있게 설명할 수 없다. 중국이 1989년 천안문 사태 이후에도 덩샤오핑의 경제 개혁을 지속하려 했던 것은 이미 외부세계와의 경제적 상호의존성이 심화되어 있었기 때문이라기보다는, 천안문 사태를 무력 진압함으로써 심각하게 훼손된 정권의 정당성legitimacy을 경제 성장을 통해 회복시킬 수 있으리라 기대했기 때문이었다.

신장 지역 소요 사태

소련의 몰락은 중국이 이전부터 권리를 주장해 오던 중앙아시아의 34,000km²가 넘는 영역을 다시 찾기 위한 절호의 기회가 될 수도 있었다. 소련으로부터 새로이 독립한 카자흐스탄, 키르기스스탄, 타지키스탄은 지국의 독립을 확보하는 데 급급했지 중국이 영토적 요구를 하더라도 대항할 만한 군사적, 외교적 역량은 부족했다. 그동안 권리를 주장해 왔던 지역들을 내놓으라고 압박할 수 있는 확실한 기회였음에도 불구하고 중국은 이들 국가와 타협적인 분쟁 해결을 추구했다. 상대적으로 중국의 군사적 입지는 매우 강력했지만 영토문제에서는 중앙아시아의 새로운 이웃국가들에게 양보하여 1990년대에는 6건의 국경협정에, 2002년에는 타지키스탄과의 보충 협정에 서명했다.

중국이 중앙아시아 역내에서 새롭게 누리게 되었던 군사적 우위에도 불구하고 타협적 해결을 선택한 이유를 가장 잘 설명할 수 있는 요인은 체제의 불안정성이다. 1990년부터 신장 지역에서 발생한 격렬한 소수민족 소요 사태로 중국의 영토 보전에 대한 또 다른 내부적 위협이 촉발되었다. 위구르족과 다른 소수민족 집단들 사이에서 중앙정부에 대한 불만이 팽배하면서 각종 시위, 폭탄테러, 암살, 폭동이 유례없이 빈번하게 발생했다. 그 규모는 티베트에서의 폭동에 비해 작았지만, 특히 천안문 사태 이후 정치적 불안정성이 팽배한 상황에서 중국의 지도자들에게는 상당히 우려스러운 사안이었다. 미해결 상태의 영토분쟁을 해결하려는 노력은, 상하이협력기구(SCO) 창설과 함께, 이 시기 중국이 그 지역에 대한 외교적 개입정책의 핵심적인 구성요소였다. 영토분쟁은 중국이 신장 지역을 안정화시키는 데 필요한 인접국가들의 지원을 가로막는 것이기 때문에, 영토분쟁을 기존의 상태로 유지하는 데 훨씬 더 많은 비용이 들어가게 된 것이다. 범이슬람주의와 범투르크주의를 추종하는 단체들의 세력 확산을 방지하고 신장 지역의 분리주의자들에 대한 외부의 지원을 차단하는 한편, 경제 성장을 통해 내부적 안정을 유지하는 거시적인 전략의 일환으로서 국경무역을 활성화하기 위해 중국은 인접국가들과 협력할 필요가 있었다.

북서부 변강 지역의 불안정성

중국 서부 변강 지역의 정치적 안정성은 1980년대 말부터 흔들리기 시작했다. 티베트에서는 1987년 9월 소규모 승려 집단이 티베트의 독립을 주장하며 집결하면서 최초의 불안정 징후를 보였다. 1989년 3월 라싸拉薩에서 발생한 대규모 시위는 이를 진압하던 부대가 군중을 해산하기 위해 실탄을 사용하면서 폭력적인 양상을 띠게 되었다. 1957년 티베트 봉기 30주년을 맞아 소요 사태가 확산될 것을 우려한 중국은 곧 계엄령을 선포했다.[108] 우려되는 바가 확실히 있기는 했지만, 티베트에서 이와 같은 제한적인 규모의 민족주의ethno-nationalism 봉기가 부활한 것이 그 자체로서 특별히 위협적인 것은 아니었다. 이 지역에 대한 중국의 통제력은 1950년대에 비해 훨씬 더 강해졌고, 소요 사태는 도시 한 곳에 한정되었으며 그나마 거의 비폭력적이었기 때문이다.

그러나 천안문 사태 이후 중국의 지도자들은 변강 지역에서 소수민족 집단들이 벌이는 소요 사태에 훨씬 더 민감하게 반응하게 되었다. 1989년 5월 천안문 사태의 열기는 우루무치烏魯木齊까지 번져나가, 수천 명의 대학생들이 베이징의 동료학생들을 지지하는 가두행진을 감행했다. 그런데 이슬람교도 학생들이 성적 풍습을 다룬 서적의 발간에 항의하기 위해 행진에 참가하면서 집회는 폭동으로 비화했다.[109] 정부가 폭력적으로 진압하지는 않았으나, 이 사건은 잠재되어 있던 위구르 민족주의와 한창 확산되고 있던 이슬람 근본주의의 결합이라는 훨씬 더 폭발력 높은 위협요인이 발생하게 될 것임을 미리 보여주는 징후였다. 티베트에서는 다른 사안들과 관계없이 개별적으로 발생했던 시위가 여기서는 "분리주의separatism"라는 바람이 변강 지역 전역을 휩쓸어버릴 것임을 예고하는 훨씬 더 거대한 흐름의 일부로 등장하게 된 것이었다. 1989년 가을과 겨울에는 신장 지역 전역에서 중국의 지배 종식을 요구하는 전단지들이 나타나기 시작했다.[110]

천안문 사태가 진행되던 상황에서, 중국의 지도자들은 변강 지역에서 벌어진 이러한 사태들이 국가에 위협이 될 가능성을 내다보며 점점 더 민감하게 대응하게 되었다. 1989년 8월 공안부장 왕팡王芳은 "분리주의자들의 음모적 행위들"[111]을 경고하며, 신장 지역을 시찰했다. 1989년 11월에는 리펑李鵬 총리가 이 지역을 방문하여 분리주의에 반대하는 공적 방침으로서 "국가적 단일성national unity" 원칙을 강조했다.[112] 1990년 2월 개최된 중국 국무원(행정부) 직속 국가민족사무위원회 회의에서는 "분리주의의 도전"이 중요한 문제로 다루어졌다.[113] 같은 달, 신장위구르자치구 당 서기 쑹한량宋漢良은 분리주의자들의 위협을 제거하는 것이 "신장 지역의 정치적, 사회적 안정을 위한 열쇠"[114]라 지적했다.

1990년 4월, 신장 지역 서남부 도시 몇 군데에서 무장 봉기가 일어났는데, 중국의 지도자들이 가장 두려워하는 상황이 발생한 것이었다. 소요 사태의 진원지는 카슈가르喀什 인근의 바런巴仁(〈지도 2.5〉)으로, 200~300명 규모의 무장세력이 관공서를 습격하여 인질을 잡았고 무장경찰들이 공무원들을 보호하기 위해 후퇴해 들어간 마을회관을 포위했다. 무장경찰들을 지원하기 위해 출동했던 지원부대 대원들은 무장세력의 공격을 받아 차량에서 그대로 사망했다고 한다.[115] 이 지역의 이슬람 예배당mosques 건립에 대한 중앙정부의 새로운 제한 조치는 주민들을 분노하게 하였고 이 공격에 불을 댕겼다. 2,000명 이상의 군중들이 모여들자, 그들은 "성전聖戰"을 외치며 신장 지역에서의 한족漢族 축출과 동투르키스탄 국가 건설을 주장하기 시작했다. 폭도들은 총기와 폭탄으로 마을회관에 숨은 소규모의 무장경찰 분견대를 공격했다고 전해진다. 무장경찰 증원병력이 도착하면서 무력 진압이 개시되었다. 22~50명이 사망했고 1,000명 이상이 구금되었다. 봉기를 주도한 자는 유수프Zahideen Yusuf라는 신앙심 깊은 학생으로, 그 지역에 소규모 추종세력을 구축했고 약간의 무기를 밀반입했다.[116] 같은 시기 신장 남부의 다른 도시들에서도 유사한 무장 봉기와 시위가 발생했다.[117]

바런巴仁 봉기는 신장이라는 광대한 지역에서 이후 10년간 지속적으로 중앙정부의 권위에 도전했던 여러 건의 소수민족 소요 사태를 촉발시키며 정치적 불안정성을 가중시켰다. 점점 수위를 높여가는 폭력적 진압으로 인하여, 대다수의 주민들에게는 여전히 점령군으로 인식되고 있던 중앙정부의 취약한 정당성은 더욱 약화되었다. 중국의 지도자들은 이 지역에서 정권의 정당성과 권위가 희미해져 가는 상황을 예리하게 주시하고 있었다. 1962년의 이타 사건伊塔 事件과 1980년 악수阿克蘇 및 1981년 카슈가르喀什에서의 폭동을 포함한 간헐적인 시위들은 항상 더 높은 수준의 자치를 요구하는 것과 연결되었는데, 신장 지역 일부는 1860년대와 1940년대에 잠시나마 독립을 누렸던 경험이 있었기 때문이다.[118] 그간 잠재되어 있던 더 높은 수준의 자치에 대한 열망과 1980년대 중반부터 이 지역에서 만개하던 이슬람주의의 결합은 폭발력 있는 위협요인으로 부상했다. 중국의 억압적인 가족계획 및 롭노르 Lop Nor, 羅布泊에서의 핵실험과 함께, 이 지역으로 꾸준히 유입되고 있던 한족의 존재도 주민들에게는 지역의 정체성을 훼손시키고 자원을 착취하는 것으로 비추어져 불만의 대상이었다. 1993년에 이르러서는 소요 사태가 신장 전역으로 번져나갔다. 예배당 안에서는 이슬람 지도자들ulema이 폭동을 옹호하였고 소수민족 출신 공산당원과 공무원들도 분리주의 활동에 가담했다.[119]

신장 지역의 소수민족 관련 폭력사태에는 세 가지 유형이 있다. 첫 번째는 중앙정부가 강요하는 정책과 제도에 대한 항의, 시위, 폭동으로, 점점 그 횟수가 늘어나고 있었다. 그 대부분은 자생적인 것으로, 종교 지도자나 분리주의자로 의심받는 이들에 대한 당국의 탄압에 반발하여 발생했다. 평화로운 집회도 있었으나 폭동이나 소요 사태로 확대되기도 하였으며, 그런 경우 무자비한 진압의 대상이 되었다. 바런띠└ 봉기 이후 가장 격렬한 시위가 1997년 2월 이닝에서 발생했는데, 분리주의 활동을 한 용의자 체포를 계기로 경찰과의 충돌과 폭동이 며칠 간 지속되었다.[120]

두 번째 유형은 공공장소에서의 폭발물 공격이나 지역관료 암살을 포함하는 테러형 공격이다. 산발적인 폭틴 공격은 1991년부터 시작되었는데, 대개 경찰의 탄압에 대항하여 한족이 우세한 지역의 정부 건물이나 버스를 대상으로 하는 경우가 많았다. 예를 들어, 1997년 2월 덩샤오핑 추모식이 열리던 날 한족이 다수를 차지하던 자치구 수도 우루무치에서 버스를 대상으로 했던 폭탄테러 3건은 1997년 이닝 폭동에서의 무력진압에 대응한 것이었다. 친중국 성향의 위구르족과 다른 종교지도자들을 포함하여 중앙정부를 지지하는 지역관료들은 신장 전역, 특히 서남부에서 주요 암살 대상이 되었다.

무장한 반정부 집단과 정부 병력, 특히 무장경찰의 충돌은 이 지역에서 발생하는 소요 사태의 세 번째 유형이다. 신장 지역에서는 통일된 저항세력이 나타나지 않았지만 다수의 소규모 저항세력들이 생겨났고, 이들은 한족으로 대표되는 중국을 이 지역에서 축출한다는 동일한 목표를 공유했다.[121] 구체적인 정보는 부족하지만, 아마도 이들 중 일부가 폭탄테러 및 암살과 관련이 있었을 것이다. 이 지역의 반정부 집단들에 대한 경찰의 탄압이 이어졌고 심각한 무력충돌이 빈번하게 발생했다. 이들 집단 중 일부는 경찰서, 교도소, 무장경찰 검문소, 인민해방군 초소 등을 공격했는데, 이는 30년 전 티베트에서 벌어진 소요 사태를 떠올리게 하는 것이었다.

객관적으로 볼 때, 신장 지역에서의 폭동이 국가 전체적 차원에서 심각한 위협이 되는 것은 아니었다. 분리주의자들은 대규모 조직을 구성하지 않았고, 여러 소규모 집단들이 조직적으로 제휴하여 중앙정부에 대항하는 것도 아니었다. 티베트의 반정부 세력들과 달리 이들이 통제하던 영역이 그리 광범위한 것도 아니었는데, 이러한 사정은 1960년대 이래 이 지역에 안정적으로 구축되어 있던 인민해방군과 경찰조직의 존재에서도 일부 기인했다. 그럼에도 불구하고 중국의 지도자들은 분리주의자들의 움직임을 서방국가들이 중국에 정치적 자유화를 압박하던 것과 결부하여 신장 지역의 소요 사태를 심각하게 바라보았다. 리펑 총리가 바런ㄸㅡ 봉기가 발생하기 전인 1990년 2월에 "분리주의 활동은 그 싹부터 제거할 것"[122]을 지시한 것은 사태를 심각하게 인식한 데서 연유한 것이었다. 1990년 10월, 장쩌민 주석은 신장 지역을 시찰하면서 외부적 위협이 지역의 안정을 위협하고 있음을 강조했다. 이지역에 주둔하던 인민해방군을 대상으로 한 연설에서 그는 "국제적, 국내적 환경의 변화 및 갑작스런 동유럽의 정세변화와 소련의 혼란을 틈타 국내의 분리주의 세력들과 국외 적대세력들이 결탁하여 우리 조국을 쪼개놓으려는 계획과 활동을 가속화하고 있다. 이것이 신장 지역의 안정을 위협하는 주된 요인이 되어버렸다."고 지적했다. 또한, 그는 "특히 현재와 같은 상황에서 신장 지역의 안정을 수호하는 것은 국가 전체의 안정을 유지하는 데 있어서 결정적인 영향을 미칠 것"[123]이라고 강조했다.

1990년대 들어 이 지역에서 폭력사태와 불안정성이 가중되면서, 중국의 고위 지도자들은 본격적인 조치를 취하게 되었다. 1996년에 신장 지역의 안정에 관한 문제를 논의하기 위해 중국 공산당 정치국 상무위원회가 소집되었다. 회의에서 논의된 사항과 결정을 요약한 의사록에는 중국 지도부가 느끼던 불안감이 반영되어 있는데, 장쩌민이 이전에 보여주었던 정세에 대한 판단과 맥을 같이하는 것이었다. 의사록에 따르면, 그는 "오늘날 소수민족들의 '민족주의적' 분리주의와 불법적인 종교활동은 신장 지역의 안정을 해치는 주요한 위협요인"[124]이라 지적하며 이를 저지하지 않으면 "국가 전체의 … 안정에 영향을 미칠 것"[125]이라 했다. 이에 더하여, 정치국 상무위원회는 "국외에서 활동하는 분리주의자들의 신장 지역 침투가 나날이 강화되고 있으며 파괴활동을 지원"[126]하고 있다고 지적하면서 이 지역에서의 소요 사태를 외부환경과 결부시켰다. 중국의 지도자들은 국내의 문제에 대해 신속하게 "외부의 적대세력" 탓을 하며 상투적인 비난을 늘어놓는 경우가 많았는데, 그러한 비난이 중앙아시아의 경우에는 어느 정도 일리가 있었다. 정부인사의 공식 발언, 학술적 분석과 내부 보고자료들 모두 신장 지역의 안정성과 대외적 환경과의 연계성을 지적한다. 중국 지도자들은 냉전 종식 이후 세계적으로 유행하던 민족자결주의, 이슬람 근본주의의 대두, 이 지역에서 새로운 국가들의 출현이 신장 지역의 수수민족 집단들이 독립을 추구하도록 부추긴다고 보았다.[127] 신장 위구르자치구 정부가 발간한 서적도 마찬가지로, 소련의 해체에 따른 범이슬람 근본주의와 범투르크 민족주의 확산이 중앙아시아의 안정에 미칠 위협을 강조했다. 중국에 있어서 가장 우려스러운 사항은 그러한 사조가 국경을 넘어 유입되어 신장 지역의 불안정성과 반정부 활동을 확산시킬 수 있다는 것으로, 이는 다른 연구자들도 지적하는 점이었다.[128] 중국 및 타지키스탄과 국경을 접하고 있는 아프가니스탄에서의 이슬람 부흥은 특히 우려스러운 현상이었다.[129] 바런ㅁㅡ 봉기의 지도자가 아프가니스탄의 상황에 고무되었다고 전해지며, 게다가 다른 위구르 분리주의자들이 국외에서 군사훈련을 받아왔기 때문이었다.[130]

더 구체적으로 말한다면, 중국의 지도자들은 인접국가들이 중국 내부의 분리주의자들에게 긴요한 물적 지원을 하고 있다고 믿었다. 위구르 해방기구 Uighur Liberation Organization, 자유 위구르For Free Uighur, 국제 위구르 연합 International Uighur Union을 포함한 몇몇 위구르 정치조직들이 1990년대 초에 카자흐스탄과 키르기스스탄에서 활동하고 있었는데, 이들 모두 독립된 위구르족 국가 건설을 목표로 했다.[131] 다른 국가들은 물론 이들 국가에서 활동하는 조직들은 1980년대에 세워진 사설 종교학교들을 경제적으로 지원했는데, 신장 지역의 많은 관료들은 이러한 교육시설이 위구르족의 민족주의를 성장시키는 자양분이 되고 있다고 믿었다. 이들 해외 위구르 조직은 모두 중국 내부 분리주의자들의 활동에 긴요한 지원을 제공하는 것으로 간주되었다.[132]

신장 지역과 인접국가들 사이의 길고도 허술한 국경선은 중국 내부의 분리주의자들이 외부와 연계할 수 있는 결정적인 통로였다. 중국의 지도자들은

214

해외 기지에 대한 국내 분리주의 세력들의 접근을 차단하는 것뿐만 아니라, 무기, 선전물 밀반입 및 허가받지 않은 인원들의 월경을 막기 위해서 이들 인접국가와의 협력이 필요하다고 보았다. 예를 들어, 바런띠드 봉기 이후에 리펑 총리는 고르바초프에게 중앙아시아의 양국 국경을 봉쇄해 줄 것을 요청했다.[133] 그러나 1990년 봉기에서 사용된 무기는 아프가니스탄에서 들여온 것으로, 신장 지역의 국경은 어느 곳 할 것 없이 거의 대부분이 허술한 상태였음을 반증했다.[134]

협력을 통한 변강 지역의 안정 확보

중앙 정부는 신장 지역의 안정을 유지하고 팽배해 가는 위구르족의 민족주의를 분쇄하기 위해 1990년대 초에서 중반까지는 대내정책과 대외정책을 혼합하여 사용했다. 이 지역에서의 소요 사태를 다루는 중국의 노력은 기본적으로 내치에 해당하지만, 분리주의자들의 활동을 저지하고 밀수를 방지하며 국경무역을 활성화하기 위해서는 인접국가들과의 협력도 필요했다.

신장 지역의 소수민족 소요 사태에 대응하는 중국의 대내정책은 세 가지 요소로 구성되어 있었다. 첫 번째는 행정적 통제를 강화하기 위한 일련의 조치들이었다. 1990년 바런띠드 봉기 이후 중국 지도부는 촌락과 마을까지 포함하는 지방 행정단위에 대한 공산당의 통제력을 강화하는 한편, 분리주의자들을 제거하기 위해 당의 계급체계를 수정하는 작업에 집중했다.[135] 한편, 종교교육, 예배당 건설 및 그밖의 활동들을 포함한 종교활동을 규제하는 작업에 착수했다. 1993년까지 이 지역 종교지도자 25,000명 중에서 10% 이상이 자리를 잃었다.[136]

대내정책의 두 번째 요소는 분리주의자로 의심받는 이들에 대한 신속하고도 무자비한 탄압이었다. 바런 봉기 직후에 신장 서남부에 처음으로 탄압의 열풍이 휩쓸고 지나갔다. 가장 대규모의 탄압사례는 1996년 전국적 규모의 범죄 "엄단 캠페인"의 일부로 실시된 것인데, 신장 지역 분리주의자들이 단속 대상에 포함되어 있었으며[137], 1996년 4월에 분리주의자로 의심되는 1700명이 체포되었다.[138] 다음 해에는 군이 유사한 대량검거를 주도하여 수천 명이 구금되었다.

세 번째 정책적 대응은, 중국 공산당이 천안문 사태 이후 경제개혁을 강조한 것과 유사한 것으로, 변강 지역의 경제개발을 촉진하는 것이었다. 신장 지역 당 서기는 생활 수준의 향상이 한족과 소수민족 사이에 긴장이 높아지던 상황을 일부 개선할 것으로 믿었다.[139] 1992년 당시 신장 지역은 인접국가들과 무역을 증진하기 위해 소수민족 거주지역의 국경을 개방하는 국가사업을 실시하던 대상지역 중 하나였다. 1999년 중앙정부는 "서부대개발西部大開發"에 착수하면서 신장 지역에 지급하는 보조금을 늘렸다. 신장 지역의 안정성과 국가적 일체성을 제고하기 위한 방안을 담은 정부 보고서들은 모두 이 사업에 신장 지역을 포함해야 한다고 강조하고 있다. 장쩌민에 따르자면, 이 사업은 "소수민족들의 국가에 대한 일체성과 국가적 통일성 및 사회적 안정을 유지"하기 위한 "장기적 발전 전략"[140]을 대표하는 것이다.

그러나 위와 같은 모든 조치들이 성과를 거두기 위해서는 신장 지역과 접하고 있는 국가들과 협력적 관계를 유지할 필요가 있었다. 내부의 소요 사태를 진압해야 할 필요성이 역설적이게도 대외적으로는 인접국가들과의 평화로운 상태를 요구하게 되었고, 이는 이 지역에 대한 중국의 외교적 개입을 위한 정책적 기초가 되었다. 1996년 작성된 중국 공산당 중앙위원회 문건은 이 지역에서의 대외정책을 신장 지역의 내부상황과 결부하여 설명하면서, 정부에 다음과 같은 사항을 지시했다.

해외에 나가 있는 소수민족 분리주의자들의 활동을 다양한 측면에서 제한할 것. 터키, 카자흐스탄, 키르기스스탄은 해외의 분리주의 세력들이 활동하는 본거지라는 점을 명심할 것. 외교적 수단을 통해서 이들

216

국가에 자국 내에서의 분리주의 세력의 활동을 제한하고 약화시키도
록 촉구할 것. 이들 국가와 우호적 협력관계를 더욱 발전시키기 위해
우리가 보유한 정치적 우월성을 모두 이용할 것. 동시에 이들 국가에
대한 압박을 항상 유지할 것.[141]

위 중앙위원회 문건은 분리주의자들의 유입을 막기 위한 국경 방어의 강화
도 주문하고 있는바, 중국 지도자들이 허술한 국경이 내부-외부의 분리주의
세력들이 연계되는 경로로 인식하고 있었음을 다시 한 번 보여주고 있다.

국경과 국경방어초소를 통제하는 조치를 강화할 것. 외부로부터의 소
수민족 분리주의자, 무기, 선전물 반입을 막을 것. 국내와 국외의 소수
민족 분리주의자들의 결집과 협력을 차단할 것.[142]

마지막으로, 이 문건은 경제개발 촉진의 중요성을 강조하며 마무리를 하고
있다.

영토분쟁의 타협적 해결을 위한 노력은 중앙아시아의 인접국가들에 대한
중국의 외교적 개입에 기초가 되었다. 다시금 고조되고 있던 신장 지역의 불
안정성으로 인하여 중국이 이들 국가와의 영토분쟁을 유지하는 데 훨씬 더
많은 비용이 들게 되었는데, 영토분쟁의 존재가 중국 내부의 안보를 유지하
는 데 필수적인 이들 국가와의 협력을 막는 것이었기 때문이다. 신생국가에
내재된 제도적 취약성 때문에 이들 중앙아시아 국가들은 당연히 중국에 대한
경계심이 매우 강했지만, 동시에 중국의 압력에 취약한 상태였다. 그럼에도
불구하고 중국은 냉전 종식 이후 상대적으로 강해진 국력을 분쟁 지역에 대
한 협상을 유리하게 끌고 가는 데 이용하지는 않았다. 대신, 중국은 분쟁 지
역을 양보하고 영토와 관련한 현재의 상황을 수용하며 과거 청淸의 영토였던
지역들에 대한 요구는 거둠으로써 이들 국가와의 관계를 강화하는 방안을 선

택했다. 그리고 그에 대한 반대급부로, 중국은 신장 지역의 안정을 위해 이들 국가들이 협력해 줄 것을 기대했다.

소련이 몰락하자 중국은 이들 중앙아시아 국가들을 포함하여 옛 소련을 구성하던 모든 국가들과 신속하게 정식으로 외교관계를 수립했다. 중국의 신속한 조치는 이들 국가가 대만을 국가로 인정하는 사태를 막으려는 데 주된 목적이 있었지만, 영토분쟁과 테러 역시 처음부터 핵심적인 이슈였다. 이들 국가와 외교관계를 수립한 후 발표한 공동선언문에 따르면, 중국과 이 새로운 이웃국가들은 과거 중국과 소련이 대화를 통하여 성취한 영토문제 해결을 위한 진전을 "높이 평가"했다. 협상은 "현재 존재하는 조약(들)의 기초 위에서" 이루어져야 한다고 명시함으로써 중국은 분쟁 지역과 관련한 새로운 요구를 하지 않을 것이라는 신호를 이들 국가에 미리 보내주었다. 그 대가로, 중국과 이들 국가들은 "국제적 테러활동에 대한 투쟁에 협력"하기로 합의했다.[143]

영토분쟁과 관련한 중국과 중앙아시아 신생국가들의 협상은 서로 무관한 두 가지 경로를 통해 이루어졌다. 첫 번째 경로는 양자 협상이었는데, 대개 외교부 부부장급이나 그 이상이었고 여기서 대부분의 중요한 결정이 이루어졌다. 실무급 회담에서는 공동대표기구를 활용했는데, 중국은 러시아와 중앙아시아 신생 3개국 대표들로 구성된 대표단과 협상을 진행했다. 그렇게 했던 이유는 실무적인 것인데, 러시아군이 여전히 이 독립국가연합(CIS)의 중앙아시아 방면 국경을 경비하고 있었고 러시아 외교관들이 국경 협상에 필요한 기술적 전문성과 역사적 지식을 가졌기 때문이었다. 이 공동대표기구를 통해서 각국이 과도한 사전준비 없이 순조롭게 실무급 회담을 재개할 수 있었다. 이에 더하여, 공동대표기구 활용은 만약 양자 협상만을 했을 경우 중국이 누렸을 수도 있었을 정보 비대칭에 따른 이익을 차단한다는 의의도 있었다. 중국은 소련과의 협상기록을 기초로 하여 대화를 재개하는 데 동의한 것은 그렇게 하지 않았다면 협상 개시 시점에서 자국의 입지가 그렇게 강하지 못했으리라는 점을 알고 있었기 때문이다.

"상하이 5개국Shanghai Five", 훗날 상하이협력기구의 형성과 발전은 이들 국가가 공유했던 동일한 외교적 목표를 반영한다. 이 역내 국가 간의 기구는 소련이 붕괴된 후에도 계속된 국경 지대 비군사화 대화border demilitarization talks에서 그 기원을 찾을 수 있다. 1990년 소련과 시작한 국경 지대 비군사화를 위한 대화에서 이용한 선례가 있는 공동협상기구를 영토문제 논의에 이용함으로써, 중앙아시아의 신흥국가들을 안심시키는 데 도움이 되었던 비군사화와 신뢰구축을 위한 중요한 합의를 1996년과 1997년 사이에 이끌어낼 수 있었다.[144] 1996년 5개국 정상들이 매년 "상하이 5개국"으로 모이는 회동을 제도화하는 데 동의하였고, 2001년에는 우즈베키스탄이 추가되면서 상하이협력기구가 만들어지게 되었다.[145] 1996년 4월 기구 창립회의에서 참가국 정상들은 다시금 국내의 위협에 대응하기 위한 대외적 협력을 강조하며, "분리주의"에 대한 반대를 공동으로 천명했다.[146] 상하이협력기구의 목적은 비군사화를 통한 국경의 안전 확보, 민족주의 세력 활동에 대응하기 위한 국가 간협력 및 역내 무역의 확대로서, 이 지역에서 중국의 외교적 목표와 부합했다. 이들 목적 중 뒤에 두 가지는 중앙아시아 전역에서 각국 정부를 위협하고 있던 범이슬람주의 세력에 대응한다는 공동의 필요성에서 기인한 것이었다. 1999년에 이 다섯 국가들은 키르기스스탄에 대 테러센터를 설치하는 데 합의했고, 2001년 상하이협력기구 창립시 각국 정상들은 "테러, 분리주의 및 극단주의 척결을 위한" 협약[147]에 서명했다.

중국의 타협 전략 선택

1992년 10월, 중국과 중앙아시아 신생국가들은 첫 번째 공동대표기구 회의를 개최했다. 회의 1개월 전에 각국 외교부 장관들은 중국과 소련의 협상에서 최종적으로 진척되었던 그 지점에서 대화를 재개하기로 합의한 상태였다. 여기서 중요한 것은 각국이 이미 적용되고 있던 것과 동일한 원칙, 다시 말해서 기존에 합의한 사항들과 영토에 관한 현재의 상황status quo을 영토문제를 포괄적으로 해결하기 위한 기초로 삼는다는 원칙에 합의했다는 점이다. 그리고 분쟁 지역 대부분을 이 중앙아시아 신생국가들이 차지하고 있었기 때문에, 그러한 원칙에 중국이 합의했다는 사실은 중국이 처음부터 타협적인 태도로 문제를 해결할 준비가 되어 있음을 보여주는 것이었다. 대화를 재개하기 위한 10월 회의가 끝난 후, 새로운 구도(중국-소련 ⇒ 중국-중앙아시아 신생국가-러시아) 하에서의 1차 협상이 중국과 카자흐스탄 국경문제를 주제로 하여 1993년 4월에 시작되었다.

카자흐스탄

카자흐스탄은 독립하면서 중국과의 분쟁 지역 15곳을 이어받았다. 총 2,240km²에 달하는 이들 지역 대부분을 카자흐스탄이 점유하는 상태였는데,[148] 양국 간의 분쟁은 19세기 청淸과 러시아가 체결했던 합의사항의 모호성에서 기인한 것이었으며 이전에 국경선을 획정한 적이 없던 몇몇 지역들이 포함되어 있었다.

중앙아시아 신생국가들 중에서 중국과 인접한 가장 큰 인접국가인 카자흐스탄과의 관계 개선은 이 지역에 대한 중국의 개입정책 전반에 걸친 핵심적인 사안이었다. 카자흐스탄은 중국 밖에서는 가장 많은 위구르족이 거주하는 국가였으며 위구르족에 기반한 많은 조직들과 정치집단들의 본거지였다. 또한, 신장 지역과 접한 카자흐스탄 국경은 1,740km 이상으로, 반정부 세력과 밀수꾼들이 드나들 수 있는 지점이 다수 존재했다.[149] 게다가, 신장에서 가장 저항이 강한 지역 중 하나인 일리주伊犁州는 카자흐스탄과 접한 곳이었다. 따라서 이슬람 세력과 거리를 두고 있던 카자흐스탄의 세속주의 정권에 대한 중국의 지원은 신장 지역을 더욱 불안정한 상태에 몰아넣을 수 있을 이슬람 근본주의의 확산을 방지하는 데 도움이 될 것이었다. 물론 중국이 좀 더 공격적으로 나왔다면 중앙아시아의 분쟁 지역 모두에 대해 자국의 권리를 실현할 수도 있었겠으나, 그렇게 한다면 다른 목적들은 달성할 수 없었을 것이다. 또한, 이 지역의 영토분쟁에서 공격적인 접근을 했다면 이 중앙아시아의 신생 국가들이 이슬람 운동에 대한 지원을 강화함으로써 신장 지역의 안정을 유지할 수 있는 중국의 역량을 약화시켰을 것이었다.

1993년 4월과 6월의 2차례 협상 후 중국과 카자흐스탄은 분쟁 지역 대부분에 대해 잠정적인 합의에 이르렀다. 10월 초, 카자흐스탄 대통령 나자르바예프Nursultan Nazarbayev는 인터뷰를 통해서 11개 분쟁 지역 중 8개 지역에 대해서 중국과 합의에 이르렀다고 밝혔다.[150] 이후 2차례의 추가협상 후에 양측은 국경협정에 가조인하였고, 1994년 4월 리펑李鵬 총리와 나자르바예프 대통령이 정식으로 서명했다.[151] 협정에서 양측은 알라 패스Ala PassAlatau Pass, 阿拉山口를 포함한 몇 개 지역을 분할하기로 합의했다. 중국은 코가스강Korgas River 발원지 주변을 확보했지만 카자흐스탄이 점유하고 있던 다른 많은 지역들은 양보했던 것으로 보인다.(〈지도 2.5〉) 그 대가로 카자흐스탄은 신장 지역의 안정 유지를 위해 중국에 협조하기로 했다. 협정문 서명 후 나자르바예프 대통령은 카자흐스탄은 "민족적 분열주의에 반대하며 … 중국과 카자흐스탄의 관계에 해를 끼칠 '동투르키스탄East Turkestan' 분파세력들이 여기(카자흐스탄)에서 반중국 활동을 하는 것을 허락하지 않을 것"이라 천명했다. 이에, 리펑 총리는 "카자흐스탄에서 소수민족 분리주의자들의 반중국 활동을 불허하겠다는 나자르바예프 대통령의 발표와 대만 및 티베트에 대한 그의 입장 표명에 대해 감사의 뜻을 표시"[152]했다. 이러한 목적을 지원하기 위해, 1993년 6월 중국 공안부는 카자흐스탄 내무부와 협력 약정을 체결했다.[153]

아직 남아 있던 세 곳은 별도로 2건의 협정을 통해 해결되었다. 1997년 9월 리펑 총리와 나자르바예프 대통령은 첫 번째 보충 협정에 서명하였는데, 이 협정은 양국 국경의 남쪽 부분 마지막 11km와 중국-카자흐스탄-키르기스스탄 3국 접점에 있는 성산聖山 한텡그리Khan-Tengri, 汗騰格里峰의 귀속을 정하는 내용이었다.[154] 1998년 7월 장쩌민 주석과 나자르바예프 대통령은 나머지 두 지역을 균등하게 분할하는 내용의 두 번째 보충 협정에 서명했다.[155] 중국은 사리칠디강Sary-Childy River 지역 315km² 중 70%를 확보했으나 초간-오보 패스Chogan-Obo 및 바이-무르자 패스Bay-Murza Pass의 629km²에서는 30%를 확보하는 데 그쳤다.[156](〈지도 2.5〉)

　가장 해결하기 어렵던 분쟁 지역들에 대한 문제를 해결한 이들 보충 협정을 체결한 시점은 신장 지역 소수민족 소요 사태에 대한 중국의 우려가 증대되던 상황과 관련되어 있다. 1997년 2월 이닝伊寧에서 폭동이 발생한 이후 장쩌민 주석과 나자르바예프 대통령은 이 지역의 안정에 대해 논의하기 위한 긴급 회담을 가졌다.[157] 동시에 카자흐스탄 지도자들은 신장 지역의 안정을 유지하기 위한 중국의 노력에 대한 지지 입장을 계속적으로 표명했다. 첫 번째 보충 협정이 체결된 지 한 달 후 중국을 방문한 카자흐스탄 국방장관 알틴바에프Muhtar Alteinbaev는 카자흐스탄은 분리주의를 확고히 반대하며 중국을 겨냥한 분리주의자들의 활동을 막겠다고 선언했다.[158] 두 번째 보충 협정 서명 후 나자르바예프 대통령은 분리주의자들의 활동에 반대한다는 기존 공약을 다시 한 번 확인했다.[159] 1999년도 정상회담에서 장쩌민 주석과 나자르바예프 대통령은 "분리주의, 종교적 극단주의, 테러리즘, 불법적인 무기 밀거래, 마약 밀수, 불법 이민 및 기타 유형의 범죄들에 효과적으로 대응하기 위해 상호 협력"[160]하는 데 합의했다. 공식적인 성명 발표에 더하여, 카자흐스탄은 자국 내에서의 위구르족 분리주의 활동을 금지함으로써 중국을 지원했다. 1999년 카자흐스탄이 중국의 요구에 따라 위구르족 분리주의자들을 중국에 송환한 것은 그 일례이다.[161] 뿐만 아니라, 관련된 정당과 정치조직들을 해산하고 신문사를 폐간했으며 전투원으로 의심 가는 이들을 체포했다.[162]

　카자흐스탄과 체결한 세 건의 국경협정을 통해서 중국은 상당한 양보를 했는데, 총 2,420km²에 달하는 분쟁 지역 중 약 34%만 차지했다. 카자흐스탄 관계자들에 따르면, 이들 세 건의 국경협정은 영토와 관련한 현재의 상태를 긴밀하게 반영한 것이었다. 카자흐스탄 외무장관이 확인한 바와 같이, "국경선은 지금까지 항상 있어왔던 선, 즉 지켜오던 선을 따라 그어졌다. 다시 말해서, 카자흐스탄이 얻거나 잃은 것은 없다."[163] 국경선 획정작업은 최초의 국경협정이 체결되고 나서 곧 시작되었다. 국경선 획정을 위한 공동위원회는 1996년 7월 첫 회의를 열었고, 1997년 국경 표식 설치를 시작했다. 2001년 말까지 548개 이상의 국경 표식이 국경선을 따라 세워졌다. 2002년 5월 양국 외교부 장관은 부속 지도에 국경선을 표시한 의정서에 서명했다. 나자르바예프 대통령이 말한 바와 같이, "우리는 국경문제를 완전히 해결"[164]했다.

키르기스스탄

키르기스스탄이 독립하면서 소련으로부터 승계받은 중국과의 분쟁 지역은 7개로, 총 면적은 대략 3,656km²에 이른다.[165] 이들 중 우젠기-쿠쉬강Uzengi-Kush river, 烏晉吉庫烏什河 유역을 포함한 대부분은 키르기스스탄이 통제하고 있었다. 중국과 카자흐스탄 사례에서와 마찬가지로, 양국의 이견은 19세기 청淸과 러시아가 체결한 합의사항의 모호성에서 비롯된 것이었다.

키르기스스탄은, 카자흐스탄과 함께, 신장 지역의 안정과 관련하여 중국 공산당 중앙위원회가 1996년에 작성한 문건에서 언급된 중앙아시아 2개국 중 하나였다. 키르기스스탄은 소수의 위구르족 외에도, 특히 가장 저항적인 신장 지역 서남부에 거주하는 약 10만 명의 키르기스족들의 모국이었다. 카자흐스탄과의 경우와 마찬가지로, 중국은 키르기스스탄과의 관계 개선, 분리주의자들에 대응하는 데 필요한 지원 확보 및 국경무역 증대를 목적으로 영토분쟁의 타협적인 해결을 추구했다.

양국은 처음에는 양국 간의 영토분쟁을 소련 붕괴 이후 개최된 공동협상에서 다루었다. 1994년 4월 리펑 총리의 중앙아시아 순방에서 양국은 영토분쟁 해결을 신속히 추진하기로 합의했다. 1995년 7월 키르기스스탄 외교부 장관이 고위급 대화를 위해 중국을 방문했다.[166] 1995년 9월에는 양국 공동 대표단이 국경협정 초안 작성을 시작했다.[167] 1996년 7월, 장쩌민 주석과 아카예프Askar Akayev 키르기스스탄 대통령은 7개 분쟁 지역 중 6곳을 대부분 키르기스스탄이 차지하는 내용의 국경협정에 서명했다. 미해결 상태로 남은 유일한 지역은 우젠기-쿠쉬강Uzengi-Kush river, 烏晋吉庫烏什河 유역이었다.[168](《지도 2.5》)

중국과 카자흐스탄의 협상에서와 마찬가지로, 양측은 가장 간단한 문제부터 해결해 나간 것으로 보인다. 총론적으로, 중국은 키르기스스탄이 통제하는 영역에 대한 권리 주장을 철회하고 키르기스스탄은 중국이 확보한 영역을 인정해주는 것이었다. 이러한 양보의 대가로 중국은 국외의 분리주의 세력을 제압하는 데 키르기스스탄의 지원을 받았다. 심지어, 국경협정이 체결되기도 전에 키르기스스탄의 외교부 장관 주마굴로프Apas Jumagulov는 "분리주의자들"에게 피난처를 제공하지 않을 것을 약속했다.[169] 협정 체결 후 발표한 공동선언문에서 아카예프Askar Akayev 대통령은 키르기스스탄은 "분리주의에 확고히 반대하며 영토 내에서 어떠한 반중국 활동도 용인하지 않을 것"[170]이라 선언했다. 키르기스스탄 지도자들은 1994년 이래로 중국과의 모든 고위급 대화에서 그러한 공약을 반복해 오고 있다.[171]

우젠기-쿠쉬강 유역을 둘러싼 분쟁은 1999년 해결되었다. 몇 년에 걸친 간헐적인 협상 끝에 합의문 초안이 1998년 11월 작성되었다.[172] 1999년 8월, 장쩌민 주석과 아카예프 대통령은 보충 협정에 서명했다.[173] 여기서 중국은 다시 한 번 양보를 했다. 중국은 원래 이 지역의 50~96%를 요구하였지만, 최종적으로는 30%를 확보하는 것으로 합의한 것이다.[174] 이 협정의 체결과 그에 따른 양국 간 영토분쟁의 최종적 해결은 1997년 이닝 폭동에 이어서 신장 지역에서 소요 사태가 확산된 이후에 이루어졌다. 아카예프 대통령은 공동발표문에서 중국의 분리주의 세력 탄압에 대한 키르기스스탄의 지지를 다시 한 번 표명했다. 그는 키르기스스탄이 "분리주의, 종교적 극단주의와 테러리즘에 대한 반대 입장을 고수하고, 어떠한 세력도 반중국 활동을 하는 데 키르기스스탄의 영토를 이용하도록 허용치 않을 것"[175]이라 천명했다.

키르기스스탄과의 영토분쟁을 해결하기 위해 중국은 상당한 양보를 했다. 1996년과 1999년 체결한 협정문에 따르면, 중국은 약 1,208km² 또는 분쟁 지역의 32%에 해당하는 영역을 확보했다.[176] 정확한 자료는 없지만, 중국은 이전에는 통제하지 못했던 우젠기-쿠쉬강 유역의 일부를 확보했다. 국경선 획정 작업은 2001년 6월 시작되었는데, 양측은 105개의 국경 표식을 설치하고 2004년 9월 국경의정서에 서명했다.[177]

타지키스탄

타지키스탄이 독립하면서 소련으로부터 물려받은 중국과의 분쟁 지역은 3곳이었다. 그 중 가장 넓은 지역은 파미르Pamir 산맥과 관련된 약 28,000km²에 달하는 영역으로, 19세기 이래로 중국과 러시아의 관계에서 골칫거리였다. 중국은 그 지역이 러시아와 영국이 중국을 배제하고 1895년에 맺은 합의에 의해 러시아에 불법적으로 병합되었다고 주장했다.[178] 나머지 두 곳의 면적은 도합 430km²였다.[179]

타지키스탄과의 영토분쟁을 해결하기 위한 중국의 노력은 바로 추진되지 못하고 상당히 지연되어 2002년 5월에야 시작되었다. 그 첫 번째 이유는 기존의 공산당 세력과 이슬람 세력이 주축이 된 몇몇 반대세력 사이에서 벌어진 타지키스탄 내전 때문이었다.[180] 그러한 상황에서 타지키스탄 정부와 대화를 할 수는 없었고, 중국은 그러한 상황에서 영토문제를 제기함으로써 반대세력을 유리하게 하는 것을 전혀 원치 않았던 것이다. 1997년에야 내전을 벌이던 양측이 평화 협정을 체결하였고, 같은 해에 중국은 타지키스탄과의 협상을 시작했다. 두 번째 이유는 파미르 산맥을 둘러싼 분쟁 그 자체의 성격이었다. 중국이 내세우던 가장 큰 요구사항 중 하나인 파미르 산맥은 중국과 소련의 영토분쟁에서 가장 해결하기 어려운 부분이었다. 결국 이 지역에 대한 권리를 포기하기는 했으나, 이 지역이 러시아로 넘어갔던 역사적인 이유 때문에 중국의 지도자들은 이 지역에 대해 타협하는 데 탐탁지 않아 했던 것이다.

타지키스탄의 내전이 끝난 후 중국과 타지키스탄은 분쟁 지역 처리 문제를 논의하기 위한 대화를 시작했다. 1997년 10월 양국 외교부의 차관급 회담이 1주일간 진행되어, 소규모 분쟁 지역 두 곳에 대해서 "실질적인 진전"을 이루면서 해결방안에 합의했다. 중국은 우즈벨 패스Uzbel Pass, 烏孜別里山口에 대한 권리는 포기하였으나 마르칸수 계곡Markansu Valley, 馬坎蘇河河谷은 균등하게 분할했다.[181]《〈지도 2.5〉》 다만, 파미르 산맥 일대의 분할방식에 대한 양측의 이견이 지속되어 공식 합의문에 서명하지는 못했다. 중국이 이 지역에 대해서도 양보를 하였으나 양측은 적정한 분할 방식에 대해 합의를 이루지 못한 것이었다. 그럼에도 불구하고, 비공식적이지만 합의에 이른 1997년 10월이라는 시점은 중국이 이닝 폭동 이후 이어진 신장 지역의 소요 사태를 진압하기 위해 노력하던 시점과 일치하였는데, 소수민족에 의한 지역의 불안정성이 영토분쟁에서 중국이 상대국가와 타협하는 전략을 선택하도록 하는 데 역할을 했음을 보여주고 있다.

파미르 산맥 일대의 처리방식에 대한 합의가 이루어지지 않았다는 이유로 중국과 타지키스탄은 1999년까지 한 건의 합의문도 체결하지 못하고 있었다. 1999년 8월 장쩌민 주석과 라흐모노프Emomali Rahmonov 대통령은 국경협정에 서명하였는데, 이 협정문은 파미르 산맥을 제외한 모든 국경선을 획정하는 한편 두 개 산악 통로Uzbel Pass, Markansu Valley의 분할과 관련하여 그때까지 합의했던 사항들을 명문화하는 것이었다.[182] 신장 지역과 접하고 있는 국가들과의 다른 영토분쟁 사안을 해결하려는 중국의 노력에 호응하여, 협정문 조인식 후 양측은 중국의 국내정치적 목적에 대한 명확한 지지를 표명하는 공동발표문을 내놓았다. 양측은 "모든 형태의 분리주의, 종교적 극단주의 또는 국제 테러리즘에 반대함"을 강조하며, "자국 내에 존재하는 어떠한 조직이나 세력도 상대국가를 겨냥한 분리주의 활동을 하지 못하도록 금지하기로 약속"했다.[183] 타지키스탄은 1996년 이래로 다른 공동발표문을 통해서도

유사한 내용의 외교적 지원을 제공해 오고 있었다.[184]

그럼에도 불구하고, 파미르 산맥은 계속 문제가 되는 지점으로 남아 있었다. 이전의 여러 차례 협상에서 중국은 타협하여 이 지역에 대한 대부분의 요구사항을 철회하는 데 동의했다.[185] 타지키스탄이 합의를 원하고 있음은 명백했으나, 중국이 소련에 최초로 요구했던 사항은 타지키스탄 영토의 약 20%를 달라는 것이었다. 2000년에 양측은 비공식적으로 합의에 이르렀고 공동대표단이 다음 해에 이 합의사항들을 공식 문서로 성문화했다.[186] 2002년 5월 장쩌민 주석과 라흐모노프 대통령은, 일견 극적으로 보이지만 현실적 측면을 고려하여 중국이 양보하기로 한 사항들이 포함된 보충 협정에 서명했다.[187] 중국은 최초에 요구했던 28,000km² 중에서 최종적으로 얻은 부분은 1,000km²에 불과했다.[188] 이 합의는 영토문제에 있어서 현재의 상황을 고착시키는 내용이었으므로 영토의 교환이 거의 필요치 않았다. 협상에 참가했던 공동대표단의 러시아측 수석에 따르면 "중국과 타지키스탄에 의해 확정된 국경선은 사실상, 이미 존재해 왔던 것에 약간의 변경사항을 붙여서 다시 확정한 것으로 … 역사적으로 확립된 국경선에서 큰 변동은 없었다."[189]고 한다. 1999년과 2002년에 체결한 합의로 중국은 분쟁 중이던 28,430km² 중 4%만을 확보했다. 국경선 획정 작업은 2006년 시작되었으며 아직 완료되지 않은 상태이다.[190]

외부적 위협이 작용했는가?

중앙아시아 국가들과의 영토분쟁에서 볼 수 있는 중국의 타협적 해결사례들은 외부적 위협이 타협 결정의 원인이라는 주장을 거의 뒷받침하지 못한다. 그러한 주장의 요지는 냉전 이후 전세계적인 세력균형의 극적인 변화를 근거로 하여, 당시 중국은 미국의 역내 영향력 강화에 대응하고자 했기 때문에 주변국가들과의 영토분쟁을 타협적인 방식으로 해결하려 했다는 것이다.

그러나 중국이 양보를 했던 시점은 그러한 설명을 지지하지 않는다. 중국은 1990년대 중후반 카스피해 일대의 석유 자원에 대한 미국의 관심이 폭발하기 훨씬 전부터 이미 카자흐스탄 및 키르기스스탄과의 분쟁을 타협적으로 해결했다. 게다가, 2001년 9·11 테러 이전 이 지역에서의 미군 주둔과 9·11 테러 이후 아프가니스탄에서의 "항구적 자유 작전Operation Enduring Freedom"은 산발적이었으며, 중국 서부 국경에 대한 제한적인 위협요인에 불과했다. 북대서양조약기구(NATO) 참가국 병력들과 현지 병력들이 1997년과 2000년에 각각 연합훈련을 실시하기는 했지만 평화유지 임무에 초점을 맞춘 것이었지, 중국 입장에서 심각하게 경계해야 할 전투 훈련은 아니었다.

9·11 테러 이후 이 지역에서의 미군 주둔병력 증가는 중국의 지도자들에게 근심거리가 되었지만, 그 전에 중국은 이 지역에서의 영토분쟁을 해결하는 국경협정 총 7건 중 6건에 이미 서명을 한 상태였다. 그 협정들을 체결하기 이전에 중국의 지도자들이 아프가니스탄에 미군이 주둔할 것이라 예상했음을 보여주는 증거는 거의 존재하지 않는다. 마찬가지로, 여러 정상회담과 상하이협력기구(SCO)를 통해 나왔던 공동발표문들 중에서 미국을 직접적으로 언급한 것은 거의 없다. 이 문건들은 그 대신 테러리즘, 분리주의, 극단주의라는 "세 가지 세력"과 관련된 문제들, 양자 무역, 그리고 국가 내부적인 안보 및 안정과 연결되어 있는 역내 다른 공통된 문제들을 강조했다.[191] 중앙아시아에서의 미군 주둔에 반대하는 가장 분명한 입장 표명은 중국이 이 지역에서의 모든 분쟁을 해결하고 상하이협력기구를 창설한 지 몇 년이 지난 후에야 터져 나왔다. 2005년 7월, 상하이협력기구 회원국 정상들은 "반테러연합 참가국들이 상하이협력기구 회원국 영토에 병력을 주둔시키는 데 있어서 … 최종적인 시한을 설정"[192]할 것을 요구했다. 그러나 그러한 성명을 발표했다는 사실 역시 그 성명이 발표되기 10여 년 전부터 나타났던 중국의 타협적 행태를 설명하는 데 도움이 되지 않는다.

국제규범이 내면화된 결과인가?

이 시기 중국이 인접국가들과 이룬 합의들은 대체로 중앙아시아 지역에서의 국경선과 관련하여, 당시에 각국이 실제로 통제하던 영역을 승인하는 것이었다. 중국이 이들 국가에 통제권을 넘긴 영역이 어느 정도인지에 대한 정확한 정보를 공개하지 않았지만, 중앙아시아의 인접국가들과 이룬 각종 합의들은 청清이 방대한 영토를 양도했던 과거의 불평등 조약들을 포함하는 기존의 국경협정들에 근거한 것이었다. 그러나 이러한 사실은 중국이 영토분쟁을 타협적으로 해결하는 결정을 내린 이유를 국제규범의 내면화에서 찾는 설명을 거의 지지하지 않는다. 영토의 정복에 반대하는 규범 그 자체는 중국이 왜 그리고 언제 이러한 영토분쟁에서 타협하기로 선택했는지를 설명하지 못한다. 중국이 영토분쟁에서 타협하기로 결정한 시점은 1990년 바런巴仁 봉기 및 1997년의 이닝 폭동과 밀접히 관련되어 있다. 또한, 정부 내부문건들은 중앙아시아 지역 국가들에 대한 외교적 포용정책을 명확하게 중국 내부적 위협요인과 결부시키지, 외부적 위협이나 영토적 정복을 반대하는 국제규범과 결부시키지 않는다.

민주주의 또는 경제적 상호의존성의 결과인가?

다른 대안적 설명방식들 역시 이 지역 국가들과의 분쟁에서 중국이 보여준 타협적 해결 의지를 설명하지 못한다. "민주평화론"이나 평화적인 갈등해결 규범에 근거한 주장들이 중앙아시아에서 중국이 보여주었던 타협적 해결노력을 설명하기에 적절하지 않은 이유는 중국을 포함한 이들 국가들이 권위주의 정치체제를 유지하고 있기 때문이다. 마찬가지로, 중국이 이 시기에 무역증대를 모색했고, 육상 국경선을 둘러싼 분쟁의 해결이 국경무역 증대를 촉진하기는 했으나, 그러한 사실 역시 중국의 행태를 설명하지는 못한다. 1996

년 중국 공산당 중앙위원회 문건과 다른 자료들에 따르면, 중국 지도자들은 신장 지역의 경제 개발이 소수민족 집단들에 의한 소요 사태를 줄이고 정치적 안정성을 증가시키며, 이를 통해 이 골치 아픈 변강 지역에서 체제의 안전성을 강화하는 요소임을 명확히 했다. 다시 말해서, 무역은 정치적 안정성을 증대시키고 이를 통해 체제의 안전성을 제고하기 위한 하나의 수단이었다.

인도 및 부탄과의 국경 안정화

중국을 괴롭히던 체제의 불안정성은 중국이 현재까지도 여전히 육상의 국경선을 두고 다툼이 있는 인도 및 부탄과 1990년대에 분쟁 상태를 안정화시키는 데 있어서 제한적이나마 진전을 이룬 이유를 설명한다. 인도는 1949년 체결한 우호조약을 근거로 부탄의 외교와 안보정책을 "지도guide"하기 때문에 인도 및 부탄과의 영토분쟁을 해결하려는 시도들은 불가피하게 연결되어 있다.

천안문 사태와 신장 지역에서의 소요 사태로 발생한 내부의 불안정 요인에 더하여, 중국 지도자들은 이미 증폭되어 있던 내부의 불안정성이 티베트으로 확산될 위험에 직면했다. 1987년, 1988년, 그리고 1989년 초에 발생한 시위로 1년간 계엄령이 시행되었다. 소요 사태는 이후에도 티베트 전역에서, 특히 사원을 중심으로 계속되었다. 중국은 이에 대응하여 신장 지역에서 취했던 것과 동일한 다음과 같은 조치들을 실시했다. 중앙정부의 통제권 재확인, 종교활동에 대한 규제 확대, 그리고 분리주의 반대운동.[193] 인도와의 관계 개선은 그러한 노력의 일환으로, 중국의 지도자들이 히말라야 지역에 대한 권리를 계속 강경하게 주장할 경우 분쟁 상태를 그대로 유지하는 비용이 이전보다 훨씬 많을 것이라는 점을 의식했기 때문이다. 중국은 인도와의 관계를 개선함으로써 티베트 내의 "분리주의" 활동에 대응하는 데 있어 인도의 지원을 확보하고자 했다. 인도는 비록 1950년대에 비해서는 현저히 줄어들기는 했지만 티베트에 대한 영향력이 없지는 않았다.

1989년 이전에는 중국이 인도와 타협해야 할 이유를 거의 찾아볼 수 없었다. 1979년 2월, 인도 외교부 장관의 베이징 방문시 덩샤오핑은 일괄거래를 통해 국경 분쟁을 해결하자는 저우언라이의 제안을 반복했다.[194] 이 제안이 인도에 새로운 양보를 하는 것은 아니었지만 아마도 당시 아프가니스탄을 침공한 소련에 대응하기 위한 노력이 반영된 것으로 보인다. 양측은 1981년 외교부 차관급으로 협상을 시작하였지만, 이 양자 대화에서는 어떠한 진전도 이루지 못했다. 인도는 각 분쟁 지역에 대해 개별적으로 논의하는 것을 선호하였는데, 다음 장에서 다루겠지만, 1986년 맥마흔 라인McMahon Line 인근 숨두롱추Sumdurong Chu, 桑多洛河谷를 두고 위기 상황이 발생했다.[195] 더 이상의 상황 악화를 막기 위한 인디라 간디Indira Gandhi의 1988년 중국 방문시 양측은 공동실무그룹을 구성하는 데 합의했다. 이처럼 분쟁해결의 진전이 없었다는 사실은 중국이 보인 행태의 원인을 외부적 요인에서 찾는 논리를 반박하는 강력한 증거가 된다. 만약 중국의 우선적인 동기가 소련에 맞서 균형을 확보하고 특히 1980년대 초반 중국의 북쪽 국경에 가해지는 소련의 압력을 줄이는 것이었다면, 소련과 친밀한 관계를 유지하던 인도는 중국이 타협하려고 노력할 만한 매력적인 대상이었을 것이기 때문이다.

중국과 인도의 관계가 진전을 보이기 시작한 것은 1989년 이후였다. 1991년 리펑 총리의 인도 방문은 30여 년 만에 중국 총리가 처음으로 뉴델리를 방문한 것이었다. 방문 후 그는 중국 대표단에게 분쟁 "해결을 서두를 것"을 지시했다.[196] 군사부문 대표들이 참석했던 1992년 공동실무그룹 네 번째 회의는 국경에서의 긴장을 완화하기 위해 처음으로 군 장교들이 직접 대화를 가졌다는 데 의의가 있었다. 이 회의에서 양측은 국경수비대 사이의 정례회의와 같은, 실천 가능한 신뢰구축조치에 대해 논의하기 시작했다.[197] 1993년 6월 공동실무그룹 다섯 번째 회의에서 양측은 분쟁 중인 변강 지역을 현 상태로 유지하는 내용의 협정문 초안에 가조인했다. 인도 역시 티베트가 중국의 일부임을 재확인했다.[198] 1993년 9월, 양국 외교부 수장인 탕자쉬안唐家璇과 바티아R.L.Bhatia는 실질통제선 일대의 "평화와 안녕peace and tranquility"을 유지하기 위한 협정에 서명했다.[199] 새로운 국방, 군사분야 전문가 집단은 물론 양측 공동실무그룹의 후속 회의를 통해 신뢰구축조치(CBMs)를 다룬 1996년도 합의가 도출되었는데, 합의된 사항에는 실질통제선 주변의 병력규모 제한, 대규모 훈련 자제, 전투기 비행 제한 외에도 다른 제반 조치들이 포함되었다.[200] 중요한 것은, 중국과 인도가 숨두룽추 주변에 배치된 병력의 공동 철수에 동의했다는 점이다.[201] 마지막으로, 실질통제선이 맥마흔 라인과 일치하기 때문에 위와 같은 합의사항들은 중국이 동부 지구에서 맥마흔 라인에 따라 그어진 국경선을 수용할 것임을 확인시켜주는 것이었다.

그러나 이 기간 중에 양측은 영토분쟁을 실질적으로 해결하는 것과 관련해서는 어떠한 돌파구도 찾아내지 못했다. 합의에 이른 사항이 없었기 때문에 어느 쪽에서든 타협안을 제시한 것이 있는지 여부도 알아내기가 매우 어렵다. 예를 들어, 1997년 인도의 한 신문은 중국이 1996년 9월에 저우언라이가 1960년에 제안했던 일괄거래 방식에 기초한 분쟁 해결을 제안했다고 보도했다. 그 보도에 따른다면, 중국이 1996년 11월 장쩌민 주석의 뉴델리 방문시에 그러한 제안을 하려는 것이 명백했다.[202] 그러한 타협안을 제안한 것은 중국 공산당 정권이 겪고 있던 불안정성과 맥을 같이하기는 하지만, 덩샤오핑이 1979년 내놓았던 일괄거래 제안과 마찬가지로, 기존에 양보한 사항 외에 추가적인 양보를 담고 있지는 않은 것으로 보인다. 중국과 베트남의 협상에서와 마찬가지로, 중국과 인도가 벌였던 전쟁이라는 유산과 타협적 해결에 대한 내부의 반대는 분쟁의 최종적인 해결로 가는 데 계속적으로 중대한 장애물이 되었다.

그럼에도 불구하고, 1993년과 1996년에 이루었던 합의로 국경 지역의 안정성은 높아졌고 양국 관계는 개선되었다. 아무런 해결방안이 없던 상태에서 이러한 합의들을 이룸으로써 실효성 있는 국경선이 형성되었고, 이는 순차적으로 무역로 개설과 점진적인 긴장 완화로 이어졌다. 이에 더하여, 이 합의들로 인해 중국은 국제적 고립과 체제 불안정의 시기에 주요 인접국가들과의 관계 개선, 중요한 국경 지대의 비군사화, 주요 변강 지역의 경제발전을 촉진할 국경무역 증대 등 원하던 것들을 대부분 얻은 것으로 보인다. 분쟁을 해결하기 위한 노력은 2003년 7월, 양측이 분쟁의 정치적 해결을 위한 기본적인 사항들을 정할 고위급 특별대표들을 지명하면서 어느 정도 진전을 이루었다. 2005년 4월에 양측은 기본 원칙들을 담은 협정서[203]에 서명했지만 최종적인 해결은 여전히 요원한 상태였다.

이 시기 중국은 국경선을 둘러싼 부탄과의 분쟁에서도 진전을 이루었다. 양국의 분쟁은 이들 국가로부터 얻을 수 있는 자료가 부족하여 특히 연구가 어려웠다. 그러나 총론적으로는, 부탄의 외교정책에서 인도의 두드러진 역할을 감안한다면 중국과 부탄의 분쟁 그 자체는 중국과 인도의 분쟁에서 분리될 수 없다. 1984년부터 중국과 부탄은 국경분쟁과 관련하여 매년 회담을 개최해 왔지만, 회담에 나서는 중국의 주된 목표는 인도로부터의 자치권을 확대하려는 부탄의 욕망을 자극하고 지지함으로써 인도에 압박을 가하는 것이었다. 1990년 중국과 인도의 공동실무그룹 1차 회의 후 중국은 부탄의 서부와 접한 국경 일대의 분쟁 지역 1,128km² 중 76%에 대한 요구를 분명하게 포기했다.[204] 이 지역은 티베트와의 핵심적인 연결통로에 인접해 있는 지역으로, 이 지역에 대한 양보는 중국이 1980년대 말 티베트에서 발생한 시위 때문에 부탄과의 협력을 확대하기 위한 것이었을 수 있다. 1996년에도 부탄이 나머지 세 개의 분쟁 지역 269km²에 대한 중국의 요구에 아직 동의하지 않았음에도 불구하고 중국은 이러한 타협안을 반복하여 제안했다.[205] 1998년에 양측은 중국과 인도가 1993년과 1996년에 체결한 신뢰구축 협정의 연장선에서, 국경 일대의 "평화와 안녕을 유지하기 위한 협정"에 서명했다.[206]

인도와의 분쟁과 마찬가지로, 부탄과의 분쟁이 해결되지 않고 있다는 사실은 중국이 보인 행태의 원인을 외부로부터의 위협에서 찾는 논리를 반박하는 강력한 증거가 된다. 비록 부탄의 경우는 중국이 소련보다는 미국을 견제하려 했을 것이지만 말이다. 2001년 미국 부시George W. Bush 행정부가 새로이 인도와의 관계 강화에 힘썼던 것은 암묵적으로, 이 지역에서 커지고 있던 중국의 영향력에 대응하기 위한 것이었다. 2001년 4월 중국 전투기가 미국 정찰기와 충돌한 사건 이후 중국은 역내에서 미국의 영향력이 증대하는 추세에 훨씬 더 불안감을 느끼게 되었고, 그 결과 인도와의 영토분쟁 해결이 더욱 매력적인 대응방안으로 다가왔을 수도 있다. 그러나 9·11 테러로 미국의 대외정책에서 우선순위가 극적으로 변하기는 했지만, 미국과 인도의 관계가 강화되었기 때문에 인도와의 영토분쟁을 해결하는 것이 중국에게 더 매력 있는 선택지가 되었다는 증거는 존재하지 않는다. 게다가, 두 건의 신뢰구축 협정이 체결되던 1990년 초반에서 중반까지는 미국과 인도의 관계가 상당히 좋지 않았으므로 중국이 그러한 협정들을 체결하고자 한 이유를 미국과 인도의 관계 개선으로 설명할 수는 없다.

결론

1990년대에 새로이 발생한 체제 불안정 요인들은 중국의 지도자들로 하여금 아직 미해결 상태로 남아 있던 변강 지역의 분쟁들을 타협적으로 해결하도록 하는 강력한 동기가 되었다. 천안문 사태와 동구권에서의 사회주의 붕괴는 중국으로 하여금 사회주의 정치체제를 유지하는 데 필요한 외부의 지원을 확보하기 위해 소련, 라오스, 베트남과의 분쟁을 해결하도록 작용했다. 1990년부터 재발한 신장 지역의 소요 사태는 천안문 사태 이후 체제의 불안정성을 전반적으로 가중시켰다. 이에 대응하여 중국은 국내의 분리주의 활동에 대한 외부의 지원을 제한하기 위해 카자흐스탄, 키르기스스탄, 타지키스탄과의 분쟁을 타협적인 방식으로 해결했다. 내부적으로 체제의 안전성을 공고히 한다는 목표를 달성하기 위해서는 이를 지지하는 외부세력의 협력이 필요했기 때문에, 체제의 안전성에 대한 내부로부터의 위협 발생은 분쟁 지역에 대한 자국의 권리를 주장하는 데 수반되는 비용을 증가시켰다. 중국의 합의 시점과 중국측 인사들의 공식 성명, 그리고 학술적 분석은 중국이 왜 그리고 언제 타협을 추구하는지를 설명한다.

이제 중국의 16개 변강 지역 분쟁 중 미해결 상태로 남아 있는 것은 인도 및 부탄과의 분쟁 두 개뿐이다. 지금까지는 체제의 불안정성을 유발하는 요인들, 특히 소수민족의 반란에 기인하는 영토 보전에 대한 내부적 위협이 중국이 영토분쟁의 타협적 해결을 위해 노력하도록 하는 데 있어서 중심적인 역할을 수행했다. 하지만 앞으로는, 역설적이게도, 마지막까지 남아 있는 분쟁 사례들의 해결에 있어서는 이러한 내부적 위협요인들의 영향력이 저하될 수 있다. 1950년대의 상황과 현재의 그것이 서로 극명한 대조를 이루는 것은, 중앙정부가 군사기지는 물론 고속도로 및 각종 도로망을 연결함으로써 티베트에서의 입지를 매우 강력하게 구축해 왔다는 점이다.[207] 인도가 취했던 무역 금지조치로 티베트와 중국 본토의 경제적 연계성은 더욱 심화되었다. 한편, 중국과 인도 양측의 지도자들, 특히 인도 지도자들이 상대국가에 영토적으로 양보를 하기 위해서는 국내정치적으로 상당히 높은 비용을 치러야 한다. 이제 분쟁을 해결해야 할 이유로는 외부적 위협요인이 가장 가능성 높은 원인이 될 것이다. 지금까지는 그러한 외부적 위협요인들이 중국으로부터 타협하려는 노력을 끌어낼 만큼 충분히 강하지 않았을 뿐이다.

04

변강 지역
영토분쟁에서의
갈등고조 전략

Escalation in Frontier Disputes

19 60년대 초반과 1990년대 초반 중국은 변강 지역의 영토분쟁을 상대 국가와 타협적으로 해결하고자 했다. 타협적 해결을 통해 중국은 청淸 말기의 육상 국경선을 공고히 하고 소수민족 집단들이 거주하는 광대한 변강 지역에 대한 중국의 주권을 대외적으로 인정받고자 했다. 기본적으로 중국은 변강 지역의 영토분쟁에 대해서는 대개 타협을 통해 해결하려 해 왔음에도 불구하고 무력을 사용했던 사례가 세 건 존재한다. 인도, 소련, 베트남과의 영토분쟁에서 시간이 경과하면서 중국의 정책이 무력을 사용하는 방향으로 변동했던 이유를 가장 설득력 있게 설명해 주는 것은 분쟁 지역에 대한 중국의 장악력의 약화이다.

총론적으로 말한다면, 변강 지역의 영토분쟁에서 중국은 강경하게 자국의 권리를 주장해 왔다. 그리고 대부분의 변강 지역 영토분쟁 사례는 중국이 분쟁의 대상이 되던 지역의 일부를 점령하고 있던 상태에서 인접국가와 다투는 것이었다. 제2차 세계대전 이후 가장 큰 규모의 육군 상비병력을 보유한 국가인 중국의 역량으로는 대만이나 원해도서遠海島嶼 지역보다는 육상의 분쟁 지역으로 병력을 투입하는 것이 훨씬 더 용이했다. 변강 지역의 분쟁에 대해서는 자국의 요구를 관철할 수 있는 능력이 있었기 때문에 중국은 최종적인 결과를 자신하고 유리한 입장에서 협상할 수 있었을 것이다. 그 결과, 대부분의 변강 지역 영토분쟁 사례들에서 중국은 무력을 동원하지 않더라도 협상력bargaining power이 저하되어 자국의 주장을 강하게 내세울 수 없는 상황에 직면하지 않았기에 굳이 무력을 사용하지 않았던 것이다.

그에 반해서, 역내 세력균형에서 자국에 도전할 수 있는 군사적으로 가장 강한 주변국가들과의 분쟁에서 중국은 무력을 행사한 바 있다. 인도 및 소련과의 분쟁에서 중국은 이들 국가가 분쟁 지역에 배치병력을 증가시킴으로써 역내 군사적 균형을 자국에 유리하게 바꾸려 하거나, 전진적, 공세적 군사 태세를 취하거나, 또는 분쟁 지역 중에서 자국이 통제하는 영역을 확대하는 식으로 자국의 입지를 강화하고자 할 때 무력을 사용했다. 1962년과 1967년,

그리고 1969년 가해졌던 인도와 소련의 군사적 압력은 중국이 대약진 운동 실패에 따른 경제적 어려움과 문화대혁명으로 인한 정치적 불안정에 시달리던 시점과 시기적으로 일치했다. 중국의 지도자들은 내부적으로 어려움을 겪는 시기에 발생한 외부로부터의 군사적 압박에 대해 이들 국가가 의도적으로 가하는 것이라 보았고, 역내 힘의 균형이 더 이상 훼손되는 것을 막고 이들 국가와의 분쟁에서 자국의 상대적 위상을 강화하기 위해 무력을 사용할 필요가 있다는 결론을 내리고 대응했다. 이 장의 말미에서 간략히 다룰 베트남과의 반복된 무력충돌은 장악력의 부정적 변동이 아닌, 경쟁하는 국가들 간의 역학관계를 반영하는 것이다.

1962년: 중국-인도 전쟁

1960년 4월 저우언라이는 인도와의 영토분쟁을 해결하기 위한 방안을 협상하기 위해 뉴델리를 방문했다. 방문 일정 중 그는 양측이 분쟁 지역에서 각자가 점령하고 있던 영역을 서로 인정하는 일괄거래를 제안했다. 즉, 중국은 분쟁 지역 서부 지구의 악사이 친Aksai Chin, 阿克賽欽과 다른 지역들을 계속 보유하고, 인도는 동부 지구의 동북변강지구North Eastern Frontier Agency, 東北地區, 다시 말해서 맥마흔 라인McMahon Line 이남의 영역을 보유한다는 내용이었다. 그러나 2년 후인 1962년 10월 20일, 인민해방군 병력이 분쟁 지역 내에 설치된 인도군 진지를 공격했다. 중국이 2차 공세를 마무리한 11월 말까지 인민해방군 772명, 인도군 4,885명이 사망했다.[1] 11월 21일 중국은 일방적인 휴전을 선언하며 이번 전쟁으로 차지한 모든 지역은 물론 심지어 그 전부터 차지하고 있던 영토에서도 병력을 철수하겠다는 의지를 밝혔는데, 이는 1959년 11월 7일 설정된 통제선 뒤로 20km를 물러나겠다는 것이었다.[2]

새롭게 발굴된 중국측 자료들에 따르면, 1962년 10월 20일 중국이 공격을

감행하기로 결정한 동기에 대해서는 휘팅Allen Whiting과 맥스웰Neville Maxwell
의 설명이 대체로 타당하다.[3] 이 새로운 자료들은 외교적 방법이 실패한 국가
가 자국의 취약성이 증대하고 장악력이 약화되고 있다고 평가할 때 그 국가
가 무력을 사용하게 되는 동기가 만들어지는 메커니즘을 잘 보여주고 있다.
1961년 말, 인도는 분쟁 지역에 주둔병력을 증가시키는 "전진 정책forward
policy"을 내세우며 자국의 입지를 강화하고자 했다. 동시에, 외교적으로는 인
도가 서부 지구에서 자국령이라 주장하는 영역에서 인민해방군이 철수하지
않으면 협상을 거부한다는 입장을 유지했다. 휘팅의 지적대로, 영토의 보전
이 위협받게 될지 모른다는 우려와 대약진 운동 실패에 따른 경제 위기로 인
하여 중국의 지도자들은 분쟁 지역 국경선 일대에서 인도가 취하던 조치들이
중국에 미칠 영향을 더욱 심각하게 평가하게 되었다.[4] 인도를 공격하면 "10
년간은 국경이 안정"될 것이라던 마오쩌둥의 믿음을 중국 외교관들이 상기했
던 것은 인도를 저지해야 한다는 중국의 목표가 반영된 결과였다.[5]

앞으로 설명하겠지만, 인도와의 분쟁에서 중국이 보여주었던 무력 사용에
대한 의지는 해당 분쟁에서 자국의 장악력과 협상력이 어떤 상태라 인식하고
있는지에 따라 변화해 왔다. 장악력의 쇠퇴는 1962년, 1967년, 그리고 1986
년 있었던 무력 사용 결정과 시기적으로 일치한다. 반면에, 장악력이 안정적
으로 유지되던 1970년대와 1990년대 이후에는 무력 사용을 자제했다.

장악력의 저하

중국이 무력을 사용하겠다는 결정에 있어 핵심적인 요인은 인도가 1962년
2월 이래로 전진 정책forward policy이라는 이름으로 추진해 온 주둔병력의 확
대였다. 주로 분쟁 지역 서부 지구에 집중되었던 인도의 주둔병력 증대는 몇
가지 경로를 통해서 중국의 장악력을 약화시켰다. 첫 번째, 8월까지 인도는
중국이 자국의 권리를 주장하는 서부 지구의 영역 3,000km²를 추가로 점령

했다. 두 번째, 중국의 전술적 대응조치, 위협, 외교적 수단 모두 1962년 여름 내내 이루어진 인도군의 증강배치 속도를 늦추는 데 실패했다. 세 번째, 인도군의 배치는 앞으로 인도가 인민해방군 철수를 협상의 선행조건으로 요구하는 어떤 지역이든 실제로 점령하려 할 것임을 암시한다는 점이었다. 종합적으로, 중국의 지도자들은 인도의 전진 정책에는 외교가 아닌 군사적 수단을 사용하여 원하는 조건으로 분쟁을 해결하려는 인도의 욕망이 반영되어 있다고 보았다.

그러나 전진 정책 자체는 인도가 중국과의 분쟁에서 자국의 입지를 어떻게 인식하고 있는가라는 더 거시적인 맥락에서 바라볼 필요가 있다. 특히, 1961년 말 이 정책을 시작했을 당시 네루는 정책을 실시하기 직전 2년 동안 자국의 입지가 급격하게 악화되어 왔다는 결론을 내려 놓고 있던 상태였다. 이 책은 중국의 영토분쟁 관리에 초점을 맞추고 있으나, 전진 정책을 추진하겠다는 인도의 결정은 무력을 사용하겠다는 정책결정에서 장악력의 부정적인 변동이 미치는 영향을 훨씬 더 강력하게 지지하며 영토분쟁의 당사국들이 자국의 행동을 방어적인 것으로 간주할 때 발생할 수 있는 안보 딜레마security dilemma의 파괴적인 결과를 보여주는 것이다.

티베트 전역에서 봉기가 일어났던 1959년 이전에는 중국-인도 국경 분쟁에서의 역내 세력균형은 비교적 안정적이었다. 중부 지구the central sector, 中印邊界中段, 특히 쉽키 패스Shipki Pass, 希普基洛杉磯(〈지도 2.1〉과 〈지도 4.1〉) 주변에서는 무력충돌을 수반하지 않은 대치국면이 1950년대 중반에 여러 차례 발생하였으나, 양측은 이미 확보하고 있던 영역에 대한 통제를 공고히 하는 데 주력했다. 그러나 훨씬 더 크고 중요성이 높은 동부 지구中印邊界東段와 서부 지구中印邊界西段에서 양측은 상대방이 접근할 수 없는 지역에서 자국의 입지를 강화해 나갔다. 중국이 1956년 3월에 악사이 친Aksai Chin, 阿克賽欽 고원을 관통하는 신장공로新藏公路를 건설하기 시작했고, 인도는 맥마흔 라인 이남의 동북변강지구, 특히 타왕Tawang, 達旺 지방에 대한 통제력을 꾸준하게 다져나갔다.[6] 그렇지만 중부 지구에서와는 달리, 양측은 상대방 가까이에는 병력을 거의 배치시키지 않았다.

그러나 티베트에서 봉기가 발생한 이후 이를 진압하기 위한 중국의 병력 배치로 역내 군사력 균형에 변동이 일어났다. 동부 지구에서는 중국의 병력이 맥마흔 라인을 따라 설정되어 있던 티베트와 인도의 국경을 봉쇄하기 위해 신속히 이동하였는데, 이러한 조치로 중국으로부터 티베트 반군들을 도와주고 보호해준다는 의혹을 받던 인도군과 인민해방군이 대치하는 상황이 반복적으로 발생했다. 제2장에서 설명한 바와 같이, 인도군과의 소규모 충돌 이후 인민해방군은 1959년 8월 맥마흔 라인에 걸쳐 있던 롱주Longju, 郎久를 점령했다. 1959년 여름과 가을 동안 중국은 신장공로를 보호하기 위해 서부 지구의 주둔병력을 증가시키기 시작했다. 1959년 10월 콩카 패스Kongka Pass, 空喀山口에서의 무력충돌은, 1958년만 해도 이 지역에 인민해방군 초소가 없었다는 인도측 자료를 고려한다면, 이 지역에서 중국의 존재감이 확대된 상황을 반영하는 것이었다.[7]

이어지는 2년 동안 분쟁 지역 중 미확보 지역을 확보하기 위한 경쟁은 주로 서부 지구에서 발생했다. 중국으로서는 서부 지구의 통제를 공고히 하는 것이 신장공로의 안전을 확보하는 데 있어 핵심이었는데, 특히 1958년 인도가 악사이 친에 대한 중국의 권리 주장을 반박하며 중국이 새로 개설한 도로를 조사하기 위한 목적으로 순찰대를 보낸 이후로 더욱 그러했다.[8] 강력한 입지를 구축하고 있던 동부 지구와는 달리, 서부 지구에는 상시적으로 주둔하는 인도 병력이 없었기 때문이었다. 1960년 5월 5일 저우언라이는 마오쩌둥에게 이 지역의 인민해방군 배치에 관한 전문을 발송했다. 전문에서 그는 네루와의 회담 직후 발표한 공동성명에는 분쟁 지역에 대한 순찰활동 중지와 관련한 합의사항이 빠져 있었기 때문에 인도측의 "입질nibbling"이 시작되었다고 지적했다. 그는 티베트 군관구西藏軍管區와 남신장 군관구南軍管區가 서부 지구에서 중국이 권리를 주장하는 경계선 안쪽에 더 많은 감시초소를 세울

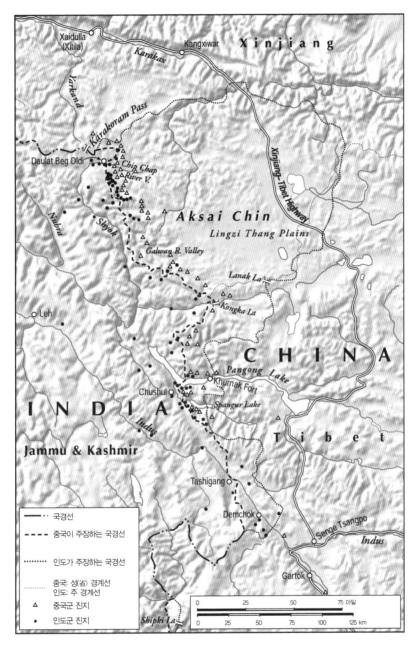

지도 4.1 중국-인도 국경 (서부 지구)

수 있는 기회와 유리한 여건을 놓치지 말아야 한다고 제안했다. 그리고 일단 초소를 증설한 후에는 순찰 중단상태를 계속 유지하되, 인도군과 마주치면 "인도군이 떠나도록 설득하고 무력충돌은 피하도록" 할 것을 건의했다. 다음 날 마오쩌둥은 저우언라이의 제안을 받아들였고, 이에 덩샤오핑은 서부 지구에서 중국의 주둔병력을 확대하기 위한 계획을 실행했다.[9]

1961년 9월 인도 정보국 보고서는 중국이 이 지역의 분쟁에서 우위를 확보했다고 결론 내렸다. 보고서에 따르면, 중국은 1959년 6월 이래로 서부 지구에 21개의 초소를 새로 설치했는데 그 중 대부분이 서로 연결되어 있고 광역 도로망을 통해 신장공로新藏公路와도 연결되어 있었다고 한다. 인도는 중국이 이러한 노력의 결과로 분쟁 지역 중 4,600km²를 추가로 확보했다고 믿게되었다.[10] 그러나 서부 지구 내에서 인민해방군 진지가 모두 몇 개인지는 알려져 있지 않다. 인도는 총 27개 진지를 가지고 있었지만 대부분 분쟁 지역이 아닌, 중국이 권리를 주장하는 영역의 경계선 밖에 자리 잡고 있었다.[11] 인도 정보국은 또한 중국이 같은 기간 동부 지구에서 맥마흔 라인을 따라 25개의 새로운 진지를 설치했다고 지적했다.[12]

자국의 입지가 약해짐을 인지한 인도는 서부 지구에서의 입지를 강화하기 위한 노력을 배가했다. 인도 정보국 보고서는 중국이 분쟁 지역을 계속 점유해 나갈 것이며, 인도의 주둔병력을 증가시키는 방안만이 더 이상의 침입을 방지할 것이라고 결론지었다.[13] 이에 더하여, 서부 지구의 약 9,000km² 가량이 비어 있어 중국의 점령에 취약한 상태였다.[14] 1961년 11월 2일, 네루 수상은 국경 문제를 논의하기 위해 국가안보자문 회의를 주재했다. 회의 결과는 영토분쟁에서 인도의 권리와 입지를 강화하기 위한 일련의 지침들로 가시화되었고, 이후 "전진 정책forward policy"으로 알려지게 되었다. 서부 지구의 인도군은 자국 진지로부터 인도가 주장하는 국경선(중국 점령 지역 안에 위치한)까지 최대한 깊숙이 순찰하는 한편, "중국인들의 전진을 저지하고 우리 영토 안에 이미 설치된 중국 초소들을 압도하기 위한 추가적인 초소를 설치"[15]하

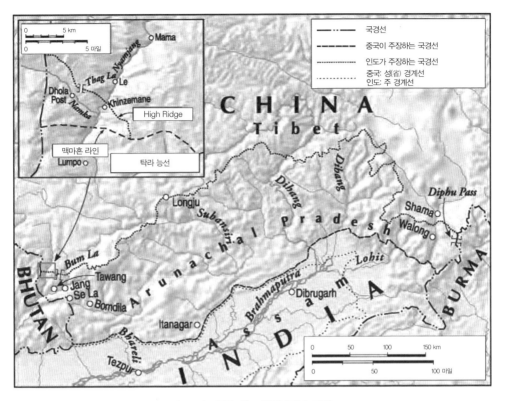

지도 4.2 중국-인도 국경 (동부 지구)

라는 지시를 받았다. 대부분의 분쟁 지역들을 인도가 점유하고 있던 중부 지구와 동부 지구의 인도군에는 "모든 변강 지역을 실효적으로 점령"하고 있는 상태를 유지하라는 지시가 하달되었다.[16]

서부 지구에서는 처음에는 겨울철 날씨 때문에 인도측 계획을 실행하는 데 차질이 빚어졌으나, 눈이 녹으면서 인도는 추가병력을 배치하기 시작했다. 1962년 3월부터 5월까지 인도군 주둔병력 증원은 칩찹 계곡Chip Chap Valley, 奇普查普谷(〈지도 4.1〉)에 집중되었고, 7월에는 갈완 계곡Galwan Valley, 加勒万河谷

에 치중했다.[17] 9월까지 인도군은 서부 지구에 36개 초소를 새로이 설치하였는데, 그 중 다수는 인민해방군 진지 근처에, 몇몇은 그보다 더 깊숙이 위치했다.[18] 이에 더하여, 인민해방군 군사과학원에서 공식발간한 분쟁사 자료에 따르면 인도는 총 3,000km² 영역을 점령했다고 한다.[19] 동부 지구에서의 전진 정책 실시는 1962년 2월, 준군사 조직 아쌈 라이플Assam Rifles이 타왕Tawang, 達旺 지역에 새로운 초소 4개를 설치하면서 시작되었다. 이들 중 붐라 패스Bum La Pass, 棒拉山口와 킨제마네Khinzemane, 兼則馬尼에 설치된 2개 진지는, 1914년도 지도(〈지도 4.2〉)에 따르면, 맥마흔 라인 북쪽에 위치해 있었다.[20] 4월에는 인도군 정찰대가 인민해방군이 1960년 6월 이래로 비워놓은 지역인 롱주Longju, 郎久로 돌아왔다.[21] 7월 20일까지 인도군은 34개의 새로운 초소를 동부 지구에 설치하여, 이 지구에서 인도군 초소는 킨제마네 같이 맥마흔 라인 북쪽에 설치된 것들까지 포함하여 총 56개에 달했다.[22]

중국이 볼 때 인도의 전진 정책은 역내 군사력 균형에 대한 위협을 의미했다. 저우언라이와 네루의 회담 이후 2년간 양국 국경은 비교적 평온한 상태를 유지해 왔다. 비록 양측이 자국이 실효적으로 지배하는 영역에 대한 통제를 공고히 하기 위한 노력을 계속하였으나, 군사 순찰 빈도를 제한하였으며 상대국 진지와는 거리를 두고, 대개 수십km 떨어져서, 실시하도록 했다. 외교적 노력이 아직 성과를 내지는 못하고 있었으나, 인도가 서부 지구에서 중국의 입지를 수용하는 단계에 가까이 왔으며 이를 통해서 항구적인 해결을 가능케 하는 "조건들을 창출" 할 것임을 중국의 지도자들이 믿었을 수도 있다. 국경 지대의 안정과 무력충돌의 부재 상태를 유지하는 것은 양국이 항구적인 분쟁 해결방안에 합의하는 것 다음으로 가장 좋은 대안이었는데, 이는 국경의 안정은 티베트와 중국 서남부 변강 지역에 인도가 영향력을 행사할 가능성을 제거한다는 중국의 내부적 목표에 도움이 되기 때문이었다.

그러나 인도의 전진 정책으로 양국 사이의 평온한 상태는 깨지게 되었다. 인도 육군이 실시한 작전들은 중국이 1950년대부터 통제해 왔다고 믿고 있던 영역 내의 인민해방군 진지들을 직접적으로 겨냥하는 것이었다. 양측이 설치한 전방초소들이 양국이 다투던 지역 내에 혼재되어 있었으나 중국은 서부 지구 대부분에서 그 존재감을 확립하기 위해 다년간 노력해 왔는데, 1956년 신장공로 건설도 그러한 노력의 일환이며 1959년부터는 진지를 강화하는 작업을 추진해 왔다. 〈지도 4.1〉에서 볼 수 있듯이, 서부 지구 인도군 초소 다수는 중국이 주장하는 국경선을 넘어설 뿐만 아니라 인민해방군 진지들을 압도하는 위치에 설치되었다. 게다가 분쟁 지역의 모든 지구에서 인도는 중국이 1959년 말부터 순찰을 중지했던 폭 20km의 완충지대 안에 병력을 배치했다. 인도의 전진 정책 개시를 계기로 중국이 인도와의 분쟁에서 충돌 가능성을 줄이고 국경 지대의 안정성을 제고하기 위해 이 지역에서 유지해 왔던 절제적인 정책policy of restraint의 유효성에 의문이 제기되었다. 인도 관리들은, 실제로 차지한 면적은 그보다 훨씬 적었으나 초여름까지 서부 지구에서 6,000km^2 이상의 영역을 확보했다고 발표하기 시작했다.[23] 그러한 발표는 중국의 지도자들에게 국경 지역이 위협 받고 있다는 위기의식을 고조시킬 뿐이었다.

체제의 불안정성과 장악력 감소의 인식

인도의 군사적 압박은 1962년 봄 중국의 지도자들이 영토의 보전 및 정치적 안정에 대한 다른 도전들에 직면했던 때와 시기적으로 일치했다. 제2장에서 상세히 설명한 바와 같이, 당시 중국이 직면했던 도전들에는 대약진 운동 실패에 따른 경제적 위기와 기근, 신장 지역에서의 소수민족 소요 사태, 본토 공격을 위한 대만의 군사동원 등이 있다. 이러한 도전들은 몇 가지 다른 경로를 통하여 중국으로 하여금 자국의 취약성 및 영토 보전의 과업에 인도가 가하는 장기적인 위협을 더욱 강하게 인식하도록 하는 방향으로 작용했다.

첫 번째, 분쟁 지역에 대한 통제력뿐만 아니라 티베트의 안정까지 위협한다는 점에서 인도의 압박은 영토 보전에 대한 다른 어떤 도전보다도 특히 위험한 것으로 인식되었다. 중국의 지도자들이 인도가 전진 정책을 어디까지 밀어붙일 것인지 평가하기 이전인 1962년 2월 중국 공산당 중앙군사위원회는 티베트에 주둔하는 모든 인민해방군 부대들에게 활동의 중점을 반란의 평정에서 신장 생산건설병단生産建設兵團(변강 지역에 주둔하는 인민해방군에서 분리시켜 만든 준군사조직으로, 지역 개발, 산업활동 및 변강 방위를 담당한다—옮긴이)의 임무와 유사한 경제 개발로 전환하라는 명령을 하달했다.[24] 이러한 방침의 전환은 이 지역에 대한 통제가 공고화되었다는 판단과 함께 중국 본토 전역을 휩쓸고 있던 경제 위기 때문에 중앙정부가 이 지역에 투입할 재원이 거의 없던 사정이 반영된 것이었다. 또한, 평정화 작전을 통해 티베트의 반란을 성공적으로 분쇄했고 외부의 영향력이 중국 내부에 침투할 수 있는 통로들을 봉쇄했다는 점도 반영된 것이었다.

이러한 맥락에서, 중국의 지도자들은 인도와의 영토분쟁이 격화된 1962년도의 상황은 인도가 티베트 내에서 영향력을 유지하고 중국의 권위에 도전하기 위해 조성한 것으로 보았다. 서부 지구에 대한 인도의 요구는 티베트와 중국 본토를 연결하는 인민해방군의 가장 안전한 교통로를 위협하는 것이었다.[25] 동부 지구와 중부 지구에서 인도의 입지는 인도가 자국에서 티베트으로 이어지는 전통적인 교역로에 대한 접근을 통제할 수 있게 했다. 동시에, 달라이 라마에 대한 인도의 지원으로 대만의 국민당 정권에 이어서 중국 공산당 정권의 정당성에 도전하는 두 번째 망명정부가 탄생할 가능성을 배제할 수 없는 상황이었다. 이에 더하여, 필수적인 식료품에 대한 인도의 수출금지 조치로 인하여 대약진 운동의 실패에 따른 중국의 경제 위기는 더욱 악화되어, 중국 공산당 정권에 대한 내부로부터의 위협요인이 하나 더 추가되었다.[26]

그러나 체제의 불안정성이 국내의 이목을 경제 위기로부터 다른 곳으로 돌리기 위해 무력을 사용하도록 하는 동기를 창출한 것은 아니었다. 1962년의 위기 상황으로 인하여 변강 지역에 대한 외부세력의 위협에 대한 중국 지도 자들의 민감성이 높아진 것이었다. 대약진 운동의 실패로 인하여 체제의 안 전성이 저하된 상황에서, 중국의 지도자들은 더욱 절박한 중심부에서의 위협 요인들을 관리하기 위한 수단으로서 광대한 변강 지역의 안정을 유지하는 데 더 높은 가중치를 두게 되었다. 인도는 단지 중국의 가장 취약한 변강 지역을 노리고 있을 뿐만 아니라, 중국의 지도자들이 내부적으로 가장 취약하다고 느끼고 있을 때 그러한 시도를 한 것이었다. 외부 세력의 압박은 중국의 재건 능력을 시험하였고, 변강 지역의 불안정성은 본토에서 정권의 권위를 공고히 하는 작업을 복잡하게 만들 것이다. 신장 지역의 소요 사태와 티베트 변강 지 역에 대한 인도의 압박은 정치적 안정성이 다른 무엇보다 가장 중요했던 바 로 그 시기에 영토의 보전과 관련된 문제를 건드린 것이었다.

두 번째, 체제의 안전성을 위협하는 다른 내부적 요인들과 함께, 인도의 전 진 정책이 중국의 정치적 불안정성으로부터 이득을 취하기 위한 외부 세력들 의 노력으로 비추어졌다는 점이다. 제2장에서 설명했듯이, 중국은 영토 보전 에 가해진 다양한 도전들이 각각 별개인 사건이라거나 우연히 발생한 것으로 생각하지 않았다. 인도의 병력 배치, 신장 지역의 소요 사태, 그리고 대만으 로부터의 위협은 중국의 지도자들이 국내 문제에 치중해 있을 때 이익을 취 하고자 하는 외부 세력들의 시도로 간주되었다. 저우언라이는 6월 초의 연설 에서 "이 시점에서 미국과 대만은 우리를 자극하기 위해 우리가 겪고 있는 심 각하고 어려운 상황을 이용하려 하고 있으며, 소련 지도부 역시 우리가 겪는 어려움을 이용하여 더 곤란한 상황을 만들어내려 하고 있다."[27]고 지적하였 는데, 이러한 평가는 군사전략가들도 이미 공유하고 있었다. 1962년 5월 소 집된 중앙군사위원회 전략연구소조戰略研究小組는 중국의 곤란한 경제 상황이 다른 국가들에게 중국을 압박할 수 있는 "천년에 한 번 만나기도 어려운 절호 의 기회千載難逢"를 제공했다고 결론 지었다.[28]

세 번째, 인도의 압박은 중국의 군사력이 내부적으로 약화되던 시점에 가해졌다. 대약진 운동은 중국 정부의 다른 부문에도 그러했던 것처럼 인민해방군에도 극적인 영향을 주었다. 티베트의 인민해방군 부대들에게 경제 개발을 위한 노력에 집중하라는 지시가 1962년 초에 하달된 것은 우연이 아니었다. 티베트의 게릴라들이 1961년 노획한 중국의 내부문건은 식량 부족과 공업 생산력 저하가 인민해방군의 준비태세와 사기에 미친 영향을 강조하고 있었다.[29]

외교와 억지력

위와 같은 사정으로 인도와의 분쟁에서 상대적 입지가 불리해진 중국은 외교와 억지력을 결합하여 서남부 변강 지역의 안정을 꾀하는 방향으로 정책을 전환했다. 인도와의 영토분쟁에서 중국의 단기적 목표는 변강 지역에서 인도의 군사적 압박을 제거함으로써 분쟁 지역에 대한 권리와 티베트에 대한 통제를 강화하는 것이었고, 장기적 목표는 여전히 저우언라이가 1960년 제안했던 일괄거래 방식에 기초한 분쟁의 해결이었다. 인도의 전진 정책은 이러한 중국의 단기적 목표와 장기적 목표 모두에 대한 명백한 위협요인이었다. 인도는 동부 지구에 대한 통제를 강화해 나가면서 중국이 신장공로를 포함한 서부 지구를 포기하도록 압박하기 위해 군사적 수단을 사용하고자 했다.

휘팅Allen Whiting은 인도의 압박에 대한 중국의 대응과 1962년 전쟁으로 귀결되는 과정을 외교적 항의, 억지 위협deterrent threat, 군사 작전이 혼합된 것으로 설명했다.[30] 앞에서 언급한 인민해방군 군사과학원 분쟁사 자료를 포함한 새로이 발굴된 자료들은 당시 중국의 지도자들이 자국의 취약성이 어느 정도로 심각한 것으로 인식했는지를 선명하게 보여주며 특정한 정책결정이 내려진 시점과 그 내용을 밝히고 있다. 인도의 전진 정책을 외교적 수단이나 억지력으로 막을 수 없게 된 중국은 결국 10월에 대규모 공격을 감행하기로 결정했다.

　중국의 첫 번째 대응은 서부 지구에서 인도군에 의한 더 이상의 영토 잠식을 막기 위해 저지진지blocking positions를 구축한 것이었다. 인민해방군은 처음에는 인도가 전진 정책에서 최초로 노렸던 칩찹 계곡Chip Chap Valley, 奇普查普谷에 역량을 집중했다.[31] 1962년 4월 말에 이르러 인도가 전진 정책의 추진을 본격화하자 중국은 서부 지구 영역 대부분을 대상으로 순찰을 재개한다고 발표했다. 다수의 인도군 순찰대가 맥마흔 라인을 넘은 이후인 5월 중순에는 인민해방군 총참모부가 티베트 군관구에 추가로 지시를 하달하여 동부 지구에서의 순찰 재개를 준비하도록 하였는데, 당시 중국 정부가 공식적으로 발령한 지시는 아니었다.[32] "눈에는 눈, 이에는 이tit-for-tat"로 맞서던 이 시기에 총참모부가 하달한 지시들은 인도군과의 무력충돌을 회피하고 갈등이 고조되지 않도록 상황을 통제하는 것이 중요함을 강조하는 내용이었다.

　인도의 전진 정책이 계속되자 중국이 취했던 두 번째 대응책은 인도와의 전쟁 가능성에 대비하는 것이었다. 5월 14일 저우언라이는 고위 군사지휘관 뤄루이칭羅瑞卿, 양청우楊成武와 함께 중국 전체 국경의 안전 문제를 논의하였는데, 그가 그러한 회의를 소집하는 것은 매우 드문 일이었다.[33] 회의에서 그는 중국이 국경에서 인도와의 무력충돌 가능성에 대비해야 하며 6월 말까지 준비를 완료해야 한다고 했다.[34] 이 회의는 인도와의 전쟁이 중국 지도부 내부의 분열로 인하여 발생했다는 일각의 주장과는 반대로, 국가 안보에 관한 이슈에서는 지도부가 단결해 있었음을 보여준다. 5월 29일 인민해방군 총참모부는 전쟁 준비에 관한 보고서를 제출했는데, 동부 지구의 부대들은 서부 지구에서의 전투를 지원하기 위한 공격을 준비해야 한다는 결론을 보고하는 것이었다. 이 보고서에는 부대 배치, 서부 지구의 사령부 주둔지, 작전 계획 및 보급에 관한 사항들도 포함되어 있었다.[35] 6월 초 동부 지구에서 과거 제18군 일부였던 제154, 155, 157연대를 지휘할 전선지휘부인 티베트419부대가 창설되었다.[36] 서부 지구에서는 남신장 군관구 캉시와康西瓦에 전선지휘부

를 설치했다. 전선에 배치된 부대들은 곧바로 전투 훈련을 개시했다.[37]

이러한 지시들이 하달된 시점을 보면 서남부 변강 지역의 취약성을 중국 지도자들이 얼마나 심각한 것으로 인식하고 있었는지 알 수 있다. 그간 대부분의 연구자들은 대만 해협을 둘러싼 상황이 진정된 이후인 6월 말에야 중국의 지도자들이 중국-인도 국경에 주의를 기울이게 되었다고 추측했다.[38] 그러나 사실은 총참모부의 전쟁 준비 관련 보고서 제출은 물론, 저우언라이, 뤄루이칭, 양청우의 5월 14일자 회동은 대만의 본토 공격 가능성에 대비하라는 명령이 내려지기 전에 발생한 일이었다. 그 당시 중국의 지도자들은 대만의 공격 계획이나 인도의 전진 정책이 어느 정도로 진척될지 예견할 수 없는 상태였고, 영토의 보호라는 긴급하고도 절박한 필요성 때문에 대만과 인도 두 곳으로부터의 위협 모두에 대해 거의 동시적인 대응이 이루어진 것이었다. 그럼에도 불구하고, 저우언라이는 중국은 인도가 먼저 공격하는 경우에 대해서만 준비할 것을 특별히 지시했는데, 이는 무력충돌에는 대비하되 가능하다면 두 개의 전선에서 동시에 싸우는 상황은 피하고자 하는 의중이 반영된 조치라 할 수 있다.[39]

인도의 전진 정책에 대한 중국의 세 번째 대응책은 "차단 및 순찰"에서 "무장공존armed coexistence"으로의 정책 전환이었다. 1950년대 비동맹 운동이 전 세계를 휩쓸던 시절Bandung-era의 구호인 "평화공존 5대 원칙"을 모방한 이 정책은 인민해방군 초소에 근접해 있는 어떠한 인도군 초소라도 압도하기 위한 책략과 관계된 것으로, 그 목적은 강경한 무력시위를 통해 인도군이 후퇴하도록 압박하는 것이었다. 총참모부는 특별히 전선의 부대들에 인도군 진지를 포위하거나 발포하지 말고 이들이 후퇴할 경우 추격하지 말고, 인도군의 퇴각을 허용하도록 하는 명령을 하달했다.[40] 마오쩌둥은 이 새로운 정책 노선과 관련하여 다음과 같은 20자로 된 지침을 내려주었다. "결코 물러나지 말되 유혈사태를 피하는 데 힘쓸 것, 상호 엉키고 교착된 상황을 조성하여 무장공존 상태를 장기간 유지할 것絶不退讓, 力爭避免流血; 犬牙交錯, 長期 武裝共處"[41]

이러한 정책의 전환은 7월 초에 이루어졌는데, 7월 5일 인도가 병력을 갈완 계곡Galwan Valley, 加勒万河谷으로 이동시키기 시작한 것이 계기가 되었다. 그로부터 며칠 후 인도군은 인민해방군 진지 뒤편에 초소를 건설하여 보급과 통신을 방해했다. 이전에는 대부분의 인도군 초소들이 인민해방군 진지 뒤가 아니라 맞은편에서 바라보도록 배치되었다. 이에 대해 중국은 처음에는 외교적 경로를 통해 항의했고 새로운 인도군 초소를 내려다 볼 수 있는 고지를 차지하기 위해 2개 중대를 배치했다. 그리고 나서 중국은 약 1개 대대를 동원하여 진지를 강화하였고, 인도는 헬기를 통해 추가로 병력을 투입했다. 이후 긴장된 교착상태가 이어지면서 인도군 진지는 3개 방향에서 봉쇄되었다.[42]

갈완 계곡에서 벌어진 일련의 사건들로 중국 지도자들의 긴장은 최고조에 달했다. 저우언라이는 상황을 매 2시간마다 보고할 것을 요구하였으며 그 지역의 부대 배치를 직접 지휘했다. 일례로, 그는 인도군이 철수하도록 압박하기 위해 인민해방군 초소 1개까지도 살펴보며 다시 위치를 잡도록 했다. 또한, 인도군의 공격을 받으면 갈완 계곡의 인민해방군은 캉시와康西瓦의 전선 지휘부와 남신장 군관구를 경유하는 일반적인 지휘체계를 통하지 않고 총참모부로 바로 보고하도록 했다. 7월 14일에는 총참모부 작전국 고위장교들이 직접 지휘하기 위해 신장에 도착했다.[43]

중국의 지도자들은 무장공존 정책이 인도군이 후퇴하도록 압박하거나, 최소한 전진 정책의 추진력은 약화시키는 효과가 있으리라 기대했다. 인민해방군은 동부 지구와 서부 지구 모두에서 인도군보다 우월한 보급선을 유지하고 있었는데, 특히 인도군이 공중 보급에 의존해야 했던 동부 지구에서 더욱 그러했다. 그럼에도 불구하고 갈완 계곡 사건은 국경 전역에 걸쳐 긴장의 수위를 높였다. 양국 부대의 근접 배치로 인하여 전술적인 판단 착오를 일으키거나 긴장이 고조될 수 있는 위험성은 더욱 높아졌다. 게다가, 그 사건 이후 인도군의 교전 규칙은 "공격 받은 후 발포fire only if fired upon"에서 "자위 차원의 발포fire in self-defence"으로 바뀌게 되었다.[44] 인민해방군 또한 예하 부대에 인도군이 진지로 접근할 경우 발포하라는 명령을 하달했다. 1962년 칩찹 계곡에서 1959년 10월 이후 처음으로 무력충돌이 발생한 것은 이러한 상황을 감안한다면 놀라운 일이 아니었다.

인도의 압력에 대한 중국의 마지막 대응책은 국경 지대의 현상 유지를 위해 협상을 통한 분쟁 해결을 시도하는 것이었다. 1962년 2월 말 전진 정책의 추진 속도가 빨라지자 중국은 인도에게 대화와 협상을 할 의지가 있음을 알려주었다. 외교문서에 따르면, "중국이 관련된 문제인 한에서는 협상의 문은 언제나 열려" 있다.[45] 인민해방군은, 협상을 개시하는 데 방해가 되지 않도록, 의도치 않게 위기를 고조시킬 수 있을 인도군과의 무력충돌을 막기 위한 특별한 조치들을 취했다. 2월부터 7월까지 하달되었던 총참모부의 모든 핵심적인 지시들은 무력충돌 회피가 중요함을 강조하는 데 중점을 두었다. 예를 들어, 순찰 재개와 관련하여 1962년 5월 하달된 지침은 유혈사태나 사고 없이 인도군의 도발에 대응하는 방법을 설명했다.[46] 인도군 초소로부터 5km 이내에서는 사냥도 금지되었다.[47]

중국이 수용할 수 있는 해법이란 인도와의 국경 전역을 대상으로 하는 것이며, 저우언라이가 1960년에 제안한 것과 같은 양측의 타협을 요구하는 것이었다. 그러나 동부 지구를 분쟁 지역으로 인정하지 않았던 인도[48]는 중국의 요구가 합리적이지 않다고 보았다. 대화를 위한 중국의 노력은 매번 협상의 범위와 관련하여 동일한 장애물에 부딪히곤 했다. 중국은 선행조건 없는 대화와 모든 분쟁 지역에 대한 일괄거래 방식의 해결을 목표로 노력했다. 인도는 인민해방군이 서부 지구에서 철수한 이후에만 대화가 가능하다고 주장하며, 협상 대상도 국경 전역이 아닌 서부 지구로 한정시키려 했다. 이 조건은 네루가 1959년 11월 처음으로 제시했고 1962년 5월 14일 중국에 보낸 공식 문건에서 재차 주장한 것이었다.[49] 네루 스스로도 알고 있었듯이, 인도의 제안은 인도가 권리를 주장하는 대략 33,000km²의 영역에서 중국이 자국 군대를 철수할 것을 요구하는 내용이었다.[50] 물론 중국이 권리를 주장하는 맥마흔 라인 이남의 영역에서 인도의 상응하는 철수 없이 말이다.

7월에 들어 중국은 무장공존 정책을 새로운 외교적 구상과 연결했다. 갈완 계곡에서 양국 사이의 갈등이 최고조에 달해 있던 와중인 7월 13일, 주 인도 중국대사 판질리潘自力는 네루에게 중국은 1960년 말 양국 관리들이 작성한 보고서를 기초로 하여 회담을 개최할 용의가 있음을 알려주었다.[51] 칩찹 계곡에서 무력충돌이 발생한 이틀 뒤인 7월 23일, 중국 외교부 부장 첸이陳毅와 인도 국방장관 메논Krishna Menon은 라오스 내전 문제를 다루기 위한 제네바 회의에서 3차례 비공식 회담을 가졌다. 회담에 참가한 인도측 인사에 따르면, 첸이는 맥마흔 라인을 포함하는 국경선을 인정하고 서부 지구 문제를 협의할 의향이 있음을 인도측에 재차 확인시켜 주었다고 한다. 그에 더하여 첸이는 악사이 친Aksai Chin, 阿克賽欽을 인도와 분할하는 방안도 기꺼이 수용할 의향이 있다고 했는데, 이는 저우언라이가 1960년 4월에 제시한 사항보다도 더 양보한 것이었다. 그는 회담 내용을 공동성명으로 발표할 것을 제안했으나 네루의 지침이 지체되어 실제 발표로 이어지지는 못했다.[52]

7월 26일 인도는 중국의 제안에 대해 답변을 했다. 중국에 보내는 문서에서 인도는 "현재의 긴장상황이 해소되고 적절한 분위기가 조성되는 대로"[53] 1961년 양국 관리들이 작성한 보고서를 기초로 회담을 개최할 용의가 있음을 표명했다. 8월 초 중국은 인도가 선행조건 없이 대화를 할 용의가 있는지 여부에 주목하면서 인도가 보내온 애매모호한 답변을 면밀히 검토하고 있었다.[54] 그러나 의회의 강력한 반대[55]에 부닥친 네루는 서부 지구가 1957년도 당시의 상태로 복구된 이후에야 중국과 대화를 할 것이라 발표였는데, 이는 중국에 서부 지구에서 철수하고 신장공로를 인도의 영향력 하에 노출시킬 것을 요구하는 것이었다.

8월 말에 이르자 중국의 지도자들은 양국 국경 상황의 악화를 멈출 수 있는 방법은 군사력 사용밖에 없다는 결론에 이르게 되었다. 8월 중순 총참모부 작전국 부국장 레이잉푸雷英夫 장군이 서부 지구를 순시하고 나서 작성한 보고서에 따르면, 그는 현지 상황이 이미 "무력을 사용하지 않고는 인도의 침입을 막기에 충분치 않은"[56] 심각한 수위에 이르렀다고 판단했다. 양국 군대가 근접하여 대치함에 따라, 8월에서 9월 초에 이르는 기간 동안 소규모 충돌 횟수가 증가하기 시작했다.[57] 순찰 재개, "무장공존" 정책, 전체적인 군사력 증강, 그리고 외교적 구상 모두 중국의 장악력 약화를 멈추는 데 실패했다. 중국의 입장에서 볼 때, 군사적 저지수단과 외교적 경고를 병행하는 것만으로는 인도의 압박을 멈추게 할 수 없음이 증명되었으며, 하물며 협상을 통해 현재의 상황을 유지하고 티베트 변강 지역을 안전하게 하는 것은 더더욱 가능성이 없음이 명백해졌다.

돌라 사건과 전쟁개시 결정

서부 지구에서 외교적 교착상태와 군사적 대치가 이어지는 가운데 9월 초에는 동부 지구의 남카 추Namka Chu, 克節朗河 인근에서 새로운 대치 국면이 시작되었다. 그때까지 기울여 왔던 억지 노력이 실패한 가운데 새로이 발생한 대치 국면으로 인도가 군사적 해결에 전념하고 있다는 중국 지도자들의 인식은 강화되었다. 남카 추에서의 긴장이 고조되자 중국의 지도자들은 자국의 영토적 목적을 달성할 수 있는 수단은 전쟁밖에 없다는 결론을 내렸다.

남카 추는 중국-인도-부탄 3국 접점 인근의 맥마흔 라인 서쪽 끝에 있는 지역이다. 〈지도 4.2〉에서 볼 수 있듯이, 남카 추 자체는 히말라야 산맥의 탁라Thag La, 塔格拉 능선과 평행을 이루며 서쪽에서 동쪽으로 흐르는 강이다. 이 지역에는 1914년 심라 회의Simla Conference에서 지도 위에 인도-티베트의 국경선으로 그어버린 맥마흔 라인과 실질적인 국경선으로 삼을 만한 지형물 혹은 지형적 특성들 사이에 불일치하는 부분들이 존재했다.[58] 맥마흔 라인의 서쪽 끝부분 약 15km는 하천의 분수령이나 높은 능선을 따르지 않고, 이 지역의 가장 높은 능선(〈지도4.2〉의 "High Ridge"—옮긴이) 남쪽에 직선으로 그어져 있었다. 인도는 맥마흔McMahon은 그 지역의 높은 능선들을 따라 국경선을 그으려 했던 것이며, 그렇게 국경선을 긋는다면 탁라 패스Thag La pass, 塔格拉山口는 인도의 영토에 속한다고 주장했다. 중국은 맥마흔 라인을 이 지역에서의 사실상 국경선으로 인정했지만, 그 선이 그어진 1914년도 지도에 대해서는 엄격하게 해석했다. 1959년 킨제마네Khinzemane, 兼則馬尼에서의 군사적 대치와 롱주Longju, 郞久에서의 무력충돌은 모두 맥마흔 라인과 인도측에서 맥마흔이 실제로 의도했던 경계라 주장하는 자연적 지형물들 사이에 끼어 있는 지역에서 발생했다. 저우언라이와 네루의 회담 이후 1960년에 개최된 양국 전문가 회의에서 중국은 맥마흔 라인에 대한 인도의 해석에 대해 강력한 반대의사를 표명했다.[59]

1962년 6월 4일, 인도는 동부 지구에서 전진 정책을 확대해 실시하기 위한 구상의 일환으로 남카 추 남쪽 강둑에 초소 한 개를 건설했다. 이 초소는 실제로는 "돌라Dhola, 多拉"로 불리우는 산악 통로pass에서 수km 북쪽에 위치했음에도 불구하고 돌라 초소Dhola post라 알려지게 되었다.[60] 7월과 8월에는 인민해방군 부대가, 그들은 "처둥chedong"이라 불렀던, 돌라 초소 북쪽의 탁라 능선을 따라 진지를 구축하여 주둔하기 시작했다.[61] 총참모부 지시에 따라, 티베트 군관구는 인도군 초소의 상태를 확인하고 필요시 인도군을 저지하기 위한 진지를 설치할 목적으로 9월 6일에 정찰대를 급파했다.[62]

약 40명으로 구성된 정찰대가 9월 8일에 돌라의 인도군 초소에 도착했다.[63] 정찰대는 남카 추 북쪽 강둑에 진지를 건설하고 강을 가로지르는 다리를 파괴하여 인도군에 대한 물 공급을 위협했다.[64] 본부로 보고된 최초의 인도군 보고서에 따르면 돌라가 600명 이상의 인민해방군에 포위되었다고 했는데, 보고된 그 규모는 본대에서 멀리 떨어져 적진 깊숙이 위치한 관계로 방어가 불가능한 이 진지로 본부가 증원병력 투입을 서두르도록 하기 위해 의도적으로 부풀려진 것이었다. 그러나 이 잘못된 정보는 일주일 이상 정정되지 않았고, 중국의 의도에 대한 인도의 두려움을 확실하게 증가시켰다. 중국측의 움직임이 차단조치가 아니라 공격을 위한 것이라는 것을 본 인도는 신속하게 증원병력을 배치했다. 그 다음 주에 메논Krishna Menon 인도 국방장관은 중국측 새 초소 파괴, 탁라 능선 이남의 인민해방군 축출, 탁라 능선 인도군 초소 설치 모두를 필요시 무력을 통해 실시하는 내용의 "레그혼 작전Operation Leghorn"을 입안했다. 9월 15일 인도 육군본부는 작전을 실행하라는 명령을 내렸다.[65]

중국이 돌라Dhola, 多拉의 인도군 진지에 대해 조기에 조치를 취하지 않은 이유는 명확하지 않다. 휘팅Whiting은 돌라에 대한 중국의 조치는 인도의 의도에 대한 최종적이고 신중하게 계산된 탐색이었으며, 이러한 결정은 협상 개시를 위한 선행조건으로 인민해방군의 철수를 요구한 인도의 8월 22일자 외교문서를 받은 이후 내려졌을 것이라고 추측한다.[66] 군사 연구가 쑤옌徐焰은 탁라 능선 남부에 대한 중국측의 순찰이 빈번하지 않았기 때문에 중국이 그 초소의 존재를 바로 인지하지는 못했으며 지역 주민들이 인민해방군에 인도군의 새로운 진지에 대해 알려주었다고 한다.[67] 인도측 자료에 따르면 중국이 7월 중순까지는 초소의 존재를 인지하고 있었으며 능선 남사면에 약 1개 여단 규모의 병력을 수용할 수 있는 방어진지를 구축했다고 한다.[68] 어떤 경우든, 인민해방군의 초소 구축은 양국 분쟁 지역에서 인도군의 추가적 전진을 막기 위한 "무장공존" 정책이 서부 지구에서 동부 지구로 확대된 것으로 보여졌다.[69]

뒤이은 몇 주간 양측은 남카 추 양안에서 각자 자국의 진지들을 보강하기 시작했다. 인도측 입장에서 중국이 탁라 능선에서 행하는 조치들은 맥마혼 라인을 명백히 넘은 것이고 인도 영토에 대한 공격이었다. 중국의 동향에 대한 뉴스는 인도 대중들의 분노를 부채질하였으며 인도군의 신속한 무력 대응을 요구하는 여론을 들끓게 했다. 중국이 볼 때 인도의 즉각적인 대응은 양국 간의 긴장된 교착 상태가 서부 지구를 넘어서까지 확장되었음을 의미하였으며, 전쟁만이 인도의 압박을 해소할 수 있다는 레이잉푸雷英夫 장군의 결론이 옳았음을 확인시켜주는 것이었다. 양측은 강을 사이에 두고 배치된 자국의 진지들을 보강하기 시작했지만, 남장 추Nyamjang Chu, 娘姆江曲(〈지도 4.2〉 참조) 능선에서 불과 몇km 북쪽의 레Le, 列城에 위치한 인민해방군 기지와의 근접성 때문에 중국이 유리한 상황이었다. 게다가, 그 지역은 티베트 고원 가장자리에 위치해 있어서 인민해방군의 기동이 용이했다. 이에 비해 인도군은 탁라 능선을 향해 오르막길을 행군해야 했다.

서부 지구에서 상황이 전개되던 과정과 유사하게, 중국은 무장공존 정책을 탁라로 확대하면서 외교적 노력initiative도 병행했다. 9월 13일 중국은 양측이 함께 뒤로 물러나 20km 폭의 비무장 지대를 만들고 10월 15일에 베이징에서 회담을 개최하자고 제안했다. 이러한 내용의 중국측 문서가 인도에 전달된 것은 인도가 인민해방군을 축출하려는 의도를 공식적으로 발표하기 5일 전인데, 이는 남카 추에 대한 중국의 조치가 타협으로 분쟁을 해결하려는 마지막 시도였다는 휘팅의 추론을 강화시키는 것이다. 무장공존 정책을 남카 추 같은 동부 지구 분쟁 지역으로 확대함으로써, 중국은 군사적 압박을 가하겠다는 인도의 공약을 시험해 볼 뿐만 아니라 서부 지구에서 중국이 확보한 영역을 인도가 인정하는 대신 동부 지구에서는 중국이 기존의 권리 주장을 철회하겠다는 제안을 인도에 강요할 수 있는 효과적인 수단을 만들어내려 했다. 7월에 시도했던 대화 개시 노력과 관련하여, 중국이 인도에 보낸 외교문서에서는 긴장을 완화하기 위해 선행조건 없이 대화를 개시해야 한다고 주장했다.[70] 같은 날 작성된 다른 문서에서는 "불을 가지고 노는 자는 결국 불에 타버릴 것"이라고 경고하기도 했다.[71]

9월 19일, 인도는 중국의 제안을 거부했다. 인도는 중국이 먼저 서부 지구의 분쟁 지역에서 인민해방군이 철수하는 데 동의한 이후에야 대화에 나설 것이라는 입장을 재차 강조했다. 게다가 중국의 대화 제의에 대한 인도의 거부의사 발표는 인도 육군본부가 "레그혼 작전" 실시 명령을 하달한 4일 후이자 탁라 능선에서 인민해방군을 축출하라는 명령이 인도 육군에 하달되었다는 인도 정부 대변인의 공식발표가 나온지 불과 하루 만에 이루어졌는데, 인도가 협상에 나설 것으로는 보이지 않았다.[72] 인도의 거부로 동부 지구와 서부 지구 모두에서 긴장이 훨씬 고조되었는데, 특히 남카 추 주변에서 더욱 그러했다.[73] 9월 29일, 인도군은 강을 건너 순찰하면서 인민해방군 진지에 대한 측면공격을 시도했다.[74] 새롭게 발굴된 자료들에 따르면 무력충돌은 양측이 상대측 진지를 정탐하면서 시작되었다고 한다.[75] 동시에, 다수의 정치인들이 인민해방군을 축출하겠다는 공약을 제시하면서 인도의 여론은 더욱 강경한 방향으로 흘러갔다. 특히 무조건적인 대화에 대한 인도의 거부는 분쟁 지역에서 인민해방군을 무력으로 축출하겠다는 인도측의 발언과 연결되는 것이기 때문에, 인도 정치인들의 쏟아내던 위와 같은 발언들은 인도가 전진 정책을 고수하고자 한다는 중국 지도자들의 인식을 더욱 강화시켰다.

10월 초에 중국은 다시 대화를 시도했다. 10월 3일, 중국은 외교문서를 통해 10월 15일에 선행조건 없는 대화를 할 것을 다시 한번 촉구했다. 그러나 그 사이에 발생한 두 가지 사건은 인도와의 전쟁이 불가피한 것임을 중국의 지도자들에게 다시금 확신시켰다. 먼저, 10월 4일 인도 육군은 레그혼 작전을 실시하고 탁라에서 인민해방군을 축출하는 임무를 수행할 새로운 부대인 제4군단을 창설했다. 대화를 위한 중국의 세 번째 노력이 있은 다음 날에 제4군단을 창설한 인도의 움직임은 의심할 여지 없이 인도가 군사적 해결을 추구하고 있다는 중국 지도자들의 믿음을 더 확고하게 만들어 버렸다. 외신 기사들을 인용한 10월 5일자 총참모부 보고서는 "인도는 이미 인민해방군을 쫓아내기로 결정"하였고 인도는 곧 공격을 감행할 것이라 결론 내렸다.[76] 다음으로, 10월 6일 인도는 외교 문서를 통해서 중국의 세 번째 대화 제의를 단칼에 거절했다. 인도는 협박에 굴하여 협상에 나오지는 않을 것이라 하며, 어떤 대화를 개최하더라도 그 전에 중국이 서부 지구는 물론 남카 추 지역을 비워야 한다고 요구했다.[77]

인도가 중국의 세 번째 협상 제안을 거절하자 마오쩌둥과 중국 고위 지도자들은 전쟁이 필요하다고 결심했다. 10월 5일, 저우언라이는 총참모장 뤄루이칭羅瑞卿에게 국경 지대에 부대 배치를 서두르라는 명령을 하달했다.[78] 10월 6일 총참모부는 "인도군이 공격할 경우 가차 없이 반격할 것. 그들이 공격할 경우 단지 이를 격퇴하는 데 그치지 말고 그들이 피해를 입도록 무자비하게 반격할 것"[79]이라는 마오쩌둥과 공산당 중앙위원회 지시를 전달했다. 인민해방군 군사과학원의 분쟁사 자료에 따르면, 이러한 지시사항들은 인도에 대한 군사 행동과 관련한 전반적인 정책 방향의 윤곽을 보여주고 있으며 군사작전은 동부 지구 남카 추 주변에 초점이 맞추어 실시할 것임을 강조하는 것이었다.[80] 탁라 능선 남부에서 인민해방군을 축출하려는 인도의 계획, 제4군단 창설, 무조건적 대화 제의에 대한 거부는 중국의 지도자들로 하여금 분쟁 지역의 경계선에 배치된 인도군 부대들에 대한 공격만이 이 지역에 대한 인도의 군사적 압박을 제거할 수 있을 것이라 확신케 했다.[81]

공격 명령을 하달하기 위해 공산당 중앙군사위원회 위원들이 회합한 것은 10월 6일에서 8일 사이의 어느 시점이었다.[82] 이 회합에서 외교부장 첸이陳毅, 총참모부 부총참모장 양청우楊成武, 총참모부 작전국 부국장 레이잉푸雷英夫 모두 보고서를 제출했다.[83] 10월 8일 총참모부는 동부 지구에서의 공격 개시 결정을 공식화하는 예비명령을 발령했다.[84] 그 명령은 인도군의 관심과 병력을 분산시키기 위해 맥마흔 라인 동단에서는 견제 작전을, 서부 지구에서는 국지적 강습을 병행하면서 남카 추 지역의 인도군을 공격하기로 한 중앙군사위원회의 결정을 하달하는 것이었다. 중앙군사위원회 위원들이 회동한 시점은, 그 다음 날 아침에 대규모 무력충돌을 촉발했던, 탁라의 인민해방군 진지에 대한 인도군의 10월 9일자 공격이 있기 이틀 전에 이미 중국이 전쟁을 결정했음을 암시한다.[85]

예비명령이 하달되면서 인민해방군은 전투 준비에 돌입했다. 10월 8일 주소련 중국대사 류샤오劉曉가 흐루시초프Khrushichev를 만나고 있는 동안 저우언라이는 주중 소련대사를 접견했는데,[86] 저우언라이와 류샤오 모두 소련에 중국의 계획을 알려주려 한 것이었다. 10월 9일 공산당 중앙군사위원회는 쓰촨성에 주둔하던 제130사단에게 즉시 티베트로 진입하여 향후 시행될 작전을 지원할 것을 명령하였고, 그 다음 날 인민해방군 총정치부는 각 부대를 통제하는 당위원회들에 정치공작(공산국가의 군은 국가가 아닌 공산당에 속한 무장조직으로, 군정, 군령 기능과 별개의 계통인 군 내부의 당위원회가 군에 대한 당의 지도, 통제를 강화하고 당의 노선을 군의 활동에 관철하기 위한 각종 활동을 '정치공작'이라는 명목으로 수행함—옮긴이)을 실시하도록 지시했다. 티베트 군관구는 10월 14일 취나현錯那縣 마마麻麻에 전선지휘부를 설치하는 한편, 15일에는 포로수용소 건설을 시작했다. 그러는 동안 전선에 배치된 병력들은 최종 공격명령에 대비했다. 10월 17일, 중앙군사위원회는 "인도 침략군을 격퇴하기 위한 작전명령"을 하달했다. 10월 18일, 공산당 정치국 확대회의에서 10월 20일에 공격을 개시하라는 최종명령이 내려졌다.[87]

이 전쟁에서 중국의 군사적 목적은 1962년 당시 제기되었던 영토의 보전과 관련한 우려, 특히 중국 서남부 변강 지역에 대한 인도의 압박과 관련한 우려와 분명히 연결되어 있었다. 중앙군사위원회의 작전 명령에 따르면 중국의 목적은 다음 세 가지였다.

1. 변강 지역의 안전 수호
2. 협상을 통한 분쟁해결을 가능케 하는 조건 창출
3. "반동분자들reactionaries"에 대한 공격[88]

일차적 목적은 실질통제선을 따라 배치되어 있던 분쟁 지역 내 인도군 진지들을 파괴함으로써 인도의 군사적 압박 수단을 제거하는 것이었다. 더 나아가서, 중국은 전진 정책을 뒷받침하는 인도의 군사적 자산을 파괴함으로써 영토의 현 상태에 기초한 협상만이 분쟁을 해결할 수 있는 방법임을 보여주고, 이를 통하여 일괄거래 방식으로 분쟁을 해결하기 위한 조건을 창출하고자 했다.

중국의 군사적 목적들은 이 분쟁에서 자국의 장악력이 약화되는 추세를 되돌리려는 것이었다. 1962년 봄부터 인도는 분쟁 지역에서 점령지를 넓혀 왔으며 역내 군사력 균형에서 그 입지를 강화해 왔다. 대약진 운동 실패에 따른 경제 위기, 신장 지역의 불안정, 그리고 대만 해협에서의 양안兩岸 갈등이라는 요소들 모두 중국의 통제력이 원래 취약했던 티베트 지역에 인도가 가하는 위협을 강화하는 방향으로 작용했다. 7월에 마오쩌둥도 "그들은 우리를 전쟁으로 몰아넣기 위해 현재 우리가 일시적으로 겪고 있는 어려움을 자신들의 기회로 활용하고자 한다."[89]고 언급했다. 그때까지 시도해 왔던 외교적 수단과 군사적 억지를 병행한 중국의 노력은 계속 실패하고 있었다. 동부 지구에서, 탁라Thag La, 塔格拉의 인민해방군 진지를 공격하기 위한 인도군의 준비와 중국의 세 번째 협상 제안을 거부한 조치는 1962년 여름 내내 진행되어온 사태가 파국으로 치닫게 된 결정적인 쐐기였다.[90] 중국의 당 및 군의 고위급 지도자들은 역내 세력균형을 파괴하고 이 지역에 대한 장악력을 강화하려는 인도의 노력을 저지하기 위해서는 전쟁 외에 다른 선택이 불가능하다는 결론에 이르게 되었다. 중국의 지도자들이 전쟁을 개시하는 이유로 제시한 다음 세 가지 사항들은 자국의 장악력 약화에 대한 중국의 우려를 반영한 것이었다. 첫 번째, 그들은 인도가 티베트에 대한 영토적 야심을 계속 품고 있다고 믿었다. 중앙군사위원회 10월 회의에서 레이잉푸雷英夫는 마오쩌둥에게 구두 보고를 하는 자리에서 네루는 티베트를 인도의 식민지 또는 보호령으로 삼기 위해 티베트를 향해 북쪽으로 확장하는 영국의 정책을 계승하고 있다고 평가했다.[91] 중국의 시각에서 볼 때 네루는 처음에는 1950년 중국의 티베트 점령에 반대했고, 그 다음에는 티베트 반란세력들을 지원했으며, 그리고 나서는 달라이 라마에게 피난처를 제공했다. 중국이 티베트의 반란을 진압한 이후 인도의 정책 초점은 중국 내부의 반란세력에 대한 지원에서 영토분쟁을 격화시키는 것으로 이동했다. 1959년 3월 22일, 악사이 친에 대한 네루의 공식적인 영유권 주장이 라싸에서 폭동이 발생한지 불과 이틀 만에 나온 것은 중국 지도자들이 보기에 우연이 아니었다. 영토분쟁은 단지 분쟁의 대상이 되는 지역만을 노린 것이 아니라 중국의 취약한 변강 지역에 대한 인도의 더 거시적인 목표와 연결되는 것이었다. 중국 공산당 중앙군사위원회의 10월 17일자 작전명령에 따르면, 인도는 계속 북쪽으로 압박하여 티베트와 악사이 친안으로까지 밀고 들어올 것이었기 때문에 전쟁은 불가피한 것이었다.[92] 전쟁으로 대응하지 않는다면 중국의 목소리는 계속 약해질 것이고, 티베트의 안정이 위협받을 수도 있었다.

두 번째, 중국의 지도자들은 당시 중국에 고통을 가하던 내부의 약점을 인도가 의도적으로 이용하고 있다고 보았다. 레이잉푸 장군은 네루에 대해서, 그는 중국이 경제적 격변의 시기에 많은 전선에서, 특히 소련과 미국으로부터의 위협에 직면해 있으므로 인도와 전쟁을 하려 하지 않을 것이라 믿고 있다고 언급한 바 있다.[93] 저우언라이가 인도에 대한 공격 후에 행한 국내 연설에서 말했듯이, "그들은 우리가 심각한 기근을 겪고 있고, 티베트가 비어 있으며 반란이 아직 진압되지 않고 있다고 여겼다."[94] 또한, 그는 "더 이상 물러날 곳이 없는 데도 반격을 가하지 않는다면 정말로 우리가 허약하다고 보여주는 것이고, 그들은 우리를 손쉽게 겁줄 수 있다고 믿을 것"이라 주장했다.[95] 위와 같은 발언들을 통해 중국 지도자들이 전달하려 했던 메시지는, 외부 세력들은 중국이 겪고 있는 내부적 어려움으로부터 이익을 얻고자 시도하고 있으며 중국이 영토라는 중대한 국익을 수호하겠다는 결의가 부족하다고 믿고 있다는 것이었다. 이러한 믿음을 가진 중국의 지도자들은 인도와의 전쟁을 서남부 변강 지역을 수호하는 것일 뿐만 아니라, 국내의 불안정이 계속되는 시기 동안의 다른 영토적 도전들을 억지하는 것이라고 보았다.

세 번째이자 가장 중요한 이유는 중국의 지도자들 스스로가 절제 정책 policy of restraint과 외교적 노력이 중국-인도 국경의 안정을 가져오는 데 실패했다고 결론지었다는 점이었다. 저우언라이가 말했듯이, "그들은 우리와 이

264

야기하지 않으려 한다! 이제 무엇을 할 것인가? 우리는 수차례 노력하였지만 소용이 없었다."⁹⁶ 레이잉푸雷英夫 장군은 자신이 작성한 보고서에서 1950년 이래로 중국은 중국의 권리를 주장하는 지역을 인도가 점령하더라도 그 지역에 군대를 투입하거나 무력을 사용하지 않음으로써 인도의 "팽창주의" 정책에 대해 인내하고 양보해 왔다고 했다.⁹⁷ 순찰과 무장공존武裝共處 정책으로까지 전환했음에도 중국을 제압하려는 인도의 노력을 멈추게 하는 데 실패했으며, 네루는 중국이 "허약하고 쉽사리 겁먹는다."고 믿고 있다는 것이 그가 내린 결론이었다. 전진 정책을 지속적으로 추진하며 탁라Thag La, 塔格拉에서 인민해방군을 축출하려는 인도의 의도는 위와 같은 결론이 타당함을 입증하는 것이었다. 중국의 군사 연구자 쑤옌徐焰 또한 무장공존 정책이 인도가 국경 지대에 가하는 압력을 저지할 수 없었다는 점이 중요하다고 주장한다. 소규모 교전이 끝나면 인도군은 매번 돌아왔다. 인도군 자체를 파괴하지 않는다면 국경은 "매우 오랫동안 평화롭지 않을 것"⁹⁸이었다. 쑤옌에 따르면, 중국의 지도자들은 치열한 싸움을 통해서 "침략자들"에게 그들이 과거에 했던 것과 같은 "입질"을 앞으로는 할 수 없을 것이라는 점을 일깨워 주어야 비로소 국경의 안정은 확보할 수 있다고 믿었다.⁹⁹

10월 18일 공산당 정치국은 인도에 대한 공격 문제를 논의하기 위한 확대회의를 개최했다. 이 회의에서 마오쩌둥은 인도와의 전쟁이 불가피한 이유들을 정리하였는데, 중국이 조치를 취하지 않을 경우 감수해야 할 장기적 취약성을 강조했다. 레이잉푸 장군에 따르면, 마오쩌둥의 발언은 다음과 같다.

우리는 오랜 시간 동안 국경 문제를 평화적으로 해결하기 위해 다양한 시도를 해 왔으나 인도는 이를 거부하고 있다. 그들이 의도적으로 더욱 꾸준하고 격렬하게 무력충돌을 자극하는 행태는 우리를 너무나 업신여기는 것임이 명백하다欺人太甚. 싸우면서 친해진다는 속담이 있다不打 不成交. 일단 우리도 반격을 해야 국경이 안정되고 국경문제가 평화적으로 해결될 수 있다. 그런 다음에야 우리가 희망하는 바가 실현될 수 있다. 그러나 우리의 반격은 오직 경고하고 벌주기 위한 것이고, 군사적 수단으로는 국경 문제를 해결할 수 없다는 점을 네루와 인도 정부에 일깨워주기 위한 것이다.[100]

그로부터 이틀 뒤 인민해방군의 공격 개시로 1962년 중국-인도 전쟁이 시작되었다.

이 전쟁의 첫 번째 단계에서 취해진 군사작전과 외교적 조치들은 이 분쟁에서 취약성의 증가가 어떤 역할을 하는지에 대한 추가적인 증거를 제공한다. 군사행동의 첫 번째 단계인 10월 20일에서 25일 사이에, 인민해방군은 전진 정책을 위해 구축되어 있던 인도의 전방 진지들에 공격을 집중했다. 이들이 인도군 진지를 파괴하고 전장에서 잠시 대기하고 있을 즈음, 저우언라이는 네루에게 서한을 보내어 양측이 실질통제선을 따라 비무장지대를 구축하고 총리급 회담을 개최한다면 인민해방군은 맥마흔 라인 이북으로 철수하겠다고 제안했다.[101] 인도가 저우언라이의 제안을 거부한 이후인 11월 중순부터 전쟁이 두 번째 단계로 전개되었다. 인민해방군이 맥마흔 라인 이남의 동북변강지구에 배치된 인도군을 향해 진격하기 시작한 후 저우언라이는 1959년 11월 설정된 통제선으로 철수를 단행할 것이라 일방적으로 선언했는데, 이는 중국이 인도와의 전쟁에서 팽창주의적 목표를 추구하지는 않을 것이라는 명백한 신호를 다시 한번 보내는 것이었다.

전쟁의 첫 번째와 두 번째 단계 모두에서 중국은 자국의 권리를 주장하던 지역들까지 진격을 허용했으나 이들 지역을 점령하지는 않았다. 철수가 종료된 후 인도군과 인민해방군을 분리하는 실질통제선(LAC)은 인도가 전진 정책을 추진하기 이전의 실질통제선과 유사했다. 중국은 1959년 11월 설정된 통제선으로 철수했음을 공식적으로 발표했다. 철수는 했지만 중국은 약간의 추가적인 영토를 확보했을 수 있다. 전장에서 중국이 승리한 것을 보면, 중국은 분명 원하는 지역이라면 어디든 점령할 수 있었다.

1962년 이후 중국-인도 국경 지역의 분쟁과 안정

1962년 전쟁 이후, 중국-인도 국경에서 양국 간 긴장이 고조되었던 세 개의 주요한 시기가 존재했다. 제1장에서 언급한 바와 같이, 1965년 9월 중국은 인도와 전쟁 중이던 파키스탄을 돕기 위해 서부 지구의 병력을 동원하면서, 히말라야 산맥 일대에 제2의 전선을 구축하겠다고 위협했다. 이러한 중국의 조치로 국경 지역에서의 긴장이 고조되었고 무력충돌도 수차례 발생하기는 했으나, 당시 중국의 목적은 확장억지extended deterrence였지 영토에 대한 권리를 주장하려는 것은 아니었다. 1967년 나투 라Nathu La, 乃堆拉와 1986년 숨두롱 추Sumdurong Chu, 桑多洛河谷에서 중국이 군사력을 사용한 사례는 장악력과 협상력의 부정적인 변동이 영토분쟁에서 긴장을 고조시키는 결정에 미치는 영향을 훨씬 더 선명하게 보여준다. 이들 사건은 체제의 불안정성이 무력의 사용에 미치는 영향도 함께 보여주고 있는데, 체제의 불안정성 요소는 1986년 숨두롱 추를 둘러싼 위기보다 1967년 사례에서 훨씬 더 두드러졌다.

1967년 - 중부 지구

1967년 9월 11일, 중부 지구 나투 라의 인민해방군은 인도군에 대한 징벌적 목적의 공격을 단행했다.(〈지도 2.1〉 참조) 이틀 후 무력충돌이 종료될 때까지 인민해방군 32명과 인도군 65명이 사망했다.[102] 10월 1일 촐 라Cho La, 喬拉에서는 양국 국경경비대 사이에서 유사한 무력충돌이 발생하였는데, 36명의 인도군과 수를 알 수 없는 인민해방군이 사망했다.[103] 두 차례의 충돌 모두 중국과 인도의 시킴Sikkim, 錫金 국경 지대인 중부 지구에 한정되었다.

위의 사건들과 관련하여 이용 가능한 자료들은 한정되어 있으나, 다음의 세 가지 정황들이 이 지역에 대한 장악력의 저하가 중국이 무력 사용을 결정하는 데 영향을 미쳤을 것임을 강하게 암시한다. 첫 번째, 1962년 전쟁에서 패한 인도는 이후 육군의 규모를 2배로 확대했다. 북부 국경을 방어하기 위한 목적으로 총 10개 산악사단을 육성한 것도 병력 증강의 일환이었다.[104] 이 중 3개 사단은 파키스탄을 상대하도록 하였고, 나머지 7개 사단은 중국의 공격을 막아내도록 배치되었다. 이들 병력 대부분은 양국이 근접하여 대치하고 있던 국경 부근에는 배치되지 않았으나, 춤비 계곡Chumbi Valley, 春丕河谷은 예외였다. 춤비 계곡의 경우 나투 라 같은 주요 산악통로들에서는 양측 병력이 불과 몇 미터밖에 떨어져 있지 않은 상태로 대치하는 경우도 있었다. 결과적으로 이 지역에서 인도군 병력이 늘어나면서 1963년부터 소규모 충돌이 언론을 통해 더 빈번하게 보도되었다.

두 번째, 인도는 국경 주변지역에 대한 자국의 권리를 더욱 공격적으로 주장해 나갔다. 나투 라에서는, 인도의 군사적 팽창 정책이 추진되던 상황에서 그 통로에 대한 통제력을 강화하려는 양측의 노력이 1967년 9월 11일 중국의 공격이라는 결과로 귀결되었다. 양측의 대치 상황은 빈번해졌지만 실질통제선이 정해지지 않았기 때문에 양측 국경경비대 사이에서는 주먹다짐도 드문 일이 아니었다.[105] 1967년 8월 인도는 양측 사이에 장벽을 만들어 긴장을 줄이기 위해 가시철조망을 설치하기 시작했다. 이를 중국 영토에 대한 강탈로 판단한 인민해방군 사령관은 구두 항의부터 시작하여 9월 초에는 군사 대결로까지 치닫게 되었다. 9월 11일, 인도 육군 공병들이 길게 뻗은 새로운 울타리를 설치하기 시작했다. 인도측 기록에 따르면 인민해방군은 한차례 항의를 한 후 진지에 돌아가 기관총과 포로 공격을 개시했다. 인도군 포병도 곧 응사하여 3일에 걸친 전투가 시작되었다. 이 전투에서 나투 라의 인민해방군 요새들이 다수 파괴되었는데, 인도가 고지를 장악하고 있었기 때문이다.[106]

세 번째, 중국의 문화대혁명에 따른 내부의 혼란 역시 인도의 움직임에 대한 중국의 인식에 영향을 주었을 수 있다. 1967년 9월 중국의 공격은 10여 년에 걸친 문화대혁명 기간 중에서도 정권이 가장 불안정했던 1967년 여름이 지난 이후에 벌어진 사건이었다.[107] 그러한 상황에서 국경 지대의 긴장과 자국의 권리를 주장하는 인도의 압박을 인지한 중국의 지도자들은 아마도 인도의 위협을 더욱 심각하게 받아들여 무력대응이 필요하다는 결론에 이르렀을 것이다.

춤비 계곡Chumbi Valley, 春丕河谷을 차지하기 위한 경쟁이 양국 간 긴장이 고조되는 과정에서 주요한 역할을 하기는 했지만, 한편으로는 인민해방군의 공격이 실제로는 공산당 중앙군사위원회의 승인을 받지 않고 이루어진 것이었을 가능성이 있다. 왕청한王誠漢 장군의 회고록에 따르면, 티베트 군관구는 9월 11일 최초 교전이 발생한 후에도 아직 나투 라Nathu La, 乃堆拉 인근 야둥亞東에 전선지휘부를 설치하지 않은 상태였다. 왕청한이 9월 12일 야둥에 도착하고 나서 기동예비대를 구성하고 중포대 일부를 나투 라로 보낸 것은 전선의 인민해방군이 인도군에 비해 열세였기 때문이다.[108] 이 무력충돌에 저우언라이가 관여한 것을 보여주는 유일한 기록은 공격이 이루어진 이후에 하달된 것으로 보이는 지시로, 인민해방군은 먼저 공격받은 이후에만 발포해야 한다는 내용이었다.[109] 인민해방군에게 전선지휘부 설치와 교전수칙 발령은 대개의 경우 어떤 승인된 작전의 개시보다도 시간적으로 우선한다.

1986 - 동부 지구

1967년 중부 지구에서의 충돌 이후 중국-인도 국경은 거의 20년간 평온했다. 중국은 인도 대신 소련의 공격 가능성에 대응하는 데 집중하였는데, 특히 1970년대에 더욱 그러했다. 1962년 이후 인민해방군이 철수한 중국-인도 국경의 동부 및 서부 지구는 양측 어느 누구도 점령하지 않은 중립지대로 남아 있었다. 1981년 양측은 영토분쟁과 관련한 최초의 공식 대화를 시작했다.

1986년 7월, 중국이 동부 지구 탁라Thag La, 塔格拉 능선 인근의 인도군 임시 관측초소를 빼앗았다는 뉴델리발 보도는 그때까지의 평화와 안정을 산산조각 내버렸다. 이후 12개월에 걸쳐 양측 모두 그 지역에 상당한 병력을 배치하였는데, 제2차 중국-인도 전쟁의 공포를 촉발시켰다. 위기가 가장 고조된 시점에 중국은 청두 군구와 란저우 군구 예하부대들을 동원했고, 인도는 숨두롱 추Sumdurong Chu, 桑多洛河谷에 두 개 산악사단을, 동부 지구 그밖의 지역에 세 번째 사단을 배치했다.[110]

탁라 능선 이남의 숨두롱 추 강을 따라 배치된 인도군 임시 관측초소를 인민해방군이 점령한 이유로는 다음 세 가지 요인을 들 수 있다. 첫 번째, 인도가 그 초소를 1984년 맥마흔 라인과 인도가 주장하는 국경선 "High Ridge" line(〈지도 4.2〉 참조) 사이의 중립 지대에 세웠다는 점이다. 1962년 전쟁 이후로는 인도 정보국(IB)이 들어가기 전까지 양측 모두 이 지역에 병력을 주둔시키지 않았다.[111] 중국이 볼 때 인도의 조치는 이 민감한 지역에서의 현상 유지에 대한 명백한 도전이었다. 인도군이 겨울철에 비워 놓았던 그 초소는 계절에 따라 임시적으로 운영하는 것으로, 인민해방군은 인도군이 돌아오기 전인 5월 또는 6월에 점령했다.[112]

두 번째, 탁라에 대한 인도의 움직임은 동부 지구에서의 군사적 입지를 강화하려는 훨씬 더 거시적인 노력의 일환으로 나타난 것이었다는 점이다. "팰컨 작전Operation Falcon"이라 명명된, 인도 육군 총장 크리슈나 라오Krisna Rao의 계획은 실질통제선 인도측에 위치해 있으면서 "맥마흔 라인과 가능한 한 가장 가까운"[113] 전략적으로 중요한 고지들을 점령하는 것이었다. 작전의 목적은 1962년 인민해방군에 점령당한 바 있는 타왕Tawang, 達旺 지역의 방어를 확실하게 하고, 진행 중인 협상에서 중국에 어떠한 양보를 해야 할 가능성도 사전에 차단하기 위해 이 지역에 대한 통제권을 공고히 하려는 것이었다. 이는 1967년 이후 맥마흔 라인을 따라 방어선을 강화하려는 첫 번째 노력이었다. 세 번째로, 국경문제를 해결하기 위해 1981년 시작된 양국 대화가 정체된 상태였다는 점이다. 각 지구 별로 합의를 하자는 인도의 요구에 중국이 동의하기는 했지만, 1985년 11월 있었던 6차 회담에서는 맥마흔 라인의 위치에 대한 서로 다른 해석 때문에 동부 지구에 대해 양측 모두 타협할 수 없게 되었다. 이에 인도는 동부 지구에서의 군사적 입지를 강화하였으며, 양측 모두 더 강경한 입장을 취하게 되었다.[114]

중국의 인도 관측초소 점령이 보고된 이후 빠른 속도로 긴장이 고조되었다. 인도는 항공기를 이용해 10월까지 숨두롱 추를 내려다보는 능선인 지미탕Zimithang, 吉米塘에 1개 여단 규모의 병력을 배치했다. 이들 병력은 인민해방군 분견대에 대한 공격을 준비한 것으로 알려졌다.[115] 그 당시 인민해방군은 방어태세를 구축하지 않은 채 고지를 점령한 인도군에게 노출되어 있었다. 이듬해 봄, 양측은 군사훈련을 핑계로 대규모 병력을 이 지역에 배치했다. 5월에 이르러서는 숨두롱 추 주위에 배치된 양측 병력의 규모가 50,000명에 달하여, 1962년 전쟁이 발발하던 당시의 규모에 필적하게 되었다.[116]

중국-인도 국경은 분쟁이 발생할 가능성이 가장 높은 곳으로 부각되었으나 상황은 더 이상 악화되지 않았다. 1987년 6월 인도 외무장관이 베이징을 방문하여 국경문제 해결을 위한 대화를 재개하기로 합의하면서 긴장은 완화되었다. 8월에 양측은 일부 병력을 철수시켰다.[117] 중국도 몇 가지 이유 때문에 더 이상 위기를 고조시키지 않았다. 먼저, 비어 있는 지역을 차지하려는 인도의 노력이 동부 지구의 작은 지역 한 곳에 한정되었다는 점이다. 1962년 당시 인도의 전진 정책은 서부 지구 전체를 대상으로 한 것이었다. 반면, 1987년의 경우 양측은 서로 격렬하게 대응했으나 군사적 동원이 이루어진 범위는 탁라 지역에 한정되었다. 또한, 중국은 인도의 병력 배치에 상응하는 조치를 취할 수 있는 역량이 있었으므로 역내 군사적 균형에 있어 자국의 입지를 유지하고 있었다. 결정적인 것은, 1987년의 중국은 1962년보다 훨씬 더 안정되어 있었다는 점이다. 중앙정부는 티베트에 대한 확고한 통제력을 유지하고 있었다. 덩샤오핑의 개혁개방 정책 하에 국내에서 공산당 정권의 정당성은 꾸준히 강화되고 있었다. 외교적으로는 소련과의 관계를 정상화하기 시작했고 미국과는 우호적인 관계를 유지하고 있었다.

숨두롱 추의 인도군 초소 점령과 인도에 대응하는 중국의 병력 동원은 다른 경쟁국가들, 특히 소련에게 영토문제에 대한 중국의 결의를 과시하기 위한 것이었다는 주장도 가능할 것이다. 그러나 그러한 주장과 충돌하는 정황들이 몇 가지 존재한다. 중국은 1986년 인도군 초소 점령을 공개하지 않았는데, 다른 국가들에 자국의 결의를 알리기 위해서라면 그러한 사실을 공식적으로 발표하는 것이 다른 어떠한 노력보다도 핵심적인 부분이었을 것이다. 인민해방군의 인도군 초소 점령은 사건 발생 1개월 후 인도 언론에 보도된 후에야 표면화되었다. 또한, 1987년에 중국은 대규모 병력을 동원했지만, 소련과의 관계는 1986년 7월 고르바초프의 블라디보스토크 연설을 계기로 개선되기 시작한 상태였다.

숨두롱 추에서의 사건 이후 인도와의 분쟁에서 중국의 입지는 안정되었다. 어느 쪽도 상대방의 중립지대에 새로운 전방초소를 건설하지 않았다. 실질통제선을 준수하고 분쟁 중인 국경선에 배치하는 병력 수를 제한하기로 한 1993년과 1996년의 합의는 무력 사용의 동기가 될 수 있는 역내 군사적 균형의 변동이나 어느 일방에 의한 비어 있는 지역의 점령 가능성을 획기적으로 감소시켰다. 양국 간 분쟁의 최종적인 해결은 여전히 요원한 상태지만, 1987년 이후로 이 지역에서는 안정적인 상태가 더 우세하게 지속되고 있다.

1969년: 전바오다오 분쟁

1969년 3월 2일 아침 우수리강Ussuri, 烏蘇里江 전바오다오珍寶島에서 인민해방군 순찰대가 소련 국경경비대원들을 습격했는데, 이 사건은 냉전 기간을 통틀어서 중국과 소련의 관계가 아마도 가장 경색되고 긴장되었던 시기를 맞는 계기가 되었다. 무력의 사용은 중국이 제2장에서 설명한 1964년 회담 동안의 타협 노력에 따른 소련과의 분쟁에서의 지연 전략으로부터 완전히 벗어났음을 뚜렷하게 보여주었다. 첫 번째 습격이 일어난 지 2주도 채 되지 않은

3월 15일 두 번째 충돌이 발생하였는데, 이 교전에서 소련군은 200명 이상의 사상자(대략 사망 91명, 부상 109명)가, 인민해방군은 91명의 사상자가 발생했다.(사망 30명, 부상 61명)[118]

인민해방군의 기습은 극동지역의 방어를 강화하려는 소련의 노력을 촉발시켰을 뿐만 아니라 그해 여름 내내 양국 국경 전역에서 긴장과 적대감을 고조시켰다. 더 이상의 공격을 저지하기 위해 소련은 외교적, 군사적 위협을 병행하여 중국을 협상 테이블로 끌어내려 했다. 이러한 소련의 조치들은, 신장 지역의 중국 핵시설에 선제 타격을 감행할 수도 있다는 암묵적 위협을 포함하여, 1969년 8월 중국에 대한 항의 차원에서 실시한 일련의 핵실험들로 최고조를 이루었다.[119] 양국 사이의 긴장은 9월 11일 베이징 공항에서 저우언라이가 소련 수상 코시긴Alexey Kosygin을 만난 이후부터 완화되기 시작했다. 이어서 10월에 시작된 양국 간의 공식대화는 1978년까지 계속되었다. 그러나 소련이 중국과의 대화를 개시하는 데는 성공했으나, 양국의 대화가 양측의 충돌하는 주장들을 조정하는 데는 거의 진전을 이루지 못했다. 그 대신 양국의 대화는 충돌방지와 위기관리에 주안점을 두고 이루어졌다.[120]

다음의 분석은 1970년대 전반의 양국 관계를 규정지었던 3월 2일의 공격을 개시하기로 한 중국의 정책 결정을 설명하기 위한 것이다. 중국의 지도자들은 소련과 관련된 여러 영토분쟁에서 협상력bargaining power의 급격한 저하에 대응하고자 무력을 사용했다. 사건이 발생하기 직전의 몇 년간 소련은 채 4년도 되기 전에 극동 지역의 주둔 병력을 두 배로 늘리면서 중국과의 분쟁 지역들, 특히 동부 지구의 여러 도서들에 대한 공세적인 전진 순찰 태세를 갖추어 갔고, 그에 따라 분쟁 지역에 대한 중국의 장악력은 상당히 저하되어 있던 상태였다. 1968년 9월, 다른 사회주의 국가들의 내정에 대한 소련의 개입을 정당화하는 내용의 브레즈네프 독트린Brezhnev doctrine 발표는 특히 문화대혁명으로 인하여 내부적으로 극심한 불안정에 시달리던 중국이 소련과의 분쟁에서 자국의 장악력이 감소하고 있음을 더욱 강하게 인식시키는 결과를 가져왔다. 새로이 발굴된 자료들은 소련의 군사태세와 중국의 무력 사용 의지 간의 명확한 연관성을 보여주면서 중국이 공격을 결정한 동기와 관련한 위와 같은 해석을 지지한다.[121]

경쟁관계에서 벌어진 충돌인가?

또 다른 측면에서, 1969년 중국의 무력 사용 결정은 소련과의 경쟁관계라는 보다 거시적인 차원과 분리하여 생각할 수 없다. 양국의 경쟁관계는 사회주의 진영에서의 리더십에 초점이 맞추어졌는데, 중국은 1960년대 후반, 특히 문화대혁명이 시작된 이후로 리더십을 상실하고 있던 상황이었다. 이 시기 극동 지역에 배치되어 있던 소련군 규모는 소련의 영토를 지키거나 중국의 공격을 저지하기 위한 목적만으로는 과도한 수준이었는데, 적대적이었던 당시 양국 관계를 감안한다면 중국에 대한 위압적인 의도가 있음이 명백했다. 브레즈네프 독트린의 존재는 소련이 서방에 대항하는 사회주의권 국가들의 결속을 강화하기 위해 중국의 정권 교체를 강제할 수도 있음을 암시하였으며, 양국 국경 일대에 배치된 소련군은 이를 위한 도구였던 것이다. 중국이 전바오다오珍寶島에서 기습 공격을 감행한 것은 소련이 위협해 왔던 자국의 영토적 권리를 수호하겠다는 결의뿐만 아니라 소련의 압박에 보다 공개적으로 대항하겠다는 의지를 대외적으로 보여주기 위한 것이기도 했다.

그러나 1960년대 말 무렵 영토분쟁은 양국의 경쟁관계에서 핵심적인 사안이 되었다. 양국 간 소통은 끊어졌으며 중국은 서방국가들을 물론 거의 모든 다른 사회주의 국가들로부터도 고립되었다. 1966년 이후 소련은 영토분쟁에서 압박을 가하는 방식으로 중국을 위협했으며 이 때문에 영토분쟁은 양국의 경쟁관계에서 더욱 부각되었다. 따라서 이 시기의 영토분쟁은 양국의 경쟁관계와 분리해서 보기 어렵다. 일단 양국의 경쟁관계를 영토분쟁으로 한정한다면 무력을 사용하기로 한 중국의 결정은 갈등고조 전략에 대한 필자의 이론

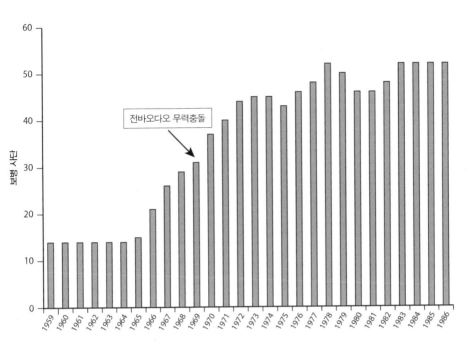

출처: Central Intelligence Agency, Military Forces along the Sino-Soviet Border, SM-70-5 (Washington, D.C.: Central Intelligence Agency, 1970); Office of National Estimates, Soviet Military Buildup; Robinson, "China Confronts the Soviet Union," 299;Gerald Segal, Sino-Soviet Relations after Mao, Adelphi Paper No.202 (London: International Institute for Strategic Studies, 1994).

그래프 4.1 중국과의 육상 경계선 일대에 배치된 소련군 부대 (1949-2002)

으로 설명할 수 있다. 영토분쟁에서의 중국의 행동에는 더 폭넓은 함의가 있으나, 결국 자국의 장악력 감소에 따른 것이라는 논리는 일관되게 적용된다.

장악력의 저하

1969년 중국의 장악력 감소는 다음의 세 가지 요인에서 야기된 것이었다. 첫 번째 요인이자 가장 중요한 것은, 극동 지역의 소련군 배치가 역내 군사적 균형에서 중국의 입지를 위협했다는 점이다. 1964년 양국 공산당 간의 관계가 파탄이 난 이후, 소련은 1965년 들어서 양국 국경에 주둔하는 병력을 증강시킴으로써 중국에 대한 군사정책에 변화를 가하기 시작했다.[122] 양국 관계의 단절이 심화되는 가운데, 소련은 1966년에 몽골과 방위조약을 체결하여 중국-몽골 국경 2,000km에 추가적으로 부대를 배치할 수 있게 되었다.[123] 1969년까지 중국과의 국경 지대에 배치된 소련군 사단은 1965년의 14개에서 34개로 증가했다.[124] 게다가, 〈그래프 4.1〉에서 볼 수 있듯이, 1950년 후반 이래로 중국에 대응하는 소련군 부대의 규모에 극적인 변화가 발생했다. 1949년까지 거슬러 올라가는 완전한 자료는 기대할 수 없지만, 1965년 이후 소련의 배치부대 증가는 양국 국경에서 역내 병력의 균형에 극명하고도 극적인 변화를 일으켰다.

병력의 균형을 정확히 평가하는 것은 쉽지 않은 일이다. 북부의 3개 군구에 약 59개 사단을 배치한 중국은 이 지역의 소련군 34개 사단에 비해서 수적으로만 따진다면 우위를 보였다.[125] 하지만 기밀해제된 미 중앙정보국의 평가자료에서는 역내 균형에서 중국의 입지를 약화시켰을 것으로 보이는 소련군 배치의 몇 가지 측면이 드러난다. 첫 번째, 앞서 지적했듯이 중국과의 국경에 배치된 소련군 부대의 수는 전바오다오에서 인민해방군의 공격이 있기 전 약 4년 동안 2배 이상 증가했다. 중국은 이러한 소련의 조치에 필적할 만한 대응을 하지 못했기에 소련의 입지는 이전의 균형상태에 비하여 강화되었을 것이다.

두 번째, 소련군은 양국 국경을 따라 공세적으로 배치되었다. 극동 지역 소련군 부대의 약 70%가 중국 공업의 심장인 만주 지역과의 국경을 따라 배치되었는데, 이는 분쟁 대상 지역들뿐만 아니라 중국의 영토 보전을 더 광범위하게 위협하는 것이었다. 더욱이 소련의 부대들은 국경 인근에 배치되었다. 소련은 양국 국경을 따라 건설된 시베리아 횡단철도를 방어하기 위해 그렇게 배치한 것이라 하였으나, 그럼에도 불구하고 중국에게는 위협적이었다.(〈지도 3.1〉 참조) 이에 비해 중국은 국경 주변에 9개 사단만을 배치하였고, 나머지 예비대는 500km 또는 그 이상 떨어진 곳에 배치되었다.[126] 세 번째, 소련 군은 더 우수한 장비를 보유했다는 점이다. 대부분의 소련군 사단들은 기계화되어 있던 반면 중국은 9개의 경보병 사단밖에 없었다. 심지어 전바오다오에서 충돌이 발생한지 2년 후에도 북부에서 가장 우수한 인민해방군 사단들이 보유한 포병전력과 차륜차량은 같은 단위의 소련군 사단이 보유한 물량의 1/3밖에 안 되었고, 궤도차량은 소련군의 1/6에 불과했다.[127] 이에 더하여, 소련이 그 지역에서 활용할 수 있는 전술항공기가 약 600여 대인 반면, 중국은 294대에 불과했다.[128]

골드슈타인Goldstein은 1969년 3월의 무력충돌 이후 소련군의 병력 증강은 소련이 역내 균형에 대해 중국보다 훨씬 더 우려했다는 점을 보여준다고 주장한다. 1969년에서 1976년 사이에 그 지역의 소련군 사단은 34개에서 49개로 증가했다는 것이다.[129] 그럼에도 불구하고, 1969년 이후 소련의 병력 증강은 그 해 3월의 무력충돌 이전에 중국의 지도자들이 역내 균형과 그 균형이 야기했던 위협을 어떻게 평가했는지 판단하는 지표로서는 미흡하다. 인민해방군이 확실한 수적 우위를 유지하기는 했지만 중국의 지도자들에게 소련군 병력의 증가는, 특히 소련군이 공세적 태세로 배치된 점을 감안한다면, 국경의 안전을 확보하고 분쟁 지역에 전력을 투입할 수 있는 중국의 능력이 급격히 감소하게 됨을 의미하는 것이었다.

1966년 12월 첸이陳毅는 해외 언론과의 인터뷰에서 소련이 "동유럽에 주둔했던 13개 사단을 중국과의 국경으로 이동시켰다."고 지적했다.[130] 1967년 1월, 마오쩌둥은 "신장과 접한 국경 지역에서 소련군의 공중 활동이 더 많아지고 있으며, (소련) 지상병력이 이동 중에 있다."며[131] 인민해방군에 대비태세를 격상시킬 것을 요구했다. 1968년 10월에는 〈인민일보〉가 공개적으로 소련군의 증강 상황을 언급하기 시작했다.[132] 소련군 주둔병력 증가가 우려스러운 것은 중국에게 대만과 베트남에 이어서 제3의 전선이 더해질 수 있는 위험성에도 일부 이유를 찾을 수 있었다. 또한 중국이 총 병력수와 동북 지역에서의 짧은 보급선 측면에서 우세한 위치를 점유해오고 있을지라도, 상대적으로 분쟁 지역에 전력을 투입하고 소련의 강압에 저항할 수 있는 중국의 역량은 소련군의 배치로 인해 감소했다.

중국의 장악력 감소를 야기한 두 번째 원인은 소련이 극동 지역에서 실시한 공세적 순찰로, 그러한 순찰 방식은 소련이 국경을 따라 배치한 부대들을 어떻게 운용할 것인가에 대한 신호를 보내는 것이었다.[133] 1962년 이타 사건 伊塔 事件 전에는 민간인들의 월경이 꽤나 흔했지만 양측 어느 쪽도 공격적으로 국경을 순찰하지는 않았다. 1964년 양자 회담이 실패한 이후 중국은 분쟁 지역들, 특히 그 회담에서 중국에 귀속되었던 아무르강과 우수리강의 도서들을 활용하여 자국의 권리claims를 계속 주장했다. 그럼에도 불구하고, 새로운 순찰방식을 시행하라는 명령이 1966년 소련 국경경비대에 하달되었다. 소련 외교관의 회고록에 따르면, 소련 국경경비대원들은 "섬에 상륙하려는 중국의 모든 시도를 저지"하되 총기 사용은 불허함으로써 "지나친 대응은 자제"하라는 지시를 받았다고 한다.[134]

소련이 좀 더 공세적인 순찰 태세로 전환한 것은 동부 지구에 대한 1964년 합의를 거부하는 신호라는 점에서 특히 중국에게는 불안한 것이었다. 제2장에서 언급했듯이, 분쟁 중이던 하천의 도서들 중에서 약 절반이 중국에 할당되었다. 1964년에 합의하기 이전에도 중국쪽 강둑에 가깝게 위치한 이들 도서 중 다수를 중국 농부들이 이용해 왔고, 1967년 이후 양국이 대치하는 주요 지점이 된 곳들이 바로 이들 도서였다. 중국의 민간인들이나 순찰대가 이들 도서에 접근할 때면 언제나, 특히 겨울철에는, 소련 국경경비대들이 이들을 쫓아버리곤 했다. 사건사고가 증가하게 되자 중국은 무장 순찰 횟수를 늘리기 시작했다. 대개의 경우 소련의 경비병력들은 중국인들을 쫓아내기 위해 곤봉과 무장차량을 사용했는데, 때때로 중국인들의 부상이나 사망사고가 발생했다. 이런 경우 중국측 병력도 같은 수위로 무력대응을 했으나 총기 발포는 하지 않았다.[135]

1969년 전바오다오에서 양국 간에 무력충돌이 발생하기 몇 년 전부터 소련의 순찰 횟수는 증가했고 범위는 확대되었다. 1966년 소련은 아무르강과 우수리강의 합류점에 위치한 헤이샤쯔다오Heixiazi 북쪽과 동쪽으로의 중국선박 항해를 봉쇄하기 시작했다.[136] 1967년 아무르강의 우발라오다오吳八老島에서 하천의 도서를 놓고 처음으로 양국 간에 대치 상황이 발생했다.(《지도 3.1》)[137] 하천의 도서들을 대상으로 한 양국의 대치는 1968년 말에 이르러서 우수리강의 칠리친다오七里沁島과 전바오다오珍寶島로 확대되었다. 1968년 1월 5일에는 소련 국경경비대와 대치 중이던 중국인 5명이 피살되었다. 앞서 2개월 동안 칠리친다오를 두고 총 18차례의 대치 상황이 발생했는데[138], 대개 수차례의 구타와 추방으로 귀결된 이들 사례에서 소련 국경경비대는 중국 순찰대보다 수적으로 훨씬 우위를 보였다.

1968년 8월 체코슬로바키아에 대한 소련의 무력 개입은 세 번째 압박 요인이 되었는데, 이 사건으로 인하여 소련군 배치 병력의 증가와 하천의 도서들을 둘러싼 폭력적인 대치의 맥락이 변화되었기 때문이다. 소련이 다른 사회주의 국가들의 내정에 개입할 권리가 있음을 선언한 1968년 9월의 브레즈네프 독트린 발표는 소련이 중국에 군사적 압력을 가할지도 모른다는 두려움을 야기했다. 골드슈타인Goldstein은 중국인들의 사고에서 브레즈네프 독트린의 역할은 과장되었다고 주장한다. 브레즈네프 독트린이 북대서양조약기구(NATO)가 데탕트를 추구하는 것을 막지 않았고 동유럽에 대한 소련의 개입은 현재의 상황status quo을 확인하는 것이었다는 점에서 브레즈네프 독트린 선언은 "사소한 사건minor event"에 불과했다는 것이다.[139] 그러나 중국의 생각은 달랐던 것으로 보인다.[140] 소련의 체코슬로바키아 침공이 있은 지 불과 몇 주 후에 중국 외교부는 소련의 거듭된 중국 영공 침입에 대해 공식적으로 항의했다. 항의성명을 통해서 중국은 체코슬로바키아에 대한 무력개입 이후 발생한 이러한 영공 침입은 "절대로 우연이 아니라"고 지적했다.[141] 중국 국경절을 축하하기 위해 방문한 알바니아 대표단과의 대화에서 저우언라이는

날짜	행위
1968. 12. 27	소련 무장차량이 전바오다오에 상륙, 중국 군인들을 구타
1969. 1. 4	소련군 30명이 전바오다오에 들어와 중국 군인들을 쫓아냈는데, 이들 중 4명은 심각한 부상
1969. 1. 6	소련군 부대가 전바오다오에서 중국인 어부 2명을 붙잡아 곤봉으로 폭행
1969. 1. 23	전바오다오에서 소련군 순찰대와 벌어진 무력충돌로 중국인 28명 부상
1969. 2. 6	소련군 50명이 전바오다오에 상륙, 인민해방군 순찰대에 도발
1969. 2. 7	소련군에 의한 최초 발포 보고
1969. 2. 16	양국 순찰대 사이 팽팽한 교착상태
1969. 2. 22	전바오다오에서 무력 대치, 소련군은 헬기 동원
1969. 2. 25	전바오다오에서 무력 대치

출처 : 리커, 하오셩장, "文化大革命中的人民解放軍", 317–318; 李連慶, "冷暖歲月: 一波三折的中蘇關系", 347–348; 徐焰, "1969年中蘇邊境的武裝沖突", 5–6.).

표 4.1 전바오다오를 둘러싼 무력 대치 (1969.12~1969.3)

동유럽에서 소련이 취한 조치들을 "중국-소련 국경과 중국-몽골 국경 지대에 서의 대규모 병력 배치"[142]를 비롯한 중국에 대한 심각한 "도발"과 결부시켰 다. 동시에 저우언라이는 소련의 수정주의revisionism 노선을 중국에 대한 침 략 가능성과 연결시키는 내용의 연설을 하는 한편 인민해방군 총참모장 황용 성은 국경 지역의 소련군에 대한 우려를 강하게 피력했다.[143] 1968년 말에 중 국은 3메가톤 위력의 핵폭탄 실험을 하였는데, 공식적으로 알려지는 않았으 나 소련에 의해 포착되었을 것이다.[144]

아무르강과 우수리강의 얼음이 단단해지기 시작하면서 양국 병력들 간 무 장 대치의 빈도가 증가했다. 1969년 겨울 양국 간 대치의 초점은 칠리친다오 七里沁島에서 남쪽의 전바오다오珍寶島로 이동했다. 중국이 주요 항행로 기준 중국측에 위치한 이들 도서에 대한 권리를 주장하고자 할 때마다 소련 국경 경비대는 무력으로 인민해방군 순찰대를 쫓아내곤 했다. 〈표 4.1〉에 나열된 바와 같이, 전바오다오를 두고 벌어진 무력 대치상황 중 아홉 건이 1968년 12월 27일부터 1969년 2월 25일 사이에 발생했다. 1969년 1월 23일 소련 국경경비대는 인민해방군 28명을 구타했는데, 그 중 13명은 매우 심각한 부상을 입었다.[145] 2월 6일에는 소련군이 인민해방군 순찰대에 경고 사격을 함으로써 양국의 대치 상황에서 처음으로 실탄이 사용되었다.[146] 동부 지구의 상황이 악화되면서 서부 지구의 분쟁 지역들에 대한 소련의 압박 역시 강화되었다. 1968년 12월에서 1969년 3월 사이에 소련군은 비에얼커우別爾克烏 지역에서 중국 목부牧夫들을 반복적으로 검문하였는데, 그러한 조치는 서부 지구에서 중국의 전략적 취약성을 감안할 때 명백히 중국 지도자들이 느끼는 위협감을 높이는 것이었다.[147]

체제의 불안정성과 장악력 감소에 대한 인식

이러한 다양한 형태의 외부의 군사적 압력들은 모두 문화대혁명으로 야기된 정치적 불안정성과 시기적으로 일치했다. 특히 브레즈네프 독트린 발표 이후, 중국 내부의 사회적 동요는 취약성과 자국의 장악력 감소 인식의 또 다른 원천이 되었다. 중국 지도자들에게는 중국의 내부 상황이 악화되었을 때 소련의 군사적 압력이 증대한 것이 우연의 일치로 보이지 않았다. 이는 소련이 중국의 불안정한 상황을 이용하고자 한다는 것과 그에 대응할 수 있는 자국 능력의 약화를 중국이 인식하고 있음을 시사한다.

문화대혁명을 단순히 하나의 사회적 현상으로 치부할 수도 있겠으나, 그 사건은 중국 공산당과 사회 전반에 심각하고 때로는 폭력적인 분열을 야기했다. 마오쩌둥이 1966년에 그러한 명칭으로 대중 운동을 주창한 목적은 공산당과 정부 관료제 모든 계층에서 자라나고 있다고 믿었던 "수정주의revisionist"적 경향들을 교정하기 위한 것이었다.[148] 공산당 지도자들의 행태를 비판하고 교정하기 위해 학생들을, 나중에는 사회의 다른 부문까지 동원한 것은 그가 선택한 수단 중 하나였다. 이렇게 동원된 이들에게 공산당 지도자들에 대한 비판을 허용, 심지어는 조장함으로써 대중 운동은 순식간에 통제 불가능한 수준으로 발전했다. 이리하여 대중 운동은 공산당을 교정하는 대신 파벌 정치factional politics의 도구로 전락하였고 정부의 모든 계층에서 3년여에 걸친 극심한 혼란과 불안정을 촉발시켰다. 1966~1969년간 중앙과 지방의 당, 정 간부들의 60~80%가 숙청되었다. 지방에서는 1967년 1월부터 홍위병紅衛兵이 국가 전역에서 당 위원회로부터 권력을 탈취했다. 이들이 활동하던 각 성省에서는 권력을 장악하려는 홍위병 집단과 질서를 유지하려는 군부 사이에 심각한 충돌이 발생했다. 이러한 급진적인 정세 하에서 공개비판투쟁批斗大會, 폭력적 권력 탈취, 홍위병 집단 내부의 경쟁 및 다른 원인에 따른 충돌로 인하여 약 50만 명이 사망했다.[149]

중국의 영토분쟁과 관련하여, 문화대혁명은 소련과 분쟁 중이던 지역에 병력을 투입할 수 있는 중국의 국가적 역량을 극적으로 감소시켰다. 이 기간 중 중국의 원로 지도자들은 파벌 정치와 내부적인 안정 유지에 매달리느라 외교적으로 주도권을 잡기 위한 다양한 조치들을 취할 여력이 없었다. 좀 더 구체적으로 말하자면, 문화대혁명으로 인한 불안정성이 심화될수록 인민해방군은 내부의 안정을 유지하기 위한 보루가 되어 변강 지역을 포함한 국가 전역에 걸쳐서 사회 질서를 회복하기 위한 대부분의 시도에 동원되었다.[150] 1967년과 1968년에 인민해방군 각 단위 부대들은 많은 지역에서 지방정부의 행정적 통제권한을 떠맡았고, 국가 유지에 필수적인 인프라를 유지하기 위해 병력을 배치했다. 이 기간 동안 200만명 이상의 장교와 병사들이 민간 업무에 투입되었다.[151] 이처럼 매우 많은 인원이 투입되었기 때문에 정작 국경 방위에는 최소한의 병력을 유지할 뿐이었다.[152] 문화대혁명이 급진적으로 진행되는 동안 만주 지역에 주둔하던 인민해방군 단위부대들은 국내의 안정을 유지하기 위해 어디론가 차출되었다. 동시에 중국의 지도자들은 문화대혁명의 혼란 중에 커져가던 소련의 군사적 압박이 중국의 취약성으로부터 이득을 얻어내고 중국의 대내, 대외정책의 변화를 강제하기 위해 계획된 것이라 간주했다.[153] 마오쩌둥은 문화대혁명 진행 중에 소련이 "수정주의 분파"를 지원함으로써 중국의 내정에 개입할지도 모른다고 분명히 믿었다.[154]

결의의 대외적 과시

내부적으로 정치적 불안정성에 시달리던 가운데 대외적으로는 영토분쟁에서 자국의 입지가 약화되어 감에 따라 중국의 지도자들은 소련의 움직임에 무력으로 대응하기로 결정했다. 소련의 체코슬로바키아 사태 개입과 브레즈네프 독트린 선언 이후 중국의 지도자들은 소련이 중국의 취약성으로부터 이익, 단지 영토분쟁에서의 이익뿐만 아니라 중국 내의 정책 변경까지 노리고 있다고 믿었다. 역내 세력균형에서 중국의 입지가 약화될수록 점점 강화되는 소련군의 순찰활동을 중단시키는 방법은 분쟁 대상인 도서들에서의 교전과 무력 사용에 관한 규칙을 개정하는 것뿐이었다. 칠리친다오七里沁島와 전바오다오珍寶島를 둘러싼 긴장이 고조되면서, 아마도 마오쩌둥이 주도했을 것이지만, 중국의 지도자들은 소련군 순찰대에 대한 대응으로 곤봉뿐만 아니라 무기도 사용하도록 바꾸었다.

중국이 무력 사용을 처음으로 검토한 것은 이보다 1년 전인 1968년 1월이었다. 5명의 인민해방군이 사망한 칠리친다오七里沁島에서의 충돌 이후 공산당 중앙군사위원회는 셴양 군구沈陽軍區와 베이징 군구北京軍區에 비상대기태세를 확대 발령하고 국경 방어준비를 강화할 것을 지시했다. 또한, 앞으로 있을 무력충돌과 관련하여 "소련군의 행위에 대해 같은 수위로 대응한다."는 명확한 교전 수칙을 하달했다. 실사격은 상대방의 선제 발포 후 2차례 경고 사격을 한 이후에 허용되었다. 마지막으로, 중앙군사위원회는 해당 지역과 관련된 군구들에 소련의 "도발"에 반격을 하기 위한 우발 계획contingency plan을 작성할 것을 지시했다.[155] 이에 셴양 군구는 예하 정예부대들을 칠리친다오로 이동시켜 공격을 준비하도록 했다. 강의 얼음이 녹고 소련군 순찰대의 수가 줄어들자, 아마도 동유럽에서 소련이 직면했던 문제들 때문이었겠지만, 1968년 봄과 여름에는 국경에서 양국 병력이 대치하는 상황이 감소하였고 따라서 중국도 더 이상의 조치를 취하지 않았다.[156]

소련의 체코슬로바키아 사태 개입 이후 전바오다오에서는 대치하던 양국 병력 사이에서 긴장이 고조되기 시작했다. 1월 23일의 대규모 무력 대치 상황에서 인민해방군 28명이 부상당한 이후 헤이룽장 군관구黑龍工軍管區는 3개 중대 및 1개 기습 중대hidden company를 동원하여 소련군 순찰대를 공격하는 계획을 구상했다.[157] 이 계획의 입안자들이 기습을 전담할 1개 중대를 포함시킨 것은 소련군이 이 섬에 대한 인민해방군의 통제를 수용하도록 압박할 의도였다. 베이징의 고위 지도자들은 2월 들어 소련 국경경비대가 경고사격을 함으로써 이 지역을 두고 처음으로 실탄이 사용되어 상황이 훨씬 악화된 이후에야 그 계획을 승인했다. 2월 19일, 공산당 중앙위원회, 인민해방군 총참모부, 외교부는 전바오다오를 공격지점으로 정한 헤이룽장 군관구의 작전계획을 승인하였으나, 화력을 증강한 1개 소대만 투입하라고 지시했다.[158] 그후, 셴양 군구瀋陽軍區는 기습을 준비하기 위해 약 600명 규모의 정예병력을 전바오다오로 보냈다.[159] 중앙군사위원회와 셴양 군구에서 파견된 고위급 지휘관들이 준비작업을 감독했다.[160]

안타깝게도, 덫을 놓으라는 최종 명령이 인민해방군에게 하달되었는지, 하달되었다면 그 시점은 언제인지는 정확히 알려져 있지 않다. 인터뷰에 응한 중국측 인사는 구체적인 날짜는 정해져 있지 않았을 것이라 추측하는데, 이는 헤이룽장 군관구의 작전계획은 소련 국경경비대가 전바오다오의 인민해방군을 공격할 경우에만 실행하기로 되어 있었기 때문이다.[161] 그럼에도 불구하고 현지의 인민해방군 지휘관들은 소련군이 그 섬에 중국인들이 있음을 알게 되면 싸움을 걸어올 것임을 경험을 통해서 알고 있었고, 기습공격을 감행하는 데 있어서도 소련군의 그러한 통상적인 반응을 예상했다. 모든 준비가 완료된 후인 3월 2일 현지 전투지휘소는 2개 팀에게 섬을 순찰하도록 명령했는데, 1개 팀은 소련군이 잘 볼 수 있도록 하고 나머지 1개 팀은 소련군이 찾아낼 수 없게 은밀히 다니도록 했다. 인민해방군 순찰대가 섬에 도착하고 나서 약 10분 후에 이들을 막기 위해 소련군 순찰대가 얼어붙은 강을 건넜다. 숨어서 움직이던 두 번째 인민해방군 순찰팀을 소련군이 발견하고 발포하면서 무기가 동원된 첫 번째 무력충돌이 발생했다.[162]

중국의 당면목표는 양국 국경을 따라서, 특히 주요 항행로를 기준으로 중국쪽에 있는 도서들을 대상으로 한 소련군의 무력도발을 저지하는 것이었다. 중국은 자국이 내부적인 불안정에 시달리던 시기에 발생한 역내 군사적 균형의 급격한 열세와 소련의 공세적인 조치들로 인하여 군사적 압박이 증대하고 있다고 믿었으며, 1962년 인도와의 전쟁에서 사용했던 전략과 유사한 방식으로 이에 대응하고자 했다. 헤이룽장 군관구의 최초 목표는 분쟁 지역에서 양국이 무장 대치하는 상태는 위험하다는 "쓰디쓴 교훈"을 소련에게 가르쳐 주는 것이었다.[163] 여기서 "교훈"은 소련과의 영토분쟁에서 중국의 주장과 상당히 구체적으로 연결되어 있었다. 즉, 중국은 1964년에 양국 간에 합의에 이르렀던 지역들에 대한 통제권을 주장하고자 한 것이다. 한편으로, 문화대혁명 시기 동안 중국 내부에서의 분열과 혼란의 정도를 감안한다면, 중국의 지도자들은 브레즈네프 독트린에 따른 소련의 대규모 공격이나 개입을 막고 소련이 중국의 내정에 간섭하는 것을 방지하기 위해 중국에 대한 군사적 압박이 가져올 결과에 대해 교훈을 주고자 했었을 가능성이 있다.

몇 가지 측면에서 볼 때, 3월 2일 작전에는 자국의 장악력이 약화되는 것에 대한 중국의 우려가 반영되어 있음을 알 수 있다. 전바오다오가 1964년 소련과의 회담에서 중국에 귀속된 도서들 중 하나라는 점을 감안한다면 이곳에서 소련과 무력충돌을 벌이기로 한 선택은 의도적이었다. 공산당 중앙군사위원회와 셴양 군구에서 1969년 2월에 발령한 지시는 소련군과 대치하고 있던 어떤 지점에서도 하천의 중간선을 넘는 것을 금지했다.[164] 이에 더하여, 전바오다오는 우수리강에 위치한 섬들 중에서 중국쪽 강변에 있는 언덕 가까이 위치한 유일한 섬이었는데, 소련쪽 강변에는 고지대가 없었으므로 이러한 지형적 특성은 인민해방군이 기습을 하는 데 있어서 결정적인 전술적 이점을 제공하는 것이었다. 신장 지역과 인접한 서부 지구의 양국 국경이 아니라 극동 지역의 하천 도서를 대상으로 선택한 것 역시 의미심장한 것이었다. 특히 몽골과 중앙아시아에 비하여 소련의 입지가 상대적으로 약한 지역에서 소련에 도전함으로써, 중국은 이들 도서에 대한 자국 입지의 강점과 이 지역에서 군사적 압박을 가할 경우 소련이 감당해야 할 위험을 강조하고자 했다.

무력충돌의 결과는 간단하게 말할 수 없다. 전술적인 견지에서는 중국이 영토적 목적을 달성했다. 1970년까지 소련은 주요 항행로를 기준으로 중국쪽에 위치한 도서들에서는 인민해방군 순찰활동에 대한 공격을 중단했다. 따라서 중국은 자국의 권리를 주장하던 지역을 성공적으로 지켜낸 셈이었다.[165] 그러나 전략적인 측면에서 볼 때 무력충돌은 값비싼 대가를 치렀다. 중국의 기습 이후 단기적으로 소련의 군사적 압박은 증대되었는데, 소련은 중국을 협상 테이블로 끌어내기 위해 1969년 봄과 여름에 동부 지구와 서부 지구 모두에서 기습공격을 감행했다. 소련의 군사적 압박은 1969년 8월 최고조에 달했는데, 뒤에서 다루겠지만 이는 소련이 전면적으로 침공할지 모른다는 실질적인 두려움을 불러일으켰다. 8월 13일, 10대의 전차 및 장갑차량을 동원한 300명의 소련군이 국경을 넘어 신장 유민현裕民縣의 티에리커티鐵列克提 영내로 2km 이상 침입하여 중국 국경경비대와 주둔 병력 약 20명이 사망했다.[166] 그로부터 불과 몇일 후에는 핵을 이용하여 위협을 가하기 시작했다. 이에 9월 초 중국은 누그러진 태도를 취했고 소련 수상 코시긴Alexey Kosygin이 베이징에서 저우언라이를 만났는데, 이 방문이 10월 양국 공식 회담의 물꼬를 트는 역할을 했다. 하지만 코시긴과 저우언라이의 대화는 분쟁 지역에 대한 주권 문제가 아니라 위기관리과 충돌 방지에 집중되었다.[167]

관심전환 전쟁 이론이 적용되는가?

장악력의 저하가 아니라, "관심전환 전쟁diversionary war"이라는 개념으로 중국이 1969년 3월 소련을 기습하기로 한 결정을 설명할 수 있다는 주장이 최근 몇 년간 일단의 연구자들 사이에서 제기되었다. 이러한 주장에 따르면, 마오쩌둥은 1969년 4월 예정되었던 제9차 당대표대회를 앞두고 사회 전체의 지지를 동원하는 한편 문화대혁명의 급진적이고도 과격한 국면을 끝내려는 목적 하에 대외적인 위기를 조장하기 위해 소련군에 대한 기습을 명령했다는 것이다.[168] 양국 간의 무력충돌이 한창일 때, 그는 "그들이 (공격해) 들어오게 해라. 그게 우리가 (대중을) 동원하는 데 도움이 될 것이다."[169]고 말했다.

문서자료의 부족으로 명확한 판단은 어렵지만, 새로이 발굴된 자료들로부터 얻은 증거는 "관심전환 전쟁 이론"에 기반한 위의 가설을 지지하지 않는다. 첫 번째, 만약 "동원rallying"이 중국이 무력 사용을 결정한 이유를 가장 잘 설명한다면 국내적 갈등의 발생이 외교 정책에 있어 강한 자기주장 및 갈등 고조와 연결되어야 한다. 그러나 정치적 불안정성과 사회 불안이 문화대혁명 기간 내내 거의 변치 않고 지속되었음에도 불구하고 중국이 같은 이념을 공유하는 주요한 동맹국인 소련과의 갈등을 무력을 행사하는 수준으로까지 고조시키려 한 것은 단 한 차례뿐이다. 게다가 이 관심전환 전쟁이라는 개념이 1969년 소련군을 기습공격하기로 한 중국의 결정을 설명할 수 있다면, 문화대혁명이 자신의 통제 범위를 벗어날 것을 두려워하던 마오쩌둥이 그러한 전략을 더 일찍 사용하지 않은 점이 놀라운 일이다. 실제로 인민해방군의 공격은 사회의 안정성을 제고하려는 측면에서 본다면, 아마도 가장 덜 필요했을 시점에서 이루어졌다. 비교하자면, 1969년 최초 몇 달은 앞서 2년간, 특히 폭력사태, 무질서, 권위의 추락으로 전국이 아수라장이 되어 각 지역의 단위 부대들이 지방정부의 통제권을 장악하라는 명령을 하달 받았던 1967년 여름부터 1968년 봄까지의 상황과 비교한다면 평온한 상태였다. 국가 내부적 결속을 강화하고 군부의 정치개입을 정당화하기 위해 대외적 위기 상황을 조성하기에는 1967~1968년이라는 기간이 적기였지만, 이 시기 양국 사이에 갈등이 고조되지는 않았었다.

두 번째, 만약 마오쩌둥이 사회를 단합시키고 문화대혁명을 끝내기 위해 외부로부터의 위협이 필요하다고 믿었다 하더라도 하필이면 왜 소련을 공격하는 방안을 선택했는지가 명확하지 않다. 제9차 당대표대회 정치 보고에 따르면 중국의 주적主敵은 여전히 미국이었다. 전바오다오珍寶島에서의 무력충돌 직후에 개최된 당대표대회에서 당 중앙선전부는 소련의 수정주의 revisionism나 침공 가능성이 아닌, 미국의 제국주의를 중국의 주적으로 강조했다.170 만약 마오쩌둥이 대중을 동원하려 했다면 당시 베트남에서 싸우고 있었으며 이미 한반도와 대만 해협에서 맞서본 경험이 있던 미국을 공격 대상으로 삼는 것이 더 쉽고도 훨씬 덜 위험한 방안이었을 것이다. 그러나 그 대신에, 그는 이미 한 개의 초강대국과 전쟁을 하고 있던 상황에서 또 다른 초강대국을 공격하기로 결정한 것이었는데, 소련과의 국경이 세계에서 가장 긴 육상 국경선 중 하나라는 점에서 이는 극히 위험한 선택이었다. 마오쩌둥이 단지 대중을 동원하려는 목적만으로 그러한 위험을 감수했으리라는 결론을 내리기는 어려운 일이다.

세 번째, 1969년 여름 중국을 휩쓸었던 "전쟁에 대한 공포war scare"는 소련이 침공할 수 있다는 심각한 우려에서 비롯된 것으로, 마오쩌둥이 이러한 두려움이 확산되지 않도록 고심했다는 점이다. 전바오다오에서의 무력충돌 직후에는 군사동원령을 발령하지 않았다. 4월과 5월도 비교적 조용히 지나갔다. 동부 지구와 서부 지구에서 소련과 일련의 무력충돌이 발생한 이후인 6월에야 공산당 중앙군사위원회는 소련의 침공 가능성을 다시 검토하여 북부의 3개 군구에 전쟁준비 지시를 하달했다. 8월 소련의 신장 지역 기습과 핵을 사용하겠다는 위협 이후에는 전략핵부대를 포함한 북부 국경 지대의 인민해방군 부대들에 경계강화 지시가 하달되었다. 이와 동시에 저우언라이는 긴장

완화와 전쟁 위협 감소를 위해 코시긴Alexey Kosygin과 대화하는 데 합의했는데, 이러한 행태는 관심전환 전쟁으로 설명하려는 논리와 상충되는 것이다. 중국의 이러한 일련의 조치들은 1969년 3월 소련과의 무력충돌 이후 분출된 애국심에 편승하려는 것이 아니라, 전면전이 발생할 수 있다는 공포감을 증폭시켰던 소련의 군사 행동에 대응하기 위해 취해진 것이었다. 그러한 대응 과정에서 국가적 동원이 이루어지기는 했지만, 이는 마오쩌둥이 소련의 의도를 오판한 결과였지 국내의 불안정성을 해결하기 위한 전략이 아니었다.[171]

1970년대의 전쟁 위기 극복

1969년 3월 중국의 기습 후에도 소련군은 여전히 배치되어 있었으며 1980년대 초에는 그 규모가 54개 사단에 달했다. 그러나 그 사건 이후 중국은 소련과의 분쟁에서 다시는 무력을 사용하지 않았다. 또한, 1970년대 중국-몽골 국경에서의 몇 차례 소규모 충돌과 동부 지구의 하천 지역에서 추가적인 무력충돌이 발생했음에도 위기 상황으로 악화되지 않았다는 점은 주목할 만하다. 양국을 가르는 국경은 갈등이 위기 상황으로 고조될 가능성이 가장 높은 지역으로 떠올랐으나, 소련군이 제기하는 중국의 장악력에 대한 잠재적 도전에도 불구하고 비교적 평화로운 상태가 유지되었다.

소련과의 분쟁에서 중국이 지연 전략, 혹은 아무것도 하지 않는 전략으로 돌아간 것은 아마도 다음의 몇 가지 대외적, 대내적 요인들로 설명할 수 있을 것이다. 그 중 하나는, 부분적으로, 중국이 "교훈"을 얻었기 때문이라는 것이다. 1969년 여름과 가을 중국을 휩쓸었던 "전쟁에 대한 공포"는 3월 중국의 기습 공격에 대한 소련의 대응 수위가 중국이 예상했던 수준을 넘어선 것이었음을 보여준다. 중국의 한 연구자가 관찰했듯이, "중국-소련 국경 분쟁에 따른 긴장의 수위는 마오쩌둥의 예상을 넘어서기 시작했다."[172] 소련은 자국의 군사적 역량을 보여주는 한편, 중국의 추가적인 도발에 대응 수위를 높여

나가겠다는 결의를 널리 알렸다.

이에 더하여, 다음의 세 가지 요인들이 1969년 이후 양국의 분쟁이 안정적인 상태를 유지하는 데 기여했다. 첫 번째, 1969년 10월 저우언라이와 코시긴의 회담 이후 양측은 갈등이 고조될 위험성을 줄이기 위한 조치들을 취하는 데 합의했다. 1969년 말, 소련은 양측 병력이 순찰시 실질통제선까지 진출하지 않도록 제한을 두는 방안을 포함하여 충돌 예방을 위한 다양한 조치들을 제안하였고 중국은 이에 호응했다.[173] 1970년대 전반적으로 양국의 대화는 분쟁 지역에 대한 주권이 어느 국가에 있는가의 문제가 아니라 충돌이나 갈등을 예방하는 데 중점을 두고 이루어졌는데, 이는 양국이 공유하는 목표가 분쟁의 해결이 아니라 위기관리였음을 반영하는 것이다. 그럼에도 불구하고, 위와 같은 갈등관리 조치들은 양국 사이의 갈등이 위기로 고조될 가능성을 성공적으로 차단했다.

두 번째, 중국은 1969년 3월 전바오다오 기습을 통해 제한적이나마 영토적 목적, 다시 말해서 주요 항행로 기준으로 중국쪽에 있는 도서들에 대한 중국의 통제권을 소련이 인정하도록 한다는 목적을 달성했다. 소련의 이러한 사실상의 양보와 함께 소련과 합의한 충돌 예방 및 위기관리 조치들을 통해서 이 지역에 대한 중국의 장악력이 상당히 강화되었다. 소련군은 1970년 2월초까지 전바오다오를 포함하여 분쟁 중이던 많은 도서들에서 병력을 철수하였고, 중국의 장악력에 위협이 될 공세적 순찰을 자제했다.[174]

세 번째, 극동 지역에 배치된 소련군 병력의 증가가 여전히 역내 군사력 균형에 변동을 가져올 수 있는 위협이 되기는 했지만 중국도 이에 어느 정도는 대응할 능력이 있었다. 1969년과 1970년, 중국은 남쪽의 5개 야전군을 북부의 3개 군구로 이동시켰다. 이 부대들은 국경에서 700~1,500km 후방에 배치되기는 했으나 소련 침공시 투입될 수 있는 중국의 예비 병력을 강화했다.[175] 중국이 군사부문의 자산을 소련의 잠재적인 위협에 대응하는 데 집중할 수 있게 된 것은, 중국과 미국의 국교가 정상화되고 미국이 베트남 전쟁에서 손을 떼면서 중국이 북쪽에 더 많은 병력을 투입할 수 있게 되고 소련에 대한 군사적 압박이 전세계적 차원에서 가중되고 난 이후의 일이었다.

네 번째, 중국 내부의 정치적 안정성이 높아진 것 역시 소련과의 분쟁에서 자국의 입지 약화를 덜 민감하게 인식하도록 하는 데 한몫을 했다. 특히 1970년대 후반까지 소련의 배치병력이 다시 증가하기 시작했지만, 중국의 국내정치는 과격하고 급진적인 문화대혁명으로 극도의 혼란을 겪고 있던 1960년대 후반에 비해 훨씬 더 안정적인 상태였다.

1980년대: 중국-베트남 국경에서의 무력충돌

제1장에서 언급했지만, 1979년 중국이 베트남을 공격한 동기는 영토적인 목적이 아니라 중국의 남쪽 측면에 대한 소련의 영향력을 억제하는 것이었다. 1980년대 초 중국과 베트남의 국경은 고도로 군사화되어 있는 상태였고, 동남아시아에서 소련의 핵심적인 피후견국인 베트남에 대한 군사적 압박을 유지하려는 중국의 지속적인 욕망으로 인하여 무수한 소규모 무력충돌과 포격전이 벌어지던 장소였다.[176]

이러한 적대감이 팽배한 가운데 중국은 국경지대에서 베트남이 점령하고 있던 고지들에 대한 3차례 공격을 감행하여 매번 분쟁 영토를 점령했다. 1980년 10월 중국은 윈난성과 베트남의 국경에 걸쳐 있는 뤄자핑다산羅家坪大山을 공격했다. 1981년 5월에는 광시성과 베트남의 국경에 위치한 파카산을, 윈난성과 베트남의 국경에 있는 커우린산㧏林山을 각각 공격했다. 마지막으로, 1984년 4월에는 윈난성과 베트남의 국경에 위치한 마리포麻栗坡 시내 인근의 라오산老山과 저인산者陰山을 공격했다.[177] 이러한 공격으로 사상자가 발생하였고 중국이 분쟁 지역들을 점령하고 있는 상태가 계속되었다. 1984년 중국의 라오산 및 저인산 점령 이후 18개월간 베트남군은 5차례에 걸쳐 반격을 가했다.[178] 고지의 주인은 계속적으로 바뀌었고 1989년까지 이 일대 국경에서 양측의 포격전이 계속되었다.[179]

과거의 분쟁에 대한 논의를 억제하기로 한 중국과 베트남 양국 공산당의 1993년 합의 때문에 이 지역 분쟁에서 중국의 정책 결정과 관련하여 참고할 수 있는 자료는 거의 없다. 게다가 이 고지들이 분쟁의 대상이 되었던 원인도 명확하지 않다. 중국측 자료에 따르면 1979년 2월의 중국-베트남 전쟁 후 인민해방군이 철수하자 베트남이 이 고지들을 점령했다고 한다.[180] 지도에서 보면 이 고지들은 모두 19세기 청清이 프랑스와 맺은 협정에 포함된 경계선 위에 있거나 가까이에 위치하고 있다.

남아 있는 정보가 얼마 안 되기는 하지만, 중국-베트남 국경에서 벌어졌던 이러한 무력충돌 사례들은 1979년 중국-베트남 전쟁으로 시작된 갈등과 중국의 강압적 외교의 연장으로 보이며, 육상 국경선을 둘러싼 분쟁에서 중국의 장악력 감소에 대한 반응은 아니다. 무력충돌을 통한 베트남에 대한 군사적 압박의 지속은 중국이 소련과의 관계를 개선하는 데 있어 "세 가지 장애물들"을 분명히 보여주었는데, 이들 중 하나가 베트남의 캄보디아 점령에 대한 소련의 지원이었다.

하지만 중국과 소련, 중국과 베트남의 라이벌 관계라는 맥락에서 볼 때, 1980~1981년 중국의 공격은 장악력의 감소와 역내 군사적 균형의 부정적 변동이 야기한 결과와 일맥상통한다. 라이벌 관계라는 거시적 차원의 설명은 앞의 다른 사례들보다 더 크고 격렬했던 라오산과 저인산에 대한 공격 사례를 설명하는 데 더욱 적절하다. 중국측 자료에 따르면 베트남은 1980년 초에 이미 뤄자핑다산, 파카산, 커우린산을 포함하는 국경 일대를 점령하여 요새화했다.[181] 아마도 베트남은 중국의 또 다른 침공에 대비하여 국경 방어를 강화하려 했을 것이다. 이들 지역을 둘러싼 긴장이 고조되면서 지역을 관할하던 인민해방군 사령관들은 베트남군 진지를 파괴하기로 결정하고 1980년 10월에 뤄자핑다산, 1981년 5월에는 파카산과 커우린산에 대한 공격을 감행했다. 하지만 이와는 대조적으로, 1984년 1월 라오산과 저인산을 공격하기로 한 결정은 해당 지역에서 긴장이 고조되지 않은 상황에서 발생한 것이었다.

위와 같은 해석을 지지하는 몇 가지 요소들은 다음과 같다. 1980~1981년 공격에 동원되었던 중국측 병력은 그 지역의 국경 방어를 책임지고 있던 윈난 군관구云南軍管區에 한정되었다. 게다가, 작전에서 핵심적 역할을 한 것은 군관구 예하 주력 부대들이 아니라 국경 수비를 주임무로 하는 변방대邊防團였는데, 이는 중국의 공격이 국경 지역에 대한 통제권을 장악하려는 국지적인 전투일 뿐이며, 베트남과의 라이벌 관계에서 중국의 결의를 보여주기 위한 거시적인 노력의 일부가 아니라는 것을 보여준다. 그러나 1984년 4월의 라오산과 저인산 공격에는 쿤밍 군구昆明軍區 소속 몇 개 사단을 포함한 더 많은 부대들이 동원되었다. 또한, 그 후에도 중국의 7개 군구에서 각각 부대를 착출하여 이후에도 1980년대 내내 저강도 전투low-level fighting가 계속되었던 라오산 전선을 순차적으로 담당하도록 했다.[182] 이러한 방식의 병력 운용을 통하여 중국은 베트남과 소련에 대한 압박을 유지하는 한편, 인민해방군의 주요 부대와 지휘관들에게 국지제한전local, limited wars이라는 새로운 교리에 따른 전투 수행 경험을 제공했다.

결론

중국은 대부분의 변강 지역의 영토분쟁에서 타협적 해결을 추구했으나 이번 장에서 소개한 세 개 국가와의 분쟁사례에서는 예외적으로 무력을 행사했다. 특히, 군사적으로 가장 강력한 인접국가가 지역의 역학구도를 자국에 유리하게 바꾸려 할 때 중국은 자국의 장악력 약화를 막거나 약화되는 추세를 되돌리기 위해 무력을 사용했다. 아마도 변강 지역과 인접한 다른 국가들과의 분쟁에서 더 쉽게 무력을 사용할 수 있었겠으나, 중국은 가장 강력한 인접국가이자 청淸 말기에 형성된 육상의 국경선을 공고히 하는 중국의 역량을 제한할 수 있는 수단을 가진 인도, 소련, 베트남 세 개 국가와만 전쟁을 벌었다.

인도 및 소련과의 분쟁에서 중국의 상대적인 입지가 약화되던 시점에 작성되었거나 나왔던 정부 문서들과 지도자들의 발언들은 중국이 각 사례에서 무력을 사용한 이유와 그렇게 결정한 시점을 설명해준다. 대부분의 무력 사용 사례들에서 볼 때, 분쟁에서 협상력의 부정적인 변동과 중국 내부의 정치적 불안정성의 결합이 결정적인 역할을 했다. 1962년, 1967년, 1969년 중국 내부의 정치적 불안정성은 중국이 외부적 위협에 대한 취약성을 더욱 민감하게 인식하도록 작용했다. 장악력의 약화와 내부적 동요가 결합되면서 중국의 지도자들은 인접국가들이 중국 내부의 어려움을 이용하여 이익을 취하려 한다는 결론을 내렸다. 이렇게 하여 내부의 정치적 불안정성이 무력 사용과 연결되기는 하지만, 일반적인 예상과는 달리, "관심전환 전쟁 이론"에서 제시하는 경로를 따르지는 않는다. 중국의 경우 체제의 불안정성은 외부적 위협에 대한 인식과 심각성을 증폭시킴으로써 상대국가들에게 중국의 결의를 보여주기 위한 수단으로써 무력 사용의 효용성을 더욱 증가시키는 방향으로 작용했다.

05

본토 지역
영토분쟁

Homeland Disputes

본토에 속해 있는 지역에서의 영토분쟁과 관련하여 중국은 과거 한漢 제국의 영역에 해당하지만 1949년 중화인민공화국 수립 당시에는 통제력이 미치지 못하던 지역들, 즉 홍콩, 마카오, 대만을 통일한다는 원대한 목표를 추구해 왔다. 이들 지역을 회복하는 것은 공산당이건 국민당이건 동시대 중국의 지도자들에게 있어서 강력하고 안전한 근대국가를 수립한다는 국가적 미래상과 연결되는, 오래도록 이어져 온 정치적 목표였다. 실제로 이들 지역을 둘러싼 분쟁은 매우 중요하게 간주되어 국가 간의 분쟁이 아니라 "국내 문제"라 지칭된다. 그만큼 중요한 문제이므로 이들 지역에 대한 주권과 관련한 문제에서 타협을 한다는 것은 중국의 지도자들에게 상상도 할 수 없는 일이다. 따라서 중국이 1949년 이래로 이들 지역과 관련하여 영토적으로 양보를 하거나 이들 지역을 통일하겠다는 장기적 목표를 조정, 후퇴한 적이 없다는 사실은 놀라운 일도 아닌 것이다.

상황에 따라 변화한 것은 중국이 이들 지역과 관련한 분쟁에서 무력 사용도 불사하겠다는 의지의 강경함이었다. 중국은 홍콩과 마카오 문제로는 무력을 사용한 적이 없지만, 대만에 대해서는 가장 최근에는 1995~96년까지 수차례에 걸쳐 군사적 위기 상황을 조성한 바 있다. 중국의 장악력 약화는 홍콩, 마카오, 대만 사례 사이에 위기상황의 심각성에 차이가 있으며, 대만과의 갈등도 그 발생 시기에 따라 그 심각성에 차이가 나는 현상을 가장 잘 설명해 준다. 중국이 1949년 이래로 이들 지역 어느 곳도 통제하지 못했지만 홍콩과 마카오 정도는 언제나 군사적으로 정복할 수 있었다. 군사적 우위는 중국의 지도자들에게 결국에는 이들 지역을 통일할 수 있으리라는 커다란 자신감을 심어주었다. 반면에, 대만의 경우에는 지난 수십 년간 대만 해협을 건너서 군사력을 투입하는 것이 불가능했으며, 이러한 중국의 군사적 취약성은 대만과의 분쟁에서 자국의 입지를 더욱 약화시키고 통일에 대한 전망을 비관적으로 만들 수 있는 상대측(대만)의 조치에 더욱 민감하게 반응하는 원인이 되었다. 대만 문제에서는 가뜩이나 취약했던 중국의 입지가 더욱 약화되던 1950년대와 1990년대에 중국은 국가적 통일을 달성하겠다는 결의를 대외적으로 보여주기 위해 무력을 사용한 바 있다.

이 장에서는 중국이 가장 중요하게 여기는 영토분쟁들에서의 행태를 분석함으로써 장악력의 약화가 영토분쟁에서 위기를 고조시키는 결정에 미치는 영향을 분명하게 보여주고자 한다. 이들 지역의 영토분쟁에서 중국의 이해관계는 1949년 이래로 큰 변화 없이 항상 일정했지만 협상력은 계속 변화해 왔다. 분쟁에서의 "판돈stakes"이 클수록 무력 사용의 효용은 증가하기 때문에, 장악력의 약화가 미치는 영향은 중국 본토의 영토분쟁 사례에서도 어렵지 않게 바로 관측할 수 있을 것이다.

지연 전략을 통한 통합:
홍콩과 마카오

홍콩과 마카오에 대한 분쟁에서 중국은 분쟁의 해결을 미루는 지연 전략을 사용했다. 분쟁을 해결하기 위해 서두르지 않음으로써 중국은 어떠한 타협 없이 영토분쟁의 해결로 이어졌는데, 이러한 지연 전략의 성공을 가능케 한 핵심적인 요소는 역내의 군사력 균형에서 이들 지역을 통치하던 영국과 포르투갈보다 중국이 우세한 위치를 점하고 있었다는 점이다. 이들 지역을 손쉽게 점령할 수 있는 군사적 역량을 보유한 중국의 지도자들은 이들 지역이 결국은 본토에 통합될 것이라 강하게 확신하였으며, 역설적이게도 그러한 확신 때문에 그 목적을 달성할 때까지 여유를 가지고 기다릴 수 있었다.

이 절에서는 홍콩을 둘러싼 영국과의 영토분쟁을 상세히 분석하도록 한다. 홍콩과 마카오 두 분쟁 중에서 홍콩의 면적, 인구, 동아시아의 무역 및 금융 중심지로서 경제적 역할을 고려할 때 홍콩의 분쟁이 훨씬 더 중요하다. 마카오의 경우 처음에는 포르투갈이 일방적으로 마카오를 중국으로 반환하려 하

였으나, 결국에는 협상을 통해 홍콩을 중국에 반환한 영국의 사례를 따라서 처리하게 되었다.[1]

지연 전략의 실행

홍콩 및 마카오 문제에 대해 중국이 지연 전략을 선택한 시점은 중화인민 공화국 수립 직후인 1950년대 초기까지 거슬러 올라간다. 이 전략은 이들 지역에 대한 주권을 확고하게 주장하되, 중, 단기적으로는 이들 지역을 통합하기 위해 섣불리 어떤 구체적인 조치를 취하지는 않는 신중함이 가미된 정책적 결정이었다. 중국의 지도자들에게 있어서 홍콩과 마카오에 대한 주권은 협상의 대상이 아니지만, 이들 지역을 실제로 회복하고 통제권을 확보하는 것이 절박하거나 시급한 사안은 아니었다.

국공내전이 막바지에 접어들어 중국의 승리로 확실하게 기울어가던 당시에도 인민해방군은 홍콩을 점령하지 않았다. 이 영국 식민지를 점령할 수 있는 압도적인 군사적 역량을 가지고 있었음에도 불구하고, 광저우를 점령한 인민해방군에게는 홍콩 영역으로부터 25마일 이내로 진입하지 말라는 명령이 하달되었다. 영국에 홍콩을 할양한 법적 근거인 난징 조약南京條約은 1949년 9월 제정한 중화인민정치협상회의 공동강령(1954년 중화인민공화국헌법 제정 전까지 임시헌법으로 기능했다.—옮긴이) 제55조에서 "중국 공산당이 정권을 잡으면 다시 논의" 할 수 있다고 규정된 불평등 조약들에 해당되었지만, 이후 몇 개월간 중국은 홍콩을 반환하라고 명시적으로 요구를 하지는 않았다. 게다가 중국은 이 기간 동안 홍콩과 관련한 공식적인 언급 자체를 거의 하지 않았다.[2] 홍콩을 영국에 할양한 조약들이 "불평등"하다는 점을 명확히 했지만, 이 지역을 언제 되찾을 것인지에 대해서는 말하지 않았다.

1950년대 중반에 들어서면서 지연 전략은 이 지역에 대한 중국의 정책으로 공식화되었다. 1955년 10월, 개인 자격으로 베이징을 방문한 홍콩 총독

그랜덤Alexander Grantham 경과의 회동에서 저우언라이는 중국이 홍콩 문제의 해결을 보류하고 청淸이 홍콩 섬과 주룽반도九龍半島를 영국에 할양한 조약들을 파기하지 않을 것에 상응하는 대가로서 영국이 이 지역을 통치하면서 지켜야 할 준칙이 있어야 한다고 요구했다. 이에 영국은 홍콩 지역에서 다음 네 가지를 허용하지 않기로 했다.

1. 민주주의 정치제도의 적극적 육성
2. 제3국에 대한 군사기지 제공
3. 체제 전복적인 국민당의 활동
4. 중국의 경제적 이익을 방해하는 조치[3]

물론, 이 네 가지 사항들이 용인되었다면 홍콩과 본토의 통합 전망에 부정적 영향을 끼쳤을 것이었다. 1956년 마오쩌둥은 지연 전략과 관련하여 "홍콩의 수복이 일시적으로 늦추어지더라도 그 편이 더 낫다. 우리는 서두를 필요가 없다. 현재와 같은 상태의 홍콩이 여전히 우리에게 유용하다."[4]고 언급한 바 있다. 1960년 마오쩌둥은 홍콩 문제를 다루었던 첫 10년간의 경험을 평가하며 중국의 대 홍콩 정책을 "장기적인 계획 하에 충분히 활용하기長期打算 充分利用"로 압축했는데, 이는 기존의 지연 전략이 지속됨을 의미하는 한편 외부 세계와의 무역 기지로서 홍콩의 가치를 강조하는 것이었다.[5] 또한, 마오쩌둥은 사석에서는 청淸이 영국에 1898년 홍콩 북부 신까이新界 지역과 부속도서들을 조차하기로 한 99년의 기간이 만료되는 1997년까지 기다릴 것임을 암시했다.[6]

가장 주목할 만한 점은, 중국이 영국과 국교를 정상화한 1972년 이후에도 기존의 지연 전략을 바꾸지 않고 유지했다는 사실이다. 영국 외교관들에 따르면 중국-영국 관계 정상화를 위한 협상에서 홍콩의 지위에 관한 문제는 제기되지 않았다. 국제연합(UN)에서 중국은 홍콩과 마카오는 자국의 영토이지 중국으로부터 독립된 타국의 식민지가 아니라고 주장했지만, 저우언라이는 "홍콩 문제는 변화하는 국제정세를 고려하여 정리해야 할 것이지 지금 당장 해결해야 할 것은 아니며 …" 중국은 "그러한 사안들을 해결하려 무리하게 서둘러 나서지는" 않을 것[7]이라고 했다.

중국이 홍콩 사례에서 지연 전략을 채택한 이유는 다음 네 가지이다. 첫 번째는 중국이 역내에서 누리던 군사적 우위이다. 인도 서해안에 고립되어 있는 포르투갈 식민지 고아Goa와 유사한 입지를 가진 홍콩은 본토의 군사적 압박에 극히 취약하며 영국은 인민해방군의 공격을 제대로 방어할 수 없다. 이에 더하여, 1950년대 중반 광둥성이 이 지역의 주요한 용수 및 식량 공급원이 되면서 중국이 압박을 가할 수 있는 가용수단이 더 늘어나게 되었다. 1963년 마오쩌둥이 "홍콩에 대해 말하자면, 영국이 보유한 군사력은 대단치 않다. 우리가 원한다면 점령할 수 있을 것이다."[8]라고 언급한 데서 드러나듯이, 중국의 군사적 우위는 지도자들에게 홍콩은 결국 본토에 통합될 것이라는 강한 자신감을 심어주었다. 역내의 군사적 균형이 크게 변하지는 않을 것이므로, 중국은 언제든 원하는 시점에 이 지역을 통합하기 위한 작업을 밀어붙일 수 있었다. 간단히 말해서, 중국은 홍콩을 중국과 별개인 국가로 만들려는 영국의 시도를 저지하면서 무력을 동원해야 할 정도로 장악력의 쇠퇴나 군사적 취약성을 인식하지 않았다.

중국이 홍콩 문제에서 지연 전략을 선택하는 데 영향을 주었던 두 번째 요소는 대만이었다. 중화인민공화국 수립 초기에 중국의 지도자들은 대만이 본토에 속하는 분쟁 지역들 중에서 가장 중요하며 가장 우선적으로 "통일"해야 할 지역으로 간주했다. 대만의 국민당 정권이 본토에 대한 권리를 주장하는 것은 중국 공산당 정권의 정당성에 대한 도전이었고 국공내전이 아직 끝나지 않았음을 반증하는 것이기도 했으므로 대만 문제는 극히 중요한 것이었다. 중국이 영토 보전을 공고히 하는 데 있어 홍콩이나 마카오를 본토에 통합시키는 것보다 대만 통일이 더욱 중요했다. 1966년 "우리는 가장 중요한 대만 문제를 먼저 해결해야 한다. 그리고 나서, 마카오와 홍콩은 적절한 시기에 되찾을 것이다."[9]는 첸이陳毅의 발언도 이와 맥을 같이한다.

지연 전략을 지탱하는 세 번째 요소는 홍콩을 통해 얻는 경제적 이득이었다. 홍콩은 해외의 정보를 수집하는 창구이자, 1950년 한국전쟁은 물론 1979년 이전까지도 중국의 경제 성장을 수행하는 데 필요한 상품과 용역을 확보하는 원천으로 기능했다.[10] 중국은 홍콩의 반환을 압박하지 않음으로써 해외 시장, 기술, 자본에 접근할 수 있는 창구를 유지했던 것이다. 1950년대 초 미국과 국제연합이 중국에 대한 경제 제재를 실시한 후에는 이를 우회하여 통상금지품목을 확보하는 주요 통로로도 기능하였다.[11]

강대국들 사이의 국제정치는 중국이 지연 전략을 채택하는 배경이 된 네 번째 요소이다. 1950년대 초 중국은 베이징에 대리대사급 외교대표부를 유지하고 있던 영국, 대만 국민당 정권을 합법적인 정부로 인정한 미국의 사이를 벌려 놓을 방안을 모색하고 있었다.[12] 이때 중국의 지도자들이 우려한 것은, 홍콩에 대한 공세적 정책을 채택할 경우 영국이 홍콩을 군사적으로 방어할 능력이 없기 때문에 결국 미국의 군사적 개입으로 귀결될 수 있다는 점이었다. 따라서 저우언라이의 말을 빌리자면, "(지금은) 홍콩을 영국의 수중에 두는 것이 더 나은 것"[13]이었다.

지연 전략을 통한 통합

그러나 영국은 중국만큼 인내심을 가지지 못했다. 1970년대 말에 이르러 홍콩의 미래에 대한 영국의 우려는 점점 더 커져가고 있었다. 당면한 사안은 신까이新界 지역에 대한 조차 기간 99년이 1997년 만료된다는 것으로, 반환일 이후 이 지역에서 각종 계약관계의 적법성과 관련하여 불확실성이 발생하기 때문이었다. 대외무역부장 리창李强이 홍콩 총독 맥리호스MacLehose경에게 1979년 3월 베이징을 방문해달라고 초청하자 영국은 이를 홍콩 문제를 논의하기 위한 기회로 보았다. 그러나 덩샤오핑은 맥리호스 경에게 "홍콩은 중국의 일부로, 이 문제 자체는 협상의 대상이 아니다. … 1997년에 이 문제가 해소되더라도 우리는 홍콩의 특수한 지위를 존중할 것이다."[14]라고 말하여 영국 대표단을 놀라게 했다. 이에 맥리호스 경은 조차 문제를 제기하면서 계약에 "영국 정부가 그 영역을 관리하는 동안에는for so long as the Crown administers the territory"[15]이라는 문구를 포함할 것을 제안했는데, 이는 1997년 이후에도 영국이 홍콩 지역을 관리하려는 의도를 드러내는 것이었다. 이에 대해 덩샤오핑은 "(홍콩 반환이라는) 정치적인 해결이 있더라도 홍콩에 대한 투자를 계속하는 이들의 이익을 해치는 일은 없을 것이다. 이것이 중국의 장기적인 정책이라는 것을 투자자들이 확신해도 좋다."[16]고 대답했다. 또한 그는 이 지역에 대한 영국의 조차권과 관련하여서는 "영국의 관리권British administration"이라는 말이 1997년 이후에는 일체 언급되는 일이 없어야 한다고 지적했는데, 이는 반환일부터 중국이 주권을 행사할 것임을 의미하는 것이었다.[17]

덩샤오핑의 솔직한 입장표명에 놀란 영국은 홍콩의 미래에 대해 중국이 구상하고 있는 바를 계속 알아보았다. 1979년 7월 영국은 중국에 조차 문제와 관련한 공식적인 외교각서memorandum를 보냈다. 당시 중국은 대만 문제에 집중하고 있었지만, 1981년 초 덩샤오핑은 국무원에 홍콩 반환과 관련한 정책을 수립하라고 지시했다. 4월까지 국무원의 홍콩–마카오 판공실港澳事務辦公室는 랴오청즈廖承志 주도 하에 중국 공산당 지도부에 제출할 보고서의 초안을 작성하였는데, 홍콩의 번영을 유지하며 주권을 회복하는 방안들을 개략적으로 제시하기 위한 것이었다. 1981년 4월과 12월에 공산당 중앙서기처中央書記處는 두 차례 회의를 개최하여 랴오청즈 보고서에서 강조한 12가지 제안사항들에 대해 토의했다. 이 두 차례 회의에서 중국 공산당은 1997년에 홍콩에 대한 주권을 회복하되, 통치는 홍콩인들에게 맡기고 정치, 경제 시스템도 그대로 유지하기로 결정했다.[18]

1982년 1월 영국에서 대처Margaret Thatcher 총리의 중국 방문계획을 발표할 당시 중국은 이미 홍콩 문제를 협상할 준비가 되어 있었다. 9월에 중국을 방문한 대처 총리의 목적은 홍콩의 장래 지위와 관련하여 양국 사이에 조건 없는 대화를 개시하는 것이었다. 개인적으로 대처 총리는 홍콩에 대해 영국의 주권, 아니면 최소한 관리권administration이라도 유지하기를 희망했다.[19] 그러나 덩샤오핑의 생각은 달랐다. 그는 "주권의 문제는 논의의 대상이 될 수 있는 것이 아니다. 이 문제에서 중국이 입장을 조정할 여지는 없다."고 못 박았다. 이에 더하여, 그는 "1997년 중국에 반환되는 홍콩에는 신까이新界 지역 (1898년 조차)뿐만 아니라" 19세기에 청淸이 영국에 할양한 "홍콩 섬(1842)과 주룽반도九龍半島(1860)도 포함되어야 한다."[20]고 강조했다. 대처 총리의 말에 따르자면, "중국인들은 한 치도 양보하려 들지 않았다."[21]

중국과 영국이 부딪치는 지점은 곧 명확해졌다. 대처 총리는 덩샤오핑에게 기존의 조약들은 홍콩 섬과 주룽반도를 영국에 할양하였으므로 중국이 이들 지역에 대한 주권을 회복하려면 영국과 상호합의를 거쳐야 한다고 말했다. 이에 더하여, 그녀는 주권을 어느 쪽이 가지더라도 이와는 무관하게 영국이 계속 관리하는 것만이 미래에도 번영을 보장할 수 있는 방법이라고 주장했다. 회담 끝에 양측이 유일하게 동의한 것은 공식적인 협상에 돌입하기로 한 것뿐이었다. 덩샤오핑은 "1~2년 안에 중국은 홍콩을 되찾겠다는 결정을 공식 발표할 것이다."[22]라고 넌지시 최후통첩성 발언을 던지기도 했다.

1982년 10월부터 1983년 3월까지 중국 외교부 부부장 장원진章文晋과 주중 영국대사 크래덕Percy Cradock은 5차에 걸쳐 협의를 했다. 영국이 이 지역의 번영을 유지하기 위해 준비해야 할 사항들에 대해 먼저 협상하고자 했던 데 반해, 중국은 일관되게 이 지역에 대한 관리권의 문제를 주권과 결부시켰다.[23] 교착상태를 타개하기 위해 대처 총리는 1983년 3월 자오쯔양趙紫陽 총리에게 서한을 보내어 "홍콩 사람들이 수용할 수 있는 반환 준비가" 된다면 자신은 홍콩을 중국으로 넘기도록 영국 의회에 권고하겠다고 했다.[24] 비록 영국의 공식적인 입장은 아직 변하지 않은 상태였지만, 중국은 이 서한을 받고 영국과 공식 회담을 가지는 데 동의했다.

이렇게 1983년 7월에 협상이 시작되었으나 곧바로 교착상태에 빠지고 말았다. 영국은 1997년 이후에도 이 지역에 대한 관리권은 유지하겠다는 목표를 가지고 회담을 시작한 반면, 중국은 완전한 주권을 회복한다는 목표에 전념했기 때문이었다. 처음 몇 차례 회동에서 영국 외교관들은 이 지역을 통치하는 데 있어서 각종 도전요소들을 강조하는 내용의 브리핑 자료를 제공했으나 중국측 인사들은 완강한 입장을 고수했다. 결국 1983년 10월, 영국은 1997년 이후에도 관리권을 유지하겠다는 주장을 철회하고 랴오청즈廖承志 보고서에 기초한 중국측 제안을 검토하는 데 동의했다. 11월의 6차 회담에서 크래덕Cradock 총독은 다른 준비사항들이 갖춰질 수 있다면 영국은 홍콩 지역에 대한 어떠한 법적 권한도 요구하지 않겠다고 했다.[25]

이로부터 채 1년도 되기 전에 영국은 두 개 핵심 이슈인 홍콩에 대한 주권 문제 및 영국의 관리권 유지에 관한 문제 모두를 중국에 양보했다. 영국의 이러한 양보는 중국이 자국의 입장을 고수한 가운데 이루어진 것이었다. 후속 협상은, 랴오청즈 보고서에서 홍콩의 정치, 경제 시스템을 유지하기 위해 강조한 12가지 제안사항들을 보다 구체화한 내용들에 기초하여, 주권을 이양하기 위한 준비사항들에 초점을 맞추어 진행되었다.[26] 1984년 4월 중국은 홍콩 반환 후 이 지역의 통치와 관련된 사항들을 구체화하는 부속문서를 협정문에 포함하는 데 동의하고, 6월에는 양측이 협정문을 작성하기 위한 공동실무그룹을 구성했다. 1984년 12월 9일, 대처 총리와 자오쯔양 총리는 향후 중국의 홍콩 통치방식을 규정하는 부속문서가 첨부된 홍콩반환협정Sino-British Joint Declaration에 서명했다.[27]

홍콩반환협정의 내용을 보면, 중국은 처음부터 받아내고자 했던 것들을 거의 모두 얻어냈다. 대처 총리가 처음에 표명한 입장과 달리, 중국은 청淸이 할양한 지역까지 포함하여 홍콩 전역에 대한 주권을 회복했다. 영국은 반환 이후에도 관리권을 유지하겠다는 입장에서 후퇴한 반면 중국은 완전한 주권 회복을 고수했다. 혹자는 홍콩의 정치, 금융 시스템을 50년간 유지하겠다고 보장한 것이 중국 입장에서 크게 양보한 것이라 주장할 수도 있겠으나, 덩샤오핑이 1979년 맥리호스MacLehose경과 회동하던 당시에 이미 그러한 방침의 대강을 마련해 놓았으며 1981년 12월 공산당 중앙서기처 회의에서 정책으로 결정된 사항이었다. 중국이 실제로 양보한 것은 1997년 반환되기 직전 몇 년간 홍콩을 감독하기 위한 명목으로 영국이 제안한 이름뿐인 공동위원회를 수용한 것과 홍콩반환협정에 향후 중국의 홍콩 통치방식을 설명한 부속문서를 포함시킨 것 정도에 불과했다. 1997년 7월 1일, 난징 조약(1842)으로 영국에 할양된 지 155년 만에 중국은 홍콩에 대한 주권을 회복했다.

마카오

마카오 문제는 홍콩에 비해 비교적 쉽게 해결되었다. 1974년 좌익세력의 쿠데타 이후 포르투갈 정부는 보유하고 있던 모든 해외 식민지들을 포기하기로 결정하여, 마카오에 대한 중국의 주권을 인정하는 한편 1887년 중국이 마카오를 할양한 조약을 무효화 했다.[28] 그러나 당시 중국은 포르투갈이 계속 마카오를 관리해 줄 것을 요청했다. 1979년 국교 정상화를 위한 회담에서 양측은 마카오를 포르투갈이 "관리"하는 중국의 영토로 인정하고, 마카오의 반환은 미래의 "어느 시점"에 양자 협상을 통하여 해결하기로 합의했다.

1984년 영국-중국의 홍콩반환협정 체결은 포르투갈이 문제 해결에 참고할 만한 로드맵 역할을 했다. 1985년 포르투갈과 중국은 마카오의 미래를 논의하기 위해 정식 회담을 가지기로 했다. 양측은 영국-중국의 홍콩반환협정 체결 과정을 참고하여 1986년 6월부터 1987년 3월까지 4차례 회담을 실시하여, 1987년 4월 13일 베이징에서 마카오반환협정을 체결했다. 1984년 영국-중국의 홍콩반환협정과 매우 유사한 이 협정문에서 마카오의 지위는, 홍콩과 마찬가지로, "특별행정구역a special administration region"으로 규정되었다. 1999년에 중국은 마카오에 대한 주권을 회복했다.

마오쩌둥 집권기 대만 분쟁

중국의 영토분쟁에서 중요성이 가장 높은 대만과의 분쟁은 국공내전의 연장선에서 시작된 것이다. 중국 공산당이 1949년에 중화인민공화국을 수립하기는 했으나, 모든 국민당 세력을 패퇴시키고 최종적인 승리를 선언할 수는 없었다. 인민해방군이 대만은 물론, 국민당 정권의 통제력이 미치고 있던 저장성, 푸젠성 일대의 "연해도서沿海島嶼"[29]들을 포함한 미수복 지역을 점령하기 위한 준비를 하면서 1949년 이후에도 국공내전은 계속되었기 때문이다. 중국이 이 시기의 대 대만 정책을 "무력에 의한 해방武力解放"으로 표현하는 것은 당시 분쟁의 치열함과 격렬함을 반영하는 것이다. 어떤 방향으로 해결이 되든 그 결과는 일방의 완전한 승리와 나머지 일방의 완전한 패배라는 제로섬적인 성격을 띠었으므로, 타협은 고사하고 협상마저도 선택 가능한 정책수단이 아니었다. 장제스蔣介石의 국민당 정권 역시 무력으로 중국 공산당을 축출하고 본토를 재탈환하겠다는 입장을 고수하고 있었다. 양측 모두에게 본질적인 이슈는 상대방을 패퇴시키고 중국 전역을 다스리는 데 충분한 군사적 역량을 확보하는 것이었다.

"무력에 의한 해방"이라는 정책기조 하에서, 마오쩌둥의 중국은 대만에 대해 지연 전략과 갈등고조 전략을 함께 구사했다. 이 혼합전략은 국민당이 장악하고 있던 영역에 대한 군사작전을 성공적으로 수행할 수 있는 총체적인 역량을 강화함으로써 통일의 가능성을 제고하도록 설계된 것이었다. 대만 해협이라는 물리적 장벽과 당시 미국의 대만에 대한 방위공약으로 인한 작전상의 장애물 때문에 그러한 방식의 "해방"은 어떤 형태로든 단기적으로는 불가

306

능했다. 대만을 점령하기 위해서는 자체의 군사적 역량을 강화하고 국민당 정권이 통제하고 있던 연해도서들을 장악하는 한편, 국민당 정권에 대한 미국의 지원을 제거해야 하는 것이었다. 따라서 중국은 지연 전략에 무게를 두었으며 이를 통하여, 그렇게 하지 않았더라면 대만에 비해 더욱 열세에 처했을, 자국의 입지를 강화하고자 했다.

중국이 1954년과 1958년 두 차례 감행한 대만 해협에서의 무력행사는 냉전 기간 중에 발생했던 가장 심각한 10대 위기 상황에 들어갈 만한 것이었다. 이 두 사건에서 미국이 국민당 정권에 제공한 군사적, 외교적 지원은 중국의 지도자들이 원래도 자국의 장악력이 상대에 비하여 열세인 극히 중요한 이 지역에서 분쟁이 발생할 경우 중국의 역량이 얼마나 더 취약해 질 수 있을지 깨닫는 계기가 되었다. 협상력bargaining power이 약화되자 중국은 대만과의 통일을 이루겠다는 결의를 보여주기 위해 무력을 사용했다. 중국이 장악력 저하를 가장 뼈저리게 느낀 때는 대만과 미국 사이에 동맹조약 체결을 위한 협상이 이루어지던 와중이었던 1954년 위기사태였다. 1958년 위기사태 당시 중국은 긴밀해지고 있던 미국과 대만의 관계를 악화시키는 한편, 대약진 운동 추진을 위한 국내의 정치적 지지를 동원한다는 복합적인 목적을 추구했다. 미국이 국민당 정권을 지원하는 수준, 미국의 지원이 공산당과 국민당의 내전 종식에 관한 전반적인 전망에 미치는 영향은 대만과의 분쟁에서 중국의 상대적 입지를 약화시키는 데 중요하게 작용했다. 1958년 이후 대만과의 분쟁에서 중국의 장악력은 비록 취약한 상태이긴 하지만 안정적으로 유지되었다. 베트남에 대한 개입을 강화하면서 중국과의 직접적인 충돌은 회피하고자 했던 미국이 대만에 대한 지원을 더 이상 늘리지 않았기 때문이다. 예를 들어, 1962년 봄에 장제스가 본토를 공격하기 위한 병력동원을 실시했을 때 미국은 만약 장제스가 공격을 감행할 경우 미군이 이를 지원하는 일은 없을 것이라는 점을 중국에 분명히 밝힌 바 있다. 1971년까지는, 국가안보보좌관 키신저Henry Kissinger가 극비리에 중국을 방문하는 비밀외교를 통하여, 미국은 대만에 대한 군사지원을 줄이는 데 동의했다.

그러나 연해도서들을 두고 계속되던 중국과 대만의 충돌은 1954년과 1958년 위기사태 발생의 중요한 배경이 되었다. 본토에서 불과 약 8km 떨어진 진먼다오金門島는 본토에 대한 교란작전을 지원하고 인민해방군의 어떠한 작전에 대해서도 제1 방어선으로 기능하는, 대만의 가장 중요한 기지였다. 또한, 이곳에 배치된 부대들은 중국 공산당에 굴복하지 않고 본토를 탈환하겠다는 국민당 정권의 결의를 상징하는 것이었다. 연해도서들에 대한 인민해방군의 공격은 국민당 정권에 대한 중국 공산당의 투쟁에서 빠뜨릴 수 없는 부분이었다. 공산당은 연해도서들을 점령함으로써 국민당이 장악하는 영역을 줄여나가는 한편, 더 나아가서는 본토에 대한 권리를 내세우는 대만의 주장에 힘을 빼놓으려 했다.[30]

양안 일대의 국공내전

1949년 10월 중화인민공화국이 수립되었음에도 불구하고, 이를 군사적 측면에서 국공내전國共內戰의 최종적인 승리라 표현하기는 어려웠다. 국민당 정권은 여전히 대만, 하이난다오海南島, 윈난성과 광시성 일부, 그리고 푸젠성과 저장성 해안에 인접한 수많은 연해도서 지역들을 통제하고 있었다. 티베트, 신장 일부, 그리고 남서부 지역들을 포함한 다른 지역들은 독립적인 토착 소수민족 집단들이 장악하고 있었는데, 이들 중 일부는 느슨하게나마 국민당 정권과 연계를 맺고 있었다. 장제스의 국민당 세력이 대만으로 퇴각하자 중국 공산당은 이곳을 제외한 다른 지역들을 점령해 나가기 시작하여 1950년에는 하이난다오를, 1951년에는 티베트 본토를 장악했다. 1953년 말까지는 서부와 남서부 일대에서 진행해 오던 비적토벌작전剿匪戰役을 마무리 지으며 중국 공산당의 권위에 도전할 가능성이 있는 본토의 모든 세력들을 일소했다.[31]

일시	도서	방어국	결과	사상자	
				대만	중국
1950. 7. 6	덩터우 열도(浙江省)	중국	대만군 2,000명 공격, 점령	N/A	N/A
1950. 7. 7~8	성쓰 열도(浙江省)	대만	인민해방군 공격, 점령	300	N/A
1950. 7. 11~12	피산다오(浙江省)	대만	인민해방군 공격, 점령	120	N/A
1951. 12. 7	난르다오(福建省)	중국	대만 비정규군 500명 공격	150	N/A
1951. 6. 6 12. 12	덩터우 열도(浙江省)	대만	인민해방군 2회 공격	N/A	N/A
1952. 1. 11	덩터우 열도(浙江省)	대만	인민해방군 공격, 점령	N/A	N/A
1952. 1. 28 2. 13	메이저우다오(福建省)	중국	대만군 3,000명 공격	N/A	N/A
1952. 3. 28	바이샤샨다오(浙江省)	중국	대만 비정규군 공격	200	N/A
1952. 6. 10	황자오다오(浙江省)	중국	대만군 1,200명 공격	310	N/A
1952. 10. 11	난르다오(福建省)	중국	대만군 및 비정규군 9,000명 이상 공격	800	1,300
1953. 5. 29 ~6. 24	양위다오(浙江省)	대만	인민해방군 공격, 점령	730	326
1953. 6. 24	지구산다오(浙江省)	대만	1일간 전투 후 인민해방군 점령	96	214
1953. 7. 15	둥산다오(福建省)	중국	대만군 10,000명 이상 공격	3,379	1,250
1954. 5. 15	둥지다오(浙江省)	대만	인민해방군 공격, 점령	73	N/A
1955. 1. 18	이장산다오(浙江省)	대만	인민해방군 공격, 점령	567	1,420

출처: Huang Zhengmiao , 『浙江省軍事志』, 682-698; 盧輝, 「三軍首戰一江山」; 王子文 主編, 『福建省志: 軍事志』, 267-277; 徐焰, 「金門之戰」, 147-166.

표 5.1 연해도서를 둘러싼 교전들 (1950~1955)

그럼에도 불구하고, 인민해방군은 여전히 국민당 정권을 굴복시킬 수 없었고, 내전은 푸젠성과 저장성 해안 인근의 연해도서 일대에서 계속되었다. 국민당 정권은 이들 도서를 본토에 대한 게릴라 작전 및 중국의 해상운송을 방해하는 데 이용했다. 더욱 중요한 것은, 이들 도서, 특히 진먼다오金門島와 마쭈다오馬祖島는 대만에 대한 인민해방군의 공격을 막는 제1 방어선이었는 점이다. 1949년 10월에 인민해방군 예페이叶飛 장군이 진먼다오에 대한 공격을 감행했으나 9,000명 이상의 병력을 잃고 실패로 끝났다.[32] 1950년 초에는 국민당 정권을 굴복시키고 내전을 끝내기 위한 대만 공격을 준비하였으나, 한국전쟁이 발발하고 미 제7함대가 대만 해협에 배치되자 공산당 중앙군사위원회는 대만 점령을 위한 군사행동을 1952년까지 연기하기로 했다. 아마도 한반도에서의 상황에 대한 낙관적 전망이 반영된 것이겠으나, 연해도서들에 대한 공격은 단지 1951년까지만 연기되었다.[33] 그러나 1950년 10월 중국이 한국전쟁에 참전하면서 대만 해협에서의 모든 군사작전은 보류되고 말았다.[34]

공산당 중앙위원회 보고서에서 "연해 지역들에서는 장제스와의 내전이 결코 끝나지 않았다."[35]고 평가했듯이, 1950년대 초 연해도서들은 내전의 최전선으로 남아 있었다. 인민해방군 역사자료에 따르면, 국민당 정권이 1949년 말에서 1953년 7월까지 연해도서에서 본토로 대규모 기습을 가한 사례가 70건 이상이다.[36] 〈표 5.1〉에서 볼 수 있듯이, 국민당 정권은 이 최전선에서의 입지를 강화하기 위해 인민해방군이 통제하고 있던 도서들에 대해 7차례 공격을 감행했다. 1953년 7월, 1만 명의 대만 정규군 및 비정규군이 푸젠성 인근 둥산다오東山島(〈지도 5.1〉)를 공격한 것이 가장 큰 규모의 공격인데, 이에 중국은 국민당 정권이 장악하고 있던 도서들을 공격하고 몇몇 선택 지역에서 제공권을 확보하는 방식으로 대응했다. 인민해방군은 1950년에서 1955년 초 사이에 8차례 대규모 공격을 실시하여 20개 도서에 대한 통제권을 확보했다. 이 지역 도서들에 대한 통제권을 두고 공방이 이어지던 가운데 9,000명 이상의 대만 정규군과 비정규군이 사망, 부상 또는 포로가 되었으며, 인민해방군의 인적 피해도 이와 비슷한 규모였다.[37]

국공내전의 연장이라는 측면에서 본다면 연해도서 지역을 둘러싼 양측의 전투는 놀라운 일이 아니었다. 본토 해안지대에 대한 통제권은 분쟁 지역에서의 양측의 군사력을 반영했으며, 보다 넓게는 대만 방어 자체와 직결되는

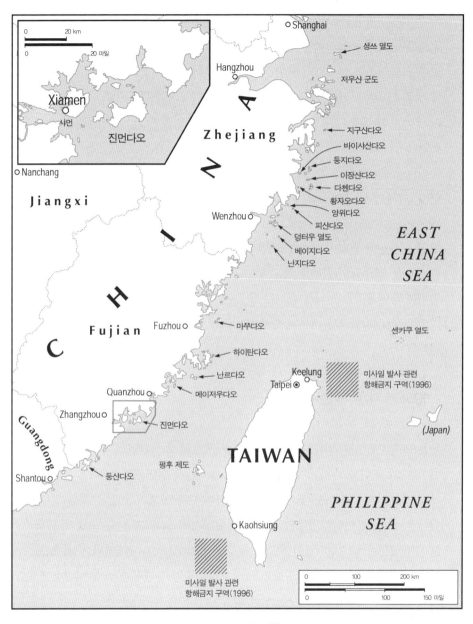

지도 5.1 대만 해협

문제였다. 1949년에 이미 중국의 고위 군사지휘관들은 대만을 공략하는 목적이라면 어떠한 공격이든 진먼다오와 마쭈다오를 먼저 장악한 이후에야 가능하다는 결론에 이르렀다.[38] 1950년대 초부터 인민해방군 사령관들은 국민당 정권을 패퇴시키기 위한 장기적인 동력을 확보하는 일환으로 이 지역에서의 중국의 태세에 대해 논의했다. 1952년 6월부터 인민해방군은 저장성浙江省 해안에 인접한 다첸다오大陳島를 점령하기 위한 준비를 시작했는데, 마오쩌둥은 이 도서의 점령을 한국전쟁이 끝날 때까지 보류해 놓은 상태였다.[39] 1953년 9월 화둥 군구華東軍區에서 진먼다오 공격계획을 제출했다. 마오쩌둥은 1955년 1월까지 준비가 완료되어야 한다고 강조하며 공격계획을 승인했다. 그러나 가용한 병력이 부족하고 전비, 특히 장비에 소요되는 비용이 너무 많이 든다는 참모들의 결론을 보고 받고 나서는 1953년 12월 화둥 군구에 공격준비를 중단하라는 지시를 내렸다.[40] 간단히 말해서, 원하는 군사행동을 취하기에는 중국의 입지가 너무나 열세였던 것이었다.

1954년 대만 해협 위기

1954년 9월 3일 푸젠성 주둔 인민해방군 포병대가 진먼다오金門島에 엄청난 규모의 포격을 가하기 시작했다. 이후 2개월간 인민해방군은 그 섬의 항구에 보급선이 도착하는 것과 때를 같이하여[41] 약 70회의 포격을 가했다. 포연이 잦아들자, 인민해방군의 사상자는 알려지지 않은 가운데, 그날의 포격으로 대만군은 약 1,000명이 죽거나 부상을 입은 것으로 나타났다.[42] 최초 포격이 있은지 한 달 후 미국과 대만은 상호방위조약과 관련한 공식 협상을 시작하여, 1954년 12월에 조약을 체결했다.

대만에서 약 200해리 북쪽의 저장성 해안에 인접한 다첸다오大陳島를 점령하기 위한 인민해방군의 공격으로 위기 상황은 계속되었다. 이 공격은 국민당 정권이 장악하고 있던 나머지 연해도서들을 차지하기 위한 더 큰 계획의 첫 번째 단계였지만, 상호방위조약 체결과 관련한 미국과 대만의 협상과도 직접적으로 관련되어 있었다. 1955년 1월 18일에는 인민해방군이 다첸다오 인근의 이장샨다오—江山島를 점령했다. 만 하루를 꼬박 치른 전투에서 대만군 567명이 전사하고 519명이 포로로 잡혔으며, 인민해방군은 393명이 사망하고 1,027명이 부상을 입었다.[43] 1월 말, 아이젠하워Eisenhower 미 대통령은 미군 전력을 대만과 평후澎湖 제도 방어에 투입하기 위한 의회의 승인을 요청했다. 이에 미 의회는 "대만 결의안"을 통과시켰지만, 이 결의안은 미국과 대만의 안보 관계를 더욱 강화한다고 선언하는 데 그쳤다. 2월 중순이 되자 미 해군 호위 하에 대만은 다첸다오에서 32,000명 이상의 병력과 주민들을 철수시켰다.[44] 인민해방군은 2월 말까지 베이지다오와 난지다오 및 저장성 해안의 다른 도서들은 물론 다첸다오 전역에 대한 통제권을 확보했다.

중국이 이러한 위기를 촉발하여 이장샨다오를 점령하고 다첸다오에서 국민당 세력을 축출한 동기를 가장 잘 설명하는 요인은 이 지역에 대한 중국의 장악력 저하이다. 여기서 제시할 이 사례에 대한 분석은 냉전 시기를 새롭게 평가하려는 연구자들 사이에서 널리 호응을 얻고 있는 해석을 뒷받침하는데, 그 요지는 중국은 대만이 미국과의 관계를 강화하는 데 반대한다는 신호를 보내기 위한 목적에서 무력을 사용했다는 것이다.[45] 한국전쟁이 끝난 후 동맹 관계를 맺기 위한 미국과 대만의 협상은 이 지역의 분쟁에서 이미 취약했던 중국의 영향력 또는 입지를 더욱 압박하는 것이었다. 통일에 대한 향후 전망의 측면에서 볼 때 미국과 대만의 상호방위조약은 미국의 군사력에 의해 중국이 영구적으로 분단되는 상태를 조성한다는 점에서 위협이 되기 때문이었다. 점증하고 있던 이러한 취약성에 대응하여 중국은 양측이 그러한 조약에 서명하는 것을 저지하는 한편 무력을 통하여 대만을 "해방"하겠다는 결의를 대외적으로 과시하고자 했다. 그리고 조약이 체결되자 중국은 국민당 정권이 장악하고 있던 연해도서들에 대해서도 그 조약에 따른 방위공약이 적용되는

지 여부를 시험하기 위해 이장산다오를 공격한 것이었다.

장악력의 저하

1953년 7월 정전협정 체결로 한국전쟁이 휴전 상태로 굳어지게 되자 중국의 지도자들은 대만 점령과 관련한 향후의 전망에 대해 더욱 비관적인 시각을 가지게 되었다. 중국이 가까운 시일 내에 신속하게 대만을 점령하려 한 것은 아니었으나, 국민당과의 내전에 미국이 영구적으로 개입한다는 것은 통일의 가능성을 훨씬 더 희박하게 한다는 점에서 위협적이었다. 중국의 지도자들이 자국의 장악력이 약화될 것임을 인식하게 된 데에는 다음 세 가지 요인이 작용했다. 첫 번째, 한국전쟁 정전을 앞둔 마지막 수 개월간 미국은 대만과의 안보협력 관계를 강화하기 시작했다. 애초에 중국의 지도자들은 한반도에서 (전쟁에 따른) 상호 적대감의 수위가 낮아지면 이는 대만 해협의 정세에도 영향을 미치고, 대만에 대한 미국의 지원도 감소할 것으로 기대했었다. 그런데 1953년 초, 아이젠하워 미대통령은 미 제7함대에 국민당 군대가 중국 본토를 공격하는 것을 억제하는 역할을 더 이상 맡기지 않겠다고 선언함으로써 "장제스의 목줄을 풀어버린 것"이었다. 8월에는 미국과 대만의 해군, 공군이 연합기동훈련을 실시했다. 9월에는 미국과 대만이 상호군사양해협정 Agreement on Mutual Military Understanding에 서명했는데, 연해도서들도 협정의 적용대상에 포함되었다.[46] 1950년에서 1954년 사이에 미국 행정부는 25척의 전함을 대만 해군에 인도하는 계획에 대한 의회의 승인 절차가 진행되는 동안 대만에 10억 달러 이상의 군사원조를 제공했다.[47] 〈그래프 5.1〉에서 볼 수 있듯이, 미국이 대만에 제공한 전투기의 수량은 F-84 및 F-86 제트전투기를 포함하여 1953년 이후 실질적으로 증가하기 시작했다. 이러한 모든 군사원조는 이 지역에서의 분쟁에서 중국의 취약성을 증대시켰다.

중국이 자국의 장악력 저하를 인식하게 만든 두 번째 요인은 미국과 대만이 공식적인 군사동맹을 체결할 것이라는 전망이었다. 그러한 조약은 중국의

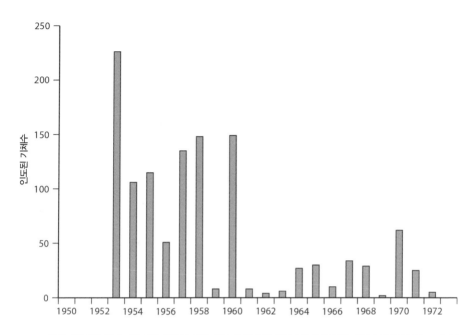

출처: Adapted from John W. Garver, The Sino-American Alliance: Nationalist China and American Cold War Strategy in Asia (Armonk, N.Y.: M.E. Sharpe, 1997), 67.
유의사항: No data for 1950-52.

그래프 5.1 대만에 대한 미국의 전투기 인도량 (1950-1973)

공격에 대한 대만의 반격 능력을 훨씬 강화시켜 주게 될 것이다. 주미 대만 대사 구웨이쥔顧維鈞이 1953년 3월 최초로 이러한 구상을 내놓았다. 장제스도 1953년 11월 닉슨Richard Nixon 미 부통령의 대만 방문시 이 문제를 제기했다. 그 다음 달에 대만 외교부는 미국에 조약 초안을 제출했다. 1954년 초에는 미 국방장관 윌슨Charles Wilson과 밴플리트James Van Fleet 장군 같은 고위 인사가 대만을 방문하며 논의가 계속되었다. 중국의 지도자들은 밴플리트 장군의 3차례 대만 방문이 조약 체결을 위한 협상과 관련된 것이라 생각했지만, 잘못된 추측이었다. 같은 해 6월 미국의 한 언론이 대만과 미국이 조약을 체결하는 데 합의했다는 오보를 냈다.[48] 중국 원로 외교관의 회고록에 따르면, 중국의 지도자들은 그러한 동맹은 중국 주변에 미군 배치병력을 증가시킴으로써 본토에 대한 위협이 증대될 뿐만 아니라 중국으로부터 대만이 분리되어 있음을 공인함으로써 통일을 불가능하게 하는 결과를 초래할 것이라 믿었다.[49]

세 번째 요인은 동아시아 지역에서의 미국 동맹 체제의 출현이었다. 중국이 볼 때, 미국-대만 관계의 강화는 이 지역에서 중국을 봉쇄하기 위한 전체적인 전략 혹은 큰 그림의 일부였다.[50] 1950년대 전반 미국은 호주(1951), 뉴질랜드(1951), 필리핀(1951), 일본(1951), 그리고 한국(1953)과 안보조약 또는 상호방위조약을 체결했다. 1954년 봄에는 동남아시아조약기구(SEATO)라는 역내 동맹국들과의 집단안보기구를 구성하기 위한 대화에 착수했다.[51] 미국-대만의 상호방위조약은 대만을 이러한 동맹국 네트워크에 편입시키는 한편, 대만이 중국에 흡수통일 당할 위험성을 감소시키면서 국민당 정권에 대한 국제적 지원을 확보하고 정당성을 제고하는 데 도움이 될 것이었다.

1954년 여름까지는 상황이 중국에 매우 불리하게 전개되었다. 5월과 6월에는 미국과 대만의 관리들이 공공연히 상호방위조약 체결을 논의하였는데, 이는 대만을 미국의 동맹체제에 편입시키려는 것이었다. 1954년 제네바 회의에서 합의된 베트남 분할은 한국이나 독일 같은 국가의 분단이라는 냉전의 추세를 확인시켜주었다.[52] 조약 체결을 협상한다는 측면에서 미국은 대만에 대한 방위 공약을 제도화함으로써 중국으로부터 영구적으로 "분리split"하려는 것으로 보였는데, 이는 이미 상대적으로 취약했던 중국의 입지를 더욱 약화시키는 것이었다.

무력 외교와 이장산다오 공격

이처럼 취약성이 커지게 되면서 중국은 본토와 대만을 통일하고 미국과 대만의 동맹 형성을 저지하겠다는 결의를 보여주기 위해 무력을 사용했다.

1954년 7월 7일, 마오쩌둥은 대만 문제를 논의하기 위해 공산당 정치국 확대 회의를 소집했다. 이 자리에서 그는 "대만 문제는 장기적인 문제이다. (하지만) 미국과 대만의 (방위) 조약 체결을 저지할 수 있는 조치들을 생각해 두어야 한다. … 외교 무대에서, (우리는) 이를 적절히 표시할 필요가 있다."[53]고 했다. 정치국의 진단은 아래와 같은 내용의 전문으로 작성되어 7월 27일, 베트남 문제를 다루기 위한 제네바 회의에 참석 중이던 저우언라이에게 발송되었다.

> 한국전쟁의 종식 이후, 우리는 모든 인민들에게 (대만 해방 문제를) 신속하게 제기하지 못하였고 이 문제를 다루는 것이 약 6개월 정도 늦어졌다. 군사, 외교 그리고 선전선동 분야에서 시의적절하게 필요한 조치들을 채택하거나 효과적으로 사업을 진행하지도 못했다. 이는 바람직하지 못한 것이다. 만약 지금도 여전히 이 과업을 서둘러 추진하지 않는다면, 중대한 정치적 과오를 저지르는 것이 될 것이다.[54]

이 날 정치국 확대회의에서 결정된 두 가지 핵심적인 정책사항은 다음과 같다. 첫 번째, "대만 해방"이라는 주제와 관련된 선전선동 캠페인에 착수하는 것이었다. "우리는 대만을 해방해야 한다."[55]라는 제목의 7월 23일자 〈인민일보人民日報〉 사설로 포문을 열었다. 8월 1일 인민해방군 창군 기념연설에서 인민해방군 총사령 주더朱德는 그러한 정책노선을 다시 한 번 강조하였고, 중국 전역의 언론매체들이 이에 동조했다. 저우언라이의 외교 업무보고를 포함하여 다른 관료들의 유사한 연설에서도 이 주제가 강조되었다. 이 모든 활동들은 1949년 이후 중국이 대만 문제와 관련하여 국제적 차원에서 실시한 첫 번째 선전선동 캠페인의 일부가 되었다.[56]

두 번째 결정사항은 무력 사용이었다. 7월 11일, 공산당 중앙군사위원회는 화둥 군구華東軍區에 "해군과 공군을 동원하여 다첸다오大陳島를 폭격하고, 육군은 이장산다오一江山島를 점령"[57]할 것을 지시했다. 18,000명 이상의 대만군 병력이 주둔하던 다첸다오는 진먼다오와 마쭈다오馬祖島에 이어 대만 국민당 정권에서 세 번째로 중요한 전진작전기지였다. 공격 명령서를 발부한 국방부장 펑더화이彭德懷는 이 공격의 목적에 대해 "미국과 장제스의 상호방위 구상을 공격"하고 국민당 정권이 점거하고 있는 도서들에 대한 중국의 군사활동에 미국이 군사적으로 대응할 가능성을 확인해보는 것[58]이라 설명하며, 악화되고 있던 대만 해협의 정세와 연결시켰다.

공산당 정치국 또한 "대만을 해방하기 위한 전쟁을 개시"하는 것에 동의하였고, 중앙군사위원회는 장전張震 장군에게 군사계획 작성과 실행조치를 개발하는 임무를 부여했다.[59] 마오쩌둥이 생각하고 있던 전체적 전략 혹은 큰 그림은 "건설하며 싸우기邊打邊建"로, 눈 앞에 있는 진먼다오를 공격하는 데 필요한 해군과 공군력을 증강하는 한편 대규모 군대와 장비를 지원할 수 있도록 푸젠성의 인프라 개선을 추진하면서 국민당 정권을 공격하겠다는 것이었다.[60] 장전 장군이 회고록에서 밝히고 있듯이, 그가 작성한 문건은 1949년 이후 대만에 대한 전략과 계획을 공식화한 최초의 문서였다.[61] 중앙군사위원회가 8월 15일에 승인한 군사계획은 모든 연해도서들을 빼앗기 위한 계획을 개설한 것으로, 국민당 정권의 가장 약한 지점에서부터 시작하여 1957년 말까지 진먼다오와 마쭈다오를 점령하고자 했다.[62]

이장산다오를 점령하기로 결정한 것은 국민당 정권의 가장 취약한 지역부터 시작하여 국민당 정권이 장악하고 있던 나머지 연해도서들을 공격하기 위한 더 큰 그림의 일부였다. 장전 장군의 계획에는 1954년 8월 10일 경에 진먼다오를 포격하는 것도 포함되어 있었다. 그러나 8월 2일, 펑더화이는 마오쩌둥의 승인 하에 9월 초까지 포격을 연기하기로 결정했다. 우기에 푸젠성을 강타한 홍수 때문에 준비작업이 그때까지도 끝나지 않은 상태였기 때문이다.[63] 진먼다오 "점령"이 아닌 "포격"을 결정한 것은 당시에도 이 지역에서는 중국의 입지가 취약했음을 보여주는데, 그러한 중국의 취약성은 대만과 미국의 관계가 강화될수록 더욱 심화되는 것이었다. 거의 다음 달이 될 때까지도 포격을 개시하지 못하고 있었으나, 최초에 작전개시일을 8월 중으로 정했던 것은 미국-대만 상호방위조약이 논의되고 있던 1954년 여름 중국 지도자들 사이에 조급증이 만연해 있었음을 강하게 암시하는 것이었다.

인민해방군이 진먼다오와 다첸다오에 대한 군사작전을 준비하는 동안 대만 해협의 상황은 계속 악화되어 갔다. "대만 해방"이라는 선전선동 캠페인에 대응하여 미국은 그간 말뿐이었던 대만에 대한 지원을 강화하였고, 그 결과 양국 관계는, 마오쩌둥이 "저지"하고자 했던 바로 그 결과인, 정식 상호방위조약 체결을 향하여 더욱 가까워지는 듯 보였다. 당시 중국 지도자들은 조약이 9월에 체결될 것으로 믿고 있었지만, 정확하지 못한 판단이었다. 8월 24일 덜레스John Foster Dulles 미 국무장관은 동남아시아조약기구(SEATO) 구성을 위한 동남아시아 집단방위조약에 서명하기 위해 마닐라Manila에 들른 후 대만을 방문하겠다고 발표했다.[64] 이에 〈인민일보〉는 8월 29일자 사설에서 "최근 미국과 장제스蔣介石는 우리 중화인민공화국을 공격하기 위한 군사적 배치를 증강하는 가운데, 9월 중 '상호방위조약'을 체결하겠다는 위협까지 가하고 있다."고 논평했다.[65]

8월 25일, 중국 공산당 중앙군사위원회는 화둥 군구 사령관 예페이叶飛 장군에게 진먼다오 포격 명령을 하달했다. 포격은 9월 3일 시작되었는데, 예페이 장군은 대만군 보급선이 진먼다오에 정박하는 이 날이 공격의 효과가 극대화될 것이라 기대하고 택한 것이었다.[66] 다른 이들도 주장하듯이 포격의 가장 중요한 목적은 정치적인 것으로, 대만을 "해방"시키겠다는 중국의 결의를 군사적 방식으로 과시함으로써 선전선동 캠페인을 보완하려는 것이었다.[67] 중국측 자료 역시 포격의 목적을 미국-대만 상호방위조약 체결에 대한 중국의 반대의사를 표현하려는 시도와 결부시킨다. 예페이 장군의 회고에 따르면 포격의 목적은 미국의 대 중국 "적대aggression" 정책을 공격하고, 장제스 정권의 해안지역 교란활동을 종식시키고, 그리고 미국-대만 상호방위조약 체결

전에 징벌적 공격을 실행하는 것이었다.[68] 중국은 진먼다오를 점령할 의도가 없었고, 푸젠성에 주둔하던 인민해방군 육상 병력은 점령을 위한 준비에 착수하지도 않은 상태였다.[69]

중국의 지도자들, 특히 마오쩌둥이 국내정치적 목적을 달성하기 위해 필요한 내부적 지지를 동원하는 데 진먼다오 포격이나 이장산다오 공격을 이용하려 했음을 시사하는 증거는 거의 없다. "대만 해방"이라는 선전선동 캠페인이 "국가발전을 촉진하기 위한 인민들의 열망을 자극하면서, 나라 전역에서 인민들이 정치적으로 자각하고 경각심을 제고"하도록 하는 데 이용될 수 있을 것이라는 내용의 전문이 있기는 하지만, 이 전문에서도 내부적 지지를 동원하는 것이 이 선전선동 캠페인의 주된 목적이라 보고 있지는 않다.[70] 반면에, 국공내전이 본토에서 종식된 이후에도 중국의 군사지휘관들이 골치를 썩여 온 것은 국민당 정권이 장악하고 있던 연해도서들을 어떻게 다룰 것인가 하는 문제였다.

하지만 중국의 진먼다오 포격은 원했던 성과를 얻어내기는커녕 오히려 역효과를 일으켰다. 미국과 대만의 상호방위조약 체결을 위한 협상을 저지하기는커녕, 10월에 바로 협상이 개시되도록 촉진하는 결과를 야기한 것이다.[71] 이제 중국은 대만의 국민당 정권이 장악하고 있던 연해도서들에 대한 방위가 미국-대만 상호방위조약으로 보장받게 되는 상황을 우려하게 되었는데, 이 조약이 체결되면 장제스 정권이 더 대담하게 본토에 대한 공격을 감행할 수 있을 뿐만 아니라 대만 공격을 위한 징검다리인 진먼다오와 마쭈다오 점령 역시 심각하게 제한될 것이기 때문이었다. 9월로 계획된 다첸다오 포격은 8월 말에 연기되었지만, 10월 말에 마오쩌둥은 이장산다오 공격 계획을 승인했다.[72] 11월 1일, 인민해방군 공군은 국민당 정권이 점령 중이던 저장성 해안에 인접한 도서들을 4일간 공습했다. 11월 30일 총참모장 쑤유粟裕 장군이 하달한 작전명령은 이장산다오 공격을, 그때까지 가조인만 했을 뿐 아직 체결되지 않은 상태였던, 미국-대만 상호방위조약과 결부시켰다. 그가 발령한 명령서는 "미국과 장제스 정권이 곧 체결할 소위 '방위 조약'의 적용범위에 적들이 점거하고 있는 우리의 연해도서들을 제외하도록 압박하기 위해, 화둥군구는 이장산다오를 공격하여 12월 20일 쯤에는 점령할 것"[73]을 지시한 것이다.

1954년 12월 2일, 미국-대만 상호방위조약이 체결되었다. 중국의 이장산다오 공격은 조약이 체결된 지 1개월 넘게 지난 후인 1955년 1월 18일 시작되었는데, 이는 전년 12월에 근해에서 훈련 중이던 미군과의 충돌을 피하려는 고려가 상당 부분 작용한 결과였다. 그러나 상호방위조약은 연해도서들이 당해 조약에 의해 보호되는지 여부를 분명하게 밝히지 않았다. 조약의 적용범위와 관련하여서는 대만 본도本島와 평후澎湖 제도만 분명히 언급하고, 나머지 지역들에 대해서는 당해 조약이 "상호 합의에 따라 정하는 다른 영토들에 적용될 수 있다."[74]고 애매하게 처리하는 데 그치고 말았다. 중국은 이장산다오 공격을 통해 저장성 해안지역을 안정시킨다는 장기적인 목표를 달성했을 뿐만 아니라 미국-대만 상호방위조약이 적용되는 지리적 범위가 어디까지인지 확인할 수 있었다. 미국은 중국의 이장산다오 공격 당시 이를 방어하기 위해 개입하지 않았던 것이다.

전체적으로, 중국의 지도자들은 대만과의 분쟁에서 두 가지 측면에서 장악력 저하에 직면하게 되었다. 첫 번째는 미국과 대만 사이에 상호방위조약이 체결될 것이며, 그 조약이 적용되는 지리적 범위에 연해도서들이 포함되리라는 것이었다. 진먼다오 포격으로 중국과 대만의 분쟁에 국제사회가 확실히 관심을 가지게 되었으나, 미국과 대만의 상호방위조약 체결을 저지하는 데 실패하였고 대만의 국민당 정권에 대한 미국의 지원만 증가했을 뿐이었다. 다음으로, 이장산다오 공격을 통해 중국은 미국과 대만의 상호방위조약이 모든 연해도서들을 보호하는 것은 아니라는 점을 확인했으나, 중국의 의도에 대한 미국의 우려 또한 강화되어 미국은 의회에서 "대만 결의안"을 채택하고 핵무기 사용 가능성까지 내비치며 중국을 위협하게 되었다. 결국, 중국의 포격으로 미국과 대만의 관계는 더욱 긴밀해진 반면에 중국이 대만을 해방하여 "내전"을 종식시킬 수 있는 역량과 가능성은 훨씬 더 저하되고 말았다.

1958년 대만 위기

1958년 8월 23일, 인민해방군은 진먼다오와 마쭈다오에 대한 두 번째 징벌적 포격punishing shelling을 개시했다. 포격의 군사적 목적은 이들 도서를 봉쇄하여 대만의 국민당 정권이 1955년 2월 다첸다오 철수와 같은 조치를 취하도록 압박하려는 것이었다.[75] 중국은 포격뿐만 아니라, 제한된 규모였지만 해군 전력, 특히 어뢰정을 동원하여 진먼다오 항만에 정박해 있던 대만 선박들을 공격하는 한편, 푸젠성에는 상당한 수의 공군기를 배치했다. 9월 4일, 덜레스Dulles 미 국무장관은 인민해방군의 진먼다오 점령을 막는 데 필요하다면 무력을 사용하겠다고 발표함으로써 대만을 지키고 지원하겠다는 미국의 공약을 분명히 했다.[76] 9월 7일에는 미국 전함들이 대만의 보급선을 호위하기 시작했으며, 이 지역에 6대의 항공모함들이 추가로 배치되면서 미국의 의지는 더욱 명확하게 드러났다.[77]

9월로 넘어가면서 위기 상황이 진정되기 시작했다. 9월 6일에 저우언라이가 미국과 대사급 대화를 바르샤바Warsaw에서 재개하는 데 동의하였고, 1주일 후 실제로 대화가 재개되었다. 9월 말까지는 진먼다오 방어를 강화하기 위한 국민당 정권의 보급이 재개되면서 상황의 긴박함이 완화되었다. 또한, 중국의 포격이 대만 본도는 물론, 국민당 정권이 장악하고 있던 다른 연해도서들에 대한 더 큰 규모의 공격을 예정하는 것이 아니라는 것도 명백해졌다. 10월 6일, 그 이후인 11~12월 중에 대규모 포격을 실시했지만, 중국은 미군 호위전력의 철수를 조건으로 포격을 중지하겠다고 제안했다. 10월 25일 중국은 홀수 날에만 격일로 진먼다오에 대해서만 포격을 실시하겠다고 발표함으로써 위기 상황은 사실상 종료되었으나, 이 관행적 포격은 1979년까지 계속되었다.[78] 약 2개월간의 공방에서 인민해방군이 460명 이상의 사상자를 낸 반면에 대만군은 약 2,428명 이상이 죽거나 부상을 입었다.[79]

이 사건의 발생 동기에 대한 유력한 설명에 따르면, 대약진 운동에 대한 국가 내부의 지지를 동원하기 위한 마오쩌둥의 구상이었다는 것이다. 대약진 운동은 경제적 발전의 중간 단계들을 건너 뛰어 중국을 급격하게 산업사회 단계로 끌어올리려는 노력에서 출발했다. 마오쩌둥은 15년 내에 영국의 철강 생산량을 따라 잡겠다고 말하기도 했다. 크리스텐센Christensen은 중국이 국제사회에서 자국의 위상을 높이기 위한 대전략의 일환으로 제시했던 야심찬 경제적 목표들에 대한 국내의 지지와 동원을 필요로 했으며, 이 때문에 1958년에 대만 해협에서 위기 상황을 조성했다고 주장한다.[80] 당시 중국이 목표로 했던 급격한 경제적 변화는 오직 광범위한 사회적 동원을 통해서만 달성될 수 있었는데, 마오쩌둥은 외부에서 발생하는 위기 상황이 국민들을 각성시키고 그러한 사회적 동원을 촉진할 것이라 믿었다는 것이다. 마오쩌둥의 연설 기록물 자료들과 1958년 당시 중국이 대만에 주둔해 있던 미군으로부터 직접적인 안보 위협을 받지 않았다는 점은 "동원mobilization 이론"에 따른 위와 같은 설명을 뒷받침한다. "동원 이론"을 약간 변형시킨 첸지앤Chen Jian의 설명은 마오쩌둥의 개인적 성향을 더 구체적으로 분석한다. 그는 마오쩌둥이 품고 있던 "혁명 이후의 상황에 대한 우려postrevolutionary anxiety"를 강조하며, 1958년 진먼다오를 포격하기로 한 결정을 "혁명적 동기의 분출revolutionary outburst"로 묘사했다.[81] 인민들이 "상대할 적을 만들어내고" 경제정책에 대한 지지를 끌어내기 위해 위기 상황을 이용했듯이, 대약진 운동은 혁명을 지속하기 위해 기울였던 마오쩌둥의 다양한 노력 중 하나라는 것이다.[82]

그러나 1958년 중국이 무력을 사용하기로 결정하는 과정을 첸지앤Chen Jian이 제시한 위와 같은 "단선적 논리"보다 더욱 입체적으로 설명하는 것도 가능하다. 다음의 분석은 중국이 공격을 감행하기로 결정하는 데 작용했던 다양한 동기들이 무엇인지 보여준다.[83] 내부적 동원에 대한 중국 지도자들의 관심으로 1958년을 공격 시점으로 선택한 동기를 설명할 수 있지만, 보다 근본적으로는 중국이 이미 각종 공식, 비공식 외교활동을 통해서 1955년도 대만 해협 위기 이후 자국의 장악력 저하가 심화되던 추세를 역전시키고자 했다는 점에 주목해야 한다. 대만과의 분쟁에서 중국의 입지가 약화되는 현상이 심각해지고 있다는 자체적인 평가와 대만이 "두개의 중국"의 일부로 영구히 분리될지 모른다는 우려가 커지면서 중국의 지도자들은 진먼다오 등 연해도서들을 봉쇄하고 대만의 국민당 정권을 굴복시켜 내전을 종식하겠다는 국가적 의지를 대외적으로 과시해야 한다는 자극을 받게 되었다. 그런 다음 대약진 운동을 지원하기 위해 대중을 동원하려는 마오쩌둥의 열망이 포격의 시점을 결정하는 데 작용하게 되었다.

장악력의 저하

1958년의 위기 상황이 발생하기 몇 개월 전, 중국의 지도자들은 가장 중요한 대만과의 분쟁에서 취약성이 지속되는 상황에 직면해 있었다. 중국의 장악력을 약화시켰던 첫 번째 요인은 중국이 제창했던 "평화적인 통일peaceful reunification initiative" 구상의 실패였다. 1955년 봄에서 여름 사이 저우언라이는 협상을 통하여 내전을 끝낼 것을 제안하면서 중국의 대 대만 정책을 "무력해방武力解放"에서 "평화적 해방和平解放"으로 전환하는 방안을 내놓았다.[84] 1956년 그는 이 방안을 다듬어서 무력 사용을 수반하지 않는 통일의 기초로 삼게 될 "1개 원칙, 4대 목표—綱四目"의 밑그림을 그렸다.[85] 장제스는 중국의 의도를 확인하기 위해 홍콩을 통해 밀사를 보냈지만, 양측이 대화를 하는 데까지 진전되지는 않았다. 위와 같은 구상들은 대만과의 타협을 꾀하는 것이 아니라 외교적 수단을 통하여 통일을 추구하려 시도한 것이었는데, 1957년 말에 이르러서는 단명에 그친 이 평화공세peace offensive가 성공적이지 못했다는 점이 중국의 지도자들이 보기에도 명백해졌다.[86]

중국의 장악력을 약화시켰던 두 번째 요인은 미국과의 대화에서 진전을 이루지 못했다는 점이다. 1954년 발생한 대만 해협의 위기 상황이 1955년 봄에 접어들어 완화되면서 미국과 중국은 제네바에서 장관급 대화를 개최하기로 합의했는데, 이는 양측의 첫 번째이자 유일한 공식적인 소통창구가 되었다. 회담에서, 중국은 고위급 협상을 개최하고 미국이 대만에 대한 지원을 축소하기를 희망했다.[87] 그러나 미국은 다른 주제들을 토의하기 위한 전제조건으로서, 중국이 대만에 대한 무력 사용을 포기해야 한다고 주장했다. 이에 중국은 미국과의 휴전만을 고려할 뿐이지 대만과의 휴전은 고려하지 않을 것이라 밝혔다. 중국의 목표는 미군의 대만 철수로, 이는 대만과의 분쟁에서 중국의 군사적 입지를 크게 강화할 것이었다. 1957년 12월 미국이 회담대표를 존슨U. Alexis Johnson 대사보다 더 낮은 직급의 관리로 교체하였는데, 중국에게는 회담의 격을 낮추려는 조치로 비추어져 이후 대화는 중단되었다. 미국과의 대화 실패는 대만을 방어하고 중국과 대만의 내전에서 발을 빼지 않겠다는 미국의 공약이 얼마나 확고한 것인지 중국의 지도자들에게 강하게 각인시키는 계기가 되었다.

중국의 장악력을 약화시킨 세 번째 요인은 미국과 대만의 안보협력 관계 심화로, 이는 "무력해방"이든 "평화적 해방"이든 중국의 대 대만 정책에 대한 가장 직접적이고 당면한 장애물이었다. 1957년 3월 중국은 미국이 대만에 핵탑재 미사일Matador 배치를 계획하고 있음을 알게 되었는데, 이는 1954년 대만 해협 위기 당시에 처음으로 부상했던 핵전쟁 가능성에 대한 두려움을 증폭시키는 것이었다.[88] 또한, 미국은 중국 본토 폭격에 이용할 수 있는 B52 폭격기를 수용할 수 있는 대규모 공군기지를 대만에 건설했다. 1957년 11월, 미국과 대만은 대만 본도本島와 대만 해협에서 연합훈련을 실시했다. 1958년 1월에 들어서는 미국이 진먼다오와 다른 연해도서들에 대한 방어 공약을 명확히 하는 방향으로 미국-대만 상호방위조약을 개정하는 방안을 고려하고 있다는 언론 보도가 나왔다.[89] 2월에는 중국이 대만에 대한 공격작전을 감행하

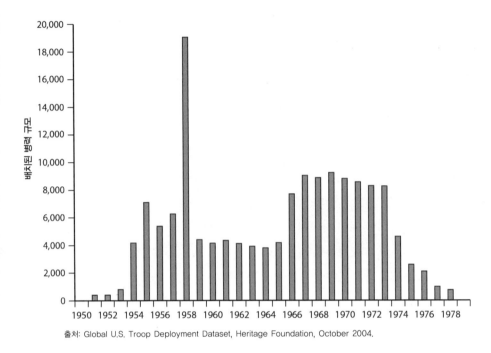

출처: Global U.S. Troop Deployment Dataset, Heritage Foundation, October 2004.

그래프 5.2 대만에 배치된 미군 병력 (1950-1979)

면 미국은 미사일로 보복할 것이라는 미군 사령관의 발언이 나왔다.[90] 3월, 미국은 대만을 지원하기 위해 군사부문 원조를 담당하던 기존의 17개 기관들을 미국-대만 방어사령부 관할로 편입시켰다.[91] 〈그래프 5.1〉과 〈그래프 5.2〉에서 볼 수 있듯이 배치 병력과 제공되는 무기의 규모는 대만에 대한 미국의 지원이 증가하고 있음을 반영하는 한편, 이에 따라 중국의 입지가 약화됨을 보여주고 있다.

이러한 상황을 보며 중국의 지도자들은 대만을 통일할 수 있을지 여부에 대해 더욱 비관적인 시각을 가지게 되었다. 예를 들어, 1958년 초반 중국의 지도자들은 "대만 해협의 상황이 조금이라도 더 악화된다면 정말 위험한 상황에 처하게 될 것이라 인식했다."는 것이다.[92] 인민해방군 총참모부 작전국 부국장이자 저우언라이의 군사비서 레이잉푸雷英夫 장군에 따르면, 마오쩌둥은 1955년 다첸다오에서 철수하는 국민당 군대를 추격하지 않았던 것과 같은 중국의 자제심이 오히려 미국과 장제스로 하여금 중국이 대만에 대해서 "유약하고 만만하다軟弱可欺"고 믿게 만드는 결과를 야기했다고 믿었다.[93] "'두개의 중국'을 만들려는 미국의 음모에 대항하라."는 제목의 1957년 11월 〈인민일보〉 사설은 이러한 우려를 반영한 것이었다.[94] 1958년 2월 저우언라이는 국무원에 제출한 보고서에서 미국은 자국이 대만을 "점령"하고 있는 현실을 중국이 받아들이기 바라고 있으며 대만 해협을 사이로 분리된 "두 개의 중국"을 만들려 한다고 지적했다.[95] 같은 시기 〈인민일보〉 논평은 "미국은 대만 관련 분쟁의 평화적 해결을 진지하게 모색할 의도가 없다."고 결론지었다.[96]

포격 외교

대만과의 분쟁에서 갈수록 커지고 있던 중국의 취약성은 중국의 지도자들이 전면적인 경제 개혁을 고민하기 시작하면서 본격적으로 불거져 나오게 되었다. 대만 해협에서의 "위험한" 상황에 직면하여 중국은 대만에 대한 군사 행동을 준비하기 시작했다. 포격이 시작되자 중국은 공식, 비공식 외교채널을 총동원하여 대만에 대한 미국의 영향력을 약화시키고 통일의 가능성을 높이기 위한 노력에 집중했다. 국내적 동원에 대한 관심과 대약진 운동의 광기euphoria를 통해서 중국이 포격 외교artillery diplomacy에 끌린 이유와 8월 말을 공격 시점으로 선택한 이유를 설명할 수 있지만, 군사작전을 위한 최초의 계획과 위기 상황을 처리하는 외교적 조치에는 중국의 지도자들이 대만 문제에서 느끼고 있던 자국의 취약성이 반영되어 있었다.

1957년 말에 대만 해협의 상황이 악화되면서 중국의 지도자들은 군사 행동을 진지하게 고려하기 시작했다. 1958년 1월 인민해방군 공군은 마오쩌둥의 지시에 따라, 1954년도 대만 해협 위기 이후 푸젠성福建省에 건설한 비행장에 공군기들을 배치하는 계획을 공산당 중앙군사위원회에 제출했다. 4월 27일 푸젠 군관구福建軍管區 사령관 예페이마飛와 한샨추韓先楚는 공산당 중앙 군사위원회 지시에 따라 대규모 포격으로 진먼다오金門島를 봉쇄하는 내용의 작전계획을 제출하고 적절한 시점에 실행하기 위한 준비에 착수했다.[97]

당시 중국 지도부는 대약진 운동을 개시하기 위한 준비에 열중하고 있었기 때문에, 마오쩌둥과 다른 중국 지도자들이 위의 작전계획을 즉시 실행하려 한 것은 아니었다. 게다가, 대만 해협의 정세가 1954년 여름만큼 첨예하거나 급박하지도 않았다. 그러나 7월에 접어들어 미국과 영국이 레바논의 친서방 정권을 지원하기 위해 해외주둔 병력을 재배치하게 되면서 중국이 대만을 타격할 수 있는 "기회의 문"이 열리게 되었다.

이러한 정세 변화에 부응하여, 7월 17일 마오쩌둥은 펑더화이彭德懷에게 공군 전력을 푸젠성으로 이동시키고 포병대에 진먼다오 포격을 준비시키도록 지시했다.[98] 그 다음날 저녁 마오쩌둥은 향후 2개월간 계속될 포격 작전을 논의하기 위해 공산당 중앙군사위원회와 인민해방군 고위 인사들을 소집했다. 그날 회의에서는 7월 25일 또는 그 어간에 진먼다오 포격을 개시하고 그 이후 몇 주에 걸쳐 부대들을 그 섬으로 투입하기로 했다.[99] 레이잉푸雷英夫 장군은 포격의 목적을 "진먼다오 해방의 기세를 창출하기 위한 봉쇄"라 설명하고 있다.[100] 허디He Di는 당시 고위급 인사들과의 인터뷰 내용을 근거로 그 작전의 군사적 목적은, 아마도, 대만 병력이 섬을 비우도록 압박함으로써 진먼다오와 마쭈다오를 "수복"하는 것이었으리라는 결론을 내리고 있다.[101] 작전의 정치적 목적은, 레이잉푸 장군에 따르면, 미국-대만 상호방위조약이 보호하는 지리적 범위를 확인하는 한편 그 조약을 체결한 미국의 목적이 공세적인 것인지 또는 방어적 성격인지 판단하는 것이었다.[102]

진먼다오金門島를 포격하기 위한 준비를 하면서도 마오쩌둥은 무력을 사용하는 것이 적절한지 확신하지 못하는 듯 보였다. 7월 26일 밤, 그는 다음 날 아침에 개시할 예정이었던 작전을 연기했다.[103] 그 이유 중 하나는 최전방의 부대들이 전투를 준비할 시간이 더 필요하다는 것으로, 대만의 공습으로부터 해안에 배치된 부대들을 방어하는 데 필요한 공군기 상당수를 8월 중순까지도 푸젠성에 배치할 수 없었기 때문이다.[104] 게다가, 마오쩌둥과 다른 최고지도자들은 이미 개시한 대약진 운동을 1958년 봄과 여름 동안 최고조로 고조시키는 데 몰두하고 있었다. 경제 정책을 논의하기 위해 베이다이허北戴河에서 공산당 정치국 회의가 진행되는 동안 진먼다오 포격에 대한 최종적인 결정은 8월 중순까지도 이루어지지 않았다. 베이다이허 회의에서 마오쩌둥은 "눈 앞에 적을 두고 있고, 긴장 상태에 있다는 것이 우리의 이점"이라 지적하며 위기 상황이 발생할 경우 조성될 대외적 긴장을 내부적 동원과 대약진 운동이라는 목적에 분명하게 결부시켰다.[105]

8월 23일, 계획된 날짜에서 거의 한 달이 지난 후에 진먼다오 포격이 시작되었다. 이 시점에서는 국제연합이 중동지역의 위기를 이미 해결한 상태이므로 중국이 "제국주의"에 대한 투쟁을 지원한다는 명분을 이용할 수 없는 시점에서 포격을 개시한 것이 된다. 따라서 이 점을 들어서 중국이 무력 사용의 시점을 이 때로 선택한 이유가 국가 내부적인 동원과 연결되어 있다고 설명하는 일각의 주장도 일면 타당성이 인정된다. 그러나 1958년도에 대만 해협에서 벌어진 위기 상황에서 중국이 보여주었던 행태는 중국의 지도자들이 국가 내부적인 동원 외에도 그 이상의 무엇인가를 추구했음을 시사한다. 마오쩌둥이 진먼다오 포격을 통해 대만에 대한 미국의 지원을 축소시키는 효과를 원했음은 분명하다. 이상적으로는, 대만은 연해도서들에서 병력을 철수해 대만의 최전방 방어선이 약화되고, 미국은 대만을 어느 정도까지 지원할지 재고하도록 압박을 받게 되는데, 이 두 가지 결과는 분쟁에서 중국의 입지를 강화하게 된다.

위와 같은 해석을 뒷받침하는 증거는 다음 세 가지이다. 첫 번째, 중국의 지도자들은 통일의 가능성을 제고하는 것이 진먼다오 포격의 목적 중 하나라는 점을 공식적, 비공식적 경로를 통해 강조했다는 점이다. 구체적인 군사적 목표는 대만의 국민당 정권이 진먼다오와 마쭈다오를 비우고 철수하도록 압박함으로써 대만의 최전방 방어선을 약화시키는 것이었다. 1958년 7월 마오쩌둥은 최초로 진먼다오 포격 준비를 지시하면서 "진먼다오와 마쭈다오는 우리 영토이다. 이들 지역을 포격해 국민당 군대를 징벌할 것"이라 했다.[106] 하지만 그 외에 또 다른 목적이 있었다. 마오쩌둥은 펑더화이에게 포격시 "장제스 군대는 직접적으로, 미국인들은 간접적으로"[107] 타격하도록 지시했는데, 이는 대만에 대한 지원을 줄이도록 미국을 압박하기에 충분할 만큼 국민당 군대를 타격하라는 취지였다. 당시 〈인민일보〉 편집장이었으며 훗날 공산당 중앙위원회 선전부 부부장을 역임한 우렁시吳冷西의 회고에 따르면, 마오쩌둥은 진먼다오 포격은 대만 문제에 개입한 "미국인들을 징벌하겠다는 의도"라고 언급했다.[108] 이에 더하여, 마오쩌둥은 진먼다오 공격을 미군의 대만 철수 및 대만 국민당 정권의 연해도서 포기라는 중국의 오랜 요구사항과도 결부시켰다.[109] 9월 초, 마오쩌둥은 "우리와 전쟁을 하는 사태를 피하기 위해서는 미국이 출구를 찾아야 한다. 어떻게 할 것인가? 1955년 다첸다오大陳島에서 한 것처럼 진먼다오와 마쭈다오에 주둔 중인 (국민당) 병력 11만 명을 철수시키는 것이 유일한 방법이다."라고 주장했다.[110] 저우언라이 역시 마찬가지로, 주중 소련 대사에게 진먼다오 포격은 국민당 부대를 징벌하고 미국이 대만해협을 사이에 두고 "두 개의 중국"을 만들려는 기도를 차단하기 위해 계획된 것이라고 설명했다.[111]

두 번째, 이번 위기의 처음부터 끝까지 중국의 지도자들, 특히 마오쩌둥은 대만을 지켜주겠다는 미국의 공약을 시험해보는 것이 중요함을 강조했다. 그러한 행태는 중국 지도자들이 자국의 장악력 저하를 인식했던 것과 일맥상통한다. 우렁시吳冷西에 따르면, 마오쩌둥은 포격의 목적이 미국의 의도를 확인해 보는 것이라는 점을 반복하여 강조했다. 8월 25일, 그는 "포격의 주요 목적은 … 정찰하고 미국인들의 결의를 알아보고 시험해보는 것이다."고 말했다.[112] 중국이 9월 4일 공표한 영해에 대한 주권선언 역시 연해도서에 주둔해 있던 대만 병력에 대한 미군 전함의 보급 활동을 차단하기 위해 계획한 것이었다. 마오쩌둥이 9월 8일에 언급했듯이, "포격은 무력을 이용한 탐색"이며 "… 회담은 외교를 통한 정찰"이다."[113]

마지막으로, 이 위기 상황의 특정한 시점에 마오쩌둥은 통일의 가능성을 높이기 위해 사건들을 관리했다. 이러한 측면에서 1958년 중국의 무력 사용은 1954년도의 그것과 매우 유사했다. 위기 상황이 시작되었을 당시 포격의 목적은 진먼다오를 봉쇄하고 대만 국민당 정권이 그 섬을 비우도록 압박함으로써, 필요하다면 무력을 써서라도 통일을 이루겠다는 중국의 결의를 보여주는 것이었다. 9월 9일, 저우언라이는 바르샤바에서 미국과 대사급 회담을 가질 예정인 중국측 대표 왕빙난王炳南에게 대만 병력이 진먼다오와 마쭈다오에서 철수한다면 중국은 이들을 추격하지 않을 것임을 미국에 통보하라고 지시했다. 또한, 저우언라이는 왕빙난에게 중국은 다른 모든 연해도서들을 회복한 이후에는 대만 본도와 평후澎湖 제도에 대해서는 평화적인 수단을 통하여 해방하려 노력할 것임을 미국에 알리라고 명령했다.[114] 요컨대, 이러한 지시들은 대만에 대한 미국의 지원을 통일을 달성할 수 있는 중국의 역량과 결부시켰다.

중국의 입지에 훨씬 더 부정적인 영향을 줄 수 있는, 예상치 못한 방향으로 사태가 발전해 나가자 중국은 긴장을 완화하는 조치들을 취하기 시작했다. 9월 30일, 덜레스Dulles 미 국무장관은 중국과 대만이 정전에 합의한다면 대만의 병력이 그 섬들에서 철수할 수 있을 것이라 제안했다. 이에 대해 중국의 지도자들은 중국이 무력을 행사하지 않는 데 합의하는 대가로 대만은 연해도서들에서 철수하고 본토 탈환계획을 포기하는 방안을 통하여 대만 해협을 사이에 두고 "두 개의 중국" 분할을 제도화하는 것이 미국의 의도라 믿었다.[115] 미국의 제안에 대한 마오쩌둥의 대응은 "올가미絞索" 전략으로, 대만과 본토 사이에 물리적 연결고리를 유지하기 위해 연해도서들을 대만의 통제 하에 그냥 두도록 하는 것이었다. 중국의 공식적인 역사에서는 이 전략을 1958년의

"승리"라 찬양하지만, 이러한 전략은 포격을 감행한 최초의 정치적 목적이 아니라 위기 상황에서 발생했던 사건들에 대응에 불과했다. "올가미" 전략 자체는 미국이 대만을 본토와 연결시켜 주는 진먼다오와 마쭈다오라는 고리를 유지하지 않을 것이라는 마오쩌둥의 오판에 대한 대응이었다.

1962년 전쟁 위기 회피와 그 이후

1958년 이후 이 지역의 분쟁과 관련한 중국의 입지는 안정되기 시작했다. 중국은 대만의 국민당 정권이 통제하는 연해도서들에 대해 더 이상 도발하지 않았는데, 이는 대만과 본토 사이의 연결고리를 유지함으로써 "올가미絞索" 전략을 통한 통일을 뒷받침하려 했던 것으로 보인다. 대만이 본토에 대한 권리를 주장하는 것이 영구적 분단을 회피한다는 측면에서는 어느 정도 상황의 안정성을 창출하였지만, 중국의 지도자들은 미국이 대만에 대한 지원을 줄인 후에라야 통일이 이루어질 수 있을 것이라는 점을 인지하고 있었다. 1959년에 덩샤오핑이 유딘Pavel Yudin 주중 소련 대사에게 말한 바와 같이, 중국은 "조금 더 기다려야" 했던 것이다. 하지만 덩샤오핑은 중국의 국력이 강해지고 미국이 대만을 지원하는 데 소요되는 비용이 부담스러워 질수록 통일을 위한 여건은 더 유리하게 변해갈 것이라 내다보았다.[116] 대만을 지원한다는 미국의 공약을 강하게 의식하고 있던 중국의 지도자들은 마오쩌둥이 집권하던 나머지 기간 동안에는 대만에 대해 지연 전략을 유지했다. 1960년 아이젠하워Eisenhower 미 대통령의 대만 방문 당시 중국이 진먼다오에 잠깐 포격을 가하기는 했지만, 대만에 의한 소규모 교란작전을 제외한다면 대만 해협은 대체로 평화로운 상태를 유지했다.[117] 홀수 날에 격일로 실시하던 진먼다오 포격은 1979년까지 이어졌으나, 중국의 최전방 부대들은 1961년 12월부터는 실탄 사용을 중지하고 대신에 포탄에 선전물을 채워 넣고 쏘았다. 1973년 마오쩌둥은 미국 국가안보보좌관 키신저Kissinger에게 지연 전략과 관련하여 다음과 같이 언급했다. "분명히 말해 두는데, 우리는 대만 없이도 당분간 잘 지낼 수 있고 설혹 100년 후에나 통일이 된다고 하더라도 … 그렇게 성급하게 서두를 필요가 어디 있겠는가?"[118]

그러나 1962년에 미국과 중국은 대만 해협의 정세를 위기 상황으로 몰아넣을 뻔한 위험에 직면하게 되었는데, 이를 힌턴Harold Hinton은 "3차 대만 해협 위기Taiwan Straits Crisis Ⅲ"라 지칭했다.[119] 이 위기 상황이 통일에 대한 전망과 직접적으로 연결되는 것은 아니었으나, 중국의 지도자들이 대만과의 분쟁에서 자국의 입지를 평가하는 데 있어서 미국이라는 행위자가 핵심적 역할을 하고 있음은 입증되었다. 1962년도의 위기 상황에서는 미국이 외교 경로를 통해 미국은 장제스의 모험주의를 지지하지 않을 것임을 중국에 알려주는 한편 장제스의 본토 공격을 단념하게 함으로써 무력충돌이 발생하지 않았던 것이다.

제2장에서도 언급했듯이, 대만 해협에서의 갈등은 인도와의 국경분쟁을 포함하여 1962년 봄 중국이 직면했던 더 큰 차원의 영토적 위기의 일부였다. 대약진 운동 실패의 여파로 인한 중국의 취약성을 간파한 장제스는 본토를 공격할 수 있는 기회의 창이 열렸다고 판단하여 이를 실행에 옮기기 위한 조치들을 취해 나갔다. 1961년 말 그는 국민당 정권이 대륙으로 복귀할 날이 임박했음을 알리는 내용의 호전적인 성명을 발표하였으며, 이듬해 3월에는 더욱 과장된 내용의 성명을 내놓았다.[120] 3월에서 5월 사이에는 병력 증강을 위한 "징병동원령"을 공포하고, 전쟁 비용을 충당하기 위한 특별예산 편성 및 "국방임시특별헌납금"을 부과하는 조치를 취했다.[121]

5월 말에 이르러서는 중국의 지도자들도 대만의 위협이 말로 그치는 것이 아니라 실질적인 것이라는 결론을 내리게 되었다. 공산당 중앙군사위원회와 인민해방군 총참모부는 회의를 거듭하며 대만의 공격을 격퇴하기 위한 계획들을 세웠다.[122] 6월 초에 중앙군사위원회는 5개 최정예 사단 약 10만 명을 최전선에 배치하고 나머지 부대들에는 '긴급전쟁준비태세'를 발령하는 한편, 산둥山東, 저장浙江, 푸젠福建, 장시江西, 광둥廣東 5개 성省에는 전쟁 준비에 착수할 것을 지시했다.[123] 6월 10일, 중앙군사위원회 명의로 "동남부 해안지역에서 국민당군 공습을 분쇄하기 위한 지시"를 발령하여 해안에 접해 있는 성省들을 대상으로 광범위한 인적, 물적 동원을 실시한 것이다.[124]

그러나 6월 말에 이르러서는 대만의 국민당 정권이 대만 해협을 건너서 본토를 공격한다는 시나리오가 현실화되지 않으리라는 점이 명백해졌다. 장제스가 어떤 방식으로 공격을 하려 하더라도 피해갈 수 없는 작전상 난관이 존재하고 있었던 바, 중국을 선제공격할 경우 이에 대한 미국의 지원은 없을 것이라는 점이 무력충돌이 발생하지 않도록 하는 데 핵심적인 역할을 했다. 그당시 중국은 다수의 미국 고위관료들이 대만을 방문하는 상황을 보며 미국이 대만의 본토 공격계획을 지원하려는 것으로 판단하고 있었다.[125] 그런데 여기서 중요한 점은, 그 전까지 중국은 대만 해협을 둘러싼 정세는 상당히 안정되어 있으며 미국이 대만을 방어하는 비용은 갈수록 높아질 것이므로 시간은 자신의 편이라는 결론을 내려 놓은 상태였다는 것이다.[126] 미국-중국 대사급 회담의 중국측 대표단은 미국의 의도를 알아보기 위해 미국과 대화를 시도했다.[127] 6월 23일, 미국의 캐벗John Cabot 대사는 "현재의 상황 하에서 미국 정부는 본토에 대한 (대만의) 어떠한 공격도 지원할 의사가 없다."고 하면서, 만약 장제스가 공격을 감행한다면 그것은 "미국의 지원이 없는" 공격이 될 것이라 강조했다.[128] 대만의 본토 공격에 개입하지 않을 것이라는 미국의 보증은 지역의 정세가 실제 위기 상황으로 고조되는 것을 방지하는 데 중요한 역할을 했다.

상황이 종결된 후 대만 해협 주변의 정세는 안정적으로 유지되었다. 장제스는 여전히 본토 회복의 꿈을 버리지 않고 있었으나, 미국의 군사적 지원은 별반 증가하지 않았다. 무기 인도분과 배치 병력의 규모를 본다면 미국의 지원은 오히려 소폭 감소했다. 〈표 5.1〉에서 볼 수 있는 바와 같이, 공군기의 대규모 인도는 1960년에 실시된 것이 마지막이었다. 게다가, 〈그래프 5.2〉에서 볼 수 있듯이, 대만 주둔 미군 병력은 미국이 베트남 전쟁에 본격적으로 개입하면서 대만이 미국의 중요한 기지 역할을 수행하게 되는 1965년 전까지는 소폭 감소했다. 1965년부터 주둔 병력이 증가하기는 하지만 이는 중국을 겨냥한 것이 아니었으며 중국의 통일 공세에 대만이 저항할 수 있는 역량을 증강시키기 위한 것 또한 아니었다.

또한, 미국 행정부는 정권이 바뀌어도 중국과의 관계 개선을 지속적으로 추진하여 1971년 미 국가안보보좌관 키신저의 극비 중국 방문과 양국의 국교 수립이라는 결실을 맺기에 이르렀는데, 그 과정에서 미국의 대만 정책이 중요한 역할을 수행했다. 1972년 닉슨Nixon 미 대통령의 베이징 방문시 발표된 미-중 공동성명에서 미국은 "하나의 중국"을 고수하는 중국의 입장을 인정하고 "그 입장에 이의를 제기"하지 않는 데 동의했다. 비록 양안兩岸 문제의 평화로운 해결이 중요함을 강조하기는 했지만, 미국은 "대만에서 모든 미군 병력과 군사시설들"을 철수할 것도 약속했다.[129] 대만에 대한 지원 축소는 중국이 요구하는 핵심사항 중 하나로, 대만과의 분쟁에서 분명하게 중국의 입지 강화로 직결되는 것이었다.[130]

마오쩌둥 이후의 대만 분쟁

마오쩌둥이 사망하자 권력을 장악한 덩샤오핑은 대만과의 분쟁에서 기존의 지연 전략을 그대로 유지했다. 당시 상황은 전반적으로 중국에 점점 유리해 지고 있었다. 1972년 닉슨Nixon 미 대통령의 중국 방문 이후 미국은 대만 주둔 미군 철수를 개시하여, 1976년에 마지막 부대가 대만을 떠나게 되었다. 1979년 미국은 대만과 단교하고 중국과 외교관계를 수립했다. 중국이 무력 사용을 포기하지 않은 상황임을 감안하여 대만에 대한 군사적 지원을 약속하기는 했으나, 1954년에 대만과 체결했던 상호방위조약도 파기했다.

대만에 대한 미국의 지원 감소는 대만과의 분쟁에서 중국의 입지를 크게 강화시켰다. 마오쩌둥 집권기 중국은 필요하다면 무력을 사용해서라도 통일을 이루겠다는 대만 해방 정책을 추진해 왔었다. 1950년 여름 연해도서를 두고 벌어진 대만과의 쟁탈전에 미국이 개입하자, 중국의 지도자들은 대만 해방은 중국의 군사역량 강화와 미국의 대만 지원 제거가 선행되어야 가능한 장기적 과제라 인식하게 되었다. 중국과의 국교 정상화 이후 대만에 대한 미국의 지원이 크게 감소하게 되자 중국은 대만에 대한 전략을 "평화적 통일"로 전환했다. 예젠잉葉劍英 원수는 1981년 9월 연설을 통하여 이러한 전환을 발표하며 대만을 평화로운 방식으로 본토에 통합시키기 위한 9가지 원칙들을 제시했다. 그날 연설은 중국이 "일국양제一國兩制"라는 개념을 구체적으로 제시한 것으로, 본토와 대만 모두 같은 (하나의) 중국의 일부라는 것을 인정하는 안에서 어떠한 정치적 관계도 설정이 가능함을 알리는 것이었다.[131]

하지만, "평화적 통일"로의 정책전환이 주권에 관한 문제에 있어서는 타협하지 않겠다는 중국의 태도가 변화했다는 신호는 아니었다. 중국의 지도자들이 생각한 것은 대만을 정복하는 데 필요한 군사적 우월성을 달성할 때까지 기다리는 대신 대만의 중국에 대한 경제적 의존도가 높아진 상황을 이용하여 통일을 달성하겠다는 것이었다. 또한, "평화적 통일"이라는 개념은, 협상을 통한 성과 도출을 강조하기는 하지만, 무력 사용을 아예 포기하자는 것도 아니었다.[132] 덩샤오핑과 다른 고위 지도자들은 시간은 중국의 편이고 궁극적으로 통일을 달성할 수 있다고 믿고 있었다. 홍콩 및 마카오의 반환과 마찬가지로, "일국양제"라는 개념은 이들 본토에 속하는 지역에 대한 중국의 주권적 지위와 관련해서는 어떠한 타협도 허용하지 않는 것이었다. "일국양제"란, 오히려, "하나의 중국"이라는 틀 안에서 자치를 보장함으로써 통일을 촉진하기 위한 일종의 당근과 같은 것이었다.

덩샤오핑 집권기 중국은 1979년 미국과 중국의 국교 정상화 이후, 미국의 대만 지원에 대해서는 어떠한 분야에 대해서도 매우 민감하게 반응했다. "평화적 통일"에 관한 예젠잉 원수의 연설 이전에도, 이제 막 강화 중인 중국의 입지를 위협하는 사건들이 발생했기 때문이었다. 1980년 6월 카터Carter 미 대통령은 미국의 두 개 방산업체가 대만의 구식 F5E 전투기를 대체하는 사업에 FX로 알려진 고등 전투기를 판매하는 방안을 대만 당국과 협의하도록 허가했다. 선거 캠페인 내내 카터r 대통령이 대만을 포기했다고 비난하던 레이건Ronald Reagan 대통령이 뒤를 이으면서 상황은 중국에 더 불리하게 전개되었다. 그리고 그러는 동안에도 대만에 대한 미국 무기 인도는 계속되었다. 결국, 중국이 미국과의 국교 정상화를 통해 얻은 것은 기대보다 훨씬 적은 듯 보였다.[133]

이에 중국은 행동을 개시했다. 중국은 레이건 대통령이 당선되기 전부터 계속되고 있던 대만에 대한 미국 무기 판매에 항의했다. 헤이그Alexander Haig 미 국무부 장관의 6월 중국 방문시 덩샤오핑은 미국이 대만에 대한 무기 수출을 끝내기 바란다는 점을 밝혔으며, 1981년 10월 자오쯔양 총리가 레이건 대통령과의 면담에서 이 문제를 다시 제기했다. 1981년 12월 이 문제에 대한 협상이 개시되자, 미국은 1950년대의 양국 대사급 회담까지 거슬러 올라가며 대만에 대한 무기판매 감축을 중국의 무력 사용 포기와 결부시킨 반면에 중국은 무기판매 감축을 위한 분명한 시간표를 요구했다. 1982년 8월 발표한 공동성명에서 미국은 최근의 판매 수량을 초과하지 않기로 합의했고, 구체적인 일정표 없이 점진적으로 무기 판매를 감축해 나갈 것이라고 말했다. 이에 중국은 "평화적 통일"은 자국의 "방침方針"이라고 응수했다.

이렇게 외교적인 타협안이 도출되었지만, 이 사례는 중국의 압박에 대항할 수 있는 대만의 역량을 강화하는 미국의 조치에 대해 중국이 계속 민감하게 반응해 왔음을 보여준다. 결국 미국은 대만에 대한 어떤 새로운 무기체계의 판매를 승인하지 않았고, 미국과 중국 모두 소련과 대결하는 데 있어서 서로를 필요로 했으므로 무력을 사용하는 상황까지 가지는 않았다. 1982년 공동성명 발표 이후로는 대만에 대한 미국의 무기판매가 80년대 내내 점차 감소하였고 80년대 말에 대만이 본토 여행 제한을 철폐함에 따라 대만과의 분쟁에서 중국의 입지는 좀 더 강화되었다.

1989년 장쩌민이 중국 공산당 총서기가 되어서도 중국은 "평화적 통일"을 목표로 하는 지연 전략을 고수했는데, 덩샤오핑이 여전히 대외정책 결정을 주도했던 것도 그 원인 중 하나였지만 대만과의 분쟁에서 중국의 입지를 위협하는 장기적인 도전이 없었기 때문이기도 했다. 미국은 대만에 대한 지원에 있어서 어떠한 급격한 증가도 피했던 반면, 중국과 대만의 교역관계는 계속적으로, 특히 1989년 이후 더욱 심화되어 갔다. 중국의 지도자들에게 있어, 다소 모호하더라도 "하나의 중국" 원칙이 폭 넓게 수용되는 가운데 대만과의 교역이 증가하던 1980년 초반 이후의 상황은 안정적인 균형상태였다. 경제적 상호의존성 증가가 통일을 위한 기반이 되어 줄 것으로 기대했기 때문에 중국은 인내심을 가지고 계속 기다릴 수 있었다.

1995-96년 대만 해협 위기

1996년 3월 예정된 대만 총통선거를 앞두고 있던 1995년 여름, 중국은 일련의 대규모 군사훈련을 실시하였으며 도발적인 미사일 시험발사로 긴장이 최고조에 달했다. 중국의 "미사일 외교" 이면에 존재했던 동기는 잘 알려져 있다시피, 대만의 독립 추진 움직임과 미국의 대만 지원이 이전에 비하여 부각됨에 따라 이 지역에 대한 자국의 영향력이 감소하고 있음을 다시금 인식한 것이다. 사태가 악화된 결정적 계기는 미국 정부가 리덩후이李登輝 대만 총통이 그의 모교인 코넬 대학교에서 명예박사학위를 받을 수 있도록 비자를 발급해 주기로 결정한 것이었다. 중국은 필요시 무력을 사용해서라도 통일을 이루겠다는 결의를 대외적으로 보여주고, 이를 통하여 대만의 독립 움직임과 미국의 추가적인 대만 지원에 제동을 걸기 위해 군사훈련과 미사일 외교를 활용한 것이었다.

대만의 국내정치와 이 지역 분쟁에 대한 미국의 정책이 중국의 지도자들에게 안보 불안감을 가중시켰다는 지적도 있다. 하지만, 대만과의 분쟁에서 장기적 취약성에 직면할 경우 무력을 사용하던 중국 지도자들의 정책적 일관성을 설명하기 위해서는 이 책에서 소개하는 바와 같은 더 폭넓은 이론적 논의가 필요하다.[134] 10여 년 이상 추진해 왔던 군사 현대화에도 불구하고 역내 군사력 균형에서 중국의 입지는 여전히 취약한 상태에 머물러 있었다. 동시에, 대만 내에서 독립을 지지하는 세력의 성장은 대만에 대한 국제사회의 지지가 강화될 경우 "하나의 중국" 원칙 하에 대만을 통합하기 위한 기반을 손상시킬 수 있는 위협으로 작용했다. 이에 더하여, 중국의 지도자들에게는 미국이 그러한 국제정세의 흐름을 조장 또는 지원하는 것으로 보였던 것이다. 1995년 리덩후이 대만 총통이 미국을 방문하자 중국의 지도자들은 모종의 조치를 취하여 대만과의 분쟁에서 약화되고 있던 자국의 입지를 강화하겠다는 의지를 대외적으로 보여주어야 한다는 결론을 내리게 되었다.

장악력의 저하

중국이 대만에 대한 전략을 지연에서 갈등고조로 전환토록 촉발한 계기는 1995년 리덩후이 대만 총통이 미국을 방문할 수 있도록 비자를 발급해 주도록 한 클린턴Bill Clinton 미 대통령의 결정이었다. 그의 방문 목적은 모교인 코넬 대학교에서 연설을 한다는 개인적인 것이었으나 중국의 지도자들은 그의 미국 방문이 허용된 것 자체를 경계했다. 이 일회성 사건을 통해 대만과의 분쟁에서 중국이 이미 처해 있던 취약한 입지에 더욱 압박을 가하는 두 가지 중요한 요인들을 추출할 수 있는데, 하나는 공식적인 독립을 향한 대만의 움직임 이고, 다른 하나는 대만의 이러한 움직임에 대해 미국이 지원을 늘리고 있다는 중국의 인식이다. 1950년대 말 이래로 꾸준히 군사 역량을 향상시켜 왔음에도 역내에서 중국의 군사적 입지는 여전히 취약하고 대만을 군사적으로 정복할 수 없었기 때문에, 중국의 지도자들이 자국의 장악력이 약화되고 있다고 평가하는 데는 위의 두 가지 압박 요인 모두가 작용했다.

대만의 독립 움직임과 관련한 다음의 세 가지 변화는 중국의 지도자들이 리덩후이 대만 총통이 국제무대에서 대만의 인지도를 높이고 궁극적으로는 중국으로부터 법적으로도 독립을 이루려는 "분리주의적" 목표를 품고 있다고 확신하는 계기가 되었다. 그 첫 번째 변화는 대만의 민주화였는데, 이를 통하여 대만의 독립을 추구하는 세력들이 대만 내부적으로나 국제적으로 더 많은 정당성을 부여받게 되었다.[135] 게다가, 민주화는 국민당 정권의 권위주의 통치 40년간 양안 사이에서 오랜 기간 받아들여졌던 "하나의 중국"이라는 원칙을 산산조각 내고 말았다. 1987년 장징궈蔣經國 대만 총통은 계엄령을 해제함으로써 민주주의로의 체제전환을 개시했다. 체제전환의 핵심적인 요소들 중 하나는 야당의 합법화, 소위 "당외黨外" 운동으로, 특히 대만 독립을 당의 강령으로 내세운 민진당民進黨을 합법화하는 것이었다. 언론 자유화와 보통선거제 확대로 독립을 지지하는 대만 사회 구성원들이 더 큰 목소리를 낼 수 있게 했다.[136] 이러한 변화들이 반영되어, 독립을 지지하는 국민들의 비율이 공식적으로 1989년 8%에서 1994년 4월에는 27%로 증가했다.[137]

새로운 선거의 압력에 대응하고 새롭게 떠오르는 민진당 지지 여론을 흡수하기 위해, 국민당 정권은 통일을 추구하던 기존의 정책 기조에 변화를 가하는 방식으로 대응했다. 베이징의 시각에서 볼 때, 1991년 대만의 "국가통일강령國家統一綱領" 채택과 "동원감란시기動員戡亂時期"(반란으로 규정한 공산주의 활동을 진입하기 위한 국가총동원 시기─옮긴이)의 헌법적 근거조항 폐지는 국민당과 중국 공산당이 그동안 암묵적으로 공유해 왔던 "하나의 중국" 원칙을 훼손하는 첫 단계 조치였다. "국가통일강령"은 대만과 중국이 별개로 분리되어 통치되는 현실을 인정하는 한편, 대만은 더 이상 본토 "수복"을 추구하지 않고 양측 모두에게 유익한 상황과 시기에 평화로운 통합을 추구할 것임을 표명하는 내용이었다.[138] 1993년, 군 참모총장 출신으로 본토 수복에 투신했던 국민당 강경파 하오보춘 행정원장의 퇴임은 대만에서 "하나의 중국" 원칙에 대한 국가적 지지가 감소하고 있음을 보여주는 또 하나의 징후였다. 리덩후이 총통이 자신의 권력 기반을 공고히 하기 위해 취한 조치였던 하오보춘 행정원장의 퇴임은 당시 집권 중인 국민당 내부에서 본토 출신 인사들의 영향력이 감소하고 있음을 상징적으로 보여주는 사건이었다.[139]

중국의 지도자들이 우려했던 두 번째 변화는 대만이 국제사회에서 '국가'로서의 자격과 정통성을 인정받기 위한 노력을 배가하는 것이었다. 1990년대 초 대만은 공식적, 비공식적 외교관계의 외연을 확대하고 양질의 관계로 제고하려 노력했다. 가장 거시적인 차원으로, 대만은 국제사회에서 입지를 확대하기 위한 "실용외교" 정책을 채택하였는데, 이 정책은 독일과 한국의 사례를 따라 상대국가가 외교적으로 대만과 중국을 모두 국가로 "이중 승인"하는 것을 용인하는 내용이 포함되었다. 중국이 볼 때 그러한 "이중 승인"은 1950년대부터 마오쩌둥과 저우언라이가 막으려고 노력했던 "두 개의 중국"이 탄생하는 전조前兆가 되는 것이었다. 1993년 리덩후이 총통은, 민진당民進黨의 강령을 흡수하기 위한 노력의 일환으로, 주권을 지닌 정부가 가입할 수 있는 다른 정부간 기구들에 가입하기 위한 노력을 병행하는 가운데 대만을 국제연합에 가입시키기 위한 활동을 개시했다. 시도 자체는 결국 실패로 끝났지만 대만이 품고 있던 미래상이 어떤 것인지 베이징에 보여주기에는 충분했다. 리덩후이 총통과 후임 롄잔連戰 총리는 개인 자격의 방문을 통해 동남아시아 국가들을 대상으로 공식적인 외교활동을 수행하고 대만에 대한 외교적 지지 기반을 확대하는 "휴가 외교vacation diplomacy"도 실시했다.[140] 1995년 초에 들어서는 대만이 국제사회에서 정통성을 인정받고 지지기반의 확대를 추구한다는 점이 명백해졌다.

1994년 5월 리덩후이 총통과 일본 저널리스트 시바 료타로司馬遼太郎의 인터뷰는 중국에게는 불리하게 작용하게 될 위와 같은 대만의 변화 노력이 최고조에 이르렀음을 보여주는 것이었다. 베이징에서 볼 때, 이 인터뷰는 "대만은 … 대만인을 위한 (국가)여야 한다. 이것이 근본적인 생각이다."와 같이 폭발력 강한 발언으로 가득한 것이었다. 리덩후이 총통은 자신을 이스라엘의 모세Moses에 비유했는데, 이는 자신의 "백성"인 대만인들을 "압제자" 중국으로부터 벗어나도록 인도할 것이라는 점을 암시하는 것이 분명했다. 또한, 그는 대만은 항상 외세의 지배를 받아 왔으며 국민당은 "대만인들을 통치하기 위해 들어온 일개 정당에 지나지 않는다."고도 했다. 심지어 인터뷰 말미에서는 "만약 대만이 독립을 선포한다면 티베트나 신장 역시 독립을 위한 행동에 나설지도 모르므로 베이징은 두려워해야 할 것"[141]이라며 중국이 고수하려는 영토 보전 자체를 직접적으로 공격하기도 했다. 〈신화사新華社〉 논평에서 지적하였듯이, 리덩후이 총통은 "자신의 본색을 점점 더 숨기지 못하는" 상태가 되었던 것이다.[142]

중국의 지도자들에게 경각심을 일깨워 준 마지막 변화는 양안 관계를 긴밀하게 하기 위한 양측의 협상 노력이 점점 더 교착상태로 빠져드는 것이었다. 1993년 4월, 양안 관계를 담당하는 반관반민半官半民 기구의 양측 수장인 왕다오한王道涵(중국)과 구전푸辜振甫(대만)가 싱가포르에서 회담을 가졌다. 비록 반관반민 기구를 통한 것이었지만 중국의 지도자들은 이 회동을 통일 문제를 협상하기 위한 첫 단계로 보고 있었다. 1995년 1월, 장쩌민은 신년사를 발표하며 양측이 대화를 개시하기 위한 8개항을 제안했다.[143] 그 문건은 "하나의 중국" 원칙을 수용한다면 다른 모든 사항들에 대해 협상할 수 있음을 간접적으로 밝히는 한편, 양측이 적대관계를 공식적으로 종결하는 문제를 논의하자고 제안하는 내용이었다. 대만의 답변은 4월 리덩후이 총통의 공식 담화를 통해 발표되었는데, 본토(중국)가 무력 사용을 포기하고 상호 분리된 통치체제를 유지하는 방안을 수용한 이후에만 대화가 가능하다는 내용이었다.[144]

위와 같은 대만의 움직임 외에도 중국의 장악력을 저하시킨 두 번째 요인은 미국이 독립을 향한 대만의 움직임을 정책적으로 지원하고 있다는 중국

스스로의 평가였다. 중국은 1992년 미국 대통령 선거 캠페인 기간 중 부시 George H. W. Bush 대통령이 대만에 대한 F-16 전투기 150대 판매 승인을 미국이 대만에 대한 지원을 강화하기 시작한 것으로 간주했다.[145] 대만에 대한 전투기 판매를 승인한 동기의 많은 부분이 미국의 국내정치적 고려에 따른 것이었지만, 중국에는 상징적으로 위험한 사건이었다. 10년이 넘는 기간 중에 이루어진 가장 큰 규모의 무기 판매였으므로, 이 조치에 대해 중국은 미국이 대만에 대한 (직접적) 군사 판매 및 간접적 군사적 지원을 줄이겠다고 약속한 1982년 공동성명을 위반한 것이라 주장했다. 1993년에는 클린턴 대통령이 취임하면서 미국과 대만의 관계를 재검토하도록 지시했고, 그 결과 1994년 9월 대만에 대한 공식적인 외교의전을 격상하게 되었다.[146] 1994년 12월, 대만을 공식 방문 중이던 페나Federico Pena 미 교통부 장관은 리덩후이 총통의 집무실에서 공식 회담을 가졌다.[147] 중국이 볼 때 이러한 사건들은 미국-대만 관계의 긴밀성이 더욱 강화되고 있으며 대만의 실용외교가 목표를 향해 나아가고 있다는 신호였다.

대만의 독립에 대한 지원 강화라는 맥락에서, 리덩후이 총통의 1995년 6월 미국 방문은 모락모락 피어오르던 중국의 분노에 기름을 붓는 계기가 되었다. 의회 상원과 하원이 압도적인 표결을 통해 리덩후이 총통에 대한 비자 발급을 "의회 의견sense of Congress"(법적 구속력은 없음)으로 채택하자 클린턴 미 대통령은 그의 미국 방문을 허용하기로 결정했다. 중국에 대해서는, 불과 한 달 전까지만 해도 크리스토퍼Wareen Christopher 국무장관이 첸지천錢其琛 외교부장에게 리덩후이 총통에 대한 비자 발급은 "하나의 중국" 원칙에 기반한 "미국과 대만의 비공식적 관계에 부합하지 않을 것"이라며 중국을 안심시켜 왔던 터였다.[148] 뿐만 아니라, 클린턴 대통령이 그러한 결정을 내리기 며칠 전까지만 해도 미 국무부는 중국 외교부에 리덩후이 총통의 미국 방문을 허용하지 않을 것이라는 점을 계속 확인시켜 주었다. 따라서 중국의 입장에서 본다면, 리덩후이 총통에 대한 비자 발급은 미국이 국제사회에서 대만의 입지를 확대, 강화하려는 리덩후이 총통의 전략을 지지하는 조치일 뿐만 아니라 대만에 대한 미국의 정책이 변화했음을 분명하게 보여주는 사건이었다. 1979년 이래로 미국은 대만에서 미국을 경유하여 다른 국가, 주로 남아메리카로 가는 경우 외에는 대만 고위관료들에 대해서는 어떠한 이유로든 입국을 불허해 왔기 때문이다.

또한, 클린턴 대통령의 결정은 미국-중국 관계에 긴장이 고조되어 있던 기간 중에 발생했다는 점도 있었다. 천안문 사태 이후 미국과 중국의 관계는 상호 의혹과 불신으로 인하여 지속적으로 악화되고 있었는데, 리덩후이 총통이 미국을 방문하기 전 수년 동안에도 그러한 의혹과 불신은 계속 커져만 가는 듯이 보였다. 1993년 9월, 이란으로 화학무기를 운송하고 있다는 의심을 받아 왔던 중국 화물선 인허銀河호에 미국 해군소속 요원이 승선하는 사건이 발생했다. 1994년 10월, 미 의회는 중국을 세계무역기구(WTO) 창설 멤버로 받아들이는 데 반대하는 입장을 유지하는 가운데 중국의 2000년도 올림픽 유치도 강력히 반대하는 결의안을 통과시켰다. 1995년 초에는 시장 접근성 문제와 지적 재산권 관련 규정 위반을 이유로 중국에 경제 제재 위협을 가하기도 했다. 리덩후이 총통의 방미 직전인 1995년 5월, 미국은 같은 해 2월 필리핀이 영유권을 주장하던 미스치프 암초Mischief Reef에 중국이 국기를 게양하고 시설물을 설치하며 자국 영토임을 주장한 "미스치프 암초 사건Mischief Reef incident"이 발생하자, 이에 대응하여 남중국해에서 항행의 자유를 지지하는 공식 성명을 발표했다.[149]

리덩후이 총통의 미국 방문은 중국의 지도자들이 가장 우려하던 최악의 상황, 그가 대만을 사실상de facto 독립시키려 할 것이라는 시나리오가 현실화되고 있음을 확인시켜 주었다. 대만 총통 자격으로 미국을 방문하고 코넬 대학교에서 연설을 함으로써 그는 국제적 위상은 물론 국내에서의 지지도를 올릴 수 있었다. 그는 연설에서 일관되게 자국을 "중화민국 대만the Republic of China on Taiwan"[150]으로 지칭하여 중국의 분노를 더욱 부채질했다. 그의 미국 방문을 승인함으로써 클린턴 대통령은 독립을 향한 대만의 움직임을 직접적으로 지원한, 중국의 시각에서는 조장한 셈이 되었다. 리덩후이 총통의 미국 방문을 "외세의 도움으로 대만의 위상을 높이고 대만의 '정치적 지위'에 대한 국제사회의 인정에 이르는 '도미노 효과'를 달성하도록 정교하게 계획된 조치"[151]라 규정한 〈신화사〉 논평은 당시 자국의 취약성이 커지고 있다고 느끼던 중국의 불안감이 반영된 것이었다.

군사훈련과 미사일 외교

리덩후이 총통의 미국 방문 이후 중국의 지도자들은 약화된 자국의 입지를 강화하기 위해 신속하게 움직였다. 선전선동 부문에서는 리덩후이 총통 개인과 대만 독립 주장을 일제히 공격하기 시작했다. 8월 중순까지 400건 이상의 기사와 논평이 나왔다.[152] 베이징은 1995년 7월로 예정된 왕다오한汪道涵과 구전푸辜振甫의 제2차 회담도 취소해버렸다. 그러나 중국이 보여준 가장 심각한 반응은 대만 독립에 대한 중국의 반대 의사 및 필요시 무력을 이용해서라도 통일을 달성하겠다는 국가적 결의를 대외적으로 확인시켜주기 위해 일련의 탄도미사일 시험발사 및 실탄사격을 동반한 군사훈련을 실시하기로 결정한 것이었다. 〈신화사〉 논평에 따르면 "중국의 통일이라는 대의를 가로막거나 훼손하는 어떠한 분리주의적 책동에 대해서든 우리가 아무것도 하지 않고 가만히 좌시하는 일은 결단코 없을 것이다."[153]고 하였으며, 한 홍콩 신문에 의하면, "베이징은 두 개의 중국을 만들려는 리덩후이 총통의 공공연한 미국 방문에 대해 더 이상 관용을 보여줄 수 없었다. 따라서 그가 두 개의 중국을 만들려는 조치들을 진전시킬수록 (중국 공산당은) 더욱더 강한 대응을 하고 있다."[154]

중국의 지도자들은 리덩후이 총통의 도발에 강력한 대응이 필요하다는 결론을 내렸다. 민간 엘리트와 군부 엘리트 사이에 이견이 존재했다는 보고와는 반대로, 장쩌민은 물론 리펑 총리와 중앙군사위원회 부주석 류화칭劉華淸

제독을 포함한 다른 고위 지도자들 모두 강경한 입장 표명이 필요함을 확신했다.[155] 간단히 말해서, 그들 모두 중국이 대만과의 분쟁에서 가지고 있던 취약성이 커지고 있으며 그러한 추세를 막아야 할 필요가 있음을 인지하고 있었다. 단기적으로는, 국제사회에서의 위상을 제고하려는 대만을 지원하는 미국을 다른 국가들이 따르게 되는 사태를 저지할 필요가 있었다. 장기적으로는, 공식적인 독립을 추구하는 대만의 노력을 좌절시키고 대만의 그러한 노력을 지원하는 미국을 막고자 했다.[156] 군사 지휘관들이 "시험(발사)" 명목의 무력시위를 주장하는 반면, 첸지천 외교부장 지휘 하에 중국 외교관들은 강경한 외교적, 정치적 대응을 강조했다.[157]

1995년 7월 초에 장쩌민은 인민해방군에 대만에 대한 무력시위 계획을 작성할 것을 지시했다. 이에 7월 중순 인민해방군은 1995년 12월 예정된 대만 입법원 선거 및 1996년 3월 예정된 총통 선거를 겨냥하여 일련의 군사훈련과 미사일 시험발사를 실시할 것을 건의했다. 7월 18일, 중국은 그 다음 주부터 대만 인근의 푸젠성 해안에서 해, 공군 훈련과 병행하여 미사일 시험발사를 실시하겠다고 발표했다. 그로부터 7일 후 탄도미사일 M-9(東風-15) 4기와 DF-21(東風-21) 2기를 대만 본도 북쪽 약 100마일 위에 설정한 목표구역으로 발사했다. 8월 10일, 〈신화사〉는 8월 15~25일 사이에 추가 시험발사가 있을 것이라 보도했다. 이들 시험발사는 아마도 이미 계획되어 있던 중국 제2포병(現 로켓군)의 정기적인 훈련이었겠지만, 훈련을 실시하겠다는 공식 발표는 대만 해협에서의 위기 상황 조성과 명백하게 연결되어 있었다.[158]

이후 몇 개월간 이어졌던 군사훈련과 미사일 시험발사는 대만 해협 양안의 정치적 상황의 전개 방향에 따라 그 실시 여부가 좌우되었다. 가을로 접어들어 10월에 실시한 일련의 군사훈련을 장쩌민이 시찰하면서 대만을 위협하기 위한 중국의 본격적인 행동이 시작되었다. 이는 다가오는 대만 입법원 선거 및 총통 선거 결과에 따라 대만이 본토로부터 정치적으로 독립하려는 행보를 촉진할지 모른다는 우려가 중국의 지도자들 사이에서 점점 커져 갔기 때문으로, 그러한 우려가 현실화되는 것을 막기 위해서는 강력한 대응, 다시 말해서 지속적인 무력의 과시가 필요하다고 본 것이었다. 11월에 난징 군구南京軍區는 실전 상황에서 구성될 전구戰區 사령부 설치까지 포함하는 합동훈련을 실시하였는데, 이 훈련은 대만 입법원을 구성하는 12월 선거를 위한 2주간의 공식적인 선거운동 기간과 시기적으로 겹쳤다. 총통 선거를 앞두고 1996년 3월 8일에서 25일간 실시된 훈련은 가장 대규모이자 위협적인 훈련이었다. 대만에 대한 육·해·공 합동 공격을 시연하는 이 훈련에는 미사일 시험발사와 실탄을 사용하는 합동훈련이 포함되었다. 미사일 시험발사를 위한 목표구역을 대만의 가장 큰 항구인 가오슝高雄과 지룽基隆 인근에 설정한 것은 대만을 봉쇄하겠다는 의도를 보여주는 것으로, 대만 입장에서는 가장 달갑지 않은 것이었다.(〈지도 5.1〉을 참조할 것)

이러한 군사훈련의 목적은 명백했다. 중국의 지도자들은 독립과 국가로서의 정통성을 국제사회에서 인정받으려는 대만의 움직임과 이를 조장하고 지원하는 미국을 저지하고자 했다.[159] 한 중국의 연구자는 국가의 통일과 영토의 보전에 대한 "중국의 결의를 보여주는" 것이 이들 훈련의 목적이었다고 말했다.[160] 당시 중국 관료들이 했던 공식적인 발언들은 그러한 해석이 타당함을 명확하게 보여준다. 중국 외교부 대변인 셴궈팡沈國放은 "미국은 더 이상의 피해를 막기 위한 조치를 취해야 한다. … 과오를 고치는 것은 미국이 해야 할 일이다. … 우리가 앞으로 해야 할 일은 미국이 중국과의 관계가 중요함을 깨닫고 올바른 길로 돌아오도록 하는 것이다."[161]라고 했다. 한편, 〈신화사新華社〉 논평에서는 "감히 대만을 조국의 지도에서 분리하고자 하는 자가 있다면, 중국 인민들은 우리 영토의 완전성과 국가의 주권을 수호하기 위해 기꺼이 그 피와 생명을 바칠 것이다."[162]라고 했다. 그러나 이어서 다루겠지만, 1996년 3월 실시한 중국의 미사일 시험발사와 군사훈련은 리덩후이 총통의 재선을 방해하거나 독립을 향한 대만 지도자들의 노력을 저지하는 데 실패했다.

1990년대 말 전쟁 위기 회피

대만 해협의 위기가 회피된 사례들을 살펴보면 이 지역 분쟁에서 중국이 자신의 장악력을 평가하는 데 있어서 미국의 정책이 중심적인 역할을 하고 있음을 보여준다. 여기서 소개하는 두 사례에서는, 대만의 도발적 행위에도 불구하고 미국이 공식적인 독립으로 나아가거나 국제사회에서 국가로서 정통성을 제고하려는 대만의 노력을 지지하지 않을 것임을 밝히면서 상황이 위기로까지 악화되지는 않았다.

1999년 리덩후이 총통의 발언은 또 다시 위기를 촉발할지 모른다는 우려를 불러일으켰다. 같은 해 7월 독일 TV와의 인터뷰에서 그의 발언은 대만의 독립국가로서의 지위를 주장하려는 듯한 인상을 주었다. 그는 중화민국中華民國은 "1912년 건국 이래 주권국가로 존재해 왔다."고 했다. 1991년 헌법 개정의 결과로서, 그는 "양안兩岸 관계는 특수한 국가 대 국가의 관계이며, 따라서 독립을 선언할 필요가 없다."고 설명했다. 1991년 개정된 대만헌법 제10조는 이 헌법이 적용되는 지리적 범위는 대만에 한정된다고 규정하였는데, 리덩후이 총통은 이러한 수정은 "양안 관계를 합법적인 정부 대 반역 집단, 또는 중앙정부 대 지방정부 같은 내부적인 관계라기보다, 국가 대 국가의 관계 또는 최소한 특별한 국가 대 국가의 관계로 설정한 것"이라 설명했다.[163] 요컨데, 그의 발언은 대만은 이미 독립한 상태이므로 공식적으로 독립을 선포해야 할 필요가 없다는 것이었다. 양안 관계를 국가 대 국가의 관계로 공식화한 그의 발언은 곧 "양국론兩國論"이라 불리게 되었는데, 중국의 지도자들에게는 독립을 향한 대만의 새로운 노력을 의미한다는 점에서 매우 우려스러운 것이었다.

베이징은 거친 언사를 동원하여 리덩후이 총통에 대한 불신과 그가 앞으로 벌일 지도 모를 정책적 변화에 대한 반대 입장을 표명하며, 중국이 다시금 무력 사용을 고려할 수도 있다고 암묵적으로 위협했다. 7월 13일 외교부 대변인 주방자오朱邦造는 중국의 결의를 과소평가하지 말라고 경고하며, 리덩후이 총통에게 "위험한 지경에 이르기 전에 멈추고, 모든 분열주의적 활동을 즉시 중지할 것懸崖勒馬, 立卽停止一切分裂祖國的活動"[164]을 요구했다. 중국이 처음에 내놓은 5개 논평 중 하나인 "불을 가지고 놀지 말라."는 〈해방군보解放軍報〉 7월 15일자 사설은 경고의 수위를 한층 더 높인 것이었다. 이 사설에서는 중국이 "조국의 영토가 한 치라도 떨어져 나가는 것을 결코 좌시하지 않을 것"이라 했다.[165] 마찬가지로, 츠하오톈遲浩田 국방부장도 인민해방군은 "언제라도 영토를 보전하고 국가를 분열시키려는 어떠한 책동도 분쇄하기 위한 만반의 준비가 되어있다."[166]고 언급했다.

정세가 위기 상황으로 발전할 듯이 보이자 미국은 신속하게 리덩후이 총통의 주장에 대한 반대 입장을 공식적으로 표명했다. 미국은 자국이 양국론을 지지하지 않음을 명확히 함으로써 중국을 안심시키고자 했다. 7월 13일, 루빈James Rubin 미 국무부 대변인은 "하나의 중국" 정책에 대한 미국의 공약을 재확인하면서, 클린턴 대통령이 1998년 중국 방문시 처음으로 공식 발표했던 "3不 정책"을 다시 한 번 상기시켰다.[167] 이에 더하여, 미국은 중국 및 대만과 일련의 회담을 개최하여 양측에 자제하라는 동일한 메시지를 전달했다. 7월 14일, 주 대만 미국대표부 대릴Darryl Johnson 대표는 리덩후이 총통을 만나서 "하나의 중국" 정책에 대한 미국의 공약을 다시 확인시켜 주었다.[168] 스트로브Strobe Talbot 미 국무부 부장관도 워싱턴에서 중국 대리대사를 면담했다. 가장 중요한 조치는 7월 18일 클린턴 대통령과 장쩌민 주석의 30분짜리 통화였는데, 클린턴 대통령은 이 통화에서 "하나의 중국" 정책에 대한 미국의 공약을 다시 확인시키고 중국과 대만이 대화하기를 미국이 바라고 있음을 알렸다.[169] 7월 말에는 베이징에는 스탠리Stanley Roth 국무부 차관보를, 대만에는 리차드 부시Richard Bush 주 대만 미국협회 소장을 통해서 클린턴 대통령이 장쩌민 주석에게 보냈던 메시지를 양측에 확인시켜주었다.[170]

여름이 끝날 즈음이 되어서는 중국과 대만의 긴장상태가 어느 정도 누그러졌다. 심각한 위기 상황을 초래했던 1995~96년 사례와는 달리, 미국은 신속하게 공식, 비공식 채널을 활용하여 미국은 국제사회에서 대만이 국가로서 정통성을 인정받으려는 리덩후이 총통의 노력을 지지하지 않을 것임을 밝혔다. 이에, 대만은 리덩후이 총통의 발언은 정책적 변화를 반영한 것이 아님을 강조하며 물러서기 시작했다.[171] 만약 미국이 다르게 대응했다면, 특히 리덩후이 총통을 지지하거나 그의 발언을 조장하는 듯이 보이도록 대응했다면 중국의 지도자들은 자국의 입지가 훨씬 더 약화될 것이라 결론 지었을 가능성이 매우 높다. 1999년 여름 미국과 중국의 관계는 특히 긴장된 상태였다. 같은 해 2월 주룽지朱鎔基 총리의 미국 방문 당시 클린턴 대통령은 중국의 세계무역기구(WTO) 가입을 위한 협상 결과의 최종승인을 거부하여 총리를 당혹스럽게 했다. 5월에는 코소보Kosovo 사태에서 북대서양조약기구(NATO) 소속 미군기가 실수로 베오그라드Belgrade의 주 세르비아 중국대사관을 오폭한 사건으로 베이징의 미국대사관 앞에서 엄청난 규모의 항의집회가 계속되었고 미국-중국 관계는 급격히 냉각되었다. 이러한 상황에서 리덩후이 총통의 주장을 미국이 강력히 지지했다면 대만과의 분쟁에서 중국이 느끼고 있던 취약성은 훨씬 더 커질 수 있었을 것이다. 당시 양국이 서로에 대해 품고 있던 의혹과 불신의 총체적인 수준을 감안한다면, 리덩후이 총통의 주장에 대한 미국의 지지가 중국의 지도자들에게는 얼마든지 미국의 대 중국 정책이 반중국적 방향으로 전환하는 거대한 추세의 일부로 보일 수 있었기 때문이다.

2002년 천수이볜陳水扁 총통도, 리덩후이 총통의 전략을 차용하여, 공식연설을 대만의 지위를 제고하기 위한 기회로 활용했다. 8월 3일, 그는 도쿄에서 열린 세계대만동향회연합 제29차 연례회의에서 화상중계를 통해 축사를 했다. 그는 "대만은 우리의 조국이다. … (그리고) 다른 어떤 나라의 일부도 아니며 지방정부나 행정구역도 아니다. … 대만은 항상 주권국가로 존재해 왔다."고 말하며 대만이 주권국가임을 강하게 주장했는데, 중국에는 독립선언으로 들릴 만한 것이었다. 그는 국제사회에서 대만의 지위를 설명하기 위해

"일변일국론一邊一國論"을 내세웠다. 특히, 그는 "대만 해협을 사이에 두고 대만과 중국이 존재하는데, 이는 양안兩岸에 각각 하나의 국가가 있다는 것이다. 이를 명확히 해야 한다."[172]고 했다. 이어서 그는 국민투표를 통해 본토에 대한 대만의 지위를 결정하자고 제안하였는데, 이는 중국의 지도자들을 긴장시키는 조치였다.

중국은 천수이볜 총통의 발언과 그것이 통일에 미치는 영향에 대해 재차 거친 언사로 대응하며 비난했다. 미국은 양안의 정세가 위기로 치닫는 상황을 미연에 방지하기 위해, 미국은 천수이볜 총통의 그러한 정책 변화를 지지하지 않을 것이라는 입장을 재차, 신속하게 표명했다. 8월 5일, 미 국무부 대변인은 "우리의 정책은 전혀 변함이 없다."면서 "하나의 중국" 정책을 지지함을 밝혔다. 8월 7일에는 국가안전보장회의 대변인이 미국은 "'하나의 중국' 정책을 유지하며 대만 독립을 지지하지 않는다."[173]면서 동일한 메시지를 반복했다. 그는 또한, 백악관은 천수이볜 총통의 8월 3일자 발언이 대만 독립을 요구하는 것이 아님을 이미 확인했다고 덧붙였다. 8월 말에는 아미티지 Richard Armitage 국무부 부장관이 계획된 베이징 방문 일정을 소화하던 중에 "미국은 대만 독립을 지지하지 않는다."고 분명히 언급했다.[174]

미국의 의도에 대한 의혹에 가득 차 있던 1999년과 달리, 중국은 이번에는 미국측 발언의 진의를 바로 인정했다. 예를 들어, 〈인민일보〉는 "미국은 대만 독립을 지지하지 않는다는 입장을 반복했다."[175]고 논평했다. 2002년도에는 많은 요인들이 베이징이 격렬한 반응을 자제하도록 하는 방향으로 작용했다. 그해 10월 텍사스에서 예정된 부시George W. Bush 대통령과 장쩌민 주석의 회동을 준비하던 당시의 미국-중국 관계는 1995년이나 1999년에 비해 훨씬 더 견고한 기반 위에 올라와 있었다. 보다 일반적으로, 2001년 4월 남중국해 상공에서 미국 정찰기(EP-3)와 중국 전투기 충돌사건으로 인하여 밑바닥으로 떨어졌던 양국 관계는 같은 해 9월 발생한 9·11 테러 이후로 개선되었다. 이에 더하여, 대만의 경기 침체로 중국의 지도자들은 통일에 대한 장기적 전망에서 훨씬 더 자신감을 가지게 되었다. 하지만 미국 정부가 천수이볜 총통의 입장을 지지하지 않음을 신속하고 명확하게 표명하지 않았다면 중국의 지도자들은 당시 정세를 다르게 평가했을 지도 모르며, 아마도 보다 강력한 대응을 고려했을 것이다.

결론

중국의 지도자들에게 본토에 속하는 지역들과 관한 것보다 더 중요한 영토 분쟁은 없다. 그 중요성 때문에 이들 지역과 관련한 문제에서 타협은 실행 가능한 정책으로 간주되지 않는다. 게다가 중국의 지도자들은 이들 지역이 본토와의 통합 가능성을 감소시키거나 통합을 가로막을 위험성이 있는 요인들에 대해 특히 민감하다. 홍콩과 마카오를 둘러싼 분쟁에서 중국은 극도로 강력한 장악력을 가졌는데, 이는 이들 지역이 물리적으로 협소하고 본토와 경계를 접하고 있기 때문이었다. 1949년 이래로 중국은 언제든지 이들 지역을 군사적으로 점령할 수 있었고, 역설적으로 이 점 때문에 이들 지역에 대한 분쟁을 조속히 해결해야 한다는 절박감이 크지 않았다.

이와 대조적으로, 대만과의 분쟁에서 중국의 상대적 입지는 상당히 취약한 상태에 있어 왔다. 이러한 취약성은 자국의 장악력에 대한 중국 지도자들의 민감성을 심화시키면서 가뜩이나 열세인 자국의 장악력이 심각하게 약화될 수 있다는 불안감을 가중시켰고, 그에 따라 자국의 결의를 대외적으로 과시하기 위해 기꺼이 무력을 행사하겠다는 의지를 크게 강화시켰다. 마오쩌둥 집권기 중국이 대만을 무력으로 "해방"시키려 하자 미국이 대만의 국민당 정권을 군사적으로 지원하면서 중국의 상대적 입지가 약화되었고, 더 나아가서 통일의 가능성 자체를 저하시킬 수 있는 위협 요인으로 대두했다. 1960년대와 70년대에는 미국의 대만 지원이 감소하면서 양안兩岸 정세는 안정기로 이어졌다. 비록 중국의 장악력은 취약한 상태에 머물러 있었지만 상대적인 입지는 강화되기 시작했는데, 미국이 중국과 정식으로 외교관계를 맺은 1979년 이후 특히 더욱 그러했다. 중국이 덩샤오핑과 장쩌민 집권 하에서 외교를 통한 통일을 추구한 이후, 대만의 민주화는 중국의 장악력에 새로운 유형의 외부적 압력으로 작용하였는데, 이는 민주화 이후 대만에서 "하나의 중국" 정책 및 궁극적으로는 중국과 통일해야 한다는 주장에 대한 지지가 감소했기 때문이다. 대만이 자율성 강화를 추진하는 것에 대한 미국의 지지는 인식한 중국은 또 다시 자국의 장악력이 감소하고 있다는 인식을 하게 되었었고, 중국의 지도자들은 1995년~96년에 미사일 외교를 통해 대응하려 했다.

06

원해도서 지역
영토분쟁

Offshore Island Disputes

원 해도서遠海島嶼 지역을 둘러싼 영토분쟁에서 중국이 추구해 온 목표는 해양 경계maritime frontier를 확보하는 것이었다. 중화인민공화국 건국 당시에는 이들 지역 중 실제로 통제하고 있던 영역이 거의 없었고 당장 본토 해안선을 넘어서 군사력을 투입할 수 있는 능력조차 없었기 때문에 위와 같은 목표를 달성하는 것은 매우 도전적인 과제였다. 파라셀 제도Paracels, 스프래틀리 군도Spratlys 및 센카쿠 열도(댜오위다오)는 중국과 다른 연해국가들 모두에게 경제적, 전략적 측면에서 중요성을 가진다. 이들 도서에 대한 통제권을 확보하는 것은 해양권의 주장, 해상운송로의 안전, 그리고 역내 해군력 투입에 핵심적인 요건이다. 1980년대에 인민해방군 해군 사령원(사령관)을 역임했던 류화칭劉華淸 제독은 이러한 점을 간파하고 "누구든 스프래틀리 제도를 장악하는 자는 막대한 경제적, 군사적 이익을 차지하게 될 것"이라 역설한 바 있다.[1]

원해도서 지역에 대한 주권을 확립하는 작업의 중요성 때문에 중국은 이들 지역에서의 분쟁에 대해서는 강경하게 대응하며, 대체로 관련국가들과의 협력보다는 지연 전략을 선호하는 행태를 보여 왔다. 단 하나의 예외적 사례를 제외하고, 중국이 이들 지역에 대한 주권과 관련한 문제로 어떠한 국가와도 대화를 하거나 분쟁 지역의 극히 일부에 대해서라도 자국의 권리를 포기하겠다는 의사를 보인 적이 없다. 중국은 이들 지역의 분쟁에서 지연 전략을 추구해 왔으며, 심지어 1974년과 1988년에 일부 도서들의 점령을 통해 자국의 장악력이 강화되었을 때조차도 그러한 일관성을 유지했다는 점은 주목할 만하다.

중국이 주변국가들과 분쟁 중이던 원해도서를 무력으로 점령한 사례가 2건 있다. 1974년 중국은 당시 파라셀 제도에서 남베트남이 장악하고 있던 서쪽 절반인 크레센트 군도Crescent Group를 탈취하였고, 1988년에는 베트남과 필리핀이 영유권을 주장하던 스프래틀리 군도의 지형물 6개를 점령했다. 이 두 사례에서 취약하거나 열세였던 자국의 장악력을 강화하기 위한 중국의 노력은 무력충돌로 귀결되었다. 1988년 이전에는 원해도서 지역들 중 가장 큰 스프래틀리 군도에도 병력을 주둔시킬 만한 변변한 인프라를 구축하지 못하고 있던 중국은 원해도서가 지니는 경제적, 전략적 가치가 부각될수록 이들 지역에서 자국의 입지가 약화되고 있음을 더욱 통렬하게 인지하여, 가뜩이나 취약한 자국의 입지를 장기적으로 더욱 악화시킬 가능성이 있는 사건이나 상황이 발생하면 매우 민감하게 반응하게 되었다. 중국은 1970년대 이후 원해도서의 가치가 높아지고 주변국가들이 분쟁 중인 도서와 암초들을 점령해 나가면서 자국의 상대적인 입지가 위협받게 되자 무력을 사용했다.

지연 전략의 우위

1949년 이래 중국은 원해도서 지역에서는 바이롱웨이다오白龍尾島 사례 단 1건만 타협적인 방식으로 분쟁을 해결했을 뿐, 파라셀 제도, 스프래틀리 군도 및 센카쿠 열도에 대해서는 분쟁해결을 지연하거나 무력을 사용하여 대응해 왔다.[2] 중국이 이들 지역에서의 분쟁 해결을 지연시키려 했던 데는 몇 가지 요인이 작용했다. 먼저, 1949년 이래로 원해도서의 경제적 중요성이 점차 커지고 있었다는 점인데, 1970년대 들어서 해양자원에 대한 관심이 세계적으로 증대하면서 더욱 그러했다. 1982년 채택된 유엔해양법협약(UNCLOS)으로 신설된 배타적 경제수역(EEZ)은 이를 점유하는 국가가 해당수역의 수중과 해저의 자원에 대한 권리를 주장할 수 있도록 하는 개념으로, 이 때문에 많은 국가들이 원해도서를 배타적 경제수역를 주장하기 위한 수단으로 간주하게 되었다. 원해도서가 국가의 해양권이 미치는 영역을 획정하기 위한 기준으로 이용될 수 있기 때문에, 중국을 포함한 연해국가들은 당연히 이들 지역에 대한 권리를 더욱 강력하게 주장하며 자국에 가장 유리한 해결방안이 도출될 때까지 분쟁의 근본적인 해결을 보류한 채로 기다리게 되었다.

다음으로, 이들 원해도서에 대한 주권을 다투는 데 수반되는 비용이 크지 않았다는 점을 들 수 있다. 상징적인 차원에서 소규모 병력을 주둔시키는 것만으로도 이들 도서에 대한 권리를 주장하는 데 충분했다. 주변 수역과 공역air space에 대한 통제능력 없이는 어떤 개별 도서도 충분히 방어하기가 불가능하였는데, 중국을 포함하여 이들 도서에 대한 권리를 주장하는 모든 국가들이 그러한 통제능력을 제대로 갖추지 못하고 있었기 때문에 상징적으로 배치한 주둔병력은 일종의 인계철선 기능을 수행했다. 또한, 이들 도서에 대한 권리를 주장하더라도 대개의 경우 관련 국가들과의 관계가 손상되거나 하지는 않았는데, 만약 그랬다면 이들 지역에 대한 영토분쟁에 수반되는 비용이 증가할 것이므로 타협적 해결을 시도할 동기가 발생했을 수도 있었을 것이다. 인간이 거주하지 않는 적막한 이들 도서는 본토의 보전이나 주요한 인구밀집지역의 안전보장과 같은 핵심적인 안보이익과 연결되지 않았는데, 바로이 점이 이들 지역의 분쟁에서 특정 국가가 다른 국가들의 의도에 대해 부정적이거나 자국에 위협적인 것으로 판단하지 않게 하는 방향으로 작용했다.

마지막으로, 국공내전이라는 정치적 상황도 중국이 타협적 해결을 고려해볼 만한 여지를 제한했다. 대만의 국민당 정권 역시 중화민국中華民國, the Republic of China이라는 이름으로 파라셀 제도, 스프래틀리 군도 및 센카쿠 열도에 대한 권리를 주장했기 때문에, 이들 지역에 대한 분쟁에서 본토(중국)의 입장은 "하나의 중국"을 통치할 수 있는 권리 혹은 정당성과 연결되어 있었다. 중국과 대만 어느 쪽이건 타협적 해결을 주장하는 쪽은 자국이 정통성 있는 정부라는 주장을 스스로 약화시킬 것이라 보았다.

변강 지역에서의 분쟁 사례들과는 달리, 원해도서 지역 분쟁에서 중국이 타협적인 해결을 시도한 단 하나의 사례는 외부로부터의 위협이 그 동기라 할 수 있다. 1957년 중국은 통킹만 한 가운데 위치한 바이롱웨이다오白龍尾島를 북베트남에 양도했다. 이 지역에 대한 분쟁과 그 해결과정에 대해서는 알려져 있는 것이 거의 없다.[3] 중국 내부 자료에 따르면, 마오쩌둥이 미국과 전쟁 중이던 북베트남을 지원하기 위해 그 섬을 넘겨주라는 지시를 내렸다고 한다.[4] 당시 미국은 남베트남 응오딘지엠 정권에 대한 지원을 늘려 나가는 한편, 역내 공산주의 확산을 봉쇄하기 위해 만들어진 다국적 안보협력체인 동남아시아조약기구(SEATO)를 통해 중국의 남쪽 측면을 따라 배치 병력을 증가시키고 있었다. 미국이 역내 국가들과 개별적으로 맺고 있던 양자 동맹관계에 더하여, 남베트남에 대한 미국의 개입이 확대되면서 중국은 남쪽이 위협받고 포위되어 있다는 압박을 더 강하게 받았다. 그러한 상황에서는, 그 지역이 미래에 지니게 될 가치가 얼마가 된다 하더라도 이 때문에 분쟁 해결을 지연하며 버티는 것보다는 영토 일부를 양보함으로써 동맹관계를 강화하는 것이 중국에게는 더욱 중요했다.

　그럼에도 불구하고 중국의 바이롱웨이다오 양도가 매우 이례적인 사례인 것은 다음과 같은 이유 때문이다. 당시는 중국과 다른 동남아시아 국가들이 해양자원 확보와 관련한 원해도서의 중요성을 충분히 인식하지 못한 상태였으므로 그 섬은 경제적인 가치가 거의 없는 것으로 보았다. 인근에서 석유가 발견된 적도 없고 해양 관련 국제레짐은 초기 단계에 머물러 있었다. 그러나 통킹만에서의 해상 경계선을 획정하기 위한 수차례의 시도에서 베트남이 그 섬을 통킹만 해역의 2/3에 대한 권리를 주장하기 위한 기준으로 삼으려 하면서 그 섬은 논쟁의 중심이 되었다.[5] 마오쩌둥의 개인적 성향이 작용했을 수도 있다. 중국의 몇몇 연구자들은 사회주의 이상론에 영향 받은 마오쩌둥에게는 이념적 동맹국을 수호하는 것이 영토주권보다 더 중요했을 것이라 추측한다.[6] 마지막으로, 바이롱웨이다오에 대한 북베트남의 통제권을 인정하는 대가로 북베트남이 남베트남도 권리를 주장하던 파라셀 제도와 스프래틀리 군도에 대해 중국의 권리를 인정하기로 결정했을 수도 있다. 그러한 교환이 있었는지 알려주는 자료는 존재하지 않지만, 1958년에 북베트남이 실제로 그 같은 결정을 내린 사실을 본다면 그러한 교환은 흥미로운 가능성으로 존재한다.[7]

바이룽웨이다오를 북베트남에 양도한 이후 중국은 원해도서의 주권에 관한 문제를 다른 국가들과 타협적으로 해결한 사례가 전혀 없다. 그 대신, 갈등을 고조시키는 전략을 구사했던 본토나 변강 지역에서의 사례들과 달리, 나머지 원해도서 지역들에 대해서는 분쟁 해결을 지연하는 전략을 고수하였는데, 이러한 전략적 선택은 "분쟁을 내려놓고 공동개발에 힘써야 한다擱置爭議. 共同開發."라는 덩샤오핑의 지론이 반영된 것이었다.[8] 중국은 파라셀 제도 분쟁에서 지연 전략을 통해 자국의 장악력을 강화할 시간을 벌 수 있었다. 중국은 1974년 남베트남과 무력충돌이 발생하기 전까지는 1950년부터 점유해 왔던 파라셀 제도 동쪽 절반인 앰피트라이트 군도Amphitrite Group. 宣德群島에 대한 통제권을 공고히 하는 데 역량을 집중해 왔다. 제도의 나머지 부분인 크레센트 군도Crescent Group. 永樂群島를 남베트남으로부터 탈취한 후에는 중국이 파라셀 제도 전역을 통제하는 현실을 베트남이 수용하도록 하기 위해 분쟁 해결을 지연시켜 왔다. 해결이 지연되면서 중국이 군도 전체를 통제하는 상황은 더욱 공고해졌고, 1991년 우디섬Woody Island. 永興島에 건설한 활주로를 포함하여 도서들의 인프라를 개선할 수 있는 시간적 여유도 확보하였다. 또한, 중국은 베트남의 거듭된 요구에도 불구하고 이들 도서의 주권에 관해서는 어떠한 대화도 거부해 왔다.

스프래틀리 군도 분쟁에서도 중국은 다른 이해 당사국들과 논의를 해 왔으나 주권과 관련한 협상에 참가한 적은 없다. 이들 국가와의 논의는 이 지역에 대한 주권이 아니라 위기관리나 공동개발에 초점을 맞추어 진행되어 왔다. 육상 경계선과 관련 협상이 진행 중이던 1995년 7월에 중국과 베트남은 스프래틀리 군도 문제만을 다루기 위한 전문가 그룹(해상문제전문가소조)[9]을 구성했다. 이 그룹의 양측 구성원들은 거의 매년 만났지만, 대화의 초점은 해당 지역의 주권이 아니라 남중국해 해양 관련 사안에서의 협력 강화에 맞추어졌다.[10] 하지만, 미래에는 이 포럼에서 주권에 관한 문제를 다루게 될 수도 있을 것이다.

마찬가지로, 1994년에 미스치프초Mischief Reef, 美濟礁를 점령한 이후 중국은 필리핀과 수차례에 걸쳐 스프래틀리 군도와 관련한 대화를 이어왔다. 그러나 필리핀과의 대화에서도 주권 문제가 아닌 위기관리 문제만을 다루고 있는데, 이 지역의 영토분쟁에서 중국의 지연 전략이 지속되고 있음을 보여준다. 1995년 8월, 양측은 분쟁을 "평화롭고 우호적인 방식으로" 해결하는 데 합의하는 내용의 쌍무적인 행동강령code of conduct에 서명했다.[11] 1997년 6월, 한 차례의 추가 대화 후, 중국과 필리핀은 분쟁의 대상이 되는 해역에서 활동할 경우 상대국가에 사전에 통보하기로 합의했다.[12] 이러한 대화들은 양국 사이에 긴장을 완화하기 위한 노력을 보여주기는 하지만 이 지역의 주권에 관한 양측의 주장에 대해 논의하는 것은 아니었다. 게다가 위와 같은 양국 간의 합의는, 필리핀이 반복적으로 인정했기 때문에, 결과적으로 미스치프초 점유국으로서 중국의 입지와 통제권을 공고히 해주었다.

　마지막으로, 1994년 미스치프초 점령 이후 중국은 스프래틀리 군도에서의 국가 간 행동강령을 논의하기 위해 동남아시아국가연합(ASEAN) 회원국들과 양자 대화를 계속했다. 3년간 진행된 대화의 결과는 2002년 중국과 동남아시아국가연합의 남중국해 행동강령 선언으로 결실이 맺어졌다.[13] 행동강령을 제정하기 위한 협상은 1999년에 시작되었지만, "인간이 거주하지 않는 암초의 점유나 구조물 건축 금지"를 포함한 핵심적인 용어에 대해 중국측 초안과 동남아시아국가연합측 초안이 불일치하는 문제가 발생했다.[14] 초안은 물론 최종본에서도 주권이나 해양권에 대해서는 다루지 않았지만, 2002년 발표된 최종본에는 1999년 동남아시아국가연합측 초안에서 사용된 용어 대부분을 본문에 포함시키고 중국측 초안에서 사용한 용어는 거의 반영하지 않도록 함으로써 중국은 약간의 양보를 했다. 이러한 중국의 양보는 아마도 동남아시아국가연합 국가들의 호의를 얻고 원해도서와 관련한 분쟁이 역내 국가들과의 외교관계에 미치는 영향을 최소화하기 위한 보다 거시적인 차원의 고려와 연결되어 있었을 것이다.[15]

중국의 센카쿠 열도尖閣列島, 釣魚島에 대한 접근방식 역시 지연 전략이 중심이 되었다. 열도를 이루는 작은 도서와 암초들의 주권과 관련하여 중국과 일본이 대화한 적은 없다. 양측은 1978년 평화우호조약을 체결하기 위한 협상을 진행하는 과정에서 이 문제를 논의하기는 했지만, 이 지역에 관한 사항은 합의사항에서 제외하기로 했을 뿐이었다.[16] 중국의 지도자들은 일관되게 지연 전략을 추구해 왔는데, 이는 분쟁의 해결을 위한 적절한 시기를 기다리는 한편 일본과의 관계 악화를 회피하기 위한 목적이었다. 예를 들어, 1978년에 덩샤오핑은 지연 전략과 관련하여 다음과 같이 설명했다. "이 문제가 당분간, 한 10년 정도, 보류되더라도 문제가 되는 것은 아니다. 우리 세대는 이 문제에 대해 공감할 수 있는 해결책을 찾을 수 있을만큼 현명하지 못하다. 다음 세대는 분명 우리보다 더 현명할 것이고, 양측 모두가 수용할 수 있는 해결방안을 찾을 것이다."[17] 중국은 1990년대에 대만과 홍콩의 민족주의 운동가들이 이 지역에 국기를 게양하려 할 때에도 이 지연 전략을 매우 일관되게 고수했다. 중국의 지도자들은 센카쿠 열도가 중국 영토라는 주장을 반복하기는 했지만, 이들 집단의 활동을 지원하지 않았으며 이와 관련하여 베이징에서 어떠한 반일 시위도 발생하지 않도록 통제했다.[18]

1970년에 처음으로 이 지역에 대한 주권을 주장했음에도 그 이후 중국이 센카쿠 열도에 대한 일본의 실효적 통제에 도전하는 것을 자제했던 데는 몇 가지 이유가 있다. 첫 번째 요인은 일본과 미국의 동맹관계로, 미국-일본 동맹은 센카쿠 열도를 포함하여 일본의 통치 하에 있는 영역을 방위하기 때문이다. 두 번째 요인은 중국의 개혁을 위한 핵심적인 자원인 해외투자 및 기술 도입의 원천으로서 일본이 지니는 중요성이었다. 세 번째는, 아마도, 정부의 어떠한 강경한 성명이든 중국 전역에서 반일 감정을 촉발할 수 있으며 그런 상황이 발생할 경우 국민의 반일 감정을 통제하기 어려울 수 있고 자칫하면 중국 공산당에 대한 반감으로까지 비화할 수도 있다는 점을 중국의 지도자들이 의식하고 있었다는 점이다. 그들은 이 문제를 제기할 경우 손에 잡히는 성

362

과물은 없이 가뜩이나 긴장된 양국관계만 더 복잡하게 만들어 버릴 수 있다는 점도 인식하고 있었다.

중국이 원해도서 지역의 분쟁에 대해서는 그 해결을 지연시키는 전략을 주로 추구해 왔지만, 무력을 사용한 사례도 두 건 존재한다. 이번 장에서는 중국이 분쟁 지역을 점령하고 해양권을 주장함으로써 장기적으로 이 지역에서 자국의 입지를 약화시키려 했던 주변국가들의 시도에 맞서고자 했음을 보여주는 이 두 건의 사례를 분석한다. 이 두 사례 모두에서, 해군 역량이 향상됨으로써 중국은 이전에는 가지지 못했던 무력 사용 수단을 확보하게 되었지만 그러한 군사적 기회를 이용하려는 유혹에 넘어가지 않았다. 중국은 자국의 장악력이 도전받는 경우에는 강화된 해군 전력을 사용했으나, 그러한 도전이 없을 때에는 대체로 무력 사용을 자제했다.

파라셀 제도 병합

1974년 1월 19일 파라셀 제도를 두고 인민해방군과 남베트남 병력의 무력 충돌이 발생했다. 이 전투를 통해 중국은 파라셀 제도의 서쪽을 구성하는 크레센트 군도를 남베트남에게서 탈취하여 제도에 속하는 모든 지형물들에 대한 통제를 공고히 했다. 양측의 희생은 작지 않았다. 남베트남군은 18명 사망, 43명 부상 외에도 165명 이상이 실종되었는데, 이들 중 일부는 중국에 항복했으며 나머지는 공해 상에서 구조되었다. 인민해방군은 18명이 사망하고 67명이 부상을 입었다.[19]

이 전투는 파라셀 제도와 주변 수역에 주둔 병력을 증파하기로 한 중국의 정책 결정으로 인하여 발생한 것이었다. 무력 사용의 수위를 더 높인 후속조치들이 곧 뒤를 이었다. 1970년대 초 해양권의 중요성이 커지면서, 파라셀 제도 같이 해양 석유 자원의 개발을 위한 권리를 주장하는 데 이용할 수 있는

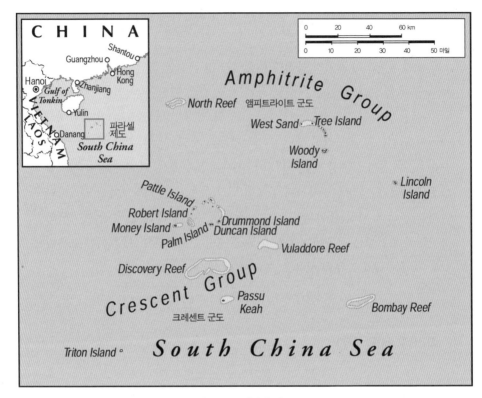

지도 6.1 파라셀 제도

원해도서 지역에 대한 통제권도 중요해지게 되었다. 센카쿠 열도는 물론 원
해도서 지역 중 규모가 가장 큰 스프래틀리 군도에서도 중국의 입지는 다른
국가들에 비해 열세였는데, 이에 더하여 스프래틀리 군도 내의 각종 지형물
들을 점령하여 자국의 권리를 주장하려는 주변 국가들의 노력이 가속화되면
서 원해도서 지역 분쟁 전반에서 중국의 협상력은 더욱 약화되었었다. 당시
이들 지역에 대한 인민해방군의 전력 투입 능력은 제한된 수준이었으므로 중
국이 자국의 영토라는 주장을 강하게 내세울 수 있는 지역은 파라셀 제도가
유일했다.

1974년도 무력충돌의 전주곡

파라셀 제도는 남서쪽의 크레센트 군도Crescent Group, 永樂群島와 동북쪽의 앰피트라이트 군도Amphitrite Group, 宣德群島로 구성되어 있다.(〈지도 6.1〉 참조) 1950년 인민해방군은 파라셀 제도의 앰피트라이트 군도에 속한 우디섬 Woody Island, 永興島에서 국민당 병력이 철수하자 이를 그대로 점령했다.[20] 비슷한 시기에 프랑스군이 크레센트 군도에 속한 패틀섬Pattle Island, 珊瑚島를 점령하여 파라셀 제도의 통제권을 중국과 양분했다. 1956년 프랑스군은 패틀섬에 구축한 진지들을 남베트남에 넘겨주었다.[21]

분쟁 대상이 되는 도서들에 대한 주변국가들의 통제 상황은 1950년대 내내 유동적이었다. 하이난다오海南島의 어민들은 크레센트 군도의 여러 도서들을 피항지로 이용하며 파라셀 제도 주변 수역을 항행했다. 예를 들어, 1956년 6월, 대만의 감시비행에서 패틀섬의 남베트남군 진지에서 약 3해리 떨어진 로버트섬Robert Island, 甘泉島에 75명 가량의 인원이 관측되었다.[22] 1959년 초부터는 남베트남 해군이 이 지역에서의 중국인들의 활동을 문제 삼기 시작했다. 1959년 2월 남베트남군은 던컨섬Duncan Island, 琛航島에서 중국 어부 82명을 체포했는데, 이에 대해 베이징은 강력하게 항의했다. 3월에 남베트남 해군이 던컨섬에 돌아온 중국 어부들을 퇴거시키면서 또 한 차례 대치 국면이 발생했다.[23] 이 두 번의 사건 이후, 남베트남은 로버트섬, 던컨섬, 드루몬드섬Drummond Island, 晋卿島, 팜섬Palm Island, 廣金島에 대한 통제권을 확보함으로써 크레센트 군도 전체를 공고히 장악했다. 이 시기 중국의 장악력은 계속 감소했는데, 특히 해군력이 부족했으며 미국이 개입할 경우 더욱 그러했다.

압박이 가해지고 있음이 명백함에도 불구하고, 대응할 수 있는 역량이 너무나 부족했던 중국은 파라셀 제도에 대한 통제권을 남베트남과 분할해야 하는 현실을 받아들일 수밖에 없었다. 중국의 해군은 소규모에 머물러 있었고 그나마 거의 모든 함선이 대만 해협 주변에 배치되어 있었다. 파라셀 제도를 관할하는 남해함대는 구축함 한 척 없이 초계정만 96척 보유하고 있었고 그 중 대부분이 소형 어뢰정이었다. 1960년도에 이 함대가 보유했던 가장 큰 함 정인 초계호위함이 1,000톤에 불과했다.[24] 따라서 중국은 앰피트라이트 군도 에서 자국의 입지를 공고히 하는 데 주력했다. 1959년 3월 크레센트 군도에 서 남베트남군이 중국 어민들을 퇴거시킨 두 번째 사건이 발생하자 저우언라 이 총리는 펑더화이 국방부장에게 앰피트라이트 군도에 "군사거점軍事据点"를 건설할 것을 지시했다.[25] 1960년 영국 해군은 우디섬에서 4기의 무선안테나 와 1기의 관측탑이 지어지고 있다고 보고했다. 1960년 3월 17일, 중국 공산 당 중앙군사위원회는 인민해방군에 파라셀 제도를 정기적으로 순찰할 것을 지시했다.[26] 이후 9개월간 인민해방군은 중국 어선을 보호하기 위해 크레센 트 군도까지 포함하여 파라셀 제도 주변에 대한 순찰 목적의 항해를 16회 실 시했다.[27] 1973년 말까지 인민해방군이 실시한 장거리 순항 총 76회로 연평 균 5회 정도 실시한 셈이고, 대부분 앰피트라이트 군도를 대상으로 했지만 크레센트 군도 순찰도 실시했다.[28]

1960년대 대부분의 기간 동안 이 지역에서 중국의 상대적 입지는 안정적 으로 유지되었는데, 이는 남베트남의 새로운 도전이 더 이상 없었기 때문이 었다. 마지막으로 보고된 양국의 무력충돌은 1961년 3월 팜섬 인근에서 남 베트남 해군이 중국 어선 한 척을 나포하면서 발생한 것이었다.[29] 이 시기 중 국의 장악력이 안정적으로 유지되었던 것은 다음 두 가지 요인에 기인한다. 첫 번째, 인민해방군의 해상작전 능력이 취약했는데, 광저우와 광시성 및 하 이난다오 해안에 더하여 파라셀 제도와 스프래틀리 군도까지 방어해야 했던 남해함대가 특히 그러했다는 점이다. 1970년까지도 남해함대에는 동해함대 와 북해함대가 보유하고 있던 구축함과 잠수함이 없었다.[30] 남베트남 해군이 강하지는 않았지만 미국으로부터 받는 지원 덕분에 중국의 군사적 선택지는 훨씬 제한되었다. 1959년 파라셀 제도로의 첫 순항을 실시하던 중 인민해방 군 함대 사령관은 로버트섬에서 미국의 군사 통신소를 관측했다고 보고했다.[31] 미국 공군이 파라셀 제도를 주기적으로 순찰 비행하고 중국이 이에 즉각 항의하는 양상이 1960년대 내내 지속되었다.[32] 인민해방군의 군사적 역량이 제한되어 있었기 때문에, 미군의 존재감은 1959년 남베트남이 중국에 도전했을 때마저도 중국이 순찰항해를 넘어서는 조치를 하지 못하도록 확실히 저지하는 역할을 했다.

중국의 장악력을 안정시킨 두 번째 요인은 베트남 전쟁으로, 남베트남이 국내 문제에 주의를 기울이게 된 것이었다. 1966년, 남베트남 병력이 1959년부터 점유해 왔던 던컨섬, 드루몬드섬, 팜섬에서 철수하면서 크레센트 군도에서는 패틀섬만 남베트남의 통제 하에 남게 되었다.[33] 이후 1974년 중국과의 무력충돌이 발생하기까지 이 지역에 존재하던 남베트남의 유일한 주둔 시설은 민간에서 운영하던 기상관측소뿐이었다. 중국은 앰피트라이트 군도의 기지를 지속적으로 강화했지만 1966년에 남베트남 병력이 철수하면서 생겨난 기회를 이용하지는 않았는데, 이는 1974년 중국이 무력을 사용한 동기를 기회의 창에서 찾는 설명을 반박하는 근거가 된다.

지역의 중요성 증대와 장악력의 약화

1970년대 초부터 동아시아에서는 해양자원, 특히 석유 자원 개발에 대한 관심이 폭발적으로 증대하였다. 해양권 개념이 더욱 부각되면서, 파라셀 제도 같이 다른 국가들과 분쟁 중인 원해도서 지역에 대한 통제권을 확보하는 것이 해양자원 개발을 위한 법적 권리의 기반이 될 수 있다는 점에서 더욱 중요해졌다. 역내 모든 이해 당사국들이 자국의 권리를 강화하려 하였으며 분쟁 중인 지형물들을 점령하기까지 하였는데, 이 때문에 당시 자국의 권리를 주장하던 센카쿠 열도나 스프래틀리 군도에서 어떤 지형물도 확보하지 못하고 있던 중국은 원해도서 지역의 분쟁에서 장기적인 취약성이 커지게 되었다.

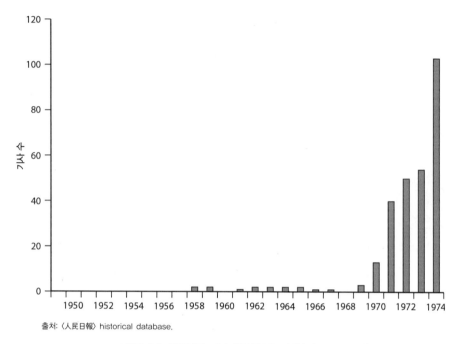

출처: 〈人民日報〉 historical database.

그래프 6.1 해양권을 다룬 〈인민일보〉 기사수 (1949-1974)

　　그러나 해양자원을 둘러싸고 국가 간 경쟁이 시작된 곳은 남중국해가 아니라 센카쿠 열도 인근의 동중국해였다. 1969년 대만중유공사는 지진 조사 결과 발표에 이어서 센카쿠 열도 인근 수역의 자원개발을 위한 계약을 체결하였고, 대만은 이 계약 체결 이후 공식적으로 이 지역에 대한 권리를 주장했다. 이에 대해 일본은, 센카쿠 열도는 1971년 오키나와 반환 협정沖縄返還協定 (1971)을 통해 미국이 일본에 양도하기로 되어 있는 지역이기 때문에 자국이 권리를 가진다고 반박했다. 1970년 12월에는 중국이 이 지역에 대한 권리를 주장하며 논쟁에 가세했다.[34] 비슷한 시기에 중국의 언론매체들은 해양권 문제를 다루기 시작했다. 〈그래프 6.1〉에서 볼 수 있듯이 해양자원에 대해 다룬 기사들이 1970년대 초부터 획기적으로 증가하였는데, 이는 원해도서 확보의 중요성이 점점 더 커지고 있음을 보여주는 것이다. 중국은 이미 1951년과 1958년에 다른 지역의 원해도서들에 대한 권리를 주장한 적이 있으나, 이는 해양권을 강조한 것이 아니라 지형물 및 이를 둘러싼 영해territorial waters에 대한 주권만을 주장한 것이었다.[35]

해양권의 중요성을 부각시켰던 해양 석유offshore petroleum에 대한 관심은 곧 남중국해로 확산되었다. 필리핀은 1970년에 남중국해에 대한 지진 조사seismic investigation를 완료하고 1971년에 시험 굴착을 개시했다.[36] 남베트남도 1971년 남중국해의 탐사구역에 대한 석유 채굴권을 해외의 개발사들에 제공하겠다고 발표하며 해외 석유자원 개발 프로그램을 개시했다.[37] 1973년 남베트남은 서구의 정유회사들과 8건의 개발계약을 체결하여 시험 굴착을 실시한 결과, 그 해 9월에 석유의 존재를 확인했다.[38] 1973년 1월과 8월에는 남베트남 선박이 트리튼섬과 던컨섬 인근에서 지진 조사를 실시하였는데, 이는 파라셀 제도 주변 수역의 석유탐사를 의도하고 있었음을 보여주는 사건이었다.[39] 결국 1973년 12월, 남베트남은 파라셀 제도 북서쪽의 통킹만에서 석유를 탐사하겠다고 발표했다.[40] 해양자원에 대한 역내 국가들의 관심이 증대될수록, 중국은 남중국해에서 몇 개 도서들을 이미 점유하고 있던 파라셀 제도에서의 입지를 강화해 나갔다. 1970년 인민해방군 해군은 이 지역에 대한 지질, 기상, 지형 조사를 실시했는데, 이는 중형선박을 수용할 수 있는 350m 규모의 강화콘크리트 부두 건설을 포함하여 1971년에 추진할 예정인 우디섬의 인프라 개선을 위한 준비작업이었다.[41] 동시에 중국은 원해도서 지역이 자국의 영토라는 주장을 그 인접 수역에 대한 해양권 주장과 연계하기 시작했다. 1971년 7월, 〈인민일보〉에서 주변국가들이 어떻게 중국의 해양자원을 훔쳐가고 있는지를 보도하는 동안 중국 외교부는 필리핀의 남중국해 도서 주둔에 대해 공식문건을 통해 항의했다.[42] 1971년에는 중국도 보하이만渤海灣에 유정을 뚫고 일본으로부터 유정 굴착기를 구매하는 등 자체적으로 해양 석유

개발을 위한 노력에 착수했다.[43] 최종적으로 1973년 3월, 중국 외교부는 "중국의 해안선을 따라 존재하는 해역의 해저자원은 모두 중국의 소유이다."[44]라 발표하며 자국 영해의 해양자원에 대한 권리를 최초로 공식선언했다.

그러나 원해도서 지역 중 가장 크고 중국에게 중요성이 가장 높은 스프래틀리 군도의 지형물들을 다른 국가들이 점령하기 시작하면서 원해도서 지역에 대한 중국의 장악력은 점점 더 취약해지게 되었다. 필리핀은 1970년과 1971년에 도서와 암초 5개를 점령했는데, 이는 필리핀이 이 지역에서 자국의 권리를 강화하기 위해 최초로 시도한 사례였다.[45] 그 과정에서 필리핀은 일련의 무력시위를 통해 스프래틀리 군도에서 가장 큰 이투아바섬Itu Aba Island, 太平島에 주둔하고 있던 대만군을 자극하여 중국과 남베트남의 격렬한 항의를 야기했다.[46] 1973년 8월 남베트남은 스프래틀리 군도에서 도서와 암초 6곳을 점령했는데, 이 역시 남베트남이 이 지역에서 최초로 감행한 것이었다.[47] 9월 6일에는 스프래틀리 군도의 11개 도서들을 푸옥투이성省(남베트남 패망 후 바리어 붕따우성省으로 개칭)으로 편입시킨 것은 자국의 권리를 강화하는 한편 자국의 해외 투자자들을 위한 탐사 권리를 확보하기 위한 정치적 조치였다. 〈그래프 6.2〉에서 볼 수 있듯이, 3년도 안 되는 기간에 주변국가들이 분쟁 중이던 지형물 11개를 차지한 것은 기존 상황의 극적인 변화가 일어났고 자국의 권리를 주장하지만 실제로는 아무것도 차지하지 못하고 있던 중국의 협상력이 약화되었음을 의미했다.[48]

원해도서 통제의 중요성이 증대할수록 이 지역을 둘러싼 분쟁에서 중국의 취약성 역시 증대하고 있던 와중에, 미군의 남베트남 철수는 그때까지 중국의 군사적 조치 감행을 억지해 왔을 중대한 장애물이 제거되었음을 의미했다. 1973년 1월 파리평화협정 조인으로 미국은 베트남 전쟁의 "베트남화"를 완결짓고 더 이상 전투에 참가하지 않게 되었다. 이러한 정세변화를 반영하여, 중국은 1971년 12월 25일 497회를 마지막으로 미국의 파라셀 제도 주변 공역 침범에 대한 외교적 항의를 중단했다.[49] 원해도서 지역을 둘러싼 분쟁에

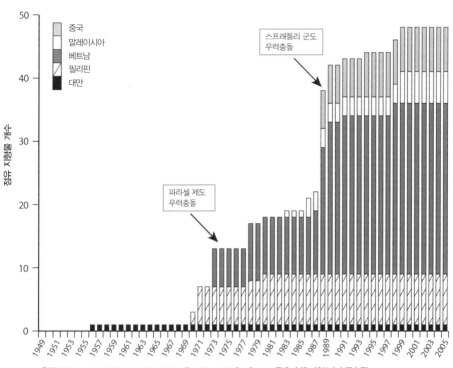

출처: News reports from Lexis-Nexis, Factiva, and ProQuest; 雷鳴 主編, 〈南沙自古屬中華〉.

그래프 6.2 주변국가들의 스프래틀리 군도 지형물 점유 현황 (1949-2005)

서 중국의 상대적 입지는 여전히 취약한 상태에 머물러 있었지만 이제는 무력 사용이라는 선택지를 보유하게 되었다. 그러나 센카쿠 열도에서는 미국이 동북아시아에서 강력한 군사적 존재감을 유지하고 있었다는 점이, 일본과의 관계를 정상화하고자 했던 중국의 열망만큼이나, 중국이 그 지역에 모종의 군사적 조치를 취하려는 시도를 자제하는 데 영향을 주었다.[50] 중국과 미국의 관계가 개선되었으므로 남베트남에 어떠한 형태의 무력을 행사하더라도 미국의 반대에 직면할 일은 거의 없을 것이라 생각했을 수도 있다. 그럼에도 불구하고 중국이 자국의 권리를 강화하기 위한 조치를 본격적으로 취하기 시작한 시점은 그로부터 2년 이상이 지난 후였는데, 이는 미군의 개입이 없는 상태에서도 중국의 해군 역량이 여전히 취약한 수준에 머물렀던 점에도 일부 기인한다.

1974년 크레센트 군도에서의 무력충돌

남중국해에서 남베트남의 활동이 속도를 더해 가면서, 중국은 파라셀 제도에 대한 자국의 권리를 지키기 위해 단호히 대응하였다. 중국의 첫 번째 대응은 주둔 병력을 늘리는 것이었는데, 병력 증원은 특히 크레센트 군도의 동쪽에 위치한 던컨섬 주변을 중심으로 1973년 가을의 어느 시점에서 실시했다.[51] 그해 11월에 남베트남 순시선이 파라셀 제도 인근에서 중국 어선 1척을 들이받고 어민들을 심문하기 위해 다낭에 억류하는 사건이 발생했다.[52] 12월 중순에는 중국 어선 2척에 탑승한 인원들이 1960년대 초 이래로 양국 어느 쪽도 점령한 적이 없던 던컨섬에 주둔시설을 건설했다. 1974년 1월 9일, 그들은 크레센트 군도 패틀섬의 남베트남군 진지와 가까운 로버트섬으로 이동했고, 머니섬에는 국기를 꽂았다.[53] 이들은 무장을 하고 있었기 때문에 그 주둔 목적이 엄격하게 경제적인 것에만 국한된다고는 할 수 없었다.[54]

이에 더하여, 중국은 외교 경로를 통하여 파라셀 제도에 대한 자국의 권리를 반복적으로 주장했다. 1974년 1월 11일, 중국 외교부는 1973년 남베트남이 스프래틀리 군도 일부를 자국 행정구역에 편입한 조치에 이의를 제기하는 성명을 발표했다. 그로부터 2년여가 지난 후 내놓은 첫 공식성명을 통해서 중국은 파라셀 제도와 스프래틀리 군도에 대한 주권이 자국에 있음을 재차 반복하면서 이를 해양권과 연계하여 주장했는데, 이러한 중국의 대응은 이들 지역의 중요성이 커지고 있던 상황을 반영한 것이었다. 이 최초의 공식성명은 "이들 도서와 인접한 해역의 자원은 … 전적으로 중국에 속한다."고 선언했다.[55]

남베트남 정부는 기민하게 대응했다. 1월 15일, 파라셀 제도가 다낭에 편입되었음을 선언하고 호위구축함(HQ-16)을 급파했다. 당일 파라셀 제도에 도착한 남베트남 함정은 로버트섬과 인근의 중국 어선들에 잠시 동안 포격을 가했다.[56] 1월 17일에는 남베트남의 두 번째 함정(HQ-4)이 도착하여 로버트섬과 머니섬에 병력을 배치하고 크레센트 군도의 서쪽 부분을 통제하면서 위기 상황으로 발전했다.[57] 이전에 중국이 주둔 인원을 증가시킬 수 있었던 것은 바로, 이들을 막을 남베트남 병력이나 순찰이 없었기 때문이었다. 북베트남과의 내전이 격화되면서 남베트남은 이 지역에서 유지하고 있던 진지들을 큰 폭으로 줄였는데, 당시에는 패틀섬에 상징적 의미에서 소수의 주둔 병력만 유지하고 있었다.[58]

중국이 취했던 강경한 태도는 양국 간 무력충돌의 배경이 되었다. 중국이 더 공격적인 태세를 취하기는 했지만 남베트남에게서 패틀섬을 탈취할 준비까지 되어 있지는 않았던 것이 분명했다.[59] 아마도 남베트남이 보유하고 있던 유일한 진지를 스스로 포기할 때까지 그냥 기다리거나, 남베트남 정부가 붕괴할 때 이를 차지하는 것이 중국의 장기적인 전략이었을 것이다. 남베트남 함정이 처음 도착했을 당시 이 크레센트 군도는 물론, 심지어 앰피트라이트 군도에도 작전 중인 인민해방군 함정은 존재하지 않았다. 중국 공산당 중앙군사위원회는 남베트남 함정과 중국 어선들 간에 1월 15일~16일 중에 수차례 대치 상황이 발생한 후에야 이 지역에 대한 순찰을 실시하라는 지시를 해군에 하달했다. 중국은 남베트남이 크레센트 군도에서 조성된 새로운 상황을 받아들이게 하고, 가능하다면 패틀섬에 있는 유일한 진지를 포기하도록 설득까지 할 수 있기를 희망했다. 중앙군사위원회는 예하부대에 이 지역에 대한 중국의 권리를 남베트남이 납득하도록 하기 위한 "설득투쟁說理鬪爭"에 착수하되, 먼저 포격하거나 도발하지는 말고 공격 받은 후에 대응 포격을 하라고 지시했다.[60] 최초에 투입된 중국의 전력은 해상민병(평시에는 생업에 종사하다 전시에는 군에 편입되어 각종 군사임무를 수행하는 사실상의 군사조직. 시진핑 집권

이후 공산당 중앙군사위원회의 지휘체계에 포함되었고, 상설군사조직화하고 있다.―옮긴이) 2개 소대와 구잠정 sub chaser 및 소해정minesweeper 각 2척이었다.

양국이 증원전력을 파견하면서 상황이 위기로 고조되었다. 하이난다오海南島 율린檢林 해군기지를 출발하여 1월 17일 오후에 도착한 중국 구잠정 2척은 남베트남 함정들에 경고방송을 실시하는 한편 어선들을 보호하기 위한 기동을 하고, 병력들을 던컨섬, 드루몬드섬 및 팜섬에 내려주었다. 1월 18일 아침, 남베트남 응우옌 반 티우 대통령은 남베트남 함대에 중국인들을 쫓아내라는 지시를 하달했다.[61] 광둥성 샨터우汕頭를 출발한 중국 소해정 2척이 그날 오후 이 지역으로 진입하는 동안 남베트남 함정들은 중국측 병력들이 상륙한 섬들 주위에서 중국측 진지들을 정탐했다.

1월 18일 밤까지 양측은 진지 보강을 완료해 놓았고 충돌은 임박해졌다. 남베트남 함대는 대형경비함 2척, 호위구축함 1척과 소해정 1척을 포함하여 4척으로 구성되었고 총 8,000톤 이상의 규모였다. 중국 함대는 구잠정 2척이 1월 19일 아침에 도착하면서 6척으로 구성되었고 어선 2척까지 포함하여 총 2,400톤 정도 되는 규모였다.[62] 중국측 함선이 수적으로 우위였지만, 선박의 크기와 총 화력에서는 남베트남 함대에 비해 열세였다. 이 점 때문에, 비록 남베트남 함정과의 어떠한 교전에서든 중국 함대가 속도와 기동성 측면에서 전술적 우위에 있기는 했으나 화력은 열세일 것으로 보였다.

1월 19일 아침에 첫 번째 무력충돌이 발생했다. 남베트남 함정들이 4척의 중국 함선들에 대한 전투 태세를 취한 상태로 양 방향에서 던컨섬, 드루몬드섬 및 팜섬의 중국측 진지로 접근했다. 그 섬들에 직접 접근할 수 없었기 때문에 남베트남군은 소형 구명보트를 이용하여 던컨섬과 팜섬에 약 40명의 특공대를 상륙시켰다. 던컨섬에 상륙한 남베트남 병력은 퇴각했지만, 팜섬에서는 양측 병력 간에 충돌이 발생하여 남베트남군은 3명의 사상자를 내고 철수했다. 팜섬에서 교전이 발생하자 남베트남 함대에 공격명령이 하달되었다. 포연이 걷히고 나자 심하게 파손된 중국 소해정 1척이 던컨섬 해변에 놓여있었다.[63] 남베트남 함대는 소해정이 심하게 파손된 반면 다른 함정들의 손상은 비교적 경미한 수준이었다. 중국측은 교전 내내 구잠정 2척을 전투에 투입하지 않고 대기시키고 있다가 남베트남 소해정이 퇴각하자 이를 격침하라고 지시했다. 전투가 끝나고 남베트남 함정들은 퇴각하라는 명령을 받았다.[64] 당시 상황을 보면, 남베트남 함정들은 전투에 임할 준비가 거의 되어있지 않은 상태였다. 호위구축함의 3인치 함포는 작동이 불가능한 수준이었고[65] 소해정은 엔진 1기 만으로 기동하고 있었다. 이에 더하여, 함정 1척은 인민해방군이 아니라 아군에 의해 이미 피격이 된 상태였다.[66]

첫 번째 무력충돌 이후, 분쟁에서의 중국의 목적이 변했다. 파라셀 제도의 작전을 감독하던 공산당 정치국 영도소조는 이번 무력충돌을 기회로 크레센트 군도 서쪽에 남베트남이 장악하고 있던 3개 도서들을 확보하라는 지시를 인민해방군에 하달했다.[67] 작전을 위해서 15척의 함선이 1월 19일 오후 하이난다오 율린榆林 해군기지를 출발하였는데, 어뢰정 5척, 포함 8척, 구잠정 1척 및 508명의 병력을 실은 중형 호위함으로 이루어진 이 특임대는 남해함대 내에서 상당한 비중 있는 규모였다.[68] 다음날 아침 중국의 공격이 시작되었으나 남베트남군의 저항은 거의 없었다. 로버트섬Robert Island, 甘泉島과 머니섬 Money Island, 金銀島에 주둔하고 있던 남베트남 병력은 1월 19일에는 이미 철수를 완료한 상태였다. 패틀섬에 주둔하고 있던 남베트남군 48명과 기상관측소에 근무하던 미국인 관측관 1명은 중국에 항복했다.[69] 정오가 될 때까지 중국은 이 3개 도서 모두에 대한 점령을 완료하면서 파라셀 제도 전체에 대한 통제권을 확보했다.

중국의 전략적 속임수인가?

중국이 처음부터 크레센트 군도 장악을 정당화하기 위해 남베트남이 먼저 공격하도록 유도했다는 것은 중국이 이 지역 분쟁에서 갈등을 고조시키기로 한 중국의 결정에 대한 하나의 대안적 설명이다. 이 주장에 따르면, 1973년 9월, 남베트남이 선언한 스프래틀리 군도의 자국 행정구역 편입이 중국의 무력 대응을 정당화할 만큼 위협적인 것은 아니었고, 이 지역에 대한 남베트남의 주권을 주장이나 파라셀 제도에 대한 방어 능력의 측면에서 "새로울 것이 없었다."[70] 따라서 1974년 1월, 중국이 남베트남의 스프래틀리 군도 편입 조치에 이의를 제기하는 성명을 발표한 것은 남베트남과 싸우는 데 적절한 시점을 영리하게 잡은 것으로, 이 지역의 도서들을 탈취하려는 군사 작전을 실시하기 위한 외교적 핑계거리에 불과하다는 것이다. 1969년 소련과의 전바오다오珍寶島 분쟁에서 그랬던 것처럼, 중국이 취한 조치들은 "남베트남이 이들 도서에서 군사행위를 개시하도록 유도하여 … 전략적으로, 남베트남이 덫에 걸리게" 설계된 것이라는 주장이다.[71]

더 분명히 말하자면, 중국의 더 공세적인 태도와 크레센트 군도에서의 활동 증가가 무력충돌을 유도했다는 것이다. 하지만, 새롭게 발견된 자료들에 따르면 이 "전략적 속임수" 가설은 설득력이 떨어진다. 처음부터 파라셀 제도에 잔류하던 남베트남 병력을 축출하는 것이 중국의 목적이었다면, 이를 위해 남베트남을 무력충돌로 유도하는 것은 불필요한 위험을 수반하기 때문이다. 1974년 1월 당시 남베트남은 크레센트 군도의 6개 도서 중 오직 한 곳에만 자국 요원을 주둔시키고 있었고, 그마저도 민간 요원들이었다.[72] 따라서 전술적으로 본다면, 중국은 총 한 발 쏘지 않고도 이 섬을 점령하여, 북베트남과의 내전에서 궁지에 몰려있던 남베트남 정부에 중국의 점유를 기정사실화할 수 있었을 것이다. 물론 이러한 방법은 "자위를 위한 반격"이라는 도덕적 우위를 차지할 수는 없겠지만, 비용이나 위기고조의 위험성은 최소화하면서도 가장 높은 성공 가능성을 보장했을 것이다.

이러한 "전략적 속임수" 가설보다는, 날로 중요성을 더해가던 원해도서 지역 분쟁에서의 중국의 장악력 약화와 동남아시아에 배치된 미군의 감축으로 인한 중국의 무력 사용에 대한 억지 약화가 중국이 남베트남과의 갈등을 고조시키기로 한 결정을 가장 잘 설명한다. 양국의 무력충돌이 발생하기 전 3년간, 중국은 해양권을 주장하는 빈도를 높여가고 있었다. 남베트남의 스프래틀리 군도 편입에 이의를 제기하는 외교부장의 1974년 1월 11일자 성명에서도 이 지역이 중국의 영토라는 주장을 해양권과 연결하는 양상이 계속되었다. 당시 인민해방군 총참모부 작전국 부국장이던 리리李力는 남베트남의 목적은 "파라셀 제도의 주둔 병력을 이용하여 그곳이 그들의 영토라는 불법적인 요구를 인정받고, 더 나아가서 남중국해의 풍부한 해양자원과 석유 및 광물자원을 약탈하는 것에 대한 양해를 받아내기 위해 우리를 압박하는 것"이었다고 회고했다.[73] 베이징의 시각에서 볼 때, 남베트남이 프래틀리 군도에서 분쟁 중인 지형물들을 점령하고 유정을 탐사하고 파라셀 제도에서 지진 조사를 실시하는 것은 중국의 입지에 도전하는 것이었다.

전술적 측면에서도 중국의 행태는 "전략적 속임수" 가설에 부합하지 않는다. 중국 외교부장의 1974년 1월 11일자 성명 발표 당시 크레센트 군도와 앰피트라이트 군도 어디에도 순찰 중인 인민해방군 함정은 존재하지 않았다. 중국의 최초 대응은 자국 어민들을 보호하고 이전에 점령했던 크레센트 군도의 서쪽 지역을 방어하려는 목적으로 주둔 병력을 증강시키는 것이었다. 배치되어 있던 중국의 해군 전력은 대부분 장비와 무장이 빈약한 연안항해용 선박으로 구성되어 있어서 이들보다 더 큰 남베트남 함정들로부터 이들 도서를 방어하기에는 충분치 않았다. 게다가, 중국의 목적이 파라셀 제도 주위에 전력을 집중하는 것이었다면 중국이 장악하고 있던 앰피트라이트 군도의 우디섬 해군기지에 전함들을 사전 배치하는 조치가 필요했을텐데, 1월 19일 무력충돌에 관여했던 인민해방군 함선 6척 중 사전에 배치된 것은 한 척도 없었다. 또한, 중국이 처음에 해상민병 2개 소대를 배치했던 도서들은 이미 중국이 통제하고 있던 곳들로, 그 외 다른 곳에서 중국이 남베트남을 도발하지는 않았다.

좀더 전체적으로 보면, 당시 중국의 해군 전력은 공해 상에서 기습을 감행할 준비가 되어 있지 않았던 것으로 보인다. 1월 16일 하이난다오 율린 해군 기지의 고급 지휘관들 대부분이 광둥성에 있는 남해함대 본부에서 훈련관계 회의에 참석하고 있었지, 파라셀 제도 공격을 준비하고 있지 않았다. 율린 해군기지에서 조직된 최초의 예비대 전력은 호위정과 어뢰쾌속정 몇 척에 불과하여, 남베트남과 비교하면 미미한 수준이었다.[74] 소해정 중 한 척은 며칠 전에야 건선거dry dock(선박을 제조하거나 수리하는 시설)에서 나온데다가 보급선으로 활용하도록 장비가 장착되어 있어 전투에 투입하기에는 준비가 부족한 상태였다.[75] 중국이 크레센트 군도의 나머지 도서들을 점령하기로 결정한 후 하이난다오에서 투입된 육군 정규병력들은 12시간의 항해 동안 뱃멀미에 시달렸었는데, 이는 그들이 투입 전에 수륙양면 작전을 위한 훈련을 받지 않은 상태였음을 의미한다.[76]

마지막으로, 중국 공산당 중앙군사위원회의 결정 시점은 무력충돌 이전 중국의 조치들이 남베트남을 유인하기 위한 전략적 미끼였다는 논리에 부합하지 않는다. 파라셀 제도에 대한 순찰을 실시한다는 결정은 1월 11일 외교부 성명이 발표되고 5일이 지난 16일 오후에 이루어졌다. 이를 본다면 중국이 1월 11일자 성명에 대해 남베트남이 대응하리라 예상하지 않았거나 또는 남베트남이 대응하더라도 나중에 할 것이라 예상했거나 둘 중에 하나다. 파라셀 제도로 가라는 명령을 받은 함선 6척 중 4척은 군도와 더 가까운 하이난다오 동쪽의 율린 해군기지가 아니라 850해리 이상 떨어져 있는 광둥성 산터우汕頭에서 출발했다.[77] 상황을 관리, 감독하기 위한 공산당 정치국 영도소조는 남베트남 함대가 던컨섬, 드루몬드섬 및 패틀섬 인근에서 중국측 진지를 정탐한 이후인 1월 19일 아침에야 구성되었다.[78] 그 시점까지도 중국은 공격을 감행할 준비가 되어 있지 않았고, 배치된 병력을 감안할 때 분명 공격을 예상하지도 않았다.

소련과의 경쟁관계를 염두에 둔 것인가?

중국이 소련과의 경쟁관계에서 열세인 상황을 뒤집기 위해 이 지역의 분쟁에서 긴장을 고조시키기로 결정한 것이라는 주장도 있다. 남베트남 정권이 패망하기 전에 파라셀 제도를 차지하는 것이 소련의 반대를 최소화시키고 북베트남과의 관계 악화를 방지하는 방법이었다는 것이다.[79] 소련의 해군력으로 인하여 야기되는 장기적 위협에 대한 중국의 우려를 강조하면서 이것이 파라셀 제도에 대한 통제를 공고히 해야 할 긴급성과 절박함을 증대시켰다는 주장 역시 이 같은 논리에 약간의 변형을 가한 것이다.[80] 중국의 지도자들은 아마도 두 가지 요인 모두를, 특히 소련 해군의 위협을 고려했을 것이다. 그럼에도 불구하고, 이용 가능한 문헌자료들만으로는 소련과 북베트남이 1973년 말에 중국이 더 공세적인 접근방식을 채택하기로 결정하는 데 있어서 중심적인 역할을 했었는지 알 수 없다.

중국이 남베트남 정권이 패망하기 전에 파라셀 제도 전체에 대한 통제권을 확보하기 위해 움직였다는 주장에 대해서는 두 가지 측면에서 의문이 제기된다. 첫 번째 문제점은, 중국이 미래에 반드시 파라셀 제도를 두고 북베트남과 마찰을 빚게 될 것이라 보지는 않았다는 점이다. 1950년대 중반 이래로 북베트남은 남중국해의 모든 도서들에 대해 중국의 권리를 인정하며, 자국의 권리를 주장하는 것은 포기한 상태였다. 중국의 지원이 절실했던 당시의 정세하에서 북베트남이 어쩔 수 없이 중국의 입장을 지지했을 수도 있겠으나, 육상 국경선에 대해서는 양국 사이에서도 다툼이 벌어졌을만큼 북베트남이 영토에 관한 중국의 모든 주장을 그대로 수용하는 그런 국가는 아니었다. 고분고분하지 않던 북베트남이 중국의 권리를 인정하던 기존의 입장을 변경하지 않았기 때문에, 중국의 지도자들은 아마도 파라셀 제도를 둘러싼 분쟁에 북베트남이 개입할 가능성에 대해서는 크게 우려하지 않았을 것이다.

두 번째 문제점은 중국과 남베트남의 충돌이 중국과 북베트남의 관계에 미치는 영향과 관련 있다. 1973년 말 중국의 지도자들이 북베트남과의 관계에 대해 염려를 했다면, 왜 남베트남으로부터 도서를 탈취하는 것이 중국의 영토 욕심에 대한 북베트남의 경계심을 누그러뜨리거나 북베트남과의 관계를 개선할 것인지가 분명치 않다는 점이다. 남베트남이 권리를 주장하는 도서들을 모두 탈취하는 것은 오히려 역효과를 불러왔을 것이고, 이 점이 중국이 크레센트 군도에서 어선들의 활동만 증가시켰지 해군함정을 증파하지 않았던 이유를 설명할 수 있을 것이다. 북베트남과의 관계를 악화시키지 않으면서 영토적 목적을 달성하려 했다면, 남베트남이 패망할 때까지 기다리는 것이 중국에게는 가장 현명한 선택이었을 것이다.[81] 그 시점에서는 유일한 분쟁 당사국이 더 이상 존재하지 않을 것이므로 중국이 무력을 사용할 필요가 없을 것이기 때문이다. 예전의 발언이나 성명들을 본다면 북베트남은 중국의 조치에 반대하는 데 상당한 압박이 있었을 것이다. 하지만 무력으로 이들 도서를 탈취하는 것은, 남베트남으로부터 빼앗는 것이라 하더라도, 중국에 대한 북베트남의 경계심 자극과 양국관계 악화라는 위험을 무릅쓰는 것이었다. 중국이 북베트남과의 관계 개선에 신경 쓰지 않았다면, 남베트남 패망 전에 분쟁을 해결하는 데 있어서 압박은 더 적었을 것이다.

파라셀 제도에 대한 중국의 장악력 저하를 가져올 수 있는 다른 잠재적 요인으로 소련 해군력으로부터 야기되는 장기적인 위협을 들 수 있다. 이러한 시각에 따르면, 파라셀 제도에 속한 도서들이 역내 주요 해상항로 인근에 위치해 있기 때문에 이 지역에 대한 중국의 이익은 주로 전략적인 것이다.[82] 소련은 이 지역에 주둔하는 해군의 규모를 점진적으로 증가시켜 왔는데, 이러한 소련의 관심은 1971년 인도와의 평화 · 우호 · 협력조약의 체결 및 인도양과 동북아시아를 잇는 말라카 해협에 대한 인도네시아와 말레이시아의 주권 주장에 반대했던 데서도 드러난다. 행동하지 않으면 남중국해에서 자국의 입지가 점점 더 취약해질 것이며, 특히 소련이 대 중국 작전의 전진기지로 파라셀 제도의 통제권을 손에 넣는다면 입지의 취약성은 더욱 심화될 것이라는 결론이 중국 내에서 1974년까지는 내려져 있었을 것임이 틀림없다.

이 같은 주장의 논리는 분명히 설득력이 있다. 하지만, 그럼에도 불구하고, 중국측 자료들에서는 중국의 지도자들 사이에 그러한 동기가 존재했다는 어떠한 증거도 발견되지 않는다. 공식적 역사자료와 군 내부 자료 어디에서도 소련에 대한 언급이 없는데, 당시 중국과 소련 양국의 악화된 관계와 중국 북쪽 국경 지역의 군사화를 감안한다면 소련에 대한 언급이 없다는 것은 주목할 만한 점이다. 소련을 언급한 유일한 사례는 리리李力의 회고로, 파라셀 제도에 대한 중국의 조치는 "남베트남과 우리 주변국가들의 패권주의hegemonism와 팽창주의를 봉쇄할 것이다."고 기술했다.[83] 그런데 이는 소련에 대한 간접적 언급일 수 있지만, 필리핀을 언급한 것일 수도 있다. 중국의 각종 선전 기구들은 1960년대 말부터 소련 해군에 대한 기사와 논설을 발간해 왔지만, 대개는 상당히 일반적인 내용들을 다루었고 총론적 차원에서의 반소련 노선과 연결되어 있었다. 보다 구체적으로 말해서, 소련의 해군력이 잠재적인 위협이라는 인식이 있었음에도 불구하고 인민해방군이 이 증대하는 도전에 대응하는 데 필요한 자원을 실제로 배분하지는 않았다는 점은 위와 같은 주장을 뒷받침하는 실제적 근거가 부족하다는 점을 보여준다. 1971년 린뱌오林彪가 사망한 이후 해군에 대한 예산이 삭감되었던 것은 미국과의 관계 정상화로 중국을 압박하던 미국 해군의 위협이 완화되었기 때문이었다. 해군에 대한 예산 증액과 관련한 이견 대립은 파라셀 제도에서의 작전이 끝난 후에도 계속되었는데, 장칭江青과 4인방은 파라셀 제도에서의 승리로 중국의 해군이 충분히 강하다는 것이 증명되었다고 주장했다. 마오쩌둥이 공산당 중앙군사위원회에 해군 전력 발전에 집중하라고 지시한 것은 소련이 세계적 차원의 해상훈련 "아끼안 75OKEAH 75"를 실시한 1975년 4월 이후에 일어났다.[84] 따라서 중국이 소련의 위협에 대응하려는 목적으로 수행한 것이라면, 파라셀 제도에서의 작전은 당시 중국의 해군 정책에서 확연히 벗어나는 이상치異常値였던 것으로 보인다.[85]

스프래틀리 군도 진출

1988년 3월 14일 스프래틀리 군도의 존슨초Johnson Reef, 赤瓜礁에서 중국과 베트남의 무력충돌이 발생했다. 이 전투에서 베트남 함선 3척이 침몰하고 74명의 사상자가 발생했다. 이 무력충돌은 스프래틀리 군도에서 중국이 무력을 사용한 최초 사례로, 1988년 2월 피어리 크로스초Fiery Cross Reef, 永暑礁에 기지와 기상관측소를 세운 후에 발생했다. 3월 말까지 중국은 총 6개의 암초를 장악했다. 이전까지 어느 국가도 점령하지 않았던 이 지형물들을 점령한 중국의 조치는 스프래틀리 군도에 대한 자국의 권리를 수호하겠다는 새로운 의지와 역량을 지난 몇십 년에 비하여 훨씬 더 단호하게 보여주었다.

이 지역에 병력을 영구적으로 주둔시키겠다는 정책 결정은 1987년의 어느 시점에서 내려진 것으로 보인다. 그러한 결정이 내려진 데에는 이 지역을 둘러싼 분쟁의 역학관계에서 발생한 몇 가지 중대한 변화가 작용했다. 첫 번째 변화는 남중국해에서 중국이 직면해 있던 장기적 취약성이 증대되고 있었다는 점이다. 중국은 1951년 이래로 이들 도서에 대한 권리를 주장해 왔지만, 그러한 주장을 뒷받침할 실질적인 병력의 주둔은 여전히 이루어지지 않고 있던 상태였다. 1980년 초까지는 다른 분쟁 당사국들이 만조 시에도 영구적으로 해수면 위로 드러나 있는 모든 지형물들을 점령하여, 간조 시에만 드러나는 암초나 모래톱 정도만 남아 있는 상태였다. 1980년대에 다른 국가들이 분쟁 중이던 지형물들을 계속 점령해 나갈수록 중국의 상대적 입지는 점점 약화되어 갔다. 두 번째 변화는 이전에는 갖추지 못했던 중국 해군의 원양작전 능력이 점진적으로 향상되어 이제 이 지역에 병력을 주둔시키고 유지할 수 있게 되었다는 점이다. 이에 더하여, 다음의 세 번째 요인이 중국의 이러한 결정에 영향을 미쳤을 가능성이 있다. 가버John Garver의 주장대로, 당 지도부에게 이 지역의 취약한 장악력을 방어해야 함을 확신시키는 것은 인민해방군 해군 자체의 관료적 이익bureaucratic interest에 부합했다. 이러한 임무는 관련

예산의 증액과 군사교리의 변화를 위한 근거를 제공하기 때문이다.[86]

중국의 태도가 더욱 단호해지면서 3월의 무력충돌이 일어날 여건이 형성되었다. 그럼에도 불구하고, 이용 가능한 증거들에 따르면 이 무력충돌은 피어리 크로스초와 인근 지형물들을 차지하겠다는 중국측 결정의 부산물이지, 무력을 사용하여 다른 국가들이 장악한 분쟁 지역 영토까지 탈취하겠다는 더 큰 정책의 일환은 아닌 것으로 보인다. 실제로 1988년 3월의 무력충돌에서 눈에 띄는 점은 중국이 전술적 승리를 이용하여 다른 곳들, 특히 남이섬Nam Yit Island, 스프래틀리섬Spratly Island 또는 신코위섬Sin Cowe Islands 같은 스프래틀리 군도의 주요 지점들에 주둔하고 있던 베트남군까지 쫓아버리지는 않았다는 사실이다.

지역의 중요성 증대와 장악력의 지속적인 저하

스프래틀리 군도에 병력을 주둔시키겠다는 전술적 또는 작전적 차원의 결정이 내려진 것은 1987년 초의 일이었다. 그러나 그 지역을 차지하여 영토로 삼겠다는 전략적 결정은 아마도 그보다 훨씬 전에 있었을 것이다. 1980년 11월, 공산당 중앙군사위원회는 인민해방군 해군비행단 소속 H-6 폭격기 2대에 그 지역에 대한 정찰을 실시하도록 지시했다. 해군 부사령원이 직접 전달한 이러한 지시는 그 지역에 대해 중국의 주권을 행사하기 위한 것임이 명백했고 남방을 향한 중국의 "압박"이 시작되었음을 알리는 것이었다.[87] 뒤이은 6년이라는 기간 동안 중국의 지도자들은 스프래틀리 군도에서 자국의 입지가 점점 취약해짐을 감지하고 있었는데, 해양권 측면에서 스프래틀리 군도의 중요성이 증대하는 반면 다른 국가들에 비해 이 지역에서의 중국의 입지는 계속 약화되면서 분쟁 지역의 지형물들을 점령하고자 하는 중국의 동기가 강화되었다.

첫 번째 요인은 해양 석유자원 개발과 관련한 해양권에 대한 지속적 관심으로, 이는 분쟁 중인 지형물들에 대한 통제권의 중요성을 증대시켰다. 덩샤오핑의 경제개혁 정책으로 중국의 경제 중심이 내륙에서 해안지역으로 이동했다. 이에 따라 해안지역에 대한 방어는 물론, 높은 수준의 경제 성장율을 지속하는 데 필요한 해양자원, 특히 석유에 대한 접근성 확보의 가치가 더욱 커져갔다. 1979년 초 중국이 해외투자를 받기 위해 최초로 개방한 분야가 해양 석유 산업이라는 점은 우연이 아니었다. 중국은 4년간의 준비 후, 1982년에 유전개발을 위한 제1차 광구 분양 입찰을 실시하여 개발사들에게 홍콩과 하이난다오 남쪽 및 스프래틀리 군도 북쪽 해역에서 많은 혜택을 부여했다. 개발 사업을 더 심도 있게 추진하기 위해 중국은 1984년에 제2차 입찰을 실시하며 다시금 개발사들에 이들 해역에 대한 혜택을 집중적으로 부여했다.[88]

처음으로 자극을 받은 것은 1970년대였지만, 스프래틀리 군도 주변 해저의 석유 매장 가능성에 대한 주변국가들의 관심은 계속 커지고 있었다. 1980년 베트남과 소련은 베트남 대륙붕에서 해양 석유를 공동탐사하는 내용의 협정서에 서명하였는데, 이는 베이징의 강력한 항의를 불러일으켰다. 1982년 유엔해양법협약(UNCLOS) 초안이 마련되면서 해양권 문제에 관한 국제레짐이 명문화되었다. 중국의 과학자들이 이 지역에서 석유 조사를 시작한 것은 국무원 산하 중국과학원과 국가해양국이 일련의 조사를 실시한 1980년대 중반의 일이다. 1987년 베트남이 중국에 이어서 해외투자를 받기 위해 원해의 해양 석유 산업을 개방하면서 이 지역에 대한 관심이 더욱 높아졌다. 같은 해에 중국측 연구진들은 이 지역에 대량의 석유가 매장되어 있다고 발표했다.[89]

스프래틀리 군도의 지형물들을 점령하고자 하는 중국의 동기를 강화시킨 두 번째 요인은 갈수록 중요해지는 이 분쟁 지역에서 다른 국가들이 도서와 암초들을 계속 점령해감에 따라 중국이 자국의 장악력이 저하되고 있다고 판단하게 된 점이었다. 필리핀의 경우 1970년대에 이미 7개의 지형물들을 점령한 상태였고 1980년에는 추가로 코모도어초Commodore Reef, 司令礁를 점령했다.(〈지도 6.2〉 참조)[90] 1982년에는 마르코스Ferdinand Marcos 필리핀 대통령

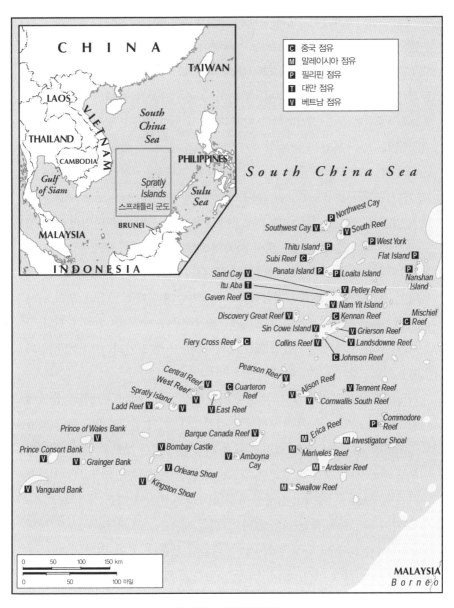

지도 6.2 스프래틀리 군도

이 국방부장관에게 이들 도서에 대한 주둔병력을 증강시키라고 명령하는 가운데, 총리가 이 지역을 방문했다.[91] 말레이시아는 1980년에 스프래틀리 군도 12개 지형물들을 포함하는 200해리 배타적 경제수역(EEZ)을 선포하면서 논쟁에 가세했다. 1983년 8월, 말레이시아는 자국 특공대가 스왈로우초 Swallow Reef, 彈丸礁를 점령했다고 발표했다. 그 3년 뒤인 1986년 6월에는 아다시어초Ardasier Reef, 光星仔礁와 마리벨초Mariveles Reef, 南海礁를 점령했다.[92] 1987년에는 베트남이 남아 있던 지형물들을 점령하기 시작하여 2월에는 바크 캐나다초Barque Canada Reef, 柏礁를, 12월에는 웨스트초West Reef, 西礁를 손에 넣었다.[93] 분쟁 지역에 대한 통제권에 영향을 주는 이와 같은 거의 모든 상황 변화에 대해 중국은 그 지역이 자국의 영토라는 기존의 주장을 반복하는 한편 자국의 입지가 갈수록 약화되고 있다는 인식을 드러냈다. 류화칭劉華清 제독이 자신의 회고록에서 언급했듯이 "1970년대 이래로 그들은 우리 난샤군도南沙群島, Spratly의 도서와 암초들을 장악해 왔다. … 수면 위에 드러나 있는 거의 모든 도서와 암초들이 베트남, 필리핀, 그리고 말레이시아에 점령되었고, 그들의 장악은 꾸준히 증가했다."[94]

해양자원을 둘러싼 국가 간 경쟁이 치열해지는 와중에 스프래틀리 군도에 대한 중국의 장악력은 계속 저하되고 있었으며, 이때 인민해방군 해군의 관료적 이익이 중국의 지도자들이 무력을 사용할 동기를 갖도록 하는 데 간접적으로 작용했다. 새롭게 발견된 자료들을 통해 1980년대 대부분의 기간에 걸쳐 중국 해군, 특히 해군 사령원 류화칭 제독의 역할에 대한 가버John Garver의 분석이 타당함을 확인할 수 있다. 류화칭 제독은 스프래틀리 군도에 병력을 주둔시키는 것은 일정 부분 중국 해군의 임무에 있어 연안 방위coastal defense에서 원거리 작전, 궁극적으로 대양해군 역량blue water capabilities으로의 전환을 요구하기 때문이라고 강조했다.[95] 그는 공식 연설과 인터뷰 등을 통해 해군의 역량 강화를 덩샤오핑의 경제 개혁 정책을 뒷받침하는 데 필요한 해양자원에 대한 접근성 확보와 연결시켜 주장했다. 1984년 〈해방군보解

放軍報)에 기고한 장문의 기고에서 그는 "우리의 광대한 영해와 해양권 및 이익을 지켜내기 위해 … 우리는 현대 과학과 기술로 해군을 무장하여야 한다."고 주장했다.[96]

이 지역에 대한 중국의 권리를 주장하는 것의 중요성이 더해 갈수록 중국해군의 원거리 작전 역량도 증강되었다. 1980년 5~6월, 인민해방군은 남태평양에서 대륙간탄도미사일(ICBM) 시험발사를 성공적으로 실시했다.[97] 1984년과 1985년에는 각각 남극과 인도양까지 장거리 순찰항해를 실시했다.[98] 스프래틀리 군도에서의 존재감을 강화함으로써 이 지역에 대한 중국의 권리 주장을 뒷받침하기 위한 또 다른 "깃발 올리기showing the flag"도 계획되었다. 이 지역에 대한 정규적인 항공 순찰은 1983년 시작되었다.[99] 1983년 5월 인민해방군 해군은 지휘관 85명 및 항해, 작전장교 540명을 포함한 보급선과 화물선으로 남해함대 최초의 장거리 항해를 실시했다.[100] 중국의 각종 매체에 크게 보도된 이 항해는 인민해방군 해군 부사령원이 직접 지휘했다.[101] 스프래틀리 군도 남단인 제임스 모래톱James Shoal, 曾母暗沙까지 가보는 이 항해는 남해함대 병사들이 앞으로 작전을 수행해야 할 지역에 익숙해지도록 하기 위해 계획된 것이었다.[102] 1984년에는 국무원 승인 하에 국가해양국이 연구선을 파견했다.[103]

이 지역에서의 인민해방군 해군의 활동과 남중국해에 대한 관심 증대는 당지도자들로부터 높은 수준의 지지를 받았다. 1985년 12월 31일, 후야오방胡耀邦 공산당 총서기가 파라셀 제도를 방문하여 주둔 중인 군인과 민간인들을 시찰함으로써 중국의 해양권 주장에 대한 고위 지도자들의 정치적 지지를 내외에 보여주었다. 류화칭 제독이 다른 고위 군장성들과 함께 방문 일정 내내 후야오방 총서기를 수행한 점이 중요하다. 당시 중국 매체들의 보도에 따르면, 후야오방 총서기의 방문 목적 중 하나는 영토에 대한 권리를 수호하겠다는 중국의 결의를 대외적으로 과시하는 것이었다. 방문 일정 중, 그는 중국은 "어느 누구도 우리 위대한 조국의 영토를 한 치라도 빼앗아 가도록 허용하지

않을 것"이라 말했다.[104]

스프래틀리 군도에 영구적인 주둔을 위한 물적 인프라를 구축하기로 한 결정은 1987년 초의 어느 시점에서 내려졌다. 1987년 3월 유네스코(UNESCO)의 해양학 위원회 제14차 회의에서 중국은 전세계적 해양조사의 일환으로 스프래틀리 군도 내 1곳을 포함하여 5개 관측소를 건설하는 데 동의했다.[105] 중국 정부가 스프래틀리 군도에 진출하기 위해 미리 이 회의에 손을 쓴 것인지, 아니면 그렇게 하도록 실제로 요청을 받았는지는 알려져 있지 않다. 그럼에도 불구하고, 중국측 자료들을 보면 이 회의가 중국이 이 지역으로 진출하는 데 이용할 수 있는 외교적 명분이 되었음을 알 수 있다. 인민해방군에서 발간한 역사자료에 따르면, 유네스코의 (관측소 설치) 공식 허가imprimatur는 국제기구의 후원 하에 이 지역에 주둔할 수 있는 "황제의 보검上方御劍"을 중국의 손에 쥐어 준 것이었다.[106] 유네스코의 사업을 맡기 전 3년의 기간 동안 스프래틀리 군도를 둘러싸고 국가 간의 경쟁이 거세지고 있었던 점을 감안한다면, 중국은 이 지역에서 영구적인 주둔을 위한 물리적 기반을 합법적으로 구축할 수 있는 기회를 찾으려 했을 가능성이 크다.

그 다음 10개월간 중국은 기지 건설을 위한 준비를 이유로 일련의 조사와 순찰항해를 실시했다. 1987년 4월, 조사선 2척이 종합적인 조사를 실시하고 나서 피어리 크로스초Fiery Cross Reef, 永暑礁를 군사기지와 관측소 설치를 위한 장소로 선정했다.[107] 이 곳은 면적이 넓은데다가 다른 국가들이 점령하지 않은 상태였고 이미 다른 국가들이 점유하던 지형물들로부터 떨어져 있었는데, 이는 중국이 지형물들을 점령함에 있어서 외교적 파장을 최소화하고자 했음을 보여준다. 류화칭 제독 또한 4월에 남해함대에 인민해방군 해군의 첫 전투순찰 항해를 실시할 것을 명령했다. 순찰의 목적은 "우리의 주권을 행사하고, 해양강국으로서 위상을 과시하며, 전투준비를 완비"하는 것이었다. "스프래틀리 군도는 앞으로 자주 방문하게 될 우리의 영토"[108]이기 때문에 "이 지역에 익숙해지는 것"은 이 항해의 또 다른 목적이었다. 5월 16일에서 6월 6일까지 실시한 순찰활동에는 두 차례 "작전연습"이 포함되었는데, 아마도 영구적인 주둔을 준비하기 위한 훈련이었을 것이다.[109]

1987년 8월 인민해방군 해군과 국가해양국은 각각 공산당 중앙군사위원회와 국무원에 군사기지와 관측소 설치 계획안을 제출했다. 10~11월에는 동해함대 소속 함선들이 아직 어떤 국가도 점유하지 않고 있던 20개 이상의 암초들을 돌아보는 순찰항해를 실시했다.[110] 동시에, 국가해양국 선박과 해군 소속 기술선박engineering ship 각 1척이 피어리 크로스초 인근 해역을 조사했다. 11월에는 중앙군사위원회와 국무원이 8월에 제출받은 군사기지와 관측소 설치 계획안을 승인하며 해군이 국가해양국의 지원을 받아 사업을 추진하라고 지시했다. 최초 계획은 피어리 크로스초를 포함한 총 9개 암초를 점령하는 것이었다.[111] 1988년 1월 중순 선발대가 피어리 크로스초를 확보했다.[112] 2월 첫 주에는 상륙정과 건설자재를 실은 기술선박 및 루다魯達급 유도미사일 구축함 1척을 포함해 남해함대와 동해함대 소속 선박 총 11척이 도착했다.[113] 하지만 불리한 기상여건 때문에 실제 건설작업은 2월 말이 되어서야 시작되었다.[114]

1988년 3월의 무력충돌

중국은 피어리 크로스초가 다른 국가들이 점유한 지형물들과 멀리 떨어져 있고 유네스코의 위임이 있었기에 역내 다른 국가들의 우려가 크지 않을 것이라 믿었을지 모르지만, 중국의 주둔은 이 지역의 긴장을 고조시켰고 심각한 충돌을 야기할 수 있는 여건을 조성했다. 전술적 관점에서 볼 때, 피어리 크로스초는 고립되어 있고 취약한 곳이었다. 당시 그 주변의 암초들은 다른 국가들이 점령하지 않은 상태였지만 베트남이 통제하던 진지들이 인근에 위치하고 있었다.(〈지도 6.2〉 참조) 1월 말과 2월 초에 베트남이 취한 첫 번째 대응은 피어리 크로스초 남쪽 3개와 동쪽 2개, 총 5개의 암초를 점령하여 피어리 크로스초 주위에 경계선을 설정하는 것이었다.[115] 또한 베트남은 이 지역에서 중국의 활동을 감시하기 시작했고, 인민해방군 해군이 자국의 진지를 방어하려 하자 양측 사이에 일련의 대치상황이 야기되었다. 이러한 대치상황에서 중국과 베트남은 경쟁적으로 주변 해역의 암초들을 점령해 나갔다.

양국의 첫 번째 대치상황은 1월 31일, 피어리 크로스초에서 베트남 함선이 인민해방군 함선을 도발하면서 발생했다. 건설 자재를 실은 베트남의 무장 화물선 2척이 이곳에 접근하자 인민해방군 함선이 이들을 차단하여 돌려보냈다.[116] 이 사건 이후 베트남은 인근의 라드초Ladd Reef, 日積礁, 디스커버리 그레이트초Discovery Great Reef, 大現礁를 점령했다.(〈지도 6.2〉 참조) 1월 말에는 스프래틀리 군도 동부의 테넌트초Tennent Reef도 점령했다.[117]

두 번째 대치상황은 2월 18일 발생했다. 이번에는 피어리 크로스초와 베트남의 주요기지가 위치한 스프래틀리섬 사이에 있는 콰테론초Cuarteron Reef, 華陽礁를 둘러싸고 발생했다. 인민해방군 해군의 유도 미사일 구축함과 호위함 및 수송함이 그 지역을 조사하고 있을 때 베트남의 소해정과 무장한 화물선이 접근해 왔다. 양측은 콰테론초의 동쪽과 서쪽에 각각 병력을 상륙시켰다. 중국측이 먼저 암초의 최정상에 도착하여 국기를 꽂았고, 베트남측은 물러나서 물에 잠겨 있는 부분에 세워놓은 나무 기둥에 국기를 게양했다. 기상이 변하자, 베트남측은 그 암초를 통제하던 중국인들을 남겨둔 채 철수했다.[118] 2월 25일, 중국은 피어리 크로스초 동쪽, 대만이 점유하는 이투아바섬Itu Aba Island, 太平島 인근에 위치한 게이븐초Gaven Reef, 南薰礁를 이 지역에서의 세 번째 영토로 점령했다.[119] 이에 대응하여 베트남은 피어리 크로스초 주변의 3개 암초, 즉 이스트초East Reef, 東礁, 앨리슨초Alison Reef, 六門礁, 콘윌리스 사우스초 Cornwallis South Reef, 南華礁를 추가로 점령하며 대응했다.[120]

대치상태가 심화됨에 따라 인민해방군 해군본부는 그 지역에 함정을 더 보냈다. 2월 22일 남해사령부 소속 "502 편대"가 도착하였고, 3월 5일에는 동해함대의 "531 편대"가 도착하면서 이 지역의 인민해방군 해군 함정은 15척으로 증가했다.[121] 중국은 분명히 새로운 기지 주위에 방어선을 설정하기 위해 피어리 크로스초 동쪽과 북쪽의 비어 있는 다른 지형물들을 점령할 준비를 하고 있었다.

무력충돌로 이어진 세 번째 대치상황은 3월 13~14일에 발생했다. 어느 쪽이 먼저 도착했는가에 대한 양국의 설명은 당연히 다르겠지만, 양국의 대치는 피어리 크로스초의 동쪽에 위치한 존슨초Johnson Reef, 赤瓜礁를 두고 벌어졌다. 중국측 자료에 따르면, 인민해방군 해군의 유도 미사일 구축함이 존슨초를 조사하는 동안 베트남 함선 3척이 접근해 왔다고 한다. 존슨초와 다른 두 개의 암초에 닻을 내린 베트남 함선들은 비어 있는 암초들에 병력들을 상륙시키려는 게 분명해 보였다. 인민해방군 해군의 유도 미사일 구축함 2척이 더 도착하면서 베트남 화물선과 상륙정보다 화력이 우세해졌다. 다음날 아침, 각각 상대국 병력을 쫓아내라는 명령을 받고 인민해방군 58명과 베트남군 43명이 존슨초에 상륙했다.[122] 양측 병력이 대치하는 상황에서 총격전이 벌어지자 양측 함선들도 발포했다. 화력이 훨씬 더 강했던 인민해방군 해군은 30분 만에 베트남의 모든 함선들을 격침시키거나 파괴했으며, 그날의 무력충돌로 74명의 사망자가 발생했다.[123]

분명히, 중국의 공격적인 태도와 이 지역에 병력을 주둔시키겠다는 결정이 무력충돌의 여건을 조성했다. 중국이 스프래틀리 군도에 진출하자 베트남은 중국의 주둔을 저지하려 하였으며, 이것이 양측의 대치상황을 발생시켰다. 그러나 이 무력충돌 사건이 중국이 다른 국가들을 이 지역에서 무력으로 몰아내기 위한 정책의 일환이었다는 증거는 아직 없다. 인민해방군에서 발간한 역사자료에 따르면, 병사들에게 내려진 방침은 "먼저 발포하지는 않되, 적이 우리 도서들을 점령한다면 그들이 떠날 수밖에 없도록 강경하게 행동하라强行"는 것이었다. 또한, 이 방침은 "스프래틀리 군도에서의 투쟁은 외교적 투쟁일 뿐만 아니라 군사적인 투쟁"임을 지적하며, "이러한 정책을 철저히 이해할 것"을 주문했다.[124] 존슨초에서의 대치상태가 무력충돌로 발전하자, 현장의 인민해방군 사령관은 총참모부로부터 지시를 받기도 전에 베트남 함선에 대한 공격을 명령했다.[125] 전투가 끝난 후, 공산당 중앙군사위원회는 베트남이 통제하고 있던 다른 지점들에 대한 공격 명령을 내려달라는 현장 지휘관들의 요청을 거부했다.[126] 현장 지휘관들의 요청을 거부한 중앙군사위원회의 조치는 다른 국가들이 점유하지 않은 곳들만 점령한다는, 이 지역에 대한 중국의 주둔 전략과 일맥상통한다. 이러한 방식으로 중국은 자국의 권리를 적은 비용을 들여 지켜내고자 했다. 무력충돌이 발생한 그 다음 주에 중국이 비어 있던 두 개의 암초, 케난초Kennan Reef, 東門礁와 수비초Subi Reef, 渚碧礁를 추가로 점령한 점도 앞의 해석과 부합한다.[127]

이 무력충돌 사례에서는 두 가지가 강조되어야 한다. 첫 번째, 파라셀 제도에서와는 달리, 중국은 존슨초에서의 승리로 조성된 기회를 베트남이 점유하던 다른 진지들, 특히 암초나 모래톱과 구별되는 스프래틀리섬과 같은 역내의 주요 도서들을 차지하는 데 이용하지 않았다는 점이다. 두 번째, 중국은 또한 최초에 계획했던 세 개의 지형물들을 점령하지 않았다는 점이다. 아마도 인민해방군 해군이 피어리 크로스초에 나타났을 때 베트남이 바로 그 곳들을 차지했기 때문이었을 것이다.

1994년, 미스치프초

1994년의 늦은 가을 어느 날, 중국은 미스치프초Mischief Reef, 美濟礁를 점령하여 스프래틀리 군도의 7번째 중국령으로 삼았다. 1995년 2월 필리핀 어부들은 중국 선박들이 정박해 있던 이 암초에 중국이 구조물을 세워 놓았다고 신고했다. 비록 이 암초의 점령은 무력충돌 없이 이루어졌으나, 스프래틀리 군도 분쟁과 잠재되어 있던 중국의 공격성을 새롭게 주목하는 계기가 되었다. 1974년과 1988년의 무력충돌 사례와 달리, 이 사건에 대한 중국측 자료가 극히 드물어서 이를 통해 끌어낼 수 있는 결론의 설득력에는 한계가 있다.

이 책에서 소개한 이론에 부합하는 설명이 하나 있다. 중국이 이 지역에 진출하여 6개 지형물들을 점령하고 베트남과 충돌을 빚으면서 다른 국가들의 입지를 위협하였고, 결과적으로 남중국해에서 상호 적대감이 고조되는 악순환이 발생했다. 1988년 3월의 무력충돌과 1991년 사이에 베트남은 7개의 지형물들을 추가로 점령하여 총 25개 지형물들을 통제하며 자국의 입지를 더 공고히 했다.[128] 1992년에 중국해양석유총공사는 미국 크레스톤사Crestone Energy Corporation와 스프래틀리 군도 남서부 뱅가드탄Vanguard Bank, 万安灘 인근의 석유 탐사를 위한 계약을 체결하였는데, 이 뱅가드탄은 1989년부터 베트남이 점유해 온 곳이었다. 또한 1992년에 중국 전국인민대표대회는 영해에 관한 법률을 통과시켰는데, 이는 1951년에 스프래틀리 군도에 대한 권리를 주장했던 내용을 반복하는 것이었다. 1993년에는 베트남이 크레스톤사가 중국과 계약한 수역의 서쪽 수역에서의 시추권을 모빌사Mobil가 참가한 컨소시엄에 부여하는 가운데, 브루나이가 공식적으로 배타적 경제수역을 주장하고 나왔다. 같은 해 5월에는 국가 간 치열한 경쟁이 벌어지던 이 수역에 중국과 베트남 모두 조사선을 급파했다. 1994년이 되자 국가 간 경쟁은 더욱 치열해졌다. 베트남의 페트로베트남사PetroVietnam는 크레스톤사가 중국으로부터 개발권을 부여받은 수역 내의 광구에서 시추를 시작하였고, 중국은 6월에 같은 수역에 대한 지진 조사를 개시하겠다고 했다. 같은 시기, 필리핀은 알콘사Alcorn oil company와 함께 분쟁 수역들에 대한 지진 조사를 시작했다.[129]

이 세 개의 주요 이해 당사국들 사이에서 경쟁이 고조되던 상황을 감안한다면, 중국이 자국의 입지를 강화하기 위해 지형물을 하나 더 점령한 것은 그리 놀라운 일이 아닐 것이다. 중국이 미스치프초Mischief Reef, 美濟礁를 점령한 이유는 장악력의 저하와 일맥상통한다. 첫 번째이자 가장 중요한 이유는 이 암초가 스프래틀리 군도의 동부에 위치해 있다는 점이다. 중국이 점령한 다른 지형물들은 모두 군도 서부에 위치해 있기 때문에, 이 암초를 점령함으로써 중국이 실효적 통제를 주장할 수 있는 지리적 범위가 더 넓어지게 되는 것이다. 중요도가 덜한 두 번째 측면은, 중국이 이 암초를 점령함으로써 베트남과 필리핀 이 이 암초를 두고 협상하는 상황을 사전에 차단한 것일 수도 있다는 점이다. 두 나라 모두 이 암초에 대한 권리를 주장하지만, 물리적으로 가까운 필리핀의 안보 우려가 훨씬 더 컸고 1995년에 중국과 필리핀 간 일련의 민간 및 군사부문 최고위급 양자회담이 개최되었다.

정책결정을 설명하는 관료정치 모형bureaucratic politics을 통해서도 중국의 행태를 설득력 있게 설명할 수 있다. 다음 몇 가지 정황적 증거에서 나온 단서에 따르면 인민해방군 해군의 미스치프초 점령이 공산당 중앙군사위원회나 정치국 상무위원회의 승인 없이 이루어졌을지도 모른다는 의혹이 제기된다. 첫 번째, 마닐라의 주 필리핀 중국대사관이 즉각적으로 내놓은 반응은 중국의 미스치프초 점령은 "중국 정부의 인지나 동의가 없는 상태에서 현장의 말단 관리들이 지시"했다는 것이었다.[130] 이에 더하여, 쌍무적 행동강령 체결 및 재정 지원을 포함하여 필리핀에 취한 중국의 기민한 외교적 조치는 중국이 미스치프초 점령에 대해 필리핀에 보상을 하고자 했음을 시사한다. 게다가, 당시 정치국 상무위원회 위원들의 인터뷰에서 그들은 점령 소식에 "깜짝 놀랐다."고 했는데, 이들이 대외정책을 책임지는 영도소조의 일원임을 감안한다면 그러한 반응은 인민해방군 해군의 미스치프초 점령이 사전에 승인받지 않은 것이었을 수 있음을 암시한다.[131] 마지막으로, 중국의 내부자료에 따르면 미스치프초 점령이 있기 전 몇 년 동안 스프래틀리 군도 문제의 처리방식을 두고 중국의 정부와 군부 사이에 긴장 상태가 존재했다고 한다.[132]

결 론

중화인민공화국이 수립된 이래로 중국의 지도자들은 원해도서 지역의 분쟁에서는 자국의 상대적 입지를 강화하기 위해 갈등고조 전략과 지연 전략을 함께 사용해 왔다. 1949년에 중국은 분쟁 중인 원해도서 지역 네 곳 중에서 두 개 지역의 일부만을 점유하고 있었고 다른 지역으로 전력을 투입할 수 있는 해군의 역량이 부족했기 때문에, 이 지역 분쟁에서 중국의 장악력은 상대적으로 열세에 있었다. 해양자원에 대한 관심이 전세계적으로 증대되면서 1970년대 들어 원해도서 지역의 중요성이 부각되었으나, 그럴수록 중국의 입지는 갈수록 취약해졌다. 다른 국가들이 도서와 암초들을 계속 점령해 나가자 중국은 먼저 파라셀 제도로, 다음에는 스프래틀리 군도로 점유 영역을 확대해 나갔다. 중국의 장악력이 저하되던 시점, 공식적인 역사기록과 당시 지도자들의 발언을 통해 중국이 이들 지역에서의 분쟁에 무력을 사용한 이유와 그 시점을 선택한 이유도 설명할 수 있다.

그런데 이들 지역의 분쟁에서 중국이 과거에 무력을 사용했다는 사실은 역설적으로, 중국이 미래에는 이 지역에서의 무력 사용에 덜 적극적일 수도 있음을 암시한다. 무력을 사용하여 분쟁 중인 지형물들을 점령함으로써 중국은 파라셀 제도와 스프래틀리 군도에 대한 자국의 장악력과 입지를 엄청나게 강화시켜 놓았기 때문이다. 2002년 남중국해 행동 강령 선언Declaration on a Code of Conduct 채택에서 볼 수 있듯이 중국은 이제 협상 테이블에서 한 자리를 차지하게 되었고, 분쟁 영토에 대한 일부 통제권을 가지고 있기에 어떤 분쟁 해결의 장에서든 일정한 역할을 수행할 수 있다는 자신감을 갖게 되었다. 게다가, 미스치프초를 점령한 이래 지금까지 14년간 중국은 꾸준하게 해군 역량을 향상시켜 왔음에도 불구하고 스프래틀리 군도에서 더 이상 다른 지형물들을 점령하지 않았다. 중국은 다른 국가들을 이 지역에서 무력으로 축출할 수 있는 군사적 수단을 보유하고 있지만 자국의 입지가 계속 강해지고 있었기 때문에 그러한 행동을 자제해 온 것이다. 무력을 사용한 축출을 자제하는 정책기조는 이후 베트남(1998)과 말레이시아(1999)가 각각 2개 지형물들을 추가적으로 점령했음에도 불구하고 확고하게 유지되었다. 중국의 이러한 자제自制는 나의 주장과 부합하는데, 중국의 장악력이 강화됨에 따라, 장악력 저하에 대한 민감성과 무력 사용의 필요성이 감소했기 때문이다. 한편, 이제는 역내 거의 모든 비어 있는 도서와 암초들이 중국을 포함한 주변국가들에 의해 점유된 상태인 바, 이러한 상황 또한 향후 이들 분쟁 지역에서의 경쟁을 약화시키는 방향으로 작용할 것이다.

바이룽웨이다오白龍尾島 사례에서 볼 수 있듯이, 중국은 외부적 위협에 대응하기 위해서라면 원해도서 지역의 분쟁에서도 타협을 고려할 가능성이 있다. 그러나 미래에 타협이 이루어질 가능성은 그리 높지 않은데, 그 외부적 위협이 무엇이든 이들 도서와 연결된 석유 및 해상운송로 안전의 가치보다 훨씬 더 중요해야 할 것이기 때문이다. 중국이 타협을 모색하게 될 수 있을 가능성 있는 시나리오 중 하나는 동남아시아에 대한 영향력을 두고 중국과 미국의 경쟁이 고조되는 상황이다. 이 시나리오를 따른다면, 중국은 역내 국가들과 관계를 개선하기 위해 스프래틀리 군도 또는 파라셀 제도까지 영토적으로 양보하려 할 수도 있을 것이다. 그러나 현재까지만 놓고 본다면, 중국은 이들 분쟁 지역에 대한 주권을 양보하지 않고도 역내 국가들과의 관계를 개선할 수 있었다.[133]

이 책의 결론

Conclusion

중국의 영토분쟁 연구에서 발견할 수 있는 주요한 특징 세 가지는 다음
과 같다. 첫 번째, 중국은 국가 간에 전쟁으로 비화할 위험성이 높은
사안인 영토분쟁에서 무력을 사용하려는 성향이 그리 높지 않았다는 점이다.
영토분쟁을 다루는 데 있어서 중국은 많은 분석가와 연구자들의 주장이나 예
측, 혹은 국제관계 이론에 입각하여 예측한 것보다 훨씬 더 타협적 해결을 추
구한 반면에 무력 사용에 대한 선호는 높지 않았다. 지난 20여 년 이상의 기
간 동안 경제적, 군사적 역량을 축적해 왔지만, 자국의 권리claim를 추구함에
있어서 더 공격적으로 변화하지도 않았다. 오히려 중국은 자주, 특히 몇몇 사
례에서는 실질적으로 양보를 하며 타협적으로 분쟁을 해결해 왔다. 중국이
무력을 사용한 사례는 전체 영토분쟁 사례들 중에서 소수에 불과하고, 무력
을 사용한 목적도 영토적 팽창을 추구한 것이 아니라 1949년 이래로 주장해
왔던 권리들을 방어하고자 한 것이다. 중국은 소수민족들이 거주하는 변강
지역의 영토 보전, 대만과의 통일, 그리고 해양 경계 확립을 포함하는 핵심적
인 이익을 수호하기 위해 싸워 왔다.

두 번째, 우리의 직관에는 반하지만, 국가 내부의 정치적 불안정성은 전쟁
이 아니라 평화를 위한 강력한 동기가 될 수 있다는 점이다. 중국의 많은 영
토분쟁 사례들을 살펴보면, 중국이 상대국가에 영토적으로 양보하며 타협을
한 대부분의 사례들을 설명할 수 있는 요인은 체제 안전regime security에 대한
내부로부터의 위협이다. 소수민족 집단들의 소요 사태는 영토 보전에 대한
내부로부터의 위협이 어떻게 중국이 인접국가와 협력하게 하는 동기가 될 수
있는지를 잘 보여준다. 예를 들어, 1959년 티베트 봉기는 중국과 히말라야
인접국가들 간 분쟁의 상황적 맥락을 변화시킴으로써 1960년대에 미얀마,
네팔 및 인도와의 분쟁에서 상대국가에 영토적으로 양보를 하는 결과를 야기
했다. 1990년대에는 신장 지역 소수민족 출신 민족주의 세력들의 분규도 카
자흐스탄, 키르기스스탄 및 타지키스탄과의 영토분쟁을 이들 국가와 협력하
여 해결하도록 하는 동기가 되었다. 이처럼 내부로부터의 위협 요인이 발생

할 경우 중국은 영토문제에서 양보하는 대가로 내부의 적을 진압하는 데 필요한 상대국가의 지원을 확보했다. 소수민족의 분규가 없던 시기는 중국이 영토분쟁에서 지연 전략을 유지하던 시기와 일치하고 있다. 티베트 봉기가 끝나고부터 신장 지역에서 폭력사태가 발생하는 1990년까지의 기간 중 중국이 영토분쟁에서 상대국가와 타협을 한 사례는 없다.

세 번째, 협상력bargaining power의 저하는 영토분쟁에서 예방적 목적으로 무력을 사용하는 강력한 동기가 될 수 있다는 점이다. 중국은 영토분쟁에서 자국의 장악력이 부정적인, 혹은 불리한 방향으로 변화할 경우 매우 민감하게 대응해 왔는데, 군사적으로 강력하여 자국의 입지를 약화시킬 수 있는 역량을 지닌 국가와 맞서게 되거나 자국의 권리를 주장하지만 실제로는 해당 지역을 거의 또는 전혀 통제하지 못하는 경우 무력을 사용했다. 본토 지역 분쟁 사례는 장악력의 저하가 어떻게 무력 사용의 동기가 될 수 있는지 보여준다. 중국은 홍콩과 마카오에 대해서는 무력을 사용하지 않았는데, 이는 중국이 이들 지역을 언제라도 차지할 수 있었고 자국의 협상력이 위협받은 적이 없었기 때문이다.

그러나 대만의 사례에서는 중국의 지도자들은 원래 취약한 상태였던 이 지역에 대한 자국의 장악력 쇠퇴에 민감하게 반응했는데, 이는 중국이 대만의 어떤 부분도 실제로 통제하지 못하고 있으며 쉽사리 전력을 투입할 역량도 없었기 때문이다. 1950년대 대만에 대한 미국의 군사적 지원 증가가 대만을 본토로부터 영구적으로 분리할 것이라는 위협으로 인식되자 중국은 대만에 대한 자국의 권리를 주장하는 데 물러나지 않겠다는 결의를 대외적으로 과시하기 위해 무력을 사용했다. 1960년대 들어 대만에 대한 미국의 지원이 감소하면서 중국의 입지가 강화되었고 중국이 이 지역에서 갈등을 고조시키는 전략을 사용할 만한 동기도 감소했다. 1990년대에 대만에서 민주화가 이루어지고 독립을 주장하는 정치세력이 대두한 가운데, 국제사회에서 외교적으로 국가로서의 지위를 승인받으려는 대만의 움직임을 미국이 지지한다는 결론이 나오자 중국은 통일과 관련한 자국의 공약을 분명히 하기 위해 다시 무력을 사용했다.

논의의 확장

중국의 영토분쟁 연구에서 밝혀진 이 같은 세 가지 특징들은 영토분쟁에서의 협력cooperation과 갈등고조escalation 이론들에 기초하여 이해할 수 있다. 모든 조건들이 동일하다면, 국가들은 그 같은 갈등 상황의 해결을 늦추거나 지연하는 것을 선호한다. 하지만 특정한 조건 하에서는 양보를 하거나 또는 무력을 사용하는 것이 분쟁 해결을 지연하는 것보다 더 매력적일 수도 있다. 내부에서든 혹은 외부로부터든 위협 요인이 발생할 경우 국가는 내부적인 혹은 대외적인 입지를 강화하기 위해 영토문제는 타협적으로 해결하려 할 가능성이 높아진다. 특히 안보 위협에 직면할 경우, 국가는 영토문제에서는 기꺼이 상대국가에 양보를 해서라도 관계를 개선함으로써 직면한 안보 위협을 극복하는 데 필요한 지원을 확보하려 한다.

국가의 총체적인 안보환경에 대한 위협은 영토분쟁의 협력적 해결을 추구하는 동기가 되는 반면, 특정 분쟁에서 장악력이나 협상력의 부정적 변화는 무력을 사용하기로 결정하는 이유를 설명한다. 영토분쟁에서 국가들은 분쟁 지역에 대한 통제력을 확보하고 더 선호하는 협상 결과를 얻어내기 위해 군사적, 정치적 수단을 사용하여 경쟁한다. 자국이 이 경쟁에서 밀린다고 인식하면 그러한 추세를 역전시키기 위해 무력 사용을 더 적극적으로 고려하게 된다. 자국보다 더 강력한 상대국가의 입지가 일시적으로 약화되어 그 국가와 분쟁 중인 지역을 장악하여 자국의 입지를 강화할 수 있는 기회가 발생하는 경우, 그러한 기회는 장악력이 약한 국가에게는 무력을 사용할 또 다른 동기가 될 수 있다.

이 책에서는 한 국가의 많은 영토분쟁 사례들을 통해 협력과 갈등고조라는 두 이론의 적실성을 평가해 보았다. 제1장에서 설명한 바와 같이, 중국과 관련된 영토분쟁의 수와 다양성은 영토분쟁에 대한 다양한 주장들을 평가하기 위한 풍부한 연구자료로서 가치가 있다. 또한, 중국이 영토분쟁들에서 보여준 행태들은 특수한 이론이 필요할 만큼 일반적인 수준을 벗어나는 이상치異常値가 아니다. 중국이 양보를 해서라도 분쟁을 해결하겠다거나 무력 사용도 불사하겠다고 한 것은 20세기 다른 국가들의 영토분쟁 사례들과 비교해 보아도 통계적으로 차별화되지 않는다. 물론, 그럼에도 불구하고 이 책에서 제시한 이론들이 실제로 다른 국가들의 영토분쟁에서 협력을 촉진하거나 갈등을 고조시키는 요인이 무엇인지 밝힐 수 있을지 여부는 직접 검토해 보아야 할 것이다. 이 책에서 제시한 명제 혹은 주장이 적절한지 더 폭넓게 살펴보기 위해 다른 국가들의 영토분쟁 사례들을 간략히 검토해 보기로 한다.

내부적 위협과 영토분쟁에서의 협력 전략

체제의 불안정성이 지닌 분쟁의 평화적 해결 효과pacific effects는 중국에만 특유한 몇 가지 요인의 결과라는 주장이 있을 수 있다. 그러나 체제의 안전성에 대한 내부적 위협은 중국과 유사한 특성을 공유하는 국가들의 경우에도 영토분쟁에서 상호 협력하는 요인이 될 가능성이 높다. 중국의 체제 불안정을 야기했던 세 가지 요인들은 다른 국가들에도 공통되는 것들이기 때문이다. 첫 번째, 새로이 건국된 국가들은 통치체제에 대한 내부로부터의 도전에 직면하기 쉽고 그러한 내부적 도전은 영토분쟁에서 상대국가와의 타협을 시도하도록 하는 동기가 된다. 국가 형성의 과정은 종종 하나 또는 여러 사회집단들의 희생을 수반하므로 어떤 신생국가이건 국가의 권위에 대한 내부로부터의 고질적인 도전을 감당해야 하는 상황에 처하게 되는 것이다. 두 번째, 1개 정당 또는 집단에 정치권력이 집중되는 권위주의적 정치체제를 갖춘 국가들도 권력에서 소외된 세력들로 인하여 내부로부터 도전받는 상황에 직면하기 쉬우며 이 또한 온건한 대외정책을 추구하게 하는 동기가 된다.

세 번째, 다양한 소수민족 집단으로 구성된 국가들은 이들 중 일부 집단들이 자치나 독립을 추구할 경우 국가의 권위에 대한 내부로부터의 도전에 직면하게 된다. 이러한 집단들이 인접국가와 영토분쟁을 겪고 있는 지역에 거주한다면, 그 인접국가와의 영토분쟁을 타협적으로 해결해야 할 동기는 훨씬 더 커질 것이다. 이들 요인은 각기 독립적으로 작용하여 영토문제에서 상대 국가와 협력하도록 하는 동기를 강하게 할 것이다. 이들 세 가지 요인이 모두 존재하는 상황에서 자국의 체제 안전성을 제고하는 데 인접국가가 도움을 제공할 수 있다면, 그 국가와의 영토분쟁을 협력적으로 해결하려 할 가능성은 상당히 높아질 것이다.[1]

1918년 브레스트-리토프스크 조약Treaty of Brest-Litovsk을 통해 독일에 일부 영토를 양보한 소련은 신생 권위주의 국가가 영토문제에서의 타협을 통해 국내에서 정권의 권위를 공고히 한 사례 중 하나이다. 레닌Vladimir Lenin을 중심으로 한 볼셰비키파Bolsheviks가 1917년 10월 혁명으로 정권을 잡은 직후 소련은 독일 및 다른 추축국들과의 평화회담에 돌입했다. 레닌에게는 깨지기 쉬운 신생 사회주의 국가의 내부적인 권위를 공고히 하기 위한 시간이 필요했고, 그 시간을 벌어 줄 수 있는 방법은 오직 독일과의 종전이었다. 조약에 포함된 독일에 대한 소련의 양보 사항들로 논란이 뜨거웠지만 레닌의 논리가 우세했다.[2] 조약의 국내 비준을 위한 의회 연설에서 그는 "우리가 어떤 방법으로 시간을 벌더라도 … 그것이 전쟁보다는 나은 것은, 인민들에게는 숨 돌릴 여유를 주는 한편 우리에게는 유산계급이 저지른 일들을 바로잡을 기회를 제공하기 때문이다."라고 주장했다.[3]

마찬가지로, 1978년 캠프 데이비드 협정Camp David Accords 및 이스라엘과의 단독 강화로 이어진 이집트의 영토적 양보도 1970년대 중반에 이 일당 독재 권위주의 국가가 맞닥뜨렸던 사회적, 경제적 격변에서 그 원인을 찾을 수 있다. 욤 키푸르 전쟁Yom Kippur War(1793.10.6~25)이 끝난 이후 이집트는 재정 위기 발생과 사회불안 증대로 인하여 변화를 요구하는 압력이 팽배해 있었다. 이집트 집권세력에게 이스라엘과의 평화와 미국의 원조는 변화를 요구하는 국내의 반대세력에 맞서 싸우고 더 많은 자원을 경제 발전에 투입함으로써 국민의 지지를 확보할 수 있는 수단을 제공했다. 미국의 캠프 데이비드Camp David에서 이집트는 이스라엘을 국가로 인정해 주는 대가로 시나이 반도Sinai Peninsula를 반환 받고 미국으로부터 대규모 원조를 받아내어 국내의 산적한 문제들에 대처했다.[4]

많은 아프리카 국가들이 식민지에서 해방된 후 보였던 행태는 체제의 불안정성이 영토분쟁에서 온건하고 타협적인 해결을 추구하게 하는 요인임을 보여주는 또 다른 사례이다. 내부적으로 국가의 권위가 확고히 정립되지 못한 상태에서 다양한 부족 집단들이 국경 인근에서, 때로는 국경을 가로질러 거주하는 다수의 신생국가들이 갑자기 생겨났던 당시 아프리카의 상황은 국가들 간의 갈등을 누그러뜨리고 역내 국가들의 상호 협력을 증진시키는 방향으로 작용했다.

한편으로는, 내부로부터의 도전들에 직면해 있던 많은 아프리카의 신생국가들이 처음부터 영토에 대해 적극적인 주장을 자제했던 측면도 있다. 식민지로부터 독립한 이후 이 지역에서의 분쟁은 많은 이들이 예상했던 것보다 훨씬 적었는데, 이는 대부분의 국가들이 영토와 관련한 주장에 있어서는 서로가 비슷하게 취약한 상태였기 때문이다. 다른 한편으로는, 그나마 발생했던 분쟁들도 종종 국내 문제에 대처하기 위해 대부분 타협을 통해 해결되었다.[5] 예를 들어, 1963년에 모리타니아는 동남부 국경 지역 중 상당한 부분을 말리에 양보했다. 당시 말리는 또 다른 분쟁 지역이었던 호드Hodh에서 활동하던 모리타니아 반군들을 지원하고 있었다. 모리타니아는 영토적으로 상당한 양보를 했고 말리는 반군에 대한 지원을 중단했다.[6]

외부적 위협과 영토분쟁에서의 협력 전략

중국이 타협적으로 분쟁을 해결한 이유를 외부적 위협요인으로 설명할 수 있는 사례는 몇 건밖에 되지 않지만, 그러한 위협요인이 발생하는 조건들이 결코 중국에서만 나타나는 독특한 것은 아니다. 국가 간 적대관계와 경쟁이 야말로 국제정치의 본질적 특성이자 다른 영토분쟁에서 협력하게 하는 동기를 창출할 가능성이 높은데, 특히 정권이 내부적 위협으로부터 상대적으로 안전한 경우에 더욱 그러하다.

예를 들어, 1963년 1월 미국과 멕시코는 엘 파소El Paso와 시우다드 후아레스Ciudad Juarez 사이에 위치한 차미잘Chamizal 지역을 두고 오랫동안 끌어왔던 분쟁을 해결했다. 이전에도 양측은 이 지역의 귀속 문제를 해결하기 위해 노력해 왔지만, 미국이 멕시코와 타협을 해야 할 강력한 동기를 창출한 것은 당시 국제환경의 변화였다. 쿠바 공산혁명과 피그만 침투의 실패는 미국에게 소련의 대 라틴 아메리카 영향력 확대에 대응하기 위해 라틴 아메리카 국가들과의 관계를 개선해야 할 필요성을 증대시켰고, 그 결과 케네디 행정부의 "진보를 위한 동맹Alliance for Progress" 프로그램 추진 및 미주국가기구에 대한 지원 확대가 이루어졌다. 멕시코와의 영토분쟁에서 미국이 타협을 선택한 것은 냉전 기간 중 라틴 아메리카 지역에서 미국의 입지를 강화하기 위한 더 광범위한 노력의 일환이었다.[7]

마찬가지로, 1980년대 중반 소련과 미국의 경쟁관계는 소련이 중국과의 영토분쟁에서 타협을 추구하도록 만들었다. 1986년 7월 블라디보스토크 연설에서 고르바초프는 중국과의 동부 국경, 즉 아무르강 및 우수리강에서의 국경선 획정과 관련하여, 중국쪽 강둑을 국경선으로 설정했던 1960년대의 입장을 바꾸어 "최심하상선最深河床線 원칙"을 수용하겠다고 발표했다. 양국 국경선을 따라 대규모 병력이 배치되어 있던 상황에서 그는 미국에 대한 소련의 입지를 강화하기 위해 중국과의 관계 개선을 희망했다.

영토분쟁에서의 장악력과 갈등고조 전략

장악력의 저하가 영토문제에서 무력을 사용하기로 한 중국의 결정에서 핵심적인 요인으로 작용해 왔지만, 이 역시 결코 중국에서만 나타나는 독특한 현상은 아니다. 분쟁 지역에 대한 통제권을 차지하기 위한 경쟁에서 일방이 자국 의 장악력이 감소하고 있음을 인식하는 상황은 거의 대부분의 영토분쟁 사례에서 발견될 수 있다. 예를 들어, 1999년 파키스탄의 정규군과 비정규군이 카슈미르Kashmir, 克什米爾 지역을 가르는 실질통제선 상의 인도측 진지 70개 이상을 점령한 사건은 이 고원지대에서 이후 몇 개월간 지속된 전투를 촉발하는 계기가 되었다. 카슈미르 지역에서 인도의 정치적 권위가 공고해진 것이 파키스탄이 무력 사용을 결정하는 데 있어 핵심적인 요인이었다. 이전 몇 년간 인도는 카슈미르 지역의 폭동을 진압하는 한편 수차례 선거를 실시하여 지방정부의 정통성을 강화해 왔는데, 가뜩이나 빈약했던 이 지역에 대한 파키스탄의 장악력은 이로 인해 더욱 약화되었다. 파키스탄은 제한적인 공격이 이 지역의 반군 활동에 새로이 숨통을 틔워줄 것이고, 그럼으로써 이 분쟁에서 약화되고 있던 자국의 입지를 강화해줄 것이라는 결론을 내렸다.[8]

장악력의 저하는 1982년 4월 아르헨티나의 포클랜드Falkland Islands 침공에 대한 대안적 설명을 제공한다. 기존 설명은 주로 자국 국민들의 시선을 내부 문제에서 외부로 "전환하려는diversionary" 책략으로 본다. 1980년 영국이 이 섬을 아르헨티나에 반환하고, 아르헨티나는 다시 영국에게 임차해주는 방안을 의회가 거부하면서 아르헨티나는 포클랜드의 주권에 대한 영국과의 협상에서 심각한 차질을 겪게 되었다. 이후 2년간 영국은 주권 문제를 양국의 협상 의제에 올리려는 아르헨티나의 시도에 퇴짜를 놓았다. 1981년 12월 갈티에리Leopoldo Galtieri가 대통령으로 취임하면서 아르헨티나 군사정권은 이 지역을 둘러싼 분쟁에서 자국의 취약성이 커지는 상황을 역전시키고자 했으며, 이를 위해 더욱 강경한 협상 태도를 취했고 영국이 협상하도록 압박하기 위해 무력 사용을 준비했다.[9] 당시 고조되고 있던 아르헨티나의 사회적 불안은 이 분쟁에서 가시적인 진전을 보여줘야 할 필요성을 증대시킴으로써 장악력의 쇠퇴를 더욱 민감하게 인식하게 했지만, 군사정권의 결정에 결정적인 역할을 한 것은 이 분쟁에서 아르헨티나의 입지를 약화시킨 영국의 압력이었다

제1장에서 설명했지만, 장악력이 취약하거나 열세인 국가라도 더 강력한 상대국가의 국력이 일시적으로 약화되어 분쟁 지역을 확보하는 데 수반되는 비용이 잠시나마 감소하는 경우에는 무력을 사용할 수 있다. 중국의 영토분쟁에서는 이러한 메커니즘을 볼 수 있는 사례가 아직 없지만, 다른 국가들의 분쟁 사례에서는 이러한 메커니즘이 일정한 역할을 했을 수 있다. 예를 들어, 1962년 알제리가 독립했을 당시 자원이 풍부한 틴두프Tindouf 지역을 둘러싸고 모로코와 교전이 발생했다. 프랑스는 1956년 모로코가 독립하기 전에 이미 이 지역에 대한 통치권을 알제리에 넘겨주었는데, 모로코가 이를 되찾으려 한 것이었다. 알제리에서의 프랑스군 철수는 모로코가 그 지역을 차지할 수 있는 기회의 창을 열어 주었고 1963년 7월~11월간 전투가 이어졌다.[10]

마찬가지로, 제2장에서 설명했듯이, 대약진 운동 실패 이후 중국이 처한 경제적 어려움은 인도와 대만이 각각 중국과 겪고 있던 영토분쟁에서 자국의 몫을 차지할 수 있는 기회가 발생했음을 인식하도록 하는 데 핵심적인 역할을 했다. 중국 본토의 경제적 위기가 네루와 장제스에게는 분쟁 지역에 대한 중국의 영향력 감소 및 외부의 압력에 대한 취약성 증대를 의미했기 때문이다. 중국의 내부적 혼란은 역내 군사력 균형의 변동을 보여주는 징후가 되었으며, 인도와 대만에게는 행동을 취할 기회의 창을 제공했다.

국제관계에 대한 시사점

영토분쟁에서의 협력과 갈등고조에 관한 이론들 외에도, 이 책은 보다 거

시적인 차원에서 국제관계를 연구하는 데 도움이 될 몇 가지 시사점을 제공한다.

첫 번째, 중국의 행태는 국제관계에 관한 두 개 주요 이론을 지지한다. 내부적으로 동요와 불안정을 겪는 상황에서 영토분쟁을 협력적으로 해결하려한 중국의 행태는 "전방위적 균형omnibalancing" 이론을 지지하는데, 이 이론은 국가의 지도자들은 내부적이든 외부적이든 그들이 직면한 가장 절박한 위협에 맞서 균형을 잡기 위해 동맹을 형성한다고 주장한다. 이 책은 국제관계의 중요한 연구분야 중 하나인 영토분쟁에서 "전방위적 균형" 이론이 어떻게 적용되는지 보여줌으로써 그 이론을 더욱 지지한다. "전방위적 균형" 이론에 대한 이러한 뒷받침은 이 이론이 국가 간 협력 결정이나 영토분쟁 이외의 다른 주제나 이슈에도 유용하게 확대 적용될 수 있을 것임을 시사한다. 보다 일반적으로 말한다면, 내부적인 동요나 불안정성이라는 요인은 아직은 국제관계에서 국가 간 협력의 원천으로서 충분한 인정을 받지 못하고 있다.

마찬가지로, 영토분쟁에서 장악력 저하를 인식하는 경우 그 대응으로서 갈등을 고조시키려 한 중국의 행태는 예방전쟁 이론preventive war theory을 지지하는 근거가 된다. 특히, 중국의 이러한 행태는 국가들이 국제체제에서 자국의 전반적인 위상 변화에 대한 대응으로서 뿐만 아니라 특정한 유형의 갈등상황에서 왜 그리고 언제 무력을 사용할 가능성이 높은지를 조사하는 데 있어 예방전쟁 이론의 유용성을 입증해준다. 유사한 분석이 지속적이고 전략적인 경쟁관계와 같이, 국력의 상대적인 쇠퇴가 한 국가의 영향력 저하를 멈추기 위해 위협을 가하거나 무력을 사용하려는 동기를 창출할 수 있는 다른 영역들로 확대될 수 있을 것이다.

두 번째, 중국의 영토분쟁 연구는 연구자들에게 향후 국제관계 연구가 나아가야 할 방향을 제시한다. 협력과 갈등고조에 관한 필자의 이론을 구성하는 데 이용된 국가중심적 접근법state-centric approach은 국가를 단일한 행위자unitary actor로 다루면서도 국제관계에 있어 분석의 차원들을 통합하기 위한 대안적인 분석틀을 제공한다. 국제적 차원과 국내적 차원을 연결하기 위한 노력은 대개 퍼트넘Robert Putnam의 양면 게임two-level game 이론의 방식을 따라, 각각의 차원에서 변수들을 선택하여 그들 사이의 상호관계를 검토한다.[11] 국가중심적 접근법은 국가 내부, 외부 환경 모두에서 자율적인 행위자로서 국가로 초점을 전환함으로써 다른 방법론을 채택하면서 국가의 목표 달성 능력을 제한하는 국내 또는 대외적 변수들을 파악한다. 이 접근법에서는 하나의 차원이 다른 차원보다 우월하지 않으며, 분석의 초점을 어떤 특정한 차원에 제한하지도 않는다. 또한, 이 접근법은 다른 주제를 연구하는 데도 유용하다. 예를 들어 국경의 관리에 관한 최근의 연구에서, 가브릴리스George Gavrilis는 국가가 사회로부터 필요한 자원을 확보하는 방식은 국경을 넘나드는 사람과 물자의 흐름을 관리, 통제하는 데 있어서 경직된 방식을 채택할지 또는 유연한 방식을 채택할지에 영향을 미친다는 사실을 보여준다.[12]

중국이 권위주의적 정치체제에도 불구하고 다수의 영토분쟁에서 협력적인 분쟁 해결의 의지를 보여주었다는 사실은 국내의 정치제도와 국제관계에 대한 연구에서 민주주의라는 범주를 넘어설 필요성을 부각시킨다.[13] 민주주의라는 정치체제적 특성이 어떤 결과에 긍정적인 영향을 미쳤음을 발견한 연구에서조차도 민주주의 정치체제가 확고히 자리 잡은 경우가 비교적 드물기 때문에, 권위주의 국가들을 포함해 전체적으로 어떤 차이가 있는지에 대해서는 아직 충분히 설명되지 않은 상태이다. 국가중심적 접근법은 한 국가의 국력을 형성하는 내부적, 외부적 요소들을 모두 통합하기 때문에 국가가 어떻게 행동하는지, 그리고 국가가 다양한 대외정책들의 비용과 편익을 어떻게 계산하는지 연구하기 위한 틀을 제공한다

체제의 불안정성과 장악력 저하가 중국이 영토분쟁에서 협력 전략 또는 갈등고조 전략을 결정하는 데 커다란 영향을 미친다는 점은 국제관계에서의 국력을 측정하는 보다 섬세한 수단을 개발할 필요성을 더욱 부각시킨다. 국가가 영토분쟁 같은 특정한 분야에서 국익을 추구할 때 다른 국가들에 비하여

자국이 가지고 있는 총체적인 역량을 넘어서는 결정을 내리는 경우, 그러한 결정 과정에 국력을 구성하는 다양한 요소들이 각기 크고 작은 작용을 할 가능성이 있다. 그 결과, 특정한 분야에서 국가가 어떻게 행동하는지 설명하는 과정에서 국력의 총합aggregate power만을 보거나 국가의 내부적 안정성을 간과하는 것은 논의를 잘못된 방향으로 이끌 수 있다.

세 번째, 영토분쟁에서 중국이 협력 전략과 갈등고조 전략을 채택하는 양상 은 국제관계에 관한 다른 몇몇 이론들을 반박하는 근거가 된다. 먼저, 중국의 행태는 국가 내부의 정치적 갈등을 폭력적이거나 호전적인 대외정책의 원인으로 보는 이론을 반박하는 강력한 증거가 된다. 관심전환 전쟁 이론 및 민주화와 전쟁에 관한 맨스필드Edward Mansfield와 스나이더Jack Snyder의 주장에 따르면, 정치 지도자들은 국내적으로 정치적 동요를 겪는 시기에는 대외적 긴장을 통해 사회를 결속하고 결집시키기 위해 위기를 고조시키려 할 가능성이 높다.[14] 대외적 위기의 발생은 정치 지도자들이 내부적 지지를 동원할 수 있는 확실한 계기이기 때문에, 영토분쟁은 이 같은 명제들을 검증하는 무대가 될 수 있다. 특히 다수의 분쟁 사례가 존재하고 국가 권위에 대한 내부로부터의 도전이 빈번했던 중국은 특히 관심전환 전쟁 이론의 주장을 검증하기 "용이한" 다양한 사례들을 제공한다. 그러나 반복적으로 발생했던 내부적 혼란들에도 불구하고, 중국은 영토분쟁에 있어 대개 협력적인 해결을 추구했지 갈등을 고조시키지는 않았다. 쉽게 통과해야 할 검증임에도 실제 적용되는 사례가 별로 없다는 점은 이 이론 자체의 타당성에 의문을 던지게 한다.

그럼에도 불구하고, 중국이 영토분쟁에서 무력을 사용한 사례들의 존재는 왜 몇몇 사례에서는 내부적 갈등이 대외적인 위협이나 무력 사용으로 연결될 수 있는가라는 질문을 제기하게 한다. 블레이니Geoffrey Blainey에 따르면, 국가의 내부적인 동요는 그 국가와 다른 국가 간의 힘의 균형에 관한 인식에 변화를 줄 수 있는데, 더 강한 국가가 내부의 도전으로 혼란에 빠지거나 국력을 소모하는 것처럼 보일 때 이는 더 약한 국가가 자국의 입지를 확대할 기회의 창windows of opportunity을 조성하게 된다.[15] 한편, 내부적으로 동요를 겪는 상황에서 분쟁 중인 상대국가로부터 도전을 받게 되면 무력 사용은 "관심전환 전쟁"이라는 동기 외에도 다른 여러 가지 이유들로 인하여 매력적인 대응방안이 된다. 정치 지도자가 다른 국가들이 자국의 약점을 이용하려 한다는 결론을 내리는 경우, 무력 사용은 국익을 수호하겠다는 결의를 대외적으로 전달하는 수단이 될 수 있다.

이에 더하여, 영토분쟁에서의 중국의 행태는 "공격적 현실주의offensive realism" 이론에 대해서도 그 타당성에 의문을 제기하게 한다. 이 이론은 국가는 팽창을 추구할 역량을 보유하고 있을 때, 특히 비용은 낮고 기회가 풍부할 때, 팽창을 추구할 것이라고 주장한다. 공격적 현실주의의 세계에서는 국력이 안보를 보장한다. 다른 국가들에 비해 국력이 우위인 국가는 안보적 목적을 달성하기 위해 그 힘을 이용하며 공격적으로 행동할 가능성이 높다.[16] 이 이론은 강대국 간의 관계를 설명하기 위해 개발되었지만, 중국 같은 강대국을 포함해 어떤 국가에게도 핵심적인 안보이익에 해당하는 영토분쟁에도 적용될 수 있다. 공격적 현실주의에 따른다면 국가는 자국의 국력을 전반적으로 강화할 수 있는 지역을 두고 빈번히 싸우게 되고, 개개의 분쟁에서 국력이 강한 국가가 약한 국가보다 더 공격적일 것이라 예측한다.

그러나 중국의 행태는 그러한 예측에 부합하지 않는다. 분명히 중국은 대만이나 스프래틀리 군도와 같이 중요도가 높은 지역을 둘러싼 분쟁에서는 무력을 사용했다. 하지만 이와 동시에, 중국은 주변국가들에 비해 현저한 군사적 우위를 누릴 수 있는, 특히 육상 경계선을 끼고 있는 지역들에서 발생한 많은 영토분쟁 사례에서는 대개 타협적인 해결을 추구해 왔다. 공격적 현실주의를 주장하는 이들은 그러한 사례들에 대해, 그러한 지역들은 경제적 또는 전략적 가치가 별로 없는 곳들이라는 이유를 들며 중국의 이 같은 행태를 자신들의 이론과 관계 없는 것으로 치부할 수도 있을 것이다. 하지만 중국은 팽창이 아닌 타협을 통하여, 가장 인구가 밀집한 중심부를 보호하는 완충지대 역할을 하는 변강 지역들에 대한 통제력를 공고히 함으로써 자국의 안보를 강화했다. 또한, 지난 20년간 중국의 국력은 극적으로 성장해 왔음에도 불구하고 무력을 통해 분쟁을 해결하려는 성향이 그에 따라 더 강해지지는 않았다. 관련 지표에 따르면, 중국이 전세계의 전력에서 차지하는 비중은 1990년 10.8%에서 2001년 134%로 증가했다.[17] 그러나 이 기간 중에도 중국은 타협을 통해 다수의 영토분쟁 사안들을 해결했다. 중국의 이러한 행태를 가장 단적으로 보여주는 것은 아마도, 소련이 약해지다가 1991년 말 붕괴했을 당시 훨씬 더 강경한 태도로 압박할 수 있었음에도 불구하고 타협적 방식으로 분쟁의 해결을 추진한 사례일 것이다. 동시에, 중국은 잘 알려지고 두드러진 영토분쟁 사례들, 특히 인도와의 분쟁이나 남중국해의 전략적으로 중요한 지역들을 둘러싼 분쟁에서도 국력이 성장했다고 더 호전적으로 대응하지는 않았다. 1990년 이래 중국이 무력을 사용한 사례는 단 2건으로, 1994년 말 미스치프초Mischief Reef, 美濟礁 점령과 1995~96년간의 대만 해협 위기였다.

중국의 무력 사용 사례들은 "세력전이 이론power transition theory"은 물론, 공격적 현실주의를 반박하는 더욱 많은 근거들을 제공한다. 공격적 현실주의에서 주장하는 바와 반대로, 확실한 군사적 우위를 점하고 있는 경우 중국은 무력 사용을 자제하였다. 이에 반해, 명백한 군사적 우위를 점하고 있는지 여부와 무관하게, 중국은 자국의 장악력과 협상력이 저하되는 상황을 역전시키기 위해서는 무력을 사용했다. 기회가 아니라 장악력과 협상력의 저하를 인식했을 때 그에 대한 대응으로 무력을 사용해 왔던 중국의 일관성은 세력전이 이론과 부합하지 않는다. 이 이론은 부상하는 국가가 쇠퇴하는 국가보다 무력을 사용할 가능성이 더 높으며, 특히 체제 안에서 신흥 강대국의 힘이 더 강한 국가들과 동등한 수준에 다다랐을 때 무력충돌의 가능성이 높다고 주장한다.[18]

혁명을 통해 수립된 국가들의 대외정책에 관한 주장들도 중국이 영토분쟁에서 보였던 행태를 설명하지 못한다. 중국의 경우 대부분의 영토분쟁에서 국내의 급진적인 정치 상황이 단호하거나 호전적인 대외정책의 수립을 막았다.[19] 또한, 중국은 분석가들의 예상보다 더욱 빈번하게 타협적인 해결을 추구했을 뿐만 아니라, 거의 모든 사례에서 영토와 관련한 주장을 함에 있어 이념에 얽매이지 않았다.[20] 예를 들어, 냉전 초기 중국은 미얀마와 같은 비동맹 국가들, 몽골과 같은 사회주의 국가들은 물론 파키스탄을 포함한 미국의 동맹국가들과도 타협적 방식의 분쟁해결을 추구했다.

마지막으로, 중국이 협력 전략과 갈등고조 전략을 채택하는 양상은 정책결정 과정에서 신뢰성credibility과 평판 형성reputation building이 하는 역할에 대한 의문을 제기한다. 국가는 "강경하다"는 일반적 평판을 얻기 위해 한 영역에서 기꺼이 무력을 사용하려는 듯이 보이는 경우가 있는데, 이는 그들의 신뢰성을 유지하고 다른 영역들에서 다른 국가들이 도전하는 것을 억지하기 위한 것이다. 예를 들어, 월터Barbara Walter는 다수의 영토분쟁에 관여하고 있는 국가는 "물렁하다"는 평판 때문에 다른 국가들이 영토와 관련한 더 과도한 요구를 하게 되는 상황을 만들지 않기 위해 양보하려 하지 않을 것이라 주장한다.[21] 또한, 그러한 국가는 향후 발생하는 도전들도 제압할 것이라는 결의를 보여주기 위해 자국의 권리에 도전하는 첫 번째 국가에게 기꺼이 무력을 행사하려 할 것이라고 본다.

제2차 세계대전 종전 이래 다른 어느 국가보다도 많은 영토분쟁을 경험한 중국에는 이 같은 주장을 쉽게 검증할 만한 사례들이 다수 존재한다. 하지만, 양보가 자국의 평판에 미칠 부정적 영향이나 다른 국가들에게 약한 국가로 보일 수 있다는 점에 대해 그다지 우려하지 않고 다수의 분쟁 사안들에서 반복적으로 타협적인 해결을 추구한 중국의 사례들은 이 같은 주장에 의문을 제기한다. 중국의 행태는 특정한 조건 하에서는 국가가 "강경함"이라는 평판이 아니라 "협력적임"이라는 평판을 만들고자 할 수도 있음을 보여준다. 중국이 무력을 사용하여 자국의 결의를 대외적으로 전달하고자 한 몇몇 분쟁 사례가 존재하지만, 공격의 대상은 자국의 권리에 적극적으로 도전한 국가들에 한정되었다. 단지 영토분쟁 중이거나 향후 중국에 도전할 가능성이 있는 국가들까지 공격의 대상으로 삼은 것은 아니었다.

중국의 대외정책 결정요인

중국의 영토분쟁에 대한 연구는 중국의 대외정책 결정에 영향을 주는 요인이 무엇인지 밝히는 데 도움을 준다. 영토분쟁과 관련한 대외정책 결정 과정에는 중국의 최고 지도자 개인들보다는 당시 중국이 처해 있던 내부, 외부 안보환경이 더 중요했다.[22] 1949년 이래로 개인의 성향이나 심리적 특성은 물론 정치체제 내에서의 영향력도 매우 상이했던 중국의 지도자들이 국내나 외부로부터 유사한 위협에 직면했을 때 영토분쟁에 대해서는 대체로 동일한 정책을 채택 혹은 지지해 왔다. 마오쩌둥과 장쩌민 집권 하에서 중국은 체제의 안전성에 대한 내부로부터의 위협, 특히 변강 지역에서의 소수민족 소요 사태에 직면하는 동안 인접국가들과의 영토분쟁에서 타협적 해결을 추구했다. 이와 비슷하게, 마오쩌둥과 덩샤오핑, 그리고 장쩌민 모두 영토분쟁에서 자국의 협상력이 저하되면, 비록 장쩌민 집권기에는 비교적 덜 폭력적이고 덜 빈번했다고는 하지만, 무력을 사용했다. 대부분의 무력 사용 사례가 마오쩌둥과 덩샤오핑 집권기에 발생했기 때문에 이 두 지도자가 장쩌민보다 더 강압적인 성향이었다고 할 수도 있다. 그러나 장쩌민 집권기는 소련의 붕괴와 1949년 이래 대외적으로 가장 중국에 유리한 안보환경이 겹치던 시기로, 영토와 관련한 중국의 주장이나 권리가 도전받는 경우가 앞의 시기보다 더 적었음을 감안해야 한다.

위에서 설명한 특징을 들어서 중국의 대외정책 결정 과정에서 지도자 개인이 중요한 요소가 아니라고 주장하려는 것은 아니다. 중국의 지도자들은 개인의 성향이 아니라, 국가가 처한 총체적 안보환경의 절대적 요구imperative를 반영하는 주요 결정을 해 왔다는 것이다. 마오쩌둥이 처했던 것과 동일한 상황이었다면 장쩌민과 덩샤오핑도 영토분쟁을 해결하기 위해 무력을 사용했을 것이다. 마오쩌둥과 장쩌민이 직면했던 동일한 상황에 있었다면 덩샤오핑도 타협적 해결을 선택했을 것이다. 단, 1969년 3월 소련군을 기습하기로 한 결정은 아마도 마오쩌둥의 개인적 성향의 이해 없이는 충분히 설명될 수 없는 중요한 예외 사례일 것이다. 당시 베트남을 두고 미국과 치열한 경쟁을 벌이던 상황에서, 동시에 또 다른 초강대국과 무력충돌을 일으키는 것이 중국의 안보상황을 개선할 것이라고 보기는 어렵기 때문이다. 아마도 당시 인민해방군의 실전능력에 대한 마오쩌둥의 개인적 신뢰가 이러한 결정을 내리는데 핵심적인 역할을 했을 것이다.[23]

민족주의가 외교정책에 커다란 영향력을 미칠 것이라고 예상할 수 있는 주제인 영토 주권 문제에서, 민족주의는 중국을 연구하고 관찰해 온 많은 이들이 생각했던 것보다 영향력이 더 적었다. 1949년 이래로 중국은 러시아 극동지역, 몽골 또는 중앙아시아 일부 지역과 같이 한때 청淸이 지배했거나 강한 영향력 하에 있던 "잃어버린" 영토에 대한 권리를 주장한 적이 없다. 청이 외국과 맺었던 조약들 중에서 중국이 번복하고자 했던 것은 마카오와 홍콩 일부를 할양한 조약뿐이었다. 그 외에는, 중국은 과거에 체결했던 국가 간 협정에 담긴 기본적인 국경선 획정 사항들을 수용했다. 제정 러시아에 할양되었던 영토에 대해 "아직 청산되지 않았다."고 한 마오쩌둥의 1964년 7월 발언은 이에 대한 중요한 예외 사례일 수도 있다. 그러나 그 발언은 발언의 취지 자체가 모호한 것으로, 일본과 소련의 분쟁에 대해 언급하는 과정에서 나온 것이지, 중국의 주권을 분명하게 주장하려는 것은 아니었다. 게다가 영토분쟁과 관련한 중국의 정책에는 마오쩌둥의 그러한 발언이나 그러한 발언이 내포했을 수도 있을, "잃어버린 영토를 회복하자"는 식의 정서가 전혀 반영되어 있지 않았다.

1950년대 이래로 중국이 영토적 권리를 주장하는 빈도와 지리적 범위도 증가하지 않았다. 중국의 영토적 목표는 국제체제 내에서 중국의 위상 변화, 지도자의 개인적 성향 및 정치 이념의 극적인 변화들을 거치면서도 연속성을 유지해 왔다. 이들 중 일부, 특히 본토와 원해도서 지역의 영토분쟁과 관련한 목표들은 부분적인 수정이나 변경이 있었지만 새로운 것이 아니라는 점이 중요하다. 중국은 1949년 중화인민공화국 건국 이래로 그러한 목표를 추구해 왔다. 중국의 영토적 목표는 국제체제 안에서 중국의 위상에 따라 달라지는 이해관계가 아니라 "현대 중국 국가에 속해야 하는 것"에 대한 비전을 반영하는 것이다. 예를 들어, 군사적 역량이나 국력이 강할 때이건 약할 때이건 중국은 대만과의 통합과 남중국해에서의 해상 경계선 설정을 추구해 왔다.

중국을 관찰하며 연구해 온 이들은 1990년대 이래로 대중적 민족주의의 대두, 특히 정치 이념으로서의 사회주의가 퇴조하면서 민족주의가 확산되는 현상을 지적해 왔다. 민족주의가 실제로 확산되고 있는지는 불분명하지만, 이 시기 영토분쟁에서 보였던 중국의 행태는 대외정책에 대한 민족주의의 영향력이 민족주의의 확산을 말하는 이들이 주장하는 것보다는 제한적임을 보여준다.[24] 중국 사회 내부에서 관측되는 민족주의적 정서가 주권에 관한 문제에서 중국이 더 호전적인 접근을 하는 결과로 이어지지는 않았다. 중국은 1996년 대만에 대한 미사일 시험발사 이래로 10년 이상 무력을 사용하지 않았고, 1988년 존슨초를 두고 베트남과 무력충돌을 빚은 이래로 20년 이상 영토문제로 다른 국가들과 전투를 하지 않았다. 그리고 같은 기간 동안 9건의 영토분쟁에서 상대국가와 타협을 했다. 중국 중앙정부는 타협을 위해 상대국가들에게 제공한 영토적 양보와 관련한 구체적인 자료들을 숨기려 하지만, 그럼에도 불구하고 타협적 해결을 추구하였고 협정에 서명하고 비준하였으며 그 문서들에 기초하여 국경을 획정했다.

그렇다고 이러한 점을 들어 민족주의가 중국의 대외정책 또는 영토분쟁과도 관계가 없다고까지 주장하려는 것은 아니다. 홍콩과 마카오에 대한 주권회복뿐만 아니라, 대만과의 통일에 대한 지속적 열망과 이 분쟁에서 무력 사용도 불사하겠다는 의지는 민족주의와 관련 짓지 않고는 설명할 수 없다. 게다가, 홍콩과 마카오의 반환은 분명한 민족주의적 성취였다. 한편, 중국이 지난 20여 년간 스프래틀리 군도와 센카쿠 열도에 대한 자국의 권리를 공공연하게 주장해 왔으며 피어리 크로스초 같이 이미 통제하고 있는 곳을 포기하지 않으려 할 것이기 때문에 민족주의는 이들 분쟁에서 가뜩이나 희박한 타협의 여지를 더욱 좁힐 것이다. 이들 지역에서 중국의 주장이나 권리에 대한 명백한 도전이 있을 경우 중국은 설혹 폭력적이지는 않더라도 강경하게 대응할 것이다. 그럼에도 불구하고, 민족주의자들의 압력 때문에 중국이 영토분쟁에서 더 빈번하게 무력 사용을 위협한다거나 더욱 비타협적으로 변화해 온 것은 아니었다. 또한, 중국의 지도자들은 영토문제와 관련한 대외적 갈등을 경제개혁의 혼란이나 불확실성과 관련된 사회 문제들에 대한 국내적 불만으로부터 대중의 관심을 돌리기 위한 수단으로 활용하지도 않았다. 1990년대 초 대만과의 갈등에서도 대만에 대해 무력을 행사하거나 위협하려는 중국의 의지는 대만 국내 정치로부터 야기된 통일에 대한 도전들에 따라 달라져 왔지, 중국의 정치적 불안정성이나 민족주의적 여론에 좌우되지는 않았다.

마지막으로, 영토분쟁에서의 중국의 행태는 중국이 전략적, 문화적으로 공격적인 무력 사용을 얼마나 선호하는지에 대한 의구심을 제기한다. 중국은 무력을 사용하는 경우에도 상대의 절멸을 추구하거나 최대한 넓은 영역을 차지하려 하지 않았다.[25] 또한, 중국이 종종 먼저 무력을 행사하기도 했지만, 상대국가와의 힘의 균형에서 자국이 유리해졌기 때문에 그랬던 것도 아니다. 중국의 무력 행사는 자국의 입지가 취약해지거나 영향력이 감소하는 추세에 대응하려는 경우가 대부분이었다. 마지막으로, 인도와의 영토 갈등 및 스프래틀리 군도를 둘러싼 베트남과의 영토 갈등에서 중국은 전투에서 결정적인 승리를 거둔 이후에도 전쟁의 목적을 확대하거나 분쟁 지역에서 더 큰 부분을 차지하려 하지 않았다. 그 대신, 중국은 군사적 승리를 거둔 이후에는 대개 스스로 자제해 왔는데 이러한 행태는 중국이 공격적 조치나 정책을 선호한다고 가정한다면 설명할 수 없는 것이다.

스프래틀리 군도는 어느 정도 예외적인 사례일 수도 있는데, 이는 1980년 초가 되기 전까지는 중국이 그 지역의 지형물들을 점령하고 전초기지를 유지할 만한 해군의 역량이 부족했기 때문이다. 그럼에도 불구하고 중국은 1988년 6개 지형물들을 점령한 이후에는 다른 국가들이 이미 점령하고 있는 곳들에 대해서는 공격을 자제해 왔다. 예를 들어, 역내 미국의 군사적 존재감이 감소하던 1990년 초는 중국이 분쟁 중인 국가들을 겨냥하여 행동을 개시하기에 이상적인 기회였을 수도 있었을 것이다. 1993~1994년간 이 지역 도서들을 둘러싼 경쟁이 첨예해졌지만, 중국은 다른 국가들에 비해 국력과 위상이 향상되었음에도 불구하고 이들과 전투를 벌이지 않았다. 중국은 인간이 거주하지 않고 영구적으로 수면 아래 잠겨 있는 지형물인 미스치프초Mischief Reef, 美濟礁를 차지했지만, 공격적인 무력 사용을 선호하는 국가라면 자국의 활동을 제약하는 요인들이 감소할 경우 취할 것이라 예상할 수 있는 더 강력한 조치는 어떠한 것도 취하지 않았다.

중국의 영토문제 전망

전체적으로 볼 때, 중국의 많은 영토분쟁 해결은 주로 "현대 중국 국가"의 일부로 여겨지는 영토들에 대한 통제권의 공고화를 위한 현상유지적 접근 status-quo approach을 반영한다. 변강 지역 영토분쟁에서, 중국은 소수민족들이 거주하고 있으며 자치 또는 독립에 대한 요구가 언제든 분출할 수 있는 광대한 변강 지역들에 대한 주권을 인접국가들로부터 인정받기 위해 타협이라는 수단을 사용해 왔다. 이들 국가가 육상 경계선 문제에서 중국에 도전하면 중국은 군사력을 사용하여 대응하였으나 전투를 통해서 획득한 영토는 크지 않다. 중국이 무력을 사용한 목적은 변강 지역에 대한 중국의 주권을 이들 국가가 인정하도록 강제하는 것이었다. 이에 더하여, 새로운 국경협정과 조약을 체결함으로써 국경의 위치를 명확하고 정확하게 정하는 작업을 지속해 왔다. 이러한 문서들 중 일부, 특히 국경조약에 부속된 경계획정과 관련한 의정서들은 분량이 수백 페이지에 달할만큼 상세하다. 그러한 노력을 통해 중국은 자국의 주권이 미치는 범위와 관련한 모호성을 줄이는 한편, 청淸 초기에는 중국의 일부였지만 이후에 상실했던 지역들에 대해 잃어버린 영토를 회복하려는 주장을 포기하게 되었다.

타협을 통한 많은 분쟁을 해결하려는 중국의 의지는 강대국으로 부상하는 중국의 그늘 아래에 있는 동아시아에 중요한 전략적 함의를 던진다. 영토문제에 대한 중국의 양보는 1990년대 말 이후 역내 문제들에 대한 적극적 개입을 가능케 한 측면이 있는데, 이러한 적극적 개입은 중국이 제창하는 "신외교新外交" 및 "전지구적 행동주의全球行動主義"의 주요 특징이다.[26] 분쟁을 해결하고 국경선의 위치와 관련한 불확실성을 해소함으로써, 중국은 강대국으로 부상하면서 발생하는 안보 딜레마를 감소시키고 중국의 의도에 대해 우려하는 주변국가들을 안심시켜 왔다. 영토문제로 역내에서 격렬한 갈등을 겪고 있었다면, 특히 현재 진행형인 대만과의 긴장까지 감안할 때, 역내 현안들에 대한 중국의 관여는 훨씬 더 어려웠을 것이다. 더욱이 주변국가들을 안심시켜야 한다는 중국의 대전략grand strategy으로부터 제기되는 절대적인 요구를 감안한다면 이러한 영토적 해결 상태는 지속될 것으로 보인다. 이러한 합의를 파기한다면 중국의 영토적 야망은 물론 과연 중국이 국제적 합의를 준수하려는 의지가 있는지에 대한 근본적인 의구심을 새로이 불러일으킬 것이다. 중국이 주변국가들을 안심시키기 위해서는 두 가지 모두에 있어서 확신을 주어야 한다.[27] 중국의 영토적 야심에 대한 주변국가들의 우려가 존재하는 상태에서, 기존의 합의들 중 하나라도 위반한다면 이는 중국이 공격적 "유형"의 국가라는 신호를 역내 국가들에 보내게 될 것이다.

중국이 대부분의 영토분쟁을 해결했다는 점은 향후에 폭력적인 무력충돌이 발생할 소지를 감소시켰다고도 볼 수 있다. 다른 어떤 문제보다도 영토문제로 국가 간 충돌이 발생하는 것이라면, 중국이 17건의 분쟁을 해결한 것은 긍정적인 발전이다. 과거 중국이 체결한 국경협정들은 주변국가들과의 평화를 상징하는 대단히 좋은 지표indicator이다.[28] 중국은 일단 영토분쟁을 해결한 국가들과는 이후에 동일한 지역을 두고 군사적 충돌을 일으킨 적이 없었기 때문에, 그와 같은 합의는 상대 국가들과 전쟁이 없는 상태로 연결된다.[29] 향후에 중국이 이 이웃 국가들과 폭력적인 갈등을 겪게 되더라도, 그 충돌이 분쟁 영토를 두고 발생할 가능성은 높지 않을 것이다.

영토분쟁에서 중국의 행태가 대체적으로 시사하는 바는 더욱 강해진 중국은 무력 사용을 자제할 가능성이 있다는 것이다. 영토분쟁에서 중국은 자국의 취약성이 커지거나 장악력이 저하될 때 이에 대응하기 위해 무력을 사용해 왔기 때문이다. 그렇다면, 역설적이지만, 더 강해진 중국은 남아 있는 영토분쟁들에서 무력을 사용할 가능성이 낮으며, 어쩌면 다른 유형의 갈등에서도 그럴 것이다. 이러한 예측은, 그동안 중국이 우세한 위치를 점한 상태에서 다수의 분쟁에서 기꺼이 타협하려는 모습을 보여줘 왔지만, 앞으로도 중국이 반드시 타협적으로 분쟁을 해결하리라는 것을 의미하지는 않는다. 그럼에도, 더 강해진 중국이 반드시 더 호전적일 것이라고 보기는 어려울 것이다.

아직 해결되지 않은 영토분쟁 6건에 대한 전망은 다양하다. 역내 상황은 대체로 긍정적인 편이다. 4건의 영토분쟁은 사실상 봉합neutralize되었다. 1990년대에 중국은 미해결 상태였던 인도 및 부탄과의 분쟁에서 신뢰구축조치(CBMs)에 대한 합의에 도달했으며 최종적인 해결을 위한 협상이 진행 중인데, 군사적 위협 없이 추진되고 있다. 2005년 4월 중국과 인도는 오랜 기간 끌어온 양국 사이의 분쟁을 해결하기 위한 기본 원칙들에 관한 협정에 서명했다.[30] 이 문서는 실질통제선을 따라 그어진 경계선의 현상 유지를 확인하는 한편, 최종적인 해결에 도달할 수 있다면 그 해결방안은 분쟁 지역 현장에 존재하는 현재의 사실들current facts에 모순되지 않도록 할 것을 권고하는 내용이다. 1990년대에 이루어진 신뢰구축조치와 관련한 합의들은 무력 사용의 동기가 될 수 있는 역내에서의 군비경쟁이나 관련 국가들의 장악력에 부정적 변동이 발생할 가능성을 감소시켰다.

역시 미해결 상태인 2건의 원해도서 분쟁에서도 무력충돌이 발생할 가능성은 현저하게 감소했다. 1974년 크레센트 군도를 두고 남베트남과 무력충돌을 벌인 후 중국은 파라셀 제도의 모든 지형물들을 점령했다. 중국이 이 지역에 대한 통제권을 포기할 것 같지 않지만, 베트남도 이 지역에서 중국에 군사적으로 도전할 것 같지는 않다. 게다가 중국은 계속 강대국으로 부상할수록 오히려 베트남과의 분쟁의 일부 측면에 대해 타협적으로 해결하려 할 수도 있는데, 중국은 우위에 있는 입장에서 타협을 하게 되고 따라서 자국이 선호하는 합의 조건을 만들 수 있을 것이기 때문이다. 그러한 타협은, 아마도 중국이 역내 어느 지역에서 외부적 위협에 직면하고 이에 대응하기 위해서 베트남과의 외교적 협력이 절실해지는 경우에 가능할 것이다. 예를 들어, 파라셀 제도 주변 수역의 해양권에 대한 타협이 있을 수 있는데, 아마도 2000년 체결한 통킹만Tonkin Gulf 어업 협정과 유사한 방식으로 해양자원을 공유하는 것도 그 중 하나가 될 수 있다.[31]

마찬가지로, 중국의 동남아시아 외교정책의 특징인 동남아시아국가연합에 대한 포용 정책engagement은 스프래틀리 군도 분쟁에서의 경쟁을 누그러뜨리는 방향으로 작용해 왔다. 2002년 남중국해 행동 강령 선언Declaration on a Code of Conduct을 채택하는 한편 2003년 아세안 우호협력조약에 서명함으로써 중국은 이 지역에서 어떤 지형물도 더 이상 점령하지 않을 것과 스프래틀리 군도 분쟁 당사국들 중 대만을 제외한 다른 모든 조약 체결국들에 무력을 사용하지 않을 것임을 공식적으로 약속했다. 동시에, 1988년과 1994년 분쟁 대상 지형물들을 점령함으로써 장악력이 이전보다 훨씬 더 강해졌고 다른 국가들보다 더 강력한 해군력으로 뒷받침되고 있으므로 중국은 이 지역의 분쟁에서 자국의 목적을 달성하는 데 있어서 훨씬 더 자신감을 가질 수 있게 되었다. 따라서 1994년 이후 12년 이상의 기간 동안 중국은 분쟁 중인 지형물들을 더 이상 점령하지 않았고, 1999년 말레이시아가 두 개의 지형물을 점령했을 때에도 무력으로 대응하지 않았다. 비록 중국이 이 지역에 대한 주장을 포기할 것 같지는 않지만 어떠한 협상을 하더라도 어느 정도 자국의 몫을 확보할 수 있을 것이라는 점에 대해서 더욱 자신하고 있음은 분명해 보인다. 2005년 중국은, 아마도 그러한 해결을 향한 첫걸음이 될 공동 지진 조사 협정을 필리핀 및 베트남과 체결했다.[32]

그럼에도 불구하고, 다음의 두 가지 이유로 인하여 스프래틀리 군도에서 불안정성이 증대할 수도 있다. 첫 번째, 인민해방군이 해군 현대화 및 함대 규모 확대를 지속적으로 추진하면서 남중국해에 대한 순찰 횟수와 분쟁 해역에 대한 압박이 증가할 가능성이 높다는 점이다. 이 지역의 분쟁에서 중국의 입지 강화는 다른 국가들에게는 위협으로 다가올 가능성이 높고, 이들 국가가 다툼이 있는 도서와 암초 주위에 해군 전력을 증강시킨다면 상호 적대감이 고조되는 악순환에 빠져들 위험성이 있다. 하지만 스프래틀리 군도 분쟁에서 중국이 다른 국가들에게 공격적 행동을 취한다면 중국은 동남아시아를 포용하고 동남아시아국가연합 국가들과의 관계를 개선하기 위한 외교적 노력을 희생하는 대가를 치르게 될 것이다. 두 번째, 에너지 안보에 대한 관심이 높아지는 가운데 스프래틀리 군도 주변 수역 해저에 존재한다고 추정되는 천연가스와 유전을 포함한 석유자원에 대한 접근의 중요성이 커지고 있다는 점이다. 이러한 여건 하에서 모든 이해 당사국들이 자국의 권리를 강화하기 위한 노력을 배가할 것이고, 그러한 일방의 노력이 다른 국가들에게 공격적이고 위협적인 것으로 비추어진다면 적대감의 악순환이 일어나고 무력 사용의 위협이나 실제 행사가 이루어질 가능성이 증가하게 될 것이다.

하지만 두 가지 분쟁은 역내에서 갈등과 불안정을 야기할 위험성이 높다. 먼저, 센카쿠 열도를 둘러싼 중국과 일본의 분쟁은 몇 가지 이유로 강력한 폭발력이 잠재해 있는 사안이다. 1972년 이래로 일본이 통제하고 있으며 국제법이 일본의 주장을 지지하고 있으므로, 이 지역에 대한 중국의 장악력은 취약한 상태에 있다. 일본은 세계 최강 중 하나이자 동아시아에서는 단연코 최강인 해군력을 보유하고 있으며, 동맹인 미국의 지원을 받고 있다. 국가적 주권 문제로서 이 섬은 중국과 일본 간에 쉽사리 위기를 촉발할 수 있으며, 그러한 위기는, 2005년 중국에서 벌어졌던 반일 시위에서 볼 수 있듯이, 양측 어느 쪽도 관리하기가 쉽지 않을 것이다.

그러나 이 분쟁에서 주목할 만한 것은 양국이 어떻게 갈등을 회피해 왔느냐는 점이다. 지금까지 중국의 무력 행사를 억지한 것은 무력 행사가 주변국가들을 안심시키고자 하는 중국의 외교 전략에 미칠 부정적 여파도 있지만 일본과 미국의 연합 해군전력일 것이다. 동시에 이 분쟁 지역에 대한 중국의 장악력은 취약하더라도 비교적 안정된 상태로 유지되어 왔는데, 이는 주로 이 지역이 갈등의 원천으로 부각되지 않도록 일본이 노력해 온 덕분이다. 예를 들어, 2005년 2월 일본 정부가 1988년에 우익단체가 이 지역에 건설한 등대에 대한 통제권을 확보한 것은 일본 국민들이 이곳에 상륙하여 주권을 주장하는 행위를 사전에 예방하기 위한 조치였다.[33] 중국도 이에 호응하여, 이 문제와 관련하여 베이징에서 벌어진 시위를 초기부터 제한하는 한편 본토의 중국인 행동가들이 이곳에 상륙하려는 시도를 차단했다. 이 지역 분쟁의 해결은 아마도 이 섬들에 대한 통제권의 가치보다 양국관계의 개선이 훨씬 더 중요한 상황에서 양국 간 대타협grand bargain이 이루어지는 경우에만 가능할 것이다. 하지만 소련이라는 안보 위협을 일본과 공유했던 1970년대에도 중국은 이 지역에 대한 자국의 권리를 포기하지 않았던 바, 이러한 점은 기본적으로 이 지역 분쟁의 해결 가능성이 희박함을 보여준다.

다음으로, 대만은 중국의 영토분쟁 중 무력충돌 발생 가능성이 가장 높은 사안이다. 중국의 지도자들에게 있어서 통일이 가지는 중요성은 물론, 많은 대만 국민들에게 (독립까지는 아니더라도) 자치autonomy가 가지는 중요성을 감안한다면 이는 놀라운 일이 아니다.[34] 중국 공산당이 집권하고 있는 한, 아마도 본토가 민주화되는 경우라 하더라도, 중국의 목표는 변치 않을 것이다. 한편, 중국이 군사개혁을 통해 이룬 모든 발전에도 불구하고, 대만과의 분쟁에서 중국의 장악력과 협상력은 취약한 상태에 머물러 있다. 중국은 대만 영토 어느 곳도 통제하지 못하고 있으며, 진먼다오金門島와 마쭈다오馬祖島를 포함한 해안 인근 도서들을 점령할 수는 있어도 대만 본도에 전력을 투입하는 것은 여전히 불가능하다. 이러한 취약성과 대만 내부에서 공식적인 독립을 지지하는 세력의 존재는 중국의 지도자들이 대만과의 통일 전망에 대해 자신감을 가지지 못하게 하는 요인이 되고 있다.[35]

이 지역의 분쟁에서 중국의 입지가 취약한 상태로 있는 한, 중국의 지도자들은 향후에 대만과의 통일 가능성을 감소시킬 수 있다고 판단되는 사건들에 대해 계속 민감하게 반응할 것이다. 대만의 국내정치가 양안 관계에 미칠 영향은 예측하기 어렵지만, 이 분쟁에서 미국의 역할은 중국이 자국의 장악력과 무력 사용의 효용을 평가하는 데 핵심적인 요인으로 남아 있을 것이다. 간단히 말해서, 대만에 대한 미국의 지원 여부나 지원 정도를 중국이 어떻게 인지하는지가 이 분쟁에서 결정적인 역할을 할 수 있다. 1999년과 2002년에는 미국이 국제사회에서 대만의 지위를 변경시키려는 대만 총통의 노력을 지원하지 않을 것이라는 신호를 보냈기 때문에 위기 상황을 회피할 수 있었다. 2003년 12월에 부시George H. W. Bush 미 대통령이 미국은 "현재의 상황을 변경시키려는 중국이나 대만의 어떠한 일방적인 결정에도" 반대한다고 분명하게 입장을 밝힌 이후에 양안 정세가 위기 상황으로 고조되는 사태가 방지될 수 있었다. 당시 부시 대통령은 "대만 지도자의 발언과 행동들은 그가 현재의 상황을 변경하기 위한 일방적인 결정을 내리려고 한다는 것을 보여주고 있으나, 우리는 이에 반대한다."[36]고 밝혔다. 중국의 지도자들은 대만이 자치를 확대하려 점점 더 노력을 하더라도 다른 국가들, 특히 미국의 지원이 없다면 대만의 그러한 시도는 관리될 수 있다고 보았다.

당시 중국은 대만 해협의 현재 상황을 받아들이겠다는 의지를 점점 더 강하게 보이고 있었다. 본토와 무역을 하거나 본토에서 일하는 대만인들이 증가하면서 긴밀해진 경제적, 사회적 연계는 장기적으로 통일에 대한 전망을 밝게 했고 단기적으로는 무력을 사용하고자 하는 동기를 감소시켰다. 2000년 발행한 "하나의 중국" 원칙 및 대만 문제에 관한 백서—個中國的原則與台灣問題에서는 대만이 통일에 관한 대화를 하는 데 동의할 때까지 무한정 기다리지는 않을 것이라 하였으나, 지난 몇 년간의 공식 성명은 미래의 전망에 대한 더 큰 자신감을 반영하고 있다. 중국은 본토와 대만 간의 경제적 관계가 심화됨에 따라 본토에 대한 대만의 의존성이 커질 것이며, 이러한 의존성은 통일의 가능성을 증가시키거나 적어도 공식적인 독립에 대한 대만 내부의 지지를 제한하게 될 것이라고 여겼다.

아직 한 가지 중요한 변수가 남아 있는데, 바로 중국의 군사력 증강과 그것이 대만 해협에서 어떻게 사용될 것인가의 문제이다. 총론적으로, 중국의 군사력 현대화는 1990년대 말부터는 대만과의 분쟁에서 사용하기 위한 군사적 역량 개발에 초점을 두고 추진되어 왔으며 실질적인 진전을 이루어 왔다고 할 수 있다. 이제 수륙양면 작전을 위한 전력 없이 봉쇄와 정밀타격만으로도 대만을 압박할 수 있을만큼 중국의 군사적 역량이 강화되었고, 이러한 역량이 어떻게 사용될 것인지가 문제가 되고 있다. 중국의 시각에서 이러한 군사적 역량은 대만 지도자들이 독립을 추진하는 상황 또는 최소한 그러한 노력에 대한 대만 국내의 지지가 높아지는 상황을 억지하며, 이 분쟁에서 취약했던 장악력을 강화시키게 된다. 다른 영토분쟁들에서 중국이 보인 행태가 대만과의 분쟁이 향후 어떻게 전개될지에 대한 단서를 제공할 수 있다면, 이 분쟁에서의 중국의 입지가 강력하고 궁극적인 통일에 대해 자신하는 경우 중국은 가급적 무력을 사용하려 하지 않을 것이다. 동시에, 대만은 본토에서는 조국의 영토로 인식되기 때문에 중국은 대만의 주권 및 "하나의 중국"에서 대만의 위상과 관련해서는, 이를 어떤 식으로 정의하더라도, 결코 타협하려 하지 않을 것이다. 그럼에도 불구하고, 중국은 강력해진 군사적 역량 덕분에,

424

역설적으로, 통일의 형태나 대만과의 협상 가능성과 관련해서는 유연하게 대응할 수도 있을 것이다.

대만을 둘러싼 잠재적 충돌의 결과는 결코 과소평가될 수 없다. 이러한 충돌은 이해관계가 걸려 있는 미국의 개입을 거의 확실하게 야기할 것이고, 고강도의 무력 사용이 수반될 가능성이 높으며 미국-중국 관계 및 역내 정세에 장기적인 영향을 미칠 것이다. 그럼에도 불구하고, 영토분쟁들에서 중국이 보여준 행태의 측면에서, 이러한 충돌은 역내에서 중국의 영토적 야심이나 향후 무력을 사용하고자 하는 중국의 의지를 보여주는 좋은 지표라고 볼 수는 없다. 중국은 지금까지 대부분의 영토분쟁을 해결하는 과정에서 과거 청淸이 다스리던 지역들에 대해 향후에라도 "잃어버린 옛 영토를 회복해야 한다"는 주장에 이용될 만한 소지를 제거하였고 남아 있던 갈등 요인들을 불식시켜 왔다. 중국의 부상은 동아시아와 세계에 중대한 도전을 야기할 것이지만, 중국의 영토분쟁이 불안정의 주된 요인이 될 가능성은 높지 않다.

중국의 영토분쟁
개관

Overview
of China's Territorial Disputes

변강 지역 영토분쟁

북한

중국과 북한의 영토분쟁과 관련한 사항들은 대부분 대외적으로 알려지지 않은 상태이다. 양국이 1962년 체결한 국경조약이 공개적으로 발간된 적이 없기 때문에 양국 간 국경분쟁의 기원과 관련하여 이용 가능한 정보가 거의 없다.[1] 양국 간 영토분쟁은 19세기 말부터 추진된 일본의 한반도 강점에서부터 출발한다. 1895년 체결한 시모노세키 조약下關條約에서 청淸과 일본은 압록강을 청과 조선을 가르는 경계 일부로 삼는 데 합의했다. 1909년 청과 일본은 간도협약間島協約을 체결하여 두만강을 청과 조선 경계의 나머지 부분으로 삼는 데 합의했다. 그러나 백두산(중국명 長白山) 주변 약 30여km 일대의 국경선 위치가 불분명한데, 이는 산 정상이 두 강의 분수령 역할을 하기 때문이다. 게다가 1909년 체결한 협약서에서 청과 일본은 이 지역의 주권과 관련하여 상호 모순되는 표현을 사용하였다.[2]

1949년 이후에는 백두산의 주권을 두고 중국과 북한 사이에 다툼이 있었다. 만주족滿洲族과 한국인들은 그 산, 특히 정상의 천지天池를 신성하게 여긴다. 북한 공산당 지도자 김일성은 백두산 기슭에서 태어났다고 주장하며, 이 지역에 대한 주권을 한민족의 생득권生得權으로 간주했다.[3] 그러나 1712년 청과 조선이 세운 백두산정계비白頭山定界碑는 이 산이 중국의 영역 내에 있음을 암시하는 것이었고, 이 지역의 주권과 관련한 모호성은 간도협약에서 사용된 모순된 표현으로 인하여 더욱 심화되었다. 분쟁의 대상이 되는 영역의 면적은 이 산의 동사면東斜面이 얼마나 포함되는지에 따라 467~1,165km²에 달한다.[4]

양국 사이에 분쟁이 발생한 시점은 분명하지 않다. 인터뷰 조사에 따르면 한국전쟁 중 또는 휴전 후 얼마 지나지 않은 시점에서 김일성이 먼저 이 문제를 제기했다고 한다. 북한은 1960년 김일성의 베이징 방문과 1961년 외교문서 교환을 통해서 중국과 접촉했다고 한다.[5] 1961년 양측은 공식 간행물을 발간하여 백두산의 주권과 관련한 자국의 주장을 반복했다.[6]

몽골

중국과 몽골의 영토분쟁은 특히 첨예했는데, 이는 몽골이 원元(1271-1378) 이래로 중국 역대왕조의 일부였던 역사적 사실에 기인한다. 1911년 청淸이 망하자 몽골은 독립을 선언했다. 이후 일련의 합의를 통해 중국은 몽골에 대한 종주권suzerainty을 계속 인정받으면서 몽골의 자치를 승인하게 되었는데, 이렇게 조성된 힘의 공백 상태는 러시아, 나중에는 소련이 채우게 되었다. 1924년 몽골인민공화국이 수립되었을 당시 국민당의 중화민국中華民國은 국가 승인을 거부했다. 국민당 정권은 1945년 소련과 우호조약中蘇友好同盟互助條約을 체결하는 과정에서 그 조약의 일부로서 몽골을 국가로 승인하였는데, 국민당 정권을 본토에서 축출한 중화인민공화국이 1950년 몽골과 외교관계를 수립하면서 국민당 정권이 이미 승인한 국가로서의 지위를 확인해 주었다.[7]

1949년 이전까지는 중국과 몽골의 국경이 확정되지 않았었다. 몽골의 독립을 승인한 소련과의 우호조약에서 국민당 정권은 "현재 존재하는 경계를 국경선으로" 수용한다는 문구를 포함시켰다. 국경선 자체는 이 조약에서 획정되지 않았지만, 이후 몽골은 이 문구에 근거하여 중국과의 국경은 이론의 여지가 없다고 주장했다.[8] 하지만 1947~48년 서부 국경 지역에서 국민당 정권과 몽골 사이에 무력충돌이 발생한 바 있다.[9]

국경 지역의 지형 때문에 분쟁의 대상이 되는 영역의 면적은 평가의 주체에 따라 상이하다. 중국측 연구자는 사용하는 지도에 따라 그 면적이 50,000~190,000km²에 달한다고 주장한다.[10] 중국의 공식 외교사 자료에 따르면 분쟁 지역의 면적은 16,808km²인데, 이는 아마도 1962년 봄에 협상했던 지역들의 면적을 합산한 것일 가능성이 높다.[11] 다툼이 있는 지역은 동부의 바오꺼다산寶格達山 및 서부에서는 신장 지역 인근의 훙샨쥐紅山嘴, 칭허青

河, 성타스生塔斯 지역은 물론 베이타산北塔山을 포함한다.

중국과 몽골의 분쟁은 1950년대 초에 발생했다. 1953년 양국 정부는 양국 사이에 분쟁 지역이 존재함을 인정하며 국경관리에 관한 협정에 서명했다.[12] 한편, 중국 지도와 몽골 지도에서의 국경선에 대한 묘사와 설명은 서로 모순되었다. 이에 1956년 7월 양국의 현장 관리들이 훙산쥐紅山嘴 지역과 관련하여 비공식 대화를 가졌다.[13] 몽골은 1957년 이 지역에서의 분쟁을 해결하기 위해 중국과 공식적으로 접촉했고, 1958년에는 이 지역 국경선을 도해圖解한 소련의 지도를 제공했다.[14]

소련 및 중앙아시아의 승계국들

소련과의 영토분쟁은 중국의 영토분쟁 중 가장 복잡한 사안이다. 양국 국경선의 대부분은 청淸이 러시아에 150만km² 이상의 영토를 할양했던 과거의 합의에 의하여 획정되어 있던 상태였다. 1949년 이후에는, 헤이샤쯔다오 Heixiazi처럼 기존의 합의에 따른 국경선 획정이 명확치 않거나 상호 모순되는 지역에서 분쟁이 발생했다.[15] 한편, 영국과 러시아가 중국을 배제한 채 1895년 파미르 회담Pamir Conference을 통해 러시아령으로 정해버린 파미르 산맥처럼, 중국이 과거 청이 러시아에 할양하기로 합의했던 지역이 아니라고 주장하는 지역에 대해서도 분쟁이 발생했다.[16] 더 일반적으로 말해서, 중국과 소련 양국은 기존의 합의에 의해 획정된 국경선의 위치에 대해 종종 상충되는 시각을 드러냈다. 국경선을 그어 놓은 경우가 드물었으며, 국경을 표시하는 표식들만 수십km 간격으로 박아 놓았을 뿐이었기 때문이다.[17]

양국 사이에서 영토분쟁이 현안으로 떠오른 것은 1950년대 초였다. 중국의 인접국가들 중에서 러시아는 과거의 국민당 정권이 체결한 모든 국제적 조약과 협정들을 심사하여 승인, 폐지, 수정, 개정해야 함을 규정한 중국인민정치협상회의공동강령中國人民政治協商會議共同綱領 제55조가 명백히 적용되는 대상 국가였다. 이에 더하여, 하천에서의 항행과 관련하여 1951년 맺은 합의 사항들이 "국경선이 어디를 통과하는지와 관계없이"[18] 적용된다고 한 것은 소련과의 영토분쟁을 인식하고 있었음을 암시한다. 1954년에는 양국 국경에 걸쳐진 신장 인근의 방목지를 둘러싸고 갈등과 대치가 시작되었다.[19] 결국, 양국 간의 영토분쟁은 고위급 회담이나 흐루시초프의 베이징 방문(1954), 저우언라이의 모스크바 방문(1957)과 류사오치劉少奇의 모스크바 방문(1960) 같은 고위급 공식 방문에서까지 거론되었다.[20]

실제로 양국 사이에 다툼이 있는 영역의 실제 면적은 상당히 광대한데, 전체적으로 35,914km²이다.[21] 동부 지구中俄東部邊界에서의 분쟁은 대부분 408km²에 달하는 헤이샤쯔다오Heixiazi와 아바가이투 섬Abagaitu shoal, 阿巴該圖洲渚을 비롯하여 아무르강Amur, 黑龍江과 우수리강Ussuri, 烏蘇里江에 분포한 총 면적 1,000km²에 달하는 하천 도서들의 소유권에 초점이 맞추어졌다.[22] 서부 지구中俄西部邊界의 분쟁 양상은 더욱 복잡했다. 1991년 소련의 붕괴 이후 기존의 영토분쟁들은 새로이 독립한 국가들로 승계되었다. 카자흐스탄과의 국경선을 따라서는 총 면적 2,400km²에 달하는 15개 분쟁 지역이 존재한다. 키르기스스탄과의 국경선을 따라서는 총 면적 3,656km²에 달하는 7개 분쟁 지역이 존재한다. 한편, 타지키스탄과의 국경을 따라서는 약 28,000km²에 이르는 파미르 지구를 포함하여 총 28,430km²에 달하는 3개 분쟁 지역이 존재한다.[23]

아프가니스탄

중국과 아프가니스탄의 국경은 불과 92km로, 가장 짧다. 다른 중앙아시아 국가들과의 국경선과 마찬가지로, 양국의 국경선도 이전에 합의하여 그어진 적이 없었다. 청淸은 자국이 참가하지 않은 영국과 러시아의 1895년 파미르 회담 결과를 수용한 적이 없었기 때문에, 1949년 이래로 중국은 기존의 국경

선을 인정하지 않았다.[24]

1950년대 초에 제작된 중국의 지도들은 와칸 회랑Wakhan Corridor, 瓦罕走廊의 아프가니스탄 영토 약 7,381km²에 대해 자국의 권리가 있음을 표시하고 있다.[25] 이 문제와 관련하여 처음에 양국이 언급한 사항에 대해서는 알려져 있지 않다. 1955년까지 양국은 외교관계를 수립하지 않았지만, 아마도 상호 외교적 승인을 위한 사전 협상과정에서 이 문제가 제기되었을 것이다. 1960년 8월 〈인민일보〉 사설은 양국 관계에서 "역사적으로 남아 있는 몇 가지 문제들"을 언급했는데, 이 문구는 중국이 공식적인 외교성명에서 인접 국가들과의 영토분쟁을 지칭할 때 흔히 쓰는 표현이다.[26]

파키스탄

양국의 국경선 역시 과거에 합의하여 그어진 적이 없었다. 양국 간 분쟁의 초점은 카라코룸 산맥Karakorum Mountains, 喀喇昆侖 분수령 이남의 훈자 강Hunza River과 그 지류에 둘러싸인 훈자Hunza, 罕薩 지역의 지위이다.[27] 훈자의 지배자 Mir는 카라코룸 산맥 분수령 이북에서의 방목권을 얻기 위해 18세기부터 신장 지역의 중국 관청에 공물을 바치기 시작했다. 1890년대에 훈자 지역이 영국의 보호 아래 들어가 카슈미르Kashmir, 克什米爾의 속국이 되었으나 중국과의 조공관계는 계속되었다. 1899년 영국은 훈자 지역을 영국령 인도에 편입시키며 카라코룸 산맥 분수령을 따라 획정한 국경선을 제안했지만, 중국 정부는 이에 응답하지 않았다. 훈자의 지배자는 영국령 인도정부가 그러한 관행을 그만두라고 권고한 1936년까지도 여전히 중국에 사금砂金 같은 공물을 바치고 있었다.[28]

분쟁 지역의 면적에 대한 평가는 상이하다. 1954년 중국에서 발행한 지도에 따르면, 전략적으로 중요한 일련의 산악통로들에 더하여 카슈미르 지역 100,000km² 이상이 중국에 귀속되는 것으로 나타나 있다.[29] 1959년에 발행

432

된 지도에서는 훈자를 포함한 길기트Gilgit, 吉爾吉特 지역 약 15,000km²를 중국에 귀속된 지역이라 표시했다.[30] 그러나 1962년과 1963년 실시한 양국 협상은 이보다 더 작은 약 8,806km² 영역에 초점을 맞추어 진행했는데, 이 영역에는 하천 유역 두 곳, 방목지, 소금광산 한 곳, 전략적으로 중요한 산악통로일곱 곳, 그리고 세계에서 두 번째로 높은 K2봉 정상이 포함되었다.[31]

파키스탄과의 영토분쟁은 중화인민공화국이 수립된 지 얼마 지나지 않아 발생했다. 최초로 발생했다고 알려진 사례는 1953년 4월, 파키스탄이 길기트 지역에서의 중국인 월경을 공식적으로 항의한 것이었다.[32]

인도

시킴Sikkim, 錫金과 티베트의 경계선을 제외하면 중국과 인도의 국경선은 명확히 획정된 적이 없었다. 역사적으로 이 황량한 산악의 변강 지역을 영국령 인도나 티베트 또는 청淸 누구도 적극적으로 통치하려 하거나 표식을 세워 국경을 획정해 놓지 않았다.[33] 인도의 독립과 중화인민공화국 수립 이후 떠오른 양국 분쟁을 해결함에 있어서 가장 어려운 문제는 이 지역에 대한 실질적 관리나 통치 주체가 없다는 점이었다. 양국의 지도자들은 관습적 경계선 customary boundary의 위치에 대해 상반된 견해를 가지고 있었다.[34]

중국과 인도가 분쟁을 빚고 있는 지역은 크게 3개 지구로 구분된다. 동부 지구는 맥마흔 라인 남쪽과 중국이 주장하는 티베트의 관습적 경계선 북쪽 사이의 90,000km²에 달하는 지역으로, 예전에는 동북변강지구東北邊疆地區로 알려져 있었는데 현재는 인도가 실효적으로 지배하고 있는 아루나찰 프라데쉬주Arunachal Pradesh이다.[35] 인도는 1913~1914년 심라 회담Simla Conference에서 그어진 맥마흔 라인으로 이 지역에서의 국경이 정해진 것이라 주장한다. 중국은 맥마흔 라인은 물론 자국이 비준하지 않은 이 회담에서 합의된 어떠한 문서도 인정하지 않고 있다. 또한, 맥마흔 라인 그 자체는 지도 위에 그어진 것이기 때문에 경계선을 실질적으로 획정함에 있어서 정확성이 떨어진다.[36] 이 동부 지구 서쪽 끝에 위치해 있으면서 제6대 달라이 라마가 태어난 타왕Tawang, 邏征 주변은 역사적으로 티베트가 통치해 온 지역이며, 티베트는 그 남사면南斜面 지역에 대해서도 권리를 주장해 왔다.[37] 인도는 1947년 독립하면서 이 지역에 대한 권리를 주장하였는데, 1950년대 초에 들어서 서서히 이 지역을 장악해가면서 몇몇 곳에서는 토착 티베트 관리들을 자국 관리로 대체했다.[38]

서부 지구는 신장 지역과 티베트 아리阿里 지구에 인접한 33,000km²에 달하는 지역이다. 인민해방군이 신장 지역에 대한 통제권을 확보하고 나서 1950년에 처음으로 진입한 이래로 1950년대 내내 중국의 통제영역을 확대해 왔다.[39] 인도는 1842년 티베트-카슈미르Kashmir, 克什米爾가 맺은 조약으로 북동쪽의 쿤룬 산맥Kunlun Mountains, 昆侖을 따라 관습적 경계선이 설정되었다고 주장했다.[40] 이에 대해 중국은 이 지역에서 국경선이 그어진 적이 없으며, 관습적 경계선은 남서쪽의 카라코룸 산맥Karakorum Mountains, 喀喇昆侖을 따라야 한다고 주장했다. 이 지역은 대부분 인간이 거주하지 않지만 중국의 핵심적인 통행로인 신장공로(1956년 완공)를 감싸고 있는 지역이다.

약 2,000km²를 차지하는 중부 지구는 인도-티베트-네팔 3국 접점 서쪽 일련의 산악통로들을 포함하는 지역이다.[41] 이 산악통로들은 인도와 티베트를 이어주는 무역로 및 순례로와 연결된다. 이 지역에 대해서도 국경을 획정하기 위한 합의가 시도된 적은 없다.

이 세 개의 분쟁지구를 둘러싼 다툼은 1950년대 초에 시작되었다. 1953년 중국과 인도의 외교관들은 인도가 티베트에 대해 가지고 있던 무역 특권들을 논의하기 위한 회담에서 국경 문제는 다루지 않기로 합의했다. 1954년 중국은 중부 지구에서 양국 군대가 대치한 이래 처음으로 외교 경로를 통해 공식적으로 항의를 했다.[42] 1954년과 1956년 사이에 저우언라이와 네루는 국경 전체는 물론 맥마흔 라인에 대해 논의했다.[43] 1958년 네루와 저우언라이는

모든 분쟁지구에서 양측의 주장을 상세히 밝히는 작업에 착수한다는 내용의 외교 각서를 교환했다.[44]

앞에서 설명한 세 개 분쟁지구 외에도, 인도는 파키스탄령 카슈미르에 인접해 있는 중국이 통제하는 지역에 대해서도 권리를 주장한다. 1963년 중국과 파키스탄이 국경협정을 체결한 후, 네루는 국회 연설에서 파키스탄이 샥스감 계곡Shaksgam Valley, 沙克思干谷地을 포함한 인도의 영토를 중국에 넘겨주었다고 말했다.[45] 이 분쟁은 카슈미르를 둘러싼 인도와 파키스탄의 갈등에서 유래한 것이므로 이 책에서는 다루지 않는다. 1963년 중국과 파키스탄이 체결한 국경협정은 인도-파키스탄의 카슈미르 분쟁이 해결될 때까지 잠정적인 것이었다.

부탄

중국과 부탄의 분쟁에 관하여 알려진 사항은 거의 없다. 과거에 어떤 합의를 통해서 국경선이 획정된 적이 없고 맥마흔 라인에도 양국 국경과 관련된 사항은 포함되어 있지 않았다. 1970년대 초까지도 국경선 자체에 대한 조사가 되어 있지 않았다. 서부 지구中不邊界西段 1,128km² 영역이 분쟁 중에 있다.[46] 이에 더하여, 중국과 부탄의 지도에 따르면 중국과 접한 부탄 북부 가사Gasa, 加薩 지역 1,000km² 이상의 영역도 잠재적 분쟁 지역이다. 1950년대 초에는 중국과 부탄의 접촉이 제한되었기에, 양국의 언제 처음으로 영토분쟁을 인지했는지는 알려져 있지 않다. 그럼에도 불구하고 부탄과의 영토분쟁은 중국과 인도의 분쟁에서 두 번째로 중요한 쟁점으로 부상했고, 인민해방군이 티베트의 폭동을 평정하는 과정에서 부탄과의 국경을 봉쇄하기 위해 이동하면서 그 중요성이 부각되었다.[47]

네팔

히말라야 산맥이 중국과 네팔의 자연적인 국경을 이루고 있지만 양국이 국경선을 명시적으로 획정한 적은 없다. 영토에 관한 양국의 상충되는 주장들은 19세기 티베트와 네팔 국력의 성쇠盛衰에서 그 원인을 찾을 수 있다. 1949년 이후 양국 사이에서 분쟁이 발생한 다수의 지역들은 1850년대 중반 네팔이 티베트를 침공하여 차지한 곳들이다.[48] 1955년 양국이 외교관계를 수립한 이후 분쟁이 발생한 지역에는 두 가지 유형이 있다. 첫 번째 유형은 국경 지대를 따라 존재하는 방목지와 마을들이다. 이러한 분쟁 지역의 면적을 공식적으로 평가한 적은 없지만, 대략 259~2,476km² 정도로 추산된다.[49] 이들 지역의 많은 부분은 1854년에 네팔이 티베트를 격파하고 점령하였지만 대체로 티베트인들이 거주하고 있다. 이 중 가장 넓은 부분은 약 1,200km² 정도인 닐라이Nilai, 尼萊 지역이다.[50] 다른 지역들은 양국이 자국 관할임을 주장하거나 토착 지도자들이 다스려 왔기 때문에 실제로 통치하는 주체 자체가 불분명했다. 전체적으로 양국 사이에 11개 지구를 두고 다툼이 있었다.[51] 두 번째 유형은 에베레스트산Mt. Everest을 둘러싼 분쟁이었다. 1952년 발행된 중국 정부의 〈회보回報〉는 이 산에 대한 주권이 중국에 있다고 하였으나, 네팔 역시 자국의 주권을 주장했다.[52]

중국과 네팔의 영토분쟁은 1955년 양국 사이에 외교관계가 수립된 지 얼마 되지 않은 시점에 불거졌다. 1956년 2월 네팔 수상 아차리야Tanka Prasad Acharya는 중국의 지도자들에게 분쟁 지역과 관련하여 문제를 제기하며 대화를 하고자 했다.[53]

미얀마

중국과 미얀마 국경의 대부분은 19세기 말 중국(淸)과 영국의 합의를 통해 획정되었다. 1894년과 1897년에 체결한 협정이 가장 중요한데, 이때 라오스-중국-미얀마 3국 접점에서 물량투the High Conical Peak, 木浪凸, 尖高山까지 경계를 확정했다. 위 협정들에서 다루지 않아 이후 양국 사이에 분쟁이 발생한 지역이 두 곳 있다. 첫 번째는 물량투에서 인도-중국-미얀마 3국 접점에 이르는 지역으로, 맥마흔 라인의 동쪽 부분을 포함한다. 두 번째는 미얀마 남부와Wa주와 경계를 이루는 257km 부분으로, 이 부분은 1894년 협상 이후에도 중국과 영국 사이에 경계 획정과 관련한 합의가 되지 않아 20세기 초 내내 분쟁의 대상으로 남아 있었다. 1941년 국민당 정부(中華民國)와 영국 정부가 서명한 교환 공문을 통하여 이 지역의 국경선에 대해 규정했지만, 실제로 국경선을 그어 놓지는 않았다.[54]

1949년 이래로 중국과 미얀마 사이에 분쟁의 대상이 된 지역들의 총 면적은 명확하지 않다. 1950년대 초에 중국에서 발행한 지도는 미얀마 영토, 특히 북부의 상당한 부분을 중국의 영토로 표시했다. 중국이 주장하는 영역의 총 면적은 대략 67,000km²로, 미얀마 북부의 카친Kachin주 55,000km², 남부의 와Wa주 12,000km²이다.[55] 1950년대 중반에 이 문제를 협상하는 과정에서 분쟁 지역의 범위를 축소하여 4개 지구에 집중했다. 북부 지역에서는 이수 라지 패스Isu Razi Pass, 伊蘇拉兹山口에서 디푸 패스Diphu Pass, 底富山口 북쪽의 인도-중국-미얀마 3국 접점까지의 국경선 위치를 두고 양국 사이에 이견이 있었는데, 이 지역은 대체로 맥마흔 라인을 따르며 총 면적은 1,000km²이다. 물량투the High Conical Peak, 木浪凸, 尖高山와 이수 라지 패스 사이에서는 피모 Hpimaw, 片馬, 골룸Gawlum, 吉浪 및 캉팡Kangfang, 崗房의 통제권을 두고 다툼이 있었는데, 이들 지역은 1911년 영국이 영국령 버마로 합병해버린 곳으로 약 482km²에 이른다. 중부에서는 1897년 청淸이 영국에 영구적으로 임대한 220km²의 남-완 지역Nam-Wan Assigned Tract이 분쟁 대상이 되었다. 남부에서는 189km²의 반홍班洪, Banhong-반라오班老, Banlao 지구가 분쟁의 초점이 되었다. 그 외에 18km²의 작은 지역 두 개 역시 분쟁 대상이 되었다.[56]

양국 간의 영토분쟁은 1950년 외교관계를 수립한 지 얼마 되지 않아 불거졌는데, 1954년 미얀마 수상 우누U Nu가 이 문제를 제기했다. 1955년 말에 국경 지대에서 양국 병력이 수차례 충돌을 빚은 이후, 양측은 1956년부터 대화를 시작했다. 중국은 1950년에 미얀마 영토로 퇴각한 후 윈난성云南省을 간헐적으로 습격하던 남은 국민당 군대를 진압하기 위해 미얀마와 접한 남쪽 국경을 활발히 순찰했다.[57]

라오스

중국과 라오스의 국경은 중화인민공화국 수립 이전에 구체적으로 정해지고 실제로 그어진 몇 안 되는 사례들 중에 하나이다. 1887년과 1895년 청淸과 프랑스는 라오스를 포함한 인도차이나반도에서의 국경선을 획정하는 데 합의했다. 국경의 대부분이 다수의 분수령들을 따르도록 정해졌음에도 불구하고, 국경 표식이 15개밖에 되지 않아 실제로 국경선이 획정되어 있던 상태는 부실했다.[58] 1949년 이후로, 약 18km² 정도 되는 몇몇 지역에서의 국경선 위치와 관련하여 양측 사이에 분쟁이 발생했다.[59] 양국이 자국의 권리를 언제 처음으로 주장했는지는 알려지지 않았지만, 중국측 자료에 따르면 늦어도 1960년에는 양국 국경선이 분쟁 상태에 있는 것으로 간주되었다.[60]

베트남

중국과 라오스 국경선과 마찬가지로 중국과 베트남 국경선 역시 청淸과 프랑스가 일련의 합의를 통해 획정했고 실제로 그어진 사례로, 1887년과 1895년 청과 프랑스의 합의 결과 300개의 국경 표식이 설치되었다.[61]

전체적으로 양국 사이에 164개 지구 총 227km²가 분쟁 상태에 있다.[62] 양국의 분쟁은 대부분 청과 프랑스가 과거에 체결한 협정문의 해석 차이에서 발생했다. 또한, 중국은 베트남이 1979년 중국-베트남 전쟁 이후에 자국 영토를 추가적으로 점령했다고 주장하는 반면, 베트남 역시 전쟁 중에 중국이 100개의 국경 표식을 이동시켰다고 주장했다. 1979년 이전에 중국과 베트남은 육상 경계선 문제를 논의하기 위한 1차 협상을 가졌으나 분쟁해결을 위한 원칙에도 합의하지 못한 채 협상이 중단되었다.[63]

중화인민공화국이 수립된 이후인 1956년 양국의 지역관리들이 분쟁 지역의 존재를 인지했다. 그 후로 1957년과 1958년 양국은 분쟁이 최종적으로 해결될 때까지 현재의 상황을 유지하기 위한 공식 서신을 주고받는 데 합의했다.[64]

본토 지역 영토분쟁

홍콩

영국 식민지로서의 홍콩은 청淸 말 세 개의 개별적인 협정들을 통해 성립되었다. 아편 전쟁에서 패배한 후 1842년 중국은 난징 조약南京條約을 체결하였는데, 이때 영국에 할양한 홍콩 본도本島가 식민지 홍콩의 영토에서 중심이 되었다. 1860년 중국은 제2차 아편전쟁에서 패한 후 베이징 조약北京條約을 체결하면서 주룽반도九龍半島 남단을 영국에 할양했다. 위의 두 개 합의는 청이 러시아와 체결한 합의들과 마찬가지로, 중국의 영토를 상대국가에 할양하는 내용이었다.[65] 1898년에는 제2차 베이징 조약展拓香港界址專條을 체결하여 훗날 신까이新界 지역으로 알려지게 되는 주룽반도九龍半島 북부와 200개 이상의 부속도서들을 영국에 조차했다. 이렇게 할양하거나 조차한 영역의 총 면적은 1,092km²였다. 1949년 이후, 중국은 할양된 지역을 되찾고 조차도 끝냄으로써 이들 식민지를 회복하겠다는 의지를 피력했다.

마카오

포르투갈의 식민지 마카오는 원래 중국(明, 淸)과 포르투갈 사이에 어떠한 공식적인 합의 없이 건설된 곳이었다. 1553년, 한 포르투갈 함선 선장이 중국의 지방관리에게 뇌물을 주고 마카오 항에서의 정박과 무역을 허가받았다고 한다. 그 이후 얼마 되지 않아 포르투갈인들이 인근에 정착하기 시작했다. 처음에는 그 지역을 임대했으나, 1840년대에 들어 포르투갈은 임대료 지급을 거부하고 중국의 지방관리들을 쫓아내 버렸다. 포르투갈인들의 이러한 정착상태는 1887년 양국이 체결한 북경조약中葡和好通商條約을 통해 공식적으로 인정되었는데, 이 조약은 "포르투갈은 포르투갈에 의해 지배되는 다른 지역들과 마찬가지로, 마카오와 그 부속지역들을 영구적으로 통치한다."고 규정했다.[66] 영국 식민지 홍콩과 달리 포르투갈은 마카오 전 지역을 할양받은 상태로 통제하였는데, 그 면적은 28km²였다.

대만

대만을 둘러싼 분쟁은 국공내전國共內戰에서 패퇴하여 대륙에서 물러난 국민당 정부(中華民國)가 장악하고 있는 지역들과 관련된다. 새롭게 수립된 중화인민공화국은 대륙에 대한 통제권을 공고히 한 다음, 대만을 공격하여 내전을 종식시킬 준비를 했다. 1950년 6월 한국전쟁 발발과 미국 제7함대의 대만 해협 급파로 인하여, 비록 연해도서들을 두고 충돌은 계속되었으나, 중국은 국민당 정권이 장악한 도서들을 무력으로 탈환한다는 계획을 미루게 되었다. 분쟁 지역의 총 면적은 대만 본도本島와 펑후澎湖 제도, 그리고 진먼다오金門島와 마쭈다오馬祖島 등 푸젠성福建省 및 저장성浙江省 해안에 인접한 도서들을 포함하여 35,980km²이다.

원해도서 지역 영토분쟁

바이롱웨이다오

바이롱웨이다오白龍尾島를 둘러싼 중국과 베트남의 분쟁과 관련하여 알려진 사항은 거의 없다. 나이팅게일 섬Nightingale Island으로도 알려진, 통킹만Tonkin Gulf 한가운데에 위치한 이 섬은 하이난다오에서 불과 70해리밖에 떨어져 있지 않으며 면적은 약 5km²이다. 베트남이 이 섬에 대한 권리를 최초로 주장한 시점이 언제인지 알려져 있지는 않으나, 1930년대에는 프랑스의 통제 하에 있었다. 중국이 이 섬에 대해 공식적으로 권리를 주장했는지는 알려져 있지 않지만, 중국은 1950년 하이난다오에서 퇴각해 온 국민당 병력 60명을 프랑스가 쫓아버린 후에 이 섬을 점령했다.[67] 1955년 8월까지는 인민해방군이 이 섬을 점령하지 않았지만, 소규모 중국 어민 촌락이 거의 100년간 이곳에서 번창해 왔었다.[68] 이 지역을 둘러싼 분쟁은 아마도 인민해방군이 이곳을 점령하면서 발생했을 것이다.

스프래틀리 군도

스프래틀리 군도로 알려진 남중국해의 도서들에 대한 주권이 국제적 협정을 통해 정해진 적은 없다. 군도 전체 또는 일부에 대해 중국, 대만, 말레이시아, 필리핀, 베트남, 그리고 브루나이가 권리를 주장하고 있다. 군도는 산호초, 암초 및 수면에 잠겨 있는 모래톱에 더하여, 만조시에도 영구적으로 해수면 위로 돌출되어 있는 25개 도서를 포함한 230개 이상의 지형물로 구성되어 있다.[69] 이 중 가장 큰 이투아바섬Itu Aba Island, 太平島은 약 0.46km²로, 대만이 1956년 점령했다.[70] 군도를 구성하는 모든 지형물들의 총 면적은 약 5km²이다.

중국이 군도에 대한 권리를 처음으로 주장한 것은 1951년이었다. 샌프란시스코에서 일본과의 평화협정을 협상하던 중에 저우언라이는 대만과 연해 도서들은 물론, 스프래틀리 군도와 파라셀 제도에 대한 중국의 주권을 주장하는 성명을 발표했다.[71] 1958년 진먼다오金門島를 둘러싼 대만 해협 위기 당시 발표한 중국의 영해 선언에서도 같은 주장이 반복되었다.[72]

파라셀 제도

중국과 베트남은 1950년대 초부터 이 지역에 대한 주권을 다투어 왔다. 대만 역시 이들 도서가 중국의 일부라고 주장해 왔다. 이 지역의 주권과 관련한 과거의 합의는 없었으나, 1949년 이전에는 프랑스와 중국이 여러 차례 점령했다. 이전부터 어선들을 위한 자연 피항지 역할을 해 왔기에, 경쟁하는 주장들 모두 이 지역을 사용, 관리해 왔던 역사적 사실에 기반을 두고 있다.

제도는 도서, 암초, 산호초 및 모래톱을 포함한 23개 지형물로 구성되어 있으며, 크레센트 군도와 앰피트라이트 군도로 나누어진다. 군도를 구성하는 모든 지형물들의 총 면적은 약 10km²이다.[73]

중국은 1951년 스프래틀리 군도와 함께 이 지역에 대한 자국의 권리를 최초로 주장했다. 1950년 봄에 국민당 병력이 철수한 후 인민해방군 수비대가 앰피트라이트 군도 우디섬에 주둔시설을 건설했다.[74] 이 지역 전초기지들에 대한 보급은 하이난다오에서 실시했지만, 순찰항해는 1959년에야 최초로 실시하였다.[75]

센카쿠 열도/댜오위다오

이 지역은 8개 이상의 지형물로 구성되어 있으며 총 면적은 약 7km²이다. 일본 민간인들이 구아노鳥糞石를 채취해 왔으나, 군사적 목적이든 민간 차원이든 일본이 이 지역에 상시 주둔한 적은 없다.[76] 중국은 이 지역을 일본에 넘겨주었던 법적 근거인 시모노세키 조약下關條約(1895)이 제2차 세계대전이 종전되면서 폐지되었으므로 이 지역은 대만으로 귀속되었다고 주장하는 반면, 일본은 이 지역은 시모노세키 조약에서 다루어진 적이 없다고 주장한다. 중국은 대만이 이 지역을 중국의 일부라 주장한 이후인 1970년 12월에야 이 지역에 대한 자국의 권리를 주장했다.[77] 이는 아마도 중국과 대만 모두 미국이 1971년 체결될 오키나와 반환 협정沖繩返還協定을 통하여 이 지역을 일본에 넘기는 것을 원치 않았기 때문이었을 것이다.

한국어판 서문

1. Xi Jinping, "January 30, 2013, http://cpc.people.com.cn/n/2013/0130/c64094-20368861.html
2. Xi Jinping, Taipingyang xuebao, July 30, 2013, http://www.pacificjournal.com.cn/CN/news/news263.shtml
3. Xinhua, June 30, 2018,http://www.xinhuanet.com/politics/leaders/2018-06/27/c_1123046180.htm. 외교부장 왕이(王毅)도 기자간담회에서 "우리에게 속하지 않은 곳이라면 조금도 원하지 않는다. 하지만 우리의 영토라면 한 치의 땅이라도 반드시 지켜낼 것"(不是我們的, 一分不要；該是我們的, 寸土必保)이라는 입장을 피력했다. Ministry of Foreign Affairs, March 8, 2014, https://www.fmprc.gov.cn/web/wjbz_673089/zyjh_673099/t1135388.shtml

들어가는 말

1. 2006 Report to Congress of the U.S.-China Economic and Security Review Commission, November 2006, p.130. 다음 자료도 참조할 것. Annual Report to Congress: The Military Power of the People's Republic of China (Washington, D.C.: Department of Defense, 2005), 9.
2. 몇가지 사례로 참조할 만한 자료들은 다음과 같다. Nazli Choucri and Robert Carver North, Nations in Conflict: National Growth and International Violence (San Francisco: W.H. Freeman, 1975); Robert Gilpin, War and Change in World Politics (New York: Cambridge University Press, 1981); John J. Mearsheimer, The Tragedy of Great Power Politics (New York: W.W. Norton, 2001); A.F.K. Organski, World Politics (New York: Knopf, 1958).
3. 예를 들어, 강대국간 분쟁의 역사와 관련하여 미어샤이머(Mearsheimer)는 "중국의 부상은 결코 평화롭지 않을 것"이라 주장한다. John J. Mearsheimer, "The Rise of China Will Not Be Peaceful at All," The Australian, November 18, 2005.
4. Mearsheimer, Tragedy; Fareed Zakaria, From Wealth to Power: The Unusual Origins of America's World Role (Princeton, N.J.: Princeton University Press, 1998).
5. Stephen Van Evera, "Hypnotheses on Nationalism and War," International

Security, vol. 18, no. 4 (Spring 1994): 5–39.

6. Bruce Russett, Grasping the Democratic Peace (Princeton, N.J.: Princeton University Press, 1993).

7. Richard K. Betts, "Wealth, Power, and Instability: East Asia and the United States after the Cold War," International Security, vol. 18, no. 3 (Winter 1993): 34–77; Aaron L. Friedberg, "Ripe for Rivalry: Prospects for Peace in Multipolar Asia," International Security, vol. 18, no. 3 (Winter 1993/94), 5–33.

8. Richard Bernstein and Ross H. Munro, The Coming Conflicts with China (New York: Knopf, 1997); Maria Hsia Chang, Return of the Dragon: China's Wounded Nationalism (Boulder, Colo.: Westview, 2001).

9. Susan L. Shirk, China: Fragile Superpower (New York: Oxford University Press. 2007), 62.

10. Alastair Iain Johnston, "Cultural Realism and Strategy in Maoist China," in Peter J. Katzenstein, ed., The Culture of National Security (New York: Columbia University Press, 1996): 216–270.

11. 영토분쟁에서 중국의 현상유지적 외교정책에 관해서는 다음 자료를 참조할 것. Alastair Iain Johnston, "Is China a Status Quo Power?" International Security, vol.27, no. 4 (Spring 2003): 5–56.

12. Kalevi J. Holsti, Peace and War: Armed Conflicts and International Order, 1648–1989 (Cambridge: Cambridge University Press, 1991); John Vasquez and Marie T. Henehan, "Territorial Disputes and the Probability of War, 1816–1992," Journal of Peace Research, vol. 38, no. 2 (2002): 123–138; John A. Vasquez, The War Puzzle (New York: Cambridge University Press, 1993).

13. Alastair Iain Johnston, "China's Militarized Interstate Dispute Behavior, 1949–1992: A First Cut at the Data," The China Quarterly, no. 153 (March 1998): 1–30.

14. 위의 사례들과 관련하여서는 다음 자료들을 참조할 것. Luke T. Chang, China's Boundary Treaties and Frontier Disputes: A Manuscript (New York: Oceana Publications, 1982); Pao-min Chang, The Sino-Vietnamese Territorial Dispute (New York: Praeger, 1986); Chien-peng Chung, Domestic Politics, International Bargaining and China's Territorial Disputes (London: RoutlegdeCurzon, 2004); George Ginsburgs and Carl F. Pinkele, The Sino-Soviet Territorial Dispute, 1949–64 (London: Routledge, 1978); Ting Tsz Kao, The Chinese Frontiers (Aurora, Ill.:Chinese Scholarly Publishing, 1980); Ying Cheng Kiang, China's Boundaries (Lincolnwood, Ill.: Institute of China Studies, 1985); Alastair Lamb, The Sion-Indian Border in Ladakh (Canberra: Australian National University Press, 1973); Neville Maxwell, India's China War (New York: Pantheon Books, 1970); J.R.V. Prescott et al., Frontiers of Asia and Southeast Asia (Carlton: Melbourne University Press, 1977); Tsui Tsien-hua, The Sino-Soviet Border Dispute in the 1970's (New York: Mosaic Press, 1983); Byron N. Tzou, China and International Law: The Boundary

Disputes (New York: Praeger, 1990).

15. Greg Austin, China's Ocean Frontier: International Law, Military Force, and National Development (Canberra: Allen & Unwin, 1998); Mira Sinha Bhattacharjea, "China's Strategy for the Determination and Consolidation of Its Territorial Boundaries: A Preliminary Investigation," China Report, vol. 23, no. 4 (1987): 397-419; Harold C. Hinton, Communist China in World Politics (New York: Houghton Mifflin, 1966), 273-336; Eric A. Hyer, "The Politics of China's Boundary Disputes and Settlements" (Ph.D. dissertation, Columbia University, 1990); Francis Watson, The Frontiers of China (New York; Praeger, 1966). 이에 대한 중요한 예외적 연구는 다음과 같다. Allen Carlson, Unifying China, Integrating with the World: Securing Chinese Sovereignty in the Reform Era (Stanford, Calif.: Stanford University Press, 2005), 49-91.

01 영토분쟁에서의 협력 전략과 갈등고조 전략

1. Kalevi J. Holsti, Peace and War: Armed Conflicts and International Order, 1648-1989 (Cambridge: Cambridge University Press, 1991); John A. Vasquez, The War Puzzle (New York: Cambridge University Press, 1993).

2. Paul R. Hensel, "Contentious Issues and World Politics: The Management of Territorial Claims in the Americas, 1816-1992," International Studies Quarterly, vol. 45, no. 1 (March 2001): 90; Paul K. Huth and Todd L. Allee, The Democratic Peace and Territorial Conflict in the Twentieth Century (Cambridge: Cambridge University Press, 2002), 298.

3. Giacomo Chiozza and Ajin Choi, "Guess Who Did What: Political Leaders and the Management of Territorial Disputes, 1950-1990," Journal of Conflict Resolution, vol. 47, no. 3 (June 2003): 251-278; Gary Goertz and Paul F. Diehl, Territorial Changes and International Conflict (New York: Routledge, 1992); Hensel, "Contentious Issues"; Paul R. Hensel and Sara Mc Laughlin Mitchell, "Issue Indivisibility and Territorial Claims," GeoJournal, vol. 64, no. 4 (December 2005): 275-285; Paul K. Huth, Standing Your Ground: Territorial Disputes and International Conflict (Ann Arbor: University of Michigan Press, 1996); Huth and Allee, Democratic Peace; Arie M. Kacowicz, Peaceful Territorial Change (Columbia: University of South Carolina Press, 1994); Robert Mandel, "Roots of the Modern Interstate Border Dispute," Journal of Conflict Resolution, vol. 24, no. 3 (September 1980): 427-454.

4. 이러한 사례와 관련해서는 다음 자료를 참조할 것. Huth, Standing Your Ground.

5. 지연 전략은 군사전술적 입지를 강화하거나 국내 핵심지지층의 지지를 유지할 시간을 벌어준다는 점에서도 특별한 이점이 있다고 할 수 있다. 이 전략은 분쟁 지역 대부분을

점령하고 있는 국가에 특히 유용한데, 시간이 흘러갈수록 자국에 유리한 현 상황을 공고하게 할 수 있기 때문이다. 영토분쟁과 같은 국가 간 갈등상황에서 지연 전략을 쓸 수 있도록 하는 원천이 무엇인가는 추가적인 연구를 필요로 하는 주제이다.

6. Stephen D. Krasner, Defending the National Interest: Raw Materials Investments and U.S. Foreign Policy (Princeton, N.J.: Princeton University Press, 1978). 다음 자료들도 참조할 것. Thomas J. Christensen, Useful Adversaries: Grand Strategy, Domestic Mobilization, and Sino-American Conflict, 1947-1958 (Princeton, N.J.: Princeton University Press, 1996); Scott Cooper, "State-Centric Balance-of-Threat Theory: Explaining the Misunderstood Gulf Cooperation Council," Security Studies, vol. 13, no. 2 (Winter 2003): 306-349; David A. Lake, "The State and American Trade Strategy in the Pre-hegemonic Era," International Organization, vol. 42, no. 1 (1988):33-58; Michael Mastanduno, David A. Lake, and G. John Ikenberry, "Toward a Realist Theory of State Action," International Studies Quarterly, vol. 33, no. 4 (December 1989): 457-474; Fareed Zakaria, From Wealth to Power: The Unusual Origins of America's World Role (Princeton, N.J.: Princeton University Press, 1998).

7. 자기 보존(self-preservation)에 관해서는 다음 자료를 참조할 것. Mastanduno, Lake, Ikenberry, "Toward," 463.

8. Krasner, Defending the National Interest, 10-11.

9. Hans J. Morgenthau, Politics among Nations: The Struggle for Power and Peace, 3rd ed. (New York: Knopf, 1960), 110-148. 더욱 구체적인 논의에 대해서는 다음 자료를 참조할 것. Randall Schweller, "The Progressiveness of Neoclassical Realism," in Colin Elman and Miriam Fendius Elman, eds., Progress in International Relations Theory: Appraising the Field (Cambridge, Mass.: MIT Press, 2003), 311~348.

10. Randall Schweller, Unanswered Threats: Political Constraints on the Balance of Power (Princeton, N.J.: Princeton University Press, 2006).

11. Todd L. Allee and Paul K. Huth, "When Are Governments Able to Reach Negotiated Settlement Agreements? An Analysis of Dispute Resolution in Territorial Disputes, 1919-1995," in Harvey Starr, ed., Approaches, Levels, and Methods of Analysis in International Politics (New York: Palgrave Macmillan, 2006), 14.

12. 경제적 기획비용과 관련하여서는 다음 자료를 참조할 것. Beth A. Simmons, "Rules over Real Estate: Trade, Territorial Conflict, and International Borders as Institution," Journal of Conflict Resolution, vol. 49, no. 6 (December 2005), 823-848.

13. Hedley Bull, The Anarchial Society: A Study of Order in World Politics (New York: Columbia University Press, 1977).

14. 분할 불가능성과 영토에 대해서는 다음 자료들을 참조할 것. Stacie Goddard, "Uncommon Ground: Indivisible Territory and the Politics of Legitimacy," International Organization, vol. 60, no. 1 (Winter 2006); 35-68; Ron E. Hassner, "

To Halve and to Hold' : Conflicts over Sacred Space and the Problem of Indivisibility," Security Studies, vol. 12, no. 4 (Summer 2003): 1–33; Monica Duffy Toft, The Geography of Ethnic Violence: Identity, Interests, and the Indivisibility of Territory (Princeton, N.J.: Princeton University Press, 2003); Barbara F. Walter, "Explaining the Intractability of Territorial Conflict," International Studies Review, vol. 5, no. 4 (December 2003): 137–153.

15. Huth, Standing Your Ground, 149.

16. Huth and Allee, Democratic Peace, 198–205.

17. Kenneth N. Waltz, Theory of International Politics (New York: McGraw-Hill, 1979).

18. 하나의 예외가 있다면, 국제체제에서 한 국가의 상대적 입지를 변경할 수 있는 전략적 요충지를 둘러싼 분쟁 정도가 이에 해당할 것이다. James D. Fearson, "Rationalist Explanations For War," International Organization, vol. 49, no. 3 (Summer 1995): 408–409.

19. 구조적 현실주의에 대해서는 다음 저서를 참조할 것. Waltz, Theory of International Politics. 그러나 이러한 방식의 설명은 구조적 현실주의의 설명력을 일반론적으로 검증하기 위한 것이 아니라, 단지 영토분쟁에서의 타협을 설명하는 가설 중 하나로 제시되는 것일 뿐이다.

20. Paul F. Diehl and Gary Goertz, War and Peace in International Rivalry (Ann Arbor: University of Michigan Press, 2000); Stephen M. Walt, The Origins of Alliances (Ithaca, N.Y.: Cornell University Press, 1987).

21. R. H. Dekmejian, "Soviet-Turkish Relations and Politics in the Armenian SSR," Soviet Studies, vol. 19, no. 4 (April 1968): 510–525; Basil Dmytryshyn and Frederick Cox, The Soviet Union and the Middle East (Princeton, N.J.: Kingston Press, 1987).

22. Jacques Freymond, The Saar Conflict, 1945–1955 (London: Stevens, 1960).

23. Huth, Standing Your Ground, 160; Huth and Allee, Democratic Peace, 195.

24. Allee and Huth, "When Are Governments," 27.

25. Jack. S. Levy, "The Diversionary Theory of War: A Critique," in Manus I. Midlarsky, ed., Handbook of War Studies (Boston: Unwin Hyman, 1989), 259–288; Edward D. Mansfield and Jack L. Snyder, Electing to Fight: Why Emerging Democracies Go to War (Cambridge, Mass.: MIT Press, 2005).

26. 이보다 먼저 나온 유사한 주장에 대해서는 다음 자료를 참조할 것. M. Taylor Fravel, "Regime Insecurity and International Cooperation: Explaining China's Compromises in Territorial Disputes," International Security, vol. 30, no. 2 (Fall 2005): 46-83 체제의 불안정성에 대해서는 다음 자료를 참조할 것. Joe D, Hagan, "Regimes, Political Oppositions, and the Comparative Analysis of Foreign Policy," in Charles F. Hermann, Charles W. Kegley, Jr., and James N. Rosenau, eds., New Directions in the Study of Foreign Policy (Boston: Allen Unwin, 1987), 346.

27. Steven R, David, "Explaining Third World Alignment," World Politics, vol. 43, no. 2 (January 1991): 233-256.

28. 내부의 불안정성과 대외정책에 대해서는 다음 자료들을 참조할 것. Mohammed Ayoob, The Third World Security Predicament: State Making, Regional Conflict, and the International System (Boulder, Colo.: Lynne Rienner, 1995); Edward Azar and Chung-In Moon, eds., National Security in the Third World (Aldershot: Edward Elgar Publishing, 1988); Brian L. Job, ed., The Insecurity Dilemma: National Security of Third World States (Boulder, Colo.: Lynne Rienner, 1992).

29. 이집트의 동맹 체결 사례를 유사하게 설명한 자료는 다음과 같다. Michael N. Barnett and Jack S. Levy, "Domestic Sources of Alliances and Alignments: The Case of Egypt, 1962-73," International Organization, vol. 45, no. 3 (Summer 1991): 369-395.

30. 국제사회에서 정당성을 인정받음으로써 국가 내부의 불안정성에 대응하는 전략에 대해서는 다음 자료를 참조할 것. Mastanduno, Lake, and Ikenberry, "Toward," 466-467.

31. Jeremi Suri, Power and Pretest: Global Revolution and the Rise of Detente (Cambridge, Mass.: Harvard University Press, 2003).

32. Giacomo Chiozza and H. E. Goemans, "Peace through Insecurity: Tenure and International Conflict," Journal of Conflict Resolution, vol. 47, no. 4 (August 2003): 433-467.

33. Christopher R. Way, "Political Insecurity and the Diffusion of Financial Market Regulation," The ANNALS of the American Academy of Political and Social Science, vol. 598, no. 1 (2005): 125-144.

34. Cooper, "State-Centric"; Michael Leifer, ASEAN and the Security of South-East Asia (London: Routeledge, 1989).

35. 이러한 주장에 따른다면, 인접국가와 영토분쟁이 없는 상태에서 소요 사태나 폭동이 발생하는 경우 국가 지도자는 체제의 안전성을 강화하기 위하여 그 인접국가와 분쟁 중인 다른 분야에서 협력을 할 것이라 추론할 수 있다.

36. Jasim M. Abdulghani, Iraq & Iran: The Years of Crisis (London: Croom Helm, 1984), 155; Alan J. Day, ed., Border and Territorial Disputes, 2nd ed. (Burnt Mill: Longman, 1987), 237-238.

37. Joseph S. Tulchin, Argentina and the United States: A Conflicted Relationship (Boston: Twayne, 1990), 136-137.

38. David Scott Palmer, "Peru-Ecuador Border Conflict: Missed Opportunities, Misplaced Nationalism, and Multilateral Peacekeeping," Journal of Interamerican Studies and World Affairs, vol. 39, no. 3 (Autumn 1997): 115-116; Beth A. Simmons, Territorial Disputes and Their Resolution: The Case of Ecuador and Peru, Peaceworks no. 27 (Washington, D.C.: United States Institute of Peace, 1999), 11-12.

39. T. Clifton Morgan and Kenneth N. Bickers, "Domestic Discontent and the Use of Force," Journal of Conflict Resolution, vol. 36, no. 1 (March 1992): 25-52.

40. 국내정치적 갈등과 다른 국가와의 분쟁에서의 갈등고조 사이의 긍정적 상관관계에 대해서는 다음 자료들을 참조할 것. Kurt Dassel and Eric Reinhardt, "Domestic Strife and the Initiation of Violence at Home and Abroad," American Journal of Political Science, vol. 43, no. 1 (January 1999): 56-85; Graeme A. M. Davies, "Domestic Strife and the Initiation of International Conflicts," Journal of Conflict Resolution, vol 46, no. 5 (October 2002): 672-692; Patrick James and John R. Oneal, "The Influence of Domestic and International Politics on the President's Use of Force," Journal of Conflict Resolution, vol. 35, no. 2 (June 1991): 307-332. 국내정치적 갈등과 다른국가와의 분쟁에서 갈등고조 사이에 긍정적 상관관계를 찾아내는 데 실패한 연구사례는 다음과 같다. Giacomo Chiozza and H. E. Goemans, "Peace through Insecurity"; Brett Ashely Leeds and David R. Davis, "Domestic Political Vulnerability and International Disputes," Journal of Conflict Resolution, vol. 41, no. 6 (December 1997): 814-834; James Meernik and Peter Waterman, "The Myth of the Diversionary Use of Force by American Presidents," Political Research Quarterly, vol. 49, no. 3 (September 1996): 575-590.

41. Paul K. Huth and Todd L. Allee, "Domestic Political Accountability and the Escalation and Settlement of International Disputes," Journal of Conflict Resolution, vol 46, no. 6 (December 2002): 754-790.

42. David, "Explaining Third World Alignment."

43. Huth and Allee, "Domestic Political Accountability and the Escalation and Settlement of International Disputes." 이 연구에서는 자체 개발한 민주화 지수 (POLITY net democracy score)에 따라 각 국가의 정치체제를 규정하였고 영토분쟁에서 현재의 상태를 변경하고자 하는 국가들을 '현상변경을 추구하는 국가'(challenger)로 지칭했다.

44. 그러나 민주주의 국가들이 양보할 가능성이 권위주의 국가들이 양보할 가능성보다는 더 높다. Huth and Allee, Democratic Peace, 199-201.

45. Jeffrey Herbst, States and Power in Africa: Comparative Lessons in Authority and Control (Princeton, N.J.: Princeton University Press, 2000).

46. Tanisha M. Fazal, State Death: The Politics and Geography of Conquest, Occupation, and Annexation (Princeton, N.J.: Princeton University Press, 2007). 다음의 연구결과 역시, '영토 보전(territorial integrity)'이라는 규범이 공고화되면서 국가들이 점차 영토문제에 대해서 현재의 상태를 수용하게 되고 무력을 통해 영토 변경을 추구하려는 성향이 약화되었다고 본다. Mark W. Zacher, "The Territorial Integrity Norm: International Boundaries and the Use of Force," International Organization, vol. 55, no. 2 (Spring 2001): 215-250.

47. Huth, Standing Your Ground, 135; Huth and Allee, "Domestic Political Accountability," 251-257; Bruce Russet, Grasping the Democratic Peace (Princeton,

N.J.: Princeton University Press, 1993).

48. Hensel, "Contentious Issues," 100; Huth and Allee, Democratic Peace, 199-214. 특정한 조건 하에서는 민주주의 국가들 사이에서 훨씬 더 양보가 어려울 수도 있는데, 이에 대해서는 다음 자료를 참조할 것. Huth and Allee, Democratic Peace, 1999-201.

49. Simmons, "Rules."

50. Stephen G. Brooks, Producing Security: Multinational Corporations, Globalization, and the Changing Calculus of Conflict (Princeton, N.J.: Princeton University Press, 2005); Eric Gartzke, "The Capitalist Peace," American Journal of Political Science, vol. 51, no. 1 (January 2007): 166-191.

51) Jack S. Levy, "Declining Power and the Preventive Motivation for War," World Politics, vol. 40, no. 1 (October 1987): 82. 다음 자료도 참조할 것. Stephen Van Evera, Causes of War: Power and the Roots of Conflict (Ithaca, N.Y.: Cornell University Press, 1999), 73-104. 국력의 변동(power shifts) 개념을 이용한 동태적 격차 이론(theory of dynamic differentials)에 대해서는 다음 자료를 참조할 것. Dale C. Copeland, Origins of Major War (Ithaca, N.Y.: Cornell University Press, 2000).

52. Levy, "Declining Power."

53. Van Evera, Causes, 74.

54. 이 논리가 적용되는 사례와 관련하여서는 다음 자료를 참조할 것. Copeland, Origins of Major War, 56-117; Stephen Van Evera, "The Cult of the Offensive and the Origins of the First World War," International Security, vol. 9, no. 1 (Summer 1984): 58-107; Victor D. Cha, "Hawk Engagement and Preventive Defense on the Korean Peninsula," International Security, vol. 27, no. 1 (2002): 40-78; Jack S. Levy and Joseph R. Gochal, "Democracy and Preventive War: Israel and the 1956 Sinai Campaign," Security Studies, vol. 11, no. 2 (Winter 2001/2002): 1-49. 중국과 관련된 사례에 대해서는 다음 자료를 참조할 것. Thomas J. Christensen, "Windows and War: Trend Analysis and Beijing's Use of Force," in Alastair Iain Johnston and Robert S. Ross, eds., New Directions in the Study of China's Foreign Policy (Stanford, Calif.: Stanford University Press, 2006), 50-85. 앞에서 중국의 영토분쟁에서 갈등을 고조시킨다고 기술한 "사전 예방"의 논리preventive logic를 구성하는 근거들이 국제체제에서 중국의 전반적인 입지가 아니라 특정한 분쟁에서의 협상력(bargain power)에 초점을 맞추고 있기는 하지만, 이 논문은 중국이 영토분쟁에서 보여주었던 행태에 대한 필자의 생각에 중대한 영향을 미쳤다.

55. 국제관계에서 국력의 인식에 대해서는 다음 자료를 참조할 것. William Curti Wohlforth, The Elusive Balance: Power and Perceptions during the Cold War (Ithaca, N.Y.: Cornell University Press, 1993).

56. Nils Petter Gleditsch, "Armed Conflict and the Environment: A Critique of the Literature," Journal of Peace Research, vol. 35, no. 3 (May 1998): 381-400.

57. Nazli Choucri and Robert Carver North, Nations in Conflict: National Growth and International Violence (San Francisco, W. H. Freeman, 1975).

452

58. M. Taylor Fravel, "Power Shifts and Escalation: Explaining China's Use of Force in Territorial Disputes," International Security, vol. 32, no. 3 (Winter 2007/2008): 44-83.

59. 정보와 전쟁의 관계에 대해서는 다음 자료를 참조할 것. Fearon, "Rationalist Explanations"; R. Harrison Wagner, "Bargaining and War," American Journal of Political Science, vol. 44, no. 3 (July 2000): 469-484.

60. Robert Jervis, "Cooperation under the Security Dilemma," World Politics, vol. 30, no. 2 (January 1978): 167-214.

61. Thomas J. Christensen, "The Contemporary Security Dilemma: Deterring a Taiwan Conflict," The Washington Quarterly, vol. 25, no. 4 (Autumn 2002): 7-21.

62. William Hale, Turkish Foreign Policy, 1774-2000 (London: Frank Cass, 2000), 150-156.

63. Sumit Ganguly, Conflict Unending: India-Pakistan Tensions since 1947 (New York: Columbia University Press, 2001), 37-38.

64. Hensel, "Contentious Issues," 105; Huth, Standing Your Ground, 116.

65. Huth, Standing Your Ground, 122-124.

66. Charles A. Kupchan, The Vulnerability of Empire (Ithaca, N.Y.: Cornell University Press, 1994), 19.

67. F. Gregory Gause, "Iraq's Decisions to Go to War, 1980 and 1990," The Middle East Journal, vol. 56, no. 1 (Winter 2002): 47-70.

68. 약한 국가에 의해 전쟁이 시작되는 경우에 대해서는 다음 자료를 참조할 것. T. V. Paul, Asymmetric Conflicts: War Initiation by Weaker Powers (Cambridge: Cambridge University Press, 1994).

69. Richard N. Lebow, "Windows of Opportunity: Do States Jump through Them?" International Security, vol. 9, no. 1 (Summer 1984): 147-186.

70. Geoffrey Blainey, The Causes of War, 3rd ed. (New York: The Free Press, 1988), 82.

71. Huth, Standing Your Ground, 117.

72. Robert F. Gorman, Political Conflict on the Horn of Africa (New York: Praeger, 1981).

73. John J. Mearsheimer, The Tragedy of Great Power Politics (New York: W. W. Northon, 2001); Zakaria, From Wealth to Power.

74. 평판과 억지 개념을 검토한 연구들에 대한 전반적인 소개하는 자료는 다음과 같다. Paul K. Huth, "Reputations and Deterrence," Security Studies, vol. 7, no. 1 (1997): 72-99.

75. Walter, "Explaining the Intractability of Territorial Conflict," 149-150.

76. 국가 간 경쟁관계의 일반적인 사항에 대해서는 다음 자료를 참조할 것. Paul. F. Diehl and Gary Goertz, War and Peace in International Rivalry (An Arbor: University of Michigan Press, 2000). 영토와 국가 간 경쟁관계에 대해서는 다음 자료를 참조할 것.

Karen A. Rasler and William R. Thompson, "Contested Territory, Strategic Rivalries, and Conflict Escalation," International Studies Quarterly, vol. 50, no. 1 (March 2006): 145-167.

77. 하지만 경쟁관계에서 자국의 상대적인 약화는 무력 사용의 이유 중 하나일 수도 있는데, 이는 갈등고조에 관한 필자의 이론과 일치한다.

78. 민주주의 정치체제에서의 사회적 동원에 대해서는 다음 자료를 참조할 것. Christensen, Useful Adversaries. 관심전환 전쟁(diversionary war) 이론에 대해서는 다음 자료를 참조할 것. Levy, "Diversionary Theory," 259-288.

79. Alexander George and Andrew Bennet, Case Studies and Theory Development in the Social Sciences (Cambridge, Mass.: MIT Press, 2005), 67-72.

80. George and Bennett, Case Studies, 205-232.

81. Huth and Allee, "Domestic Political Accountability and the Escalation and Settlement of International Disputes." 이 연구에 따르면 중국이 '현상변경을 추구하는 국가'(challenger)로 규정되어 있는 1949년 이후 분쟁들의 88%에서 최소한 1회는 타협을 했으며, 중국이 개입되지 않은 다른 모든 분쟁들에서 양보가 이루어진 비율은 79%이다. 이 두 개의 비율에 대한 t-검정 결과 p-값은 0.41이다. (p-값이 0.05 이상이면 이 두 개의 비율들 사이의 차이는 통계적으로 무의미한 수준임을 나타냄) 마찬가지로, 다른 국가들이 무력 사용을 위협한 경우가 45%인 반면, 중국이 군사력 사용을 위협한 경우는 38%이다. 이 비율들에 대한 t-검정 결과 나온 p-값 0.57 역시 두 비율 사이의 차이가 통계적으로 무의미함을 의미한다.

82. Alastair Iain Johnston, "China's Militarized Interstate Dispute Behavior 1949-1992: A First Cut at the Data," The China Quarterly, no. 153 (March 1998): 1-30.

83. 중심부는 주변에 거주하던 비한족 집단들이 중국에 동화되는 과정을 거치면서 진(秦)에서 청(淸)에 이르는 기간 동안 지속적으로 확대되어 왔다.

84. 중국 변강(邊疆) 지역에 대한 상세한 설명에 대해서는 다음 자료를 참조할 것. 馬大正, 『二十世紀的中國邊疆研究: 一門發展中的邊緣學科的演進歷程』(哈爾濱: 黑龍江教育出版社, 1998), 1-60; 『中國邊疆地理』(北京: 人民教育出版社, 1991), 1-7.

85. Frederick Mote, Imperial China: 900-1800 (Cambridge, Mass.: Harvard University Press, 1999), 25.

86. 청(淸)의 영토확장에 대해서는 다음 자료를 참조할 것. Peter C. Perdue, China Marches West: The Qing Conquest of Central Eurasia (Cambridge, Mass.: Belknap Press of Harvard University Press, 2005).

87. 오늘날 중국의 면적(959만 960km²)을 1820년도 청淸의 면적 (1300만 837km²)에서 차감한 것으로 면적에 대한 수치들은 개략적인 것이다. 1820년도 면적에 대한 데이터는 China Historical GIS Project의 GIS shape file을 참고할 것.(http://www.people.fas.harvard.edu/~chgis/) 오늘날 중국의 면적에 대한 데이터는 CIA World Fact Book을 참고할 것.(https://cia/gov/cia//publications/factbook/geos/ch/html)

88. Own Lattimore, Inner Asian Frontier of China (New York: American Geographical Society, 1940); 毛振發 主編, 『邊防論』(北京: 軍事科學出版社, 1996); Gerald Segal,

China Changes Shape: Regionalism and Foreign Policy, Adelphi Paper no. 287 (London: International Institute for Strategic Studies, 1994); Michael D. Swaine and Ashley J. Tellis, Interpreting China's Grand Strategy: Past, Present, and Future (Santa Monica, Calif.: RAND, 2000), 21-96; Joseph Whitney, China: Area, Administration and Nation Building, Department of Geography Research Paper no. 123 (Chicago: University of Chicago, 1970); 鄭汕 主編, 『中國邊防史』(北京: 社會科學文獻出版社, 1995).

89. 布赫 主編, 『民族理論與民族政策』(呼和浩特: 內蒙古大學出版社, 1995), 27.

90. 중국 변강(邊疆) 지역에 대한 상세한 설명에 대해서는 다음 자료를 참조할 것. 馬大正, 『二十世紀的中國邊疆研究: 一門發展中的邊緣學科的演進歷程』, 1-60; 『中國邊疆地理』, 1-7.

91. 예를 들어, 중국과 한국의 배타적 경제수역(EEZ)이 겹치는 지점에 위치한 해저 지형물인 이어도(중국명 蘇岩礁)를 둘러싼 잠재적 분쟁은 분석대상에서 제외한다.

92. 청(淸)의 변강(邊疆) 정책에 대해서는 다음 자료를 참조할 것. Nicola Di Cosmo, "Qing Colonial Administration in Inner Asia," The International History Review, vol. 20, no. 20 (1998): 24-40. 같은 주제에 대한 중국측 자료는 다음과 같다. 馬大正 主編, 『中國邊疆經略史』(鄭州: 中州古籍出版社, 2000), 240-434. 다음 자료들도 참고할 것. Joseph Fletcher, "Ch'ing Inner Asia c. 1800," in John K. Fairbank, ed., The Cambridge History of China, vol. 10 (Cambridge: Cambridge University Press, 1978); Joseph Fletcher, "The Heyday of the Ch'ing Order in Mongolia, Sinkiang and Tibet," in John K. Fairbank, ed., The Cambridge History of China, vol. 10 (Cambridge: Cambridge University Press, 1978); Morris Rossabi, China and Inner Asia: From 1368 to the Present Day (New York: PICA Press, 1975); 鄭汕 主編, 『中國邊防史』.

93. 鄭汕 主編, 『中國邊防史』.

94. 청(淸)의 티베트 지배에 대해서는 다음 자료를 참조할 것. Luciano Petech, China and Tibet in the Early 18th Century: History of the Establishment of Chinese Protectorate in Tibet (Leiden: Brill, 1972); Warren W. Smith, Tibetan Nation: A History of Tibetan Nationalism and Sino-Tibetan Relations (Boulder, Colo.: Westview, 1996), 115-150. 신장(新疆) 지역 지배에 대해서는 다음 자료를 참조할 것. Di Cosmo, "Qing Colonial Administration"; Fletcher, "Ch'ing Inner Asia," 58-90; James Millward, Beyhond the Pass: Economy, Ethnicity and Empire in Qing Central Asia, 1759-1864 (Stanford, Calif.: Stanford University Press, 1998); Rossabi, China and Inner Asia, 139-165. 몽골 지배에 대해서는 다음 자료를 참조할 것. Fletcher, "The Heyday of the Ch'ing Order"; Rossabi, China and Inner Asia, 106-157. 만주(滿州) 지역 지배에 대해서는 다음 자료를 참조할 것. Rossabi, China and Inner Asia, 85-94.

95. Andrew D. W. Forbes, Warlords and Muslims in Chinese Central Asia: A Political History of Republican Sinkang, 1911-1949 (New York: Cambridge University Press,

1986); David N. Wang, Under the Soviet Shadow: The Yining Incident (Hong Kong: The Chinese University Press, 1999).

96. Alastair Lamb, The McMahon Line: A Study in the Relations between India, China and Tibet, 1904-1914 (London: Routledge & K. Paul, 1966).

97. Herold J. Wiens, China's March toward the Tropics (Hamden, Conn.: Shoe String Press, 1954).

98. 이 중요도 지수는 1) 상주인구의 존재(the presence of permanent population), 2) 천연자원(natural resources), 3) 전략적 중요성(strategic endowment), 4) 본토와의 연계성(homeland ties), 5) 민족구성(ethnicity), 그리고 6) 역사적 소유권(historical possession)을 기초로 하여 산출한 것으로, 지수의 도출방법에 대한 자세한 사항은 다음 자료를 참조할 것. Hensel and Mitchell, "Issue Indivisibility," 278. 이 연구에서 도출된 지수의 평균은 6.26, 표준편차는 2.66이었다. 필자가 동일한 지표들을 중국의 영토분쟁 사례에 적용하여 산출한 지수는 평균이 6.0, 표준편차 2.76이다.

99. 중국 행정체계의 구조에 대해서는 다음 자료를 참조할 것. Charles O. Hucker, A Dictionary of Official Titles in Imperial China (Stanford, Calif.: Stanford University Press, 1985), 71-96.

100. Hensel and Mitchell, "Issue Indivisibility," 278.

101. John Robert Shephard, Statecraft and Political Economy on the Taiwan Frontier, 1600-1800 (Stanford, Calif.: Stanford University Press, 1993); Emma Teng, Taiwan's Imagined Geography: Chinese Colonial Travel Writing and Pictures, 1683-1895 (Cambridge, Mass.: Harvard University Press, 2004).

102. Allen Carlson, Unifying China, Integrating with the World: Securing Chinese Sovereignty in the Reform Era (Stanford, Calif.: Stanford University Press, 2005), 49-91.

103. Melissa J. Brown, Is Taiwan Chinese? The Impact of Culture, Power, and Migration on Changing Identities (Berkeley: University of California Press, 2004).

104. 중국 지도자들에 있어서 대만의 중요성이 변화하는 양상에 대해서는 다음 자료를 참조할 것. Alan M. Wachman, Why Taiwan? Geostrategic Rationales for China's Territorial Integrity (Stanford, Calif.: Stanford University Press, 2007).

105. Hensel and Mitchell, "Issue Indivisibility," 278.

106. Tsering Shakya, The Dragon in the Land of the Snow: A History of Modern Tibet since 1947 (New York: Penguin Compass, 1999), 344-346. 1969년 여름과 가을에는 홍위병(紅衛兵)과 티베트 주둔 인민해방군 사이에 무력충돌이 반복적으로 발생했다. 이에 대해서는 다음 자료를 참조할 것. New York Times, 16 November 1969, 6.

107. Barbara Barnouin and Yu Changgen, Chinese Foreign Policy during the Cultural Revolution (New York: Kegan Paul International, 1998); Roderick MacFarquhar and Michael Schoenhals, Mao's Last Revolution (Cambridge, Mass.: Belknap Press of Harvard University Press, 2006).

108. 덩샤오핑은 1979년에 인도와의 국경분쟁을 해결하기 위해 저우언라이(周恩來)가

1960년 제시한 일괄거래 방안을 재확인했다. 제3장을 참조할 것.

109. 중국이 다른 외부적 위협요소들을 상쇄하기 위하여 분쟁을 해결했다는 주장에 대해서는 다음 자료들을 참조할 것. Eric A. Hyer, "The Politics of China's Boundary Disputes and Settlements" (Ph.D. dissertation, Columbia University, 1990); Francis Watson, The Frontiers of China (New York: Praeger, 1966).

110. Johnston, "China's Militarized Interstate Dispute Behaviour," 24.

111. 1990년대 영토분쟁에서 보이는 중국의 온건한 태도가 그러한 국제적 규범을 더 많이 수용한데서 일부 기인한다는 주장에 대해서는 다음 자료를 참조할 것. Carlson, Unifying China, 49-91.

112. World Bank, World Development Indicators, online database. 상품무역은 전체 무역량보다 약간 적지만 1960년도 무역지표로서 유일하게 이용 가능한 것이다.

113. M. Taylor Fravel, "Securing Borders: China's Doctrine and Force Structure for Frontier Defense," Journal of Strategic Studies, vol. 30, nos. 4-5 (2007): 705-737.

114. 국경에 인접한 중국의 135개 현(縣) 중에서 107개 현이 소수민족 자치구이다. 布赫 主編, 『民族理論與民族政策』 (呼和浩特: 內蒙古大學出版社, 1995), 27.

115. 『鄧小平文選(第1冊)』 (北京: 人民出版社, 1994), 161. 張植榮, 『中國邊疆與民族問題: 當代中國的挑戰及其歷史由來』 (北京: 北京大學出版社, 2005).

116. 특히 다음 자료들을 참조할 것. 李星 主編, 『邊防學』 (北京: 軍事科學出版社, 2004); 毛振發 主編, 『邊防論』, 232-234, 256-261. 다음 자료들도 참조할 것. 蔡錫儒 主編, 『邊防理論』 (北京: 警官教育出版社, 1996); 魏中禮 宋憲春 主編, 『國內安全保衛』 (北京: 警官教育出版社, 1999), 180-191.

117. 毛振發 主編, 『邊防論』, 241-255; 王文榮 主編, 『戰略學』 (北京: 國防大學出版社, 1999), 270.

118. 李德潮, '白龍尾島正名', 『中國邊疆史地研究報告 (第1-2冊)』 第3號 (1988) : 21-23; 毛振發 主編, 『邊防論』, 137.

119. "Russian Foreign Minster Gives TV Interview Focusing on Ties with Neighbors," Moscow NTV in Russian, 143 November 2004, FBIS# CEP-2004-1114-000063.

120. Daniel M. Johns, Stuart A. Bremer, and J. David Singer, "Militarized Interstate Disputes, 1816-1992: Rationale, Coding Rules, and Empirical Patterns," Conflict Management and Peace Science, vol. 15, no. 2 (August 1996): 173.

121. John W. Garver, Protracted Contest: Sino-Indian Rivalry in the Twentieth Century (Seattle: University of Washington Press, 2001), 200-204.

122. Robert S. Ross, The Indochina Tangle: China's Vietnam Policy, 1975-1979 (New York: Columbia University Press, 1988); Zhang Xiaoming, "China's 1979 War with Vietnam: A Reassessment," The China Quarterly, no. 184 (December 2005): 851-874.

123. Fravel, "Regime Insecurity," 55-62.

124. 중국의 자국의 영향력이 약화될 수 있는 가능성을 전략적 차원에서 대응하려는, 즉, 중국을 북쪽, 서쪽, 남쪽에서 봉쇄하려는 소련의 시도를 차단하려는 노력을 반영한 것

이라 주장할 수도 있을 것이다.

125. Christensen, Useful Adversaries.
126. 다음 자료들을 참조할 것. Fravel, "Regime Insecurity." ; Johnston, "China' s Militarized Interstate Dispute Behavior," 18-20. 관심전환 전쟁(diversionary war) 이론에 대해서는 다음 자료를 참조할 것. Jack S. Levy, "The Diversionary Theory of War: A Critique," in Manus I. Midlarsky, ed., Handbook of War Studies, (Boston: Unwin Hyman, 1989), 259-288.

02 변강 지역 영토분쟁에서의 협력 전략: 1960년대

1. 金沖及 主編, 『周恩來傳 (第三冊)』 (北京: 中央文獻出版社, 1998), 1492.
2. S. D. Muni, Foreign Policy of Nepal (New Delhi: National Publishing House, 1973), 104.
3. 金沖及 主編, 『周恩來傳 (第三冊)』, 1292-1324; Dorothy Woodman, The Making of Burma (The Cresset Press: London, 1962), 535-536; 姚仲明, 〈周恩來總理解決中緬邊界問題的光輝業績〉, 載 裴堅章 主編, 『研究周恩來外交思-想與實踐』 (北京: 世界知識出版社, 1989), 94-111.
4. 〈毛澤東關于由西南局籌) 進軍及經營西藏問題的電報 (1950.1.2.)〉, 載 倪扶漢, 黃可 主編, 『和平解放西藏』 (拉薩: 西藏人民出版社, 1995), 47.
5. 〈十八軍黨委關于進軍西藏工作指示 (1950.2.1.)〉 (揭露) 載 倪扶漢, 黃可 主編, 『和平解放西藏』, 59.
6. John. W. Garver, Protracted Contest: Sino-Indian Rivalry in the Twentieth Century (Seattle: University of Washington Press, 2001), 34-39.
7. 倪扶漢, 黃可 主編, 『和平解放西藏』, 59; 趙愼應, 『張國華將軍在西藏』 (北京: 中國藏學出版社, 2001), 9.
8. 倪扶漢, 黃可 主編, 『和平解放西藏』, 59; Tsering Shakya, The Dragon in the Land of the Snow: A History of Modern Tibet since 1947 (New York: Penguin Compass, 1999), 33-91.
9. 1949년 이전의 중국과 티베트 관계에 대해서는 다음 자료들을 참조할 것. A. Tom Grunfeld, The Making of Modern Tibet: Revised Edition (Armonk: M. E. Sharpe, 1996), 7-106; Dawa Norbu, China' s Tibet Policy (London: Curzon Press, 2001), 15-178; Warren W. Smith, Tibetan Nation: A History of Tibetan Nationalism and Sino-Tibetan Relations (Boulder, Colo: Westview, 1996), 81-264.
10. Norbu, China' s Tibet Policy, 78; Luciano Petech, China and Tibet in the Early 18th Century: History of the Establishment of Chinese Protectorate in Tibet (Leiden, Netherlands: Brill, 1972).
11. 하지만 이 시기 중국이 티베트에 대한 주권을 포기한 것은 아니었다. Norbu, China' s Tibet Policy, 102-109.

12. Shakya, Dragon, 5-6.

13. Shakya, Dragon, 255.

14. 韓懷智, 譚旌樵 主編,『當代中國軍隊的軍事工作 (第1冊)』, 208-212; 姜思毅, 李惠 主編,『中印邊境自衛反擊作戰史』, 47-59.

15. Neville Maxwell, India's China War (New York: Pantheon Books, 1970), 78.

16. Garver, Protracted, 85-86.

17. Grunfeld, Making, 82-106.

18. Shakya, Dragon, 449-452. 공식명칭은 〈中央人民政府與西藏地方政府關于和平解放西藏辦法協議〉이다.

19. 이 사건의 배경에 대해서는 다음 자료들을 참조할 것. Grunfeld, Making, 131-150; Norbu, China's Tibet Policy, 210-227; Shakya, Dragon, 131-211. 중국측 자료는 다음과 같다. 李沛生, 李國珍 主編,『平息西藏叛亂』(拉薩: 西藏人民出版社, 1995).

20. 『公安部隊: 綜述, 大事記, 表冊』(北京: 解放軍出版社, 1997), 46.

21. 楊成武, 〈西藏叛亂〉,『總參謀部: 回憶史料』(北京: 解放軍出版社, 1997), 534.

22. 楊成武, 〈西藏叛亂〉, 535, 이 수치는 사망, 부상, 체포, 투항 및 무장해제된 인원의 총합이다.

23. 『中共西藏黨史大事記 1949-1966』(拉薩: 西藏人民出版社, 1990), 72.

24. Kenneth Conboy and James Morrison, The CIA's Secret War in Tibet (Lawrence: University of Kansas Press, 2002), 72; John Kenneth Knaus, Orphans of the Cold War: America and the Tibetan Struggle for Survival (New York: Public Affairs, 1999), 150-151.

25. 『周恩來外交文選』(北京: 中央文獻出版社, 1990), 273; 李沛生, 李國珍 主編,『平息西藏叛亂』, 17.

26. 楊啓良,『王尙榮將軍』(北京: 當代中國出版社, 2000), 403.

27. Jamyang Norbu, "The Tibetan Resistance Movement and the Role of the CIA," in Robert Barnett, ed., Resistance and Reform in Tibet (London: Hurst and Company, 1994), 189. 노르부(Norbu)는 티베트 군관구(西藏軍管區/MD, Military Districts) 중국 공산당 정치국(政治局)에서 발행한 문건을 언급하고 있다. 다른 자료에 따르면 90,000명이 티베트 본토(本土)에서 일어난 봉기에 가담하였지만, 핵심 가담자는 23,000명에 불과하다고 한다. 〈整個西藏平叛三年〉,『中國地名 (第1冊)』第115號 (2004): 40.

28. 李沛生, 李國珍 主編,『平息西藏叛亂』, 217.

29. 『中共西藏黨史大事記 1949-1966』, 78-85; Knaus, Orphans, 152-156; Shakya, Dragon, 179-180.

30. 李沛生, 李國珍 主編,『平息西藏叛亂』, 220.

31. Shakya, Dragon, 186-191.

32. Roger E. McCarthy, Tears of the Lotus: Accounts of Tibetan Resistance to the Chinese Invasion, 1950-1962 (Jefferson, N.C.: McFarland & Company, 1997), 180.

33. 중국측의 주장과는 달리, 라싸(拉薩)에서 벌어진 사건들은 국가의용수비대(NVDA)나 미국 중앙정보국(CIA)에서 훈련받은 반군들의 지휘에 따른 것이 아니었다. Shakya,

Dragon, 201-202.

34. Shakya, Dragon, 1197.

35. 李沛生, 李國珍 主編, 『平息西藏叛亂』, 28-29; Shakya, Dragon, 203; 楊成武, 『西藏叛亂』, 541.

36. 이러한 조치들에 대한 중국측의 설명에 대해서는 다음 자료들을 참조할 것. 韓懷智, 譚旌樵 主編, 『當代中國軍隊的軍事工作 (第1冊)』, 423-441; 李沛生, 李國珍 主編, 『平息西藏叛亂』; 楊成武, 〈西藏叛亂〉, 532-548.

37. 吳冷西, 『十年論戰: 1956-1966 中蘇關系回憶』 (北京: 中央文獻出版社, 1999), 212.

38. 徐焰, 〈解放后我國處理邊界沖突危机的回顧和總結〉, 『世界經濟與政治 (第3冊)』 (2005): 17.

39. 姜思毅, 李惠 主編, 『中印邊境自衛反擊作戰史』 (北京: 軍事科學出版社, 1994), 86. 병력이 배치되어 있던 검문소 몇군데에 대한 설명은 다음 자료를 참조할 것. 楊公素, 『滄桑九十年: 一個外交特使的回憶』 (海口: 海南出版社, 1999), 235.

40. 〈中央軍委對西藏山南地區平叛及當前工作的指示(1959.4.23.)〉, 載 李沛生, 李國珍 主編, 『平息西藏叛亂』, 99.

41. 李沛生, 李國珍 主編, 『平息西藏叛亂』, 105.

42. White Paper: Notes, Memoranda and Letters Exchanged and Agreements Signed between the Governments of India and China. (I) (New Delhi, Ministry of External Affairs, Government of India), 60-63, 66.

43. Mushirul Hasan, ed., Selected Works of Jawaharlal Nehru, second series, vol. 36 (New Delhi: Oxford University Press, 2005), 605.

44. 『周恩來外交文選』, 272.

45. Conboy and Morrison, CIA's Secret War; Knaus, Orphans; Shakya, Dragons, 175-180, 281-286.

46. Shakya, Dragons, 175.

47. Shakya, Dragons, 176.

48. 티베트 저항세력에 대한 미국 중앙정보국(CIA)의 지원은 두 단계에 걸쳐서 이루어졌다. 첫 번째 단계(1957.12~1961 봄)에서는 사이판과 콜로라도에서 훈련시킨 10개의 티베트인 그룹들을 티베트에 투입시켜 현지의 저항세력들과 협력하여 활동하도록 했다. 이 시기 미국 중앙정보국(CIA)은 거의 600톤에 달하는 물자와 장비들을 37회에 걸쳐 공중투하 방식으로 보급했다. 인민해방군이 티베트 저항세력들을 거의 제거해버린 1961년 이후에는 네팔의 무스탕(Mustang) 지역에 근거를 두고 활동하는 수천명 규모의 티베트 반군들을 지원하는 데 초점이 맞추어졌다. Conboy and Morrison, CIA's Secret War; Knaus, Orphans; Shakya, Dragons, 175-180, 281-286.

49. 王宏緯, 〈喜馬拉雅山情結: 中印關系研究〉 (北京: 中國藏學出版社, 1998), 129-154. 티베트에서 인도의 역할에 대해 중국의 시각에서 자세히 검토한 자료는 다음과 같다. 楊公素, 『中國反對外國侵略干涉西藏地方斗爭史』 (北京: 藏學出版社, 1992), 249-325.

50. 『周恩來外交文選』, 270.

51. 『周恩來外交文選』, 273-274.

52. 〈人民日報〉, 6 May 1959, 1

53. White Paper (I), 55-57.

54. 楊公素, 『滄桑九十年: 一個外交特使的回憶』, 232-233.

55. White Paper (II), 32.

56. White Paper (I), 33-43.

57. 무력충돌의 상세한 내용에 대해서는 다음 자료를 참조할 것. 姜思毅, 李惠 主編, 『中印邊境自衛反擊作戰史』, 96; Sinha, P. B., and A. A. Athale. History of the Conflict with China (New Delhi: History Division, Ministry of Defense, Government of India [restricted], 1992), 33.

58. 이 날 정치국(政治局) 회의에서 논의된 사항들에 대해서는 다음 자료를 참조할 것. 吳冷西, 『十年論戰: 1956-1966 中蘇關系回憶』, 212.

59. "Record of Conversation of Comrade Khrushshev N. S.," in David Wolff, " 'One Finger' s Worth of Historical Events?' New Russian and Chinese Evidence on the Sino-Soviet Alliance and Split, 1948-1959," Cold War International History Project Working Paper, no. 30 (2000): 67.

60. 吳冷西, 『十年論戰: 1956-1966 中蘇關系回憶』, 215.

61. Arthur Cohen, The Sino-Indian Border Dispute, I, DD/I Staff Study POLO XVI [Top Secret] (Washington, D.C.: Central Intelligence Agency, 1963), 40.

62. 특히 네윈(Ne Win)의 1959년 6월 4일자 서한과 저우언라이의 1958년 마지막 서한을 근거로 했다. Woodman, The Making of Burma, 536.

63. 力平, 馬芷蓀 主編, 『周恩來年譜 (1949-1976) 第2冊』(北京: 中央文獻出版社, 1997), 260; Leo E. Rose, Nepal: Strategy for Survival (Berkeley: University of California Press, 1971), 223.

64. 房建昌, 〈中尼邊界初探〉, 『中國邊疆失地研究報告』第3-4號 (1992): 20.

65. 이 전투의 구체적인 사항에 대해서는 다음 자료를 참조할 것. 姜思毅, 李惠 主編, 『中印邊境自衛反擊作戰史』, 96; Sinha and Athale, History of the Conflict with China, 34-35.

66. 이 회의에 대해 상세한 회고한 자료는 다음과 같다. 雷英夫, 『在最高統帥部當參謀: 雷英夫將軍回憶錄』(南昌: 百花洲文藝出版社, 1997), 201-203.

67. 力平, 馬芷蓀 主編, 『周恩來年譜 (1949-1976) 第2冊』, 265-266.

68. White Paper (III), 46.

69. 인도측 주장의 핵심은 중국은 분쟁 지역의 서부 지구(中印邊界西段)에서 철수하되, 중국이 주권을 주장하지만 실제로 차지하고 있는 부분이 없는 동부 지구(中印邊界東段)에서 인도군이 철수할 수는 없다는 것이다.

70. White Paper (III), 52-57.

71. 力平, 馬芷蓀 主編, 『周恩來年譜 (1949-1976) 第2冊』, 274.

72. White Paper (III), 60-82.

73. 吳冷西, 『十年論戰: 1956-1966 中蘇關系回憶』, 248.

74. 姜思毅, 李惠 主編, 『中印邊境自衛反擊作戰史』, 458.

75. J. Chester Cheng, ed., Politics of the Chinese Red Army (Stanford, Calif.: Hoover Institution Publications, 1966), 191.

76. 力平, 馬芷蓀 主編, 『周恩來年譜 (1949-1976) 第2冊』, 278.

77. 外交部, 『中華人民共和國條約集』(北京: 世界知識出版社, 1960), 65-67.

78. 金沖及 主編, 『周恩來傳 (第3冊)』, 1318-1319; Burma Weekly Bulletin, vol. 9, no. 1 (5 May 1960): 6.

79. 1956년 중국은 피모(片馬. 지역의 세 개 마을 482km²를 요구했으나 미얀마는 145km²만 제공했다. 최종적으로 체결된 조약에 따르면 미얀마는 피모(片馬. 지역 153km²만 중국측에 넘기기로 하여 8km²만 추가적으로 양보하고 나머지 329km²에 대해서는 양보하지 않았다. 최종적으로 미얀마의 최초 입장이 반영된 것이지 중국의 입장은 반영되지 못한 것이다. 다음 자료들을 참조할 것. 金沖及 主編, 『周恩來傳 (第3冊)』, 1314, 1317; Daphne E. Whittam, "The Sino-Burmese Boundary Treaty," Pacific Affairs, vol. 34, no. 2 (Summer 1961.: 180-181; Woodman, The Making of Burma, 533, 538.

80. 金沖及 主編, 『周恩來傳 (第3冊)』, 1513.

81. 〈人民日報〉, 2 February 1960, 1.

82. 金沖及 主編, 『周恩來傳 (第4冊)』, 1514 에서 인용.

83. 『建國以來毛澤東文稿 (第8冊)』, (北京: 中央文獻出版社, 1993), 245-246.

84. 王尙榮, 〈新中國誕生后幾次重大戰爭〉, 載 朱元石 主編, 『共和國要事口述史』(長沙: 湖南人民出版社, 1999), 269 에서 인용.

85. 『建國以來毛澤東文稿 (第8冊)』, 245-246.

86. 韓懷智, 譚旌樵 主編, 『當代中國軍隊的軍事工作 (第1冊)』, 374.

87. 力平, 馬芷蓀 主編, 『周恩來年譜 (1949-1976) 第2冊』, 304.

88. 韓懷智, 譚旌樵 主編, 『當代中國軍隊的軍事工作 (第1冊)』, 374; 馬金案, 〈中國軍隊境外的一場秘密戰爭〉, 『東南亞縱橫』 第1號(2001): 12.

89. 力平, 馬芷蓀 主編, 『周恩來年譜 (1949-1976) 第2冊』, 303-304.

90. 姚仲明, 〈周恩來總理解決中緬邊界問題的光輝業績〉, 100-101.

91. 王尙榮, 〈新中國誕生后幾次重大戰爭〉, 270; 馬金案, 〈中國軍隊境外的一場秘密戰爭〉, 14.

92. 姚仲明, 〈周恩來總理解決中緬邊界問題的光輝業績〉, 100.

93. 韓懷智, 譚旌樵 主編, 『當代中國軍隊的軍事工作 (第1冊)』, 369-379.

94. 外交部, 『中華人民共和國條約集』(北京: 世界知識出版社, 1960), 68-79.

95. 外交部, 『中華人民共和國條約集』(北京: 世界知識出版社, 1961), 52-232.

96. 外交部, 『中華人民共和國條約集』(北京: 世界知識出版社, 1960), 63-65.

97. 『毛澤東外交文選』(北京: 世界知識出版社, 1994), 395.

98. 力平, 馬芷蓀 主編, 『周恩來年譜 (1949-1976) 第2冊』, 293.

99. Garver, Protracted, 148.

100. 楊公素, 『中國反對外國侵略干涉西藏地方斗爭史』, 324-325.

101. 外交部, 『中華人民共和國條約集』(北京: 世界知識出版社, 1962), 45-50.

102. 이에 대한 중국측 자료들은 다음과 같다. 力平, 馬芷蓀 主編, 『周恩來年譜 (1949-

1976) 第2冊』, 293-296, 315; 王泰平 主編『中華人民共和國外交史, 1957-1969』(北京: 世界知識出版社, 1998), 99-100; 楊公素, 『中國反對外國侵略干涉西藏地方斗爭史』, 320-325. 영어권 자료들은 다음과 같다. Arthur Lall, How Communist China Negotiates (New York: Columbia University Press, 1968), 194-201; J. R. V. Prescott, Map of Mainland Asia by Treaty (Carlton: Melbourne University Press, 1975), 265-267; Rose, Nepal, 224-229, 235-236.

103. 조약 제11조를 참조할 것.

104. 〈人民日報〉, 29 January 1960, 2.

105. 〈人民日報〉, 25 March 1960, 1.

106. Far Eastern Economic Review, 29 September 1960, 697.

107. Guy Searls, "Communist China's Border Policy: Dragon Throne Imperialism?" Current Scene, vol. 11, no. 12 (15 April 1963): 13.

108. Department of State, "China-Nepal Boundary," International Boundary Study, no. 50 (May 30, 1965): 5.

109. 外交部, 『中華人民共和國條約集』(北京: 世界知識出版社, 1963), 67-121.

110. 이들 중 중요한 자료는 다음과 같다. 金沖及 主編『周恩來傳 (第3冊)』, 1515-1530; 力平, 馬芷蓀 主編『周恩來年譜 (1949-1976) 第2冊』, 302, 306-314.

111. 저우언라이의 발언은 다음 자료에서 인용했다. 力平, 馬芷蓀 主編, 『周恩來年譜 (1949-1976) 第2冊』, 302; 石仲泉, 『周恩來的卓越貢獻』(北京: 中共中央黨校出版社, 1993), 393.

112. 여러 곳에서 지적하는 바와 같이, 중국어의 "승인(承認)"이라는 용어사용은 큰 혼란을 야기했는데, 중국의 의도에 대한 인도의 의혹이 더 커지게 된 것이 이상한 일은 아니다.

113. 金沖及 主編『周恩來傳 (第3冊)』, 1511.

114. Sarvepalli Gopal, Jawaharlal Nehru: A Biography (London: Jonathan Cape, 1984), 136.

115. Cohen, Sino-Indian, II, 47.

116. 여섯 번째 회담의 구체적인 내용을 다룬 중국측 자료는 다음과 같다. 金沖及 主編, 『周恩來傳 (第3冊)』, 1517-1523; 力平, 馬芷蓀 主編『周恩來年譜 (1949-1976) 第2冊』, 304-314.

117. 力平, 馬芷蓀 主編『周恩來年譜 (1949-1976) 第2冊』, 312.

118. Report of the Officials of the Government of India and the People's Republic of China on the Boundary Question (New Delhi: Ministry of External Affairs, 1961).

119. 姜思毅, 李惠 主編『中印邊境自衛反擊作戰史』, 458.

120. 더 구체적인 내용에 대해서는 다음 자료를 참조할 것. 王尙榮, 〈中印邊境自衛反擊作戰時間的總參作戰部〉, 『總參謀部回憶史料』(解放軍出版社, 1997), 551-552.

121. Cohen, Sino-Indian, II, 66.

122. Cohen, Sino-Indian, III, 3-4.

123. Eric A. Hyer, "The Politics of China's Boundary Disputes and Settlements" (Ph.D. dissertation, Columbia University, 1990); Francis Watson, The Frontiers of

China (New York: Praeger, 1966).

124. Allen S. Whiting, The Chinese Calculus of Deterrence: India and Indochina (Ann Arbor: University of Michigan Press, 1975), 73.

125. Anwar Hussain Seyd, China and Pakistan: Diplomacy of Entente Cordiale (Amherst: University of Massachusetts Press, 1974), 82.

126. 沈炳年 主編, 『新疆通志: 外事志』 (烏魯木齊: 新疆人民出版社, 1995), 82.

127. 王印淸, 昭日格圖 主編, 『內蒙古自治區志: 軍事志』 (呼和浩特: 內蒙古人民出版社, 2002), 473.

128. 2002년 6월 베이징에서 인터뷰. 이 프로젝트의 모든 인터뷰는 대담자의 신원을 특정하지 않는 방식으로 실시했다.

129. 이 시기를 전반적으로 다루고 있는 자료들은 다음과 같다. Nicholas Lardy, "The Chinese Economy under Stress, 1958-1965," in John King Fairbank and Roderick MacFarquhar, eds., The Cambridge History of China, vol. 14 (Cambridge: Cambridge University Press, 1987), 360-397; Kenneth Lieberthal, "The Great Leap Forward and the Split in the Yenan Leadership," in John King Fairbank and Roderick MacFarquhar, eds., The Cambridge History of China, vol. 14 (Cambridge: Cambridge University Press, 1987), 293-359. 대약진 운동의 기원에 대해서는 다음 자료들을 참조할 것. David M. Bachman, Bureaucracy, Economy, and Leadership in China: The Institutional Origins of the Great Leap Forward (Cambridge: Cambridge University Press, 1991); Roderick MacFarquhar, The Origins of the Cultural Revolution, vol. 2 (New York: Columbia University Press, 1983); Frederick C. Teiwes and Warren Sun, China's Road to Disaster: Mao, Central Politicians and Provincial Leaders in the Unfolding of the Great Leap Forward, 1955-1959 (Armonk, N.Y.: M.E. Sharpe, 1999).

130. Lieberthal, "Great Leap Forward," 309.

131. Lieberthal, "Great Leap Forward," 318.

132. World Bank, World Development Indicators, online database.

133. 力平, 馬芷蓀 主編, 『周恩來年譜 (1949-1976) 第2冊』, 392.

134. Roderick MacFarquhar, The Origins of the Cultural Revolution, vol. 3 (New York: Columbia University Press, 1997), 1-121.

135. MacFarquhar, The Origins, vol. 3, 32.

136. Zhang Baijia, "The Changing International Scene and Chinese Policy Toward the United States, 1954-1970," in Robert S. Ross and Jiang Changbin, eds., Re-examining the Cold War: U.S.-China Diplomacy, 1954-1973 (Cambridge, Mass.: Harvard University Press, 2001), 60.

137. 王子文, 『福建省志: 軍事志』 (北京: 新華出版社, 1995), 291.

138. 徐則浩, 『王稼祥年譜』 (北京: 中央文獻出版社, 2001), 486-489. 그가 작성한 보고서들 중 두건은 이후에 발간되었다. 『王稼祥選集』 (北京: 人民出版社, 1989), 444-460.

139. 왕자상(王稼祥)의 2월 27일자 서한은 다음 자료들에 요약, 발췌되어 있음. 徐則浩,

『王稼祥年譜』, 488; 徐則浩, 『王稼祥傳』(北京: 當代中國出版社, 1996), 563.

140. Cohen, Sino-Indian, III, 24.

141. 徐則浩, 『王稼祥年譜』, 488. 왕자상(王稼祥)과 마오쩌둥에 대한 더 자세한 내용에 대해서는 다음을 참조할 것. Li Jie, "Changes in China's Domestic Situation in the 1960s and Sino-US Relations," in Robert S. Ross and Jiang Changnin, eds., Re-examining the Cold War: U.S.-China Diplomacy, 1954-1973 (Cambridge, Mass.: Harvard University Press, 2001), 301-306; MacFarquhar, The Origins, vol. 3, 269-273.

142. 인터뷰를 한 중국측 인사 중 한명은 마오쩌둥이 단지 정치적으로 더 주도적인 입지를 확보하기 위한 수단으로 왕자상(王稼祥)을 이용했을 뿐이라 믿고 있다. 당시 내정을 책임지고 있던 류샤오치(劉少奇)와 덩샤오핑의 국내 정책을 비판할 입장이 못되었던 마오쩌둥에게 왕자상(王稼祥)은 손쉬운 공격대상이었던 것이다. 2004년 2월 베이징에서 인터뷰.

143. Andrew D. W. Forbes, Warlords and Muslims in Chinese Central Asia: A Political History of Republican Sinkiang, 1911-1949 (New York: Cambridge University Press, 1986).

144. Linda Benson, The Ili Rebellion: The Moslem Challenge to China Authority in Xinjiang, 1944-1949 (Armonk, N.Y.: M. E. Sharpe, 1990).

145. 李丹慧, 〈對1962年新疆伊塔事件起因的歷史考察-來自中國新疆的檔案材料(續)〉, 『黨史研究資料』第5號 (1999): 1-22.

146. 沈炳年 主編, 『新疆通志: 外事志』, 49-63.

147. 신장(新疆) 지역은 1884년 청(淸)이 몰락하기 시작하던 시기에 성(省)으로 편입되었다. 청(淸) 치하의 신장(新疆) 지역에 대해서는 다음 자료들을 참조할 것. Joseph Fletcher, "Ch'ing Inner Asia c. 1800," in John K. Fairbank, ed., The Cambridge History of China, vol. 10 (Cambridge: Cambridge University Press, 1978); James Millward, Beyond the Pass: Economy, Ethnicity and Empire in Qing Central Asia, 1759-1864 (Stanford, Calif.: Stanford University Press, 1998); Peter C. Perdue, China Marches West: The Qing Conquest of Central Eurasia (Cambridge, Mass.: Belknap Press of Harvard University Press, 2005).

148. 李丹慧, 〈對1962年新疆伊塔事件起因的歷史考察-來自中國新疆的檔案材料(續)〉.

149. 韓懷智, 譚旌樵 主編, 『當代中國軍隊的軍事工作(第1冊)』, 168.

150. 신장(新疆)과 러시아의 무역에 대해서는 다음 자료를 참조할 것. 歷聲, 『新疆對蘇(俄)貿易史 (1600-1990)』(烏魯木齊: 新疆人民出版社, 1993).

151. 李丹慧, 〈對1962年新疆伊塔事件起因的歷史考察-來自中國新疆的檔案材料(續)〉, 5.

152. 『公安部隊: 綜述, 大事記, 表冊』, 78. 이러한 배치상황은 같은 시기 중국의 다른 국경 지역의 병력배치와 대조를 이룬다. 예를 들어, 미얀마 및 라오스와의 국경에는 13개 연대 및 7개 대대에서 20,000명 이상의 병력을 배치해 놓았었다.

153. 李丹慧, 〈對1962年新疆伊塔事件起因的歷史考察-來自中國新疆的檔案材料(續)〉, 5.

154. 『公安部隊: 綜述, 大事記, 表冊』, 78.

155. 예를 들어, 다음 러시아 문서들을 참조할 것. "Record of Conversation with the Vice-Foreign Minister of the PRC Zhang Hanfu(章漢夫)." 24 April 1962 ["Zapis besedy s zamestitelom ministra inostrannykh del KNR Chzhan Khan-fu," 24aprelya 1962 goda], AVP RF, fond 0100, opis 55, delo 6, papka 480, pp. 119-120; "Statement of the Government of the PRC from 24 April 1962" ["Zayavlenie pravitelstva KNR ot 24 aprelya 1962 goda"], AVP RF, fond 0100, opis 55, delo 2, papka 480, pp. 37-39; "Reply of the Government of the PRC on the Memorandum of the Government of the U.S.S.R. from 29 April 1962," 19 May 1962 ["Otbet pravitelstva KNR na pamyantnuyu zapisku Pravitelstva SSSR ot 29 aprealya 1962 goda," 19 maya 1962 g.], AVP RF, fond 0100, opis 55, delo 2, papka 480, pp. 44-48. 위의 모든 문서들은 러시아 연방 외교문서보관소(Foreign Policy Archive)에서 입수했다.

156. 沈炳年 主編, 『新疆通志: 外事志』, 95. 1959년까지 91,499명의 소련 시민과 그 가족 41,000명이, 또는 1949년 이래 이 지역에서 거주하던 소련 시민의 약 88%가 본국으로 송환되었다.

157. 李丹慧, 〈對1962年新疆伊塔事件起因的歷史考察-來自中國新疆的木當案材料(續)〉; 張周祥, 『新疆鄭防槪要』(烏魯木齊: 新疆人民出版社, 1999), 357-359.

158. 李福生 主編, 『新疆兵團屯墾戍邊史』(烏魯木齊: 新疆人民出版社, 1997), 712; 鄭志運, 李敏 主編, 『裕民縣志』(烏魯木齊: 新疆人民出版社, 2003), 438.

159. 張周祥, 『新疆鄭防槪要』, 358-359.

160. 蘇勇文, 邱信廷, 夏中春, 『阿勒泰地區志』(烏魯木齊: 新疆人民出版社, 2004), 324-325; 庄超群 主編, 『新疆通志: 生産建設兵團志』(烏魯木齊: 新疆人民出版社, 1998), 726-727.

161. 馮慶夫 主編, 『邊境管理學』(北京: 警官教育出版社, 1999), 70-71.

162. 『公安部隊: 綜述, 大事記, 表冊』, 73, 78.

163. 黎家松 主編, 『中華人民共和國外交大事記 (第2冊)』(北京: 世界知識出版社, 2001), 234, 239, 244.

164. 2002년 6월 베이징에서 인터뷰.

165. 力平, 馬芷蓀 主編, 『周恩來年譜 (1949-1976) 第2冊』, 468, 481.

166. 王泰平 主編, 『中華人民共和國外交史, 1957-1969』, 101.

167. 力平, 馬芷蓀 主編, 『周恩來年譜 (1949-1976) 第2冊』, 477.

168. 李沛生, 李國珍 主編, 『平息西藏叛亂』, 234.

169. 姜思毅, 李惠 主編, 『中印邊境自衛反擊作戰史』, 463.

170. White Paper (VI), 101; 姜思毅, 李惠 主編, 『中印邊境自衛反擊作戰史』, 465.

171. 韓念龍 主編, 『當代中國外交』(北京: 中國社會科學出版社, 1990), 151-153.

172. White Paper (VI), 101.

173. NYT, 26 December 1961, 3.

174. NYT, 30 March 1962, 2.

175. 이 시기에 대해서는 다음 자료들을 참조할 것. Melvin Gurtov and Byong-Moo

Hwang, China under Threat: The Politics of Strategy and Diplomacy (Baltimore: Johns Hopkins University Press, 1980), 127-128; Harold C. Hinton, Communist China in World Politics (New York: Houghton Mifflin, 1966), 280-272; Whiting, Calculus, 62-72.

176. 하지만, 실상은 이 관리들은 장제스(蔣介石)의 계획을 단념시키기 위해 방문한 것이었다. Whiting, Calculus, 64-65.

177. 이 시기 중국의 정책결정에 대해서는 다음 자료를 참조할 것. 楊啓良, 『王尙榮將軍』, 484-492.

178. 王尙榮, 〈新中國誕生后幾次重大戰爭〉, 278.

179. 회담의 자세한 내용에 대해서는 다음 자료를 참조할 것. 王炳南, 『中美會談九年回顧』 (北京: 世界知識出版社, 1985)

180. 王尙榮, 〈新中國誕生后幾次重大戰爭〉, 277-278.

181. 『王恩茂文集』, (北京: 中央文獻出版社, 1997), 389.

182. 劉武生, 杜宏奇 主編, 『周恩來軍事活動紀事, 1918-1975(下)』 (北京: 中央文獻出版社, 2000), 564.

183. 『粟裕文選 (第3冊)』 (北京: 軍事科學出版社, 2004), 414.

184. 蔡錫儒 主編, 『邊防理論』 (北京: 警官敎育出版社, 1996), 11; 韓念龍 主編, 『當代中國外交』, 151; 王泰平 主編, 『中華人民共和國外交史, 1957-1969』, 101.

185. 力平, 馬芷蓀 主編, 『周恩來年譜 (1949-1976) 第2冊』, 486.

186. Seyd, China, 86.

187. 劉武生, 杜宏奇 主編, 『周恩來軍事活動紀事, 1918-1975(下)』, 567.

188. Arthur Lall, The Emergence of Modern India (New York: Columbia University Press, 1981), 156.

189. 王泰平 主編, 『中華人民共和國外交史, 1957-1969』, 101-102.

190. 外交部, 『中華人民共和國條約集』 (北京: 世界知識出版社, 1962), 19-37.

191. 沈炳年 主編, 『新疆通志: 外事志』, 284.

192. 王印淸, 昭日格圖 主編, 『內蒙古自治區志: 軍事志』, 473.

193. 沈炳年 主編, 『新疆通志: 外事志』, 235.

194. 王泰平 主編, 『中華人民共和國外交史, 1957-1969』, 102.

195. Alastair Lamb, Asian Frontiers: Studies in a Continuing Problem (New York: Praeger, 1968), 200, 202; Prescott, Map, 94; Watson, Frontiers, 173-174.

196. 王印淸, 昭日格圖 主編, 『內蒙古自治區志: 軍事志』, 474. 몽골 관리들의 인터뷰를 신고 있는 1964년도 Christian Science Monitor 기사에 따르면 양국 사이에 분쟁이 있던 영역 약 17,000km^2 중에서 몽골은 약 12,000km^2, 중국은 약 5,000km^{2}를 확보했다고 한다. Christian Science Monitor, 2 January 1964, 2.

197. Department of State, "China-Mongolia Boundary," International Boundary Study, no. 173 (August 14, 1985): 10.

198. 蘇勇文, 邱信廷, 夏中春, 『阿勒泰地區志』, 947.

199. 曲星, 『中國外交50年』 (南京: 江蘇人民出版社, 2000), 221.

200. "Record of Conversation (from East German archives) between Chinese Premier Zhou Enlai and Mongolian leader Zedenbal, Beijing, 26 December 1962," Cold War International History Project Virtual Archive, http://cwihp.si.edu/.

201. 韓念龍 主編, 『當代中國外交』, 151. 류샤오치(劉少奇)는 오직 소련만 언급할 수 있을 뿐이었는데, 중국과 베트남은 1958년에 육상에서의 국경분쟁 관련 대화를 늦추기로 합의했기 때문이다.

202. 〈人民日報〉, 27 December 1962, 1.

203 外交部, 『中華人民共和國條約集』(北京: 世界知識出版社, 1964), 78-259. 경계선 획정과 관련한 구체적인 논의는 다음 자료를 참조할 것. 沈炳年 主編, 『新疆通志: 外事志』, 240-249.

204. 蔡錫儒 主編, 『邊防理論』, 9.

205. 蔡錫儒 主編, 『邊防理論』, 8-9; 馮慶夫 主編, 『邊境管理學』, 20-21; 韓哲石 主編, 『長白朝鮮族自治縣志』(北京: 中華書局出版社, 1993), 312; 劉樹發 主編, 『陳毅年譜』(北京: 中央文獻出版社, 1995), 938; 裴堅章, 封耀元 主編, 『周恩來外交活動大事記』(北京: 世界知識出版社, 1993), 338.

206. "Memorandum of Conversation between Richard Nixon, Henry Kissinger, Zhou Enlai, et al., 23 February 1972, 2:PM-6:PM," 26, from the National Security Archive, George Washington University, Washington D.C.,http://www.gwu.edu/ ~nsarchiv /nsa/publications/ DOC_readers/kissinger/nixzhou/13-01.htm.

207. "DPRK-PRC Border Pact Said Confirmed," Seoul Yonhap News Agency, FBIS#FTS19991019001991.

208. 『延邊朝鮮族自治州志』(北京: 中華書局出版社, 1996), 498.

209. "Record of Conversation (from East German archives) between Chinese Prenier Zhou Enlai and Mongolian leader J. Zedenbal."

210. Interview, Beijing June 2002.

211. 『延邊朝鮮族自治州志』, 497. 북한과 인접한 특정 현(縣)에서의 공동위원회의 구체적인 활동에 대해서는 다음 자료를 참조할 것. 韓哲石 主編, 『長白朝鮮族自治縣志』, 312-314.

212. 蔡錫儒 主編, 『邊防理論』, 9.

213. 다음 자료에서 인용. Peking Review, no. 52 (28 December 1962), 8.

214. Mujtaba Razvi, The Frontiers of Pakistan: A Study of Frontier Problems in Pakistan's Foreign Policy (Karachi-Dacca: National Publishing House, 1971), 174-176. 협정문은 카슈미르 지역의 지위가 최종적으로 결정될 때까지는 잠정적인 것이었다. 外交部, 『中華人民共和國條約集』(北京: 世界知識出版社, 1963), 64-67.

215. Watson, Frontiers, 166.

216. Razvi, Frontiers, 177; Seyd, China, 87.

217. Far Eastern Economic Review, 10 January 1963, 55.

218. 〈人民日報〉, 29 December 1962, 1.

219. P. L. Bhola, Pakistan-China Relations: Search for Politico-Strategic Relationship

(Jaipur: R.B.S.A. Publishers, 1986), 101.

220. Department of State, "China-Pakistan Boundary," International Boundary Study, no. 85 (May 30, 1968): 5.

221. 이 회담에 대해서는 다음 자료를 참조할 것. 王泰平 主編, 『中華人民共和國外交史, 1957-1969』, 105.

222. 外交部, 『中華人民共和國條約集』(北京: 世界知識出版社, 1963), 122-124.

223. 外交部, 『中華人民共和國邊界事務條約集: 中阿, 中巴卷』(北京: 世界知識出版社, 2004), 22.

224. 〈人民日報〉, 20 June 1963, 1. 파미르 산맥과의 관계에 대해서는 다음 자료를 참조할 것. Hyer, "Politics," 300.

225. 〈人民日報〉, 23 November 1963, 1.

226. 1974년도 폴란드 논문을 인용한 긴즈버그(Ginsberg)와 핀켈(Pinkele)은 예외적 사례 중 하나이다. George Ginsberg and Carl F. Pinkele, The Sino-Soviet Territorial Dispute, 1949-64 (London; Routledge, 1978), 95-131. 하지만, 전반적으로 양국 간 협상에 대한 평가는 "중국의 완고함 때문에 진전이 없었다."는 소련측의 대외선전용 주장을 따르고 있다.

227. 李連慶, 『冷暖歲月: 一波三折的中蘇關系』(北京: 世界知識出版社, 1999), 323-324; 唐家璇 主編, 『中國外交詞典』(北京: 世界知識出版社, 2000), 725; 王泰平 主編, 『中華人民共和國外交史, 1957-1969』, 254-256. 2001년 7월, 2002년 1월, 2002년 6월 베이징에서 인터뷰.

228. 당시 갈등상황에 관해서는 다음 자료들을 참조할 것. 孟昭斌 主編, 『新疆通志: 軍事志』(烏魯木齊: 新疆人民出版社, 1997), 338; 賀繼宏, 『克孜勒蘇柯爾克孜自治州志』(烏魯木齊: 新疆人民出版社, 2004), 1091.

229. 이와 관련한 외교문서에 대해서는 다음 자료를 참조할 것. 沈炳年 主編, 『新疆通志: 外事志』, 284-285.

230. 〈人民日報〉, 8 March 1963, 1.

231. Dennis J. Doolin, Territorial Claims in the Sino-Soviet Conflict: Documents and Analysis (Stanford, Calif.: Hoover Institution, 1965), 28.

232. 王泰平 主編, 『中華人民共和國外交史, 1957-1969』, 254.

233. 李連慶, 『冷暖歲月: 一波三折的中蘇關系』, 323-324; 王泰平 主編, 『中華人民共和國外交史, 1957-1969』, 254.

234. George Ginsburgs, "The End of the Sino-Russian Territorial Disputes?" The Journal of East Asian Studies, vol. 7, no. 1 (1993): 68-82.

235. 중국의 직접적인 언급에 대해서는 다음 자료를 참조할 것. 馬敍生, 〈踏勘邊界談判交鋒: 找回失落的國界線 (2)〉, 『世界知識』 第12號 (2001), 42-43.

236. 唐家璇 主編, 『中國外交詞典』, 725.

237. 李連慶, 『冷暖歲月: 一波三折的中蘇關系』, 324. 다른 자료도 참조할 것. Genrikh Kireyev, "Demarcation of the Border with China," International Affairs, vol. 45, no. 2 (1999): 100. 키레예프(Kireyev)는 1990년대에 국경획정공동위원회(Joint Boundary

Demarcation Commission) 러시아측 대표로 활동했다.

238. Kireyev, "Demarcation," 100.
239. Kireyev, "Demarcation," 99-100; 李連慶, 『冷暖歲月: 一波三折的中蘇關系』, 323-324; 唐家璇 主編, 『中國外交詞典』, 725; 王泰平 主編, 『中華人民共和國外交史, 1957-1969』, 254-255.
240. 王泰平 主編, 『中華人民共和國外交史, 1957-1969』, 254-255; 王印清, 昭日格圖 主編, 『內蒙古自治區志: 軍事志』 (呼和浩特: 內蒙古人民出版社, 2002), 471-472.
241. Kireyev, "Demarcation," 100.
242. 2001년 6월 베이징에서 인터뷰.
243. 楊奎松, 『毛澤東與莫斯科的恩恩怨怨』 (南昌: 江西人民出版社, 1999), 509. 저자는 중 앙문서보관소 문헌을 근거로 마오쩌둥의 실제 발언을 인용했다. 일본 언론의 보도내용 을 영역(英譯)한 자료는 다음과 같다. Doolin, Territorial Claims, 42-44.
244. 王泰平 主編, 『中華人民共和國外交史, 1957-1969』, 255.
245. 王泰平 主編, 『中華人民共和國外交史, 1957-1969』, 255.
246. Robert A. Rupen, "Mongolia in the Sino-Soviet Dispute," The China Quarterly, no. 16 (1963); 75-85.
247. 제6장에서 다루겠지만, 중국은 북베트남과 타협하여 1957년에 바이롱웨이다오(白龍 尾島)를 넘겨주었다.

03 변강 지역 영토분쟁에서의 협력 전략: 1990년대

1. AP, 25 September 1986 (Lexis-Nexis)
2. 이러한 변화에 대한 중국의 인식에 대해서는 다음 자료를 참조할 것. Bonnie S. Glaser, "China's Security Perceptions: Interest and Ambitions," Asian survey, vol. 33, no. 3 (1993): 252-271.
3. 『江澤民文選 (第3冊)』 (北京: 人民出版社, 2006), 279.
4. 마오쩌둥 시기의 대중운동(mass campaign)은 때로는 수백만 명 규모로, 당연히 훨씬 더 대규모였지만 공산당이 주도한 것이었지, 공산당 정권에 반대하는 것은 아니었다.
5. 더 구체적인 논의에 대해서는 다음 자료를 참조할 것. Richard Baum, Burying Mao: Chinese Politics in the Age of Deng Xiaoping (Princeton, N. J.: Princeton University Press, 1994), 225-244.
6. Baum, Burying Mao, 248.
7. Baum, Burying Mao, 253; Timothy Brook, Quelling the People: The Military Suppression of the Beijing Democracy Movement (Stanford, Calif.: Stanford University Press, 1992), 33.
8. Baum, Burying Mao, 273.
9. 〈人民日報〉, 26 April 1989, 1.
10. Baum, Burying Mao, 265; Brook, Quelling the People, 48-54.

11. Brook, Quelling the People, 164-169.

12. Baum, Burying Mao, 34; Jonathan Spence, The Search for Modern China (New York: Norton, 1990), 612.

13. NYT, 2 January 1987, 2.

14. Baum, Burying Mao, 203; Julia Kwong, "The 1986 Student Demonstrations in China: A Democratic Movement?" Asian Survey, vol. 28, no. 9 (September 1988): 970-985; Spence, Search for Modern China, 683-684.

15. Baum, Burying Mao, 276.

16. Baum, Burying Mao, 253.

17. Baum, Burying Mao, 276.

18. Baum, Burying Mao, 290.

19. Baum, Burying Mao, 304-307.

20. 중국 자료들은 "정치안전(政治安全)"이라는 개념을 영토안보 및 경제안보와 명백하게 대비하여 설명한다. 閻學通,〈試析中國的安全環境〉,『當代國際問題研究』, 第4號 (1994): 35-41.

21. 이 시기 중국과 미국의 관계에 대해서는 다음 자료들을 참조할 것. Harry Harding, A Fragile Relationship: The United States and China since 1972 (Washington, D.C.: The Brookings Institution, 1992), 107-214; Robert S. Ross, Negotiating Cooperation: The United States and China, 1969-1989 (Stanford, Calif.: Stanford, Calif.: Stanford University Press, 1995), 163-245.

22. 이 시기 중국과 미국의 관계에 대해서는 다음 자료들을 참조할 것. David M. Lampton, Same Bed Different Dreams; Managing U.S.-China Relations, 1989-2000 (Berkley: University of California Press, 2001); Robert L. Suettinger, Beyond Tiananmen: The Politics of U.S.-China relations, 1989-2000 (Washington, D.C.: The Brookings Institution, 2003)

23. 『鄧小平文選 (第3冊)』(北京: 人民出版社, 1993), 325.

24. 『鄧小平文選 (第3冊)』, 325.

25. 『鄧小平文選 (第3冊)』, 330-333.

26. 〈人民日報〉, 22 July 1989, 1.

27. Chen Qimao, "New Approaches in China's Foreign Policy: The Post-Cold War Era," Asian Survey, vol. 33, no. 3 (March 1993): 238.

28. Chen, "New Approaches," 240; John W. Garver, "The Chinese Communist Party and the Collapse of Soviet Communism," The China Quarterly, no. 133 (March 1993): 1-26.

29. 다음 자료에서 인용하였음. Garver, "The Chinese Communist Party," 19.

30. 예를 들어, 다음 자료를 참조할 것. 魏中, 宋憲春 主編,『國內安全保衛』(北京: 警官教育出版社, 1999), 180-192.

31. Chen, "New Approaches," 238; 閻學通,〈試析中國的安全環境〉, 40.

32. 내부에서의 정치적 도전들과 대외정책의 연계에 대해서는 다음 자료를 참조할 것. 章

百家, 〈九十年代的中國內政與外交〉, 『中共黨史研究』 第6號 (2001): 29-34.

33. 『鄧小平文選 (第3冊)』, 331.

34. 『鄧小平文選 (第3冊)』, 302-315.

35. 『鄧小平文選 (第3冊)』, 320. 이 시기 중국의 대내정책과 남순강화(南巡講話)에 대해서는 다음 자료들을 참조할 것. Baum, Burying Mao, 275-368; Joseph Fewsmith, China since Tiananmen: The Politics of Transition (Cambridge: Cambridge University Press, 2001), 21-74.

36. 『鄧小平文選 (第3冊)』, 315-321.

37. 이 지침에 대한 권위있는 설명에 대해서는 다음 자료를 참조할 것. 王泰平, 『鄧小平外交思想研究論文集』 (北京: 世界知識出版社, 1996), 4-10. 종종 "야심을 드러내지 말고, 절대로 앞에 나서지 말라(善于守拙 決不當頭)"를 추가하여 "28자 정책"이라고도 한다. 덩샤오핑이 실제 이 20자 또는 28자, 특히 이 정책을 널리 알리게 된 "도광양회(韜光養晦)"라는 문구를 사용했는지 여부에 관한 공식적인 기록은 존재하지 않는다. 가장 그럴듯한 추정은 위에 인용된 덩샤오핑의 9월 4일자 언급의 핵심을 담아내기 위해 대략 비슷한 의미를 가진 이러한 전통적인 표현들을 사용했다는 것이다. 이 정책을 기술한 최초의 중국측 학술논문 중 하나는 다음과 같다. 曲星, 〈試論東歐巨變和蘇聯解體后的中國外交政策〉, 『外交學院學報』 第4號 (1994): 16-22. 다음 자료도 참조할 것. 『鄧小平外交思想探究』 (北京: 中央文獻出版社, 2000), 215-227.

38. 曲星, 〈試論東歐巨變和蘇聯解體后的中國外交政策〉, 19.

39. 예를 들어, 다음 자료들을 참조할 것. 曲星, 『中國外交50年』 (南京: 江蘇人民出版社, 2000), 505-545; 謝益顯, 『中國當代外交史 (1949-1995)』 (北京: 中國靑年出版社, 1997), 457-477; 章百家, 〈九十年代的中國內政與外交〉.

40. 이 표현은 다음 자료를 따른 것이다. Chen, "New Approaches."

41. 李鵬, 『政府工作報告 (1993)』 1993. 3.15, http://www.npc.gov.cn/.

42. 체제의 안전성 선린정책의 연계성에 대해서는 다음 자료를 참조할 것. 章百家, 〈九十年代的中國內政與外交〉, 30, 34. 선린정책의 내용에 대해서는 다음 자료들을 참조할 것. 劉友煊, 『中國睦隣史: 中國與周邊國家關系』 (北京: 世界知識出版社, 2001); 石源華, 〈論新中國周邊外交政策的歷史演變〉, 『當代中國史研究 (第7冊)』 第5期 (2000): 38-50; 朱聽昌, 〈論中國睦鄰政策的理論與實踐〉, 『國際觀察』 第2號 (2001): 12-18; 朱聽昌 主編, 『中國周邊安全環境與安全戰略』 (北京: 時事出版社, 2002).

43. James C. Hsiung, "China's Omni-Directional Diplomacy: Realignment to Cope with Monopolar U.S. Power," Asian Survey, vol. 35, no. 6 (June 1995): 573-586; 章百家, 〈從 一邊倒 到 全方位 : 對50年來中國外交格局演進的思考〉, 『中共黨史研究』 第1號(2000): 21-28; 章百家, 〈九十年代的中國內政與外交〉, 29-34.

44. 『鄧小平文選 (第3冊)』, 350-351; Robert S. Ross, "The Diplomacy of Tiananmen: Two-Level Bargaining and Great-Power Cooperation," Security Studies, vol. 10, no. 2 (Winter 2000/2001): 139-178.

45. Chen, "New Approaches," 243-234; Hsiung, "China's Omni-Directional Diplomacy," 581-584; 章百家, 〈九十年代的中國內政與外交〉, 32-33.

46. '세 가지 장애물'이란 소련의 아프가니스탄 점령, 중-소 국경의 군사화, 그리고 베트남의 캄보디아 점령에 대한 소련의 지원이었다.

47. 제2장에서 지적했듯이, 소련 역시 1964년 협상에서는 "주요 항행로(main channel of navigation) 원칙"을 수용했었다. Genrikh Kireyev, "Demarcation of the Border with China," International Affairs, vol. 45, no. 2 (199): 100.

48. AP, 25 September 1986 (Lexis-Nexis).

49. AP, 23 February 1987 (Lexis-Nexis).

50. Xinhua, 21 August 1987 (Lexis-Nexis).

51. 2001년 6월 베이징에서 인터뷰. 다음 자료도 참조할 것. Xing Guangcheng, "China and Central Asia: Towards a New Relationship," in Yongjin Zhang and Rouben Azizian, eds., Ethnic Challenges beyond Borders: Chinese and Russian Perspectives of the Central Asia Conundrum (New York: St. Martin's Press, 1998), 46.

52. 다음 자료에서 인용. Jim Abrams, "Chinese, Soviets Agree on Committees to Review Borders," AP, 22 August 1987 (Lexis-Nexis).

53. 다음 자료에서 인용. "China, Soviet Union Agree on Part of Eastern Border," Reuters, 31 October 1988 (Factiva).

54. Reuters, 31 October 1988 (Factiva).

55. Xinhua, 18 May 1989 (Lexis-Nexis).

56. 2001년 6월 베이징에서 인터뷰.

57. 田曾佩 主編, 『改革開放以來的中國外交』(北京: 世界知識出版社, 1993), 328. 양국이 동부 지구에 대해서 1989년도, 아마도 1989년 10월 회의에서 합의에 이르렀다고 주장하는 자료도 존재한다. 만약 이것이 사실이라면, 이는 타협을 하려는 중국의 결정에 체제의 불안이 영향을 주었다는 훨씬 더 강한 증거가 될 것이다. 이에 대해서는 다음 자료를 참조할 것. 李鳳林, 〈中蘇邊界談判親歷記〉, 『中共黨史資料』第4號(2003): 34.

58. 外交部, 『中國外交』(北京: 世界知識出版社, 1991), 235.

59. 外交部, 『中國外交』(北京: 1991); 外交部, 『中國外交』(北京: 1992), 233-234.

60. 外交部, 『中國外交』(北京: 1993). 233.

61. 소련측 자료에 다르면 1990년 말까지는 양측이 국경의 90%에 대해서는 합의를 이루었다고 한다. 그러나 이는 기존의 조약들을 이용하여 해결하기로 양측이 합의한 영역을 언급한 것으로 보이는데, 이러한 영역은 서부 지구의 대부분을 포괄한다. 다음 자료를 참조할 것. Alexei Voskresensky, "Some Border Issues Unsolved," New Times, no. 19 (1991): 27.

62. 장쩌민(江澤民)의 첫 소련 방문이 지니는 중요성에 대해서는 다음 자료를 참조할 것. Elizabeth Wishnick, Mending Fences: The Evolution of Moscow's China Policy from Brezhnev to Yeltsin (Seatle: University of Washington Press, 2001).

63. 外交部, 『中華人民共和國條約集』(北京: 世界知識出版社, 1991), 266-277.

64. 外交部, 『中國外交』(北京: 1992), 234.

65. 外交部, 『中國外交』(北京: 1993), 234.

66. Kireyev, "Demarcation," 108.

67. 薛君度, 陸南泉, 『新俄羅斯: 政治, 經濟, 外交』(北京: 中國社會科學出版社, 1997), 410.

68. Interfax, 10 April 1999 (Factiva).

69. 분쟁 대상이 되는 도서들의 면적에 대해서는 알려진 정보가 거의 없다. 중국의 한 공식 자료에 따르면 총 면적 800km²인데, 아무르강과 우수리강에 있는 도서들이 도합 600km²이고 아르군강의 도서들이 도합 200km²이다. 다른 자료들에서는 총 면적 600km²이라고 하는데, 이 수치는 아무르강과 우수리강의 도서들만 합한 것일 가능성이 가장높다. 중국측의 면적 추산에 대해서는 다음 자료를 참조할 것. 唐家璇, 『中國外交詞典』(北京: 世界知識出版社, 2000), 725. 이와 다른 추정치에 대해서는 다음 자료들을 참조할 것. George Ginsburgs, "The End of the Sino-Russian Territorial Disputes?" The Journal of East Asian Studies, vol. 7, no. 1 (1993): 267; Yakov Zinberg, "The Vladivostok Curve: Subnational Intervention into Russo-Chinese Border Agreements," Boundary and Security Bulletin, vol. 4, no. 3 (1996): 78.

70. Kireyev, "Demarcation," 109.

71. 동부 지구의 경계선 획정에 관한 탁월한 연구자료는 다음과 같다. Akihiro Iwashita, A 4,000 Kilometer Journey along the Sino-Russian Border (Sapporo: Slavic Research Center, Hokkaido University, 2004). 귀속 문제가 해결되지 않은 도서들에 대해서는 협상이 계속되었지만 다른 지역들에 대해서는 그렇지 않았다. 영토분할에 대한 러시아 지방정부 차원에서의 반대에 대해서는 다음 자료를 참조할 것. Wishnick, Mending Fences, 176-181.

72. 이 부분은 다음 자료들을 기초로 작성하였음. Yutaka Akino, "Mocow's New Perspectives on Sino-Russian Relations," in Tadayuki Hayashi, ed., The Emerging New Regional Order in Central and Eastern Europe (Sapporo: Slavic Research Center, Hokkaido University, 1997); Kireyev, "Demarcation," 106-107; Zinberg, "The Vladivostok Curve," 76-86.

73. 外交部, 『中華人民共和國條約集』(北京: 世界知識出版社, 1997), 266-276.

74. Genrikh Kireyev, "Strategic Partnership and a Stable Border," Far Eastern Affairs, no. 4 (1997): 19-20; Kireyev, "Demarcation," 106.

75. Kireyev, "Demarcation," 106.

76. Kireyev, "Strategic Partnership," 8-22; Kireyev, "Demarcation," 98-109.

77. 外交部, 『中國外交』(北京: 1995), 274.

78. 外交部, 『中華人民共和國條約集』(北京: 世界知識出版社, 1994), 706-708.

79. Kireyev, "Demarcation," 108.

80. Zhang Lijun, "Building Peaceful Borders," Beijing Review, vol. 49, no. 25 (June 2006): 10.

81. 2004년 2월 베이징에서 인터뷰.

82. 卓禮明, 〈冷戰后老才過的對華政策〉, 『當代亞太』第9號 (2000): 19.

83. Xinhua, 3 July 1989 (Lexis-Nexis)

84. 卓禮明, 〈冷戰后老才過的對華政策〉, 20.

85. 外交部, 『中華人民共和國條約集』(北京: 世界知識出版社, 1989), 93-103.

86. Lao National Radio, 24 August 1990 (Lexis-Nexis).

87. Lao National Radio, 26 September 1990 (Lexis-Nexis).

88. 外交部, 『中國外交』(北京: 1990), 52; 外交部, 『中國外交』(北京: 1991), 54; 外交部, 『中國外交』(北京: 1992), 53.

89. 外交部, 『中華人民共和國條約集』(北京: 世界知識出版社, 1991), 62-66.

90. 2001년 6월 베이징에서 인터뷰.

91. 外交部, 『中國外交』(北京: 1993), 52-56, 544.

92. 外交部, 『中華人民共和國條約集』(北京: 世界知識出版社, 1993), 89-114.

93. AP, 17 September 1990 (Lexis-Nexis).

94. Kyodo News Service, 20 October 1990 (Lexis-Nexis).

95. Xinhua, 10 November 1991 (Lexis-Nexis).

96. 外交部, 『中華人民共和國條約集』(北京: 世界知識出版社, 1993), 85-93.

97. 外交部 主編, 『中華人民共和國邊界事務條約集: 中越卷』, (北京: 世界知識出版社, 2004), 49-52.

98. 外交部, 『中國外交』(北京: 1997), 804.

99. 2002년 6월 베이징에서 인터뷰.

100. 外交部, 『中國外交』(北京: 1995), 44. 더 자세한 기록은 다음 자료를 참조할 것. Ramses Amer, "The Sino-Vietnamese Approach to Managing Boundary Disputes," Maritime Briefing, vol. 3, no. 5 (2002).

101. 2002년 1월 베이징에서 인터뷰.

102. 外交部, 『中華人民共和國條約集』(北京: 世界知識出版社, 1999), 218-239. 원래 양측은 12월 초 주룽지(朱鎔基) 총리의 베트남 방문의 일부로 합의문을 서명을 포함하려 했으나, 협상 담당자들은 1999년에 맞추기 위해 노력한 것으로 보인다.

103 外交部, 『中國外交』(北京: 各個年).

104. Nhan Dan, 16, September 2002 (Factiva).

105. Vietnam Economic News, 20 February 2003 (Lexis-Nexis).

106. Xinhua, 2 November 2005 (Lexis-Nexis); 外交部, 『中國外交』(北京: 2006), 324.

107. Alastair Iain Johnston, "Realism(s) and Chinese Security Policy in the Post-Cold War World," in Ethan B. Kapstein and Michael Mastanduno, eds., Unipolar Politics: Realism and State Strategies after the Cold War (New York: Columbia University Press, 1999), 261-318.

108. Solomon M. Karmel, "Ethnic Tension and the Struggle for Order: China's Policies in Tibet," Pacific Affairs, vol. 68, no. 4 (1995): 485-508.

109. Felix K. Chang, "China's Central Asian Power and Problems," Orbis, vol. 41, no. 3 (Summer 1997): 408-409; Michael Dillon, Xinjiang: Ethnicity, Separatism and Control in Central Asia, Durham East Asian Papers, no. 2 (Durham, UK: Durham University, 1995), 19; Far Eastern Economic Review, 3 August 1989, 36; Yitzhak Shichor, "Separatism: Sino-Muslim Conflict in Xinjiang," Pacifica Review, vol. 6, no. 2 (1994): 74.

110. AP, 24 March 1990 (Lexis-Nexis).

111. Xinhua Xinjiang Regional Service, 26 August 1989, BBC Summary of World Broadcasts, 1 September 1989, FE/0550/B2/1 (Lexis-Nexis).

112. Xinhua Xinjiang Regional Service, 27 November 1989, BBC Summary of World Broadcasts, 30 November 1989, FE/0628/B2/1 (Lexis-Nexis).

113. Xinhua, 13 February 1990 (Lexis-Nexis).

114. Xinhua Xinjiang Regional Service, 26 August 1989, BBC Summary of World Broadcasts, 9 February 1990, FE/0684/B2/1 (Lexis-Nexis)

115. Amnesty International, Secret Violence: Human Rights Violations in Xinjiang (New York: Amnesty International, 1992); Chang, "China's Central Asian Power," 409; Dillon, Xinjiang, 21; Shichor, "Separatism," 74-75. 이 사건에 대한 공식적인 보고내용에 대해서는 다음 자료를 참조할 것. "Tomur Dawamat Reports on April Rebellion in Xinjiang," Xinjiang Ribao, 26 May 1990, BBC Summary of World Broadcasts, 20 July 1990, FE/0821/B2/1 (Lexis-Nexis).

116. Michael Winchester, "Beijing vs. Islam," Asiaweek, vol. 23, no. 42(1997): 31.

117. Erkin Alptekin, "The April 1990 Uprising in Eastern Turkestan," Journal of Muslim Minority Affairs, vol. 11, no. 2 (1990): 255-256; Shichor, "Separatism," 75. 다음 자료도 참조할 것. AP, 23 April 1990; Central News Agency (Taiwan), 18 April 1990 (Lexis-Nexis).

118. 『新疆通志: 公安志』(烏魯木齊: 新疆人民出版社, 2004), 64, 66.

119. Winchester, "Beijing."

120. 이 시기 있었던 폭력사태에 대한 자세한 내용은 다음 자료를 참조할 것. 『新疆通志: 公安志』(烏魯木齊: 新疆人民出版社, 2004), 79-111, 845-862.

121. 이러한 집단들에 대해서는 다음 자료를 참조할 것. Dewardric L. McNeal, China's Relations with Central Asian States and Problems with Terrorism (Washington, D.C.; Library of Congress, Congressional Research Service, 2001).

122. 〈人民日報〉, 21 February 1990, 1.

123. 江澤民, 『論國防和軍隊建設』(解放軍出版社, 2003), 12.

124. 『中央政治局常委會關于維護新疆穩定的會議紀要, 中發[1996] 7號』이 문서의 요약본은 다음 자료를 참조할 것. 『新疆通志: 公安志』, 96. 전체 번역은 다음 자료를 참조하였음. Human Right Watch, "China: State Contrl of Religion, Update No. 1" (New York: Human Rights Watch, 1998): Appendix I (이하 Central Committee, "Document [1996] No. 7")

125. Central Committee, "Document [1996] No. 7". 신장(新疆) 지역의 최고위 관료가 이와 관련하여 논의한 내용에 대해서는 다음 자료를 참조할 것. 鐵木爾, 達瓦買提, 『論民族工作與文化』(北京: 中共中央黨校出版社, 2005), 455.

126. Central Committee, "Document [1996] No. 7."

127. 『新疆日報』, 19 October 1990, BBC Summary of World Broadcasts, 22 November 1990, FE/0928/B2/1 (Lexis-Nexis).

128. 『走向21世紀的新疆: 政治冊』(烏魯木齊: 新疆人民出版社, 1999), 197-203; Xing, "China and Central Asia," 44-45.

129. 『新疆日報』, 19 October 1990, BBC Summary of World Broadcasts, 22 November 1990, FE/0928/B2/1 (Lexis-Nexis).

130. Winchester, "Beijing," 31.

131. Dillon, Xinjiang, 24.

132. 예를 들어, 다음 자료를 참조할 것. Xing Guangcheng, "China and Central Asia," in Roy Allison and Lena Jonson, eds., Central Asian Security: The New International Context (Washington, D.C.: The Brookings Institution, 2001), 163.

133. Alptekin, "The April 1990 Uprising," 255; Shichor, "Separatism," 79.

134. The Guardian (London), 10 May 1990 (Lexis-Nexis); 『新疆通志: 公安志』.

135. "Tomur Dawamat Reports"; 『新疆通志: 公安志』.

136. Lillian Craig Harris, "Xinjiang, Central Asia and the Implications for China's Policy in the Islamic World," The China Quarterly, no. 133 (1993): 121.

137. 이 캠페인 자체는 불안과 폭탄테러 및 유사한 사태들을 증가시켰는데, 특히 1997년 과 1998년에 더욱 그러했다.

138. McNeal, China's Relations, 10.

139. 공식적 문건에 대해서는 다음 자료들을 참조할 것. "Tomur Dawamat Reports"; Central Committee, "Document (1996) No. 7". 학술자료에 대해서는 다음 자료들을 참조할 것. Xing, "China and Central Asia," 164-165; 尹筑光 永福 主編 『新疆民族關係研究』(烏魯木齊: 新疆人民出版社, 1996), 181-182, 261; 中共中央組織部 主編 『中國調查報告: 新形勢下人民內部矛盾研究』(北京: 中央編譯出版社, 2001), 243-281.

140. 〈人民日報〉, 16 September 2001, 1.

141. Central Committee, "Document (1996) No. 7."

142. Central Committee, "Document (1996) No. 7."

143. Xinhua, 28 February 1992; Xinhua, 16 May 1992 (Lexis-Nexis).

144. Genrikh Kireyev, "The Serpentine Path to the Shanghai G-5," International Affairs, vol. 49, no. 3 (2003): 85-92.

145. 中國現代國際關系研究所, 『上海合作組織: 新安全觀與新机制』(北京: 時事出版社, 2002).

146. Xinhua, 26 April 1996 (Lexis-Nexis).

147. http://www.sectsco.org/html/00093.html.

148. 張周祥, 『新疆邊防概要』(烏魯木齊: 新疆人民出版社, 1999), 135.

149. 예를 들어, 다음 기사를 참조할 것. AFP, 13 October 1995 (Lexis-Nexis).

150. 外交部, 『中國外交』(北京: 1994), 601; 中國現代國際關系研究所, 『上海合作組織: 新安全觀與新机制』, 128. 분쟁 지역의 개수는 장저우샹(張周祥)이 보고한 것(각주 148)보다 적다. 추가로 확인된 분쟁 지역이 없으므로 15개 지역이 11개로 압축되었을 가능성이 가장 높다.

151. 外交部, 『中華人民共和國條約集』(北京: 世界知識出版社, 1994), 288-308.

152. Xinhua, 26 April 1994 (Lexis-Nexis).

153. Xinhua, 29 June 1993 (Lexis-Nexis).

154. 外交部,『中國外交』(北京: 1998), 344; 外交部,『中華人民共和國條約集』(北京: 世界知識出版社, 1997), 90-94; Dow Jones Energy Service, 23 September 1997 (Factiva).

155. 外交部 主編,『中華人民共和國邊界事務條約集: 中哈卷』, (北京: 世界知識出版社, 2005), 487-493.

156. "Kazakh Parliament Ratifies 'Advantageous' Border Agreement with China," Interfax-Kazakhstan News Agency (Alma-Ata), 3 February 1999, BBC Monitoring Central Asia. 4 February 1999 (Factiva).

157. South China Morning Post, 20 February 1997 (Lexis-Nexis).

158. AFP, 5 October 1997 (Lexis-Nexis).

159. Xinhua, 4 July 1998, BBC Worldwide Monitoring (Lexis-Nexis).

160. Reuters, 23 November 1999 (Factiva).

161. Human Rights Watch, China: Human Rights Concerns in Xinjiang (New York: Human Rights Watch, 2001).

162. 다음 자료들을 참조할 것. Interfax-Kazakhstan, 24 February 1999 (Lexis-Nexis); Jean-Christophe Peuch, "Central Asia: Uighurs Say States Yield to Chinese," RFERL, http://www.rferl.org/nca/features/2001/03/29032001104726.asp.

163. WPS Russian Media Monitoring Agency, 18 June 1999 (Factiva).

164. "Border Problems with China 'Fully Resolved,' Kazakh President," BBC Monitoring Central Asia, 25 November 1999 (Factiva).

165. 張周祥,『新疆邊防概要』, 135.

166. 外交部,『中國外交』(北京: 1996), 297.

167. 外交部,『中國外交』(北京: 1996), 695.

168. 張周祥,『新疆邊防概要』, 135. 이 지역에 대한 합의문에 대해서는 다음 자료를 참조할 것. 外交部,『中華人民共和國條約集』(北京: 世界知識出版社, 1996), 100-110.

169. AFP, 24 October 1995 (Lexis-Nexis).

170. Xinhua, 4 July 1996 (Lexis-Nexis).

171. 外交部,『中國外交』(北京: 各個年),

172. 外交部,『中國外交』(北京: 1998), 285, 688.

173. 外交部 主編,『中華人民共和國邊界事務條約集: 中吉卷』(北京: 世界知識出版社, 2005), 415-421.

174. ITAR-TASS, 17 May 2002 (Lexis-Nexis).

175. Xinhua, 26 August 1996 (Lexis-Nexis).

176. AP, 20 February 2003 (Lexis-Nexis).

177. "Kyrgyz-Chinese Border Talks Reopen in Western China," Bishkek AKIpress, 27 October 2003, FBIS-CEP20031027000251; 外交部,『中國外交』(北京: 2005), 336.

178. John W. Garver, "The Sino-Soviet Territorial Dispute in the Pamir Mountains Region," The China Quarterly, no. 85 (1981): 107-118; 張周祥,『新疆邊防概要』,

137-142.

179. 張周祥, 『新疆邊防槪要』, 136.

180. 내전에 대해서는 다음 자료를 참조할 것. Accord, no. 10, March 2001.

181. AFP, 31 October 1997 (Factiva); 外交部, 『中國外交』(北京: 1996), 360-361; Interfax, 21 May 2002 (Lexis-Nexis).

182. Leninabadskaya Pravda (Khujand), 27 July 2002 BBC Monitoring Central Asia, 3 August 2002 (Factiva). 협정문에 대해서는 다음 자료를 참조할 것. 外交部 主編, 『中華人民共和國邊界事務條約集: 中塔卷』(北京: 世界知識出版社, 2005), 197-204.

183. Xinhua, 13 August 1999 (Lexis-Nexis).

184. 예를 들어, AFP, 20 September 1996 (Lexis-Nexis).

185. 2002년 6월 베이징에서 인터뷰.

186. 2002년 6월 베이징에서 인터뷰. "Tajikistan, China Settle Border Issue in Principle," ITAR-TASS, 26 December 2001 BBC Monitoring Former Soviet Union, 26 December 2001 (Factiva).

187. 外交部 主編, 『中華人民共和國邊界事務條約集: 中塔卷』(北京: 世界知識出版社, 2005), 260-266.

188. Reuters, 20 May 2002 (Factiva).

189. "Tajikistan, China Settle Border Issue in Principle." 에서 인용.

190. 外交部, 『中國外交』(北京: 2006), 325.

191. 外交部, 『中國外交』(北京: 各個年).

192. http://www.sectsco.org/html/00500.html.

193. Karmel, "Ethnic Tension," 485-508.

194. 덩샤오핑은 1980년 인도 언론에 그 제안을 재차 반복했다. Mira Sinha Bhattacharjea, "India-China: The Year of Two Possibilities," in Satish Kumar, ed., Yearbook on India's Foreign Policy, 1985-86 (New Delhi: Sage Publications, 1988), 150.

195. 이 개별적인 논의들에 대해서는 다음 자료들을 참조할 것. Bhattacharjea, "India-China," 150-161; Sumit Ganguly, "The Sino-Indian Border Talks, 1981-1989: A View from New Delhi," Asian Survey, vol. 29, no. 12 (1989): 1123-1135.

196. Press Trust of India, 13 June 1992, BBC Summary of World Broadcasts, 15 June 1992, FE/1407/A2/1 (Lexis-Nexis).

197. 外交部, 『中國外交』(北京: 1996), 510.

198. Reuters, 28 June 1993 (Factiva).

199. 여기서는 1962년 말의 실질통제선(LAC)을 지칭하는데, 그 선은 1959년의 그것과 대부분 일치했다.

200. 이 조치들의 실행에 대해서는 다음 자료를 참조할 것. Waheguru Pal Sidhu and Jin-dong Yuan, "Resolving the Sino-Indian Border Dispute," Asian Survey, vol. 41, no. 2 (March/April 2001): 351-376.

201. 外交部, 『中國外交』(北京: 1997), 510.

202. "Chance to Resolve Dispute Missed?" The Telegraph (Calcutta), 15 May 1997,

FBIS#19970515001285.

203. "Agreement between the Government of the Republic of India and the Government of the People' s Republic of China on the Political Parameters and Guiding Principles form the Settlement of the India-China Boundary Question," http://www.mea.gov.in/treatiesagreement/2005/11ta1104200501.htm.

204. Rajesh S. Kharat, Foreign Policy of Bhutan (New Delhi: Manak, 2005), 138.

205. "Bhutan, China Near Border Deal: Diplomat," AFP, 14 July 1997.

206. 外交部 主編,『中華人民共和國邊界事務條約集: 中印, 中不卷』(北京: 世界知識出版社, 2004), 124-126.

207. Dawa Norbu, China' s Tibet Policy (London: Curzon Press, 2001).

04 변강 지역 영토분쟁에서의 갈등고조 전략

1. 姜思毅, 李惠 主編,『中印邊境自衛反擊作戰史』, 435-437.

2. 중국의 정책결정을 다루고 있는 핵심적인 영문 자료들은 다음과 같다. Cheng Feng and Larry M. Wortzel, "PLA Operational Principles and Limited War: The Sino-Indian War of 1962," in Mark A. Ryan, David M. Finkelstein, and Michael A. McDevitt, eds., Chinese Warfighting: The PLA Experience since 1949 (Armonk, N.Y.: M.E. Sharpe, 2003), 173-197; John W. Garver, "China' s Decision for War with India in 1962," in Alastair Iain Johnston and Robert S. Ross, eds., New Directions in the Study of China' s Foreign Policy (Stanford, Calif.: Stanford University Press, 2006), 86-130; Melvin Gurtov and Byong-Moo Hwang, China under Threat: The Politics of Strategy and Diplomacy (Baltimore: Johns Hopkins University Press, 1980), 99-154; Roderick MacFarquhar, The Origins of the Cultural Revolution, vol. 3 (New York: Columbia University Press, 1997), 297-317; Neville Maxwell, India' s China War (New York: Pantheon Books, 1970); Allen S. Whiting, The Chinese Calculus of Deterrence: India and Indochina (Ann Arbor: University of Michigan Press, 1975). 姜思毅, 李惠 主編,『中印邊境自衛反擊作戰史』외에 중국어로 작성된 자료들은 다음과 같다. 王宏緯,『喜馬拉雅山情結 : 中印關系研究』(北京: 中國藏學出版社, 1998); 王中興,〈60年代中印邊境沖突與中國邊防部隊的自衛反擊作戰〉,『當代中國史研究』第5號 (1997): 13-23; 徐焰,『中印邊界之戰歷史眞相』(北京: 北京師范大學出版社, 1993). 다음 두 개 자료는 마오쩌둥과 다른 지도자들이 언급한 내용들을 광범위하게 수록하고 있으나 신뢰성에 불분명한 점이 있어 이용하지 않았다. 師博,『1962: 中印大戰記事』(北京: 中國大地出版社, 1993); 孫曉, 陳志斌『喜馬拉雅山的雪: 中印戰爭實』, (太原: 北岳文藝出版社,1991). 쑨샤오(孫曉)과 천지빈(陳志斌)의 저서에 대한 저명한 인민해방군 역사가의 놀랄만큼 솔직한 비평에 대해서는 다음 자료를 참조할 것. 徐焰,『"內幕"大曝光』(北京: 團結出版社, 1994), 144-197. 인도 국방부의 공식 역사 기록에 대해서는 다음 자료를 참조할 것. Sinha, P. B., and A. A. Athale. History of the

Conflict with China (New Delhi: History Division, Ministry of Defense, Government of India [restricted], 1992). 핵심적인 회고록들은 다음과 같다. J. P. Dalvi, Himalayan Blunder: The Curtain-Raiser to the Sino-Indian War of 1962 (Bombay: Thacker and Company, 1969); B. M. Kaul, The Untold Story (Bombay: Allied Publishers, 1967); B. N. Mullik, My Years with Nehru: The Chinese Betrayal (Bombay: Allied Publishers, 1971); D. K. Palit, War in High Himalaya: The Indian Army in Crisis, 1962 (New Delhi: Lancer International, 1991).

3. 이 책에서는 대부분 중국의 정책결정을 집중적으로 다룬다. 인도의 정책결정을 상세히 다룬 자료는 다음과 같다. Steven A. Hoffman, India and the China Crisis (Berkeley: University of California Press, 1990)

4. Whiting, Calculus. 유사한 주장에 대해서는 다음 자료들을 참조할 것. Gurtov and Hwang, China under Threat; Gerald Segal, Defending China (Oxford, Oxford University Press, 1985).

5. 〈對印自衛反擊戰前后的回憶〉, 載 裴堅章 主編, 『新中國外交風云』 (北京: 世界知識出版社, 1990), 75. 장통은 인도와의 전쟁 당시 중국 외교부 아시아국 소속 외교관이었다. 다른 연구자는 마오쩌둥이 언급한 것은 "30년"이라고 주장한다. 이와 관련하여서는 다음 자료를 참조할 것. 蕭心力, 『毛澤東與共和國重大歷史事件』 (北京: 人民出版社, 2001), 338.

6. 서부 지구(中印邊界西段)에서 1956년 이전 중국이 점유하던 지역에 대해서는 다음 자료를 참조할 것. 姜思毅, 李惠 主編, 『中印邊境自衛反擊作戰史』, 46-47.

7. Mullik, My Years, 242.

8. White Paper (I), 26.

9. 劉武生, 杜宏奇 主編, 『周恩來軍事活動紀事, 1918-1975(下)』 (北京: 中央文獻出版社, 2000), 525.

10. Palit, War, 97.

11. Sinha and Athale, History of the Conflict with China, 67-68.

12. Mullik, My Years, 313. 1959년 이후 인도가 중국의 상대가 되지 못한 이유는 지리적 불리함, 국경통제에 대한 책임주체 분산, 경제적 제한, 그리고 병참의 어려움 등을 들 수 있다. 다음 자료들을 참조할 것. Dalvi, Himalayan Blunder, 55-106; Hoffman, India, 92-97; Maxwell, India's China War, 199-205; Palit, War, 246-110.

13. Hoffman, India, 95-96; Sinha and Athale, History of the Conflict with China, 59-68. 중국은 1961년 이전에는 3개 초소를 설치했으나 인도군 순찰대는 이를 발견하지 못했었다.

14. Mullik, My Years, 309.

15. 다음 자료에서 인용. Sinha and Athale, History of the Conflict with China, 68.

16. 보다 구체적인 내용에 대해서는 다음 자료들을 참조할 것. Hoffman, India, 96-100; Maxwell, India's China War, 221-223; Sinha and Athale, History of the Conflict with China, 68-69.

17. 姜思毅, 李惠 主編, 『中印邊境自衛反擊作戰史』, 138-170.

18. Maxwell, India's China War, 235; Sinha and Athale, History of the Conflict with China, 70.

19. 姜思毅, 李惠 主編『中印邊境自衛反擊作戰史』, 154.

20. Sinha and Athale, History of the Conflict with China, 69.

21. 姜思毅, 李惠 主編『中印邊境自衛反擊作戰史』, 96.

22. Mullik, My Years, 136; Sinha and Athale, History of the Conflict with China, 71.

23. Washington Post, 6 July 1962, A7; Maxwell, India's China War, 328-329.

24. 姜思毅, 李惠 主編『中印邊境自衛反擊作戰史』, 463.

25. 張植榮, 〈中印關系的回顧與反思: 楊公素大使訪談〉,『代亞太』第8號 (2000): 17-25.

26. 제2장 121-126 페이지를 참조할 것.

27.『周恩來軍事文選』(北京: 中央人民出版社, 1997), 435.

28. 王尙榮, 〈新中國誕生后幾次重大戰爭〉, 載 朱元石 主編『共和國要事口述史』, 277-278.

29. Whiting, Calculus. 다음 자료에 수록된 문건들을 참고할 것. J. Chester Cheng, ed., Politics of the Chinese Red Army (Stanford, Calif.: Hoover Institution Publications, 1966).

30. Whiting, Calculus. 다음 자료들도 참조할 것. Gurtov and Hwang, China under Threat; Maxwell, India's China War.

31. 姜思毅, 李惠 主編『中印邊境自衛反擊作戰史』, map 2.

32. 姜思毅, 李惠 主編『中印邊境自衛反擊作戰史』, 158.

33. 중국-인도 국경에 배치되어 있던 인민해방군 부대들에 무력충돌에 대비하라는 명령은 2월에 이미 내려진 상태였다. 하달된 명령들은 작전계획 숙지, 보급물자 비축, 도로 건설 독려, 통신체계 구축 완비에 중점을 두고 있다. 姜思毅, 李惠 主編『中印邊境自衛反擊作戰史』, 462-463.

34. 劉武生, 杜宏奇 主編『周恩來軍事活動紀事, 1918-1975(下)』, 564.

35. 〈關于中印邊境軍事斗爭的具體安排〉, 載 姜思毅, 李惠 主編『中印邊境自衛反擊作戰史』, 465.

36. 姜思毅, 李惠 主編『中印邊境自衛反擊作戰史』, 158.

37. 姜思毅, 李惠 主編『中印邊境自衛反擊作戰史』, 466.

38. Whiting, Calculus, 79-80.

39. 劉武生, 杜宏奇 主編『周恩來軍事活動紀事, 1918-1975(下)』, 564.

40.. 姜思毅, 李惠 主編『中印邊境自衛反擊作戰史』, 142.

41. 姜思毅, 李惠 主編『中印邊境自衛反擊作戰史』, 143.

42. 姜思毅, 李惠 主編『中印邊境自衛反擊作戰史』, 138-145.

43. 姜思毅, 李惠 主編『中印邊境自衛反擊作戰史』, 140-142.

44. Sinha and Athale, History of the Conflict with China, 78.

45. White Paper (VI), 16.

46. 〈關于恢復邊境巡邏的具體措施和邊防哨處 置情況的原則〉, 載 姜思毅, 李惠 主編『中印邊境自衛反擊作戰史』, 127.

47. 〈貫徹中央關于中印邊境西端斗爭方針的若干綱領〉, 載 姜思毅, 李惠 主編『中印邊境自衛反擊作戰史』, 152-153.

48. 저우언라이는 네루(Jawaharlal Nehru)와의 대화에서 인도가 오해하게 되는 원인을 제공했다.

49. White Paper (VI), 43.

50. 인도의 협상전략은 항상 분쟁은 동부 지구(中印邊界東段)가 아닌 서부 지구(中印邊界西段)에서만 존재한다는 전제 하에서 예측가능한 것이었다.

51. Whiting, Calculus, 80.

52. Arthur, Lall, The Emergence of Modern India (New York: Columbia University Press, 1981), 156. 중국측 자료들에는 이 비공식 회담에 대한 내용이 포함되어 있지 않다.

53. White Paper (VII), 4.

54. White Paper (VII), 17-18.

55. White Paper (VII), 36-37. 의회의 역할과 관련하여서는 다음 자료들을 참조할 것. Nancy Jetly, India China Relations, 1947-1977: A Study of Parliament's Role in the Making of Foreign Policy (New Delhi: Radiant Publishers, 1979); Maxwell, India's China War, 253. 휘팅(Whiting)은 "조건 없이" 대화를 하자는 중국의 언급이 인도를 불필요하게 자극하여 그 제안을 거부하도록 했다고 주장한다. Whiting, Calculus, 88.

56. 徐焰,『中印邊界之戰歷史眞相』, 91-92.

57. White Paper, various volumes.

58. Dalvi, Himalayan Blunder, 133-139; Maxwell, India's China War, 292-298; Palit, War, 190-191; Whiting, Calculus, 96-97.

59. Hoffman, India, 110-111.

60. 해당 초소가 1914년 지도에 그어진 맥마흔 라인(McMahon Line)보다 북쪽에 위치해 있다는 점을 우려한 인도의 담당 관리가 일부러 잘못된 이름을 붙인 것이다. Maxwell, India's China War, 295, Niranjan Prasad, The Fall of Towang, 1962 (New Delhi; Palit & Palit, 1981), 23.

61. Sinha and Athale, History of the Conflict with China, 76, 94.

62. 姜思毅, 李惠 主編『中印邊境自衛反擊作戰史』, 158.

63. 姜思毅, 李惠 主編『中印邊境自衛反擊作戰史』, 158; Sinha and Athale, History of the Conflict with China, 77.

64. Whiting, Calculus, 98.

65. 인도의 정책결정에 대해서는 다음 자료들을 참조할 것. Hoffman, India, 130-142; Maxwell, India's China War, 291-325; Sinha and Athale, History of the Conflict with China, 95-96; Dalvi, Hilmalayan Blunder, 211; Kaul, Untold Story, 358-359.

66. Whiting, Calculus, 96-98.

67. 徐焰,『中印邊界之戰歷史眞相』, 96.

68. Prasad, Fall of Towang, 22-24.

69. 더 나아가서 휘팅(Whiting)은 중국의 남카 추(Namka Chu, 克節朗河) 초소 건설은 9월 13일의 대화 제안과 연결되어 있었다고 추측한다. 그러나 이용 가능한 어떤 자료들에도 9월 8일 인민해방군의 돌라(Dhola, 多拉) 진입이 이 제안과 관련되어 있음을 보여주는

내용은 없다.

70. White Paper (VII), 73.

71. White Paper (VII), 67-68.

72. Kaul, Untold Story, 360; Sinha and Athale, History of the Conflict with China, 95.

73. 姜思毅, 李惠 主編, 『中印邊境自衛反擊作戰史』, 160-161.

74). Kaul, Untold Story, 363.

75. 姜思毅, 李惠 主編, 『中印邊境自衛反擊作戰史』, 160-162; Sinha and Athale, History of the Conflict with China, 99-102.

76. 力平, 馬芷蓀 主編, 『周恩來年譜 (1949-1976) 第2冊』, 500.

77. White Paper (VII), 100-102.

78. 力平, 馬芷蓀 主編, 『周恩來年譜 (1949-1976) 第2冊』, 500.

79. 姜思毅, 李惠 主編, 『中印邊境自衛反擊作戰史』, 179.

80. 姜思毅, 李惠 主編, 『中印邊境自衛反擊作戰史』, 179. 중국은 동부 지구(中印邊界東段)에서 이러한 결의를 보임으로써 서부 지구(中印邊界西段)를 대상으로 한 협상에서 융통성을 확보하고자 했다.

81. 徐焰, 『中印邊界之戰歷史眞相』, 106, 108.

82. 이 회의에 대한 별개의 4가지 기록이 존재하지만 그 중 어떤 것도 정확한 날짜를 알려주지 않고, 단지 10월 중순에 회의가 있었다고만 되어 있다. 그러나 이 회의의 성과 중 하나는 제130사단을 쓰촨성(四川省)에서 티베트로 옮기는 10월 9일자 중앙군사위원회의 명령으로, 이를 통해 회의가 10월 6일에서 8일 사이에 있었음을 추측해 볼 수 있다. 다음 자료들을 참조할 것. 王宏緯, 『喜馬拉雅山情結: 中印關系研究』, 228-230; 蕭心力, 『毛澤東與共和國重大歷史事件』, 336-338. 더 구체적인 사항에 대해서는 다음 자료들을 참조할 것. 雷英夫, 『在最高統帥部當參謀: 雷英夫回憶錄』, (南昌: 百花洲文藝出版社出版, 1997), 206-209; 王尙榮, 〈新中國誕生后幾次重大戰爭〉, 281-285. 제130사단을 이동시키는 결정에 대해서는 다음 자료들을 참조할 것. 姜思毅, 李惠 主編, 『中印邊境自衛反擊作戰史』, 472; 蕭心力, 『毛澤東與共和國重大歷史事件』, 338.

83. 다른 참석자들은 다음과 같다. 총리 저우언라이(總理 周恩來), 국방부장 린뱌오(國防部長 林彪), 퇴역 원수 예젠잉(退役 元帥 葉劍英), 퇴역 원수 류보청(退役 元帥 劉伯承), 총참모부장 뤄루이칭(總參謀部長 羅瑞卿), 총정치부 주임 샤오화(總政治部主任 肖華), 티베트 군관구사령관 장궈화(西藏軍區司令員 張國華), 신장 군관구사령관 허쟈찬(新疆軍區司令員 何家産).

84. 〈殲滅入侵克節朗印軍預先號令〉 載 姜思毅, 李惠 主編, 『中印邊境自衛反擊作戰史』, 472.

85. K. C. Praval, The-Red Eagles: A History of the Fourth Division of India (New Delhi: Vision Books, 1982), 220-233.

86. 力平, 馬芷蓀 主編, 『周恩來年譜 (1949-1976) 第2冊』, 502; 劉曉, 『出使蘇聯八年』 (北京: 中共黨史資料出版社, 1986), 121.

87. 姜思毅, 李惠 主編, 『中印邊境自衛反擊作戰史』, 471-474.

88. 姜思毅, 李惠 主編, 『中印邊境自衛反擊作戰史』, 178, 471-474.

89. 姜思毅, 李惠 主編,『中印邊境自衛反擊作戰史』, 142.

90. 徐焰,『中印邊界之戰歷史眞相』, 106-108.

91. 雷英夫,『在最高統帥部當參謀: 雷英夫回憶錄』, 207. 다음 자료도 참조할 것. Garver, "China's Decision."

92. 姜思毅, 李惠 主編,『中印邊境自衛反擊作戰史』, 473-474.

93. 雷英夫,『在最高統帥部當參謀: 雷英夫回憶錄』, 207.

94.『周恩來軍事文選』, 472.

95.『周恩來軍事文選』, 472.

96.『周恩來軍事文選』, 471.

97. 雷英夫,『在最高統帥部當參謀: 雷英夫回憶錄』, 208.

98. 徐焰,『中印邊界之戰歷史眞相』, 110.

99. 徐焰,『中印邊界之戰歷史眞相』, 110.

100. 다음 자료에서 인용. 雷英夫,『在最高統帥部當參謀: 雷英夫回憶錄』, 210.

101.〈人民日報〉, 24 October 1962, 1;〈人民日報〉, 27 October 1962, 1.

102. Sinha and Athale, History of the Conflict with China, xxiv; 王誠漢,『王誠漢回憶錄』(北京: 解放軍出版社, 2004), 482. 다음 자료도 참조할 것. "1962年以后中印邊境的兩次較大冲突"(http://bwl.top8l.com.cn/war-cn/india/202.htm.

103. "1962年以后中印邊境的兩次較大冲突"

104. Lorne J. Kavic, India's Quest for Security: Defence Policies, 1947-1965 (Berkley: University of California Press, 1967), 192-196.

105. G. S. Bajpai, China's Shadow over Sikkim: The Politics of Intimidation (New Delhi: Lancer Publishers, 1999), 156-181.

106. Bajpai, China's Shadow, 183-195. 다음 자료도 참조할 것. Sheru Thapliyal, "Nathula Skirmish of 1967," Force (January 2006), OSC#SAP20060228016001.

107. Roderick MacFarquhar and Michael Schoenhals, Mao's Last Revolution (Cambridge, Mass.: Belknap Press of Harvard University Press, 2006); Andrew G. Walder and Yang Su, "The Cultural Revolution in the Countryside: Scope, Timing and Human Impact," The China Quarterly, no. 173 (March 2003): 85.

108. 王誠漢,『王誠漢回憶錄』, 481-482.

109. 劉武生, 杜宏奇 主編,『周恩來軍事活動紀事, 1918-1975(下)』, 667.

110. Pravin Sawhney, The Defence Makeover: 10 Myths That Shape India's lmage (New Delhi: Sage Publications, 2002), 30. 구체적인 설명은 다음 자료를 참조할 것. John W. Garver, "Sino ? Indian Rapprochement and the Sino-Pakistan Entente," Political Science Quarterly, vol. 111, no. 2 (Summer 1996): 337-343.

111. Garver, "Sino ?Indian Rapprochement," 338.

112. Mira Sinha Bhattacharjea, "India-china: The Year of Two Possibilities," in Satish Kumar, ed., Yearbook on India's Foreign Policy, l985-86 (New Delhi: Sage Publications, 1988), l52, 156; T. Karki Hussain, "India's China Policy: Putting Politics in Command," in Satish Kumar, ed., Yearbook on India's Foreign Policy,

1989 (New Delhi, Sage Publications, 1990), 121,; Sawhney, Defence Makeover, 29.

113. "Red Heat," Force (December 2004), OSC# SAP20041209000096.

114. Bhattacharjea, "India-China," 152-155.

115. Hussain, "India's China policy," 122.

116. 인도군에 대해서는 다음 자료를 참조할 것. Sawhney, Defence Makeover, 30. 인민 해방군과 관련해서는 다음 자료를 참조할 것. Far Eastern Economic Review, 4 June 1987, 42

117. AP, 15 June 1987; Reuters, 14 August 1987 (Factiva).

118. 徐焰, 〈1969年中蘇邊境的武裝衝突〉, 『黨史研究資料』 第5號 (1994): 7-8.

119. Thomas W. Robinson, "The Sino-Soviet Border Conflict," in Stephen S. Kaplan, ed., Diplomacy of Power: Soviet Armed Forces as a Political Instrument (Washington, D. C.: The Brookings Institution, 1981); 楊奎松, 『毛澤東與莫斯科的恩恩怨怨』(南昌: 江西人民出版社, 1999), 494-509.

120. 양국 간 충돌의 전반적인 설명에 대해서는 다음 자료들을 참조할 것. Gurtov and Hwang, China under Threat, 187-241; Thomas W. Robinson, The Sino-Soviet Border Dispute: Background, Development and the March 1969 Clashes (Santa Monica, Calif.: RAND Corp., 1970); Robinson, "The Sino-Soviet Border," 265-313; Segal, Defending China, 176-196; Richard Wich, Sino-Soviet Crisis Politics: A Study of Political Change and Communication (Cambridge, Mass.: Harvard University Press, 1980) 중국측 자료들은 다음과 같다. 韓懷智, 譚旌樵 主編, 『當代中國軍隊的軍事工作(第1冊)』, 636-645; 리커, 하오성장, 『文化大革命中的人民解放軍』(北京: 中共黨史研究資料出版社, 1989), 312-326; 徐焰, 〈1969年中蘇邊境的武裝衝突〉, 『黨史研究資料』 第5號(1994): 2-13; 楊奎松, 『毛澤東與莫斯科的恩恩怨怨』(南昌: 江西人民出版社, 1999), 485-513. 이들 자료 중에서 리커, 하오성장의 연구가 다른 연구들의 기초가 되는데, 이후에 나온 거의 모든 중국의 학술자료들이 이 연구를 실증적 토대로 삼고 있기 때문이다. 다른 주요한 중국측 자료들은 다음과 같다. 李丹慧, 〈1969年中蘇邊境衝突: 緣起和結果〉, 『代中國史研究』 第3號(1996): 39-50; 李連慶, 『冷暖歲月: 一波三折的中蘇關系』(北京: 世界知識出版社, 1999), 346-383; 牛軍, 〈1969年中蘇邊界衝突與中國外交戰略的調整〉, 『代中國史研究』 第1號 (1999): 66-77; 蕭心力 主編, 『毛澤東與共和國重大歷史事件』(北京: 人民出版社, 2001), 388-397; 余雁, 『五十年國事紀要: 軍事卷』(長沙: 湖南人民出版社, 1999), 528-551.

121. Gurtov and Hwang, China under Threat, 187-241; Robinson, Sino-Soviet Border; Robinson, "Sino-Soviet Border," 265-313; Segal, Defending China, 176-196; Wich, Sino-Soviet Crisis.

122. 중국-소련 관계에 대해서는 다음 자료를 참조할 것. Lorenz Luthi, The Sino-Soviet Split (Princeton, N.J.: Princeton University Press, 2008).

123. Office of National Estimates, The Soviet Military Buildup along the Chinese Border, SM-7-58 [Top Secret] (Washington, D.C.: Central Intelligence Age, 1968).

124. Directorate of Intelligence, Military Forces along the Sino-Soviet Border, SR-IM-

70–5 [Top Secret] (Washington, D.C.: Central Intelligence Age, 1970).

125. National Intelligence Board, The USSR and China, NIE 1l–13–69 [Top Secret] (Washington, D.C.: Central Intelligence Age, 1969), 5.

126. National Intelligence Board, The USSR and China, 5.

127. National Intelligence Board, Warsaw Pact Forces for Operations in Eurasia, NIE 1l–14–71 [Top Secret] (Washington, D.C.: Central Intelligence Age, 1971), 27.

128. Directorate of Intelligence, Military Forces along the Sino–Soviet Border, 5.

129. Thomas W. Robinson, "China Confronts the Soviet Union: Warfare and Diplomacy on China's Inner Asian Frontiers," in Roderick MacFarquhar and John K. Fairbank, eds., The Cambridge History of China, vol. 15, part 2 (Cambridge: Cambridge University Press, 1991), 299. 골드슈타인(Goldstein)에 대해서는 각주 139번을 참조할 것.

130. NYT, 11 December 1966, 3.

131. 다음 자료에서 인용. Current Background, no. 892 (21 October 1969): 50

132. 〈人民日報〉, I October 1968, 6.

133. 더 구체적인 논의에 대해서는 다음 자료들을 참조할 것. Gurtov and Hwang, China under Threat, 208–216; Wich, Sino–Soviet Crisis, 97–99.

134. Sergei Goncharov and Victor Usov, "Kosygin–Zhou Talks at Beijing Airport," Far Eastern Affairs, no. 4–6 (1992): 98.

135. 1968년 1월 이후, 중국의 변강(邊疆)을 방어하는 부대들은 상응하는 수준으로 "반격"하되 긴장을 고조하지 말 것을 특별히 지시받았다. 리커, 하오성장, 『文化大革命中的人民解放軍』, 317; 徐焰, 〈1969年中蘇邊境的武裝沖突〉, 5.

136. 徐焰, 〈1969年中蘇邊境的武裝沖突〉, 4.

137. 孟昭斌 主編, 『新疆通志: 軍事志』(烏魯木齊: 新疆人民出版社, 1997), 179; 徐焰, 〈1969年中蘇邊境的武裝沖突〉, 4.

138. 리커, 하오성장, 『文化大革命中的人民解放軍』, 317; 李連慶, 『冷暖歲月: 一波三折的中蘇關系』, 346–347; 徐焰, 〈1969年中蘇邊境的武裝沖突〉, 5.

139. Lyle Goldstein, "Return to Zhenbao Island: Who Started Shooting and Why It Matters," The China Quarterly, no. 168(December 2001): 990–991.

140. 더 자세한 설명에 대해서는 다음 자료를 참조할 것. Wich, Sino–Soviet Crisis, 41–74.

141. 〈人民日報〉, 17 September 1968, 5.

142. 〈人民日報〉, 1 October 1968, 6.

143. Whiting, Calculus, 238–239.

144. John Wilson Lewis and Litai Xue, China Builds the Bomb (Stanford, Calif.: Stanford University Press, 1988), 244.

145. 리커, 하오성장, 『文化大革命中的人民解放軍』, 317; 李連慶, 『冷暖歲月: 一波三折的中蘇關系』, 347; 徐焰, 〈1969年中蘇邊境的武裝沖突〉, 5.

146. 徐焰, 〈1969年中蘇邊境的武裝沖突〉, 5.

147. 孟昭斌 主編, 『新疆通志: 軍事志』, 339.

148. 문화대혁명(文化大革命)에 대해서는 다음 자료를 참조할 것. MacFarquhar and Schoenhals, Mao's Last Revolution.

149. Harry Harding, "The Chinese State in Crisis," in Roderick MacFarquhar and John K. Fairbank, eds., The Cambridge History of China, vol. 15, part 2 (Cambridge: Cambridge University Press, 1991), 212-214.

150. 문화대혁명(文化大革命) 기간 중 인민해방군의 역할에 대해서는 다음 자료들을 참조할 것. 리커, 하오성장, 『文化大革命中的人民解放軍』; Harding, "Chinese State in Crisis," 169-170; MacFarquhar and Schoenhals, Mao's Last Revolution; Andrew Scobell, China's Use of Military Force: Beyond the Great Wall and the Long March (New York: Cambridge University Press, 2003), 94-11.

151. Harding, "Chinese State in Crisis," 169.

152. 徐焰, 〈1969年中蘇邊境的武裝衝突〉, 4-6.

153. 徐焰, 〈1969年中蘇邊境的武裝衝突〉, 5.

154. 2002년 6월, 2004년 2월 베이징에서 인터뷰.

155. 이 중앙군사위원회의 지시를 최초로 발굴하여 다룬 중국측 연구 성과는 다음과 같다. 리커, 하오성장, 『文化大革命中的人民解放軍』, 318-319.

156. 徐焰, 〈1969年中蘇邊境的武裝衝突〉, 4-6. 양퀘이쑹(Yang Kuisong)은 이때 중국은 소련 순찰대를 공격하기 위해 준비하고 있었다고 주장한다. Yang Kuisong, "The Sino-Soviet Border Clash of 1969: From Zhenbao Island to Sino-American Rapprochement," Cold War History, vol. 1, no. 1 (August 2000): 28.

157. 리커, 하오성장, 『文化大革命中的人民解放軍』, 319; 徐焰, 〈1969年中蘇邊境的武裝衝突〉, 6.

158. 리커, 하오성장, 『文化大革命中的人民解放軍』, 319; 徐焰, 〈1969年中蘇邊境的武裝衝突〉, 6.

159. Yang Kuisong, "Sino-Soviet," 28-29.

160. 徐焰, 〈1969年中蘇邊境的武裝衝突〉, 6.

161. 2004년 2월 베이징에서 인터뷰.

162. 이 사건에 관한 중국의 학술적 목적의 기록물들은 다음과 같다. 리커, 하오성장, 『文化大革命中的人民解放軍』, 320-324; 徐焰, 〈1969年中蘇邊境的武裝衝突〉, 6-9; 楊奎松, 『毛澤東與莫斯科的恩恩怨怨』, 488-494. 중국의 공식적인 설명에 대해서는 다음을 참조할 것. Peking Review, no. 11 and no. 20 (March 1969) 소련측 설명에 대해서는 다음을 참조할 것. "Soviet Report to GDR Leadership on 2 March 1969 China-Soviet Border Clashes," Cold War International History Project Virtual Archive.

163. Yang Kuisong, "Sino-Soviet," 28, 30

164. 徐焰, 〈1969年中蘇邊境的武裝衝突〉, 6.

165. Directorate of Intelligence, Sino-Soviet Exchanges, 1969-84: A Reference Aid, EA 84-10069 [Top Secret] (Washington, D.C.: Central Intelligence Agency, 1984), 5; Neville Maxwell, "The Chinese Account of the 1969 Fighting at Chenpao," The China Quarterly, no. 56 (December 1973): 731.

166. 孟昭斌 主編, 『新疆通志: 軍事志』, 340.

167. Sergei Goncharov, "Kosygin-Zhou Talks at Beijing Airport," Far Eastern Affairs, nos. l-2 (1993),52-65; Goncharov and Usov, "Kosygin-Zhou Talks." 이 두 논문들은 모두 소련 외교관 엘리자베틴(Alexei Elizavetin)이 회고록에서 밝힌 내용들을 수록하고 있다.

168. Goldstein, "Return," 997; 李丹慧, 〈1969年中蘇邊境冲突: 緣起和結果〉, 39-50.

169. 다음 자료에서 기록물들을 인용한 내용을 재인용. Yang Kuisong, "Sino-Soviet," 30.

170. John W. Garver, "Chinese Foreign Policy in 1970: The Tilt Towards the Soviet Union," The China Quarterly, no. 82 (June 1980): 214-249.

171. 1969년 여름과 가을 중국의 병력 동원과 소련의 위협에 대한 대응에 대해서는 다음 자료들을 참조할 것. 劉志男, 〈1969年, 中國戰備與對美蘇關系的研究和調整〉, 『當代中國史研究』第3號 (1999): 41-50; 楊奎松, 『毛澤東與莫斯科的恩恩怨怨』, 494-509.

172. Yang, "Sino-Soviet," 49.

173. Directorate of Intelligence, Sino-Soviet Exchanges, 5.

174. Directorate of Intelligence, Sino-Soviet Exchanges, 5.

175. Directorate for Research, Luring Deep: China's Land Defense Strategy, DDB-2610-31-80 [Top Secret] (Defense Intelligence Agency, 1980), 13.

176. 중국-베트남의 국경에서 있었던 다수의 소규모 분쟁들에 대한 자세한 설명은 다음 자료를 참조할 것. "邊防15團對越作戰簡史", http://xzc.2000y.net/mb/l/ReadNews.asp? NewsID=93421.

177. 孫稚泳, 『云南省志: 軍事志』 (昆明: 云南人民出版社, 1997), 424-435.

178. 孫稚泳, 『云南省志: 軍事志』, 424-435.

179. Edward. C. O'Dowd, Chinese Military Strategy in the Third Indochina War: The Last Maoist War (New York: Routeledge, 2007), 89-107.

180. 韓懷智, 譚旌樵 主編, 『當代中國軍隊的軍事工作(第1冊)』, 679.

181. 孫稚泳, 『云南省志: 軍事志』, 424.

182. "各大軍區老山參戰簡介", http://bwl.top81.com.cn/war79/file1/270-1.htm.

05 본토 지역 영토분쟁

1. 홍콩 반환과 관련한 중국측 자료는 다음과 같다. 陳雪英, 『鄧小平與香港』 (北京: 當代世界出版社, 1997); 韓念龍 主編, 『當代中國外交』, 379-383; 齊鵬飛, 『鄧小平與香港回歸』 (北京: 華夏出版社出版, 2004); 李后, 『百年屈辱史的終結: 香港問題始末』 (北京: 中央文獻出版社, 1997). 영어로 씌여진 탁월한 자료는 다음과 같다. Robert Cottrell, The End of Hong Kong: The Secret Diplomacy of Imperial Retreat (London: John Murray 1993).

2. 『인민일보』(人民日報) 역사DB에 따르면, 1979년 이전에 발행된 기사들 중에서 기사제목에 "香港"(홍콩)이, 본문에 "一個中國"(하나의 중국)이 포함된 기사는 7건에 불과하다.

3. Cottrell, End, 27.

4. 李后,『百年屈辱史的終結: 香港問題始末』, 40.

5. 叶張瑜, 〈中共第一代中央領尊集體解決香港問題戰略決策的歷史考察〉,『當代中國史研究 (第14冊)』第3號 (2007): 48.

6.『毛澤東文集 (第8冊)』(北京: 新華出版社, 1999), 337; 李后,『百年屈辱史的終結: 香港問 題始末』, 41.

7. 다음 자료에서 인용. Cottrell, End, 33. 저우언라이는 홍콩 일부지역에 대한 99년 조차 (租借)와 관련하여서는 "관련 조약이 만료되면 국가가 나서서 협상을 해야 한다."고 언 급했다.

8.『毛澤東文集 (第8冊)』, 337.

9. NYT, 11 December 1966, 3.

10. 齊鵬飛,『鄧小平與香港回歸』, 26-28; Zhang Shu Guang, Economic Cold War: America's Embargo against China and the Sino-Soviet Alliance, 1949-1963 (Stanford, Calif.: Stanford University Press, 2001), 36-38.

11. Cottrell, End, 27.

12. 齊鵬飛,『鄧小平與香港回歸』, 26-28; Qiang Zhai, The Dragon, the Lion, and the Eagle: Chinese-British-American Relations, 1949-1958 (Kent, Ohio: Kent State University Press, 1994).

13. 李后,『百年屈辱史的終結: 香港問題始末』, 40.

14. 冷溶, 汪作玲 主編『鄧小平年譜(1975-1997)』, (北京: 中央文獻出版社, 2004), 500.

15. 다음 자료에서 인용. Cottrell, End, 55.

16. 冷溶, 汪作玲 主編『鄧小平年譜(1975-1997)』, 501.

17. 다음 자료에서 인용. Cottrell, End, 55-56.

18. 李后,『百年屈辱史的終結: 香港問題始末』, 66-70.

19. Cottrell, End, 71, 84.

20.『鄧小平文選 (第3冊)』, 12.

21. Margaret Thatcher, The Downing Street Years (London: HaperCollins, 1993), 261.

22.『鄧小平文選 (第3冊)』, 12.

23. 李后,『百年屈辱史的終結: 香港問題始末』, 96-97.

24. Cottrell, End, 102.

25. Cottrell, End, 132.; 李后,『百年屈辱史的終結: 香港問題始末』, 115-117.

26. Cottrell, End, 112-113.

27. Cottrell, End, 205-223.

28. 중국과 포르투갈의 회담에 대해서는 다음 자료들을 참조할 것. 韓念龍 主編,『當代中國 外交』, 379-383; 齊鵬飛, 張曉京,『澳門的失落與回歸』(北京: 新華出版社, 1999), 173-217; Steve Shipp, Macau, China: A Political History of the Portuguese Colony's Transition to Chinese Rule (Jefferson, N.C.: McFarland & Company, 1997).

29. 많은 영어권 출판물에서 이들 도서를 "원해도서(offshore islands)"라 지칭하고 있지 만, 연해도서(coastal islands)가 중국에서 사용하는 용어인 "沿海島嶼"를 더 정확하게

번역한 용어이며 제6장에서 별도로 다루는 동(東)중국해 및 남(南)중국해의 "원해 도서" (offshore islands, 遠海島嶼)와 구분할 필요가 있으므로 이 책에서는 이들 도서를 "연해도서"(coastal islands)라 지칭한다.

30. 니우쥔(牛軍) 역시 1954년과 1958년 연해도서들(沿海島嶼)을 둘러싼 전투의 중요성을 강조하고 있다. 牛軍, 〈三次台灣海峽軍事斗爭決策硏究〉, 『中國社會科學』 第5號 (2004): 37-50.

31. 예를 들어, 다음 자료를 참조할 것. 韓懷智, 譚旌樵 主編, 『當代中國軍隊的軍事工作 (第1冊)』, 276-320.

32. 이 군사작전에 대한 구체적인 사항은 다음 자료들을 참조할 것. 叢樂天 主編, 『回顧金門登陸戰』(北京: 人民出版社, 1994); He Di, "The Last Campaign to Unify China: The CCP's Unrealized Plan to Liberate Taiwan, 1949-1950," in Mark A. Ryan, David M. Finkelstein, and Michael A. McDevitt, eds., Chinese Warfighting: The PLA Experience since 1949(Armonk, N.Y.: M. E. Sharpe, 2003), 44-146.

33. He, "Last Campaign."

34. 중국의 한국전쟁 참전 결정에 대해서는 다음 자료들을 참조할 것. Chen Jian, China's Road to the Korean War: The Making of the Sino-American Confrontation (New York: Columbia University Press, 1994); Thomas J. Christensen, Useful Adversaries: Grand Strategy, Domestic Mobilization, and Sino-American Conflict, 1947-1958 (Princeton, N.J.: Princeton University Press, 1996), 138-193; Allen S. Whiting, China Crosses the Yalu: The Decision to Enter the Korean War (New York: Macmillan, 1960).

35. 『中共中央文件匯編』, quoted in Gordon H. Chang and He Di, "The Absence of War in the U.S.-China Confrontation over Quemoy and Matsu in 1954-1955: Contingency, Luck, Deterrence?" American Historical Review, vol. 98, no. 1(December 1993): 1054.

36. 鄧禮峰 主編, 『中華人民共和國軍事史要』(北京: 軍事科學出版社, 2005), 448.

37. 崔之淸 主編, 『海峽兩岸關系日志(1949-1998)』(北京: 九洲圖書出版社, 1999), 44. 연해도서(沿海島嶼) 지역 전투에 대해서는 다음 자료들을 참조할 것. 韓懷智, 譚旌樵 主編, 『當代中國軍隊的軍事工作 (第1冊)』, 134-161, 221-253, 321-353; Huang Zhengmiao 主編, 『浙江省軍事志』(北京: 方志出版社, 1999), 682-698; 王子文 主編, 『福建省志: 軍事志』(北京: 新華出版社, 1995), 267-278.

38. He, "Last Campaign."

39. 東方鶴, 『張愛萍傳』(北京: 人民出版社, 2000), 656; 徐焰, 『金門之戰』(北京: 中國廣播電視出版社, 1992), 147-196.

40. 王彦 主編, 『彭德懷年譜』(北京: 人民出版社, 1998), 563-565.

41. 1954년도 대만 해협 위기에 대한 전반적인 사항에 대해서는 다음 자료들을 참조할 것. John Wilson Lewis and Litai Xue, China Builds the Bomb (Stanford, Calif.: Stanford University Press, 1988), 11-34; Thomas E. Stolper, China, Taiwan, and the Offshore Islands: Together with Some Implications for Outer Mongolia and Sino-Soviet

Relations (Armonk, N.Y.: M.E. Sharpe, 1985).중국 입장에서 이 사태에 대해 설명한 자료들은 다음과 같다. 韓懷智, 譚旌樵 主編, 『當代中國軍隊的軍事工作 (第1冊)』, 254-275; 盧輝, 『三軍首戰─江山』 (北京: 解放軍出版社, 1988); 鳳智 主編, 『三軍揮戈戰東海』 (北京: 解放軍出版社, 1986); 王彦, 『目標, 一江山島 : 我軍首次陸海空聯合渡海登陸作戰紀實』 (北京: 海潮出版社, 1990); 徐焰, 『金門之戰』 (北京: 中國廣播電視出版社, 1992).중국 자료들을 기초로 저술한 영문 자료들은 다음과 같다. Chang and He Di, "Absence of War"; Gong Li, "Tension across the Strait in the 1950s: Chinese Strategy and Tactics," in Robert S. Ross and Jiang Changbin, eds., Re-examining the Cold War: U.S.-China Diplomacy, 1954-1973 (Cambridge, Mass.: Harvard University Press, 2001), 141-172; He Di, "Evolution of the People's Republic of China's Policy toward the Offshore Islands," in Warren I Cohen and Akira Iriye, eds., The Great Powers in East Asia: 1953-1960 (New York: Columbia University Press, 1990), 222-245; Li Xiaobing, "Making of Mao's Cold War: The Taiwan Straits Crisis Revised," in Li Xiaobing and Li Hongshan, eds., China and the United States: A New Cold War History (Lanham, Md.: University Press of America, 1998),49-7Z; Li Xiaobing, "PLA Attacks and Amphibious Operations during the Taiwan Straits Crisis of 1954-55 and 1958," in Mark A. Ryan, David M. Finkelstein,and Michael A. McDevitt, eds., Chinese Warfighting: The PLA Experience since 1949 (Armonk, N.Y.: M. E. Sharpe, 2003); Zhang Shu Guang, Deterrence and Strategic Culture: Chinese-American Confrontations, 1949-1958 (Ithaca, N.Y.: Cornell University Press, 1992).

42. 王子文 主編, 『福建省志: 軍事志』, 280.

43. 徐焰, 『金門之戰』, 184.

44. 鄧禮峰 主編, 『中華人民共和國軍事史要』, 451.

45. 각주 41)의 자료들을 참조할 것.

46. Gong, "Tension," 145.

47. Zhang, Deterrence, 193.

48. Stolper, China, Taiwan, 21-26.

49. 王炳南, 『中美會談九年回顧』 (北京: 世界知識出版社, 1985), 41.

50. 徐焰, 『金門之戰』, 176; Zhang, Deterrence, 191.

51. 徐焰, 『金門之戰』, 176.

52. 저우언라이는 애초에 덜레스(Dulles) 미(美) 국무장관과의 고위급회담을 희망하였고 대만 문제는 다른 강대국들과 함께 하는 자리에서 제기하고자 했기 때문에 제네바 회의(the Geneva Conference)는 중국의 지도자들에게 특히 우려스러운 것이었다. 다음 자료들을 참조할 것. Gong, "Tension," 145; 徐焰, 『金門之戰』, 175.

53. "毛澤東在中共中央政治局擴大會議的講話"(1954.7.7., 載 宮力, 〈兩次台灣危机的成因與中美之間的較量〉, 載 姜長斌, 羅伯特 羅斯 等 主編, 『從對峙走向緩和: 冷戰時號中美關系再探討』 (北京: 世界知識出版社, 2000). 42.

54. 逢先知, 金冲及 主編, 『毛澤東傳』 (北京: 中央文獻出版社, 2003), 585.

55. 〈人民日報〉, 23 July 1954, 1.

56. Stolper, China, Taiwan; Zhang, Deterrence, 191-192.

57. 王彦 主編, 『彭德懷年譜』, 57. 최초 계획은 9월 또는 10월까지 다첸다오(大陳島)에서 제
공권(制空權)을 확보하고 나서 이장샨다오(一江山島)를 점령하는 것이었다. 다음 자료
를 참조할 것. 徐焰, 『金門之戰』, 172, 310.

58. 王彦 主編, 『彭德懷年譜』, 571.

59. 王彦 主編, 『彭德懷年譜』, 573.

60. 逢先知, 金冲及 主編, 『毛澤東傳』, 585.

61. 張震, 『張震回憶錄』 (北京: 解放軍出版社, 2003), 499.

62. 『粟裕文選 (第3冊)』 (北京: 軍事科學出版社, 2004), 155; 尹啓明, 程亞光 『第一任國防
部長』(廣州: 廣東教育出版社, 1997), 194.

63. 張震, 『張震回憶錄』, 574.

64. NYT, 25 August 1954, 1.

65. 〈人民日報〉, 29 August 1954, 1

66. 叶飛, 『叶飛回憶錄』 (北京: 解放軍出版社, 1988), 645-646.

67. Gong, "Tension," 148; He, "Evolution," 226; Li, "Making of Mao's Cold War,"
54-55.

68. 叶飛, 『叶飛回憶錄』, 644.

69. 중국의 군사적 취약성에 대한 분석평가는 다음 자료를 참조할 것. 張震, 『張震回憶錄』,
491-492.

70. 力平, 馬芷蓀 主編, 『周恩來年譜 (1949-1976) 第1冊』 (北京: 中央文獻出版社, 1997),
405.

71. Stolper, China, Taiwan, 49-52.

72. Li, "PLA Attacks," 151.

73. 다음 자료에서 인용. 王彦, 『目標, 一江山島: 我軍首次陸海空聯合渡海登陸作戰紀實』,
53. 다음 자료도 참고할 것. 『粟裕文選 (第3冊)』, 132.

74. 조약 제6조.

75. 1958년도 위기와 관련하여 각주 41번에서 소개된 자료 외의 중국측 자료에 대해서는
다음을 참조할 것. 韓懷智, 譚旌樵 主編 『當代中國軍隊的軍事工作 (第1冊)』, 381-422;
雷英夫, 『在最高統帥部當參謀: 雷英夫回憶錄』 (南昌: 百花洲文藝出版社, 1997), 187-
216; 廖心文, 〈1958年毛澤東決策 炮擊金門的歷史考查〉, 『黨的文獻』 第一號 (1994):
31-36; 沈衛平, 『8.23 炮擊金門』 (北京: 華藝出版社, 1998); 楊啓良, 『王尙榮將軍』 (北
京: 當代中國出版社, 2000), 418-441; 翟志瑞, 李羽壯, 『金門紀實: 五十年代台海危机始
末』 (北京: 中共中央黨校出版社, 1994).영어권 자료들에 대해서는 각주 41번에서 소개
된 자료 외에 다음 자료들을 참조할 것. Chen Jian, Mao's China and the Cold War
(Chapel Hill; University of North Carolina Press, 2001) 163-204; Christensen, Useful
Adversaries, 194-241.

76. 미국의 정책 결정에 대해서는 다음 자료들을 참조할 것. Robert Accinelli, "'A Thorn
in the Side of Peace': The Eisenhower Administration and the 1958 Offshore

Islands Crisis," in Robert S. Ross and Jiang Changbin, eds., Re-examining the Cold War: U.S.-China Diplomacy, 1954-1973 (Cambridge, Mass.: Harvard University Press, 2001), 106-140.

77. NYT, 17 September 1958, 17.

78. 1961년 12월, 공산당 중앙군사위원회(中央軍事委員會)는 푸젠성(福建省) 최전방 부대들에게 포격시 실탄 사용을 중지하고 선전물(propaganda leaflets)을 넣어 쏠 것을 지시했다. 王子文 主編, 『福建省志: 軍事志』, 291.

79. 王子文 主編, 『福建省志: 軍事志』, 290; 國防部史政編譯局, 『國民革命建軍史(第四部 第三冊)』(台北: 國防部, 1987), 1673-1674. 왕즈원(王子文)에 따르면 대만군 사상자는 이보다 훨씬 많은 약 7,000명이었다.

80. Christensen, Useful Adversaries.

81. Chen Jian, Mao's China, 171.

82. Chen Jian, Mao's China, 180.

83. 이 다양한 동기들에 대해서는 다음 자료를 참조할 것. Christensen, Useful Adversaries, 201. 그에 따르면, 내부적 동원이 주된 동기이고 나머지 요인들은 이차적인 것이었다. 다양한 동기들에 대한 중국측 시각에 대해서는 다음 자료를 참조할 것. 徐焰, 『金門之戰』, 203-204.

84. 이 시기 중국의 대(對)대만 정책에 대해서는 다음 자료들을 참조할 것. 楊親華, 〈中國共産黨和中國政府解決台灣問題政策的由來及發展〉, 『中共黨史資料』 第53號 (1994): 65-80; 郁曼飛, 林曉光, 〈五十年來中國共産黨對台政策的發展變化〉, 『中共黨史資料』 第69號 (1996): 137-153; 張同新, 何仲山, 『"一國兩制"與海峽兩岸關系』(北京: 中國人民大學出版社, 1998), 91-151.

85. "일강사목"(一綱四目)은 대만의 자치권 보장을 포함하고 있는데, 이는 훗날 덩샤오핑이 제시한 "일국양제(一國兩制)"의 시초가 되었다.

86. 중국의 평화공세 실패에 대해서는 다음 자료들을 참조할 것. 韓懷智, 譚旌樵 主編, 『當代中國軍隊的軍事工作 (第1冊)』, 385; 雷英夫, 『在最高統帥部當參謀: 雷英夫回憶錄』, 174-175.

87. Steven M. Goldstein, "Dialogue of the Deaf? The Sino-American Ambassadorial-Level Talks, 1955-1970," in Robert S. Ross and Changbin Jiang, eds., Re-examining the Cold War: U.S.-China Diplomacy, 1954-1973 (Cambridge, Mass.: Harvard University Press, 2001), 209-213; Gong, "Tension," 152-154.

88. Zhang, Deterrence, 226. 핵 위협에 대해서는 다음 자료들을 참조할 것. Richard K. Betts, Nuclear Blackmail and Nuclear Balance (Washington, D.C.: The Brookings Institution, 1987), 48-61, 66-78; Lewis and Xue, China Builds the Bomb, 32-41.

89. NYT, 10 January 1958, 3.

90. 陳崇龍, 謝俊 主編, 『海峽兩岸關系大事記』(北京: 中共黨史出版社, 1993), 129.

91. Gong, "Tension," 156; Zhang, Deterrence, 227.

92. 당시 중국 지도자들의 상황인식에 대한 상세한 내용은 다음 자료를 참조할 것. Zhang, Deterrence, 227-230.

93. 雷英夫, 『在最高統帥部當參謀: 雷英夫回憶錄』, 188.

94. 〈人民日報〉, 2 November 1957, 1.

95. "周恩來總理關于目前國際形勢和我國外交政策的報告"(1958.2.10), 載 『1958 外交匯編』, 20-21; 陳崇龍, 謝俊 主編, 『海峽兩岸關系大事記』, 129.

96. 다음 자료에서 인용. Zhang, Deterrence, 228.

97. 韓懷智, 譚旌樵 主編, 『當代中國軍隊的軍事工作(第1冊)』, 386.

98. 7월로 예정한 작전계획에 대해서는 다음 자료들을 참조할 것. 韓懷智, 譚旌樵 主編, 『當代中國軍隊的軍事工作(第1冊)』, 386-387; 徐焰, 『金門之戰』, 319.

99. Li, "Making of Mao's Cold War," 61.

100. 雷英夫, 『在最高統帥部當參謀: 雷英夫回憶錄』, 191.

101. He, "Evolution," 234.

102. 雷英夫, 『在最高統帥部當參謀: 雷英夫回憶錄』, 191.

103. 『建國以來毛澤東文稿(第7冊)』(北京: 中央文獻出版社, 1992), 326.

104. 徐焰, 『金門之戰』, 209-215.

105. "Talks at the Beidaihe Conference (Draft Transcript)," in Roderick MacFarquhar, Timothy Cheek, and Eugene Wu, eds., The Secret Speeches of Chairman Mao: From the Hundred Flowers to the Great Leap Forward (Cambridge, Mass.: Harvard University, Council on East Asian Studies, 1989), 403; Christensen, Useful Adversaries, 219-220.

106. 다음 자료에서 마오쩌둥의 발언을 풀어씀. 韓懷智, 譚旌樵 主編, 『當代中國軍隊的軍事工作(第1冊)』, 387.

107. 劉武生, 杜宏奇 主編, 『周恩來軍事活動紀事, 1918-1975(下)』(北京: 中央文獻出版社, 2000), 458.

108. 吳冷西, 『憶毛主席: 我親自經歷的若干重大歷史事件片斷』(北京: 新華出版社, 1995), 75. 이 회고록에서 저자는 1958년도 대만 해협 위기 당시 마오쩌둥이 했던 발언을 그대로 인용한 것이 아니라, 독자의 이해를 위하여 다른 말로 바꾸어 표현했다.

109. 吳冷西, 『憶毛主席: 我親自經歷的若干重大歷史事件片斷』, 80.

110. 다음 자료에서 인용. Zhang, Deterrence, 235.

111. 劉武生, 杜宏奇 主編, 『周恩來軍事活動紀事, 1918-1975(下)』, 460.

112. 吳冷西, 『憶毛主席: 我親自經歷的若干重大歷史事件片斷』, 76.

113. 吳冷西, 『憶毛主席: 我親自經歷的若干重大歷史事件片斷』, 80.

114. 저우언라이의 지시서한에 대해서는 다음 자료를 참조할 것. 沈衛平, 『8.23 炮擊金門』, 752-753. 미국과의 대사급 회담에서 왕빙난(王炳南)의 발언에 대해서는 다음 자료들을 참조할 것. 『鄧小平文選(第3冊)』, 107-108; 王炳南, 『中美會談九年回顧』, 70-74.

115. 力平, 馬芷蓀 主編 『周恩來年譜(1949-1976) 第2冊』, 177. "진먼다오(金門島) 및 마쭈다오(馬祖島)와 대만 및 펑후(澎湖) 제도의 교환"하는 구상에 대한 전체적인 설명에 대해서는 다음 자료를 참조할 것. Chen Jian, Mao's China, 197-201.

116. P. F. Iudin, "Report of Conversation with the General Secretary of the CC CCP, Deng Xiaoping," 27 May 1959, Cold War International History Project Virtual

Archive.

117. 저강도 무력충돌(low-level violence)은 1960년대 말까지 계속되었는데, 주로 대만의 본토(本土) 해안 침투에 집중되었다.

118. "Memorandum of Conversation, 12 November 1973, Chairmen Mao's Residence, Beijing" in William Burr, ed., The Kissinger Transcripts: The Top Secret Talks with Beijing and Moscow (New York: The New Press, 1998), 186. 키신저 (Kissinger)를 포함한 많은 이들은 이 발언이 1972년 마오쩌둥과 닉슨(Nixon) 미(美) 대통령의 회담에서 나온 것으로 추정하지만, 실제로는 1973년 마오쩌둥과 키신저의 대화에서 나온 것이다. 다음 자료들도 참조할 것. Burr, The Kissinger Transcripts, 59-68; Henry Kissinger, White House Years (Boston: Little, Brown & Co., 1979), 1062.

119. Harold C. Hinton, Communist China in World Politics (New York: Houghton Mifflin, 1966), 270.

120. NYT, 30 March 1962, 2.

121. Melvin Gurtov and Byong-Moo Hwang, China under Threat: The Politics of Strategy and Diplomacy (Baltimore: Johns Hopkins University Press, 1980), 127-128; Hinton, Communist China, 272-280; Allen S. Whiting, The Chinese Calculus of Deterrence: India and Indochina (Ann Arbor: University of Michigan Press, 1975), 62-72.

122. 당시 중국의 정책결정에 관한 구체적인 사항은 다음 자료를 참조할 것. 楊啓良, 『王尙榮將軍』, 484-492.

123. 王尙榮, 〈新中國誕生后幾次重大戰爭〉, 載 朱元石 主編, 『共和國要事口述史』 (長沙: 湖南人民出版社, 1999), 278.

124. 楊啓良, 『王尙榮將軍』, 486.

125. 실제로는 미측 고위 관료들이 대만을 방문한 목적은 장제스(蔣介石)가 본토(本土) 공격을 단념하도록 설득하는 것이었다.

126. Iudin, "Report of Conversation."

127. 양국의 회담에 대한 구체적인 사항은 다음 자료를 참조할 것. 王炳南, 『中美會談九年回顧』, 85-90.

128. 다음 자료에서 인용. Goldstein, "Dialogue of the Deaf?" 228.

129. http://usinfo.state.gov/eap/Archive_Index/joint_communique_1972.html.

130. Robert S. Ross, Negotiating Cooperation: The United States and China, 1969-1989 (Stanford, Calif.: Stanford University Press, 1995), 17-54.

131. "하나의 중국"의 의미를 구체적으로 다룬 자료는 다음과 같다. Alan D. Romberg, Rein in at the Brink of the Precipice: American Policy toward Taiwan and U.S.-PRC Relations (Washington, D.C.: Henry Stimson Center, 2003).

132. 程廣中, 〈從未承諾放棄對台使用武力: 中共三代領導集體解決台灣問題方針的歷史考察〉, 『軍事歷史』 第5號 (1999) : 37-39.

133. 이 단락과 다음 단락의 내용은 다음 자료를 참고하였음. Ross, Negotiating Cooperation, 163-200.

134. 이와 관련한 핵심적인 연구 성과들은 다음과 같다. John W. Garver, Face Off: China, the United states, and Taiwan's Democratization (Seattle: University of Washington Press, 1997); Robert S. Ross, "The 1995-1996 Taiwan Strait Confrontation: Coercion, Credibility and the Use of Force," International Security, vol. 25, no. 2 (Fall 200): 87-123; Andrew Scobell, China's Use of Military Force: Beyond the Great Wall and the Long March (New York: Cambridge University Press, 2003), 171-191; Michael D. Swaine, "Chinese Decision-Making Regarding Taiwan, 1979-2000," in David M. Lampton, ed., The Making of Chinese Foreign and Security Policy in the Era of Reform (Stanford, Calif.: Stanford University Press, 2001), 289-336; Zhao Suisheng, ed., Across the Taiwan Strait: Mainland China, Taiwan and the 1995-1996 Crisis (New York: Routledge, 1999). 리덩후이(李登輝) 총통의 미국 방문 동기와 대(對)중국 정책을 대안적으로 해석한 중요한 연구 성과는 다음과 같다. Richard C. Bush, Untying the Knot: Making Peace in the Taiwan Strait (Washington, D.C.: Brookings Institution Press, 2005).

135. 보다 일반적으로 말한다면, 민주화를 통하여 대만은 산업화된 선진 민주주의 국가들로부터 더 많은 지지를 받게 되었다. 이들 국가가 국민당의 권위주의적 통치체제 하에 있는 대만을 지지하기는 곤란했던 것이다.

136. Zhao Suisheng, "Changing Leadership Perceptions: The Adoption of a Coercive strategy," in Zhao Suisheng, ed., Across the Taiwan Strait: Mainland China, Taiwan and the 1995-1996 Crisis (New York: Routledge,1999), l08.

137. Zhao, "Changing Leadership Perceptions," 108.

138. Jean-Pierre Cabestan, "Taiwan's Mainland Policy: Normalization, Yes; Reunification, Later," The China Quarterly, no. 148 (December 1996): 1261-1262.

139. M. Taylor Fravel, "Towards Civilian Supremacy: Civil-Military Relations in Taiwan's Democratization," Armed Forces & Society, vol. 29, no. 1 (Fall 2002): 76.

140. 대만의 외교적 노력과 관련하여서는 다음 자료를 참조할 것. 周志懷, 〈關于1995-1996年台海危机的思考〉, 『台灣研究集刊』第2號 (1998): 4.

141. "The Grief of Being Born a Taiwanese," Asahi Weekly,6-13 May 1994. 영어 번역본은 다음 홈페이지를 참조할 것. http://www.fas.org/news/taiwan/1994/s940721-taiwan2.htm 리덩후이(李登輝) 총통의 인터뷰에 대한 중국측 반응에 관해서는 다음 자료들을 참조할 것. 宋連生, 鞏小華 『對峙五十年』(北京: 台海出版社, 2000), 302-306; 周志懷, 〈關于1995-1996年台海危机的思考〉, 3-4.

142. "Two-Faced Tactic Cannot Conceal His True Intentions-A Commentary on Li Denghui's Statements at His News Conference," Xinhua, 13 June 1995, FBIS#FTS19950613000282.

143. 『江澤民文選 (第3冊)』(北京: 人民出版社, 2006), 418-424.

144. Cabestan, "Taiwan's Mainland Policy," 1265.

145. 양안(兩岸) 정세의 위기 발생에 있어서 미국의 대(對)대만 정책의 역할을 다룬 중국측 자료는 다음과 같다. 周志懷, 〈關于1995-1996年台海危机的思考〉, 3-5.

146. Reuters, 7 September 1994 (Factiva)

147. Zhao, "Changing Leadership Perceptions," 115.

148. 錢其琛, 『外交十記』 (北京: 世界知識出版社, 2003), 305.

149. U.S. Department of State, United States Policy on the Spratlys and the South China Sea, 10 May 1995.

150. Lee Teng-hui, "Always in My Heart," 9 June 1995, http://www.news.corncll.edu /campus/Lee/Lee-Speech.html.

151. "The Protective Umbrella and Chief behind the Scenes Backer of 'Taiwan Independence,'" Xinhua, 2 August 1995, FBIS# FTS19950802000235.

152. Zhao, "Changing Leadership Perceptions," 113.

153. "Li Teng-hui Is Guilty of Damaging Relations between the Two Sides of Taiwan Straits," Xinhua, 26 July 1995, FBIS# FTS19950726000130.

154. "Gradual Escalation of China's Strategy against United States, Taiwan," Hsin Pao, 28 June 1995, FBIS# FTS19950630000091.

155. Swaine, "Chinese Decision-Making," 322. 여우즈(You Ji) 역시 이러한 정책결정이 장쩌민(江澤民)과 리펑(李鵬) 및 고위 군사 지휘관들 사이에서의 합의에 의한 것으로 설명한다. You Ji, "Changing Leadership Consensus: The Domestic context of the war Games," in Zhao Suisheng, ed., Across the Taiwan Strait: Mainland China, Taiwan and the 1995-1996 Crisis (New York: Routledge, 1999), 77-98.

156. 대만과 미국 등 관련국들을 저지하려는 중국의 목표에 대해서는 다음 자료를 참조할 것. Ross, "1995-1996 Taiwan Strait Confrontation."

157. Swaine, "Chinese Decision-Making."

158. UPI, 10 August 1995 (Lexis-Nexis).

159. 중국의 강압적인 목적과 관련한 구체적인 논의에 대해서는 다음 자료를 참조할 것. Ross, "1995-1996 Taiwan Strait Confrontation."

160. 周志懷, 〈關于1995-1996年台海危机的思考〉, 2.

161. "Qian Urges U.S. 'To Correct Its Mistakes,'" South China Morning Post, 1 August 1995, 1, FBIS# FTS19950801000169.

162. "Artificially Escalating Hostility and Sabotaging Cross-Strait Relations," Xinhua, 27 June 1995, FBIS# FTS19950627000167 (Lexis-Nexis).

163. "President Lee's Deutsche Welle Interview (July 9, 1999)," available on http://taiwansecu rity.org/ts/ss-990709-Deutsche-Welle-lnterview.htm.

164. 〈人民日報〉, 13 July 1999, 1.

165. "李登輝不要玩火", 〈解放軍報〉 (1999.7.15. 1면. 다른 4개 사설들은 1999년 8.18~21일 중에 발표되었다.

166. 〈人民日報〉, 15 July 1999, 4.

167. U.S. Department of State, Daily Press Briefing, 13 July 1999, available on http://secretary.srate.gov/www/briefingst9907199071,3db.html. "3불(不) 정책"의 내용은 다음과 같다. 1) 대만의 독립을 지지하지 않음, 2) 국가 자격으로 가입해야 하는 국

제기구의 대만 가입을 지지하지 않음, 3) "두개의 중국"이나 "하나의 중국/하나의 대만" 정책을 지지하지 않음

168. Kyodo News Service, 14 July 1999 (Lexis-Nexis).

169. Christian Science Monitor, 23 July 1999 (Lexis-Nexis).

170. The Straits Times, 25 July 1999 (Lexis-Nexis).

171. 이러한 공식적인 발언들의 중요성과 관련해서는 다음 자료를 참조할 것. 宋連生, 鞏小華, 『對峙五十年』, 392-394.

172. "President Chen's Opening Address of the 29th Annual Meeting of the World Federation of Taiwanese Associations," http://www.gio.gov.tw/taiwan-website/4-oa/20020803/2002080301.htm1.

173. Wendy S. Ross, "U. S. One-China Policy Remains Unchanged, Official Says," Washington File, Office of Information Programs, U. S. Department of State, 8 August 2002.

174. U. S. Department of State, "Transcript: Armitage Says U.S. Does Not Support Taiwan Independence," Washington File, Office of Information Programs, U. S. Department of State, 26 August 2002.

175. 〈人民日報〉, 7 August 2002, 3.

06 원해도서 지역 영토분쟁

1. 劉華淸, 『劉華淸回憶錄』(北京: 解放軍出版社, 2004), 538.

2. 이 지역을 둘러싼 영토분쟁에 관해서는 다음 자료를 참조할 것. Greg Austin, China's Ocean Frontier: International Law, Military Force, and National Development (Canberra: Allen & Unwin, 1998).

3. 李德潮, 〈白龍尾島正名〉, 『中國邊疆史地研究報告 (第1-2冊)』第3號 (1988): 21-23; 毛振發 主編, 『邊防論』(北京: 軍事科學出版社, 1996), 137.

4. 毛振發 主編, 『邊防論』, 137. 2001년 6~7월 베이징에서 인터뷰.

5. Zou Keyuan, "Maritime Boundary Delimitation in the Gulf of Tonkin," Ocean Development & International Law, vol. 30, no. 3 (1999): 10.

6. 2001년 7월 베이징에서 인터뷰.

7. 파라셀 제도와 스프래틀리 군도에 대한 주권을 주장하는 중국의 1958년도 영해 선언을 지지하는 북베트남 팜반동 총리의 서한도 북베트남의 결정에 포함된다. 이 서한과 다른 서한의 중국어 번역본은 다음 자료들을 참조할 것. 郭明 主編, 『中越關系演變四十年』(南寧: 廣西人民出版社, 1992), 146-148; 郭明, 羅方明, 李白茵 主編, 『現代中越關系資料選編』(北京: 時事出版社, 1986), 340-349.

8. 『鄧小平文選 (第3冊)』, 87-88. 다음 자료도 참조할 것. 王泰平 主編, 『鄧小平外交思想研究論文集』(北京: 世界知識出版社, 1996), 350-359.

9. 唐家璇, 『中國外交詞典』(北京: 世界知識出版社, 2000), 751. 전문가소조(專家小組)는 차

관급 이하의 대화나 실무그룹 대화시 중국이 활용하는 가장 낮은 단계의 외교적 협의를 위한 전담조직의 하나로, 일반적으로 외교부 차관보가 장이 된다.

10. 外交部, 『中國外交』(北京: 世界知識出版社, 各個年).

11. Xinhua, 11 August 1995 (Lexis-Nexis).

12. Lee Lai To, China and the South China Sea Dialogues (Westport, Conn.: Praeger, 1999), 115.

13. http://www.aseansec.org/13163.htm.

14. 중국측 초안은 각국이 무력 사용을 자제할 것만을 강조했다. 다음 자료를 참조할 것. Scott Snyder, Brad Glosserman, and Ralph A. Cossa, Confidence Building Measures in the South China Sea (Honolulu: Pacific Forum CSIS, 2001), E-1.

15. Leszek Buszynski, "ASEAN, the Declaration on Conduct, and the South China Sea," Contemporary Southeast Asia, vol. 25, no. 3 (December 2003): 343-362.

16. Austin, China's Ocean Frontier, 777-779. 지연 전략을 사용하지 않은 유일한 예외는 1978년 4월 중국이 실시한 무력시위였다. 1978년 3월 일단의 자민당 소속 국회의원들이 중, 일 평화우호조약 체결을 반대하며, 센카쿠 열도에 대한 일본의 주권을 중국이 인정하는 것을 조약 체결의 조건으로 결부시키라고 일본 정부를 공공연히 압박했다. 4월, 중국의 관리들이 그 문제를 제기하지 않도록 일본을 압박하는 동안 일부 무장선박을 포함한 중국의 어선 선대(船隊)가 일주일간 열도 주변해역에서 시위하며 열도에 대한 주권을 주장하는 중국의 결의를 보여주었다. 다음 자료를 참조할 것. Daniel Tretiak, "The Sino-Japanese Treaty of 1978: The Senkaku Incident Prelude," Asian Survey, vol. 18, no. 12 (December 1978): 1235-1249.

17. Peking Review, no. 44 (3 November 1978), 16.

18. Erica Strecker Downs and Phillip C. Saunders, "Legitimacy and the Limits of Nationalism: China and the Diaoyu Islands," International Security, vol. 23, no. 3 (Winter 1998/1999): 114-146.

19. 徐焰, 『鐵錨固海疆: 共和國海戰史記』(北京: 海潮出版社, 1999), 300-301.

20. Dieter Heinzig, Disputed Islands in the South China Sea: Paracels, Spratlys, Pratas, Macclesfield Bank (Wiesbaden: Otto Harrassowitz, 1976), 32.

21. Marwyn S. Samuels, Contest for the South China Sea (New York: Methuen, 1982), 86-87; 徐焰, 『鐵錨固海疆: 共和國海戰史記』, 287.

22. "Paracel Islands," Memorandum, Office of the Chief of Naval Operations, 11 June 1956.

23. Samuels, Contest, 87; 徐焰, 『鐵錨固海疆: 共和國海戰史記』, 287.

24. National Intelligence Board, Chinese Communist Capabilities and Intentions in the Far East, SNIE 13-3-6F [Top Secret] (Washington, D.C.: Central Intelligence Agency, 1961), 29.

25. 趙啓民, 〈遠航千里首進西沙〉, 『海軍 : 回憶史料』(北京: 解放軍出版社, 1999), 425. 저자인 자오치민(趙啓民)은 1959년 당시 파라셀 제도로의 첫 순항을 지휘했다.

26. 徐焰, 『鐵錨固海疆: 共和國海戰史記』, 288.

27. 趙啓民, 〈遠航千里首進西沙〉, 『海軍 : 回憶史料』, 429.

28. 徐舸, 『鐵錨固海疆: 共和國海戰史記』, 291.

29. NYT, 5 April 1961, 2.

30. National Intelligence Board, Communist China's General Purpose and Air Defense Forces, NIE 13-3-70 [Top Secret] (Washington, D.C.: Central Intelligence Agency, 1970), 26.

31. 趙啓民, 〈遠航千里首進西沙〉, 『海軍 : 回憶史料』, 428.

32. 1958년에서 1971년까지 중국은 미국이 파라셀 제도 주변의 중국 영해와 공역(空域)을 침범했다는 항의와 경고를 497회 실시했다. 韓振華 主編, 『我國南海諸島史料匯編』 (北京: 東方出版社, 1988), 484; Samuels, Contest, 88.

33. 韓振華 主編, 『我國南海諸島史料匯編』, 675. 이에 대한 남(南)베트남 해군 작전부장의 회고에 대해서는 다음 자료를 참조할 것. Kiem Do and Julie Kane, Counterpart: A South Vietnamese Naval Officer's War (Annapolis: Naval Institute Press, 1998), 172-173.

34. 〈人民日報〉, 29 December 1970, 1. 제2차 세계대전 종전 후 센카쿠 열도가 대만에 귀속되었으므로 이 지역을 일본에 양도한 1895년 시모노세키 조약(下關條約)은 파기되었다는 것이 중국의 주장이다. 다음 자료를 참조할 것. Austin, China's Ocean Frontier, 162-176.

35. 이 문건들의 사본에 관해서는 다음 자료를 참조할 것. 韓振華 主編, 『我國南海諸島史料匯編』, 444-456.

36. Samuels, Contest, 90.

37. NYT, 10 June 1971, 9.

38. Samuels, Contest, 98-99.

39. 韓振華 主編, 『我國南海諸島史料匯編』, 676.

40. Zou, "Maritime Boundary Delimitation," 236.

41. 楊國宇 主編, 『當代中國海軍』 (北京: 中國社會科學出版社, 1987), 581-582, 547-548.

42. 韓振華 主編, 『我國南海諸島史料匯編』, 448-450.

43. Selig S. Harrison, China, Oil and Asia: Conflict Ahead? (New York: Columbia University Press, 1977), 57-88.

44. 〈人民日報〉, 16 March 1971, 1. 다음 자료도 참조할 것. Austin, China's Ocean Frontier, 50.

45. 雷鳴 主編, 『南沙自古屬中華』 (廣州: 廣州軍區司令部辦公室, 1988), 206.

46. 대만은 1956년부터 이 도서를 점유해 왔다.

47. Heinzig, Disputed Islands, 36. 남(南)베트남이 11월까지 움직이지 않았다는 중국측 기록도 있다. 다음 자료를 참조할 것. 吳士存, 『南沙爭端的由來與發展』 (北京: 海洋出版社, 1999), 47.

48. 이전에는, 관련국가들 중 이 지역에서 어떤 지형물이라도 점유하고 있던 국가는 대만 뿐이었다. 중국은 이를 위협으로 간주하지 않았는데, 대만이 중화민국(Republic of China)이라는 이름으로 권리를 주장하고 있어 중국의 주권을 긍정하는 것으로 간주했

기 때문이다.

49. 韓振華 主編, 『我國南海諸島史料滙編』, 492.

50. 저우언라이 총리와 다나카(田中角榮) 총리는 이 문제에 대한 논의를 보류해 놓는 데 합의했다. 당시 저우언라이 총리는 "그 문제는 나중에 논의합시다. … 어떤 문제들은 시간이 지난 후에 다루어야 한다."고 발언했다고 전해진다. 다음 자료에서 인용된 것임. 張植榮 主編, 『中日關系與釣魚台問題硏究論集』(香港: 勵志出版社, 1999), 433.

51. 중국이 그 이전부터 이들 도서를 점유하고 있었을 수도 있다. 하인치히(Heinzig)는 던컨섬(Duncan Island, 琛航島) 주변에서의 중국인들의 활동이 1973년 가을에 들어서 증가했다고 지적하고 있다. Heinzig, Disputed Islands, 34.

52. 리커, 하오성장, 『文化大革命中的人民解放軍』(北京: 中共黨史資料出版社, 1989), 329.

53. 徐焰, 『鐵錨固海疆: 共和國海戰史記』, 289-290.

54. 魏鳴森, 〈西沙自衛反擊戰〉, 『海軍: 回憶史料』(北京: 解放軍出版社, 1997), 615. 웨이밍썬(魏鳴森)은 1974년 남(南)베트남과의 무력충돌 당시 작전을 직접 지휘했다.

55. 韓振華 主編, 『我國南海諸島史料滙編』, 451-452.

56. 중국측 자료에 따르면, 중국 어민들은 로버트섬(Robert Island, 甘泉島)와 던컨섬(Duncan Island, 琛航島)에 말려 놓았던 해삼을 수확 중이었다고 한다. 徐焰, 『鐵錨固海疆: 共和國海戰史記』, 289.

57. Do and Kane, Counterpart, 175.

58. 하지만 남(南)베트남이 운영하던 기상관측소(weather station)가 자국 정부에 중국인들의 존재를 보고하지 않았다는 점에서 패틀섬(Pattle Island, 珊瑚島)에 상징적인 차원에서라도 주둔인원이 있었다는 점에 대해서 의문의 소지가 있다. 중국 어선의 존재가 새롭지 않았거나, 또는 남(南)베트남 인원들의 패틀섬 주둔이 항구적이지 않았을 것이다.

59. 다음 자료를 참조할 것. 魏鳴森, 〈西沙自衛反擊戰〉. 다른 중요한 자료들은 다음과 같다. 韓懷智, 譚旌樵 主編, 『當代中國軍隊的軍事工作 (第1冊)』, 646-657; 徐焰, 『鐵錨固海疆: 共和國海戰史記』, 286-307; 楊國宇 主編, 『當代中國海軍』, 392-399. 앞의 자료들을 이용하여 작성된 가장 뛰어난 영문 자료는 다음과 같다. Lu Ning, Flashpoint Spratlys! (Singapore: Dolphin Press, 1995).

60. 중앙군사위원회(中央軍事委員會)의 지시사항에 관해서는 다음 자료들을 참조할 것. 리커, 하오성장, 『文化大革命中的人民解放軍』, 329-330; 李力, 〈難忘的事是深刻的啓示: 我所經歷的西沙自衛反擊作戰〉, 『總參謀部: 回憶史料』, (北京: 解放軍出版社, 1997), 599.

61. Do and Kane, Counterpart, 173-179. 다음 자료들도 참조할 것. Austin, China's Ocean Frontier, 73; Lo Chi-kin, China's Policy Towards Territorial Disputes: The Case of the South China Sea Islands (New York: Routledge, 1989), 56, 59.

62. 徐焰, 『鐵錨固海疆: 共和國海戰史記』, 291, 293, 300.

63. 중국과 남(南)베트남의 전투에 참가한 이들이 회고하는 사항은 중국이 점유한 도서에 남(南)베트남이 특공대 상륙을 시도한 것과 인민해방군 함정을 공격한 것을 포함하여 거의 모든 점이 일치한다. 유일하게 차이가 나는 부분은 특공대의 규모(도 키엠(Do

Kiem)에 따르면 20명에 불과)와 피해 입은 중국 함정의 수이다. 중국측 자료에서는 한 척만 피해를 입었다고 하는 반면, 도 키엠은 두척이 침몰했다고 했다. 당시 언론 보도와 달리, 도 키엠은 인민해방군 함정 중 4척만 처음부터 전투에 참가했다고 확인해 주었다.

64. Do and Kane, Counterpart, 178.

65. Do and Kane, Counterpart, 177.

66. Do and Kane, Counterpart, 178. 당시 남(南)베트남 함대 사령관이었던 부후산이 기록한 "The Paracel Islands Sea Battle," (reprinted from Doan Ket magazine (Austin Texas)도 참조할 것. http://www.xuquang.com/dialinhnk/hsrinh.html.

67. 范碩, 『葉劍英傳』(北京: 當代中國出版社, 1995), 617; 李力, 〈難忘的事是深刻的啓示: 我所經歷的西沙自衛反擊作戰〉 602-603; 徐炯, 『鐵錨固海疆: 共和國海戰史記』, 301.

68. 徐炯, 『鐵錨固海疆: 共和國海戰史記』, 301.

69. 徐炯, 『鐵錨固海疆: 共和國海戰史記』, 301.

70. Lo, China's Policy; David G. Muller, China's Emergence as a Maritime Power (Boulder, Colo.: Westview Press, 1983).

71. Muller, China's Emergence, 154.

72. Lu, Flashpoint, 77.

73. 李力, 〈難忘的事是深刻的啓示: 我所經歷的西沙自衛反擊作戰〉, 598.

74. 魏鳴森, 〈西沙自衛反擊戰〉, 610-611.

75. Lu, Flashpoint, 85.

76. 리커, 하오성장, 『文化大革命中的人民解放軍』, 336.

77. 韓懷智, 譚旌樵 主編 『當代中國軍隊的軍事工作 (第1冊)』, 648-649. 이 중국 함대가 1월 18일까지 도착하지 않았다면, 1월 19일 아침 전투에서 남(南)베트남이 던컨섬(Duncan Island, 琛航島), 드루몬드섬(Drummond Island, 晉卿島) 및 팜섬(Palm Island, 廣金島)를 차지했더라도 이상하지 않았을 것이다.

78. 이 영도소조(領導小組)에 대해서는 다음 자료를 참조할 것. 李力, 〈難忘的事是深刻的啓示: 我所經歷的西沙自衛反擊作戰〉, 600. 이 소조는 예젠잉(葉劍英), 덩샤오핑, 왕훙원(王洪文), 장춘차오(張春橋), 첸실리엔(陳錫聯), 그리고 쑤전화(蘇振華)로 구성되었으며, 예젠잉과 덩샤오핑이 이끌었다. 이 시기 정책결정에 대해서는 다음 자료를 참조할 것. 范碩, 『葉劍英傳』, 614-617.

79. Gerald Segal, Defending China (Oxford: Oxford University Press, 1985), 197-210.

80. Thomas J. Christensen, "Windows and War: Trend Analysis and Beijing's Use of Force," in Alastair Iain Johnston and Robert S. Ross, eds., New Directions in the Study of China's Foreign Policy (Stanford, Calif.: Stanford University Press, 2006), 72; Lo, China's Policy.

81. 실제로 베트남 전쟁이 종말에 가까워지면서 이 지역에 민간인 주둔규모를 늘리는 것이 중국의 전략이었던 것으로 보인다.

82. Lo, China's Policy.

83. 李力, 〈難忘的事是深刻的啓示: 我所經歷的西沙自衛反擊作戰〉, 598.

84. 다음 자료를 참고하였음. Muller, China's Emergence, 168-173.

85. Muller, China's Emergence, 168-173.

86. John W. Garver, "China's Push through the South China Sea: The Interaction of Bureaucratic and National Interests," The China Quarterly, no. 132 (March 1992): 999-1028.

87. 楊國宇 主編, 『當代中國海軍』, 482.

88. 중국의 해양 석유(offshore petroleum) 산업에 대해서는 다음 자료들을 참조할 것. Kenneth Lieberthal and Michel Oksenberg, Policy Making in China: Leaders, Structures, and Processes (Princeton, N.J.: Princeton University Press, 1988); 秦文彩 『石油師人: 在海洋石油戰線紀實』(北京: 石油工業出版社, 1997).

89. Xinhua, 15 November 1987; Xinhua, 24 July 1987 (Lexis-Nexis).

90. 韓振華 主編, 『我國南海諸島史料匯編』, 686.

91. Far Eastern Economic Review, 28 April 1983, 38.

92. 雷鳴 主編, 『南沙自古屬中華』, 207; Lu, Flashpoint, 56.

93. 雷鳴 主編, 『南沙自古屬中華』, 204.

94. 劉華淸, 『劉華淸回憶錄』, 534-535.

95. Garver, "China's Push."

96. "Naval Commander Stresses Navy's Role in National Construction," Xinhua, 23 Novenrber 1984, BBC Summary of World Broadcasts, 27 November 1984, FE/7811/BII/1.

97. 『海軍史』(北京: 解放軍出版社, 1989), 304-309.

98. 沙力, 愛伊, 『中國海軍征戰紀實』(成都: 電子科技大學出版社, 1993), 130-142.

99. 楊國宇 主編, 『當代中國海軍』, 482.

100. 徐炯, 『鐵錨固海疆: 共和國海戰史記』, 308.

101. 林道選 主編, 『南沙告訴我們』(北京: 海軍出版社, 1988), 3-17.

102. 徐炯, 『鐵錨固海疆: 共和國海戰史記』, 309.

103. Garver, "China's Push," 1008-1009.

104. Xinhua, l January 1986 (Lexis-Nexis); 〈人民日報〉, 2 January 1986, 1. 후야오방(胡耀邦) 총서기 방문의 중요성에 대해서는 다음 자료를 참조할 것. 徐炯 『鐵錨固海疆: 共和國海戰史記』, 308.

105. 『海軍史』, 323; 徐炯, 『鐵錨固海疆: 共和國海戰史記』, 309.

106. 徐炯, 『鐵錨固海疆: 共和國海戰史記』, 309.

107. 『海軍史』, 323; 徐炯, 『鐵錨固海疆: 共和國海戰史記』, 309.

108. 劉華淸, 『劉華淸回憶錄』, 494.

109. 徐炯, 『鐵錨固海疆: 共和國海戰史記』, 309.

110. 徐炯, 『鐵錨固海疆: 共和國海戰史記』, 309.

111. 徐炯, 『鐵錨固海疆: 共和國海戰史記』, 317.

112. 정확한 날짜에 대해서 루닝(Lu Ning)은 다른 중국 자료들을 인용하며 1월 20일이라고 하는 반면, 수꺼(徐炯)는 1월 14일이라 주장하고 있다. 다음 자료들을 참조할 것. Lu, Flashpoint, 88; 徐炯, 『鐵錨固海疆: 共和國海戰史記』, 310.

113. 『海軍史』, 324; 林道選 主編 『南沙告訴我們』, 25.

114. 『海軍史』, 324-325.

115. 徐焰, 『鐵錨固海疆: 共和國海戰史記』, 310.

116. 『海軍史』, 326; 徐焰, 『鐵錨固海疆: 共和國海戰史記』, 311.

117. 雷鳴 主編 『南沙自古屬中華』, 204-205.

118. 『海軍史』, 326; 徐焰, 『鐵錨固海疆: 共和國海戰史記』, 311.

119. 劉華淸, 『劉華淸回憶錄』, 540.

120. 雷鳴 主編 『南沙自古屬中華』, 205.

121. 徐焰, 『鐵錨固海疆: 共和國海戰史記』, 311.

122. 徐焰, 『鐵錨固海疆: 共和國海戰史記』, 313.

123. 베트남측 기록은 중국측의 설명과 대부분 일치하는데, 먼저 도착한 쪽과 먼저 발포한 쪽이 어느 쪽인지에 대하여 차이가 있다.

124. 徐焰, 『鐵錨固海疆: 共和國海戰史記』, 312.

125. Lu Ning, The Dynamics of Foreign-Policy Decisionmaking in China (Boulder, Colo.: Westview, 1997), 126.

126. Lu, Dynamics, 126-127.

127. 劉華淸, 『劉華淸回憶錄』, 541.

128. Collins Reef(鬼喊礁), Landsdowne Reef(瓊礁), Bombay Castle Reef(蓬勃堡礁), Grainger Bank(李准灘), Prince of Wales Bank(廣雅灘), Vanguard Bank(万安灘), Prince Consort Bank(西衛灘).

129. 이 단락의 내용은 다음 자료를 참고하였음. Daniel J. Dzurek, "The Spratly Islands Dispute: Who's on First?" Maritime Briefing, vol. 2, no. 1 (1996): 1-67.

130. "Ramos Orders Philippine Defenses Beefed Up in Spratlys," Japan Economic Newswire, 15 February 1995 (Lexis-Nexis).

131. Austin, China's Ocean Frontier, 91.

132. 陸建人, 〈南沙爭端及對策〉, 亞太研究所 主編 『南沙問題研究資料』(北京: 中國社會科學院, 1996).

133. Michael A. Glosny, "Heading toward a Win-Win Future? Recent Developments in China's Policy toward Southeast Asia," Asian Security, vol. 2, no. 1 (2006): 24-57; Philip C. Saunders, China's Global Activism: Strategy, Drivers and Tools, Occasional Paper 4 (Washington, D.C.: Institute for National Strategic Studies, National Defense University 2006); Robert G. Sutter, China's Rise in Asia: Promises and Perils (Lanham, M.D.: Rowman and Littlefeld, 2005).

이 책의 결론

1. 영토분쟁이 없는 경우, 이러한 성격을 갖는 국가들은 체제의 안전성에 대한 내부적 위협이 대두될 경우 다른 사안들에서 타협을 추구할 가능성이 더 높아질 것이다.

2. Adam B. Ulam, Expansion and Coexistence: The History of Soviet Foreign Policy, 1917–67 (New York: Frederick A. Praeger, 1968), 51–75.

3. Collected Works of V. T. Lenin, vol 27 (Moscow: Progress Publishers 1965), 181–182.

4. Ibrahim Karawan, "Foreign Policy Restructuring: Egypt's Disengagement from the Arab–Israeli Conflict Revisited," Cambridge Review of International Affairs, vol. 18, no. 3 (October 2005): 325–338.

5. 아프리카 국가들의 사례에 대해서는 다음 자료들을 참조할 것. Jeffrey Herbst, States and Power in Africa: Comparative Lessons in Authority and Control (Princeton, N. J.: Princeton University Press, 2000); Saadia Touval, The Boundary Politics of Independent Africa (Cambridge, Mass.: Harvard University Press, 1972).

6. Touval, Boundary Politics, 249–250.

7. Philip C. Jessup, "El Chamizal," The American Journal of International Law, vol. 67, no.3 (1973): 423–445.

8. Sumit Ganguly, Conflict Unending: India–Pakistan Tensions since 1947 (New York: Columbia University Press, 2001).

9. Lawrence Freedman and Virginia Gamba-Stonehouse, Signals of War: The Falklands Conflict of 1982 (London: Faber and Faber, 1990).

10. Touval, Boundary Politics, 120, 256.

11. Peter Gourevitch, "The Second Image Reversed: International Sources of Domestic Politics," International Organization, vol. 32, no. 4 (Autumn 1978): 881–912; Robert D. Putnam, "Diplomacy and Domestic politics: The Logic of Two-Level Games," International Organization, vol. 42, no. 3 (Summer 1988): 427–460.

12. George Gavrilis, The Dynamics of Interstate Boundaries (Cambridge: Cambridge University Press, 2008).

13. 그러한 노력이 반영된 연구 성과 중 하나는 다음과 같다. Mark Peceny, Caroline C. Beer, and Shannon Sanchez-Terry, "Dictatorial Peace?" American Political Science Review, vol. 96, no. 1 (March 2002): 15–26.

14. Jack S. Levy, "The Diversionary Theory of War: A Critique," in Manus I. Midlarsky, ed., Handbook of War Studies (Boston: Unwin Hyman, 1989), 259–288; Edward D. Mansfield and Jack L. Snyder, Electing to Fight: Why Emerging Democracies Go to War (Cambridge, Mass.: MIT Press, 2005).

15. Geoffrey Blainey, The Causes of War (New York: The Free Press, 1988).

16. John J. Mearsheimer, The Tragedy of Great Power Politics (New York: W.W. Norton, 2001); Fareed Zakaria, From Wealth to Power: The Unusual Origins of America's World Role (Princeton, N.J.: Princeton University Press, 1998).

17. Correlates of War database, from EnGene (v. 3.040).

18. A. F. K. Organski, World Politics (New York: Knopf, 1958).

19. Stephen M. Walt, Revolution and War (Ithaca, N.Y.: Cornell University Press,

1996).

20. 이 점에 대해서는 다음 자료를 참조할 것. Alastair Iain Johnston, "China's Militarized Interstate Dispute Behaviour 1949-1992: A First Cut at the Data," The China Quarterly, no. 153 (March 1998): 20-22.

21. Barbara F. Walter, "Explaining the Intractability of Territorial Conflict," International Studies Review, vol. 5, no.4 (December 2003): 137-153.

22. 개별적인 지도자들의 중요성에 대한 논의는 다음 자료를 참조할 것. Chen Jian, Mao's China and the Cold War (Chapel Hill: University of North Carolina Press, 2001).

23. 이와 유사한 이유로, 영토분쟁에서 보여준 중국의 행태는 사회주의 이념도 중국의 국경 지대 안보환경보다는 덜 중요했을 것이라는 점을 시사한다. 중국은 1960년대 초 사회주의 "고조기"(high tide) 동안 타협적인 분쟁해결을 추진했다. 중국은 중국 공산당이 덩샤오핑의 경제 개혁을 추진하기 위하여 대중 동원(mass mobilization)을 국내 정치적 수단으로 삼는 것을 포기한 1990년대에도 타협적 분쟁해결을 추구했다. 게다가, 심지어 냉전 초기에도, 중국은 사회주의 국가들과의 분쟁이라고 이들 국가와의 타협을 선호하거나 분쟁 상대가 비사회주의 국가라는 이유로 무력을 사용하거나 하지는 않았다.

24. 중국의 민족주의와 관련하여서는 다음 자료들을 참조할 것. Peter Hayes Gries, China's New Nationalism: Pride, Politics, and Diplomacy (Berkeley: University of California Press, 2004); Susan Shirk, China: Fragile Superpower (New York, Oxford University Press, 2007). 중국에서 민족주의가 확산되고 있는지 검토한 자료는 다음과 같다. Alastair Iain Johnston, "Chinese Middle Class Attitudes Towards International Affairs: Nascent Liberalization?" The China Quarterly, no. 179 (September 2004): 605-606.

25. Alastair Iain Johnston, "Cultural Realism and Strategy in Maoist China," in Peter J. Katzenstein, ed., The Culture of National Security (New York: Columbia University Press, 1996), 216-270.

26. Evan S. Medeiros and M. Taylor Fravel, "China's New Diplomacy," Foreign Affairs, vol. 82, no. 6 (November/December 2003): 22-35; Philip C. Saunders, China's Global Activism: Strategy, Drivers and Tools, Occasional Paper 4 (Washington, D.C.: Institute for National Strategic Studies, National Defense University 2006); David S. Shambaugh, "China Engages Asia: Reshaping International Order," International Security, vol. 29, no. 3 (Winter 2004/05): 64-99.

27. 중국의 대전략(grand strategy)에 대해서는 다음 자료들을 참조할 것. Avery Goldstein, Rising to the Challenge: China's Grand Strategy, and International Security (Stanford, Calif.: Stanford University Press, 2005); Saunders, China's Global Activism.

28. 이 점에 대해서는 다음 자료를 참조할 것. Johnston, "China's Militarized Interstate Dispute Behaviour."

29. 1969년 국경 지역에서 미얀마 공산 반군세력과 연루되어 벌어진 미얀마와의 충돌은 예외적 사례 중 하나이다. NYT, 8 November 1969, 5.

30. "Agreement between the Government of the Republic of India and the Government of the People's Republic of China on the Political Parameters and Guiding Principles form the Settlement of the India-China Boundary Question," from http://meaindianicin/treatiesagreement/2005/11ta1104200501.htm.

31. Zou Keyuan, "The Sino-Vietnamese Agreement on Maritime Boundary Delimitation in the Gulf of Tonkin," Ocean Development & International Law, vol. 36, no. 1 (2005): 13-24.

32. AFR 14 March 2005 (Lexis-Nexis).

33. The Japan Times, 10 February 2005 (Lexis-Nexis).

34. 중국의 대만정책에 대한 최근의 분석과 관련하여서는 다음 자료들을 참조할 것. Thomas J. Christensen, "Posing Problems without Catching Up: China's Rise and Challenges for U. S. Security Policy," International Security, vol. 25, no. 4 (Spring 2001): 5-40, Thomas J. Christensen, "The Contemporary Security-Dilemma: Deterring a Taiwan Conflict," The Washington Quarterly, vol. 25, no. 4 (Autumn 2002): 7-21; Robert S. Ross, "Navigating the Taiwan Strait: Deterrence, Escalation Dominance and U. S.-China Relations," International Security, vol. 27, no. 2 (Fall 2002): 48-85; Allen S. Whiting, "China's Use of Force, 1950-96, and Taiwan," International Security, vol. 26, no. 2 (Fall 2001): 103-131. 이외에 다음 웹사이트도 참조할 것. http://www.chinaleadershipmonitor.og/.

35. 최근의 연구에 따르면 독립에 대한 대만의 지지도는 감소 중일 수 있다. 만약 그렇다면, 중국이 무력을 사용할 가능성 역시 감소할 것이다. 다음 자료들을 참조할 것. Shelly Rigger, Taiwan's Rising Rationalism: Generations, Politics and "Taiwan's Nationalism," Policy Studies, no. 26 (Washington, D.C.: East-West Center, 2006); Robert S. Ross, "Taiwan's Fading Independence Movement," Foreign Affairs, vol. 85, no. 2 (March/April 2006): 141-148.

36. http://www.whitehouse.gov/news/releases/2003/12/20031209-2.html.

부록: 중국의 영토분쟁 개관

1. 김일성이 중국측에 이 조약을 발간하여 공개하지 말아줄 것을 요청했다.

2. Department of State, "China-Korea Boundary," International Boundary Study, no. 17 (29 June 1962); J. R. V. Prescott, Map of Mainland Asia by Treaty (Carlton: Melbourne University Press, 1975), 499-503.

3. 2001년 6월 베이징에서 인터뷰.

4. Prescott, Map, 500-501. 다음 자료도 참조할 것. "DPRK-PRC Border Pact Said Confirmed," Yonhap News Agency (Korea), 20 October 1999, in FBIS # FTS19991019001881.

5. 2002년 6월 베이징에서 인터뷰.

6. Department of State, "China-Korea Boundary," 1-2.

7. Department of State, "China-Mongolian Boundary," International Boundary Study, no. 173 (14 August 1985); Prescott, Map, 90-98.

8. 韓念龍 主編, 『當代中國外交』, 150. 王印清, 昭日格圖 主編, 『內蒙古自治區志: 軍事志』(呼和浩特: 內蒙古人民出版社, 2002), 465-468, 471-474.

9. 王印清, 昭日格圖 主編, 『內蒙古自治區志: 軍事志』, 465-468, 471-474.

10. 曲星, 『中國外交50年』(南京: 江蘇人民出版社, 2000), 219-220.

11. 王泰平 主編, 『中華人民共和國外交史, 1957-1969』(北京: 世界知識出版社, 1998), 102.

12. 沈炳年 主編, 『新疆通志: 外事志』(烏魯木齊: 新疆人民出版社, 1995), 266; 王泰平 主編, 『中華人民共和國外交史, 1957-1969』, 101.

13. 沈炳年 主編, 『新疆通志: 外事志』, 266.

14. 王泰平 主編, 『中華人民共和國外交史, 1957-1969』, 100.

15. 韓念龍 主編, 『當代中國外交』, 122-123. Tai Sung An, The Sino-Soviet Territorial Dispute (Philadelphia: Westminster Press, 1973); Dennis J. Doolin, Territorial Claims in the Sino-Soviet Conflict: Documents and Analysis (Stanford, Calif.: Hoover Institution, 1965); George Ginsburgs and Carl F. Pinkele, The Sino-Soviet Territorial Dispute, 1949-64 (London: Routledge, 1978); Genrikh Kireyev, "Demarcation of the Border with China," International Affairs, vol. 45, no. 2 (1999): 98-109; Tsui Tsien-hua, The Sino-Soviet Border Dispute in the 1970's (New York: Mosaic Press, 1983).

16. John W. Garver, "The Sino-Soviet Territorial Dispute in the Pamir Mountains Region," The China Quarterly, no. 85 (June 1981): 107-118.

17. Kireyev, "Demarcation," 98.

18. Neville Maxwell, "A Note on the Amur/Ussuri Sector of the Sino-Soviet Boundaries," Modern China, vol. 1, no. 1 (1975): 119.

19. 沈炳年 主編, 『新疆通志: 外事志』, 284.

20. Ginsburgs and Pinkele, Sino-Soviet Territorial Dispute, 6-16, 41; Richard Wich, Sino-Soviet Crisis Politics: A Study of Political Change and Communication (Cambridge, Mass.: Harvard University Press, 1980), 26.

21. 1978년 긴즈버그(Ginsburg)는 문헌검토를 통해서 양국간 분쟁 지역 면적은 38,000km², 33,000km², 21,000km²로 평가되고 있다고 하였는데, 각각의 수치는 대체로 파미르지역의 면적을 어떻게 평가하느냐에 따라 좌우되는 것이다. Ginsburgs and Pinkele, Sino-Soviet Territorial Dispute, 104. 수지앤화(Tsui Tsien-hua)는 동부 지구 하천의 도서들 1,000km², 중앙아시아의 15개 지구 5,000km² 및 파미르 지역 28,000km² 을 합하여 분쟁 지역의 총 면적이 대략 35,000km²라고 했다. Tsui, The Sino-Soviet Border Dispute, 73-74.

22. Kireyev, "Demarcation," 98-109.

23. 張周祥, 『新疆邊防概要』(烏魯木齊: 新疆人民出版社, 1999), 135-136.

24. 韓念龍 主編, 『當代中國外交』, 153; Department of State, "Afghanistan-China

Boundary" International Boundary Study, no. 89 (1 May 1,969); 劉圥煊, 『中國睦鄰
史: 中國與周邊國家關系』 (北京: 世界知識出版社, 2001), 317-318; Prescott, Map,
238-241.

25. "Eloquent Maps," China News Analysis, no. 129 (27 April 1956): 6.

26. 〈人民日報〉, 28 August 1960, 1.

27. Alastair Lamb, "The Sino-Pakistani Boundary Agreement of 2 March 1963,"
Journal of the Australian Institute of International Affairs, vol. 18, no.3 (1964);
Prescott, Map, 231-234; P. L. Bhola, Pakistan-China Relations: Search for Politico-
Strategic Relationship (Jaipur: R.B.S.A. Publishers, 1986), 92-731; Department of
State, "China-Pakistan Boundary," International Boundary Study, no.85 (30 May
1968); Mujtaba Razvi, The Frontiers of Pakistan: A Study of Frontier Problems in
Pakistan's Foreign Policy (Karachi-Dacca, National Publishing House, 19771),
166-193; 房建昌, 〈近代中國與巴基斯坦邊界史初探〉, 『中國邊疆史地研究』 第3號
(1997): 63-78; 劉圥煊, 『中國睦鄰史: 中國與周邊國家關系』 (北京: 世界知識出版社,
2001), 305-306.

28. Razvi, Frontiers, 179; Lamb, "Sino-Pakistani Boundary Agreement."

29. Razvi, Frontiers, 169.

30. Francis Watson, The Frontiers of China (New York: Praeger, 1966), 140.

31. Razvi, Frontiers, 177; Anwar Hussain Seyd, China and Pakistan: Diplomacy of
Entente Cordiale (Amherst: University of Massachusetts Press, 1974), 87.

32. Razvi, Frontiers, 169.

33. 1842년 티베트-카슈미르 조약이나 심라 회담(Simla Conference)에서 채택한 문건 등
합의사항은 일부 존재했다. 그러나 이 합의들을 통해 양측 사이의 "관습적 경계선
(customary boundary)"을 정확히 정하지는 않았다.

34. 姜思毅, 李惠 主編, 『中印邊境自衛反擊作戰史』, 1-111; John W. Garver, Protracted
Contest: Sino-Indian Rivalry in the Twentieth Century (Seattle: University of
Washington Press, 2001), 79-109; Alastair Lamb, The McMahon Line: A Study in
the Relations Between India, China and Tibet, 1904-1914 (London: Routledge & K.
Paul, 1966); Alastair Lamb, The Sino-Indian Border in Ladakh (Canberra:
Australian National University Press, 1973); Neville Maxwell, India's China War
(New York: Pantheon Books, 1970), 17-64; 王宏緯, 『喜馬拉雅山情結 : 中印關系研
究』(北京: 中國藏學出版社, 1998), 23-277.

35. 王宏緯 『喜馬拉雅山情結: 中印關系研究』, 160-162.

36. Lamb, The McMahon Line.

37. Maxwell, India's China War, 39-64.

38. Maxwell, India's China War, 73.

39. 姜思毅, 李惠 主編 『中印邊境自衛反擊作戰史』, 43.

40. Prescott, Map, 34-35.

41. 韓念龍 主編, 『當代中國外交』, 181.

42. White Paper (I), 1.

43. Subimal Dutt, With Nehru in the Foreign Office (Columbia, Mo.: South Asia Books, 1977), 114-116.

44. White Paper (I).

45. Razvi, Frontiers, 179.

46. National Assembly of Bhutan, Translation of the Proceedings and Resolutions of the 77th Session of the National Assembly of Bhutan (Thimpu: National Assembly of Bhutan, 1999), 27.

47. White Paper (I), 96.

48. Department of State, "China-Nepal Boundary," International Boundary Study, no. 50 (30 May 1965); Arthur Lall, How Communist China Negotiates (New York: Columbia University Press, 1968); 房建昌, 〈中尼邊界初探〉, 『中國邊疆失地研究報告』第3-4號 (1992): 7-22; 楊公素, 『中國反對外國侵略干涉西藏地方斗爭史』(北京: 藏學出版社, 1992), 320-325.

49. Lall, How Communist China Negotiates, 199; Guy Searls, "Communist China's Border Policy: Dragon Throne Imperialism?" Current Scene, vol. 11, no. 12 (15 April 1963): 11.

50. 楊公素, 『中國反對外國侵略干涉西藏地方斗爭史』, 320.

51. Leo E. Rose, Nepal: Strategy for Survival (Berkeley: University of California Press, 1971), 235-236.

52. Hemen Ray, China's Strategy in Nepal (New Delhi: Radiant Publishers, 1983), 25.

53. S. D. Muni, Foreign Policy of Nepal (New Delhi: National Publishing House, 1973), 104.

54. Prescott, Map, 347-353.

55. "Eloquent Maps."

56. 『鄧小平文選 (第3冊)』, 145-148; "The China-Burma Border," China News Analysis, no. 349 (18 November 1950); Department of State, "Burma-China Boundary," International Boundary Study, no.42 (30 November 1964); Daphne E. Whittam, "The Sino-Burmese Boundary Treaty," Pacific Affairs, vol. 34, no. 2 (Summer 1961): 174-183; 王善中, 〈論述中華人民共和國和緬甸聯邦邊界條約〉, 『中國邊疆史地研究』第1號(1997): 78-84.

57. 韓懷智, 譚旌樵 主編 『當代中國軍隊的軍事工作 (第1冊)』, 369-379.

58. Department of State, "China-Laos Boundary," International Boundary Study, no. 34 (24 June 1964).

59. 『中國陸疆風云』(北京: 旅游教育出版社, 1993).

60. 吳冷西, 『十年論戰: 1956-1966 中蘇關系回憶』(北京: 中央文獻出版社, 1999), 248.

61. Department of State, "China-Vietnam Boundary," International Boundary Study, no. 34 (15 December 1978); Prescott, Map, 447-451.

62. "Vietnamese Deputy Foreign Minister Interviewed on Land Border Issues with

China," Nban Dan, 16 September 2002, BBC Monitoring Asia Pacific, 17 September 2002 (Factiva).

63. 韓念龍 主編,『當代中國外交』, 338-339.

64. 郭明 主編,『中越關系演變四十年』(南寧 : 廣西人民出版社, 1992), 143.

65. 韓念龍 主編,『當代中國外交』, 379-383; Prescott, Map, 491-498.

66. Prescott, Map, 489.

67. 李德潮,〈白龍尾島正名〉,『中國邊疆史地研究報告 (第1-2冊)』第3號 (1988): 22.

68. 李德潮,〈白龍尾島正名〉, 21-23. 1954년『제네바 협정』(the Geneva Accord)이 체결되기 전까지 이 도서는 프랑스 통제 하에 있었다.

69. 毛振發 主編,『邊防論』(北京 : 軍事科學出版社, 1996), 137.

70. Dieter Heinzig, Disputed Islands in the South China Sea: Paracels, Sptratlys, Pratas, Macclesfield Bank (Wiesbaden: Otto Harrassowitz, 1976), 17-19.

71. 성명서 사본은 다음 자료를 참조할 것. 韓振華 主編,『我國南海諸島史料匯編』(北京: 東方出版社, 1988), 444.

72. 韓振華 主編,『我國南海諸島史料匯編』, 445.

73. 韓懷智, 譚旌樵 主編,『當代中國軍隊的軍事工作 (第1冊)』, 646.

74. Heinzig, Disputed Islands, 32.

75. 趙啓民,〈遠航千里首進西沙〉,『海軍 : 回憶史料』, 424-429.

76. 張植榮 主編,『中日關系與釣魚台問題研究論集』(香港: 勵志出版社, 1999), 428.

77.〈人民日報〉, 29 December 1970, 1.

| 참고문헌 |

Abdulghani, Jasim M. Iraq & Iran: The Years of Crisis. London: Croom Helm, 1984.

Accinelli, Robert " 'A Thorn in the Side of Peace' : The Eisenhower Administration and the 1958 Offshore Islands Crisis," in Robert S. Ross and Jiang Changbin, eds., Re-examining the Cold War: U.S.-China Diplomacy, 1954-1973. Cambridge, Mass.: Harvard University Press, 2001

Akino, Yutaka. "Mocow' s New Perspectives on Sino-Russian Relations." in Tadayuki Hayashi, ed., The Emerging New Regional Order in Central and Eastern Europe. Sapporo: Slavic Research Center Hokkaido University, 1997

Allee, Todd L., and Paul K. Huth. "When Are Governments Able to Reach Negotiated Settlement Agreements? An Analysis of Dispute Resolution in Territorial Disputes, 1919-1995." in Harvey Starr, ed., Approaches, Levels, and Methods of Analysis in International Politics. New York: Palgrave Macmillan, 2006.

Alptekin, Erkin. "The April 1990 Uprising in Eastern Turkestan." Journal of Muslim Minority Affairs, vol. 11, no. 2 (1990): 254-256.

Amer, Ramses. "The Sino-Vietnamese Approach to Managing Boundary Disputes." Maritime Briefing, vol. 3, no. 5 (2002): 1-80.

An, Tai Sung. The Sino-Soviet Territorial Dispute. Philadelphia: Westminster Press, 1973.

Austin, Greg. China' s Ocean Frontier: International Law, Military Force, and National Development. Canberra: Allen & Unwin, 1998.

Ayoob, Mohammed. The Third World Security Predicament: State Making, Regional Conflict, and the International System. Boulder, Colo.: Lynne Rienner, 1995.

Azar, Edward, and Chung-In Moon, eds., National Security in the Third World. Aldershot: Edward Elgar Publishing, 1988.

Bachman, David M. Bureaucracy, Economy, and Leadership in China: The Institutional Origins of the Great Leap Forward. Cambridge: Cambridge University Press, 1991.

Bajpai, G. S. China' s Shadow over Sikkim: The Politics of Intimidation. New Delhi: Lancer Publishers, 1999.

Barnett, Michael N., and Jack S. Levy, "Domestic Sources of Alliances and Alignments: The Case of Egypt, 1962-73." International Organization, vol. 45, no. 3 (Summer 1991): 369-395.

Barnouin, Barbara and Yu Changgen. Chinese Foreign Policy during the Cultural

Revolution. New York: Kegan Paul International, 1998.

Baum, Richard. Burying Mao: Chinese Politics in the Age of Deng Xiaoping. Princeton, N. J.: Princeton University Press, 1994.

Benson, Linda. The Ili Rebellion: The Moslem Challenge to Chinese Authority in Xinjiang, 1944-1949. Armonk, N.Y.: M. E. Sharpe, 1990.

Bernstein, Richard, and Ross H. Munro. The Coming Conflict with China. New York: Knopf, 1997.

Betts, Richard K. Nuclear Blackmail and Nuclear Balance. Washington, D.C.: Brookings, 1987.

—. "Wealth, Power, and Instability: East Asia and the United States after the Cold War." International Security, vol. 18, no. 3 (Winter 1993): 34-77.

Bhattacharjea, Mira Sinha. "China's Strategy for the Determination and Consolidation of its Territorial Boundaries: A Preliminary Investigation." China Report, vol. 23, no. 4 (1987) : 397-419.

—. "India-China: The Year of Two Possibilities." In Satish Kumar, ed., Yearbook on India's Foreign Policy, 1985-86. New Delhi : Sage Publications, 1988.

Bhola, P. L. Pakistan-China Relations: Search for Politico-Strategic Relationship. Jaipur: R.B.S.A. Publishers, 1986.

Blainey, Geoffrey. The Causes of War, 3rd ed. New York: The Free Press, 1988.

Brook, Timothy. Quelling the People: The Military Suppression of the Beijing Democracy Movement. Stanford, Calif.: Stanford University Press, 1998.

Brooks, Stephen G. Producing Security: Multinational Corporations, Globalization, and the Changing Calculus of Conflict. Princeton, N.J. : Princeton University Press, 2005.

Brown, Melissa J. Is Taiwan Chinese? The Impact of Culture, Power, and Migration on Changing Identities. Berkeley: University of California Press, 2004.

Bu He, ed. Minzu lilun yu minzu zhengce [Nationality and Theory and Nationality Policy]. Huhehaote : Neimenggu daxue chubanshe, 1995.

Bull, Hedley. The Anarchical Society : A Study of Order in World Politics. New York : Columbia University Press, 1977.

Burr, William, ed. The Kissinger Transcripts: The Top Secret Talks with Beijing and Moscow. New York: The New Press, 1998.

Bush, Richard C. Untying the Knot : Making Peace in the Taiwan Strait. Washington, D.C.: Brookings Institution Press, 2005.

Buszynski, Leszek. "ASEAN, the Declaration on Conduct, and the South China Sea." Contemporary Southeast Asia, vol. 25, no. 3 (December 2003): 343-362.

Cabestan, Jean-Pierre. "Taiwan's Mainland Policy: Normalization, Yes; Reunification, Later." The China Quarterly, no. 148 (December 1996): 1260-1283.

Cai Xiru, ed. Bianfang lilun [Theory of Frontier Defense]. Beijing: Jingguan jiaoyu

514

chubanshe [internal circulation], 1996.

Carlson, Allen. Unifying China, Integrating with the World: Securing Chinese Sovereignty in the Reform Era. Stanford, Calif.: Stanford University Press, 2005.

Cha, Victor D. "Hawk Engagement and Preventive Defense on the Korean Peninsula" International Security, vol. 27, no. 1 (Summer 2002) : 40-78.

Chang, Felix K. "China' s Central Asian Power and Problems." Orbis, vol. 41, no. 3 (Summer 1997): 401-426.

Chang, Gordon H., and He Di. "The Absence of War in the U.S.-China Confrontation over Quemoy and Matsu in 1954-1955: Contingency, Luck, Deterrence?" American Historical Review, vol. 98, no. 5 (December 1993): 1500-1524.

Chang, Luke T. China' s Boundary Treaties and Frontier Disputes: A Manuscript. New York: Oceana Publications, 1982.

Chang, Maria Hsia. Return of the Dragon: China' s Wounded Nationalism. Boulder, Colo.: Westview, 2001.

Chang Pao-min. The Sino-Vietnamese Territorial Dispute. New York: Praeger, 1986.

Chen Chonglong and Xie Jun, eds. Haixia liang' an guanxi dashiji [Chronicle of Cross-straits Relations]. Beijing: Zhonggong dangshi chubanshe, 1993.

Chen Jian. China' s Road to the Korean War: The Making of the Sino-American Confrontation. New York: Columbia University Press, 1994.

—. Mao' s China and the Cold War. Chapel Hill: University of North Carolina Press, 2001.

Chen Xueying. Deng Xiaoping yu Xianggang [Deng Xiaoping and Hong Kong]. Beijing: Dangdai shijie chubanshe, 1997.

Chen Qimao. "New Approaches in China' s Foreign Policy: The Post-Cold War Era." Asian Survey, vol. 33, no. 3 (March 1993): 237-251.

Cheng Feng and Larry M. Wortzel. UPLA Operational Principles and Limited War : The Sino-Indian War of 1962." In Mark A. Ryan, David M. Finkelstein, and Michael A. McDevitt, eds., Chinese Warfighting: The PLA Experience since 1949. Armonk, N.Y. : M. E. Sharpe, 2003.

Cheng Guangzhong. "Congwei chengnuo fangqi duiTai shiyong wuli: sandai lingdao jiti jiejue Taiwan wenti fangzhen de lishi kaocha" [Never Promising to Renounce the Use of Force: A Historical Examination of the Third-Generation Leaders' Policy for Resolving the Taiwan Problem]. Junsbi lishi, no. 5 (1999): 37-39.

Cheng, J. Chester, ed. Politics of the Chinese Red Army. Stanford, Calif.: Hoover Institution Publications, 1966.

Chung Chien-peng. Domestic Politics, International Bargaining and China' s Territorial Disputes. London: RoutledgeCurzon, 2004.

"The China-Burma Border." China News Analysis, no. 349 (18 November I960).

Chiozza, Giacomo, and Ajin Choi. "Guess Who Did What: Political Leaders and the Management of Territorial Disputes, 1950-1990." Journal of Conflict Resolution, vol. 47, no. 3 (June 2003): 251-278.

Chiozza, Giacomo, and H. E. Goemans. "Peace through Insecurity: Tenure and International Conflict." Journal of Conflict Resolution, vol. 47, no. 4 (August 2003): 443-467.

Choucri, Nazli, and Robert Carver North. Nations in Conflict: National Growth and International Violence. San Francisco: W. H. Freeman, 1975.

Christensen, Thomas J. Useful Adversaries: Grand Strategy, Domestic Mobilization, and Sino-American Conflict, 1947-1958. Princeton, N.J.: Princeton University Press, 1996.

—. "Posing Problems without Catching Up: China's Rise and Challenges for U.S. Security Policy." International Security, vol. 25, no. 4 (Spring 2001): 5-40.

—. "The Contemporary Security Dilemma: Deterring a Taiwan Conflict." The Washington Quarterly, vol. 25, no. 4 (Autumn 2002): 7-21.

Christensen, Thomas J. "Windows and War: Trend Analysis and Beijing's Use of Force." In Alastair Iain Johnston and Robert S. Ross, eds., New Directions in the Study of China's Foreign Policy. Stanford, Calif.: Stanford University Press, 2006.

Cohen, Arthur. The Sino-Indian Border Dispute, DD/I Staff Study POLO XVI [Top Secret]. 3 parts. Washington, D.C.: Central Intelligence Agency, 1963, 1964.

Conboy, Kenneth, and James Morrison. The CIA's Secret War in Tibet. Lawrence : University of Kansas Press, 2002.

Cong Letian, eel. Huigu Jinmen denglu zhan [Reflections on the Battle to Land on Jinmen]. Beijing: Renmin chubanshe, 1994.

Cooper, Scott. "State-Centric Balance-of-Threat Theory: Explaining the Misunderstood Gulf Cooperation Council." Security Studies, vol. 13, no. 2 (Winter 2003) : 306-349.

Copeland, Dale C. Origins of Major War. Ithaca, N.Y.: Cornell University Press, 2000.

Cottrell, Robert. The End of Hong Kong: The Secret Diplomacy of Imperial Retreat. London : John Murray, 1993.

Cui Zhiqing, ed. Haixia lang'an guanxi rizhi (1949-1998) [Daily Record of Cross-straits Relations]. Beijing: Jiuzhou tushu chubanshe, 1999.

Dalvi, J. P. Himalayan Blunder: The Curtain-Raiser to the Sino-Indian War of 1962. Bombay: Thacker and Company, 1969.

Damawat, Tomur. Lun minzu gongzuo yu minzu wenhua [On Nationality Work and Culture], Beijing : Zhonggong zhongyang dangxiao chubanshe, 2005.

Dassel, Kur, and Eric Reinhardt. "Domestic Strife and the Initiation of Violence at Home and Abroad." American Journal of Political Science, vol. 43, no. 1 (January 1999) : 56-85.

David, Steven R. "Explaining Third World Alignment." World Politics, vol. 43, no. 2 (January 1991) : 233-256.

Davies, Graeme A. M. "Domestic Strife and the Initiation of International Conflicts." Journal of Conflict Resolution, vol. 46, no. 5 (October 2002) : 672-692.

Day, Alan J., ed. Border and Territorial Disputes. 2nd ed. Burnt Mill : Longman, 1987.

Dekmejian, R. H. "Soviet-Turkish Relations and Politics in the Armenian SSR." Soviet Studies, vol. 19, no. 4 (April 1968): 510-525.

Deng Lifeng, ed. Zhonghua renmin gongheguo junshi shiyao [A Brief History of the PRC's Military Affairs]. Beijing: Junshi kexue chubanshe, 2005.

Deng Xiaoping wenxuan [Deng Xiaoping's Selected Works], vol. 3. Beijing: remin chubanshe, 1993.

Department of State. "China-Korea Boundary." International Boundary Study, no. 17 (29 June 1962).

—. "Burma-China Boundary." International Boundary Study, no. 42 (30 November 1964).

—. "China-Laos Boundary." International Boundary Study, no. 34 (24 June 1964).

—. "China-Nepal Boundary." International Boundary Study, no. 50 (30 May 1965).

—. "China-Pakistan Boundary." International Boundary Study, no. 85 (30 May 1968).

—. "Afghanistan-China Boundary." International Boundary Study, no. 89 (1 May 1969).

—. "China-Vietnam Boundary." International Boundary Study, no. 34 (15 December 1978).

—. "China-Mongolia Boundary." International Boundary Study, no. 173 (14 August 1985).

Di Cosmo, Nicola. "Qing Colonial Administration in Inner Asia." The International History Review, vol. 20, no. 2 (1998) : 24-40.

Diehl, Paul F., and Gary Goertz. War and Peace in International Rivalry. Ann Arbor: University of Michigan Press, 2000.

Dillon, Michael. Xinjiang: Ethnicity, Separatism and Control in Central Asia. Durham, East Asian Papers, no. 2. Durham, UK: Durham University, 1995.

Directorate for Research. Luring Deep: China's Land Defense Strategy, DDB- 2610-31-80 [Top Secret]. Washington, D.C.: Defense Intelligence Agency, 1980.

Directorate of Intelligence. Military Forces along the Sino-Soviet Border, SR-IM- 70-5 [Top Secret]. Washington, D.C.: Central Intelligence Agency, 1970.

—. Sino-Soviet Exchanges, 1969-84: A Reference Aid, EA 84-10069 [Top Secret]. Washington, D.C.: Central Intelligence Agency, 1984.

Dmytryshyn, Basil, and Frederick Cox. The Soviet Union and the Middle East. Princeton, N.J.: Kingston Press, 1987.

Do, Kiem, and Julie Kane. Counterpart: A South Vietnamese Naval Officer's War. Annapolis: Naval Institute Press, 1998.

Doolin, Dennis J. Territorial Claims in the Sino-Soviet Conflict: Documents and Analysis. Stanford, Calif.: Hoover Institution, 1965.

Dutt, Subimal. With Nehru in the Foreign Office. Columbia, Mo.: South Asia Books, 1977.

Dzurek, Daniel J. "The Spratly Islands Dispute: Who's on First?" Maritime Briefing, vol. 2, no. 1 (1996): 1–67.

"Eloquent Maps." China News Analysis, no. 129 (27 April 1956).

Fan Shuo. Ye Jianying zhuan [Biography of Ye Jianying]. Beijing: Dangdai Zhongguo chubanshe, 1995.

Fang Jianchang. "ZhongNi bianjie chutan" [A Preliminary Investigation of the Chinese-Nepalese Border]. Zhongguo bianjiang shidi yanjiu baogao, nos. 3–4 (1992): 7–22.

—. "Jindai Zhongguo yu Bajisitan bianjie shi chutan" [Preliminary Discussion of the History of China and Pakistan's Border in Modern Times]. Zhongguo bianjiang shidi yanjiu, no. 3 (1997): 63–78.

Fazal, Tanisha M. State Death: The Polities and Geography of Conquest, Occupation, and Annexation. Princeton, N.J.: Princeton University Press, 2007.

Fearon, James D. "Rationalist Explanations for War." International Organization, vol. 49, no. 3 (Summer 1995): 379–414.

Feng Qingfu, ed. Bianjing guanli xue [The Science of Border Management]. Beijing: Jingguan jiaoyu chubanshe [internal circulation], 1999.

Fewsmith, Joseph. China since Tiananmen: The Politics of Transition. Cambridge: Cambridge University Press, 2001.

Fletcher, Joseph. "Ch'ing Inner Asia c. 1800" In John K. Fairbank, ed., The Cambridge History of China, vol. 10. Cambridge: Cambridge University Press, 1978.

Fletcher, Joseph. "The Heyday of the Ch'ing Order in Mongolia, Sinkiang and Tibet." In John K. Fairbank, ed., The Cambridge History of China, vol. 10. Cambridge: Cambridge University Press, 1978.

Forbes, Andrew D. W. Warlords and Muslims in Chinese Central Asia: A Political History of Republican Sinkiang, 1911–1949. New York: Cambridge University Press, 1986.

Fravel, M. Taylor. "Towards Civilian Supremacy: Civil-Military Relations in Taiwan's Democratization." Armed Forces & Society, vol. 29, no. 1 (Fall 2002): 57–84.

—. "Regime Insecurity and International Cooperation: Explaining China's Compromises in Territorial Disputes." International Security, vol. 30, no. 2. (Fall 2005): 46–83.

—. "Securing Borders: China's Doctrine and Force Structure for Frontier Defense."

Journal of Strategic Studies, vol. 30, nos. 4-5 (2007): 705-737.

—. "Power Shifts and Escalation: Explaining China's Use of Force in Territorial Disputes." International Security, vol. 32, no. 3 (Winter 2007/08): 44-83.

Freedman, Lawrence, and Virginia Gamba-Stonehouse. Signals of War: The Falklands Conflict of 1982. London: Faber and Faber, 1990.

Freymond, Jacques. The Saar Conflict, 1945-1955. London : Stevens, 1960.

Friedberg, Aaron L. "Ripe for Rivalry: Prospects for Peace in Multipolar Asia." International Security, vol. 18, no. 3 (Winter 1993/94): 5-33.

Ganguly, Sumit. "The Sino-Indian Border Talks, 1981-1989: A View from New Delhi." Asian Survey, vol. 29, no. 12 (December 1989) : 1123-1135.

—. Conflict Unending: India-Pakistan Tensions since 1947. New York : Columbia University Press, 2001.

Gartzke, Eric. "The Capitalist Peace." American Journal of Political Science, vol. 51, no. 1 (January 2007): 166-191.

Garver, John W. "Chinese Foreign Policy in 1970: The Tilt Towards the Soviet Union." The China Quarterly, no. 82 (June 1980): 214-249.

—. "The Sino-Soviet Territorial Dispute in the Pamir Mountains Region." The China Quarterly, no. 85 (March 1981): 107-118.

—. "China's Push through the South China Sea: The Interaction of Bureaucratic and National Interests." The China Quarterly, no. 132 (December 1992) : 999-1028.

—. "The Chinese Communist Party and the Collapse of Soviet Communism." The China Quarterly, no. 133 (March 1993): 1-26.

—. "Sino-Indian Rapprochement and the Sino-Pakistan Entente." Political Science Quarterly, vol. 111, no. 2 (Summer 1996) : 323-347.

—. Face Off: China, the United States, and Taiwan's Democratization. Seattle : University of Washington Press, 1997.

—. The Sino-American Alliance: Nationalist China and American Cold War Strategy in Asia. Armonk, N.Y. : M. E. Sharpe, 1997.

—. Protracted Contest: Sino-Indian Rivalry in the Twentieth Century. Seattle: University of Washington Press, 2001.

—. "China's Decision for War with India in 1962." In Alastair Iain Johnston and Robert S. Ross, eds., New Directions in the Study of China's Foreign Policy. Stanford, Calif.: Stanford University Press, 2006.

Gause, E Gregory. "Iraq's Decisions to Go to War, 1980 and 1990." The Middle East Journal, vol. 56, no. 1 (Winter 2002) : 47-70.

Gavrilis, George. The Dynamics of Interstate Boundaries. Cambridge: Cambridge University Press, forthcoming.

George, Alexander L., and Andrew Bennett. Case Studies and Theory Development in the Social Sciences. Cambridge, Mass.: MIT Press, 2005.

Gilpin, Robert. War and Change in World Politics. New York : Cambridge University Press, 1981.

Ginsburgs, George. "The End of the Sino-Russian Territorial Disputes?" The Journal of East Asian Studies, vol. 7, no. 1 (1993): 261-320.

Ginsburgs, George, and Carl F. Pinkele. The Sino-Soviet Territorial Dispute, 1949-64. New York: Praeger, 1978.

Glaser, Bonnie S. "China' s Security Perceptions: Interests and Ambitions." Asian Survey, vol. 33, no. 3 (March 1993) : 252-271.

Gleditsch, Nils Petter. "Armed Conflict and the Environment: A Critique of the Literature." Journal of Peace Research, vol. 35, no. 3 (May 1998) : 381-400.

Glosny, Michael A. "Heading toward a Win-Win Future? Recent Developments in China' s Policy toward Southeast Asia." Asian Security, vol. 2, no. 1 (2006): 24-57.

Goddard, Stacie. "Uncommon Ground: Indivisible Territory and the Politics of Legitimacy." International Organization, vol. 60, no. 1 (Winter 2006): 35-68.

Goertz, Gary, and Paul F. Diehl. Territorial Changes and International Conflict. New York : Routledge, 1992.

Goldstein, Avery. Rising to the Challenge: China' s Grand Strategy and International Security. Stanford, Calif.: Stanford University Press, 2005.

Goldstein, Lyle. "Return to Zhenbao Island: Who Started Shooting and Why It Matters." The China Quarterly, no. 168 (December 2001): 985-997.

Goldstein, Steven M. "Dialogue of the Deaf? The Sino-American Ambassadorial Level Talks, 1955-1970." In Robert S. Ross and Jiang Changbin, eds., Reexamining the Cold War: U.S.-China Diplomacy, 1954-1973. Cambridge, Mass.: Harvard University Press, 2001.

Goncharov, Sergei. "Kosygin-Zhou Talks at Beijing Airport." Far Eastern Affairs, nos. 1-2(1993): 52-65.

Goncharov, Sergei, and Victor Usov. "Kosygin-Zhou Talks at Beijing Airport." Far Eastern Affairs, nos. 4-6 (1992) : 96-117.

Gong Li. "Liangci Taiwan haixia weiji de chengyin yu ZhongMei zhijian de jiaoliang" [The Causes of the Two Taiwan Strait Crises and Chinese-U.S. Disputes]. In Jiang Changbin and Robert S. Ross, eds., Cong duizhi zouxiang huanhe: lengzhan shiqi ZhongMei guanxi zai tantao [From Confrontation to Rapprochement: Reexamining Chinese-U.S. Relations during the Cold War]. Beijing: Shijie zhishi chubanshe, 2000.

—. "Tension across the Strait in the 1950s: Chinese Strategy and Tactics." In Robert S. Ross and Jiang Changbin, eds., Re-examining the Cold War: U.S.-China Diplomacy, 1954-1973. Cambridge, Mass.: Harvard University Press, 2001.

Gongan budui : zongshu, dashiji, biaoce [Public Security Troops: Summary, Chronicle of Events, Statistics], Beijing : Jiefangjun chubanshe [military circulation],

1997.

Gopal, Sarvepalli. Jawaharlal Nehru: A Biography. 3 vols. London: Jonathan Cape, 1984.

Gorman, Robert F. Political Conflict on the Horn of Africa. New York: Praeger, 1981.

Gourevitch, Peter. "The Second linage Reversed: International Sources of Domestic Politics." International Organization, vol. 32, no. 4 (Autumn 1978): 881–912.

Gries, Peter Hayes. China's New Nationalism: Pride, Politics, and Diplomacy. Berkeley, Calif: University of California Press, 2004.

Grunfeld, A. Tom. The Making of Modern Tibet, revised edition. Armonk, N.Y.: M. E. Sharpe, 1996.

Guo Ming, ed. ZhongYue guanxi yanbian sishi nian [Evolution of Chinese–Vietnamese Relations over 40 Years]. Naning: Guangxi renmin chubanshe [internal circulation], 1992.

Guo Ming, Luo Fangming, and Li Baiyin, eds. Xiandai ZhongYue guanxi ziliao xuanbian [Selected Materials on Contemporary Chinese–Vietnamese Relations]. Beijing : Shishi chubanshe [internal circulation], 1986.

Gurtov, Melvin, and Byong-Moo Hwang. China under Threat: The Politics of Strategy and Diplomacy. Baltimore: Johns Hopkins University Press, 1980.

Hagan, Joe D, "Regimes, Political Oppositions, and the Comparative Analysis of Foreign Policy." In Charles R. Hermann, Charles W. Kegley, Jr" and James N. Rosenau, eds., New Directions in the Study of Foreign Policy. Boston: Allen Unwin, 1987.

Haijun shi [History of the Navy]. Beijing : Jiefangjun chubanshe, 1989.

Hale, William. Turkish Foreign Policy, 1774–2000, London : Frank Cass, 2000.

Han Huaizhi and Tan Jingqiao, eds. Dandai Zhongguo jundui de junshi gongzuo [Military Work of contemporary China's Armed Forces], vol 1. Beijing: Zhongguo shehui kexue chubanshe, 1989.

Han Nianlong, ed. Dandai Zhongguo Waijiao [Diplomacy of Contemporary China]. Beijing: Zhongguo shehui kexue chubanshe, 1990.

Han Zhenhua, ed. Woguo nanhai zhudao shiliao huibian [Collection of Historical Materials on Our Country's South China Sea Islands]. Beijing: Dongfang chubanshe [internal circulation], 1988.

Han Zheshi, ed. Changbai chaoxianzu zizhixian zhi [Changbai Korean Autonomous County Gazetteer]. Beijing: Zhonghua shuju chubanshe, 1993.

Harding, Harry. "The Chinese State in Crisis." In Roderick MacFarquhar and John K. Fairbank, eds., The Cambridge History of China, vol. 15, part 2. Cambridge: Cambridge University Press, 1991.

——. A Fragile Relationship: The United States and China since 1972. Washington, D.C.: The Brookings Institution, 1992.

Harris, Lillian Craig. "Xinjiang, Central Asia and the Implications for China's Policy in the Islamic World." The China Quarterly, no. 133 (March 1993): 111–129.

Harrison, Selig S. China, Oil and Asia: Conflict Ahead? New York: Columbia University Press, 1977.

Hasan, Mushirul, ed. Selected Works of Jawaharlal Nehru, second series, vol. 36. New Delhi: Oxford University Press, 2005.

Hassner, Ron E. "To Halve and to Hold': Conflicts over Sacred Space and the Problem of Indivisibility." Security Studies, vol. 12, no. 4 (Summer 2003): 1–33.

He Di. "Evolution of the People's Republic of China's Policy toward the Offshore Islands." In Warren I. Cohen and Akira Iriye, eds., The Great Powers in East Asia: 1953–1960. New York: Columbia University Press, 1990.

—. "The Last Campaign to Unify China: The CCP's Unrealized Plan to Liberate Taiwan, 1949–1950." In Mark A. Ryan, David M. Finkelstein, and Michael A. McDevitt, eds., Chinese Warfighting: The PLA Experience since 1949, Armonk, N.Y. : M. E. Sharpe, 2003.

He Dongfang. Zhang Aiping zhuan [Zhang Aiping's Biography]. Beijing: Renmin chubanshe, 2000.

He Jihong, ed. Kezilesu keerkezi zizhizhou zhi [Kezilesu Kyrgyz ; Autonomous Region Gazetteer]. Wuluinuqi: Xinjiang renmin chubanshe, 2004.

Heinzig, Dieter. Disputed Islands in the South China Sea: Paracels, Spratlys, Pratas, Macclesfield Bank. Wiesbaden: Otto Harrassowitz, 1976.

Hensel, Paul R. "Contentious Issues and World Politics: The Management of Territorial Claims in the Americas, 1816–1992." International Studies Quarterly, vol. 45, no. 1 (March 2001): 81–109.

Hensel, Paul R., and Sara McLaughlin Mitchell. "Issue Indivisibility and Territorial Claims." Geojournal, vol. 64, no. 4 (December 2005): 275–285.

Herbst, Jeffrey. States and Power in Africa : Comparative Lessons in Authority and Control. Princeton, N.J.: Princeton University Press, 2000.

Hinton, Harold C. Communist China in World Politics. New York: Houghton Mifflin, 1966.

Hoffman, Steven A. India and the China Crisis. Berkeley: University of California Press, 1990.

Holsti, Kalevi J. Peace and War: Armed Conflicts and International Order, 1648–1989. Cambridge: Cambridge University Press, 1991.

Hsiung, James C. "China's Omni-directional Diplomacy: Realignment to Cope with Monopolar U.S. Power." Asian Survey, vol. 35, no. 6 (June 1995): 573–586.

Huang Zhengmiao, ed. Zhejiang sheng junshi zhi [Zhejiang Province Military Affairs Gazetteer]. Beijing: Difangzhi chubanshe, 1999.

Hucker, Charles O. A Dictionary of Official Titles in Imperial China. Stanford, Calif.:

Stanford University Press, 1985.

Human Rights Watch. China: Human Rights Concerns in Xinjiang. New York: Human Rights Watch, 2001.

Hussain, T. Karki. "India's China Policy: Putting Politics in Command." In Satish Kumar, ed., Yearbook on India's Foreign Policy, 1989. New Delhi: Sage Publications, 1990.

Huth, Paul K. Standing Your Ground: Territorial Disputes and International Conflict. Ann Arbor: University of Michigan Press, 1996.

—. "Reputations and Deterrence." Security Studies, vol. 7, no. 1 (1997): 72–99.

Huth, Paul K., and Todd L. Allee. The Democratic Peace and Territorial Conflict in the Twentieth Century. Cambridge: Cambridge University Press, 2002.

—. "Domestic Political Accountability and the Escalation and Settlement of International Disputes." Journal of Conflict Resolution, vol. 46, no. 6 (December 2002) : 754–790.

Hyer, Eric A. "The Politics of China's Boundary Disputes and Settlements. Ph.D. dissertation, Columbia University, 1990.

Iwashita, Akihiro. A 4,000 Kilometer Journey along the Sino-Russian Border. Sapporo: Slavic Research Center, Hokkaido University, 2004.

James, Patrick, and John R. Oneal. "The Influence of Domestic and International Politics on the President's Use of Force." Journal of Conflict Resolution, vol. 35, no. 2 (June 1991): 307–332.

Jervis, Robert. "Cooperation under the Security Dilemma." World Politics, vol. 30, no. 2 (January 1978): 167–214.

Jessup, Philip C. "El Chamizal." The American Journal of International Law, vol. 67, no. 3 (1973): 423–445.

Jetly, Nancy. India China Relations, 1947–1977: A Study of Parliament's Role in the Making of Foreign Policy, New Delhi: Radiant Publishers, 1979.

Jiang Siyi and Li Hui, eds. ZhongYin bianjing ziwei fanji zuozhan shi [An Operational History of the China-India Border Counterattack in Self-Defense]. Beijing: Junshi kexue chubanshe [internal circulation], 1994.

Jiang Zemin. Lun guofang he jundui jianshe [On National Defense and Army Building]. Beijing: Jiefangjun chubanshe [internal circulation], 2003.

Jiang Zemin wenxuan [Jiang Zemin's Selected Works], vol. 3. Beijing: Renmin chubanshe, 2006.

Jianguo yilai Mao Zedong wengao [Manuscripts of Mao Zedong since the Founding of the Nation), vols. 7–8. Beijing: Zhongyang wenxian chubanshe [internal circulation], 1992, 1993.

Jin Chongji, ed. Zhou Enlai Zhuan [Zhou Enlai's Biography] 4 vols. Beijing: Zhongyang wenxian chubanshe, 1998.

Job, Brian L., ed. The Insecurity Dilemma : National Security of Third World States. Boulder, Colo.: Lynne Rienner, 1992.

Johnston, Alastair Iain. "Cultural Realism and Strategy in Maoist China." In Peter J. Katzenstein, ed., The Culture of National Security: Norms and Identity in World Politics. New York : Columbia University Press, 1996.

—. "China' s Militarized Interstate Dispute Behaviour 1949-1992 : A First Cut at the Data." The China Quarterly, no. 153 (March 1998): 1—30.

—. "Realism(s) and Chinese Security Policy in the Post-Cold War World." In Ethan B. Kapstein and Michael Mastanduno, eds., Unipolar Politics: Realism and State Strategies after the Cold War. New York : Columbia University Press, 1999.

—. "Is China a Status Quo Power?" International Security, vol. 27, no. 4 (Spring 2003): 5-56.

—. "Chinese Middle Class Attitudes Towards International Affairs: Nascent Liberalization?" The China Quarterly, no. 179 (September 2004) : 603-628.

Jones, Daniel M., Stuart A. Bremer, and J. David Singer. "Militarized Interstate Disputes, 1816-1992: Rationale, Coding Rules, and Empirical Patterns." Conflict Management and Peace Science, vol. 15, no. 2 (August 1996): 163-213.

Kacowicz, Arie M. Peaceful Territorial Change. Columbia : University of South Carolina Press, 1994.

Kao, Ting Tsz. The Chinese Frontiers. Aurora, Ill.: Chinese Scholarly Publishing, 1980.

Karawan, Ibrahim. "Foreign Policy Restructuring : Egypt' s Disengagement from the Arab-Israeli Conflict Revisited." Cambridge Review of International Affairs, vol. 18, no. 3 (October 2005): 325-338.

Karmel, Solomon M. "Ethnic Tension and the Struggle for Order: China' s Policies in Tibet." Pacific Affairs, vol. 68, no. 4 (1995): 485-508.

Kaul, B. M. The Untold Story. Bombay: Allied Publishers, 1967.

Kavic, Lorne J. India' s Quest for Security: Defence Policies, 1947-1965. Berkeley: University of California Press, 1967.

Kharat, Rajesh S. Foreign Policy of Bhutan. New Delhi : Manak, 2005.

Kiang, Ying Cheng. China' s Boundaries. Lincolnwood, Ill.: Institute of China Studies, 1984.

Kireyev, Genrikh. "Strategic Partnership and a Stable Border." Far Eastern Affairs, no. 4 (1997): 8-22.

—. "Demarcation of the Border with China." International Affairs, vol. 45, no. 2 (1999) : 98-109.

—. "The Serpentine Path to the Shanghai G-5." International Affairs, vol. 49, no. 3 (2003): 85-92.

Kissinger, Henry. White House Years. Boston: Little, Brown & Co., 1979.

Knaus, John Kenneth. Orphans of the Cold War: America and the Tibetan Struggle for Survival. New York: Public Affairs, 1999.

Krasner, Stephen D. Defending the National Interest: Raw Materials Investments and U.S. Foreign Policy. Princeton, N.J.: Princeton University Press, 1978.

Kupchan, Charles A. The Vulnerability of Empire. Ithaca, N.Y.: Cornell University Press, 1994.

Kwong, Julia. "The 1986 Student Demonstrations in China : A Democratic Movement?" Asian Survey, vol. 28, no. 9 (September 1988): 970–985.

Lake, David A. "The State and American Trade Strategy in the Pre-hegemonic Era." International Organization, vol. 42, no. 1 (Winter 1988): 33–58.

Lall, Arthur. How Communist China Negotiates. New York: Columbia University Press, 1968.

. The Emergence of Modern India. New York: Columbia University Press, 1981.

Lamb, Alastair. "The Sino-Pakistani Boundary Agreement of 2 March 1963." Journal of the Australian Institute of International Affairs, vol. 18, no. 3 (1964): 299–312.

—. The McMahon Line: A Study in the Relations between India, China and Tibet, 1904–1914. London: Routledge & K. Paul, 1966.

—. Asian Frontiers: Studies in a Continuing Problem. New York: Praeger, 1968.

—. The Sino-Indian Border in Ladakh. Canberra: Australian National University Press, 1973.

Lampton, David M. Same Bed Different Dreams: Managing U.S.-China Relations, 1989–2000. Berkeley: University of California Press, 2001.

Lardy, Nicholas. "The Chinese Economy under Stress, 1958–1965." In John King Fairbank and Roderick MacFarquhar, eds., The Cambridge History of China, vol. 14. Cambridge: Cambridge University Press, 1987.

Lattimore, Owen. Inner Asian Frontiers of China, New York: American Geographical Society, 1940.

Lebow, Richard N. "Windows of Opportunity: Do States Jump through Them?" International Security, vol. 9, no. 1 (Summer 1984): 147–186.

Lee Lai To. China and the South China Sea Dialogues. Westport, Conn.: Praeger, 1999.

Leeds, Brett Ashely, and David R. Davis. "Domestic Political Vulnerability and International Disputes." Journal of Conflict Resolution, vol. 41, no. 6 (December 1997) : 814–834.

Lei Ming, ed. Nansha zigu shu Zhonghua [The Spratlys Are China's since Ancient Times]. Guangzhou: Guangzhou junqu silingbu bangongshi [internal circulation], 1988.

Lei Yingfu. Zai zuigao tongshuaibu dang canmou: Lei Yingfu huiyilu [Staff Officer at the Supreme Command: General Lei Yingfu's Recollections]. Nanchang : Baihuazhou wenyi chubanshe, 1997.

Leifer, Michael. ASEAN and the Security of South-East Asia. London : Routledge, 1989.

Leng Rong and Wang Zuoling, eds. Deng Xiaoping nianpu, 1975-1997 [Chronicle of Deng Xiaoping's Life, 1975?1997]. 2 vols. Beijing: Zhongyang wenxian chubanshe, 2004.

Levy, Jack S. "Declining Power and the Preventive Motivation for War." World Politics, vol. 40, no. 1 (October 1987): 82-107.

—. "The Diversionary Theory of War : A Critique." In Manus I. Midlarsky, ed., Handbook of War Studies. Boston: Unwin Hyman, 1989.

Levy, Jack S., and Joseph R. Gocha I. "Democracy and Preventive War: Israel and the 1956 Sinai Campaign." Security Studies, vol. 11, no. 2 (Winter 2001/2002): 1-49.

Lewis, John Wilson, and Litai Xue. China Builds the Bomb, Stanford, Calif.: Stanford University Press, 1988.

Li Danhui. "1969 nian ZhongSu bianjie chongtu: yuanqi he jieguo" [The 1969 Chinese-Soviet Border Conflict Origins and Outcome]. Dangdai Zhongguo shi yanjiu, no. 3 (1996): 39-50.

—. "Dui 1962 nian Xinjiang Yita shijian qiyin de lishi kaocha (xu)" [Historical Investigation of the Origins of the 1962 Yita Incident in Xinjiang (cont.)]. Dangshi yanjiu ziliao, no. 5 (1999): 1-22.

Li Dechao. "Bailongwei dao zhengming" [Rectification of White Dragon Tail Island's Name]. Zhongguo bianjiangshidi yanjiu baogao, vols. 1-2, no. 3 (1988): 21-23.

Li Fenglin, "ZhongSu bianjie tanpan qinli ji" [Record of My Personal Experiences in the Chinese-Soviet Boundary Negotiations]. Zhonggong dangshi ziliao, no. 4 (2003): 25-35.

Li Fusheng, ed. Xinjiang bingtuan tunken shubian shi [History of the Xinjiang Production and Construction Corps' Development and Defense of the Frontier]. Wulumuqi: Xinjiang renmin chubanshe, 1997.

Li Hou. Bainian quru shi de zhongjie: Xianggang wenti shimo [The End of 100 Years of Humiliation: The Story of the Hong Kong Issue]. Beijing: Zhongyang wenxian chubanshe [internal circulation], 1997.

Li Jia song, ed. Zhonghua renmin gongheguo waijiao dashiji, di er juan [Diplomatic Chronology of the PRC: Volume 2, January 1959-December 1964]. Beijing: Shijie zhishi chubanshe, 2001.

Li Jie. "Changes in China's Domestic Situation in the 1960s and Sino-US Relations.5, In Robert S. Ross and Jiang Changbin, eds., Re-examining the Cold War: US.-China Diplomacy, 1954-1973. Cambridge, Mass.: Harvard University Press, 2001.

Li Ke and Hao Shengzhang. Wenhua dageming zhong de renmin jiefangjun [The People's Liberation Army during the Cultural Revolution]. Beijing: Zhonggong dangshi ziliao chubanshe, 1989.

Li Li. "Nanwang de shishi, shenke de qishi: wo suo jingli de Xisha ziwei fanji zuozhan" [Memorable Facts, Profound Inspirations: My Personal Experience in the Paracels Self-defensive Counterattack Operation]. In Zongcan moubu: huiyi shiliao [General Staff Department: Recollections and Historial Materials]. Beijing: Jiefangjun chubanshe [military circulation], 1997.

Li Lianqing. Lengnuan suiyue: yibo sanzhe de ZhongSu guanxi [Hot and Cold Times: The Twists and Turns of Chinese-Soviet Relations]. Beijing: Shijie zhishi chubanshe, 1999.

Li Peisheng and Li Guozhen, eds. Pingxi Xizang panluan [Suppression of the Tibetan Rebellion]. Lasa: Xizang renmin chubanshe [internal circulation], 1995.

Li Ping and Ma Zhisun, eds. Zhou Enlai nianpu, 1949-1976 [Chronicle of Zhou Enlai's Life, 1949-1976]. 3 vols. Beijing: Zhongyang wenxian chubanshe, 1997.

Li Sheng. Xinjiang dui Su(E) maoyi shi (1600-1990) [Xinjiang's Trade with the Soviet Union (Russia), 1600-1990]. Wulumuqi: Xinjiang renmin chubanshe, 1993.

Li Xiaobing. "Making of Mao's Cold War: The Taiwan Straits Crisis Revised." In Li Xiaobing and Li Hongshan, eds., China and the United States: A New Cold War History. Lanham, Md.: University Press of America, 1998.

—. "PLA Attacks and Amphibious Operations during the Taiwan Straits Crisis of 1954-55 and 1958." In Mark A. Ryan, David M. Finkelstein, and Michael A. McDevitt, eds" Chinese Warfigting: The PLA Experience since 1949. Armonk, N.Y.: M. E. Sharpe, 2003.

Li Xing, ed. Bianfang xue [The Science of Frontier Defense]. Beijing: Junshi kexue chubanshe, 2004.

Liao Xinwen. "1958 nian Mao Zedong juece paoji Jinmen de lishi kaocha" [A Historical Investigation of Mao Zedong's 1958 Decision to Shell Jinmen]. Dangde wenxian, no. 1 (1994): 31-36.

Lieberthal, Kenneth. "The Great Leap Forward and the Split in the Yenan Leadership." In John King Fairbank and Roderick MacFarquhar, eds., The Cambridge History of China, vol. 14. Cambridge: Cambridge University Press, 1987.

Lieberthal, Kenneth, and Michel Oksenberg. Policy Making in China: Leaders, Structures, and Processes. Princeton, N.J.: Princeton University Press, 1988.

Lin Daoyuan, ed. Nansha gaosu women [What the Spratly Islands Tell Us]. Beijing: Haijun chubanshe, 1988.

Liu Hongxuan. Zhongguo mulin shi: Zhongguo yu zhoubian guojia guanxi [History of Good-Neighborliness: China's Relations with Peripheral States]. Beijing: Shijie zhishi chubanshe, 2001.

Liu Huaqing. Liu Huaqing huiyilu [Liu Huaqing's Memoirs]. Beijing: Jiefangjun chubanshe, 2004.

Liu Shufa, ed. Chen Yi nianpu [Chronicle of Chen Yi's Life]. Beijing: Zhongyang wenxian chubanshe, 1995.

Liu Wusheng and Du Hongqi, eds. Zhou Enlai junshi huodong jishi, 1918-1975 (xia) [Chronicle of Zhou Enlai' s Military Activities]. Vol. 2. Beijing: Zhongyang wenxian chubanshe, 2000.

Liu Xiao. Chushi Sulian ba nian [Eight Years as Ambassador to the Soviet Union], Beijing: Zhonggong dangshi ziliao chubanshe, 1986.

Liu Zhinan. "1969 nian, Zhongguo zhanbei yu dui MeiSu guanxi de yanjiu he tiaozheng" [China' s War Preparations and the Study of the Readjustment of Relations with the U.S. and Soviet Union in 1969]. Dangdai Zhongguo shi yanjiu, no. 3 (1999):41-57.

Lo Chi-kin. China' s Policy towards Territorial Disputes : The Case of the South China Sea Islands. New York: Routledge, 1989.

Lu Hui. Sanjun shouzhan Yijiangshan [Three Armed Services First Battle Yijiangshan]. Beijing: Jiefangjun chubanshe, 1988.

Lu jianren. "Nansha zhengduan ji duice" [Policy Options in the Nansha Dispute]. In Yatai yanjiu suo, ed., Nansha wenti yanjiu ziliao. Beijing: Zhongguo shehui kexueyuan [internal circulation], 1996.

Lu Ning. Flashpoint Spratlys! Singapore: Dolphin Press, 1995.

. The Dynamics of Foreign-Policy Decisionmaking in China, Boulder, Colo.: Westview, 1997.

Luthi, Lorenz. The Sino-Soviet Split. Princeton, N.J: Princeton University Press, 2008.

Ma Dazheng, ed. Zhongguo bianjiang jinglue shi [A History of China' s Frontier Administration]. Zhengzhou: Zhongzhou guji chubanshe, 2000.

Ma Dazheng and Liu Ti. Ershi shiji de Zhongguo bianjiang yanjiu: yimen fazhan zhong de bianyuan xueke de yanjin licheng [China' s Borderland Research in the Twentieth Century: The Evolving History of the Dual Discipline of Borderland Study]. Ha' erbin: Heilongjiang jiaoyu chubanshe, 1998.

Ma Jinan. "Zhongguo jundui jingwai de yichang mimi zhanzheng" [The Chinese Military' s Secret War across the Border]. Dongnanya zongheng, no. 1 (2001): 11-12.

Ma Xusheng. "Takan bianjie tanpan jiaofeng: zhaohui shiluo de guojiexian (er)" [On-the-Spot Survey of Battles in Boundary Negotiations : Retrieving Lost National Boundaries]. Shijie zhishi, no. 12 (2001): 42-43.

MacFarquhar, Roderick. The Origins of the Cultural Revolution. 3 vols. New York : Columbia University Press, 1974, 1983, 1997.

MacFarquhar, Roderick, Timothy Cheek, and Eugene Wu, eds. The Secret Speeches of Chairman Mao: From the Hundred Flowers to the Great Leap Forward. Cambridge, Mass.: Harvard University, Council on East Asian Studies, 1989.

MacFarquhar, Roderick, and Michael Schoenhals. Mao' s Last Revolution. Cambridge,

Mass.: Belknap Press of Harvard University Press, 2006.

Mandel, Robert. "Roots of the Modern Interstate Border Dispute." Journal of Conflict Resolution, vol. 24, no. 3 (September 1980): 427–454.

Mansfield, Edward D., and Jack L. Snyder. Electing to Fight: Why Emerging Democracies Go to War. Cambridge, Mass.: MIT Press, 2005.

Mao Zedong waijiao wenxuan [Mao Zedong's Selected Works on Diplomacy]. Beijing: Shijie zhishi chubanshe, 1994.

Mao Zedong wenji [Mao Zedong's Collected Works]. 8 vols. Beijing: Xinhua chubanshe, 1993–1999.

Mao Zhenfa, ed. Bianfang lun [On Frontier Defense], Beijing: Junshi kexue chubanshe [internal circulation], 1996.

Mastanduno, Michael, David A. Lake, and G. John Ikenberry. "Toward a Realist Theory of State Action." International Studies Quarterly, vol. 33, no. 4 (December 1989): 457–474.

Maxwell, Neville. India's China War. New York: Pantheon Books, 1970.

—. "The Chinese Account of the 1969 Fighting at Chenpao." The China Quarterly, no. 56 (December 1973): 730–739.

—. "A Note on the Amur/Ussuri Sector of the Sino-Soviet Boundaries." Modern China, vol. 1, no. 1 (1975): 116–126.

McCarthy, Roger E. Tears of the Lotus: Accounts of Tibetan Resistance to the Chinese Invasion, 1950–1962. Jefferson, N.C.: McFarland & Company, 1997.

McNeal, Dewardric L. China's Relations with Central Asian States and Problems with Terrorism. Washington, D.C.: Library of Congress, Congressional Research Service, 2001.

Mearsheimer, John J. The Tragedy of Great Power Politics. New York: W. W. Norton, 2001.

Medeiros, Evan S., and M. Taylor Fravel. "China's New Diplomacy." Foreign Affairs, vol. 82, no. 6 (November/December 2003): 22–35.

Meernik, James, and Peter Waterman. "The Myth of the Diversionary Use of Force by American Presidents." Political Research Quarterly, vol. 49, no. 3 (September 1996): 575–590.

Meng Zhaobi, ed. Xinjiang tongzhi: junshi zhi [Xinjiang Gazetteer: Military Affairs]. Wulumuqi: Xinjiang renmin chubanshe, 1997.

Millward, James. Beyond the Pass: Economy, Ethnicity and Empire in Qing Central Asia, 1759–1864. Stanford, Calif.: Stanford University Press, 1998.

Morgan, T. Clifton, and Kenneth N. Bickers. "Domestic Discontent and the Use of Force." Journal of Conflict Resolution, vol. 36, no. 1 (March 1992) : 25–52.

Morgenthau, Hans J. Politics among Nations: The Struggle for Power and Peace. 3rd ed. New York: Knopf, 1960.

Mote, Frederick. Imperial China : 900–1800. Cambridge, Mass. : Harvard University Press, 1999.

Muller, David G. China's Emergence as a Maritime Power. Boulder, Colo.: Westview Press, 1983.

Mullik, B. N. My Years with Nehru: The Chinese Betrayal. Bombay: Allied Publishers, 1971.

Muni, S. D. Foreign Policy of Nepal. New Delhi: National Publishing House, 1973.

National Assembly of Bhutan. Translation of the Proceedings and Resolutions of the 77th Session of the National Assembly of Bhutan. Thimpu : National Assembly of Bhutan, 1999.

National Intelligence Board. Chinese Communist Capabilities and Intentions in the Far East, SNIE 13–3–61 [Top Secret]. Washington, D.C.: Central Intelligence Agency, 1961.

National Intelligence Board. The USSR and China, NIE 11–13–69 [Top Secret]. Washington, D.C.: Central Intelligence Agency, 1969.

—. Communist China's General Purpose and Air Defense Forces, NIE 13–3–70 [Top Secret]. Washington, D.C.: Central Intelligence Agency, 1970.

—. Warsaw Pact Forces for Operations In Eurasia, NIE 11–14–71 [Top Secret]. Washington, D.C.: Central Intelligence Agency, 1971.

Ni Fuhan and Huang Ke, eds. Heping jiefang Xizang [The Peaceful Liberation of Tibet]. Lasa: Xizang renmin chubanshe [internal circulation], 1995.

Nie Fengzhi et al., eds. Sanjun huige zhan donghai [The Three Armed Services March into Battle in the East China Sea]. Beijing: Jiefangjun chubanshe, 1985.

Niu Jun. "1969 nian ZhongSu bianjie chongtu yu Zhongguo waijiao zhanlue de tiaozheng" [The 1969 Chinese-Soviet Border Conflict and the Restructuring of China's Diplomatic Strategy]. Dangdai Zhongguo shi yanjiu, no. 1 (1999): 66–77.

—. "Sanci Taiwan haixia junshi douzheng juece yanjiu" [A Study of Decision Making in Three Military Battles in the Taiwan Strait]. Zhongguo shehui kexue, no. 5 (2004): 37–50.

Niu Zhongxun. Zhongguo bianjiang dili [China's Frontier Geography]. Beijing: Renmin jiaoyu chubanshe, 1991.

Norbu, Dawa. China's Tibet Policy. London: Curzon Press, 2001.

Norbu, Jamyang. "The Tibetan Resistance Movement and the Role of the CIA." In Robert Barnett, ed., Resistance and Reform in Tibet. London : Hurst and Company, 1994.

O'Dowd, Edward C. Chinese Military Strategy in the Third Indochina War: The Last Maoist War. New York : Routledge, 2007.

Office of National Estimates. The Soviet Military Buildup along the Chinese Border, SM-7-68 [Top Secret]. Washington, D.C.: Central Intelligence Agency, 1968.

Office of the Secretary of Defense. Annual Report to Congress: The Military Power of the People's Republic of China. Washington, D.C.: Department of Defense, 2005.

Organski, A. F. K. World Politics. New York: Alfred A. Knopf, 1958.

Palit, D. K. War in High Himalaya: The Indian Army in Crisis, 1962. New Delhi : Lancer International, 1991.

Palmer, David Scott. "Peru-Ecuador Border Conflict: Missed Opportunities, Misplaced Nationalism, and Multilateral Peacekeeping." Journal of Interamerican Studies and World Affairs, vol. 39, no. 3 (Autumn 1997): 109-148.

Pang Xianzhi and Jin Chongji, eds. Mao Zedong zhuan [Mao Zedong's Biography]. 2 vols. Beijing: Zhongyang wenxian chubanshe, 2003.

Paul, T. V. Asymmetric Conflicts: War Initiation by Weaker Powers. Cambridge: Cambridge University Press, 1994.

Payne, S. C. M. Imperial Rivals: China, Russia, and Their Disputed Frontier. Armonk, N.Y. : M. E. Sharpe, 1996.

Peceny, Mark, Caroline C. Beer, and Shannon Sanchez-Terry. "Dictatorial Peace?" American Political Science Review, vol. 96, no. 1 (March 2002) : 15-26.

Pei Jianzhang and Feng Yaoyuan, eds. Zhou Enlai waijiao huodong dashiji [Record of Zhou Enlai's Diplomatic Activities]. Beijing : Shijie zhishi chubanshe, 1993.

Perdue, Peter C. China Marches West: The Qing Conquest of Central Eurasia. Cambridge, Mass.: Belknap Press of Harvard University Press, 2005.

Petech, Luciano. China and Tibet in the Early 18th Century: History of the Establishment of Chinese Protectorate in Tibet. Leiden: Brill, 1972.

Prasad, Niranjan. The Fall of Towang, 1962. New Delhi: Palit & Palit, 1981.

Praval, K. C. The Red Eagles: A History of the Fourth Division of India, New Delhi: Vision Books, 1982.

Prescott, J. R. V. Map of Mainland Asia by Treaty. Carlton: Melbourne University Press, 1975.

Prescott, J. R. V., Harold John Collier, and Dorothy F. Prescott. Frontiers of Asia and Southeast Asia. Carlton: Melbourne University Press, 1977.

Putnam, Robert D. "Diplomacy and Domestic Politics: The Logic of Two-Level Games." International Organization, vol. 42, no. 3 (Summer 1988): 427-460.

Qi Pengfei. Deng Xiaoping yu Xianggang huigui [Deng Xiaoping and the Return of Hong Kong]. Beijing: Huaxia chubanshe, 2004.

Qi Pengfei and Zhang Xiaojing. Aomen de shiluo yu huigui [Macao's Loss and Return]. Beijing: Xinhua chubanshe, 1999.

Qian Qichen. Waijiao shiji [Ten Stories of a Diplomat]. Beijing: Shijie zhishi chubanshe, 2003.

Qin Wencai. Shiyou shiren: zai haiyang shiyou zhanxian jishi [Oil Brigade: The Record of the Battle for Offshore Oil]. Beijing : Shiyou gongye chubanshe, 1997.

Qu. Xing. "Shilun DongOu jubian he Sulian jieti hou de Zhongguo waijiao zhengee" [On China's Foreign Policy after the Sudden Change in Eastern Europe and the Disintegration of the Soviet Union]. Waijiao xueyuan xuebao, no. 4(1994): 16–22.

—. Zhongguo waijiao 50 nian [50 Years of Chinese Diplomacy]. Nanjing: Jiangsu renmin chubanshe, 2000.

Rasler, Karen A., and William R. Thompson. "Contested Territory, Strategic Rivalries, and Conflict Escalation." International Studies Quarterly, vol. 50, no. 1 (March 2006): 145–167.

Ray, Hemen. China's Strategy in Nepal. New Delhi: Radiant Publishers, 1983.

Razvi, Mujtaba. The Frontiers of Pakistan : A Study of Frontier Problems in Pakistan's Foreign Policy. Karachi–Dacca: National Publishing House, 1971.

Report of the Officials of the Governments of India and the People's Republic of China on the Boundary Question. New Delhi: Ministry of External Affairs, 1961.

Rigger, Shelly. Taiwan's Rising Rationalism: Generations, Politics and "Taiwan's Nationalism." Policy Studies no. 26. Washington, D.C.: East–West Center, 2006.

Robinson, Thomas W. The Sino–Soviet Border Dispute: Background, Development and the March 1969 Clashes. Santa Monica, Calif.: RAND Corp., 1970.

—. "The Sino–Soviet Border Conflict." In Stephen S. Kaplan, ed., Diplomacy of Power: Soviet Armed Forces as a Political Instrument. Washington, D.C.: The Brookings Institution, 1981.

—. "China Confronts the Soviet Union: Warfare and Diplomacy on China's Inner Asian Frontiers." In Roderick MacFarquhar and John K. Fairbank, eds., The Cambridge History of China, vol. 15, part 2. Cambridge: Cambridge University Press, 1991.

Romberg, Alan D. Rein In at the Brink of the Precipice: American Policy toward Taiwan and U.S.–PRC Relations. Washington, D.C.: Henry Stimson Center, 2003.

Rose, Leo E. Nepal: Strategy for Survival. Berkeley: University of California Press, 1971.

Ross, Robert S. The Indochina Tangle: China's Vietnam Policy, 1975–1979. New York: Columbia University Press, 1988.

—. Negotiating Cooperation: The United States and China, 1969–1989. Stanford, Calif.: Stanford University Press, 1995.

—. "The Diplomacy of Tiananmen: Two-Level Bargaining and Great-Power Cooperation." Security Studies, vol. 10, no. 2 (Winter 2000/2001): 139–178.

—. "The 1995–1996 Taiwan Strait Confrontation: Coercion, Credibility and the Use of Force." International Security, vol. 25, no. 2 (Fall 2000): 87–123.

—. "Navigating the Taiwan Strait: Deterrence, Escalation Dominance and U.S.–China Relations." International Security, vol. 27, no. 2 (Fall 2002): 48–85.

—. "Taiwan's Fading Independence Movement." Foreign Affairs, vol. 85, no. 2

(March/April 2006): 141-148.

Rossabi, Morris. China and Inner Asia: From 1368 to the Present Day. New York: PICA Press, 1975.

Rupen, Robert A. "Mongolia in the Sino-Soviet Dispute." The China Quarterly, no. 16 (October-December 1963): 75-85.

Russett, Bruce. Grasping the Democratic Peace. Princeton, N.J.: Princeton University Press, 1993.

Samuels, Marwyn S. Contest for the South China Sea. New York: Methuen, 1982.

Saunders, Philip C. China's Global Activism: Strategy, Drivers and Tools. Occasional Paper 4. Washington, D.C.: Institute for National Strategic Studies, National Defense University, 2006.

Saunders, Phillip C., and Erica Strecker Downs. "Legitimacy and the Limits of Nationalism: China and the Diaoyu Islands." International Security, vol. 23, no. 3 (Winter 1998/1999): 114-146.

Sawhney, Pravin. The Defence Makeover: 10 Myths That Shape India's Image. New Delhi : Sage Publications, 2002.

Schweller, Randall. "Neorealism's Status-Quo Bias: What Security Dilemma?" Security Studies, vol. 5, no. 3 (Spring 1996) : 90-121.

—. "The Progressiveness of Neoclassical Realism." In Colin Elman and Miriam Fendius Elman, eds., Progress in International Relations Theory: Appraising the Field. Cambridge, Mass.: MIT Press, 2003.

—. Unanswered Threats: Political Constraints on the Balance of Power. Princeton, N.J.: Princeton University Press, 2006.

Scobell, Andrew. China's Use of Military Force : Beyond the Great Wall and the Long March. New York: Cambridge University Press, 2003.

Searls, Guy. "Communist China's Border Policy: Dragon Throne Imperialism?" Current Scene, vol. 11, no. 12 (15 April 1963): 1—22.

Segal, Gerald. Defending China. Oxford: Oxford University Press, 1985.

—. China Changes Shape: Regionalism and Foreign Policy. Adelphi Paper no. 287. London : International Institute for Strategic Studies, 1994.

Sen, A, ed. Zhongguo lujiang fengyun lu [The Stormy Record of China's Territory]. Beijing: Luyou jiaoyu chubanshe, 1993.

Seyd, Anwar Hussain. China and Pakistan: Diplomacy of Entente Cordiale, Amherst: University of Massachusetts Press, 1974.

Sha Li and Ai Yi. Zhongguo haijun zhengzhan jishi [Record of the Expeditions of China's Navy]. Chengdu: Dianzi keji daxue chubanshe, 1993.

Shakya, Tsering. The Dragon in the Land of the Snow: A History of Modern Tibet since 1947. New York: Penguin Compass, 1999.

Shambaugh, David S. "China Engages Asia: Reshaping International Order."

International Security, vol. 29, no. 3 (Winter 2004/05): 64–99.

Shen Bingnian, ed. Xinjiang tongzhi : waishi zhi [Xinjiang Gazetteer: Foreign Affairs]. Wulumuqi: Xinjiang renmin chubanshe, 1995.

Shen Weiping. 8.23 paoji Jinmen [August 23 Shelling of Jinmen]. Beijing: Huayi chubanshe, 1998.

Shephard, John Robert. Statecraft and Political Economy on the Taiwan Frontier, 1600–1800. Stanford, Calif.: Stanford University Press, 1993.

Shi Bo. 1962: ZhongYin dazhan jishi [Record of the China–India War]. Beijing: Dadi chubanshe, 1993.

Shi Yuanhua. "Lun xin Zhongguo zhoubian waijiao zhengce de lishi yanbian" [On the Historical Evolution of New China's Peripheral Foreign Policy]. Dangdai Zhongguo shi yanjiu, vol. 7, no. 5 (2000): 38–50.

Shi Zhongquan. Zhou Enlai de zhuoyue gongxian [Zhou Enlai's Great Contributions]. Beijng: Zhonggong zhongyang dangxiao chubanshe, 1993.

Shichor, Yitzhak. "Separatism: Sino–Muslim Conflict in Xinjiang." Pacifica Review, vol. 6, no. 2 (1994): 71–82.

Shipp, Steve. Macau, China: A Political History of the Portuguese Colony's Transition to Chinese Rule. Jefferson, N.C.: McFarland & Company, 1997.

Shirk, Susan L. China: Fragile Superpower. New York: Oxford University Press, 2007.

Sidhu, Waheguru Pal Singh, and Jing–dong Yuan. "Resolving the Sino–Indian Border Dispute." Asian Survey, vol. 41, no. 2 (March/April 2001): 351–376.

Simmons, Beth A. Territorial Disputes and Their Resolution: The Case of Ecuador and Peru. Peaceworks no. 27. Washington, D.C.: United States Institute of Peace, 1999.

—. "Rules over Real Estate: Trade, Territorial Conflict, and International Borders as Institution." Journal of Conflict Resolution, vol. 49, no. 6 (December 2005): 823–848.

Sinha, P. B., and A. A. Athale. History of the Conflict with China, (New Delhi: History Division, Ministry of Defense, Government of India [restricted], 1992).

Smith, Warren W. Tibetan Nation : A History of Tibetan Nationalism and Sino–Tibetan Relations. Boulder, Colo.: Westview, 1996.

Snyder, Scott, Brad Glosserman, and Ralph A. Cossa. Confidence Building Measures in the South China Sea. Honolulu: Pacific Forum CSIS, 2001.

Song Liansheng and Gong Xiaohua. Duizhi wushi nian [Fifty Years of Confrontation]. Beijing: Taihai chubanshe, 2000.

Spence, Jonathan. The Search for Modern China. New York: W. W. Norton, 1990.

Stolper, Thomas E. China, Taiwan, and the Offshore Islands: Together with Some Implications for Outer Mongolia and Sino–Soviet Relations. Armonk, N.Y.: M. E. Sharpe, 1985.

Su Yongwen, Qiu Xinyan, and Xia Zhongchun, eds. Aletai diqu zhi [Altay Prefecture

Gazetteer]. Wulumuqi: Xinjiang renmin chubanshe, 2004.

Su Yu wenxuan [Su Yu's Selected Works]. 3 vols. Beijing : Junshi kexue chubanshe, 2004.

Suettinger, Robert L. Beyond Tiananmen: The Politics of U.S.–China Relations, 1989–2000. Washington, D.C.: The Brookings Institution, 2003.

Sun Cuibing, ed. Yunnan shengzhi: junshi zhi [Yunnan Provincial Gazetteer: Military Affairs]. Kunming: Yunnan renmin chubanshe, 1997.

Sun Xiao and Chen Zhibin. Ximalaya shan de xue: ZhongYin zhanzheng shilu [Himalayan Snow: Record of the China–India War]. Taiyuan: Beiyue wenyi chubanshe, 1991.

Suri, Jeremi. Power and Protest: Global Revolution and the Rise of Detente. Cambridge, Mass.: Harvard University Press, 2003.

Sutter, Robert G. China's Rise in Asia: Promises and Perils. Lanham, M.D.: Rowman and Littlefield, 2005.

Swaine, Michael D. "Chinese Decision-Making Regarding Taiwan, 1979–2000." In David M. Lampton, ed., The Making of Chinese Foreign and Security Policy in the Era of Reform. Stanford, Calif.: Stanford University Press, 2001.

Swaine, Michael D., and Ashley J. Tellis. Interpreting China's Grand Strategy: Past, Present, and Future. Santa Monica, Calif.: RAND, 2000.

Tang Jiaxuan, ed. Zhongguo waijiao cidian [Dictionary of China's Diplomacy]. Beijing: Shijie zhishi chubanshe, 2000.

Teiwes, Frederick C., and Warren Sun. China's Road to Disaster: Mao, Central Politicians and Provincial Leaders in the Unfolding of the Great Leap Forward, 1955–1959. Armonk, N.Y.: M. E. Sharpe, 1999.

Teng, Emma J. Taiwan's Imagined Geography: Chinese Colonial Travel Writing and Pictures, 1683–1895. Cambridge, Mass.: Harvard University Press, 2004.

Thatcher, Margaret. The Downing Street Years. London: HarperCollins, 1993.

Tian Zengpei, ed. Gaige kaifang yilai de Zhongguo waijiao [China's Diplomacy since Reform and Opening]. Beijing: Shijie zhishi chubanshe, 1993.

Toft, Monica Duffy. The Geography of Ethnic Violence: Identity, Interests, and the Indivisibility of Territory. Princeton, NJ.: Princeton University Press, 2003.

Touval, Saadia. The Boundary Politics of Independent Africa. Cambridge, Mass.: Harvard University Press, 1972.

Tretiak, Daniel. "The Sino-Japanese Treaty of 1978: The Senkaku Incident Prelude." Asian Survey, vol. 18, no. 12 (December 1978): 1235–1249.

Tsui Tsien-hua. The Sino-Soviet Border Dispute in the 1970's. New York: Mosaic Press, 1983.

Tulchin, Joseph S. Argentina and the United States: A Conflicted Relationship. Boston: Twayne, 1990.

Tzou, Byron N. China and International Law: the Boundary Disputes. New York: Praeger, 1990.

Ulam, Adam B. Expansion and Coexistence : The History of Soviet Foreign Policy, 1917–67. New York: Frederick A. Praeger, 1968.

Van Evera, Stephen. "The Cult of the Offensive and the Origins of the First World War." International Security, vol. 9, no. 1 (Summer 1984): 58–107.

—. "Hypotheses on Nationalism and War." International Security, vol. 18, no. 4 (Spring 1994): 5–39.

—. Causes of War: Power and the Roots of Conflict. Ithaca, N.Y.: Cornell University Press, 1999.

Vasquez, John A. The War Puzzle. New York: Cambridge University Press, 1993.

Vasquez, John, and Marie T. Henehan. "Territorial Disputes and the Probability of War, 1816–1992.", Journal of Peace Research, vol. 38, no. 2 (2001): 123–138.

Voskresensky, Alexei. "Some Border Issues Unsolved." New Times, no. 19 (1991): 26–27.

Wachman, Alan M. Why Taiwan? Geostrategic Rationales for China's Territorial Integrity. Stanford, Calif.: Stanford University Press, 2007.

Wagner, R. Harrison. "Bargaining and War." American Journal of Political Science, vol. 44, no. 3 (July 2000): 469–484.

Waijiao bu, ed. Zhongguo waijiao [China's Diplomacy]. Beijing: Shijie zhishi chubanshe, 1987–2006.

—, ed. Zhonghua renmin gongheguo bianjie shiwu tiaoyue ji: ZhongA ZhongBa juan [Collection of Treaties on the PRC's Boundary Affairs: China–Afghanistan, China–Pakistan]. Beijing : Shijie zhishi chubanshe [internal circulation], 2004.

—, ed. Zhonghua renmin gongheguo bianjie shiwu tiaoyue ji: ZhongYin ZhongBu juan [Collection of Treaties on the PRC's Boundary Affairs: China–India, China–Bhutan]. Beijing: Shijie zhishi chubanshe [internal circulation], 2004.

—, ed. Zhonghua renmin gongheguo bianjie shiwu tiaoyue ji: ZhongHa juan [Collection of Treaties on the PRC's Boundary Affairs: China–Kazakhstan]. Beijing: Shijie zhishi chubanshe [internal circulation], 2005.

—, ed. Zhonghua renmin gongheguo bianjie shiwu tiaoyue ji: ZhongJi juan [Collection of Treaties on the PRC's Boundary Affairs : China–Kyrgyzstan]. Beijing: Shijie zhishi chubanshe [internal circulation], 2005.

—, ed. Zhonghua renmin gongheguo bianjie shiwu tiaoyue ji: ZhongTa juan [Collection of Treaties on the PRC's Boundary Affairs : China–Tajikistan]. Beijing: Shijie zhishi chubanshe [internal circulation], 2005.

—, ed. Zhonghua renmin gongheguo bianjie shiwu tiaoyue ji: ZhongYue juan [Collection of Treaties on the PRC's Boundary Affairs: China–Vietnam]. Beijing: Shishi chubanshe [internal circulation], 2004.

—, ed. Zhonghua renmin gongheguo tiaoyue ji [Treaty Collection of the PRC]. Beijing: Shijie zhishi chubanshe, 1960-1999.

Walder, Andrew G., and Yang Su. "The Cultural Revolution in the Countryside: Scope, Timing and Human Impact." The China Quarterly, no. 173 (March 2003): 75-99.

Walt, Stephen M. The Origins of Alliances. Ithaca, N.Y.: Cornell University Press, 1987.

—. Revolution and War. Ithaca, N.Y.: Cornell University Press, 1996.

Walter, Barbara F. "Explaining the Intractability of Territorial Conflict." International Studies Review, vol. 5, no. 4 (December 2003)： 137-153.

Waltz, Kenneth N. Theory of International Politics. New York: McGraw-Hill, 1979.

Wang Bingnan. ZhongMei huitan jiunian huigu [Reflections on Nine Years of Chinese-American Talks]. Beijing: Shijie zhishi chubanshe, 1985.

Wang Chenghan. Wang Chenghan huiyilu [Wang Chenghan's Memoirs]. Beijing: Jiefangjun chubanshe, 2004.

Wang, David D. Under the Soviet Shadow: The Yining Incident. Hong Kong： The Chinese University Press, 1999.

Wang Enmao wenji [Wang Enmao's Collected Works]. Beijing: Zhongyang wenxian chubanshe, 1997.

Wang Hongwei. Ximalaya shan qingjie: ZhongYin guanxi yanjiu [Himalayan Sentiments： A Study of Chinese-Indian Relations]. Beijing: Zhongguo zangxue chubanshe, 1998.

Wang Shangrong. "ZhongYin bianjing ziwei fanji zuozhan shijian de zongcan zuozhan bu" [The GSD's Operations Department during the Chinese-Indian Border Counterattack in Self-defense]. In Zongcan moubu: huiyi shiliao [General Staff Department: Recollections and Historical Materials], Beijing: Jiefangjun chubanshe [military circulation], 1997.

—. "Xin Zhongguo dansheng hou jici zhongda zhanzheng" [Several Major Wars after the Emergence of New China]. In Zhu Yuanshi, ed., Gongheguo yaoshi koushushi [An Oral History of the Republic's Important Events]. Changsha: Henan renmin chubanshe, 1999.

Wang Shanzhong. "Lunshu Zhonghua renmin gongheguo he Miandian lianbang bianjie tiaoyue" [Discussion of the Boundary Treaty between the People's Republic of China and Union of Burma]. Zhongguo bianjiang shidi yanjiu, no. 1 (1997): 78-84.

Wang Shuanqian, ed. Zouxiang 21 shiji de Xinjiang: zhengzhi juan [Xinjiang Moving toward the 21st Century: Politics]. Wulumuqi： Xinjiang renmin chubanshe, 1999.

Wang Taiping, ed. Deng Xiaoping waijiao sixiang yanjiu lunwenji [Collected Papers on the Study of Deng Xiaoping's Diplomatic Thought]. Beijing: Shijie zhishi chubanshe, 1996.

—, ed. Zhonghua renmin gongheguo waijiao shi, 1957–1969 [Diplomatic History of the People's Republic of China, 1957–1969]. Beijing: Shijie zhishi chubanshe, 1998.

Wang Wenrong, ed. Zhanlue xue [The Science of Military Strategy]. Beijing: Guofang daxue chubanshe, 1999.

Wang Yan. Mubiao, Yijiangshan–Wojun shouci luhaikong lianhe duhai denglu zuozhan jishi [Target, Yijiangshan: Record of Our Army's First Land, Sea, and Air Joint Amphibious Landing Operation]. Beijing: Haichao chubanshe, 1990.

—, ed. Peng Dehuai nianpu [Chronicle of Peng Dehuai's Life]. Beijing: Renmin chubanshe, 1998.

Wang Yinqing and Zhaori Getu, eds. Neimenggu zizhiqu zhi: junshi zhi [Inner Mongolian Autonomous Region Gazetteer: Military Affairs]. Huhehaote: Neimenggu renmin chubanshe, 2002.

Wang Zhongxing. "60 niandai ZhongYin bianjing chongtu yu Zhongguo bianfang budui de ziwei fanji zuozhan" [The 1960s Chinese–Indian Border Conflict and the Counterattack in Self-defense of China's Frontier Defense Troops]. Dangdai Zhongguo yanjiu, no. 5 (1997).

Wang Ziwen, ed. Fujian shengzhi: junshizhi [Fujian Provincial Gazetteer: Military Affairs]. Beijing: Xinhua chubanshe, 1995.

Watson, Francis. The Frontiers of China. New York: Praeger, 1966.

Way, Christopher R. "Political Insecurity and the Diffusion of Financial Market Regulation." The ANNALS of the American Academy of Political and Social Science, vol. 598, no. 1 (2005): 125–144.

Wei Ling and Sun Jiewan. Deng Xiaoping waijiao sixiang tanjiu [Research on Deng Xiaoping's Diplomatic Thought]. Beijing: Zhongyang wenxian chubanse, 2000.

Wei Mingsen. "Xisha ziwei fanji zhan" [Paracels Counterattack in Self-defense]. In Haijun: huiyi shiliao [Navy: Recollections and Historical Materials]. Beijing: Jiefangjun chubanshe [military circulation], 1997.

Wei Zhongli and Song Xianchun, eds. Guonei anquan baowei [Safeguarding Internal Security]. Beijing: Jingguan jiaoyu chubanshe [internal circulation], 1999.

Whiting, Allen S. China Crosses the Yalu: The Decision to Enter the Korean War. New York: Macmillan, 1960.

—. The Chinese Calculus of Deterrence: India and Indochina. Ann Arbor: University of Michigan Press, 1975.

—. "China's Use of Force, 1950–96, and Taiwan." International Security, vol. 26, no. 2 (Fall 2001): 103–131.

Whitney, Joseph. China: Area, Administration and Nation Building. Department of Geography Research Paper no. 123. Chicago: University of Chicago, 1970.

Whittam, Daphne E. "The Sino-Burmese Boundary Treaty." Pacific Affairs, vol. 34, no. 2 (Summer 1961): 174–183.

Wich, Richard. Sino-Soviet Crisis Politics: A Study of Political Change and Communication. Cambridge, Mass.: Harvard University Press, 1980.

Wiens, Herold J. China's March toward the Tropics. Hamden, Conn.: Shoe String Press, 1954.

Winchester, Michael. "Beijing vs. Islam." Asiaweek, vol. 23, no. 42 (1997): 31.

Wishnick, Elizabeth. Mending Fences: The Evolution of Mosco's China Policy from Brezhnev to Yeltsin. Seattle: University of Washington Press, 2001.

White Paper: Notes, Memoranda and Letters Exchanged and Agreements Signed between the Governments of India and China. (12 editions) New Delhi, Ministry of External Affairs, Government of India, various years.

Wohlforth, William Curti. The Elusive Balance: Pouter and Perceptions during the Cold War. Ithaca, N.Y.: Cornell University Press, 1993.

Wolff, David. "'One Finger's Worth of Historical Events?' New Russian and Chinese Evidence on the Sino-Soviet Alliance and Split, 1948–1959." Cold War International History Project Working Paper, no. 30 (2000).

Woodman, Dorothy. The Making of Burma. London: The Cresset Press, 1962.

Wu Lengxi. Yi Mao zhuxi: wo qinshen jingli de ruogan zhongda lishi shijian pianduan [Remembering Chairman Mao : Fragments of Certain Major Historical Events Which I Personally Experienced]. Beijing: Xinhua chubanshe, 1995.

—. Shinian lunzhan : 1956–1966 ZhongSu guanxi huiyilu [Ten Years of Polemics: A Recollection of Chinese-Soviet Relations from 1956 to 1966]. 2 vols. Beijing: Zhongyang wenxian chubanshe, 1999.

Wu Shicun. Nansha zhengduan de youlai yu fazhan [Origin and Development of the Nansha Disputes]. Beijing: Haiyang Chubanshe [internal circulation], 1999.

Xiao Xinli, ed. Mao Zedong yu gongheguo zhongda lishi shijian [Mao Zedong and Major Historical Events of the Republic]. Bejiing: Renmin chubanshe, 2001.

Xie Yixian. Zhongguo dangdai waijiao shi (1949–1995) [History of China's Contemporary Diplomacy (1949–1995)]. Beijing: Zhongguo qingnian chubanshe, 1997.

Xing Guangcheng. "China and Central Asia: Towards a New Relationship." In Yongjin Zhang and Rouben Azizian, eds., Ethnic Challenges beyond Borders : Chinese and Russian Perspectives of the Central Asia Conundrum. New York: St. Martin's Press, 1998.

—. "China and Central Asia." In Roy Allison and Lena Jonson, eds., Central Asian Security: The New International Context. Washington, D.C.: The Brookings Institution, 2001.

Xinjiang tongzhi : gongan zhi [Xinjiang Gazetteer : Public Security]. Wulumuqi: Xinjiang renmin chubanshe, 2004.

Xu Ge. Tiemao gu baijiang: gongheguo haizhan shiji [Steel Anchors Consolidating Maritime Frontiers : Record of the Republic's Naval Battles]. Beijing: Haichao chubanshe, 1999.

Xu Tao and Ji Zhiye, eds. Shanghai hezuo zuzhi: xin anquan guan yu xin jizhi [Shanghai Cooperation Organization: New Security Concept and New Mechanism]. Beijing: Shishi chubanshe, 2002.

Xu Yan. Jinmen zhi zhan [Battle for Jinmen]. Beijing: Zhongguo guangbo dianshi chubanshe, 1992.

—. ZhongYin bianjie zhizhan lishi zhenxiang [The True History of the Chinese–Indian Border War]. Hong Kong : Cosmos Books, 1993.

—. "Neimu" da baoguang [Revealing the Secrets of "Inside Stories"]. Beijing : Tuanjie chubanshe, 1994.

—. "1969 nian ZhongSu bianjie de wuzhuang chongtu" [The 1969 Armed Conflict on the Chinese–Soviet Border]. Dangshi yanjiu ziliao, no. 5 (1994) : 2–13.

—. "jiefang hou woguo chuli bianjie chongtu weiji de huigu he zongjie" [A Review and Summary of Our Country's Handling of Border Conflicts and Crises after Liberation]. Shijie jingji yu zhengzhi, vol. 3 (2005): 16–21.

Xu Zehao. Wang Jiaxiang zhuan [Wang Jiaxiang's Biography]. Beijing: Dangdai Zhongguo chubanshe, 1996.

—, ed. Wang Jiaxiang nianpu [Chronicle of Wang Jiaxiang's Life]. Beijing: Zhongyang wenxian chubanshe, 2001.

Xue Jundu and Lu Nanquan. Xin Eluosi: zhengzhi, jingji, waijiao [New Russia: Politics, Economics, Diplomacy]. Beijing: Zhongguo shehui kexue chubanshe, 1997.

Yan Xuetong. "Shiyan Zhongguo de anquan huanjing" [Preliminary Analysis of China's Security Environment]. Dangdai guoji wenti yanjiu, no. 4 (1994): 35–41.

Yanbian Chaoxianzu zizhizhou zhi [Yanbian Korean Autonomous Prefecture Gazetteer). Beijing: Zhonghua shuju chubanshe, 1996.

Yang Chengwu. "Xizang panluan" [The Tibetan Rebellion]. In Zongcan moubu : huiyi shiliao [General Staff Department: Recollections and Historical Materials]. Beijing: Jiefangjun chubanshe [military circulation], 1997.

Yang Gongsu. Zhongguo fandui waiguo qinlue ganshe Xizang difang douzheng shi [History of China's Struggle against Foreign Aggression and Intervention in Tibet]. Beijing: Zangxue chubanshe, 1992.

—. Cangsang jiushi nian : yige waijiao teshi de huiyi [Ninety Years of Great Changes : A Special Envoy's Recollections]. Haikou : Hainan chubanshe, 1999.

Yang Guoyu, ed. Dangdai Zhongguo haijun [Contemporary China's Navy]. Beijing: Zhongguo shehui chubanshe, 1987.

Yang Kuisong. Mao Zedong yu Mosike de enen yuanyuan [Personal Feelings between Mao Zedong and Moscow]. Nanchang: Jiangxi renmin chubanshe, 1999.

—. "The Sino-Soviet Border Clash of 1969: From Zhenbao Island to Sino-American Rapprochement. Cold War History, vol. 1, no. 1 (August 2000): 21 – 52.

Yang Qiliang. Wang Shangrong jiangjun [General Wang Shangrong]. Beijing: Dangdai Zhongguo chubanshe, 2000.

Yang Qinhua. "Zhongguo gongchandang he Zhongguo zhengfu jiejue Taiwan wenti zhengce de youlai ji fazhan" [Origins and Development of the CCP and Chinese Government's Policy for Resolving the Taiwan Problem]. Zhonggong dangshi ziliao, no. 53 (1994): 65-80.

Yao Zhongming. "Zhou Enlai zongli jiejue ZhongMian bianjie wenti de guanghui yeji" [Premier Zhou Enlai's Glorious Achievement in Settling the Chinese-Burmese Border Problem]. In Pei Jianzhang, ed., Yanjiu Zhou Enlai: waijiao sixiang yu shijian [Studying Zhou Enlai: Diplomatic Thought and Practice]. Beijing: Shijie zhishi chubanshe, 1989.

Ye Fei. Ye Fei huiyilu [Ye Fei's Memoirs]. Beijing: Jiefangjun chubanshe, 1988.

Ye Zhangyu. "Zhonggong diyidai lingdao jiti jiejue Xianggang wenti zhanlue jueci de lishi kaocha" [Historical Examination of the CCP's First-Generation Leaders' Strategic Decisions for Resolving the Hong Kong Problem]. Dangdai Zhongguo shi yanjiu, vol. 14, no. 3 (2007): 46-53.

Yin Qiming and Cheng Yaguang. Diyi ren guofang buzhang [First Minister of Defense]. Guangzhou: Guangdong jiaoyu chubanshe, 1997.

Yin Zhuguang and Mao Yongfu. Xinjiang minzu guanxi yanjiu [Research on Nationality Relations in Xinjiang]. Wulumuqi: Xinjiang renmin chubanshe, 1996.

You Ji. "Changing Leadership Consensus: The Domestic Context of the War Games." In Zhao Suisheng, ed., Across the Taiwan Strait: Mainland China, Taiwan and the 1995-1996 Crisis. New York: Routledge, 1999.

Yu Manfei and Lin Xiaoguang. "50 nian lai Zhongguo gongchandang duiTai zhengce de fazhan bianhua" [Development and Transformation of the CCP's Policy toward Taiwan over the Past 50 Years]. Zhonggong dangshi ziliao, no. 69 (1996): 137-159.

Yu Yan. Wushi nian guoshi jiyao: junshi juan [Summary of 50 Years of State Affairs: Military Affairs]. Changsha: Hunan rem in chubanshe, 1999.

Zacher, Mark W. "The Territorial Integrity Norm: International Boundaries and the Use of Force." International Organization, vol. 55, no. 2 (Spring 2001): 215-250.

Zakaria, Fareed. From Wealth to Power: The Unusual Origins of America's World Role. Princeton, N.J.: Princeton University Press, 1998.

Zhai Qiang. The Dragon, the Lion, and the Eagle : Chinese-British-American Relations, 1949-1958. Kent, Ohio: Kent State University Press, 1994.

Zhai Zhirui and Li Yuzhuang. Jinmen jishi : wushi niandai Taibai weiji shimo [Jinmen Record: The Whole Story of the 1950s Taiwan Strait Crisis]. Beijing: Zhonggong zhongyang dangxiao chubanshe, 1994.

Zhang Baijia. "Cong 'yi bian dao' dao 'quan fang wei' : dui 50 nianlai Zhongguo waijiao geju yanjin de sikao" [From "Lean to One Side" to "Omnidirection" : Reflections on the Evolution of China' s Foreign Policy Structure over the Past 50 Years]. Zhonggong dangshi yanjiu, no. 1 (2000): 21-28.

—. "The Changing International Scene and Chinese Policy toward the United States, 1954?1970." In Robert S. Ross and Jiang Changbin, eds., Re-examining the Cold War: U.S.-China Diplomacy, 1954-1973. Cambridge, Mass. : Harvard University Press, 2001.

—. "Jiushi niandai de Zhongguo neizheng yu waijiao" [China' s Domestic Politics and Diplomacy in the 1990s]. Zhonggong dangshi yanjiu, no. 6 (2001): 29-34.

Zhang Lijun. "Building Peaceful Borders." Beijing Review, vol. 49, no. 25 (June 2006): 10.

Zhang Shu Guang. Deterrence and Strategic Culture: Chinese-American Confrontations, 1949-1958. Ithaca, N.Y.: Cornell University Press, 1992.

—. Economic Cold War: America' s Embargo against China and the Sino-Soviet Alliance, 1949-1963. Stanford, Calif.: Stanford University Press, 2001.

Zhang Tong. "DuiYin ziwei fanji zhan qianhou de huiyi" [Recollections of the Counterattack in Self-defense against India]. In Pei Jianzhang, ed., Xin Zhongguo waijiao fengyun [New China' s Diplomatic Storms]. Beijing: Shiji zhishi chubanshe, 1990.

Zhang Tongxin and He Zhongshan. 'Yiguo liangzhi' yu haixia liang' an guanxi ["One Country Two Systems" and Cross-straits Relations]. Beijing: Zhongguo renmin daxue chubanshe, 1998.

Zhang Xiaoming. "China' s 1979 War with Vietnam: A Reassessment." The China Quarterly, no. 184 (December 2005): 851-874.

Zhang Zhen. Zhang Zhen huiyilu [Zhang Zhen' s Memoirs]. Beijing: Jiefangjun chubanshe, 2003.

Zhang Zhirong, ed. ZhongRi guanxi yu diaoyutai wenti yanjiu lunji [Research Collection on Chinese-Japanese Relations and the Diaoyutai Problem]. Xianggang: Lizhi chubanshe, 1999.

—. "ZhongYin guanxi de huigu yu fansi: Yang Gongsu dashi fangtan lu" [Review and Reflections on Chinese-Indian Relations: Record of an Interview with Ambassador Yang Gongsu]. Dangdai yatai, no. 8 (2000): 17-25.

—. Zhongguo bianjiang yu minzu wenti: dangdai Zhongguo de tiaozhan jiqi lishi youlai [China' s Frontier and Nationality Problems: Contemporary China' s Challenges and Their Historical Origins]. Beijing: Beijing daxue chubanshe, 2005.

Zhang Zhouxiang. Xinjiang bianfang gaiyao [Overview of Xinjiang' s Frontier Defense]. Wulumuqi: Xinjiang renmin chubanshe, 1999.

Zhao Qimin. "Yuanhang qianli, shoujin Xisha" [Ocean Voyage for a Thousand Miles,

First Advance to the Parcels]. In Haijun： huiyi shiliao [Navy: Recollections and Historical Materials]. Beijing: Jiefangjun chubanshe [military circulation], 1999.

Zhao Shenying. Zhang Guohua jiangjun zai Xizang [General Zhang Guohua in Tibet]. Beijing: Zhongguo zangxue chubanshe, 2001.

Zhao Suisheng, ed. Across the Strait: Mainland China, Taiwan and the 1995- 1996 Crisis. New York: Routledge, 1999.

—. "Changing Leadership Perceptions: The Adoption of a Coercive Strategy" In Zhao Suisheng, ed., Across the Taiwan Strait: Mainland China, Taiwan and the 1995-1996 Crisis. New York: Routledge, 1999.

Zheng Shan, ed. Zhongguo bianfang shi [History of China' s Frontier Defense]. Beijing: Shehui kexue wenxian chubanshe, 1995.

Zheng Zhiyun and Li Min, eds. Yumin xianzhi [Yumin County Gazetteer]. Wulumuqi: Xinjiang renmin chubanshe, 2003.

"Zhengge Xizang pingpan san nian" [Three Years of Suppression throughout Tibet]. Zhongguo diming, vol. 1, no. 115 (2004): 38-40.

Zhonggong Xizang dangshi dashiji, 1949-1966 [Chronicle of Major Events in the History of the CCP in Tibet, 1949-1966]. Lasa: Xizang renmin chubanshe, 1990.

Zhonggong zhongyang zuzhibu, ed. Zhongguo diaocha baogao: xin xingshi xia renmin neibu maodun yanjiu [China Investigative Report: Research on Internal Contradictions of the People under New Circumstances]. Beijing: Zhongyang bianyi chubanshe, 2001

Zhou Enlai junshi wenxuan [Zhou Enlai' s Selected Works on Military Affairs Ⅰ. Beijing： Renmin chubanshe, 1997.

Zhou Enlai waijiao wenxuan [Zhou Enlai' s Selected Works on DiplomacyⅠ. Beijing： Zhongyang wenxian chubanshe, 1990.

Zhou Liming. "Lengzhan hou Laowo de duihua zhengce" [Laotian China Policy after the Cold War]. Dangdai yatai, no. 9 (2000): 19-24.

Zhou Zhihuai. "Guanyu 1995-1996 nian Taihai weiji de sikao" [Reflections on the 1995-1996 Taiwan Straits Crisis]. Taiwan yanjiu jikan, no. 2 (1998): 1-7.

Zhu Tingchang. "Lun Zhongguo mulin zhengce de lilun yu shijian" [On the Theory and Practice of China' s Good-Neighbor Policy]. Guoji guancha, no. 2 (2001): 12-18.

—, ed. Zhongguo zhoubian anquan buanjing yu anquan zhanlue [China' sPeripheral Security Environment and Security Strategy], Beijing: Shishi chubanshe, 2002.

Zhuang Chaoqun, ed. Xinjiang Tongzhi: shengchan jianshe budui zhi [Xinjiang Gazetteer: Production and Construction Corps]. Wulumuqi: Xinjiang renmin chubanshe, 1998.

Zinberg, Yakov. "The Vladivostok Curve: Subnational Intervention into Russo-Chinese Border Agreements." Boundary and Security Bulletin, vol. 4, no. 3 (1996):

76–86.

Zou Keyuan. "Maritime Boundary Delimitation in the Gulf of Tonkin." Ocean Development & International Law, vol. 30, no. 3 (1999): 235–254.

—. "The Sino-Vietnamese Agreement on Maritime Boundary Delimitation in the Gulf of Tonkin." Ocean Development & International Law, vol. 36, no. 1 (2005): 13–24.